rororo

rororo

**Ein historischer Roman über eine der unsterblichen Frauengestalten der Geschichte**

Siegfried Obermeier, geboren 1936 in München, war Redakteur der Kunstzeitschrift «artis», arbeitete am neuen «Großen Meyer» mit und schrieb zahlreiche Romane, Erzählungen, Essays und Glossen. Zudem gab er «Das geheime Tagebuch König Ludwig II. von Bayern» heraus. Wie kein zweiter deutscher Autor versteht er es, Geschichte lebendig werden zu lassen. Für sein literarisches Schaffen wurde er unter anderem mit der «Littera-Medaille» ausgezeichnet. Siegfried Obermeier lebt in Oberschleißheim bei München.

Ein Verzeichnis der im Rowohlt Taschenbuch Verlag erschienenen Romane Siegfried Obermeiers findet sich im Anhang dieses Buches.

Siegfried Obermeier

# KLEOPATRA

## IM ZEICHEN DER SCHLANGE

Ein historischer Roman

Rowohlt Taschenbuch Verlag

Veröffentlicht im Rowohlt Taschenbuch
Verlag GmbH, Reinbek bei Hamburg,
August 1998

Umschlaggestaltung: C. Günther/W. Hellmann
Unter Verwendung des Gemäldes
«Der Tod der Kleopatra» 1875/76
von Hans Makart (1840–1884);
Archiv für Kunst und Geschichte, Berlin
Satz Garamond PostScript (PageOne)
Gesamtherstellung Clausen & Bosse, Leck
Printed in Germany
ISBN 3 499 22369 4

*Meiner lieben Frau gewidmet,*
*mit Dank für Rat und Tat*

# ERSTES BUCH

# PROLOG

Nicht ganz freiwillig werde ich hier zum Chronisten – ich, Olympos, der ich zeitlebens ein Arzt war. Unser göttlicher Octavius Augustus hat mir diesmal bei dem alljährlichen Symposion für seinen größeren Freundeskreis – zum engeren gehörte ich nie – einige Minuten unter vier Augen gegönnt.

«Olympos, wir sind nicht mehr die Jüngsten und sollten, ehe die Götter uns abrufen, für die Nachwelt festhalten, was wir erlebt, getan und bewirkt haben.» Der Göttliche hob seine Hände, lächelte und sagte: «Ich habe das Meine dazu getan – im Schatzhaus des Olympischen Jupiter liegt mein *Index rerum gestarum*, die Abrechnung über mein Leben, nach meinem Tode zu veröffentlichen. Jetzt bist du an der Reihe, Olympos.»

Ich neigte mein Haupt.

«Göttlicher Augustus, das ist eine wertvolle Anregung, aber was habe ich, der unbedeutende Arzt Olympos, schon getan und bewirkt?»

«Einiges doch, und du warst Kleopatras Arzt, hast sie bis zum Ende auf nahezu allen Wegen begleitet. Ihr Tod liegt fast drei Dezennien zurück, und es wäre an der Zeit, einiges richtigzustellen. Du brauchst dabei auf niemand Rücksicht zu nehmen.»

Nun, das sagte der Göttliche so hin, aber ich dachte dabei an einige Verbannte, die eine ähnliche Aufforderung zu großzügig ausgelegt hatten, und beschloß, auf der Hut zu sein. Wir alle haben dem Erlauchten gegenüber ein schlechtes Gewissen. Wer in Rom eine schöne Villa bewohnt, muß daran denken, wie bescheiden Augustus auf dem Palatin im früheren Haus des Hortensius lebt und dort seit Jahrzehnten nur drei einfache Zimmer bewohnt. Wer seine Gäste mit zehn Gängen verwöhnt, sollte nicht vergessen, daß der Erhabene meist nur drei, höchstens sechs servieren läßt und selber nur Brot, Fisch, Käse und Obst zu sich nimmt und dazu frisches Quellwasser trinkt. Wenn er abends oder im Freundeskreis den von ihm bevorzugten raetischen Wein trinkt, dann nie mehr als einen Sextarius.

Wie streng er von Brauch und Sitte denkt, haben wir im Falle seiner Tochter Julia gesehen, die er wegen ihres anstößigen Lebenswandels auf die unwirtliche Insel Pandataria verbannte – die eigene Tochter und sein einziges leibliches Kind!

Ich selber habe Octavius Augustus viel zu verdanken, das will ich nicht verschweigen. Er hat, seit ich in Rom lebe, immer seine Hand über mich gehalten, doch manches mußte ich gegen meinen Willen dulden, etwa das mit bunten Steinen eingelegte Mosaik vor meinem Haus, und da stand für jedermann in Latein und Griechisch zu lesen:

*Olympos, Medicus Cleopatrae*
*Olympos, Iatros Kleopatres.*

Das hat mir viel Geld, aber auch viel Häme und Mißgunst eingetragen. Nun, das ist vorbei, ich praktiziere nicht mehr und lebe ziemlich unbehelligt in meiner schönen Villa in Tibur. So kann ich nur hoffen, daß nach meinem Tod ein Verleger es wagen wird, diese Erinnerungen zu kopieren und wenigstens in einigen Bibliotheken unterzubringen. Sowohl Kleopatra wie der göttliche Augustus werden da in anderer Gestalt erscheinen als in der bisherigen offiziellen Geschichtsschreibung.

Zeitlebens nannte sie mich «Hippo», weil mein tatsächlicher Name ihr nicht zusagte – ja, ihren Unwillen erregte. Als mein Vater mich der jungen Königin – sie befand sich damals auf der Flucht – vorstellte und sagte: «Dies ist mein Sohn Olympos, ein tüchtiger Arzt, trotz seiner Jugend», da runzelte sie unwillig die Stirn, ganz kurz nur, um dann über andere Dinge zu reden. Dann aber, als ich in ihre Dienste trat, legte sie meinen Namen ab und gab mir einen anderen. «Olympos», erklärte sie mir freundlich, «ist ein Name, der nicht zu dir paßt. Du bist kein Olympier, und bestenfalls – abgesehen von den seligen Göttern – dürfen sich Menschen aus königlichem Geschlecht mit dieser Bezeichnung schmücken. Du aber bist ein Jünger des Hippokrates, und ich wünsche, daß du es als Auszeichnung empfindest, wenn ich dich künftig so nenne.»

Sie wünschte es, und wenn sie es wünschte, kam dies einem Befehl gleich. Ich gehorchte diesem Befehl und wurde zu Hippokrates, Leibarzt Ihrer Königlichen Majestät, Herrin Beider Länder, Tochter der Sonne und irdisches Abbild der Isis, Kleopatra, der siebten ihres Namens.

Auf welche Weise ich an ihren Hof kam und was ich in ihrem Dienst erlebte, will ich hier erzählen und mich dabei nicht schonen, denn – dieses Geständnis will ich gleich an den Anfang setzen – ich habe für sie zweimal den Eid des Hippokrates gebrochen, wofür ich mich schäme, was ich tief bedauere, aber nicht bereuen kann. Zweimal habe ich in ihrem Auftrag getötet – beide Male bat sie mich darum. Wer mich einen Verräter am Arztberuf nennt oder gar einen Eidbrüchigen, der um Fürstengunst das höchste Gebot des Hippokrates mißachtete, nämlich Leben zu bewahren, der wird – so hoffe ich – anderen Sinnes werden, wenn er diese Aufzeichnungen liest. Nicht rechtfertigen will ich mich, sondern manches zurechtrücken, aber auch um Nachsicht und Verständnis bitten.

Mein Vater Herakles – die olympischen Namen waren bei uns eine Familientradition – kam aus einer der alten makedonischen Familien, die Ptolemaios I. nach der Gründung von Alexandria dort ansiedelte und wo er als Satrap und dann als König von Ägypten über ein halbes Jahrhundert glücklich regierte.

Kleopatra hat mir einmal eine Tetradrachme mit seinem Bildnis geschenkt; sie liegt auf meinem Schreibtisch, und ich sehe sie mir immer wieder gerne an. Nur auf den ersten Blick wirken diese Züge grob, mit dem kräftigen Kinn, dem kleinen, vollippigen Mund und der weit vorspringenden Nase – ein Erbteil, das Kleopatra von ihrem Urahn übernommen hatte. Ihre Nase war jedoch schmal und wie von einem Bildhauer gemeißelt, doch manche meinten, sie rage weiter aus dem Gesicht, als es der weiblichen Schönheit zuträglich sei. Darüber kann man heute streiten, zu ihren Lebzeiten wagte niemand eine Bemerkung darüber, zumindest nicht in Ägypten. Die Römer freilich ließen nach ihrem Sturz kein gutes Haar an ihr, und besonders ihre Nase wurde zum Gegenstand geistlosen und billigen Spottes.

Mein Großvater hieß Hermes und nahm ein Mädchen zur Frau, deren Familie aus Argolis stammte – also die feinste griechische Herkunft. Um so entsetzter zeigte er sich, als sein Sohn – mein Vater – eine Ägypterin zur Frau nahm. Es mag für manchen, der die Verhältnisse in Alexandria nicht kennt, seltsam klingen, daß ein Untertan des Königs von Ägypten seinem Sohn die Ehe mit einem Landeskind verwehren wollte. Dazu ist zu sagen, daß Alexandria zwar in Ägypten liegt, aber in der griechischen Geschichtsschreibung stets als «Alexandria bei Ägypten» bezeichnet wird. Die Stadt ist griechisch geprägt, wird überwiegend von einer griechischstämmigen Bevölkerung bewohnt, und das hier amtierende Herrscherhaus stammt aus Makedonia, dessen König Philipp – des großen Alexanders Vater – nicht müde wurde zu betonen, auch sein Land sei ein Teil von Hellas. Ihn mag man deshalb in Athen noch gutmütig verlacht haben, aber als sein Sohn die Welt an sich riß, hielten sich auch die größten Spötter klug zurück. Also – in Alexandria leben Griechen, Ägypter und Juden, letztere meist im Osten der Stadt.

Mein Großvater Hermes nun – griechischer, als ein Grieche im alten Hellas je sein konnte – handelte mit feinen Töpferwaren, und mein Vater sollte als Erstgeborener das Geschäft übernehmen, das im Westen der Stadt in der Nähe des Mondtores lag. Doch bei ihm zeigten sich schon früh seine wahren Neigungen. Wenn einer aus der Bubenbande, die das Viertel unsicher machte, sich verletzte, dann spielte mein Vater mit ernster und wichtiger Miene den *Iatros*, verband aufgeschlagene Knie, säuberte Schnittwunden und kühlte Beulen mit Quellwasser und Kräuterkompressen. Die feinen Töpferwaren aus Griechenland und Süditalien interessierten ihn nur wenig, woran auch die Prügel meines Großvaters nichts ändern konnten. Schließlich gab er nach, zog seinen jüngeren Sohn ins Geschäft und schickte meinen Vater als Lehrling zu einem angesehenen Arzt. Das war zur Zeit von Kleopatras Vater, nämlich des Königs Ptolemaios XII. Theos Philopator Philadelphos Neos Dionysos. So dunkel seine Herkunft war – er galt als illegitimer Sohn von Ptolemaios XI. Alexander –, so lange waren seine Beinamen, die aber heute kein Mensch mehr kennt, denn das Volk nannte ihn Auletes, den Flötenspieler, und mit diesem Namen ist er – nicht sehr rühmlich allerdings – in die Geschichte eingegangen. Er war ein Liebhaber von feuchtfröhlichen Symposien und griff dann oft, vom Wein beschwingt, zur Flöte, die er recht gut spielte. Dieser «Gott, der seinen Vater und seine Geschwister liebt, der neue Dionysos» trug noch einen Beinamen, der allerdings nicht laut ausgesprochen wurde, nämlich Nothos, der Bastard. Doch weder seine angemaßte Göttlichkeit noch sein kundiges Flötenspiel oder seine dunkle Herkunft änderten etwas daran, daß Auletes ein erzschlauer, listenreicher und ränkevoller Staatsmann war, der sich durch allerlei Schwierigkeiten auf den Thron mogelte. Dieser fiel ihm nach zwei Königsmorden zu, weil kein echtstämmiger Ptolemäer mehr lebte. Ägypten, damals vom erstarkenden Rom mehr und mehr abhängig, holte Auletes aus Syria auf den vakanten Thron, ohne den mächtigen Dictator Sulla um Erlaubnis zu fragen. Doch Sulla trat in jener Zeit zurück, starb kurz darauf, und die neuen römischen Machthaber hatten damals andere Sorgen, als sich um die ägyptische Monarchie zu kümmern.

Die Gefahr kam aus der eigenen Familie, denn irgendein Vetter erhob vor dem römischen Senat Anspruch auf die ägyptische Krone. Auletes handelte schnell, bestach die Senatoren mit Gold, und der Vetter mußte abtreten. Rom aber gewöhnte sich an die goldene Flut aus Ägypten, und Auletes kostete es nach und nach fast den ganzen Staatsschatz, sich auf dem Thron zu halten. Dem Volk blieb nicht verborgen, wohin seine hohen Steuern flossen, es gab Aufstände, und gegen Auletes bildete sich eine starke Opposition. Schließlich mußte er Hals über Kopf nach Rom fliehen, wo Pompeius ihn freundlich empfing, weil er einen König, der seit Jahren die römischen Feldzüge finanzierte, nicht verprellen wollte. Auletes' Gegner hatten inzwischen eine hundertköpfige Abordnung nach Rom gesandt, von denen er durch bezahlte Mörder gleich ein paar Dutzend nach ihrer Ankunft in Puteoli umbringen ließ. Das nahm den anderen die Lust auf weitere Unternehmungen, und sie reisten zurück. Auletes salbte unterdessen in Rom genau die richtigen Hände mit der immer wirksamen Goldsalbe und konnte schließlich unter römischem Schutz auf seinen Thron zurückkehren.

Während seiner dreijährigen Abwesenheit war Kleopatras ältere Schwester Berenike an die Macht gelangt. Als Auletes zurückkehrte, saß sie noch immer auf ihrem wakkeligen Thron, und ihr Vater ließ sie unverzüglich wegen Hochverrates hinrichten. Diese Verwandtenmorde waren in der 300jährigen Geschichte der Ptolemäer nichts Ungewöhnliches, waren fast schon zur Tradition geworden.

Ich habe diese Ereignisse kurz geschildert, weil sie meine Jugendzeit begleiteten und weil mein Vater während der ersten Regierungszeit des Auletes eine schnelle Karriere als Militärarzt machte. Er hat nie darüber gesprochen, wie er meine Mutter kennenlernte, jedenfalls war er ein Mann von fünfundzwanzig Jahren, als er die Ägypterin Selkis heiratete, deren Liebreiz und Anstand es schnell gelang, meine Großeltern umzustimmen. Doch es war ein kurzes Glück. Meine Mutter war mit mir hochschwanger, als der Truppenarzt Herakles, mein Vater, in irgendeiner dienstlichen Angelegenheit nach Memphis reisen mußte. Damals lebten meine Eltern in einer Dienstwohnung am Rande des Königsviertels beim Großen Hafen, und als sich bei Selkis vorzeitige Wehen ankündigten, war als erster einer der königlichen Leibärzte zur Stelle, da er in der Nähe wohnte. Ob in der Politik oder im Privatleben: Wenn der falsche Mann am falschen Ort zur Stelle ist, entsteht ein Unglück.

Die Geburt war schwer, der «Leibarzt» mühte sich redlich ab. Schließlich kam ich zur Welt, während im Bauch meiner Mutter etwas gerissen oder geplatzt war und sie langsam verblutete. Als Arzt muß ich zugeben, daß es viel leichter ist, das Blut einer äußeren Wunde zu stillen als den Blutfluß aus dem Inneren des Körpers, gerade bei Frauen, deren innere Geschlechtsorgane weitaus komplizierter sind als die unseren, wo alles schön übersichtlich nach außen gekehrt ist. Dieser Leibarzt hing nun jener alten Schule der Zaubermedizin an, und anstatt blutstillende, das heißt zusammenziehende Mittel – etwa Salbe aus Blättern der

Dornakazie – anzuwenden, legte er ihr ein Amulett auf den Leib, hergestellt aus Haar, Haut und Blut von Esel, Schwein und Schildkröte. Ich nehme an, daß dieser Mensch damals der einzige unter den alexandrinischen Ärzten war, der noch an diesen alten Hokuspokus glaubte.

Als mein Vater aus Memphis zurückkam, fand er nur noch zwei weinende Frauen vor – meine beiden Großmütter, die sich übrigens prächtig verstanden. Die ägyptische Schwiegermutter meines Vaters hatte mit unbeugsamer Zähigkeit eine Einbalsamierung durchgesetzt, und während ich an der Brust meiner Amme lag, taten die «Gottessiegler» im «Haus des Anubis» ihr schreckliches Werk – so jedenfalls mag es jemand erscheinen, der griechisch erzogen wurde. Im Zusammenhang mit Selkis, meiner Mutter, mag ich nicht darüber reden, aber wer an Einzelheiten interessiert ist, kann bei Herodot nachlesen, was an den Einbalsamierungsstätten vor sich geht.

Was nun geschah, weiß ich aus dem Mund meines Vaters, und ich kann nur wiedergeben, was er mir darüber erzählt hat. Einige Tage muß er vor Trauer wie gelähmt gewesen sein, dann ging er zu dem «Leibarzt», der – vielleicht – Schuld am Tod meiner Mutter hatte. Er zählte ihm – wie der Lehrer dem Schüler – die blutstillenden Mittel auf, von denen jeder vernünftige Arzt, ob Jude, Grieche oder Ägypter, immer einen Vorrat zur Hand haben müsse. Der Arzt entgegnete ihm darauf, der schreckliche Gott Seth sei für jeden Blutfluß der eigentlich Verantwortliche, und man könne seine Macht nur bannen, wenn man aus Teilen der ihm heiligen Tiere Esel, Schwein, Nilpferd, Antilope oder Schildkröte ein Amulett forme oder eine Medizin bereite. Er habe nun gerade etwas von Esel, Schwein und Schildkröte zur Hand gehabt, vielleicht wäre etwas vom Nilpferd oder …

In diesem Augenblick überkam ein wilder Zorn meinen Vater, und er ohrfeigte den Zauberarzt so lange, bis dieser wimmernd zu Boden sank. Diener zerrten Herakles aus dem Haus, denn, so versicherte er mir mehrmals, er hätte diese jämmerliche Kreatur zu Tode geprügelt. Am nächsten Tag wurde mein Vater zum Obersten Truppenarzt befohlen, der ihm sagte, die Sache sei mit Geld und einer Entschuldigung aus der Welt zu schaffen, denn der Leibarzt wolle mit Rücksicht auf Seine Majestät den Fall in aller Stille bereinigen. Das aber lehnte mein Vater ab.

«Das käme diesem elenden Pfuscher nur gelegen, weil dann seine Unfähigkeit nicht publik wird. Ich bestehe auf einer öffentlichen Untersuchung, zumindest einer Verhandlung vor dem Hofgericht.»

Dem Vorgesetzten war dies vielleicht gar nicht so unrecht, denn er hatte sich als kenntnisreicher und tüchtiger Arzt bewährt und sich seinen Rang weder erschlichen noch erkauft. Pfuscherei war ihm ein Greuel. Irgendwie muß der Fall dem König zu Ohren gekommen sein, denn er zeigte Interesse, der Verhandlung beizuwohnen. In Ägypten herrschten damals friedliche Jahre; Auletes hatte sich mit Rom auf einen Zahlungsmodus geeinigt, außerdem hatte man dort mit innenpolitischen Problemen genug zu tun.

Ich versuche nun, so gut ich es kann, meinen Vater selber erzählen zu lassen, denn diese Verhandlung vor dem Hofgericht in Anwesenheit Seiner Majestät Ptolemaios' XII. hat er mir mehrmals und, wenn ich mich recht erinnere, mit großer Genugtuung geschildert: «Der König beschäftigte zwei Leibärzte, von denen ich den einen gut kannte und ihn bat, als Gutachter aufzutreten. Meri-Ptah war ein Ägypter und stammte aus Mendes im Delta, wo man bis heute einen heiligen Stier verehrt. Er galt als strenger und korrekter Mann, abhold jeder Kurpfuscherei, und wenn er zauberische Praktiken anwandte, dann immer zusammen mit der reinen Erfahrungsmedizin und den erprobten Arzneien. Am Hof nannten sie ihn griechisiert Meriptas, und er genoß großes Ansehen. Freilich hatte auch der von mir angeklagte Leibarzt einige Befürworter, die umständlich ausführten, daß Selkis so oder so hätte sterben müssen, weil eine solch heftige Blutung auch mit Arzneien nicht aufzuhalten sei.

Der König saß im Hintergrund auf einem thronartigen Sitz und muß wohl den Entschluß gefaßt haben, dem Hof den Skandal eines wegen Unfähigkeit verurteilten Leibarztes zu ersparen. So wurde ich zusammen mit den zwei Richtern und dem Beklagten in einen kleinen Nebenraum gebeten. Auletes, dick, großnasig und anscheinend in guter Laune, versuchte mich mit Ehrungen und Geld zu bestechen, damit ich die Anklage zurückziehe. Da sagte ich laut, wohl zu laut: ‹Ich lasse mir das Leben meiner Frau auch von einem König nicht abkaufen.› Ptolemaios Auletes, damals gerade dabei, sich von den Priestern als ‹Neos Dionysos› (neuer Dionysos) und damit für göttlich erklären zu lassen, fuhr das in die falsche Kehle. Ich wurde sofort festgenommen und wegen Majestätsbeleidigung unter strengen Hausarrest gestellt. Drei Mann bewachten mich Tag und Nacht und folgten mir sogar auf den Abtritt. Das Strafmaß für Majestätsbeleidigung war in der Regel die Todesstrafe, doch mein Vorgesetzter erreichte es, daß sie in eine Verbannung nach Oberägypten an die Grenze des ‹elenden Kusch› – wie die alten Ägypter Nubien nannten – abgemildert wurde. Wer dort unten im Gluthauch der Wüste Militärdienst tun mußte, war wegen irgendeines Vergehens strafversetzt. Der dortige Truppenarzt hatte sich nach zweijährigem Dienst totgesoffen, und ich sollte ihn nun ersetzen. Deine beiden Großmütter weigerten sich, den Säugling, der du damals warst, herauszugeben, und du warst schon sechs oder sieben Jahre alt, als du mich erstmals besuchen konntest.»

Soweit mein Vater Herakles. Zu seiner letzten Bemerkung ist zu sagen, daß ich als Siebenjähriger niemals die weite Reise hätte unternehmen dürfen, wären meine Großeltern noch am Leben gewesen. Zuerst starben meine griechischen an einer in der Stadt grassierenden Seuche kurz hintereinander, danach meine ägyptischen Großeltern im Abstand von zwei Jahren. Dann lebte ich bei meinem Onkel Perseus – Vaters jüngerem Bruder –, der jetzt den Töpferladen führte und seiner Frau Demetria jedes Jahr ein Kind machte, so daß ich als Sechsjähriger schon mit vier Basen und Vettern aufwuchs. Mir war die Rolle des Stiefkindes zugefallen, des geduldeten Kostgängers, dem man die Brotstücke am Mund zählte.

Mein Vater wurde natürlich über das Ableben seiner Eltern und Schwiegereltern informiert, und in seiner Antwort äußerte er mehrmals den dringenden Wunsch, mich endlich zu sehen. Mein Onkel zögerte, weil er die Reisekosten scheute, doch als mein Vater ihm einen Beutel mit Drachmen übersenden ließ, heuerte er einen Diener an, der mich auf der langen Reise begleiten sollte. Der Abschied, muß ich sagen, fiel mir nicht schwer, außerdem steckt ein Siebenjähriger so voll Abenteuerlust, daß ich dieser Reise tagelang entgegenfieberte.

Als es dann eines Wintermorgens – nach römischem Kalender wird es Dezember oder Januar gewesen sein – soweit war, zappelte ich vor Aufregung wie ein Fisch auf dem Trockenen. Meinen römischen Lesern sei gesagt, daß die Ägypter nur drei Jahreszeiten kennen, nämlich Nilschwemme, Saatzeit (Winter) und Erntezeit (Sommer). Die Überschwemmungszeit dauert vom 15. Juni an vier Monate, danach folgt der Winter mit dem Rückgang des Wassers und einer im Delta verhältnismäßig kühlen Zeit. Den Nilstrom hat die Natur zum Reisen ideal ausgestattet, denn ein steter steifer Nordwind treibt die Schiffe nilaufwärts, während sie nach Norden nilabwärts mit der Strömung driften, also jeweils nur verhältnismäßig wenig Ruderkraft aufgewendet werden muß.

So saß der siebenjährige Olympos mit seinem freundlichen, aber schweigsamen Diener in einer Nilbarke und staunte an, was sich seinen Augen an beiden Ufern bot, vor allem die gewaltigen Tempelbauten in Abydos, Tentyra, Ombos, Theben und Apollinopolis, meist von den Ptolemäern neu errichtet oder erweitert. Mit jedem Tag unserer Fahrt wurde es heißer, während die Wüste nachts einen solchen Kältehauch ausschickte, daß mein Diener mich in mehrere Wolldecken wickeln mußte. Dann, am neunten oder zehnten Tag, erschien Suenet, das die Griechen Syene nennen, ein Städtchen an der Grenze zu Nubien, ein grüner Fleck in der Wüste, umgeben von gewaltigen Granitsteinbrüchen. Diese Gegend am ersten Nilkatarakt nennen die Ägypter Jeb, was Elefantenland bedeutet, und die größte Insel dort trägt den Namen Elephantine. Warum? Mein Vater meinte, es gebe zwei Deutungen. Zum einen soll dort früher ein reger Elfenbeinhandel stattgefunden haben, zum anderen sehen die Granitfelsen um die Inseln tatsächlich aus wie die Rücken untergetauchter Elefanten.

Mein Vater lebte in einem Militärlager am Rande der Stadt und hatte es, wie ich später bemerkte, durch seine ärztliche Kunst und seine Fürsorge auch für bedürftige «Zivilisten» zu großem Ansehen gebracht. Er bewohnte ein weiträumiges, bequemes Haus, nur wenige Schritte vom Nil entfernt, umsorgt von einer Schar Diener und Dienerinnen, die ihn verehrten, obwohl er auch sehr schroff und abweisend sein konnte. Aber er strafte nie hart, war verständnisvoll, nachsichtig und schaute nicht argwöhnisch auf jedes Getreidekorn, das in fremde Mäuler wanderte.

Sein Empfang war keineswegs überschwenglich, er ließ sich lange Zeit, mich zu betrachten, und sagte dann: «Du kommst ganz nach deiner Mutter, Olympos, doch deine grauen Augen sind makedonisch, die hast du von mir.»

Das Gesinde im Haus, entzückt über den Sohn seines verehrten Herrn, behandelte mich wie einen Prinzen und hätte mich wohl noch schlimmer verhätschelt als meine Großeltern in Alexandria, doch mein Vater achtete streng darauf, daß sie es nicht zu arg trieben. Als erstes mußte ich das Schwimmen lernen, weil mein Vater meinte, wer am Wasser lebt, muß auch in ihm überleben können.

Am Katarakt ist der Nil häufig sehr seicht, springt schnell über die Granitfelsen und verhindert die Ansiedlung von Krokodilen, die träges, trübes und sumpfiges Wasser vorziehen. So wurde der Nil mein liebstes Spielgelände. Ich schwamm und tauchte wie ein Fisch und kannte bald jeden Felsen, jede seichte, tiefe oder durch Strudel gefährliche Stelle. Ich habe Alexandria niemals auch nur eine Träne nachgeweint, und statt meiner hochnäsigen Basen und Vettern fand ich hier eine Schar wilder Spielgefährten, die mich als Sohn des beliebten Arztes respektierten, ohne mir eine Sonderstellung einzuräumen. Die mußte man sich erkämpfen, und unsere Anführer wechselten schnell, weil einmal der, einmal ein anderer sich hervortat.

Zwischen meinem achten und meinem zehnten Lebensjahr hielt es mein Vater für angebracht, mir – über seine Kenntnisse hinaus – eine griechische Ausbildung zu vermitteln, die ein sehr gewissenhafter *didaskalos* erteilte. Klytos stammte aus Alexandria und war, so munkelte man, aus staatspolitischen Gründen hierher verbannt worden. Er selber sprach nicht davon, und niemand wagte es, ihn danach zu fragen. Heute kann ich mir denken warum, denn Klytos redete mit einer solchen Begeisterung von den alten griechischen Stadtstaaten, die ja fast ausschließlich nach demokratischen Richtlinien regiert wurden. So wird man ihn vermutlich in Alexandria als Feind der Monarchie denunziert und hierher verbannt haben.

Er war ein Lehrer, der bei uns Acht- bis Vierzehnjährigen – nicht ohne Erfolg – an Einsicht und Vernunft appellierte, so daß er den Bambusstock nur in ganz wenigen Ausnahmen gebrauchte, aber dann heftig und mit Nachdruck. Er hat intensiv fortgeführt und vertieft, was mein Vater begonnen hatte, und nach zwei Jahren seines Unterrichts waren mir Kultur, Geographie und Geschichte des alten Hellas so vertraut geworden, daß ich stolz war, aus mazedonisch-griechischem Stamm zu kommen, und mich den Ägyptern in manchem überlegen dünkte.

Das rückte dann mein Vater schnell zurecht.

«Gut, Olympos, die alten Griechen haben zeitweise die monarchische Form überwunden und es mit der Demokratie versucht, die aber auch ihre Schwächen hat. Vergiß aber bei alldem nicht, daß die Ägypter schon gut zweitausend Jahre vor den Griechen eine Hochkultur mit Schrift, Handwerk, Ackerbau, Technik, großen Städten und steinernen Tempeln besaßen. Nimm dir einmal den Herodot vor, und lies nach, was die Griechen den Ägyptern verdanken.»

Das tat ich dann auch, und ich sah seither keinen Grund mehr, mich meiner mütterlichen ägyptischen Herkunft zu schämen – ganz im Gegenteil.

Es war eine schöne Jugend, ich könnte mir keine bessere denken. Etwa ab meinem zehnten Lebensjahr nahm mein Vater mich immer häufiger auf seinen Krankengängen mit, und vielleicht bin ich einer der wenigen Ärzte, die ihre Kunst von Kindheit an gleichsam spielerisch erlernt haben.

Die politischen Ereignisse drangen nur sehr fragmentarisch, sozusagen in groben Zügen zu uns. Sie hätten mich, den damals Zehn-, Zwölf- und Vierzehnjährigen, auch kaum interessiert. Die Grenze zu Nubien war ziemlich ruhig, weil der dort regierende König Teritekas sich mit der Rückgewinnung eines Stück Landes nördlich des zweiten Katarakts zufriedengab.

Viel beachtet wurden dagegen die Familienereignisse im Königshaus. Jedes Kind seiner Gattin Kleopatra Tryphaina, das zur Welt kam, ließ Ptolemaios Auletes durch Herolde im ganzen Land verkünden, und er zeugte Töchter und Söhne in schneller Folge. Nach Kleopatra – der späteren Königin – und Berenike kamen Arsinoe und die beiden Prinzen zur Welt, die aber von einer anderen Frau stammten, denn Tryphaina war inzwischen gestorben. Dann und wann kommentierte mein Vater diese Ereignisse, vor allem wenn er nach anstrengendem Tagewerk bei einem Krug Wein draußen die einsetzende Abendkühle genoß, um dann – mehr monologisierend als an mich gerichtet – über diese Dinge zu reden. Daß ich im selben Jahr wie Prinzessin Kleopatra geboren war, nämlich im elften Regierungsjahr des Königs Auletes, wußte ich längst, weil Vater mich schon als Kind darauf hinwies.

Wenn ich vorhin sagte, daß ich die ärztliche Kunst spielerisch erlernte, so soll das nicht heißen, daß es immer ein schönes Spiel war. Ich lernte menschliches Leid in all seinen Erscheinungsformen kennen, und bereits als Sechzehnjährigem machte es mir nichts aus, verletzte Menschen brüllen, ächzen und stöhnen zu hören, auch weil mein Vater immer wieder betonte: «Schlimm ist es nur, wenn sie still geworden sind. Wenn sie reglos an dir vorbeistarren und kaum reagieren, wenn du ihre tiefen Wunden säuberst oder sondierst. Dann hat es sie meistens am Kopf erwischt, und du mußt Sachmet den Vortritt lassen.»

Er liebte solche Anspielungen auf ägyptische Gottheiten, und die löwenköpfige Sachmet galt als Göttin des Verderbens und der Vernichtung. Sie war freilich auch die Schutzpatronin der Ärzte – bei den Ägyptern ist das kein Widerspruch –, und mein Vater versäumte nie, einmal im Monat in ihrem kleinen Tempel zu opfern.

So wurde ich achtzehn, und mein Vater meinte, er hätte

mich kaum noch etwas zu lehren, aber lernen müsse ein Arzt sein Leben lang.

Frauen gegenüber war ich ein schüchterner Junge, und Erfahrungen auf diesem Gebiet waren so gut wie nicht vorhanden. Daß eine unserer jungen Dienerinnen mir schöne Augen machte, merkte ich zwar, doch es brachte mich in tiefe Verlegenheit, und alles, was ich tat, war, an sie zu denken, wenn ich mich selbst befriedigte. Ihre Mutter, eine noch junge Witwe, half gelegentlich bei uns aus, wenn große Wäsche fällig war, was sich weniger auf unsere Kleidung als auf Verbandsmaterial, Kompressen, Armschlingen und andere vom Arzt benötigte Utensilien aus Leinen oder Wolle bezog. Die beiden müssen wohl über mein scheues und verlegenes Benehmen getuschelt haben, denn die junge Witwe half mir recht resolut aus meiner Verlegenheit. Das war an einem Waschtag, als mein Vater dringend weggerufen wurde, während ich zurückblieb und Salben mischte. Dann ging alles recht schnell. Die Witwe sortierte Wäsche und Verbandsmaterial; hinter ihr dampfte der große Bronzekessel über dem Feuer. Sie hatte der Hitze wegen ihr Kleid abgelegt und stand schlank, schweißbedeckt und durchaus verlockend mit ihrem kleinen Lendenschurz mitten im Wäschehaufen – allein. Ich starrte sie mit offenem Mund an, sie lachte, faßte mich am Arm und fuhr mit der anderen Hand unter meinen Schurz. Dort ragte schon hart und steil mein schnell erregbarer Phallos, und ehe ich es versah, lag ich im Wäschehaufen, und sie saß auf mir und ritt mich zu wie ein junges Füllen. Es war, muß ich sagen, kein umwerfendes Erlebnis, machte mich aber ungeheuer stolz. Ich hatte eine Frau geliebt – war endlich ein richtiger Mann! Wir trieben es noch etliche Male, dann blieb sie aus, ich weiß nicht mehr warum, auch ihre Tochter nahm andere Dienste an. Von da an war ich weniger schüchtern, aber ein Frauenheld ist nie aus mir geworden.

Dann kam eine Zeit der politischen Unruhe, spürbar auch bei uns im abgelegenen Syene. Vor etwa zwei Jahren war der dicke Auletes gestorben, und sein ältester Sohn Ptolemaios XIII. folgte ihm auf den Thron, war aber erst zehn Jahre alt. Zuerst regierte er gemeinsam mit seiner Schwester Kleopatra, doch der hinter ihm stehende Regentschaftsrat hetzte und intrigierte gegen sie, so daß Kleopatra den Tod des heiligen Buchis-Stieres von Hermonthis zum Vorwand nahm, für einige Zeit aus Alexandria zu verschwinden. Das war recht geschickt, denn sie brachte ihre Person in Sicherheit und konnte sich zugleich im mittleren und südlichen Ägypten als die neue Herrscherin vorstellen wie auch durch ihre Teilnahme an der «Wiedergeburt» des Buchis-Stieres ihre Verbundenheit mit der ägyptischen Religion demonstrieren. Sie besaß damals schon einen großen Anhang und reiste durchaus königlich mit einem Dutzend Prunkbarken und vielen kleineren Begleitschiffen.

Ich war gerade zwanzig geworden, da erschien Kleopatra VII., Herrin Beider Länder und Tochter der Sonne, um ihren südlichsten Herrschaftsbereich in Augenschein zu nehmen.

## ERSTES KAPITEL

Seit Menschengedenken hatte kein ägyptischer König Syene, die südlichste Stadt seines Reiches, besucht. Es gab hier auch keine schriftliche Überlieferung, doch galt als sicher, daß Ramses II. sich länger hier aufhielt, als er die beiden ihm und seiner Gattin Nefertari gewidmeten Felsentempel einweihte.

Natürlich war Kleopatras Kommen lange vorher angekündigt, so daß unser festlich aufgeputztes Städtchen auf den hohen Besuch gut vorbereitet war. Der Bürgermeister hatte das Stadthaus – hier tagte er von Zeit zu Zeit mit dem Ältestenrat – mit Blumengirlanden, Sykomoren- und Tameriskenzweigen ausschmücken lassen.

Am Tag ihrer voraussichtlichen Ankunft warteten die Honoratioren von Syene am Hafen auf das Anlegen der königlichen Flotte. Die kleine griechische Kolonie bestand aus dem Statthalter von Jeb, dem Kommandanten der Grenztruppen mit seinen Offizieren, ein paar Verwaltungsbeamten sowie aus meinem Vater und mir, den beiden Ärzten. Der Bürgermeister war ein Ägypter, wie auch die Priester der hier verehrten Götter, an der Spitze die Priesterkollegien des Isis-Tempels auf der Insel Philae und des Osiris-Tempels auf der Nachbarinsel Bigge. Diese Herren gaben sich sehr würdevoll und beeindruckten mit ihren kahlgeschorenen Köpfen und den Leopardenfellen über ihren langen weißen Gewändern. Die Priester des Chnum-Tempels auf Elephantine standen ihnen kaum nach, während die der kleineren Heiligtümer von Amun, Sachmet,

Hathor und einiger Lokalgötter etwas bescheidener auftraten.

Kleopatras königliche Prunkbarke war mit ihren vergoldeten Masten, den wehenden Fahnen und farbigen Sonnensegeln schon von weitem zu erkennen. Die kleinen Schnellruderer der Leibwache umgaben das Königsschiff wie eine metallene Schutzwehr; die Lanzen, Schwerter und Streitäxte funkelten bedrohlich in der späten Nachmittagssonne. Schon von weitem kündete vielstimmiger Fanfarenklang die Ankunft des hohen Besuchs an. So einfach die Königin – wie ich später sah – sich in ihrer griechisch geprägten Residenz meist kleidete, so prunkvoll trat sie hier als *Nebet taui* und *sat-Ra* – als Herrin Beider Länder und Tochter der Sonne – auf: als Pharaonin wie in den Tagen der altägyptischen Dynastien. Auf ihrem Kopf funkelte eine goldene Uräenkrone, ihre über der Brust verschränkten Hände hielten Zepter und Peitsche. Weißgekleidete Weihrauchträger schwangen ihre vergoldeten Bronzekessel und hüllten Kleopatra in grauweiße, vom Nordwind schnell davongetragene Duftwolken. Bis auf den Lendenschurz nackte nubische Sklaven trugen den vergoldeten Thron mit der Königin an Land, und ihre ägyptischen Untertanen warfen sich sogleich nach alter Sitte in den Staub. Wir Griechen bildeten ein Spalier mit tiefgebeugten Rücken, da hörten wir ihre helle, etwas harte, aber wohlklingende Stimme: «Erhebt euch – erhebt euch!»

Schon als Zwanzigjährige beherrschte Kleopatra mehrere Sprachen, darunter perfekt und akzentfrei die alte Sprache ihres Landes. In ihr richtete sie einige Worte an den Bürgermeister und seine Beamten, dann begrüßte sie uns Griechen und ließ sich vom Statthalter die juwelengeschmückte Hand küssen.

Im Stadthaus fanden wir uns alle wieder zusammen, und der *dioecetes* Protarchos – ihr Erster Minister – stellte sich neben den erhöhten Thron und las von einer Schriftrolle etwas ab; auch dies in der alten Tradition der Pharaonen, die niemals selbst längere Ansprachen vor ihren Untertanen hielten. Da war die Rede von «meinem geliebten Brudergemahl», der sein königliches Amt in Alexandria versehe, unterstützt von einem tüchtigen Regentschaftsrat, der, so hoffe sie, bald entbehrlich sei. Auch gedachte die Königin ihres Vaters, des «Neos Dionysos», der nun mit den Himmlischen vereint sei und dessen göttliche Hilfe und Unterstützung aus dem Jenseits sie deutlich empfinde. Sie erwähnte auch den Buchis-Stier von Hermonthis, an dessen feierlicher Wiedergeburt sie teilgenommen hatte. In dieser königlichen Rede, vom *dioecetes* verlesen, wurden die Geschwister als in Eintracht und Frieden herrschendes königliches Ehepaar dargestellt, doch einige der Anwesenden wußten recht gut, daß die Wirklichkeit anders aussah. Danach gewährte Kleopatra jedem der Anwesenden eine kurze Audienz.

So standen auch wir vor ihrem Thron, mein Vater und ich. Der Zeremonienbeamte las von seiner Liste ab: «Truppenarzt Herakles mit seinem Sohn Olympos, ebenfalls Arzt.»

Bei meinem Namen erfolgte das von mir schon erwähnte kurze Stirnrunzeln, dann sagte sie: «Tüchtig, tüchtig, junger Mann. Ich nehme an, du assistierst deinem Vater bei seiner schweren und verantwortungsvollen Arbeit?»

Herakles antwortete für mich.

«Auch, Majestät, aber er ist durchaus imstande, alleine Diagnosen und Behandlungen durchzuführen.»

Während die Königin ihre Augen auf meinen Vater richtete, wagte ich es, sie mir genauer anzusehen. Sie zeigte damals nicht ihr eigenes Gesicht, denn es war nach ägyptischer Art geschminkt und wirkte dadurch etwas starr, wie eine bemalte Mumienmaske. Die großen ausdrucksvollen

Augen leuchteten in einem tiefen Grau – wie bei mir das makedonische Erbe –, doch ihre Haarfarbe verbarg eine reichgelockte Perücke. Unter der hohen Stirn sprang weit ihre Nase hervor, schmal und leicht gekrümmt, aber nicht so lang, daß sie häßlich gewirkt hätte. Der Mund war weder klein noch groß, weder üppig noch dünn, sondern edel, schön geformt und mit einer etwas überstehenden Oberlippe, was ihrem Gesicht eine Spur koketter Weiblichkeit verlieh. Ihre spöttische Stimme riß mich aus meinen Betrachtungen.

«Nun, Olympos, studierst du mein Gesicht als Arzt, oder willst du ein Bildnis von mir fertigen?»

«Weder noch, Majestät, und bitte verzeihe mir meine Kühnheit. Eine Königin sieht man eben nicht alle Tage.»

Sie lachte auf eine herzliche und unbeschwerte Art.

«Da hast du wohl recht, Olympos – aber wer weiß, wohin dein Lebensweg dich noch führt.»

Wäre nicht geschehen, was tags darauf geschah, so hätte es wohl für mich keine zweite Begegnung mit der Königin gegeben.

Am nächsten Morgen, noch vor Sonnenaufgang, mußte mein Vater mit einem Schnellruderer nach Süden reisen. Ein Grenzposten war von einem der verräterischen Wüstenstämme überfallen worden, und es hatte Tote und Verletzte gegeben.

«Du bleibst hier, Olympos, wir können nicht beide verschwinden, solange die Königin in Syene weilt.»

Für diesen Tag hatte Kleopatra den Wunsch geäußert, die berühmten Steinbrüche zu besichtigen, wo seit ältester Zeit der begehrte Rosengranit gebrochen und ins Land verschifft wurde. Die Bildhauer schufen aus ihm die schönsten Bildwerke religiöser und profaner Art, und der harte Stein blieb auch nach Jahrtausenden unverändert.

Zusammen mit dem *nauarchos* der königlichen Flotte,

einem Trupp ihrer Leibwache und einigen Dienerinnen machte sich Kleopatra in einer Tragsänfte auf den Weg. Die Steinbrüche liegen am Rande der Stadt und sind schnell zu erreichen. Der *nauarchos*, ein älterer Herr, ritt auf einem Esel und geriet, als er abstieg, mit dem linken Fuß in eine Steinspalte, stürzte und zog sich einen offenen komplizierten Knöchelbruch zu. Man brachte ihn sofort auf sein Schiff, und zwei Ärzte eilten herbei – Kleopatras damaliger Leibarzt und einer, der für die Schiffsbesatzungen zuständig war. Bei offenen Brüchen, vor allem, wenn der Knochen mehrfach zersplittert ist, gibt es kaum einen Arzt, der nicht zur Amputation rät. Dafür spricht eine Reihe guter Gründe, wovon der gewichtigste die Gefahr ist, daß das Glied brandig wird und nicht selten durch Vergiftung des ganzen Körpers zum Tode führt. Als der *nauarchos* hörte, daß man ihm den Fuß abnehmen wollte, wehrte er sich dagegen und verlangte, einen dritten Arzt zuzuziehen, nämlich den Truppenarzt Herakles, meinen Vater. Ein Diener kam in unser Haus, doch ich mußte ihm sagen, daß Herakles schon eine Tagesreise nach Süden unterwegs war; aber auch ich sei Arzt und würde mir gerne den Fuß ansehen. Der Diener musterte mich abschätzig, wahrscheinlich erschien ich ihm zu jung, doch ich hatte schon das Notwendigste hergerichtet und ging mit ihm zum Hafen. Kleopatra saß am Bett ihres Flottenchefs und herrschte mich an: «Wo ist dein Vater? Ihn haben wir herbefohlen, nicht dich!»

Ich erklärte die Sachlage, und der Verletzte sagte mit dünner, schmerzgequälter Stimme: «Ein junger Arzt muß nicht zwangsläufig ein schlechter sein …»

Ich betrachtete den schlimm zugerichteten Fuß genau. Er war fast im rechten Winkel abgeknickt, und einige der zersplitterten Knochen hatten sich durch die Haut gebohrt und standen heraus wie Stacheln.

«Ich müßte den Fuß genauer untersuchen, das ist sehr schmerzhaft, dauert aber nicht lange.»

Der *nauarchos* grinste mühsam.

«Nur zu – nur zu! Schlimmer kann es nicht mehr werden …»

Zwei seiner Diener hielten ihn fest, und ich versuchte den Fuß langsam in seine natürliche Lage zu drehen. Der Verletzte knirschte hörbar mit den Zähnen, begann zu stöhnen und schließlich zu schreien.

Die Königin erhob sich.

«Hör sofort damit auf! Warum quälst du ihn so?»

«Weil es sein muß», sagte ich ungerührt, doch ich hatte gesehen, was zu sehen war, hatte auch mit den Fingern ertastet, daß das Fußgelenk noch weitgehend intakt war und der Bruch nur eine Spanne darüber lag.

«Ich bin der Ansicht, daß es eine Möglichkeit gibt, den Fuß zu retten. Er wird natürlich steif bleiben und nicht mehr belastbar sein. Aber eine Amputation ließe sich vermeiden.»

Der königliche Leibarzt sagte nichts, schnaubte nur verächtlich durch die Nase. Der Schiffsarzt wiegte bedächtig seinen Kopf.

«Hast du dir das genau überlegt? Eine solche Wunde gerät mit Sicherheit in Brand, und schließlich muß doch amputiert werden, dann vielleicht nicht nur der Fuß, sondern der ganze Unterschenkel. Hast du schon einmal ein brandiges Glied gesehen?»

Ich grinste ihn an, vielleicht ein wenig zu frech.

«Nicht nur einmal, verehrter Kollege, sondern viele Dutzend Male. Die Grenztruppen hier sind regelmäßig den Überfällen der Nubier oder räuberischer Wüstenstämme ausgesetzt, und was Steinschleudern, Streitäxte oder Keulen anrichten können, weiß ich besser als jeder andere. Wenn wir da immer gleich amputieren würden, hätte die

Armee Ihrer Majestät nur noch einbeinige und einarmige Krüppel aufzuweisen.»

Kleopatra, schon dabei aufzubrausen, lächelte streng.

«Falls deine ärztlichen Fähigkeiten nicht geringer sind als dein freches Benehmen, wirst du es noch weit bringen in deinem Beruf. Der *nauarchos* soll es selber entscheiden, denn nur ihn geht es an.»

Der Verletzte hatte die Augen geschlossen, über sein blasses, schweißbedecktes Gesicht huschten schmerzliche Zuckungen, die er zu unterdrücken suchte.

«Ich vertraue mich dem Arzt Olympos an», sagte er.

«Gut», sagte ich, «aber der Verletzte ist nicht transportfähig. Wir haben in unserem Haus einige Krankenstuben, er muß einige Zeit hierbleiben – vielleicht einen Monat, vielleicht auch länger.»

*«Basilissa ...»*, begann der Leibarzt, doch die Königin schnitt ihm das Wort ab.

«Der *nauarchos* hat entschieden, und dabei bleibt es. Zwei Diener werden ihn begleiten, und sein Schiff wartet hier im Hafen, bis er wiederhergestellt ist. Und dir, Olympos, sage ich eines: Falls dieser Mann unter deinen Händen stirbt, dann rate ich dir, dich rechtzeitig nach Nubien abzusetzen. In Ägypten wirst du nicht mehr froh werden.»

Ich verneigte mich tief.

«Alles geschieht nach dem Wunsch Deiner Majestät.»

Viel später, in einer vertraulichen Stunde, fragte ich, ob sie ihre Drohung – wäre der Oberbefehlshaber der Flotte gestorben – wahrgemacht hätte.

Sie zuckte die Schultern.

«Vielleicht – vielleicht auch nicht. Könige sind launisch, weißt du. Aber die politische Lage war in dieser Zeit sehr gespannt, und ich hatte den Oberbefehlshaber der Flotte schon vergessen, als er nach einigen Monaten plötzlich wiederauftauchte.»

Der *nauarchos* bezog mit seinen beiden Dienern unsere beste Krankenstube, und ich tat alles, um seinen Fuß und sein Leben zu retten. Mein Vater kam erst nach neun Tagen zurück, und in dieser Zeit war ich auf mich allein gestellt. Ich verabreichte dem Kranken unser spezielles Betäubungsmittel, eine Mischung, die ich hier nicht nennen will, weil ich es meinem Vater versprochen habe. Nur soviel: Sie besteht aus drei verschiedenen Pflanzensäften, Honig, Öl und vergorenem Gerstensaft und wird mit einem Klistier in den After gegeben.

Als erstes hatte ich die herausragenden Knochensplitter mit einer Pinzette entfernt, den Bruch, so gut es ging, geradegerichtet und mit festen Binden fixiert. Nun kam es vor allem darauf an, Entzündungen oder Eiterung zu vermeiden, und ich weiß, daß es nicht mein Verdienst war, sondern die gute Natur des alten Oberbefehlshabers der Flotte, wenn die Wunde glatt abheilte und die Knochen langsam zusammenwuchsen und zu verknorpeln begannen. Wichtig war nur, daß er den Fuß nicht bewegte, und um dies zu verhindern, band ich ihn am Bettgestell fest.

Als mein Vater zurückkam, ließ er sich den Fall in allen Einzelheiten schildern, nickte dann und wann und sagte schließlich zu mir, der gespannt auf sein Urteil wartete:

«Ich hätte es nicht anders gemacht, aber ich hoffe, du hast das Risiko bedacht. Noch immer können Komplikationen eintreten, der Fall ist noch längst nicht ausgestanden.»

Doch offenbar standen mir Sachmet und Asklepios hilfreich zur Seite – weder gab es Komplikationen noch Rückschläge, und nach fünfundzwanzig Tagen strenger Bettruhe durfte der Oberbefehlshaber der Flotte erstmals sein Lager verlassen.

«Es ist wie ein Wunder ...», murmelte er, doch daß es nicht ganz so war, spürte er beim ersten Versuch, mit dem kranken Fuß aufzutreten. Ein unterdrückter Schrei und ein ellenlanger Fluch begleiteten diesen Versuch, und ich hatte alle Mühe, ihn zu beruhigen.

«Es wird niemals so sein wie vorher», warnte ich ihn. «Stock oder Krücken werden dich zeitlebens begleiten, aber dein Fuß ist gerettet, *nauarchos*. Das ist immer noch besser als ein beinloser Krüppel.»

Mein Vater stand dabei und sagte: «Mein Sohn hat recht, Herr.»

Der Oberbefehlshaber der Flotte humpelte zu seinem Lager und ließ sich behutsam dort nieder. «Ja, ja, ich weiß, aber es ist für mich so ungewohnt.»

Das war nun die alte Klage unserer Patienten, wenn ein Bein steif, eine Schulter schief, eine Hüfte krumm geblieben war: es ist so ungewohnt ... Aber sie überlebten es und gewöhnten sich daran, wie sich der Mensch an alles gewöhnt, solange ihm eine Hoffnung bleibt.

Am Tag seiner Abreise bestand der Oberbefehlshaber der Flotte darauf, den Weg zum Hafen auf seinen eigenen zwei Beinen und ohne die Hilfe von Dienern zurückzulegen. Er benutzte Krücken, aber er schaffte es. Er ließ uns fünf Goldstater überreichen, die mein Vater zurückwies.

«Wir dienen beide der königlichen Armee, du auf dem Wasser, ich zu Lande. Es wäre nicht recht, dafür eine Bezahlung anzunehmen.»

Der Oberbefehlshaber der Flotte schüttelte störrisch den Kopf.

«Ich nehm's nicht zurück! Dann verwende es eben für Kranke, die nicht der Truppe angehören und kein Geld besitzen.»

Mein Vater nickte.

«Gut, *nauarchos*, so soll es geschehen.»

Ich begleitete meinen Patienten aufs Schiff, wo er sich in einen Deckstuhl sinken ließ und die Krücken auf den Boden legte.

«Dir, Olympos, verspreche ich eines: Ich werde bei der Königin dein Lob singen, denn du hast es verdient. Anstatt den einfacheren Weg zu wählen, nämlich meinen Fuß abzuschneiden und mit ihm alle zu erwartenden Komplikationen, hast du es gewagt, eine gefährliche Verletzung nach allen Regeln deiner Kunst und mit großer Geduld zu behandeln. Ärzte wie dich bräuchten wir in Alexandria an der Universität, um deine Einstellung und dein Wissen an die Jüngeren weiterzugeben.»

Ich lächelte geschmeichelt.

«Jung bin ich ja selber noch, und keine Universität würde mich als Lehrer aufnehmen. Vielleicht in zehn Jahren ...»

Der Oberbefehlshaber der Flotte nickte.

«Wann auch immer, du bist willkommen.»

Dieses Gespräch nahm ich nicht ernst und hatte es bald wieder vergessen. Dankbare Patienten versprechen viel, jeder Arzt weiß das, sind aber Schmerzen und Krankheit vergessen, muß man froh sein, wenn sie einen auf der Straße noch grüßen.

Ich habe vorhin erwähnt, daß die Eintracht des königlichen Ehe- und Geschwisterpaares nur eine Fiktion war, um das Volk in Sicherheit zu wiegen, doch die Bürger von Alexandria durchschauten den Betrug schnell, und selbst bei den Gebildeten in Syene, an der Grenze zu Nubien, entstand einige Unruhe wegen der damit verbundenen Ereignisse.

Viele römische und griechische Autoren haben diese bewegten Jahre nach dem Tod Ptolemaios' XII. Auletes ausführlich dargestellt, aber – so scheint es mir – keiner schöpfte dabei aus erster Quelle, und auch wo die Berichte nicht gerade falsch sind, erkenne ich doch spürbare Lükken.

Eines gleich vorweg: Kleopatra hat niemals einen Zweifel daran gelassen – was sie eher durch Taten als durch Worte bewies –, daß sie allein sich als Herrscherin der Beiden Länder sah, daß ihre Schwester Arsinoe und die beiden Halbbrüder in ihren Augen nur Randfiguren darstellten, flüchtige Schatten auf dem Bild der Geschichte, die sie – sie allein – in Ägypten und später auch anderswo gestalten wollte.

Der Wille des verstorbenen Königs war es gewesen, daß sie zusammen mit dem älteren ihrer beiden Halbbrüder die Nachfolge antrat. So geschah es zunächst auch, aber Kleopatra ließ erkennen, daß sie nicht gesonnen war, die Macht mit dem zehnjährigen Brudergemahl Ptolemaios XIII. zu teilen. Damit aber war der hinter dem Bruder stehende Regentschaftsrat – angeführt von dem «Pflegevater» Pothinus – nicht einverstanden. Ehe ihr kindlicher Bruder erwachsen und ein ernstzunehmender Machtkonkurrent werden konnte, tat sie alles, um ihn auszustechen, um sich beim Volk beliebt zu machen.

Zurück in Alexandria, nahm Kleopatra den Thron an der Seite ihres Bruders wieder ein. Pothinus und der Regentschaftsrat duckten sich, setzten aber ihre Wühlarbeit im geheimen fort. Dazu zählte ein Dekret, das im Namen «des Königs und der Königin» erlassen wurde, aber nur vom Regentschaftsrat kam und anordnete, alles in Mittelägypten geerntete Getreide nach Alexandria und keineswegs – es war ein Jahr der Mißernte – in die Notstandsgebiete zu schicken. Damit sollte Kleopatras neugewonnenes Ansehen in Unter- und Oberägypten geschwächt und untergraben werden. Aus Rom drohte weiterhin die Gefahr, daß im noch immer tobenden Bürgerkrieg jene Kräfte siegen könnten, die für eine Annexion Ägyptens eintraten.

Wenn ich heute, nur vier Dezennien später, auf Rom und die übrige Welt blicke, fällt es mir schwer zu glauben, daß aus diesen Wirren ein so fester und anhaltender Friede hervorgegangen ist. Man mag kaum glauben, daß es vor wenigen Jahrzehnten noch Zeiten gegeben hat, da die Anhänger der Triumvirn Caesar, Pompeius und Crassus sich in den Straßen Roms gegenseitig abschlachteten.

Nun war Crassus während eines Partherfeldzugs gefallen; der Machtkampf spielte sich jetzt nur noch zwischen Caesar und Pompeius ab. Letzterer schien in Rom die stärkere Anhängerschaft zu besitzen, doch Caesar jagte ihn davon, und Pompeius suchte in Ägypten nach Unterstützung. Man empfing ihn dort sehr zuvorkommend, weil sein Vater König Ptolemaios Auletes immer geholfen und unterstützt hatte, wenn auch, ich sagte es schon, gegen klingende Münze. Dennoch dachte Kleopatra – sie hat es mir selbst bestätigt – nicht einen Augenblick daran, ihm beizuspringen, weil sie von ihren Spitzeln erfuhr, daß Julius Caesar in Rom und Italien die Macht fest in den Händen hielt. So tat sie das einzig mögliche, nämlich nichts, und überließ dem Regentschaftsrat die Verantwortung für sechzig Schiffe, Soldaten und Proviant, die dieser dem Pompeius zur Verfügung stellte. Ein Teil des mit ihm geflohenen Senats bedankte sich überschwenglich bei Ptolemaios XIII., und Pompeius wurde daraufhin pro forma zum Vormund des jungen Königs ernannt. Ein schönes Spiel, ein rührendes Spiel, dem Kleopatra nicht weiter zuschaute, weil sie ernsthaft um ihr Leben fürchtete. Quasi über Nacht floh sie aus der Stadt und ging mit den ihr treuen Truppen nach Palästina, an die Nordostgrenze ihres Reichs.

Caesar erfuhr davon und horchte auf. Sie also schien eine Gegnerin des Pompeius zu sein, und er bedachte die alte Regel: Der Feind meiner Feinde ist mein Freund. Von da an stellte sich Julius Caesar auf die Seite von Kleopatra und blieb ihr gewogen bis in den Tod.

Zunächst aber galt es, Pompeius zu besiegen. Caesar, der geniale Feldherr, sicherte sich nach Italien die Iberische Halbinsel, kehrte dann in Eilmarschen zurück und zwang

Pompeius bei Pharsalos in Thessalien zur Entscheidungsschlacht, und das war im Sommer des dritten Regierungsjahres meiner Königin. Pompeius wurde vernichtend geschlagen und floh nach Ägypten, um dort beim jungen König um Hilfe und Verstärkung zu bitten. Ptolemaios aber war inzwischen anderen Sinnes geworden. Sein «Pflegevater» Pothinus hatte ihn überzeugt, daß es für Ägypten auf die Dauer nicht von Vorteil sein könne, zum Nebenschauplatz des römischen Bürgerkrieges zu werden. Es hätte auch zuviel gekostet...

Ein paar hohe römische Offiziere wurden bestochen, und als Pompeius zu ihnen ins Boot stieg, um in Ägypten an Land zu gehen, brachten sie ihn um. Gleichzeitig fuhr eine Flotte ägyptischer Kriegsschiffe los und versenkte einen Teil von Pompeius' Schiffen; der Rest floh aufs offene Meer.

Jetzt schlug die Stunde des einzig Überlebenden aus dem Triumvirat. Crassus und Pompeius waren tot, und nur vier Tage nach des letzteren Ermordung landete Julius Caesar mit einem Heer von etwa elftausend Mann im Hafen von Alexandria. Eine königliche Abordnung überreichte ihm den Siegelring und die einbalsamierte rechte Hand des Pompeius. Caesar verhielt sich sehr kühl, denn Pompeius war zwar sein Feind, aber er war auch ein Römer gewesen, und es paßte ihm nicht, daß Ägypten sich in den Streit gemischt hatte. Er zeigte deutlich seinen Unwillen, gab aber zu verstehen, daß dieser leicht zu besänftigen sei, und zwar mit Geld – viel Geld, das er zur Fortsetzung des Kampfes gegen die Söhne und Anhänger des Pompeius brauchte. Des weiteren erinnerte Caesar daran, daß ihn der verstorbene König Auletes bei allen Göttern und den mit ihm in Rom geschlossenen Verträgen gebeten habe, die Vollstreckung seiner testamentarischen Verfügungen zu überwachen. Das, so Caesar, wollte er als römischer Senator und derzeitiger Konsul jetzt tun. Als erstes sandte er einen Eilboten nach Palästina, um Kleopatra zur Rückkehr und Regierungsübernahme zusammen mit ihrem Bruder aufzufordern. Damit war nun der hinter dem jetzt zwölfjährigen Ptolemaios stehende Kreis gar nicht einverstanden. Sie wollten mit Hilfe ihrer königlichen Strohpuppe weiter ihre Fäden spinnen, sich an Geld und Macht bereichern. So versperrte man Kleopatra den Weg zu Land, und sie mußte sich verkleidet auf einem kleinen Boot in den Hafen und an Land schmuggeln.

Wie sie an Land kam, ist oft kommentiert worden; sie selber hat sich niemals dazu geäußert und keiner – mich eingeschlossen –, der es gewagt hätte, sie danach zu fragen. Im allgemeinen wird der Fall so dargestellt: Aus Angst, an Land auch verkleidet erkannt zu werden, bestach sie den mit seinem Schiff im Hafen liegenden sizilianischen Händler Apollodoros, sie in einen kostbaren Teppich zu wickeln und diesen bei Caesar als Kleopatras Geschenk abzuliefern. So geschah es dann, und sie muß den damals zweiundfünfzigjährigen Konsul derart bezaubert haben, daß er, immer auch das Wohl Roms im Auge, sich für ihre Pläne einspannen ließ – Pläne, die vor allem darauf hinzielten, Kleopatra als Alleinherrscherin auf dem ägyptischen Thron zu installieren. Das war aber nicht leicht, denn die Stimmung in Alexandria – und nur darauf kam es an – war einhellig gegen die Römer gerichtet, angefeuert noch durch Pothinos, den Vorsitzenden des Regentschaftsrates. Die Römer – ob Soldaten oder Zivilpersonen – wurden auf der Straße bespuckt, verbal beleidigt und nicht selten tätlich angegriffen. Die Griechen beschimpften die Römer als ungehobelte Barbaren, Tyrannen und Länderfresser, und die damals geäußerten Meinungen der Römer über die Griechen waren auch nicht besser. Sie seien heimtückisch, skrupellos, schamlos, streitsüchtig und unfähig zur Tat.

Caesar wußte natürlich, daß er bei Pothinus ansetzen mußte, um die Zukunft in seinem Sinn zu gestalten, aber er handelte nicht überstürzt, sondern erfüllte zunächst einmal das Vermächtnis des Auletes und ließ Kleopatra mit ihrem Brudergemahl Ptolemaios als Könige von Ägypten propagieren. Der junge König war jetzt alt genug, um zu erkennen, daß Caesar und seine Schwester sich wie Liebesleute verhielten und daß er, wie man so sagt, nur das fünfte Rad am Wagen war.

Ob aus eigenem Antrieb oder von Pothinos aufgehetzt – sein Zorn darüber wurde augenfällig, als er, begleitet von Freunden und Verwandten, auf die Straße lief, sich sein Diadem vom Kopf riß und ausrief, seine Schwester sei die Hure von Julius Caesar, man habe ihn verraten und sei dabei, ihn zu ermorden. Das entfachte einen Aufruhr in der Stadt, doch die römischen Legionäre brachten den Knaben mit sanfter Gewalt in den Palast zurück, und Caesar erzwang eine Versöhnung der Geschwister. Klug, wie er war, tat er noch ein übriges: Er versprach, das von den Römern besetzte Cyprus den Ptolemäern zu übergeben und dort Kleopatras Halbschwester Arsinoe und ihren jüngeren Bruder Ptolemaios XIV. als Könige einzusetzen. Der später von den Historikern geäußerte Verdacht, Kleopatra habe auf diese Art ihre ungeliebten Geschwister loswerden wollen, wird wohl zutreffen, um so mehr, als Caesar die beiden weiterhin im Brucheion, dem königlichen Palastviertel, festhielt und keine Anstalten machte, sie nach Cyprus zu bringen. Der römische Senat wäre wohl auch sehr empört gewesen, hätte er diese Provinz sozusagen ohne Gegenleistung verschenkt.

Pothinus, «Pflegevater» des jungen Königs und hinter ihm der eigentliche Herrscher, schmiedete inzwischen Pläne, Julius Caesar zu ermorden. Doch in seinem Barbier fand sich ein Verräter, der an die Zukunft dachte und mehr auf Caesar als auf seinen Herrn setzte. Pothinus wurde festgenommen und wegen hochverräterischer Mordpläne gleich am nächsten Tag hingerichtet. Das Urteil war von beiden Königen unterzeichnet, aber Pergament ist ja geduldig, und daß Ptolemaios seinen Pflegevater in den Tod geschickt hätte, ist kaum denkbar. Doch möglich ist alles, und Kleopatra erwähnte mir gegenüber einmal, er habe es getan, um nicht – wie von Caesar angedroht – ins Exil geschickt zu werden.

## ZWEITES KAPITEL

Die Kunde von diesen Ereignissen traf in großen, oft groben, manchmal auch legendären Zügen bei uns in Syene ein. Wohlunterrichtet zeigte sich auch König Teritekas von Meroë, wie er und seine Vorgänger das frühere Kusch nannten, das die Griechen heute als Aithiopia bezeichnen. Er nutzte die Wirren in Alexandria für seine Zwecke und versuchte immer wieder, sich Teile von Ägypten anzueignen – ja, er behauptete frech, alles Land bis zum Ersten Katarakt stünde ihm als Herrschaftsbereich zu.

Für mich und meinen Vater bedeutete das viel Arbeit, weil es bei den Scharmützeln ständig Verletzte gab. Schließlich gab der *strategos* der Grenztruppen uns den Befehl, in das befestigte Lager südlich des Ersten Kataraktes überzusiedeln, weil dort unsere Hilfe jetzt dauernd und dringlich benötigt werde. Dieses Lager befand sich etwa hundertzwanzig Stadien südlich des großen Felsentempels, und auf dem Weg dorthin sah ich zum ersten Mal dieses gewaltige von König Ramses II. errichtete Werk. Die vier monumentalen Sitzfiguren des Königs waren bis zur Brust mit Sand bedeckt, auch der kleinere, Königin Nefertari gewidmete Tempel lag zur Hälfte in einer riesigen Sanddüne. Mein Vater wies hinüber.

«Da, Olympos, schau es dir genau an! So verging der Glanz des alten Ägypten. Hier lebten früher Hunderte von Menschen, die das Heiligtum pflegten, der Gottheit des Königs opferten und dafür sorgten, daß Seth, der Herr der Wüsten, es mit seinem Gluthauch nicht zuwehen konnte.

Heute wissen nicht einmal mehr die Historiker, warum sich Ramses viermal hat abbilden lassen und welche Gottheiten – von ihm abgesehen – noch hier verehrt wurden. Es gibt nur noch die Legende von des Königs großer Liebe zu Nefertari, denn sie und nur sie hat er zusammen mit sich abbilden lassen, von seinen anderen vier oder fünf Hauptfrauen kennt man nur die Namen. Solltest du je nach Theben kommen, dann lasse dir im Westen Nefertaris Grab zeigen. Es ist zwar ausgeplündert, und ihre Mumie ist verschwunden, doch du findest dort die schönsten Malereien, die du je gesehen hast. Da – schau!» Er deutete zum Himmel. «Jetzt kreisen die Geier über dem verschütteten Heiligtum – sie kreisen über Nefertaris Tempel. Weißt du, daß nur die Hauptgemahlin eines Pharaos die Geierhaube tragen durfte, geheiligt durch die Göttin Nechbet? Ja, deine Mutter hat mir viel von den alten ägyptischen Bräuchen erzählt...»

Er schwieg und wandte sich ab. Ich fragte nicht weiter, weil ich wußte, daß ihm heute noch die Tränen kamen, wenn die Sprache auf meine Mutter kam.

Bei den Grenztruppen wurden wir sehnlichst erwartet. Marinos, der *phrourarchos*, lag schwer verletzt im Zelt und hatte das Kommando seinem ersten Offizier übergeben. Ein Schleuderstein hatte ihn an der oberen Schläfe getroffen, der Knochen war eingedrückt, der Verletzte konnte kaum reden, verdrehte häufig die Augen, schrie manchmal unvermittelt auf.

«Da drücken Knochenteile aufs Gehirn, wir müssen den Schädel öffnen.»

Was da mein Vater so einfach sagte, ist eine Kunst, die nur wenige zivile Ärzte ausüben, die aber jedem Truppenarzt vertraut sein sollte. Dabei wird die Haut über der Verletzung eingeschnitten, zurückgeklappt und der zerstörte Schädelknochen sorgfältig mit Meißel und Pinzette entfernt. Wichtig sind dabei die kleinsten Teile, die in der Gehirnhaut stecken – sie müssen heraus, und der Arzt braucht eine sehr ruhige Hand, um dabei das Gehirn nicht zu verletzen. Bei Marinos hatten wir es insofern leicht, als der Knochen nur eingedrückt war, aber nicht zersplittert. Mein Vater meißelte die Delle sorgsam heraus, dann klappte er die Haut zurück, und ich vernähte sie mit einigen Stichen.

Dann kam jener unselige Tag, da mein und meines Vaters Leben sich auf gewaltsame Weise änderte. Aus Alexandria war eben der lang ersehnte Befehl gekommen, die Grenztruppen zu verstärken. Der von seiner Kopfwunde genesene Marinos ging nach Syene, um Söldner anzuwerben, auch um etwaige wichtige Neuigkeiten zu erfahren. Seit zehn oder zwölf Tagen hatte es keine Überfälle mehr gegeben, auch unsere Spione meldeten wenig Bewegung im feindlichen Lager. Irgendwie müssen die Nubier aber bemerkt haben, daß unser Kommandant abwesend war und noch dazu zwei Dutzend Mann als Bedeckung mitgenommen hatte.

Der Überfall erfolgte am frühen Morgen, noch vor Sonnenaufgang, denn im Gegensatz zu vielen Stadtbewohnern empfinden die Wüstenvölker keine Angst vor der Dunkelheit und nutzen sie für ihre Zwecke. Wir wußten nicht, wie viele es waren, sie fielen über uns her wie die Heuschrecken, und die meisten unserer Männer wurden niedergemetzelt, ehe sie zu ihren Waffen greifen konnten. Der feindliche Truppenführer schien sehr gut zu wissen, daß es hier Ärzte gab, denn er ließ unser Zelt umstellen, während im benachbarten Krankenlager die Verwundeten in ihren Betten abgeschlachtet wurden. In gebrochenem Griechisch fragte er uns, ob wir die beiden Ärzte seien, und als mein Vater bejahte, ließ er uns fesseln und abtransportieren, noch ehe Gott Ra von seiner nächtlichen Fahrt durch die Unterwelt zurückkam.

Es wäre gelogen, wenn ich hier niederschriebe, man hätte uns schlecht behandelt. Die Krieger von Meroë pflegten in der Regel keine Gefangenen zu machen, doch wir waren die Ausnahme, und das hatte man offenbar schon lange vorher geplant.

So begann unsere endlos erscheinende Reise nilaufwärts. Am Zweiten und Dritten Katarakt mußten die Boote über Land getragen werden, was aber schnell und reibungslos vonstatten ging.

Schon König Teritekas' Vater hatte die Residenz wieder nach dem weiter nördlich liegenden Napata verlegt, einer Stadt nahe dem Vierten Katarakt – ein Gebiet, das übrigens unter dem kriegerischen Pharao Thutmosis III. schon ägyptisch gewesen war. Nun, diese Zeiten waren vorbei, die Grenze mußte mehrfach nach Norden verschoben werden, und König Teritekas' Reich umfaßte ein weites, wenn auch dünn besiedeltes Gebiet.

Der gebrochen Griechisch sprechende Nubier blieb unser Begleiter und Bewacher bis Napata, und von ihm erfuhren wir, daß der König einen dringenden Bedarf an guten, griechisch ausgebildeten Ärzten habe.

Mein Vater fuhr auf.

«Und euer König glaubt, dieses Problem durch Gewalt lösen zu können? Man überfällt ein Lager, schlachtet Dutzende von Männern ab und entführt zwei Ärzte als Kriegsbeute. Es könnte sein, daß wir für deinen König gar nicht arbeiten wollen. Wir sind freie Griechen und haben unserem» – er betonte das «unserem» – «König einen Eid geschworen.»

Der andere lachte nur unbekümmert.

«Welchem König, Herakles? Dem Auletes? Seinem Sohn Ptolemaios? Seinen Töchtern Berenike und Arsinoe oder vielleicht Kleopatra, der siebten ihres Namens? Sie alle sind als Könige aufgetreten, sehr kurz zwar, doch immerhin.

Wer aber seit den Tagen des Auletes in Wahrheit Ägypten beherrscht, ist der römische Senat. Ihm hast du doch keinen Eid geschworen?»

Mein Vater winkte müde ab. Wir saßen unter einem Sonnensegel, draußen zog eine karstige Wüstenlandschaft vorbei, dann und wann sahen wir ein Dorf, wo dürre, elend aussehende Menschen am Ufer stehenblieben und ohne Regung die vorbeiziehenden Schiffe betrachteten. Schließlich sagte er: «Ich habe als Truppenarzt einer Dynastie den Eid geschworen und keiner bestimmten Person. Könige und Königinnen kommen und gehen, das wird bei euch nicht anders sein.»

«Seine Majestät regiert seit über zehn Jahren, verehrt vom Volk, respektiert von seinen Ministern, geliebt von seiner Familie, von Ihrer Majestät, der Königin Amani-renas, vom Kronprinzen ...»

«Ist ja gut», unterbrach ihn mein Vater.

Die Residenzstadt Napata entpuppte sich als ein seltsames Gebilde. Man glaubte in Ägypten zu sein, doch alles wirkte klein, schäbig, grob, als habe ein drittrangiger Baumeister diese Stadt in wenigen Tagen in einem Stil erbaut, den er im alten Ägypten flüchtig aufgenommen hatte. Es gab Tempel mit Pylonen und Mauern, bedeckt mit unverständlichen Hieroglyphen, es gab Statuen von Königen oder Göttern – rohe, ungeschickte Nachahmungen von ägyptischen Vorbildern. Der aus Lehmziegeln erbaute Königspalast am Rande der Stadt wirkte klein und bescheiden, aber hier herrschte ein reges Leben und Treiben. Auch Pyramiden waren in der Ferne zu erkennen, jämmerliche Gebilde mit steilen Wänden und nicht höher als vielleicht sechzig oder siebzig Fuß.

Wir wurden ins Staatsgefängnis gebracht, doch unser Begleiter versicherte, daß dies nur zu unserem Schutz sei, denn Ausländer sehe man hier nicht gerne und Griechen schon gar nicht. Zudem sei der König gerade auf die Jagd gegangen und werde kaum vor fünf oder sechs Tagen zurückkehren.

Mein Vater war sehr schweigsam geworden, gab kaum noch Kommentare zu unserer Situation, aber ich wußte, daß er nachdachte und für uns einen Ausweg suchte.

Unser Gefängnis war gar nicht so übel und bestand keineswegs aus einer lichtlosen Zelle, sondern lag im obersten Stockwerk eines Gebäudes, das offenbar auch als Kaserne diente. Es bestand aus zwei Räumen mit kleinen Fensterluken nach Westen, so daß wir dort am Horizont einen Ausschnitt des Pyramidenfeldes sehen konnten. Dessen graubraune Zacken stachen in den Himmel wie abgestorbene riesige Dornpflanzen. Um uns die Zeit zu vertreiben, führten wir endlose Gespräche über alles und nichts. Ich sehe meinen Vater noch heute am Fenster auf dem Boden hokken, den Kopf mit dem borstig-grauen kurzen Haar mir zugewandt, seine ruhigen gescheiten Augen – grau wie die meinen – auf mich gerichtet. Während dieser Tage stellte er mir die Frage, begleitet von einem leisen spöttischen Lächeln: «Der Fall Satis ist jetzt wohl ausgestanden?»

Ich zuckte nur die Schultern, ließ mir nicht anmerken, daß da noch ein Stachel blieb, der schmerzte, wenn jemand daran rührte.

Es mag wohl ein halbes Jahr vor unserer Abreise zur Grenze gewesen sein, als ich bei dem alljährlichen Symposion, das der Bürgermeister von Syene den vornehmen Familien gab, seine Tochter Sat-Eset kennenlernte. Ihr ägyptischer Name bedeutet «Tochter der Isis», und ich kürzte ihn zu Satis ab. Das Mädchen war vierzehn geworden und durfte zum ersten Mal zusammen mit ihren Eltern und zwei erwachsenen Brüdern an dieser Festlichkeit teilnehmen. Unser Bürgermeister war ein weltoffener Mann, der sich nicht auf ein traditionelles Ägyptertum versteifte, sondern wohl bedachte, daß in Alexandria griechische Könige regierten. So hatte er es eingeführt, daß nach dem Mahl von der Jugend ein griechischer Reigentanz aufgeführt wurde, wobei Burschen und Mädchen einander gegenüberstanden, sich manchmal mit den Händen berührten und dabei recht komplizierte Tanzschritte und -bewegungen ausführten. Damit dies zum Wohlgefallen unserer Eltern und Verwandten gelang, mußte dieser Reigen vorher tagelang geprobt werden, wobei die Mädchen schon nach einer Stunde wußten, worum es ging, während die jungen Männer Tage dazu brauchten und nicht wenige – dazu gehörte ich – ohne weibliche Führung völlig versagt hätten.

Als wir uns auf dem Symposion beim Tanz gegenüberstanden, kannte ich Satis schon seit sieben Tagen und hatte mich in sie bis über beide Ohren verliebt. Ich war damals längst kein unschuldiger Jüngling mehr, hatte schon öfters mit Frauen geschlafen, auch mit käuflichen, von denen es in Syene einige ganz reizende gab. Aber jetzt war das etwas anderes, etwas Neues, noch nie Dagewesenes. Versuche ich mir heute das Bild des Mädchens Satis vor Augen zu führen, so will es mir nicht recht gelingen. Sie war klein, von eher zierlicher Gestalt, mit rührend dünnen Armen und einer schönen festen Brust, nicht zu klein und nicht zu groß. Ihr Gesicht? Es war ein ägyptisches Gesicht, sorgfältig geschminkt, mit großen dunklen etwas schräg liegenden Augen – wie es tausend andere junge Ägypterinnen auch haben. Bei diesem Schautanz gab es Figuren, wo man sich an den Händen fassen oder sie gegeneinanderschlagen mußte, und dabei durchlief mich jedesmal ein Schauder, als hätte ich eine hochheilige Götterstatue berührt. Mein Vater zeigte mir einmal das Experiment mit einer Bronzestange, die man im März oder April, wenn der Chamsin tobt, ein paar Stunden im Freien aufstellen muß. Berührt man sie dann mit der bloßen Hand, empfängt man einen seltsamen

Schlag, als hätte die Stange sich bewegt, doch das tat sie nicht. Diesen Schlag empfand ich bei der Berührung von Satis' Händen, und wenn sie mich scheu und großäugig ansah, wurde ich rot und senkte den Blick – ich, der schon bei Huren gelegen hatte!

Wir wechselten nicht viele Worte, obwohl mir, dem Halbägypter, die Landessprache geläufig war. Unsere Tanzvorführung gelang so halbwegs, jedenfalls sahen die Zuschauer gnädig über unsere Fehler hinweg. Dies alles war bald vergessen, doch in mein Herz hatte sich das Bild von Satis eingebrannt, und ich wollte sie wiedersehen, wieder sprechen, anfassen, ihr nahe sein. Daß junge Menschen vor ihren Eltern Geheimnisse haben, ist bekannt, doch mein Verhältnis zu meinem Vater war anders – was mich bewegte, erfuhr auch er, und dann suchte ich bei ihm Rat und Hilfe. So teilte ich ihm geradewegs und unverhohlen mit, daß ich fest gesonnen sei, Satis zu heiraten.

Er zeigte sich wenig überrascht, schloß die Tür und setzte sich mir gegenüber.

«Daß ich deine Gefühle verstehe, Olympos, liegt auf der Hand. Auch ich hatte mich in eine Ägypterin verliebt und setzte alles daran, sie zu meiner Frau zu machen. Du bist das Ergebnis unserer kurzen Ehe, unserer Liebe. Nur – Alexandria ist eine Vielvölkerstadt, da heiraten Juden Ägypterinnen, Ägypter Griechinnen und Griechinnen Juden. Hier, mein Junge, ist die Lage nicht so einfach. Kein Zweifel, in Syene bin ich als Arzt eine Respektsperson, sonst hätte man uns nicht zu dem alljährlichen Symposion geladen. Aber daß hier die Grenzen strenger gezogen sind, dürfte dir inzwischen aufgefallen sein. Es gibt seit den Tagen der Perserherrschaft auf Elephantine eine jüdische Kolonie, es gibt hier Griechen wie dich und mich oder die Offiziere der Grenztruppen. Vor allem aber leben hier Ägypter seit Tausenden von Jahren, es ist ihre Welt, ihr

Land. Die alten Bräuche sind lebendig, und im Grunde hat sich seit den Zeiten der Gaufürsten wenig verändert. Für den Bürgermeister von Syene sind wir Ausländer, die kommen und gehen, die man gewiß achtet und respektiert, mit denen man aber keine Familienbindung eingeht. Soll ich zum Bürgermeister gehen und für dich um die Hand seiner Tochter bitten? Ich täte viel, ja fast alles für dich, doch hier stoßen wir an eine Grenze. Es wäre dumm und unangebracht, dich zu bitten, dir das Mädchen aus dem Kopf zu schlagen, aber in diesem Fall muß ich dich mit deinem Problem allein lassen. Selbst wenn Satis will, was du willst – woran ich noch zweifle –, ihre Eltern würden niemals in eine Ehe mit einem Griechen einwilligen.»

«Einem halben Griechen, bitte vergiß das nicht!» sagte ich trotzig.

Herakles hob in einer hilflosen Geste beide Hände.

«Ach, Olympos, wie könnte ich es vergessen? Daß ich mir keine zweite Frau genommen habe, ist der Beweis dafür, daß ich es nicht kann und niemals können werde.»

Nun saß ich mit meinem Vater hier im Staatsgefängnis von Meroë, doch Satis war nicht vergessen, und etwas von einer Hoffnung hatte ich mir bewahrt, vielleicht nur aus Trotz oder Stolz, um meine Liebe nicht zu verraten, an die ich mich jetzt klammerte.

Dann kam König Teritekas zurück, und eine zunächst bedrohliche Gegenwart löschte die Vergangenheit aus. Als man uns mit gebundenen Händen zur ersten Audienz führen wollte, protestierte mein Vater. «Wenn ich dem König als Arzt dienen soll, will ich ihm als freier Mann gegenübertreten. Sachmet würde uns allen zürnen, wenn ihre Diener in Fesseln erschienen.»

Damit hatte mein Vater den richtigen Ton getroffen, denn – das spürten wir später auf Schritt und Tritt – hier schätzte man die ägyptischen Götter sehr hoch und verehrte sie mit nahezu abergläubischer Scheu. Das muß wohl aus der Zeit stammen, als die Könige von Kusch für etwa ein Jahrhundert auch die Herren von Ägypten waren. Mein Vater wußte darüber nicht viel, aber hier wurden wir bald aufgeklärt. Man löste also unsere Fesseln und führte uns in den Audienzsaal, wo uns am Tor der Zeremonienmeister erwartete. Der sprach recht gut Griechisch und überschüttete uns mit Vorschriften und Regeln, von denen wir die meisten nicht verstanden. Eines aber war deutlich: Wir mußten uns vor dem König zu Boden werfen, dreimal, und zwar beim Eintreten, in der Mitte des Saales und vor dem Thron, wo wir liegenzubleiben hatten, bis ein gnädiges Wort des Königs es gestattete, uns auf die Knie zu erheben.

Mein Vater nickte mehrmals, brummte etwas vor sich hin, und wir traten ein.

«Wir verneigen uns tief, sonst nichts!» zischte er mir zu.

Das taten wir dreimal, und vor dem Thron knieten wir nieder.

Der Audienzsaal schien mir überraschend groß, er mußte sich durch den ganzen Palast erstrecken und war derart reich ausgestattet, daß mir davon ganz schwindlig wurde. Kleopatras Palast im Brucheion, den ich später sah, war nicht minder prächtig geschmückt, aber die Kostbarkeiten waren dort so sparsam verteilt, daß sich der Blick daran weiden konnte und nicht wie hier im Übermaß des Gebotenen förmlich ertrank.

Teritekas wie auch seine neben ihm thronende rundliche Gattin unterschieden sich in der Hautfarbe beträchtlich von den sie umgebenden Hofleuten. Beide waren fast so hellhäutig wie Ägypter, was, wie mein Vater meinte, darauf zurückzuführen war, daß dieses Königsgeschlecht immer wieder Ägypterinnen geheiratet hatte, wohl aus politischen Gründen. Herrschte nämlich Friede mit Kusch, so sandte der Pharao dem König von Meroë mit anderen Geschenken eine «Prinzessin» für seinen Harem, natürlich keine echte, sondern irgendein hübsches, wohlerzogenes Mädchen, das vielleicht um sieben Ecken herum mit dem Pharao verwandt war.

Beide trugen sie halb ägyptische, halb barbarische Kleidung. Ihre Kronen waren den ägyptischen ähnlich, doch die rein weiße Kleidung der Pharaonen war bei ihnen durch bunten Flitter ersetzt mit Fransen, Bändern, Quasten und Schabracken. Der König trug zudem noch ein Brust und Unterleib bedeckendes Leopardenfell. Er sah recht sympathisch aus, hatte ein offenes heiteres Gesicht und schien im besten Mannesalter. Streng und abweisend wirkte dagegen seine Gattin, die dicke Königin Amani-renas. Sie blickte hochmütig über uns hinweg, auch während des Gesprächs, und benutzte Redewendungen, die man sonst nur Sklaven gegenüber gebraucht. Der König redete ägyptisch und wandte sich an den Dolmetscher, doch mein Vater kam ihm zuvor.

«Majestät, ich beherrsche unsere Landessprache hinreichend, ebenso mein Sohn, dessen Mutter eine Ägypterin war.»

Ich kann mir jetzt, da ich dies niederschreibe, noch so sehr den Kopf zergrübeln, mir fällt nicht mehr ein, worüber genau wir mit dem Königspaar sprachen. Ich kann nur noch sinngemäß sagen, daß Teritekas uns in Meroë willkommen hieß als tüchtige und berühmte Ärzte, von denen er hoffe, daß sie lange genug blieben, um von ihrer Kunst auch der hiesigen Ärzteschaft etwas mitzuteilen. Der König tat, als seien wir freiwillig gekommen, damit wollte er sein und unser Gesicht wahren, aber seine hochmütige Gemahlin machte es wieder zunichte. Sie sprach von Befehlen, die man uns erteilen würde, von dauernder strenger Bewachung und empfindlichen Strafen, wenn es an unserem Wohlverhalten etwas auszusetzen gäbe.

Dann sprach sie kein Wort mehr mit uns und tat, als seien wir Luft. Ich mußte mir das Lachen verbeißen, denn Amani-renas sah aus wie ein mit Flitter behängtes Faß, und der Thronsessel war kaum imstande, ihre Fülle aufzunehmen. Der König ging nicht auf ihre gehässige Rede ein, sondern blieb bei seinem wohlwollenden Ton. Zu Füßen seines Vaters saß der Thronerbe, Prinz Akinidad, neben ihm noch andere Geschwister.

Dann wurde getafelt und musiziert, doch uns führte man hinaus, noch ehe sich das Symposion auflöste. Wenig später wurden wir über den eigentlichen Grund unserer Entführung aufgeklärt.

Man führte uns in einen kleinen, spärlich eingerichteten Raum, in dessen Mitte ein Bett stand. Darauf saß der Kronprinz. Sein Vater stand am Fenster und sprach mit einem würdig und gelehrt aussehenden Herrn, dessen Vollbart das dunkle Gesicht wie ein weißer Vorhang einrahmte. Wir verneigten uns. Der König winkte ab.

«Keine Förmlichkeiten, meine Herren. Ja, ich habe euch während eines Überfalls entführen lassen, um nicht zu sagen, der Überfall galt euch, denn ich sehe den Krieg mit Ägypten als beendet an.»

Er wandte sich an seinen Sohn und sagte liebevoll: «Steh auf, mein Junge, und komm zum Fenster.»

Der Kronprinz erhob sich und humpelte zu seinem Vater. Das linke Bein schien seltsam krumm und um ein gutes Stück verkürzt. Außerdem war der Fuß deutlich nach innen verdreht.

«Akinidad ist als Siebenjähriger vom Pferd gestürzt und brach sich das linke Bein. Der Knochen muß falsch zusammengewachsen sein, trotz der Bemühungen unserer Ärzte. Den Verantwortlichen habe ich hinrichten lassen, aber nun ist der Junge fast zehn Jahre alt und soll mir später auf dem Thron nachfolgen.» Teritekas hob in einer verzweifelten

Geste die rechte Hand. «Ein hinkender König! Meine Truppen werden ihn insgeheim auslachen, ihm vielleicht sogar den Gehorsam verweigern. Ich würde alles dafür geben, seinen Zustand zu ändern.»

Mein Vater sagte nichts, blickte den Prinzen an und deutete aufs Bett. Akinidad verstand und legte sich darauf. Der schlanke, gutaussehende Junge blieb ernst und gelassen, als mein Vater sein Bein zu untersuchen begann. Dann winkte er mich herbei. Ich tastete den Knochen ab und fand die Bruchstellen sofort. Freilich konnte ich nur das Schienbein erfühlen, aber das Wadenbein mußte, wie meist in solchen Fällen, wohl auch gebrochen sein, sonst wäre es nicht zu einer solchen Verkürzung gekommen. Die Knochen waren nicht auf-, sondern übereinander zusammengewachsen, vielleicht zwei bis drei Finger breit. Ich richtete mich auf.

«Müßte nochmals gebrochen und dann richtiggestellt werden.»

Ich sagte es auf griechisch, und mein Vater antwortete in derselben Sprache: «Das hat nun fast drei Jahre Zeit gehabt zusammenzuwachsen, es wird nicht leicht sein.»

«Wir werden die Stelle freilegen müssen ...»

Mein Vater nickte.

«Der Bruch liegt zum Glück weniger als eine halbe Elle über der Ferse, wir werden nicht tief schneiden müssen.»

Dann wandte er sich an den König.

Der sagte schnell: «Ich spreche nicht sehr gut Griechisch, aber ich verstehe es. Ihr seht also eine Möglichkeit, das Bein zu richten?»

«Eine Möglichkeit schon, aber es wird mit großen, sehr großen Schmerzen verbunden sein.»

Die Augen des Kronprinzen begannen angstvoll zu flakkern. Hilfesuchend blickte er seinen Vater an. Der sagte mit fester Stimme: «Wenn du König werden willst, wirst du es aushalten müssen.»

Er wandte sich an uns. «Gibt es denn keine Möglichkeit, die Sache etwas – etwas angenehmer zu gestalten?»

«Die gibt es, Majestät», sagte ich. ‹Wir brauchen dazu bestimmte Arzneien, die werden gemischt und dem Prinzen durch ein Klistier verabreicht. Das macht es schon leichter.»

Der König schien mir nicht zu trauen und blickte meinen Vater an.

«Mein Sohn hat recht, aber man hat uns keine Gelegenheit gegeben, unsere Arzneien mitzunehmen ...»

«Wer hat sich da so dumm angestellt?» fragte der König mit scharfer Stimme, aber das war eher eine rhetorische Frage.

Nun mischte sich der Weißbärtige ins Gespräch.

«Als einer der Hofärzte Seiner Majestät kann ich euch vielleicht helfen, meine Herren. Ich ziehe noch andere Kollegen zu, und gemeinsam werden wir einen Weg finden ...»

«Das hoffe ich!» unterbrach ihn der König. «Denn bisher war keiner von euch fähig, das Bein des Prinzen zu richten.»

Der alte Arzt verneigte sich nur stumm.

Bei der darauffolgenden Ärztebesprechung bestätigte sich nur, was wir schon geahnt hatten. Die Medizin war hier in den alten Vorstellungen steckengeblieben, und Zaubermittel spielten eine weit größere Rolle als Eingriffe des Arztes oder die geeigneten Medikamente. Ich sah meinem Vater an, daß er Mühe hatte, ernst zu bleiben, als einer der Ärzte ihm schilderte, was nach dem Sturz vom Pferd mit dem gebrochenen Bein des Prinzen geschehen war. Ohne den verschobenen Knochen einzurichten, legten sie einen Salbenverband an, gruben einen Bambus aus und knickten ihn ab. Sie setzten ihn in einen Topf, richteten die Staude wieder auf und umwickelten sie mit festen Binden, denn so wie der Bambus nach einigen Tagen wieder zusammenwachsen würde, mußte es nach den Regeln der Magie auch das Bein tun. Dazu mußte ein Priester täglich siebenmal die Worte sprechen: «Vertrieben werde der Feind, der in der Wunde ist, zum Zittern gebracht werde das Böse, das im Blut ist, der Feind des Horus. Schützen soll der Zauberspruch der zaubermächtigen Isis. Nicht soll dieses Bein in Gefahr kommen, nicht soll der Knochen Schaden nehmen …»

Bambus wie Knochen wuchsen wieder zusammen, nur war die Staude gerade geblieben, das Bein aber krumm. Das müsse, meinte der Priester, am Zauberspruch gelegen haben, der nicht kräftig genug war. Da gaben wir es auf und ließen den König wissen, daß wir die Operation ohne Beihilfe anderer Ärzte auszuführen gedächten. Die Zutaten für das Betäubungsklistier trieben wir zum Glück auf, weil es in Napata einige Heilpflanzenkundige gab.

## DRITTES KAPITEL

Ehe mein Vater und ich uns um das krumme Bein des Kronprinzen kümmern konnten, gab es noch einige Schwierigkeiten. Nicht mit den Hofärzten – o nein, die waren froh, der Verantwortung enthoben zu sein, und der König sah es nicht ungern, daß sie sich heraushielten. Königin Amani-renas war es, die sich einmischte und darauf bestand, die Operation zu «überwachen». Sie wollte diesen Ausländern auf die Finger sehen und genau wissen, was sie mit dem Kronprinzen anstellten. So ließ sie es uns mitteilen, denn die Ehre eines persönlichen Gesprächs erwies sie uns nicht.

Mein Vater lehnte das kategorisch ab, und der König, der offenbar mit seiner Gemahlin nicht zum besten stand, gab ihm recht. Sie konnte sich mit ihrer Forderung nicht durchsetzen und haßte uns deswegen. Damit mußten wir uns abfinden, aber nun stellte mein Vater eine Forderung an den König. Er werde das Bein des Prinzen nur behandeln, wenn wir beide nach erfolgter Heilung wieder freikämen.

Worauf der König fragte: «Und wenn die Operation erfolglos ist oder der Kronprinz sogar daran stirbt – was dann?»

«Dann übernehme ich die Verantwortung, und du magst über mich verfügen. Meinen Sohn aber läßt du frei.»

Eine tiefe Zornesfalte bildete sich auf der sonst glatten Stirn des Monarchen.

«Du wagst es, mir etwas zu befehlen? Anderen kostet das den Kopf!»

Mein Vater lächelte kurz.

«Wir sind nicht andere, sondern hierzulande die einzigen Ärzte, die deinem Sohn vielleicht – ja, ich sage vielleicht – helfen können.»

Der König hielt es für unter seiner Würde, lange hin und her zu diskutieren. Er ging auf den Vorschlag meines Vaters ein, wollte sogar einen schriftlichen Vertrag machen.

«Mir genügt ein Königswort, Majestät.»

Teritekas war sichtlich beeindruckt, und ich darf sagen, daß er und mein Vater von da an fast so etwas wie Freunde wurden, soweit dies überhaupt zwischen König und Untertanen möglich ist.

Wegen eines aufkommenden Chamsin, der drei Tage anhielt, mußten wir die Operation verschieben. Mein Vater hatte es sich angewöhnt, bei einem Wüstensturm weniger dringende Fälle nicht zu behandeln, weil er da keine ruhige Hand besaß und die Kranken sich gereizt und überempfindlich zeigten.

Wir nutzten die Zeit, um uns vom Hofschmied die Instrumente anfertigen zu lassen, nämlich sehr scharfe, dünngeschliffene Messer, Wundhaken, einen feinen Meißel, einen zierlichen Hammer, eine kleine Rundsäge, Knochenzangen und Knochenheber – alles in zweifacher Anfertigung, um jedes Risiko zu vermeiden.

Als einzigem Zuschauer gestatteten wir dem vom Kronprinzen sehr geliebten Erzieher, für kurze Zeit bei der Operation zugegen zu sein, und zwar eine Viertelstunde zuvor und eine danach. Mein Vater grübelte lange über die Quantität des Einlaufs nach, denn er wollte den Jungen so schmerzunempfindlich wie möglich machen, ohne seiner Gesundheit zu schaden.

Als wir sahen, daß der Kronprinz wegdämmerte, banden wir ihn auf seinem Lager so fest, daß er auch bei stärkster Kraftanwendung unsere Arbeit nicht stören konnte. Der

Erzieher durfte dabei zugegen sein, mußte aber gehen, als Akinidad eingeschlafen war. Mein Vater hatte die Instrumente eine Stunde lang in Wein ausgekocht, um auch die geringsten Schmutzreste zu entfernen, weil bekanntlich Fremdkörper die Wundheilung stören.

Der Kronprinz rührte sich nicht, als mein Vater mit raschen Schnitten die beiden Knochen freilegte, aber er begann sich zu regen, als ich die Wundhaken aus Elektron ansetzte, um durch Auseinanderziehen des Gewebes einen Freiraum für die eigentliche Operation zu schaffen. Wir legten das Bein auf eine Art Amboß, und Vater begann die übereinandergewachsenen Knochen behutsam mit der Rundsäge zu trennen. Nun ist die Knochenhaut sehr empfindlich, und der Prinz erwachte, als mein Vater die Säge ansetzte. Er riß die Augen auf, begann zu stöhnen, zu wimmern und schließlich laut zu schreien und an den Fesseln zu zerren. So etwas halten nur erfahrene Ärzte aus, und dazu durfte ich mich damals schon rechnen. Ein Truppenarzt hat ja fast nur mit äußeren Verletzungen und Knochenbrüchen zu tun, weil junge Männer selten an inneren Krankheiten leiden.

Dann rissen die schrillen Schreie plötzlich ab, und mein Vater hielt inne. «Befühle seine Halsader!»

Ich legte sofort Daumen und Zeigefinger auf diese wichtige Ader unterhalb des Kinns, an der deutlich der Herzschlag zu spüren ist.

«Schlägt schwach, aber regelmäßig», meldete ich.

Vater nickte. «Asklepios sei Dank, er ist bewußtlos geworden und wird es hoffentlich noch eine Weile bleiben.»

Ich griff wieder nach den Wundhaken, und nach kurzer Zeit legte Vater die Säge weg und setzte den Meißel an. Behutsam klopfte er mit dem Hammer darauf, und bald lösten sich die Knochen voneinander. Beim dünnen Wadenknochen war das leichter als beim Schienbein, aber schließlich lagen die Enden frei und mußten nun aneinandergefügt werden. Dazu war ein starker Zug am Fuß nötig, weil das Gewebe sich in den Jahren angepaßt hatte und die Knochenenden immer wieder in die alte Lage zwang. Wir legten eine Schnur um das Fußgelenk, ließen sie über eine Rolle laufen und banden einen Stein dran fest. So konnten die Knochen nicht mehr zurückschnellen. Sie wurden zudem durch feste Binden fixiert. Zuvor hatte ich die Wunde vernäht und mit Heilsalbe bestrichen.

Nun durfte der vor der Tür wartende Erzieher wieder herein, fragte sofort ängstlich nach dem Befinden des Prinzen, weil er nichts mehr gehört hatte.

Mein Vater beruhigte ihn: «Er ist ohnmächtig geworden und wird bald wieder aufwachen.»

Das tat er dann auch, begann sogleich wieder zu ächzen und zu stöhnen, während der Erzieher seine Hand hielt und beruhigend auf ihn einsprach.

Die Behandlung erstreckte sich über viele Tage und war für uns sehr aufreibend. Einer von uns mußte immer die Spannung am Fuß überwachen, damit die Knochen sich nicht bewegen konnten, und das war jedesmal mit einer für den Jungen sehr schmerzhaften manuellen Untersuchung verbunden. Doch er fügte sich, war geduldig und tapfer. Seine Ohren glühten vor Stolz, wenn wir ihn vor seinem Vater lobten, während die Königin ihn nur besuchte, wenn keiner von uns anwesend war. Die zwar nicht große, aber sehr tiefe Wunde entzündete sich am dritten Tag, der Prinz bekam Fieber, und sein Gesicht wurde heiß wie ein kochender Topf. Wir wendeten alle bewährten antipyretischen Mittel an, verbunden mit kalten Umschlägen um Kopf, Brust und Waden. Schließlich war es soweit, daß die Wunde kein Sekret mehr absonderte und sich langsam schloß. Die Knochen waren richtig zusammengewachsen; wo sie aufeinandertrafen, hatte sich ein fester Wulst gebildet. Jetzt konnten wir endlich aufatmen, auch das Gesicht Seiner Majestät wurde täglich freier und heiterer.

Teritekas überschüttete uns mit Geschenken und Gunstbeweisen. Wir erhielten ein schönes luftiges Haus innerhalb des Palastbezirks, durften am Tisch der Noblen speisen, wo von Zeit zu Zeit auch der König erschien. Und wir erhielten zwei junge Sklavinnen zum Geschenk, offenbar weniger für unseren Haushalt gedacht als für unser Lager. Mein Vater, durchaus kein Kostverächter, verschwand noch am selben Abend mit der seinen in der Schlafkammer.

Meine Sklavin hieß Nataki, war etwa vierzehn Jahre alt und sprach kein Wort Griechisch oder Ägyptisch. Dafür konnte sie recht gefällig auf einer dreisaitigen Kithara klimpern, sang kleine lustige Lieder dazu und lächelte an bestimmten Stellen beziehungsvoll. Auch vom Tanzen verstand sie etwas, und es war angenehm anzuschauen, wenn sie mit ihrem schlanken, biegsamen Körper allerlei Figuren bildete und dabei tanzend eine Geschichte erzählte. Manchmal ahmte sie dabei Tiere nach, und etwa Vogel, Antilope, Wölfin oder Schlange waren leicht zu erkennen.

Ich weiß nicht warum, aber vielleicht bildete ich mir tatsächlich noch ein, Satis so etwas wie Treue zu schulden, denn ich holte das verblüffte Mädchen nicht in mein Bett, sondern versuchte, ihr die Grundkenntnisse des Griechischen beizubringen. Dazu kam noch, daß mich etwas davor zurückhielt, mit einem Mädchen zu schlafen, mit dem ich kein einziges Wort wechseln konnte. Ich dachte da an eine gewisse Hure in Syene, ein fröhliches Ding, die noch während des Beischlafs übersprudelte vor lustigen Geschichten.

Nach einigen Tagen fragte mich mein Vater: «Wie macht sich dein Bettschatz?», und brachte mich dadurch in rechte Verlegenheit, doch ich hatte ihn nie belogen, und so sagte ich auch jetzt die Wahrheit. Noch heute sehe ich sein verdutztes Gesicht vor mir.

«Du hast – du hast – aber das gibt es doch nicht! Stattdessen soll sie Griechisch lernen …» Er lachte und konnte vor Lachen nicht mehr weitersprechen.

«Sobald wir uns etwas verständigen können, hole ich es nach», sagte ich steif.

Herakles schüttelte den Kopf. «Wenn das der König erfährt, wird er sie austauschen, in der Annahme, sie gefalle dir nicht.»

«Von wem soll er es erfahren?»

«Wir dürfen nicht so sicher sein, daß er uns diese Mädchen nur zum Vergnügen geschenkt hat. Sie könnten zugleich Spitzel sein, damit er über uns besser Bescheid weiß.»

Nun mußte ich herzlich lachen. «Diese beiden Gänschen Spioninnen? Was sollen sie berichten, wenn sie kein Wort von unserer Sprache verstehen?»

«Da hast du auch wieder recht …»

Ich jedenfalls hielt meinen Plan durch, und erst als Nataki – die übrigens sehr schnell lernte – primitive Griechischkenntnisse besaß, holte ich sie in mein Bett. Sie war offenbar schon in frühester Jugend zu Liebesdiensten ausgebildet worden, denn ich erkannte bald, daß ich nicht mit einer scheuen, unwissenden Jungfrau schlief, sondern mit einer erfahrenen Liebesdienerin, der es jedesmal gelang, die Liebesstunden fast über die ganze Nacht auszudehnen und meinen schon schlaffen, wundgescheuerten Phallos auch noch ein drittes oder viertes Mal zu erwecken. Nun, ich war damals etwas über zwanzig Jahre alt; da ist die Lendenkraft eines Mannes zwar nicht unerschöpflich, aber doch zu erstaunlichen Leistungen fähig.

Mein Vater merkte natürlich, was vorging, und sagte grinsend: «Vor einigen Jahren hast du Manneskraft noch mit der Kraft deines Armes beim Steinwerfen verwechselt. Jetzt, wo du weißt, was gemeint ist, solltest du ein bißchen sparsamer damit umgehen. Beim letzten Verbandwechsel hast du vor Erschöpfung gezittert und den Prinzen unnötig gequält. Er mußte die Zähne zusammenbeißen, um nicht laut zu schreien, aber das ist dir gar nicht aufgefallen.»

Ich bat meinen Vater um Verzeihung und machte Nataki mühsam klar, daß ich, um ordentlich meinen Beruf ausüben zu können, mindestens vier Stunden Schlaf brauchte.

Dann kam der große Tag, da Akinidad erstmals aufstehen durfte. Fast geriet ich mit meinem Vater darüber in Streit, denn ich hielt es noch für zu früh und erinnerte ihn an einen ähnlichen Fall. Er schüttelte den Kopf.

«Das war ein erwachsener Mann, schon um die vierzig. Bei einem Zehnjährigen verläuft der Heilungsprozeß viel schneller; vermutlich hätte der Prinz schon vor vier oder fünf Tagen aufstehen können.»

Natürlich fügte ich mich, und wir probten es zuerst ganz unter uns, ehe wir das «Wunder» der königlichen Familie vorführten.

Auch Akinidad war sehr aufgeregt und berührte, als er, auf mich gestützt, zuerst nur auf dem rechten Fuß stand, sehr zaghaft mit dem linken Fuß den Boden. Er trat dann immer fester auf, ich ließ ihn los und, noch schwankend, ging er quer durch das Zimmer. Freilich hinkte er noch immer beträchtlich, aber nun waren die Beine gleich lang und sein linker Fuß stand gerade, mit den Zehen nach vorn. Wir übten zwei Stunden lang sehr fleißig, immer mit reichlichen Ruhepausen dazwischen.

Dann trugen wir ihn zu den Privaträumen seiner Eltern, wo die ganze Familie mit Onkel und Tanten, Vettern und Basen uns erwartete. Die Königin tat, als bemerke sie uns nicht, aber als sie ihren Sohn mit geraden Beinen und fast ohne zu hinken auf sich zukommen sah, geruhte sie zu äußern: «Ein wenig humpelt er ja noch, aber ich glaube, wir haben mit diesen Ärzten einen guten Griff getan.»

«Das Bein ist noch schwach, Majestät, und es wird einige Zeit dauern, bis der Kronprinz herumlaufen kann wie jeder andere.»

Das sagte mein Vater mit einer tiefen Verneigung – zum König hin gewandt. Der spürte die Absicht und konnte ein leichtes Lächeln nicht unterdrücken.

Schon am nächsten Tag wurde mein Vater zu einer offiziellen Audienz gebeten und vor versammeltem Hofstaat zum «Obersten königlichen Leibarzt» ernannt und zum Fürsten von Naga. Danach saßen wir im kleinen Kreis zusammen, und der König erläuterte seine Absichten und Pläne.

«Das Fürstentum Naga ist seit langem vakant und an die Krone zurückgefallen. Es besteht aus einer kleinen Stadt am Nil, umgeben von etwas Fruchtland und einigen Dörfern. Die Verleihung ist mehr als Ehrentitel gedacht und Ausdruck meiner Dankbarkeit.»

«Ich fühle mich auch hoch geehrt, aber es war ja abgemacht, daß mein Sohn und ich abreisen dürfen, falls der Kronprinz völlig genesen ist. Ich werde also mit dem Fürstentitel und dem Rang als ‹Oberster königlicher Leibarzt› in Ägypten wenig anfangen können, so sehr mich – das möchte ich ausdrücklich betonen, Majestät – diese Ehrungen erfreuen.»

Der König nickte. «Mit diesem Einwand habe ich gerechnet, und ich möchte dir dazu eine Frage stellen, Oberster Leibarzt Herakles: Was erwartet dich in Ägypten? Du und dein Sohn gelten dort schon lange als vermißt, man hält euch für tot. Sie werden dich längst durch einen anderen Truppenarzt ersetzt haben, also kannst du dort nur Privatarzt werden oder auf ein königliches Gnadenbrot hoffen. Zur Zeit wird man in Alexandria allerdings andere Sorgen haben, als sich um einen verbannten, jetzt überflüssig gewordenen Arzt zu kümmern. Du bist nicht mehr jung, Herakles, und wirst es schwer haben, dort neu anzufangen – anders als dein Sohn, dem noch alle Wege offenstehen. Hier bist du der Freund des Königs, sein Oberster Leibarzt, Fürst von Naga und könntest dazu deine Kunst anderen übermitteln. Ich habe nämlich die Absicht, in Napata eine Ärzteschule zu errichten, wo du dein Wissen an Jüngere weitergeben kannst. Du hast ja erlebt, in welchem Zustand die Medizin hier ist und daß untaugliche Magie noch immer den Vorrang hat. Was sagst du zu meinem Vorschlag?»

Mein Vater war nachdenklich geworden.

«Darf ich das mit meinem Sohn besprechen? Er jedenfalls wird doch zurückreisen dürfen?»

Der König erhob sich. «Du auch, Herakles, falls du es wünschst.»

Mein Vater und ich hatten daraufhin ein sehr langes Gespräch, das sich weit in die Nacht hinein erstreckte. Als Nataki schüchtern ihren Kopf hereinstreckte, um mich, wie gewohnt, ins Bett zu begleiten, wurde sie davongescheucht wie eine lästige Fliege. Von draußen hörte ich ihr leises Schluchzen.

Mein Vater achtete nicht darauf.

«Wenn ich es genau bedenke und alles gegeneinander abwäge, hat der König recht. In Ägypten erwartet mich wenig Gutes, vielleicht gerate ich sogar in Not. Außerdem ist es für dich höchste Zeit, selbständig zu werden, dich abzunabeln. Du kannst nicht ewig mein Gehilfe bleiben, mußt allein deinen Weg gehen. Also, Olympos, ich habe mich dafür entschieden hierzubleiben. Dir rate ich, nach Syene zu gehen, um dort die Lage zu erkunden. Behellige aber nicht wieder den Bürgermeister wegen Satis, hörst du! Deine Sklavin kannst du ja mitnehmen, dann hast du was im Bett, und deine Seele bleibt im Gleichklang. Sollte in Syene oder

Elephantine kein Platz für dich sein, dann reise gleich nach Memphis oder Alexandria weiter. In der Residenzstadt wird für einen jungen Arzt leicht noch ein Platz zu finden sein.»

Mit allem hatte ich gerechnet, aber nicht mit diesem Entschluß. Aber ich mußte meinem Vater recht geben: Hier war er eine ranghohe, geachtete Standesperson, während er in Ägypten neu hätte anfangen müssen.

«Aber dann sehen wir uns niemals wieder ...»

Unversehens liefen mir die Tränen über das Gesicht. Mein Vater tätschelte mir den Arm, und ich sah, daß seine Augen feucht wurden.

«Wer kann das schon wissen? Meroë scheint mit Ägypten einen Frieden anzustreben, vielleicht begleite ich den König zu einem politischen Treffen nach Ägypten. Jedenfalls bin ich hier nicht aus der Welt, und der Nil ist die zuverlässigste Reisestraße, die es gibt.»

Nun galt es noch, Nataki zu fragen. Ich hätte es nicht tun müssen, denn als Sklavin war sie mein persönlicher Besitz, doch ich wollte sie nicht gegen ihren Willen aus ihrer Heimat entführen. Ihr Griechisch war noch nicht so weit gediehen, daß ich mich ihr verständlich hätte machen können, und so bat ich um die Hilfe des Dolmetschers, der uns nach der Gefangennahme begleitet hatte.

Zuerst verstand er nicht, um was es ging.

«Eine Sklavin? Warum willst du sie fragen? Sie hat zu gehorchen – sonst nichts!»

«Ich möchte sie dennoch fragen.»

Er fügte sich, wenn auch widerwillig. Ich sah, wie sich Natakis Gesicht veränderte, sie begann zu schluchzen und stieß etwas hervor.

«Sie sagt, sie will nicht an Fremde verkauft werden.»

«Aber davon ist doch gar nicht die Rede!» sagte ich unwillig. «Es geht nur darum, ob sie mit mir nach Ägypten kommen will. Wenn sie hierbleiben möchte, lasse ich sie natürlich frei.»

Der Dolmetscher feixte. «Das sind ausländische Sitten, so etwas gibt es bei uns nicht. Einmal Sklavin, immer Sklavin.»

Dann fragte er sie.

«Sie will mit dir kommen, wohin auch immer.»

Ich lächelte sie an. «Es wird für dich nicht leicht sein, Nataki. Du wirst Griechisch und Ägyptisch lernen und dich in eine dir fremde Welt eingewöhnen müssen.»

Der Dolmetscher übersetzte meinen langen Satz mit wenigen Worten, aber ich dachte mir nicht viel dabei. Nataki erzählte mir später, er habe nur gesagt: «Du mußt deinem Herrn in allem gehorchen.»

Der König richtete für mich ein Abschiedssymposion aus, wobei uns sogar die Königin einen kurzen Besuch abstattete und mir Glück und das Wohlwollen der Götter wünschte. Danach bat mich der König in einen Nebenraum. Ich durfte mich auf einen Hocker zu seinen Füßen setzen, und dann vernahm ich Erstaunliches.

«Olympos, mir ist in den letzten Tagen ein Gedanke gekommen, wie du mir in Ägypten nützlich sein kannst, und es wird auch dir Vorteile bringen. Ich ernenne dich zu meinem Sondergesandten, und du überreichst den Königen – wer immer sie bis dahin sein mögen – mein Friedensangebot.»

Er wies auf eine Schriftrolle, die vor ihm lag. «Das Schriftstück ist in Ägyptisch abgefaßt, du könntest es in gutes Griechisch bringen, ich werde es dann siegeln und unterzeichnen. Bis zur Grenze wirst du in einer Barke meiner Nilflotte fahren, danach bist du auf dich selber gestellt – ein Beutel mit gutem nubischem Gold wird es dir leichter machen. Nun, was sagst du?»

«Meinen Dank, Majestät, denn als Gesandter zu reisen ist – wenigstens für mich – außergewöhnlich und ehrenvoll. Weiß mein Vater davon?»

«Ich habe es ihm angedeutet, und auch er meinte, es könnte für dich nur von Nutzen sein. Allerdings gilt dein Status als Gesandter nur bis zu dem Augenblick, da du dieses Schriftstück dem König oder der Königin überreichst – verstanden?» Er grinste hintergründig.

«Verstanden, Majestät.»

Ich übertrug den kurzen Text ins Griechische, in dem es auch darum ging, daß Teritekas das Gebiet zwischen dem Sechsten und dem Ersten Katarakt als sein Land Meroë definierte, wobei er eine neutrale, truppenfreie Zone von hundert Stadien zwischen Meroë und Ägypten vorschlug.

Als der König den griechischen Text unterzeichnete, überreichte er mir einen Gegenstand.

«Mein Geschenk an die Könige. Es ist das Siegel von Bokchoris, dem letzten ägyptischen Pharao, nachdem mein Vorgänger Schabako das gesamte Land Ägypten in seinen Besitz gebracht hatte. Es trägt seinen Thronnamen Wahkarê und ist aus Lapislazuli geschnitten.»

Er steckte das Siegel in ein Leinensäckchen und überreichte es mir. Ich nahm es mit einer Verbeugung entgegen.

«Ein wunderschönes Geschenk, Majestät.»

Mein Vater – so war es abgemacht – begleitete mich nicht zur Bootsanlegestelle, weil wir es vermeiden wollten, uns vor so vielen Menschen verabschieden zu müssen. Ich nahm mir fest vor, an ein Wiedersehen zu glauben, und so überstand ich den Abschied recht gut. Einen letzten Wunsch gab er mir auf den Weg.

«Falls du nach Alexandria kommst, besuche deinen Onkel, und laß dir das Grab deiner Mutter zeigen.»

Natürlich hatten wir auch darüber gesprochen, was ich

dem Kommandanten der Grenztruppe sagen sollte, wenn ich ohne Herakles aus der Gefangenschaft zurückkam.

«Ich könnte sagen, du seist während der Reise nach Napata umgekommen», schlug ich vor.

Er schüttelte den Kopf. «Nein, das will ich nicht, das heißt die Götter versuchen.»

«Aber Vater, daß gerade du …»

«Ja, ja, wir haben nie sehr viel über Religion geredet, aber Tod und Leben fallen in den Bereich einer höheren Instanz, der ich nicht ins Handwerk pfuschen will. Nein, ich schlage vor, du weist dich als Gesandter des Königs von Meroë aus und sagst, meine Freilassung hänge von deinem Auftrag ab. Du kannst das dann nach Bedarf variieren. Das ist einleuchtend und wird dich auf der ganzen Reise – so hoffe ich wenigstens – unantastbar machen, da auch Ägypten an einem Friedensschluß interessiert ist.»

# VIERTES KAPITEL

«Du lebst?» begrüßte mich der Kommandant, als ich mich bei ihm melden ließ. Er war ein anderer als der von uns Geheilte und kannte unsere Namen nur vom Hörensagen. Natürlich gab es einen neuen Truppenarzt, aber der hatte nicht sehr viel zu tun, weil inzwischen ein nicht ausdrücklich erklärter, aber doch stillschweigend vereinbarter Friede zwischen Meroë und Ägypten herrschte. In Alexandria hatte man derzeit andere Probleme, und so überließ man König Teritekas alles bisher Eroberte bis nahe zum Ersten Katarakt, und er zog seine Truppen zurück, so daß ein neutraler Korridor von einigen Dutzend Stadien entstanden war. Was sich da quasi von selbst ergeben hatte, sollte nun König Teritekas' Friedensangebot untermauern und festschreiben. Der König hatte mir erlaubt, seinen Inhalt auch vorher schon den davon betroffenen Standespersonen mitzuteilen. Der Kommandant war hoch erfreut und sagte: «Lange haben wir uns gewünscht, daß diese Grenze hier friedlich ist, und nun steht unsere Hoffnung auf festem Grund. Mögen die Götter dich sicher nach Alexandria geleiten.»

Nataki saß großäugig neben mir im Boot und ließ die neue Welt stumm auf sich einwirken, während ihre Hände die Kithara umklammerten, ihren einzigen Besitz. Sie stellte kaum Fragen, hätte sie auch nicht zu formulieren gewußt. Als wir am gewaltigen Felsentempel des großen Ramses vorbeizogen, war sie so verblüfft und auch verängstigt, daß sie sich hinter meinem Rücken versteckte. So etwas gab es freilich in Napata nicht. Ich lachte sie gutmütig aus.

«Du wirst noch oft Gelegenheit zum Staunen finden, liebe Nataki, und dich bald nicht mehr hinter meinem Rükken verstecken müssen.»

Ich glaube kaum, daß sie mich verstanden hatte, aber sie sagte gehorsam: «Ja, Herr.»

In Syene merkte ich verblüfft, daß mich kaum noch jemand kannte, dabei war ich nur ein knappes Jahr weggewesen. Unser Haus war an einen königlichen Steuerbeamten vermietet, und über Satis erfuhr ich, daß sie vor zwei Monaten geheiratet hatte – einen Sproß der alten Gaufürstendynastie, die schon längst nichts mehr zu sagen hatte, aber noch immer hohes Ansehen genoß.

So nahm ich mit Nataki Quartier im bescheidenen Gästehaus des Sachmet-Tempels, dessen Priester verpflichtet waren, jedem Arzt Unterkunft zu gewähren. Hier wollte ich meinen Status als Gesandter nicht ausnützen, um kein Aufsehen zu erregen. Dem Bürgermeister stattete ich einen Pflichtbesuch ab und gratulierte ihm zur vorteilhaften Verheiratung seiner Tochter. Der Gute wußte natürlich nichts von meiner hoffnungslosen Jugendliebe, glänzte vor Stolz, daß in seinen Enkeln, wie er sagte, das göttliche Blut alter Könige fließen würde. Dann teilte ich ihm mit, in wessen Auftrag ich unterwegs sei, und sein immer etwas unwirsches Gesicht hellte sich auf.

«Eine gute – eine sehr gute Nachricht! Lob sei den Göttern und der Einsicht des Königs von Kusch!»

«Das jetzt Meroë heißt», erinnerte ich ihn.

Er winkte ab. «Ob Kusch, Meroë oder Aithiopia – ein Zankapfel war es über Jahrhunderte. Wir werden nun in Frieden leben können, Handel und Wandel werden sich im Lande Jeb wieder beleben ... Olympos, bitte übermittle den Majestäten in Alexandria meinen untertänigsten Glückwunsch.»

So schied ich von der Landschaft Jeb, und ich bin zeitlebens nicht mehr dort gewesen.

Ich mußte nun das Boot wechseln; wir glitten mit der Strömung nilabwärts, und die Fahrensleute strichen alle Segel, um dem Wind keinen Widerstand zu bieten. In Theben legten wir an, hier war der Bootseigner zu Hause, und wir mußten zur Weiterfahrt umsteigen. Ich aber ließ mir etwas Zeit, um die berühmte Stadt anzuschauen, und merkte bald, daß dafür drei oder fünf Tage längst nicht ausreichten.

Nataki ging brav hinter mir her; ich hatte ihr ein Kleid besorgt, das über die Knie reichte und ihren schlanken Körper recht vorteilhaft zur Geltung brachte. Wir quartierten uns beim Bürgermeister von Theben ein, der mich und meine Sklavin zuerst mißtrauisch beäugte, aber sich dann, als ich ihm nachwies, in welcher Eigenschaft ich unterwegs sei, sehr zugänglich zeigte. Doch auch ihn drückten Sorgen.

«Du wirst gesehen haben, daß ich über eine sterbende Stadt gebiete. Freilich leben noch viele Menschen hier, aber seit die Syrer vor etwa sechshundert Jahren Theben zerstört haben, konnte es sich nicht mehr erholen, und die Macht Amuns sank von Jahrhundert zu Jahrhundert. Sein Kult lebt noch, das schon, aber seine große Zeit ist vorbei, und zum alljährlichen Opet-Fest erwarten wir keine Pilgerscharen, sondern nur noch eine Handvoll Neugieriger. Serapis ist der neue Reichsgott, aber glaube mir, auch er wird eines Tages untergehen.»

Als ich mit Nataki durch die Stadt wanderte, sah ich, daß der Bürgermeister nicht übertrieben hatte. Die einst so mächtige Stadtmauer mit den von Herodot genannten «hundert Toren» – die es freilich niemals gab – war lückenhaft wie das Gebiß eines alten Menschen. Überall lagen

Haufen von Steinen und Lehmziegeln herum, und niemand wußte, was es gewesen war und wer es zerstört hatte. Den großen Mut-Tempel bewachten zwei zerlumpte Gestalten, ein Priester saß vor dem Allerheiligsten und ließ die wenigen Besucher gegen geringe Bezahlung hineinblicken – da, wo einst nur der Pharao selbst oder in seiner Vertretung der Hohepriester eintreten durfte. Nun, auch ich nützte die Gelegenheit, doch Nataki ließ ich draußen warten.

Der Priester hob die Fackel, und ich sah die göttliche Gemahlin Amuns auf ihrem Thron, in ein Federkleid gehüllt, auf dem Kopf die Geierhaube mit der ägyptischen Doppelkrone. Meine griechische Hälfte kämpfte gegen das Unbehagen an, das meine ägyptische befiel. Jeder im Land kannte die Geschichte von den prächtigen Opet-Festen, wenn der Gott Amun aus seinem nördlich gelegenen Tempel dem Haus seiner Gemahlin Mut im «südlichen Harem» einen Besuch abstattete und mit ihr das heilige Beilager vollzog. Dieses Fest dauerte um die zwanzig Tage, und das ganze Volk nahm daran teil – freigehalten von den unsäglich reichen Amun-Priestern. Vorbei – vorbei.

Ich ging mit der stumm hinter mir hertrippelnden Nataki die Widdersphinx-Allee nach Norden und war mir bewußt, daß auf dieser heiligen Straße Amun in seiner Barke, von Priestern getragen, unter Gesang, Tanz und Weihrauch sich zu seinem «südlichen Harem» begab.

Den Amun-Tempel hatten die Syrer zwar nicht zerstört, doch die ausgeblutete Stadt und eine machtlos und gleichgültig gewordene Priesterschaft hatten ihn verwahrlosen lassen. Mächtige Sandwehen verdeckten einen Teil der Pylonen und Tempelmauern, auch die Statuen der Götter und Könige, die mächtig emporragenden Obelisken steckten bis zur Hälfte im Sand.

Ehe wir abreisten, fiel mir noch der Rat meines Vaters ein, das Grab der Nefertari am Westufer zu besuchen. Dort wurde ich an den «Verwalter der Totenstadt» verwiesen. Ich ließ mich zum Nefertari-Grab geleiten, und als ich, wie gewohnt, Nataki draußen lassen wollte, meinte der Wächter, die Bezahlung gelte auch für zwei, und so betraten wir gemeinsam die weitläufige Grabanlage der Lieblingsfrau des großen Ramses. Auf den Wänden waren ihre Titel zu lesen: «Herrin Beider Länder», «Gottesgemahlin» – ja sogar «Herrin aller Länder».

Nun, eines schien mir klar: Sie war unbestritten die Herrin im Herzen dieses großen Königs, der Ägypten von der nubischen Grenze bis weit ins Delta hinein mit gewaltigen Bauten geschmückt hatte. An den Wänden war Nefertari im Reigen der Götter zu sehen; der Sonnengott, mit einem Skarabäus als Kopf, bewachte den Grabeingang, Isis, Nephtys und Horus umgaben die festlich gekleidete Königin, heilige Texte sorgten für ihren Einzug in das Reich des Osiris.

«Siehst du, Nataki, dies alles vermag die Liebe. Die anderen Gemahlinnen von König Ramses sind vergessen, nur ihr hat er dieses herrliche Grab erbaut, ihr galt seine Sorge über den Tod hinaus.»

Nataki sagte nichts, aber ihren Augen war anzusehen, daß sie verstand, um was es ging – um eine Frau, der hier fast göttliche Ehren erwiesen wurden.

Danach fragte ich den Wächter, wie es mit dem eigenen Grab des großen Ramses stehe, da er schon seiner Gemahlin ein so prächtiges gerichtet habe. Der zuckte die Schultern.

«Wir wissen es nicht. Sein Grab wurde bis jetzt nicht gefunden, vielleicht hat er sich eines im Delta bauen lassen, wo er zuletzt residierte, oder im Gebiet von Memphis.»

Wie sehr sich Nataki darüber freute, daß ich sie bei meinen Besichtigungen mitgehen ließ, zeigte sie mir allnächtlich im Bett, wenn ihr schlanker brauner Körper sich auf oder unter mir wand wie eine Schlange und alles daransetzte, mir die größte Lust zu bereiten. Ich war damals noch zu jung, um mich zu fragen, ob sie auch selber dabei Vergnügen empfand.

Am Tag meiner Abreise verabschiedete ich mich vom Bürgermeister, der mich darauf aufmerksam machte, daß jetzt, am Ende der Überschwemmungszeit, die Weihespiele in Abydos noch vier Tage, nämlich bis zum Beginn der Saatzeit, also etwa bis Anfang Oktober stattfänden.

«Dich als Griechen wird es vielleicht nicht so interessieren, aber die Passionsspiele in Abydos sind schon etwas ganz Besonderes.»

«Meine Mutter war Ägypterin, und die Landesreligion ist mir durchaus vertraut. Sollte es sich ergeben ...»

Es ergab sich.

Ausführlich und mit Hingabe wurde gezeigt, wie Isis den von Seth zerstückelten Leib ihres Gemahls wieder zusammenfügte, wobei der Phallos verlorenging, weil Seth ihn in den Nil warf, wo ihn ein Hecht verspeiste. Doch die zauberreiche Isis formte aus Lehm einen Ersatz, belebte ihn mit magischen Sprüchen, setzte sich auf den toten Körper und ließ sich von Osiris begatten. Als die Priesterin den Kopf zurückwarf und lustvoll zu stöhnen begann, konnte Nataki ein Kichern nicht unterdrücken. Ich kniff sie in den Arm, und sie schrie leise auf, doch niemand achtete darauf.

Sieben oder acht Tage später landeten wir am Mareotis-See vor Alexandria. Von hier konnten kleinere Schiffe auf einem Nilkanal am Ostrand der Stadt bis zum Eunostros-Hafen weiterfahren, doch wir stiegen an der Stadtmauer aus, mieteten uns dort zwei Esel und gelangten so in das Viertel um das Westliche Tor, vom Volk auch als Mondtor bezeichnet, wo – wie ich hoffte – noch immer der Töpferladen meines Onkels lag. Auf diesem Weg ist die Größe der

Stadt kaum abzuschätzen, nur der wie ein gewaltiger Djet-Pfeiler aus dem davorliegenden Palast- und Hafenviertel aufragende Pharos vermittelt davon eine Vorstellung.

Als ich das Viertel betrat, wo ich meine Kinderjahre verbracht hatte, erkannte ich nach und nach jede Straße, jedes Haus, jeden Laden wieder, als sei ich erst gestern fortgegangen. Nichts oder fast nichts hatte sich verändert, auch der Töpferladen meines Onkels Perseus sah noch genauso aus wie vor zwölf Jahren – oder waren es schon dreizehn?

Ein etwa vierzehnjähriger Junge saß davor und rief die Waren aus.

«Krüge aus Sikelia, bemalte Teller und Trinkschalen aus Rhosus, feines Geschirr aus allen Teilen von Hellas! Heute zu besonders günstigen Preisen!»

Der Junge befand sich gerade im Stimmbruch, manche Worte kamen tief, manche kindlich hoch aus seiner Kehle, und manchmal kippte ihm die Stimme mitten im Wort um. Dem Alter nach konnte es nur Hektor sein, der damals, als ich fortging, noch in der Wiege lag.

«Warum ist es heute besonders günstig?» fragte ich ihn.

Er blickte mich verwirrt an.

«Weil – ja, weil wir mit den Römern im Krieg stehen.»

Jetzt war es an mir, verwirrt zu sein.

«Was sagst du da? Krieg mit Rom? Aber davon merkt man ja gar nichts!»

Nun kam mein Onkel Perseus aus der Werkstatt, dick und behäbig geworden, die Finger noch lehmverschmiert. Wie es schien, stellte er billiges Gebrauchsgeschirr noch immer selber her.

«Womit kann ich dienen, mein Herr?»

Ich grinste ihn an.

«Perseus, erkennst du deinen *adelphidous* nicht wieder, deinen Brudersohn?»

Er riß die Augen auf.

«Olympos? Aber der ist doch – ja, wo ist denn dein Vater?»

Er blickte sich um, als habe sich Herakles versteckt.

«Vater ist noch in Meroë als Gefangener des Königs, dem er als Leibarzt dient. Ich werde mich von hier aus bemühen, ihn freizubekommen.»

«Das mußt du uns noch genauer erzählen. Und wer ist das?» Er deutete auf die halb hinter mir versteckte Nataki.

«Eine Dienerin, sie stammt aus Meroë.»

Die Arme begann zu schluchzen, als Perseus sie in den Sklaventrakt des Hauses bringen ließ.

«Ich hole dich bald wieder, Nataki!» rief ich ihr nach.

Perseus grinste mich an.

«Dein Mädchen für alles – nicht wahr?»

Ich ging nicht darauf ein und fragte nach seiner Frau.

«Demetria ist auf den Markt gegangen, denn zur Zeit muß man nehmen, was zu kriegen ist. Es herrscht keine Not, verstehst du, aber doch ein gewisser Mangel.»

Nachdem er mir berichtet hatte, daß von seinen sechs Kindern noch zwei lebten – Hektor, den ich gerade gesehen hatte, und die Tochter Aspasia –, kam er auf die Politik zu sprechen, und so erfuhr ich, was sich in letzter Zeit getan hatte und daß die Lage jetzt sehr zugespitzt sei und alles auf eine Entscheidung für oder gegen die Römer hinauslaufe. Nun wurde mein Onkel pathetisch und streckte seine Hand anklagend nach oben aus.

«Da drüben im Brucheion, im Königsviertel, sitzt Julius Caesar, und er sitzt nicht nur, er liegt auch, und zwar im Bett von Kleopatra, der Thronräuberin. Ihre armen Brüder sind so gut wie Gefangene der Römer; Pothinos, der Erzieher des Königs Ptolemaios, ist hingerichtet, ebenso Achillas, der *strategos* der königlichen Truppen.»

Ich schüttelte den Kopf.

«Daß Caesar in Alexandria ist, habe ich unterwegs gehört, aber wie konnte es zu diesem Zwist kommen? Er wollte doch die testamentarischen Verfügungen des Auletes überwachen und dafür sorgen, daß Ptolemaios und Kleopatra gemeinsam regierten.»

«Ja, er tut so, als ob! Aber unser König ist in Wahrheit sein Gefangener, während er Kleopatra in allem unterstützt, freilich ohne dabei die Interessen Roms aus den Augen zu verlieren.»

«Und ich dachte, das Volk stünde hinter der Königin. Ptolemaios ist doch noch ein Kind ...»

«Ein Kind? Er ist fast vierzehn und weiß recht wohl, was er tut. Eines aber will er jedenfalls nicht, nämlich unser Land an die Römer verschachern, und darum liebt ihn das Volk.»

Sollte ich Perseus von meinem Auftrag erzählen? Er schien geschwätzig, vorlaut und wenig vertrauenswürdig. So sagte ich nur: «Ich müßte aus Syene eine Nachricht überbringen, an den König und die Königin – wer immer regiert. Wie kann ich von hier zum Brucheion kommen?»

«Bist du verrückt? Das Palastviertel ist abgeriegelt, da kommt keine Maus durch. Der hingerichtete Achillas – Heerführer der königlichen Truppen – ist jetzt von Ganymedes ersetzt worden, und der wird die Römer ausräuchern und Ptolemaios auf den Thron zurückbringen – verlaß dich drauf!» Er schwieg, legte seine Stirn in Falten, und dann fiel es ihm ein. «Eine Nachricht, sagst du? Welche Nachricht, worum geht es?»

Die Neugier fraß ihn fast auf, seine kleinen Augen quollen aus dem feisten Gesicht und starrten mich an.

«Ach, nichts Wichtiges, es geht um Probleme der Grenztruppen. Aber eines verstehe ich nicht; als ich über den Mareotis-See an der südlichen Stadtmauer anlegte, war nichts von Krieg zu spüren. Das Stadttor kaum bewacht, keine Unruhe, keine Soldaten ...»

Er winkte ab.

«Krieg ist schon zuviel gesagt. Das Ganze spielt sich zwischen dem Großen Hafen und dem Palastviertel ab. Sonst geht das Leben hier weiter wie bisher – kein Priester fehlt im Serapeion, kein Lehrer im Museion und keine Buchrolle in der Bibliothek.» Er lachte, und es klang ein wenig herablassend. «Du hast zu lange in der Provinz gelebt, Olympos. Eine Stadt wie Alexandria läßt sich durch solche Scharmützel nicht aus der Ruhe bringen. Man muß kein Prophet sein, um jetzt schon den Ausgang vorherzusagen: Caesar wird nach Rom zurückgejagt oder hier umgebracht werden, je nachdem, und seine Kleopatra geht mit ihm nach Rom oder hier mit ihm unter – je nachdem.» Er lachte behaglich. «Mit Ausländern sind wir hier immer gut fertig geworden ...»

Ich schüttelte den Kopf.

«Und das sagt der Bürger einer Stadt, die von drei Völkern besiedelt ist?»

«Ich meine, mit Ausländern, die nicht hierhergehören.»

# FÜNFTES KAPITEL

So ganz glaubte ich meinem Onkel nicht und machte am nächsten Tag den Versuch, doch es waren bewachte Sperren errichtet, und als ich nach meinem Passierschein gefragt wurde, gab ich es auf. Mich als Gesandter des Königs von Meroë auszuweisen, hätte in dieser Situation nur Mißtrauen erregt. Also nützte ich die Gelegenheit zu einem Besuch der weltberühmten von den Ptolemäern angelegten Bibliothek.

«Du bist schon ein fertiger Arzt?» fragte der Aufseher mißtrauisch, aber ich hatte stets das von meinem Vater beschriebene Kupfertäfelchen dabei, das ich nun vorwies. Darauf stand:

> «Olympos hat bei mir, seinem Vater Herakles,
> Truppenarzt in Syene, zehn Jahre lang mit Erfolg
> den Beruf des Arztes erlernt, danach im Tempel den
> Eid abgelegt und weitere fünf Jahre an meiner Seite
> als selbständiger Arzt gewirkt.»

Das war freilich nicht die volle Wahrheit, denn dann wäre ich schon um einige Jahre älter gewesen, aber so runde Zahlen, sagte mein Vater damals, seien beeindruckender als etwa «dreieinhalb Jahre».

Der berühmte Aristoteles-Schüler Demetrios von Phaleron soll die Bibliothek unter Ptolemaios II. Philadelphos eingerichtet haben, und zu meiner Zeit schätzte man ihren Bestand auf etwa eine Million Schriften.

Der Aufseher behielt seinen mißtrauischen Blick bei, aber er ließ mich ein. Als ich mich so nebenbei erkundigte, welche Werke der beiden Hippokrates-Schüler Bakcheios von Tanagra und Apollonios von Kition hier vorhanden und ob die Bücher des Themison von Laodikeia schon verfügbar seien, verbeugte er sich und verwies mich in die entsprechenden Abteilungen.

Es war schon eine seltsame Situation: Draußen, nur wenige Stadien entfernt, fand ein blutiger Thron- und Machtkampf statt, wogegen hier, an dieser weithin berühmten Stätte der Gelehrsamkeit, Männer mit Schriftrollen in Händen und unter den Armen hin und her eilten, während andere an Schreibpulten standen, um sich Notizen oder Auszüge zu machen.

Es war schon gegen Abend, als ich ins Haus meines Onkels zurückkehrte. Nun begrüßte mich auch Demetria, seine Ehefrau, und gleich nach dem Gruß kamen die Vorwürfe. Mit der Sklavin Nataki sei nicht das geringste anzufangen, sie verstehe nichts, aber auch gar nichts von Küchen- oder Hausarbeiten, sei sogar zu dumm, um den Boden sauber zu fegen. Ich wußte, daß sie recht hatte, denn Nataki war in Gesang, Tanz und Liebeskünsten ausgebildet und nicht als Küchensklavin. Doch ich tat empört und fragte Demetria, wer ihr das Recht gebe, meine Sklavin für irgendwelche groben Arbeiten zu mißbrauchen. Sie sei ein Geschenk des Königs von Meroë an den Serapis-Tempel in Alexandria, um dort in die Tanz- und Chorgruppen des Tempels eingegliedert zu werden, und nur dafür sei sie ausgebildet – sei quasi jetzt schon so etwas wie eine Priesterin. Dieser schnell erdachte Schwindel nahm meiner Tante den Wind aus den Segeln, aber nicht aus dem Mund. Davon habe ihr keiner etwas gesagt, und aus Nataki sei ja kein Wort herauszubringen.

«Sie spricht nur die heilige Sprache der Tempel-Priesterinnen von Meroë», fabulierte ich munter weiter, «und bei nächster Gelegenheit werde ich sie zum Serapaion bringen.»

Dann fragte ich Perseus, ob ich hier in seinem Haus während der nächsten Zeit wohnen könne, denn ehe ich meinen Auftrag nicht erledigt habe, wolle ich keine neuen Pläne machen. Demetria kam ihm mit der Antwort zuvor.

«Hier im Haus gibt es leider keinen Platz, Olympos, jeder Winkel ist genützt, wir haben zwei Kinder und fünf Sklaven. Du könntest ein paar Tage im Zimmer von Hektor schlafen, aber …»

Nun mischte sich Perseus ein und schlug mir mit falscher Munterkeit vor: «Aber das ist doch ganz einfach! Einige unserer Nachbarn sind vor dem Krieg auf ihre Landgüter geflohen, von zweien habe ich den Schlüssel und bin beauftragt, die Häuser an gute Leute zu vermieten, und zwar zu einem mehr als günstigen Preis, eigentlich fast geschenkt.»

Ich wählte ein Haus auf der anderen Straßenseite, und es kostete tatsächlich nicht viel, aber ich vermutete, daß Perseus dieses wenige selber einsteckte. Schnell fand ich heraus, daß Nataki durchaus fähig war, einfache Gerichte zuzubereiten und das Haus halbwegs sauberzuhalten. Aus ihren griechischen Brocken entnahm ich, daß sie für Demetria nicht habe arbeiten wollen, denn ich sei ihr Herr, und nur ich könne ihr Befehle erteilen.

Was im Brucheion in der Folgezeit geschah, verbreitete sich schon Stunden später mit Windeseile in der Stadt, und weil ich diese Zeit nicht selber am Hof erlebte, möchte ich die Ereignisse kurz zusammenfassen.

Der von mir schon erwähnte Ganymedes, neuer *strategos* der königlichen Truppen, versuchte alles, die Römer aus dem Palastviertel zu vertreiben. Er stellte eine neue Flotte auf, riegelte das Brucheion und die angrenzenden Straßen hermetisch ab und kam auf die Idee, den Römern das Wasser zu vergällen, indem er salziges Seewasser in ihre Brunnen leitete. Doch die Legionäre legten über Nacht neue Brunnen an, und man hätte dieses Spiel wohl noch eine Weile so weiter getrieben, wäre nicht die von Caesar lange erwartete Verstärkung erschienen, in Gestalt des aus Rhodos kommenden *nauarchos* Euphranor, der die Insel Pharos eroberte und besetzte, wobei man die dortigen Luxusvillen reicher Alexandriner heftig plünderte und brandschatzte.

Um endlich den Großen Hafen in die Hand zu bekommen, rückte Caesar vom Land her gegen die Mole Heptastadion vor – ein künstlicher Bau, der Pharos mit dem Festland verbindet. Caesar führte seine Soldaten selber an und befahl, dort, wo der Damm auf das Festland stieß, Barrikaden zu errichten. Da muß es dann in der Aufregung zu einem Mißverständnis gekommen sein, als die römischen Schiffe ihre Position wechselten und die Legionäre sich abgeschnitten glaubten. Sie ließen die halberrichteten Barrikaden im Stich, sprangen ins Meer und schwammen den Schiffen nach. Was weiter geschah, hat der an diesem Ereignis beteiligte römische *centurio* Aulus Hirtius in seinen Erinnerungen berichtet:

«Solange Caesar seine Männer durch Zurufe auf der Mole und bei den Befestigungen halten konnte, war er der gleichen Gefahr ausgesetzt, und als er sah, daß sie alle flohen, zog er sich auf sein Fahrzeug zurück. Ihm folgte eine Schar Männer, die an Bord drängten und es unmöglich machten, das Schiff zu steuern oder vom Land abzustoßen. Darauf sprang Caesar, der schon damit gerechnet hatte, über Bord und schwamm zu den weiter draußen liegenden Schiffen. Von dort schickte er kleine Boote zurück, um seine in Bedrängnis geratenen Männer aufzunehmen, und rettete eine beträchtliche Anzahl. Sein eigenes Schiff sank jedoch, weil es überladen war, es ging mit allen Soldaten, die sich darauf befanden, verloren.»

Diese Tat wird von den Historikern sehr bewundert, denn man muß bedenken, daß Caesar seine Rüstung trug – den Brustpanzer wird er kaum vorher abgelegt haben – und über ein Stadion weit schwimmen mußte. Er selber hat später erzählt, daß alles einfacher gewesen wäre, hätte er nicht eine Hand mit einem Bündel wichtiger Dokumente dabei über Wasser halten müssen und wenn die Ägypter ihn nicht zudem noch mit Pfeilen beschossen hätten.

Während dieser Kampfhandlungen gelang es Kleopatras Halbschwester Arsinoë, zu den ägyptischen Truppen zu fliehen. Ptolemaios XIII. war nun der einzige prominente Gefangene, den Caesar als wichtiges Faustpfand streng bewachen ließ. Der jetzt Vierzehnjährige beklagte sich ständig und führte sich auf wie ein verwöhntes Kind. Um so überraschender kam Caesars Entschluß, den jungen König freizulassen, mit der ironischen Begründung, als Befehlshaber der königlichen Truppen müsse er bei seinen Männern sein. Welche Absicht dahintersteckte, ist leicht zu ergründen. Die ägyptischen Truppen wurden von Ganymedes geführt, der sich jetzt schon der Autorität der kürzlich geflohenen Arsinoë zu beugen hatte, und nun kam auch noch der König dazu. Zwietracht wollte er säen, der erzschlaue Julius Caesar, doch zunächst schien sein Plan nicht aufzugehen.

Anfang März traf die von Caesar angeforderte Ersatzarmee an der Ostgrenze bei Askalon ein, darunter auch viele Söldner aus Judäa. Ich erwähne das, um zu erklären, daß sich von da an die meisten alexandrinischen Juden auf die Seite von Caesar und Kleopatra schlugen. Ein Mithradates aus Pergamon führte dieses noch aus syrischen und arabischen Söldnern bestehende Heer schnell und geschickt auf listigen Umwegen nach Alexandria, während Caesar ihm entgegenzog, um die beiden Truppenteile in der Nähe des Mareotis-Sees zu vereinigen.

Die römische Kriegskunst feierte damals wieder Triumphe. Die ägyptischen Truppen waren umzingelt, noch ehe sie es bemerkten, und verloren die Entscheidungsschlacht am 27. März. König Ptolemaios versuchte noch über einen Nilkanal zu entkommen, und als das mit Flüchtenden überladene Boot sank, hatte er keine Zeit mehr, sich seiner schweren goldenen Rüstung zu entledigen, und mußte ertrinken.

Caesar war inzwischen im Triumph und als Sieger nach Alexandria zurückgekehrt, doch es hielt sich hartnäckig das Gerücht, Ptolemaios sei entflohen und sammle in Palästina neue Truppen. So blieb den Römern nichts anderes übrig, als den Nilkanal trockenlegen zu lassen. Man fand die Leiche des Königs, zeigte sie seinen Anhängern, und sein goldener Harnisch wurde in Alexandria öffentlich ausgestellt. Das Volk resignierte und fand sich damit ab, daß nun Kleopatra Königin sei, freilich – so wollte es der alte Brauch – zusammen mit ihrem anderen, jetzt zwölfjährigen Halbbruder Ptolemaios XIV., der eigentlich König von Cyprus hätte werden sollen.

Heute weiß man, daß der römische Senat Caesar drängte, Ägypten sogleich in eine römische Provinz zu verwandeln. Caesar hätte es vielleicht getan, doch in diesen Tagen gebar ihm Kleopatra seinen Sohn Kaisarion, und das war der einzige männliche Nachkomme, den er bisher gezeugt hatte. So fand der kluge Römer eine Reihe von Gründen, die es nicht ratsam erscheinen ließen, Ägypten jetzt zu annektieren. Er erinnerte den Senat daran, daß Kleopatra das römische Heer mit allen Kräften unterstützt hatte, und warnte davor, zu diesem Zeitpunkt dem ägyptischen Volk einen römischen Legaten vor die Nase zu setzen. Da seien die schlimmsten Aufstände zu befürchten, außerdem verlocke dieses Amt zur Rebellion gegen Rom, denn das überaus reiche Ägypten könne leicht auch einen treuen Römer wankend machen. Das sah man in Rom ein, und Kleopatra saß nun endlich fest auf ihrem Thron, während der jüngere Bruder nur pro forma und bei wichtigen Akten als Mitregent erschien.

Nun war meine Zeit gekommen. Seit Mitte Oktober hielt ich mich in Alexandria auf, die entscheidende Schlacht zwischen Römern und Ägyptern oder, besser gesagt, den Anhängern von Ptolemaios XIII. fand Ende März statt. Es war der 9. April nach römischem Kalender, als meinem Audienzersuchen im Königspalast stattgegeben wurde. Mancher mag sich nun fragen, was ich bis dahin gemacht, wovon ich gelebt hatte.

Als erstes erfüllte ich den väterlichen Wunsch und besuchte die Grabstätte meiner Mutter. Onkel Perseus tat etwas verlegen, als ich ihn danach fragte, und ich sah bald, warum. Ihr Grab lag in der alten ägyptischen Nekropole am Südrand der Stadt, und der Wächter teilte mir sofort mit, daß die Gebühr für eine weitere Grabpflege längst überfällig sei und ihre Mumie im nächsten Jahr entfernt worden wäre.

«Entfernt? Wohin entfernt?»

«Nun, es gibt da in der Wüste ein einfaches Sammelgrab, da wird alles verscharrt, worum sich niemand mehr kümmert.»

Ich bezahlte für dreißig Jahre im voraus und gab dem Wächter ein reichliches Extrageld. Er öffnete mir den schmalen Schacht, und da lag der Mumiensarg mit ihrem auf Holz gemalten Bildnis auf der Kopfseite.

«Eine wunderschöne Arbeit», lobte der Wächter, «offenbar von einem Meister aus dem Fayum, die sind da unübertroffen. Muß viel Geld gekostet haben.»

Ich sagte nichts, betrachtete mit Rührung das liebliche ovale Gesicht mit den großen dunklen Augen, die verklärt ins Jenseits blickten. Meinem Onkel wollte ich keine Vorwürfe machen, ihm war die eigene Familie näher als die tote Frau seines verschollenen Bruders.

Was nun meine Geldmittel betraf, so hätte ich noch einige Jahre von dem leben können, was mir der noble König Teritekas mit auf den Weg gegeben hatte, und meine Zeit verging im Flug, denn fast täglich besuchte ich Bibliothek und Museion. Ich erkannte nämlich meine Stärke als Praktiker und meine Schwäche als Theoretiker, obwohl – das sollte auch gesagt werden – den wenigsten Patienten mit ärztlichen Theorien gedient ist.

Das der Bibliothek im Süden angegliederte Museion war längst nicht mehr, wie sein Name es sagt, eine Stätte der Musen, sondern vorzüglich eine der Gelehrsamkeit. Es bestand aus einer weitläufigen, überdachten Wandelhalle, einem Studienraum mit Pulten, Tischen und Stühlen, einem großen Speisesaal sowie zahlreichen kleineren Räumen für Forschung und Unterricht. Freilich hatten hier auch noch die Musen eine Stätte, es wurde Dichtung vorgetragen und Rhetorik gelehrt, doch die Naturwissenschaften mit Physik, Geometrie, Geographie und allen Sparten der Medizin – vor allem Arzneimittelkunde, Anatomie und praktische Medizin – hatten jetzt den Vorrang.

Während des mehrmonatigen Krieges hatte die Bibliothek durch Brand einigen Schaden genommen. Böse ägyptische Zungen haben später behauptet, Caesar persönlich habe sie anstecken lassen, aber das ist so unsinnig wie verleumderisch. Caesar hatte großen Respekt vor allem Geschriebenen und war selber ein begabter Autor. Vermutlich waren es von einem römischen Schiff abgeschossene Brandpfeile, die, durch Windstöße nach Osten getrieben, auf die Bibliothek fielen. Den sofort eingeleiteten Löscharbeiten ist es zu verdanken, daß nur etwa ein Viertel der Schriftrollen verbrannte, überwiegend aus den Abteilungen Lyrik, Komödie und Tragödie. Die Naturwissenschaften blieben zum Glück verschont, und ich konnte schon wenige Tage nach dem Brand meine Studien fortsetzen.

Die Lehrer im Museion waren Leuchten ihrer jeweiligen Fächer, wurden vom Staat bezahlt und verköstigt und mußten sich verpflichten, pro Monat eine gewisse Zahl von Stunden lehrend und forschend im Museion zu verbringen.

Ein Wort noch zu meiner Gefährtin Nataki. Ich will sie nicht mehr Sklavin nennen, denn sie hatte es schnell verstanden, alle Aufgaben einer Ehefrau zu übernehmen, wenn auch etwas lässig und so nebenbei. Damit will ich sagen, daß der Braten manchmal verkohlt, das Gemüse verkocht und die Suppe zu kalt auf den Tisch kamen. Mit der Sauberkeit haperte es auch ein wenig, aber es genügte ein Hinweis, und sie gab sich alle Mühe. Woran es lag? Nun, Nataki war ein echtes Kind der Musen Melpomene und Terpsichore.

Was ich meinem Onkel vorgeflunkert hatte, nämlich meine Sklavin sei für das Serapeion bestimmt, erwies sich dann als nahezu prophetisch, wie sich beim Besuch des berühmten Heiligtums herausstellte. Eine ungefähre Vorstellung war mir aus der Kinderzeit noch geblieben, aber die Augen eines Erwachsenen sehen vieles anders.

Der zentrale Tempel ist auf einem künstlichen Hügel erbaut, zu seinem Hauptportal führen hundert Stufen, dann geht es weiter durch Vorhöfe, Säulenhallen, Innenhöfe bis zur Cella, wo die von Bryaxis geschaffene Monumentalstatue des Serapis steht mit dem bärtigen, gelockten, dem Zeus ähnlichen Haupt, auf dem er wie eine Krone den *kalathos* trägt, den Getreidescheffel. Seine linke Hand hält den Stab, die rechte berührt seinen Begleiter, den dreiköpfigen Höllenhund Kerberos. Damit waren die Bereiche angedeutet, über die der griechisch-ägyptische Staatsgott gebot. Seine Zeusähnlichkeit wies auf seine Stellung als Göttervater, der Getreidescheffel auf Irdisches mit Saat und Ernte, während Kerberos auf seine Macht über die Unterwelt anspielte, denn im Namen Serapis verbarg sich auch der Totengott Osiris.

Unser Besuch fiel auf den Vorabend eines der vielen dem Serapis gewidmeten Feiertage, und im äußeren Vorhof probten Tänzer und Tänzerinnen, begleitet von Musik und Gesang, für das morgige Fest. Wer wollte, konnte zusehen, und es fanden sich denn auch viele Müßiggänger ein, die bald den Hof zur Gänze füllten, so daß die Wächter das Portal schlossen.

Nataki glühte vor Aufregung und Ungeduld, denn die Menschenmauer versperrte ihr den Blick, und ehe ich es versah, war sie mir entwischt. Mit ihrem Schlangenleib wand sie sich durch die Menge, bis sie vorne stand und alles sehen konnte.

Von da an ließ mir Nataki keine Ruhe mehr. Ich solle beim Tempel anfragen, ob dort noch eine Tänzerin benötigt werde, außerdem könne sie singen und auf der Kithara spielen.

«Nataki», sagte ich streng, «du bist meine Sklavin, und ich bin nicht gesonnen, dich herzugeben. Außerdem sprichst du nicht gut genug Griechisch, und deine dunkle Haut könnte dort stören.»

Sie sei ganz vorne gestanden und habe drei oder vier Mädchen mit dunkler Haut unter den Tänzerinnen gesehen. Ihr Griechisch werde von Tag zu Tag besser, und ihre schöne Stimme habe man schon in Napata oftmals gelobt. Im übrigen bleibe sie ja meine Sklavin, auch wenn sie dann und wann im Tempel tanze. Das würde den Gott uns gnädig stimmen …

Nach einigen Wochen gab ich den Kampf auf. Die Oberste Tänzerin des Serapeion empfing uns recht gnädig. Nein, die dunkle Haut sei kein Hindernis, denn Serapis wolle der Gott aller Ägypter sein, und man regle das nach bestimmten Quoten. Nun sei die Zahl der Nubierinnen zur Zeit voll, das könne sich aber schnell ändern.

Dann prüfte sie Nataki in Tanz, Gesang und Musik. Sie nickte.

«Ein schöner Körper, ein gutes Talent, aber es muß noch viel gelernt werden. Ich setze Nataki auf die Vormerkliste – du wirst von mir hören, Olympos.»

Nataki war zufrieden, und ich nahm diese «Vormerkung» nicht ernst. Aber es dauerte nicht lange, und sie wurde unter die Anwärterinnen aufgenommen.

Von da an ging Nataki jeden dritten Tag ins Serapeion, und sie war unsäglich stolz auf ihr langes weißes Gewand und daß die Menschen auf der Straße ihr respektvoll Platz machten – ihr, der kleinen Sklavin!

So seltsam es klingen mag: Obwohl ein Teil ihrer Zeit nun dem Tempel gehörte, widmete sie nun dem Haushalt mehr Sorge, und nur selten noch brannte etwas an oder lag Schmutz vor unserer Tür. Damit wollte sie mir mein Einverständnis danken, und unsere Nächte verliefen so munter und lustvoll wie eh und je.

In meinem besten Gewand erschien ich am 9. April römischer Zeit – und nur diese werde ich fortan gebrauchen – an der Pforte des Brucheion, des königlichen Viertels, dessen gesamtes Areal fast ein Drittel der Stadtfläche einnahm. Dazu gehörte ein Gebiet am Nord- und Ostufer des Großen Hafens, das sich zum Kap der Halbinsel Lochias auf etwa fünfundachtzig Stadien erstreckte. Kleopatra ließ den nahe am Kap gelegenen Palast ihres Vaters prunkvoll ausbauen und bewohnte während dieser Zeit die frühere Residenz ihres ertrunkenen Bruders.

Dort empfing sie mich gegen Mittag, umgeben von Freunden und Hofbeamten.

Nun lernte ich Kleopatra, die Griechin, kennen. Sie gefiel mir besser als damals in Syene, wo ihr Gesicht unter ägyptischer Schminke verschwunden war. Ihr Antlitz steht mir noch heute so deutlich vor Augen, als habe sie vor einer Minute dieses Zimmer verlassen. Sie war so gut wie nicht geschminkt, trug die einfache griechische Frisur mit dem Haarknoten im Nacken und als einziges Zeichen ihrer Würde einen schmalen Goldreif um die Stirn, den vorne eine winzige Uräusschlange zierte. Ihre strahlenden tiefgrauen Augen waren auf mich gerichtet.

«Siehst du, Olympos, nun sehen wir uns doch früher wieder, als wir beide in Syene es gedacht hatten. Du kommst als Gesandter des Königs von Meroë? Das mußt du mir näher erläutern.»

Ich erklärte es in aller Kürze und beschloß – gegen den Rat meines Vaters –, bei der Wahrheit zu bleiben. Als sie mich nach ihm fragte, sagte ich:

«Er hat es vorgezogen, den Ehrenposten eines königlichen Leibarztes in Meroë der weiten, unsicheren Reise vorzuziehen. Er ist nicht bei bester Gesundheit und lange an das trockene südliche Klima gewöhnt.»

Die Königin nickte leicht.

«Das verstehe ich. Jetzt aber gib endlich heraus, was du unter deinem Mantel verbirgst.»

Alle lachten, und ich errötete leicht. Sie ließ sich das königliche Schreiben vorlesen und sagte, sie wolle angemessen darauf antworten. Dann überreichte ich ihr das Königssiegel aus Lapislazuli. Sie betrachtete es mit sichtlicher Freude, entzifferte mühelos die Namenskartusche des Königs Wahkarê Bakenrinef und erklärte ihren Freunden, daß die griechischen Historiker ihn Bokchoris nannten.

«Jetzt zu dir, Olympos.»

Dann tat sie den von mir eingangs erwähnten Ausspruch, der Name passe nicht zu mir, einem Jünger des Hippokrates. Von da an legte ich in Hofkreisen meinen früheren Namen ab und war nur noch Hippokrates, der Arzt, auch wenn mir die Königin in ganz feierlichen Augenblicken oder, wenn sie mir böse war, zur Strafe den alten Namen an den Kopf warf.

Dann flüsterte sie einem Sekretär etwas ins Ohr, worauf der Mann eilig verschwand. Sie wollte nun alles von mir in bezug auf Meroë wissen. Die Zeit verging im Flug, und dann öffnete sich die Tür, und der *nauarchos* trat ein. Er stützte sich auf einen Stock, den er nun seinem Diener übergab, und tat drei humpelnde Schritte auf mich zu.

«Besser geht es nicht», sagte er entschuldigend, «aber immerhin stehe ich noch auf meinen eigenen zwei Beinen, und dafür möchte ich dir nochmals danken, Olympos.»

«Wir haben ihn ehrenhalber in Hippokrates umbenannt», warf die Königin ein. Der *nauarchos* setzte sich, und nur er durfte dies offenbar ohne besondere Erlaubnis tun.

«Ich bin ein wandelnder Vorwurf für deine Kollegen, die mir damals das Bein abschneiden wollten.»

Kleopatra winkte lässig ab.

«Die habe ich in den Ruhestand geschickt. Ich werde meinen Hof verjüngen, eine neue, bessere Zeit bricht an! Von dir, Hippo, erwarte ich, daß du dich am Museion um die Stelle eines *didaskalos* bewirbst, weil das einem Arzt Gewicht und Ansehen verleiht. Du hast gewagt, was keiner deiner älteren Kollegen wagte, und ich bin für das Wagnis, lieber Hippo.»

Ich verneigte mich.

«Vielleicht bin ich in den Augen der ehrenwerten Lehrer im Museion zu jung, aber ich werde deinem Rat folgen, *Basilissa*.»

«Du wirst es nicht bereuen, mein Hippo.»

Damit war die Audienz beendet, aber ich erhielt eine Einladung zu dem Symposion, das Kleopatra und Julius Caesar ihren Freunden gaben, ehe sie gemeinsam eine Reise in den Süden antraten.

Wider Erwarten war es nur ein kleiner Kreis von Griechen, Ägyptern und Römern, die zu dem Fest geladen waren, vielleicht dreißig Männer und Frauen.

Julius Caesar saß nicht allzuweit von mir entfernt, und wer ihn jemals gesehen hat, wird sein Antlitz niemals vergessen können.

Sein Gesicht war eckig und hager, tiefe Falten liefen von den Nasenflügeln zum schmalen, etwas verkniffenen Mund. Unter einer hohen, von Denkerfalten gefurchten Stirn blitzten kluge dunkle, etwas eng stehende Augen, die sarkastisch und mißtrauisch zugleich wirkten. Seine Nase ähnelte der von Kleopatra – lang und schmal.

An den munter hin und her eilenden Gesprächen beteiligte ich mich nicht, denn mit Caesar in einem Raum zu sitzen hatte mich schüchtern und stumm gemacht. Plötzlich sah ich seine harten dunklen Augen auf mich gerichtet.

«Dein neuer Gast, *Basilissa*, ist stumm wie ein Fisch. Ich habe gehört, du kommst aus Nubien, junger Arzt, erzähle uns ein wenig von dort.»

«Jawohl, *dominus* ...», stammelte ich und zermarterte mir den Kopf, was Caesar von dort hören wollte, ohne sich zu langweilen. Irgendwie fand ich einen Anfang, schilderte König und Königin, streifte die Behandlung des Kronprinzen und wurde dabei von Caesar unterbrochen.

«Halt – halt, das möchte ich schon genauer wissen. Du und dein Vater, ihr habt dem Jungen tatsächlich das Bein auseinandergesägt, obwohl es geheilt, wenn auch krumm und zu kurz war?»

«Es geschah auf Wunsch des Königs, *dominus.* Diese Operation ist gefährlich, und ich würde sie von mir aus niemals unternehmen. Aber in diesem Fall ...»

Caesar lächelte und blickte Kleopatra von der Seite an.

«Ein königlicher Wunsch, nicht wahr, ist so gut wie ein Befehl. Wir Römer lassen uns nicht gerne befehlen, darum haben wir schon seit Jahrhunderten die Könige abgeschafft.»

Kleopatra lächelte zurück.

«Aber, Caesar, auch in einer Republik muß es einen geben, der befiehlt, was zu tun ist. Das Volk braucht eine feste Hand.»

«Wir haben unseren Senat – von ihm geht die Befehlsgewalt aus.»

Sie nickte und sah ihn mit gespielter Neugier an.

«Warum hat man dich dann im letzten Jahr zum Dictator ernannt, also zum Alleinherrscher? Wie unterscheidet sich der von einem König?»

«*Basilissa*, jetzt spielst du die Unwissende, aber hier glaubt dir das keiner, und damit unser junger Freund jetzt auch Bescheid weiß, sage ich ihm folgendes: In Notzeiten überträgt der römische Senat einem Mann seines Vertrauens die Alleinherrschaft, aber immer begrenzt, und in meinem Fall ist es ein Jahr. Ein paar Monate noch, und ich bin wieder einfacher Senator.»

Das klang so, als glaube er es selber nicht.

Ich nahm allen meinen Mut zusammen und bat Caesar, der ein hartes, aber vollendetes Griechisch sprach, um einige Worte in Latein.

«Aber gerne, junger Arzt, dann hörst du jetzt einen alten römischen Spruch, den du dir merken solltest: Die Natur heilt, der Arzt hilft ihr nur – *medicus curat, natura sanat.* Übrigens empfehle ich dir, Latein zu lernen, du wirst es gewiß einmal gebrauchen können.»

Halb Alexandria war auf den Beinen, als sich die königliche Flotte an der Nilmündung versammelte, um von dort die Südreise anzutreten. Julius Caesar zeigte sich in einer Purpurtoga und trug einen goldenen Lorbeerkranz auf seinem fast kahlen Haupt. Kleopatra war halb griechisch, halb ägyptisch gekleidet, mit Uräenkrone, breitem Schulterkragen, Perücke und einem schön gefältelten, mit goldenen Lotosblumen bestickten Gewand – eine Huldigung an eines der Symbole von Oberägypten.

Ich stand unter den Geladenen hinter einer Absperrung und schrie mit den anderen Glückwünsche für eine gute Reise hinüber zur goldenen Königsbarke, wo die Königin auf einer Art Thron Platz nahm. Dieses Schiff war als Nilbarke eher schmal, dafür aber sehr lang gebaut und mit Prunk überladen. Gold, Silber, Ebenholz und edle Marmorsorten verwandelten das Boot in einen schwimmenden Palast mit Thronsaal, Isis-Heiligtum, kleinen Gärten und Räumen für die engste Dienerschaft. Ich habe das Schiff später von innen gesehen und weiß, wovon ich rede.

Die Begleitschiffe waren so zahlreich, daß die ganze Stadt in Streit geriet, ob es «nur» dreihundert oder an die vierhundert waren, wie manche Historiker später berichteten.

Als ich am Nachmittag heimkehrte, erwarteten mich drei Überraschungen – eine schlechte, eine für mich weniger erfreuliche und eine sehr gute. Die schlechte war, daß mein Onkel mich an der Tür abpaßte und zu jammern begann, der Besitzer meines Hauses sei auf dem Weg nach Alexandria und ich müsse augenblicklich verschwinden, jetzt gleich, sofort, auf der Stelle.

Ich dächte nicht daran, sagte ich störrisch, bräuchte zumindest zwei oder drei Tage, um in ein neues Quartier umzuziehen. Er habe das Geld für die Vermietung bekommen und solle sich nun mit dem Hauseigentümer auseinandersetzen.

Als Perseus sah, daß ich hart blieb, lief er laut schimpfend über die Straße und verschwand in seinem Töpferladen. Wenig später erschien die hübsche, aber sehr schüchterne Aspasia, seine fünfzehnjährige Tochter, und übergab mir ein mit dem Königssiegel verschlossenes Schreiben.

«Das wurde für dich heute früh abgegeben, *anepsios.*»

Das war nun die gute Nachricht. Ich brach das Siegel und las:

«An Olympos, genannt Hippokrates, Sohn des Truppenarztes Herakles aus Alexandria.

Die *Basilissa* Kleopatra hat dich deiner Verdienste wegen zu ihrem Hof- und Leibarzt ernannt. Zudem bist du vom heutigen Tag an ein Mitglied des Lehrerkollegiums im Museion, wo du dein Wissen an Schüler weitergeben sollst. Dein Lohn beträgt zwölfhundert Drachmen pro Jahr, die Mahlzeiten im Museion sind frei.»

Ein freudiger Schauer durchrieselte mich. Bei Sachmet und Asklepios, wer hat so etwas mit kaum fünfundzwanzig Jahren jemals erreicht?

«Nataki, Nataki!»

Nichts rührte sich im Haus. Da fiel mir ein, daß heute die Tanzschule den ganzen Tag übte und sie erst gegen Abend zurückkam.

Sie kam und mit ihr die dritte, die weniger erfreuliche Nachricht. Wenn Nataki etwas Unangenehmes zu sagen hatte, dann nannte sie mich *kyrios* und spielte die kleine angstzitternde Sklavin. Nun, heute war das nicht ganz so, denn hinter ihr stand die mächtige Autorität des Serapeions.

«Die Tanzmeisterin meint, ich kann im Tempel nur aufgenommen werden, wenn ich mich ganz meiner Ausbildung widme. Ich müßte dort wohnen, immer zur Verfügung sein – aber ich sagte, das geht nicht, ich gehöre dem Herrn Olympos, und der wird es gewiß nicht gestatten …»

Sie blickte mich von unten herauf an, die kleine Nataki, und ihre dunklen Augen glänzten feucht wie ein offener Granatapfel.

«Wer soll dann meinen Haushalt machen? Ich müßte mir eine neue Sklavin kaufen, und das kostet viel Geld. Soll der Tempel dich mir doch abkaufen!»

Sie schüttelte den Kopf.

«Das tun sie nicht. Das Serapeion ist es gewohnt zu nehmen, nicht zu geben.»

«Das stammt aber nicht von dir», sagte ich erstaunt.

«Nein, Herr, aber so spricht man dort.»

Die Priester und Tempel sind doch überall gleich, dachte ich, immer eine ausgestreckte Hand, immer bereit, etwas an sich zu ziehen, natürlich um Gotteslohn, der dann oft sehr bescheiden ausfällt. Dann fiel mir wieder ein, daß dort auf dem Tisch meine Ernennungsurkunde lag und ich allen Grund hatte, Sachmet, Asklepios oder wer immer dafür zuständig war dankbar zu sein.

«Also gut, ich überlege es mir. Aber jetzt müssen wir hier alles in Ordnung bringen, weil in den nächsten Tagen der Besitzer zurückkommt.»

Ich dachte aber nicht daran, dies alleine zu tun, sondern ging zu meinem Onkel hinüber, um mir zwei seiner Haussklaven auszuleihen, auch um ihm meine Ernennung mitzuteilen. Er und seine Familie waren hier schließlich die einzigen Verwandten, und da war es meine Pflicht ... Oder war es nur der Stolz, dem Töpfer zu zeigen, wie weit es sein Brudersohn gebracht hatte? Wie auch immer, ich hielt ihm die königliche Urkunde unter die Nase. Bei meinem Anblick wollte er gleich wieder loszetern, aber das blütenweiße Stück Papyrus aus königlicher Manufaktur erstickte seinen Zorn.

«Was? Du bist – du bist –»

Er ließ das Dokument sinken und schüttelte den Kopf.

«Aber bist du nicht zu jung dafür? Leibarzt der Königin und Lehrer am Museion?»

«Das ist keine Frage des Alters, sondern des Könnens. Es gibt schlechte Ärzte mit sechzig und gute mit zwanzig.»

Perseus rief die ganze Familie herbei, und ich empfing die Glückwünsche von Tante, Base und dem Vetter. Der Onkel dachte nach, runzelte die Stirn und sagte schließlich:

«Da kriegt die Sache mit dem Haus gleich ein anderes Gesicht. Es ist schließlich eine Ehre, den Leibarzt der Königin zu beherbergen. Eigentlich müßte der Nachbar dich bezahlen …»

«Jetzt übertreibe nicht gleich! Ich brauche zwei deiner Sklaven, um das Haus ordentlich herzurichten, und als Lehrer am Museion wird es für mich nicht schwer sein, etwas Neues zu finden.»

Die Nacht darauf regnete es heftig, und am Morgen hatten sich die Straßen in Schlammlöcher verwandelt. Ich nahm eine Sänfte und ließ Nataki daneben herlaufen, so daß sie bald aussah wie ein Schwein, das sich im Schlamm gewälzt hatte. War ich noch ärgerlich über die Erpressung? Mag sein, daß ich mich auf diese unziemliche und lächerliche Weise dafür rächen wollte.

Kaum am Serapeion angelangt, sprang Nataki davon, um sich zu säubern. Dann kam alles doch ein wenig anders. Offenbar hatte die Tanzmeisterin nicht damit gerechnet, daß ich Nataki hergeben würde, denn als ich sagte, ich sei dazu bereit, geriet die hoheitsvolle Dame in Verlegenheit.

«Also – nun, es ist jetzt so, daß wir den Platz für eine andere Schülerin brauchen, auch eine Nubierin, doch aus sehr vornehmer, schon lange hier ansässiger Familie. Nataki ist begabt, gewiß, aber nun wird sie ein wenig warten müssen, ein Jahr oder länger …»

Da ich mich nun einmal entschlossen hatte, Nataki dem

Tempel zu überlassen, und wußte, daß es ihr Herzenswunsch war, stieg mir die Galle hoch, und ich wurde mir plötzlich meines Ranges, meiner Macht bewußt.

«Hochverehrte *iereia*, ich war gerade dabei, Nataki freizugeben, als Geschenk an das Serapeion. Sie stammt aus der Familie des Königs von Meroë, auch wenn sie jetzt eine Sklavin ist, und übertrifft bei weitem jene nubische Familie an Vornehmheit.»

Die Priesterin wollte etwas sagen, doch ich schnitt ihr grob die Rede ab.

«Und noch etwas: Ihre Majestät, die Königin, hat mich kürzlich zu ihrem Leibarzt ernannt. Es kostet sie nur einen Wink, und du darfst von früh bis spät den Tempelboden scheuern.»

Ich spielte sehr hoch, denn ich wußte recht wohl, daß die Priesterämter sakrosankt waren und hier selten ein König eingriff.

Doch die Priesterin zuckte mit keiner Wimper.

«Warum hast du das nicht gleich gesagt? So gebührt Nataki der Vorrang, und der Gott läßt sich für das Geschenk bedanken.»

Ich trennte mich ungern von meiner kleinen kundigen Geliebten, aber warum sollte ich ihr im Weg stehen, wenn Fortuna ihr so freundlich die Hand hinstreckte?

Einige Tage später erschien der Hausbesitzer mit seiner Familie, begleitet von meinem Onkel, der mit Händen und Füßen auf ihn einredete und den Guten offenbar so einschüchterte, daß er mir anbot, so lange in seinem Haus zu wohnen, bis ich etwas Geeignetes gefunden hätte. Doch der Hausherr brachte nebst Ehefrau sechs Kinder zwischen zwei und zwölf Jahren mit, dazu drei Sklaven, und nun wurde es doch ein wenig eng, auch sehr unruhig, denn eines der lieben Kleinen war immer am Schreien, ob bei Tag oder bei Nacht.

## SECHSTES KAPITEL

Mein nächster Gang zum Museion war sozusagen schon ein Dienstbesuch, denn ich gehörte ja jetzt dem erlauchten Kreis des staatlichen Lehrkörpers an. Der *prostates* ließ mich eine halbe Stunde warten, um mich dann zerstreut und etwas herablassend zu empfangen. An meiner Lehrtätigkeit schien er wenig interessiert.

«Als Leibarzt der Königin wirst du kaum Zeit finden, hier Unterricht zu geben. Nun, das ist offen gesagt auch nicht notwendig, doch sollte sich ein Bedarf einstellen, dann stehst du uns ja zur Verfügung, nicht wahr?»

Natürlich verstand ich, was er damit sagen wollte, nämlich ich sei als königlicher Leibarzt ohnehin mehr im Dienst des Hofes als in dem des Museion. Damit erregte er meinen Widerstand, und gerade weil er mein Erscheinen nicht für nötig hielt, wollte ich ihm beweisen, daß ich auch als Lehrer etwas zu sagen, den Schülern zu vermitteln verstand.

«Du wirst davon gehört haben, verehrter *prostates*, daß ich den *nauarchos* der Königin vor dem Verlust seines Fußes bewahrte, und ich möchte meinen Schülern von diesem Fall berichten. Für noch wichtiger halte ich die Operation, die ich in Napata zusammen mit meinem Vater ausführte, um ein durch Bruch verkürztes und verdrehtes Bein wieder gerade zu richten – übrigens lange nachdem der Bruch verheilt war.»

Sein Gesicht wurde abweisend.

«Ich bin Philologe und verstehe davon nichts. Unterhalte dich darüber mit dem *epistates* der ärztlichen Abteilung.»

Dieser Mann zeigte sich weitaus zugänglicher und kündigte für April und Mai einen dementsprechenden Schulungskurs an.

«Mache dich auf einen ziemlichen Ansturm gefaßt, denn dein Rang als Leibarzt wird neben den tatsächlich Interessierten viele Neugierige anlocken.»

Bis dahin war noch etwas Zeit, und so beherzigte ich Caesars Rat, die lateinische Sprache zu erlernen. Er hatte sich bei den Häuptern der Stadt für den Brand der Bibliothek entschuldigt und versprochen, die vernichteten Bestände wieder aufzufüllen. Er löste dieses Versprechen sehr großzügig ein und sandte aus Rom einige Schiffe mit Tausenden von Bänden aus seiner Privatbibliothek; was noch fehlte, kaufte er aus eigenen Mitteln dazu. In Alexandria hob das sein Ansehen beträchtlich, wovon etwas auch auf Kleopatra abfärbte, um so mehr, als nicht eingetreten war, was man nach dem Sieg der Römer befürchtet hatte: Ägypten war keine römische Provinz geworden, wurde nach wie vor von Mitgliedern der Ptolemäerfamilie regiert.

Im Frühsommer kehrten Caesar und Kleopatra von ihrer Südreise zurück; ich hatte inzwischen im Museion meine Lehrvorträge gehalten, und – wie vom Vorsteher vorhergesagt – der Platz reichte für die vielen Schüler nicht aus, und ich mußte die jeweilige Lehrstunde wiederholen. Eine neue Unterkunft hatte ich schnell gefunden, sie lag näher am Museion, aber noch nahe genug am Mondtor, so daß ich die Verbindung zu meinen Verwandten nicht verlor.

Mein Onkel Perseus war von meiner Ernennung wie betrunken. Er, der vor kurzem die Königin noch eine «römische Hure» geschimpft hatte, war nun voll des Lobes für sie, nannte sie eine «wahre Landesmutter», ein «Abbild der Isis» und eine «Leuchte auf den Thronen». Dann verrannte er sich in eine fixe Idee, die mein Leben für kurze Zeit etwas durcheinanderbrachte. Mit zwölfhundert Drachmen im Jahr, dem Rang eines Leibarztes und als Lehrer am Museion sah er in mir den idealen Ehemann für seine Tochter Aspasia. Er versuchte es zuerst auf Umwegen, und als ich nicht reagierte, ging er geradewegs auf sein Ziel los.

«Sie ist genau im richtigen Heiratsalter, hübsch und gesund – was willst du mehr?»

Nun, das stimmte alles, ich sah sie auch nicht so sehr als Verwandte, denn sie wurde erst acht Jahre nach meinem Weggang geboren. Trotzdem gab ich vor, daß ich für sie wie ein Bruder empfinde und Verwandtenehen aus ärztlicher Sicht bedenklich seien. Da winkte er nur ab.

«Schau unsere Königin an! Die Ptolemäer haben jahrhundertelang Geschwisterehen gepflegt und sind auch nicht untergegangen.»

«Das waren Ehen auf dem *papyros*, und soviel ich weiß, sind daraus niemals Kinder entsprungen. Auch Kleopatra und Ptolemaios XIII. waren ein Ehepaar, aber kannst du dir die beiden im Bett vorstellen?»

Er schüttelte störrisch den Schädel.

«Wie auch immer, es ist nicht ungewöhnlich, daß Vettern und Basen heiraten, und meines Wissens ist es nirgendwo verboten.»

«Ich möchte mich jetzt noch nicht binden, versteh doch!»

Seine Augen wurden klein vor Argwohn.

«Wir sind wohl jetzt nicht mehr der richtige Umgang für den Herrn Leibarzt? Wenn dein Vater das wüßte, er würde dir den Hintern versohlen!»

Was sollte ich darauf antworten? Hier in Alexandria war Perseus das Haupt der Familie, und ich schuldete ihm Respekt. Daraufhin änderte er seine Taktik. Er wollte mich offenbar ohne Druck, auf sanfte und spielerische Art davon überzeugen, daß es nichts Besseres gebe, als Aspasia zur Frau zu nehmen. Er schickte das Mädchen auf den in der

Nähe meiner Wohnung gelegenen Markt, obwohl sie von zu Hause bis dahin gut eine halbe Stunde laufen mußte. Natürlich war sie immer von einem der Haussklaven begleitet, aber sie tat mir allmählich leid. Perseus fand heraus, zu welchen Zeiten ich am ehesten zu Hause war, dann tauchte Aspasia plötzlich auf, ließ mich vom Onkel grüßen und brachte immer ein kleines Geschenk vom Marktplatz mit – einen Granatapfel, ein Körbchen Feigen, ein frisches Hühnchen. Da ich mich im Museion verköstigte und zu Hause nur Kleinigkeiten aß, mußte ich das Hühnchen oder die Lammkeule den Nachbarn schenken; schließlich bat ich Aspasia – die oft genug vergeblich kam –, ihre Besuche einzustellen. Da sprangen ihr gleich die Tränen aus den Augen.

«Ich täte nichts lieber!» sagte sie schluchzend. «Aber Vater hat es sich nun einmal in den Kopf gesetzt. Ich würde am liebsten davonlaufen, wenn ich nur wüßte, wohin.»

Aspasia war ganz ihrer Mutter nachgeschlagen und wirkte in ihrer süßen, noch etwas kindlichen Pummeligkeit recht reizvoll. Sie war das genaue Gegenteil der gertenschlanken, dunklen und liebeserfahrenen Nataki, und gerade deshalb zogen mir jetzt Gedanken durch den Kopf, die meinen Onkel sehr erfreut hätten. Es wäre keine große Kunst, dachte ich, dieses reizende Pummelchen zu verführen, einzutauchen in ihre rundlichen Schenkel und ihre jungen festen Brüste zu kneten, bis sie quiekte wie ein Schweinchen ... Ich riß mich zusammen. Kein Wunder, daß mir solche Gedanken kamen, ich hatte lange keine Frau gehabt, und meine Lenden barsten vor aufgestautem Samen.

Ich nahm ihre Hand und tätschelte sie beruhigend.

«Wir müssen eine Lösung finden, Aspasia, ohne deinen Vater allzusehr zu vergrämen. Ich habe auch schon eine Idee. Sage ihm einfach, ich müsse die Rückkehr der Königin abwarten, um weitere Entschlüsse fassen zu können, möchte auch nichts ohne ihr ausdrückliches Einverständnis unternehmen. Das gibt uns eine Ruhepause von einigen Wochen, und dann sehen wir weiter.»

Ich wartete den Einbruch der Dämmerung ab und schlich mich dann in ein kleines nobles Hurenhaus, das ich schon mehrmals besucht hatte. Dort gab es eine *hetaira* namens Aspasia – ich glaube nicht, daß es ihr richtiger Name war –, und die war weder kindlich noch pummelig, sondern kam schnell zur Sache und befreite mich – vorerst – von meinem Lendendruck.

Ich vermißte Nataki und nicht nur nachts. Ihr immer fröhliches Gesicht, ihre Fähigkeit, mit den Dingen des Lebens – auch den ihr unvertrauten – schnell fertig zu werden, ihre zerknirschte Miene, wenn ich sie rügte oder sie etwas nicht verstand – dies alles ging mir ab, und ich spielte lange mit dem Gedanken, mir eine neue nubische Sklavin zuzulegen, unterließ es aber dann aus Angst, von ihr enttäuscht zu werden. Freilich, von Zeit zu Zeit stattete mir Nataki einen Besuch ab, doch da war sie mehr die künftige Priesterin als die ehemalige Geliebte, und wenn ich mit ihr ins Bett gehen wollte, zierte sie sich und erfand Ausflüchte.

Ich sehnte mich danach, meine Stellung bei Hof anzutreten, und als es eines Morgens hieß, gegen Mittag treffe die Königin im Hafen ein, da wirkte diese Nachricht auf mich wie ein Trunk feurigen Weines. Mein Herz schlug schneller, mein Trübsinn schwand, und das Bewußtsein meines Ranges kehrte zurück: Du bist Hippokrates, Leibarzt Ihrer Göttlichkeit, der Königin von Ägypten!

Stunden zuvor fand ich mich am Hafen ein, gekleidet in mein bestes Gewand, doch ich sah nur Schiffe, Schiffe, Schiffe, bis sich die Nachricht verbreitete, Kleopatra sei zusammen mit Caesar gleich zur Anlegestelle ihres Palastes weitergefahren. So meldete ich mich bei der Palastverwaltung sofort zur Audienz an, doch der Beamte wiegte zweifelnd den Kopf.

«Während der nächsten Tage wird die *Basilissa* niemanden empfangen, sie ist hochschwanger und steht unmittelbar vor ihrer Niederkunft.»

Gut, das sah ich ein, aber war es nicht die Pflicht ihres Leibarztes … Olympos, Olympos, schalt ich mich selber, du verstehst soviel von Schwangerschaft und Geburt wie der Ochsentreiber da draußen. Überlasse das den erfahrenen Hebammen, und fasse dich in Geduld.

Caesar fand nicht einmal Zeit, die Geburt seines Kindes abzuwarten, denn er wurde dringend nach Pontos gerufen, um den dortigen Klientelkönig Pharnakes in seine Schranken zu weisen. Er besiegte ihn so rasch, daß die Nachricht uns erst erreichte, als der siegreiche Feldherr schon in Italien war, zum ersten Mal nach einer Abwesenheit von fast zwei Jahren.

Bleiben wir zunächst bei Caesar, denn schneller und ruhmreicher hat – sehen wir von Alexander ab – wohl kein Imperator Sieg an Sieg gereiht. Nun mußte er sich noch mit den Anhängern des ermordeten Pompeius herumschlagen, die ihre Sache noch keineswegs verloren gaben. In der Provinz Africa kam es bei Thapsos zur Entscheidungsschlacht, die den Widerstand seiner alten Gegner für immer brach.

Im Herbst traf Julius Caesar in Rom ein und konnte – ein nie dagewesener Fall – vier Triumphe feiern: zwei Siege in Ägypten und zwei in den Provinzen. Kleopatras Halbschwester Arsinoë fiel dabei die undankbare Rolle zu, in silbernen Ketten den Triumphzug zu schmücken, quasi stellvertretend für das besiegte ptolemäische Heer. Üblicherweise wurden diese vornehmen Gefangenen nach dem Triumphzug im Kerker erdrosselt, doch Caesar war nur hart, wenn er es sein mußte, aber er kannte weder Haß noch Mordlust. Arsinoë durfte danach in aller Stille nach Lydien reisen, wo sie im Tempel der Artemis von Ephesos Aufnahme fand.

Zehn Tage nach der Geburt von Ptolemaios Caesar oder Kaisarion – der kleine Caesar –, wie ihn das Volk nannte, empfing mich die Königin in ihrem nun fertiggestellten Palast auf der Halbinsel Lochias. Niemals zuvor hatte ich eine solche Pracht gesehen. Dieses prunkvolle Gebäude schien auf den ersten Blick nur aus Marmor, Ebenholz, Elfenbein, Gold und Silber zu bestehen. Achat, Porphyr, Jaspis und Lapislazuli gab es im Übermaß an Säulen, Fußböden und Wänden, die feingeschnitzten Decken aus Ebenholz waren mit Elfenbein und Halbedelsteinen eingelegt, die Kapitelle vergoldet, die Möbel aus Zedern- und Zitronenholz, auf Stühlen, Liegen und als Sonnenschutz an den Fenstern leuchteten die kostbarsten Stoffe in Gold und Purpur.

Die Königin bemerkte mein sprachloses Staunen.

«Gefällt's dir, Hippo? Ja, Ägypten ist reich und kann seine Könige würdevoll ausstatten, ohne ärmer zu werden. Kannst du sofort deinen Dienst antreten?»

Ich verbeugte mich.

«Auf nichts anderes habe ich gewartet, *Basilissa*, ungeduldiger von Tag zu Tag.»

Sie lächelte und wandte sich zu der neben ihr stehenden Kammerfrau Charmion.

«Soll ich das glauben, Charmion? Oder ist es nur ein Kompliment?»

Die herb-schöne, große und sehr hellhäutige Vertraute lächelte nicht, sondern sah mich nur streng an.

«Komplimente von Männern wiegen leicht, meine Königin. Man sollte sie schnell vergessen und eher auf ihre Taten schauen.»

«Da hörst du es, Hippo. Unsere Charmion ist nicht so leicht zu betören. Nun, so tritt deinen Dienst an. Eine Wohnung in Palastnähe habe ich für dich vorbereiten lassen.»

Fast hörte man ihn plumpsen, den Stein, der mir vom

Herzen fiel. Mardion, der Eunuch, Kleopatras väterlicher Freund, schien es mir angesehen zu haben. Er lächelte.

«Du freust dich, Hippo? Vielleicht war dein Kompliment vorhin doch echt.»

«Ja, Mardion, ich freue mich, weil ich jetzt eine Aufgabe habe und weiß, wo ich hingehöre.»

«Und deine Lehrtätigkeit im Museion?» fragte Kleopatra.

«Ich habe zwei Vorlesungen über Knochenbrüche gehalten und sonst den Rat des edlen Julius Caesar befolgt, nämlich Latein zu lernen.»

Sie schien erfreut.

«Du hast es wirklich getan? Es gibt in Alexandria nicht viele, die es beherrschen, und wenn mein Leibarzt bald dazugehört, freut es mich besonders.»

Eine große Sorge war von mir genommen. In das streng bewachte und abgeschlossene Brucheion konnte mein Onkel nicht vordringen. Hier durfte mich Aspasia nicht behelligen. Sie wird darüber nicht weniger froh gewesen sein als ich. Das turbulente Hofleben ließ mich bald meine Verwandten vergessen, und nun erst sah ich, in welch hohe Vertrauensstellung mich die Laune der Königin versetzt hatte. Ich gebrauche bewußt das Wort Laune, denn meine Verdienste waren gewiß nicht groß genug, um diese Rangerhöhung zu rechtfertigen.

Aber Kleopatra machte Ernst mit ihrem Versprechen, den Hof zu «verjüngen». Den ganzen verschworenen Kreis um ihren Vater ersetzte sie – taub für alle Proteste. Den Regentschaftsrat ihres verstorbenen Bruders hatte sie aufgelöst; Ptolemaios XIV., ihr jetziger Ehemann und jüngerer Bruder, lebte in einer Art goldenem Käfig, einem ehrenvollen Hausarrest, und bekam alles, was er wollte: Mädchen fürs Bett, mit denen der jetzt Dreizehnjährige noch nicht viel anzufangen wußte, Spielgefährten, die mit ihm athletische Übungen betrieben, ein großes Schwimmbecken, um sich an heißen Tagen abzukühlen – alles bekam er, nur keine Macht.

Durch Zufall wurde er mein erster Patient. Große Krieger oder Feldherren waren die Ptolemäer niemals gewesen, doch es gehörte zur Ausbildung eines königlichen Prinzen, daß er mit Waffen umzugehen wußte. Mit ihm wurden gleichaltrige Burschen erzogen, und der Waffenmeister ließ sie mit stumpfen Schwertern gegeneinander kämpfen. In der Hitze des Gefechts legte Ptolemaios seinen Schutzhelm ab, und ehe er ihn wieder aufsetzen konnte, drang sein Gegner auf ihn ein und trennte ihm das linke Ohr halb ab. Die Wunde blutete stark, und alles lief aufgescheucht durcheinander; den vor Entsetzen heulenden Kampfgefährten hatte man schon in Fesseln gelegt. Er schrie laut: «Ich wollte es nicht! Ich wollte das nicht! Es tut mir leid!» Doch man hörte nicht darauf, und die Leibwächter führten den Jungen ab.

Ich war vorher schon informiert worden, hatte mein bewährtes blutstillendes Mittel eingepackt sowie Wundnähzeug und Verbandstoff. Als die Blutung endlich zum Stillstand kam, nähte ich das Ohr mit wenigen Stichen wieder an, wobei der kleine König nur laut schnaufte, aber sonst keinen Muckser tat.

«Es wird spurlos verheilen, Hoheit», versprach ich ihm und erreichte dann auch bei der Königin die Freilassung des allzu hitzigen Kampfgefährten.

Selbst der engere königliche Hofstaat umfaßte um die zweihundert Personen; dafür war eigentlich ein anderer Arzt zuständig, aber bei Menschen, die ihr näherstanden, wünschte die Königin meine Behandlung oder zumindest meinen Rat. Eine solche Tätigkeit war mir aus Syene längst vertraut, auch wenn es sich hier nicht um Soldaten und meist auch um andersgeartete Leiden handelte.

Mehr zu schaffen machte mir anfangs das endlose Intrigenspiel. Ich gehörte zu denen, die «das Ohr der Königin» besaßen, und wurde unaufhörlich befragt, beflüstert, um große oder kleine Gefallen gebeten, und ständig versuchte irgend jemand, mir Gold- oder Silberstücke in die Hand zu drücken. Ich habe Schwächen und Laster wie jeder Mensch, aber bestechlich war ich nie. Da ich nicht recht wußte, wie ich mich verhalten sollte, wandte ich mich an Mardion um Rat. Der zeigte sich keineswegs überrascht.

«Es war sehr klug, lieber Hippo, zuerst zu mir zu kommen, ehe du die Königin damit behelligst. So ist das Hofleben nun einmal, und je näher du dem Thron stehst, desto süßer und verlockender scheinst du allen Fernerstehenden und ziehst sie an wie ein Honigkuchen die Fliegen.»

«Auch Bienen und Wespen sind dabei, und die haben bekanntlich einen Stachel ...», warf ich ein.

Er nickte. «Ich weiß, ich weiß. Hier also mein Rat: Halte stets deine Hände sauber, und nimm niemals Geld oder Geschenke an. Erscheint dir eine Bitte oder ein Anliegen berechtigt, dann komme zu mir, und wir beratschlagen es gemeinsam. Bei ganz dringenden und ernsthaften Fällen kannst du dich an die Königin direkt wenden, aber überlege vorher gut, ob es die Sache auch wert ist.»

An diesen Rat hielt ich mich – mit wenigen Ausnahmen – während der ganzen Zeit meiner Stellung am königlichen Hof und habe es nie bereut. Ein paarmal nahm ich Geschenke an, holte mir aber vorher das Einverständnis der Königin.

Es wurde Sommer; dann zog der Herbst ins Land, sehnlich erwartet von einer seit Wochen sonnendurchglühten Stadt, denn die kühlen Winde von der Meeresseite hatten tagelang ausgesetzt. Was davon noch übrigblieb, ein kühler Hauch, der gegen Abend einsetzte, wehte wohltuend über die schmale Halbinsel Lochias und durch den nach beiden Seiten offenen königlichen Palast.

Die Ende September einsetzende frische Brise von Norden brachte ein römisches Schiff in den Hafen, eine schnelle schmale Galeere, ausgesandt, um unserer Königin eine Botschaft von Julius Caesar zu überbringen.

Sie empfing den Boten im Thronsaal, zusammen mit König Ptolemaios XIV., umgeben von ihrem Hofstaat. Ihr zur Rechten stand der Erste Minister Protarchos mit einigen anderen hohen Beamten, während ihr Freundeskreis, fast unsichtbar, hinter dem Doppelthron – quasi in seinem Schatten – an dem Ereignis teilnahm. Auch ich war zugegen, sah, wie der Bote des Senats sich tief verbeugte und dem Ersten Minister zwei Schriftrollen übergab. Protarchos kniete vor dem Thron nieder und reichte sie an Kleopatra weiter. Die Königin betrachtete die Aufschrift, legte das kleinere Schreiben auf ihren Schoß und gab das größere an ihren Bruder weiter.

Ptolemaios war ein hübscher, aufgeweckter Junge, hatte sich aber offenbar mit seiner unbedeutenden Rolle abgefunden, denn er gab die Schriftrolle sofort an den Ersten Minister zurück. Kleopatra nickte ihm zu; und Protarchos brach das Siegel, entrollte das Pergament und las es vor.

«Julius Caesar, Dictator, und der Senat von Rom an Ptolemaios Philopator, König von Ägypten, und Kleopatra, Königin von Ägypten.

Der Senat von Rom hält es für angebracht, die Freundschaft zwischen beiden Ländern zu festigen und zu vertiefen, und so laden wir dich, *Basileus* Ptolemaios, und dich, *Basilissa* Kleopatra, ein, auch im Namen des Dictators Julius Caesar und beider Konsuln, Rom und Italien einen Besuch abzustatten.»

Kleopatra hatte aufmerksam gelauscht und wandte sich nun an Ptolemaios.

«Nun, mein hoher Gemahl, sollen wir diese Einladung annehmen?»

Der junge Mann schreckte auf. Nur ganz selten durfte er neben seiner Schwester den König spielen, und wenn, dann war es eine stumme Rolle. Jetzt aber war er um seine Meinung gefragt worden und blickte hilfesuchend um sich. Alle wichen seinem Blick aus, und dann sagte er schließlich:

«Wir sollten – ich glaube, wir sollten die Einladung annehmen.»

Kleopatra verneigte sich leicht.

«Danke, mein Gemahl, und ich schließe mich selbstverständlich deinem Entschluß an.»

Das klang nun keineswegs spöttisch, sondern war in ruhigem, respektvollem Ton gesagt worden. Dennoch, glaube ich, gab es keinen im Saal, der diese Situation nicht als zutiefst ironisch empfand, wußte doch jeder, daß Ptolemaios völlig macht- und bedeutungslos war und nur in seltenen Fällen als Königspuppe auftreten durfte.

Ptolemaios, überrascht von dieser Situation, die ihn plötzlich in den Mittelpunkt rückte, platzte mit der Frage heraus:

«Darf ich – darf ich denn auch mit nach Rom?»

Zum Glück hatte sich der römische Bote schon verabschiedet, man war sozusagen unter sich, und da und dort hörte man leises Lachen. Vielleicht ging Kleopatra einen Schritt zu weit, als sie sagte:

«Diese Frage wollte ich gerade an dich stellen – darf ich den König von Ägypten nach Rom begleiten?»

Ptolemaios war kein Kind mehr und hörte nun doch den Spott heraus.

«Du hast mich niemals um Erlaubnis gefragt, Kleopatra, warum tust du es jetzt?»

«Weil ich Lust dazu hatte», sagte sie und fügte hinzu: «Du kannst dich jetzt zurückziehen, wenn du willst.»

Da die Einladung keine private war, sondern – wenn auch von Caesar inspiriert – vom römischen Senat kam, war es eine politische Notwendigkeit, daß das ägyptische Königspaar gemeinsam erschien.

«Er wird uns nicht stören, der Kleine», sagte Kleopatra später im Freundeskreis, «im Grunde ist er noch ein Kind.»

«Er wird es nicht bleiben», gab der bedächtige Protarchos zu bedenken, «in zwei oder drei Jahren ist er ein erwachsener junger Mann.»

«Manche sterben schon früh, nicht wahr, mein Hippo, der Tod nimmt aufs Alter keine Rücksicht.»

«Das stimmt, meine Königin.»

Daß Ptolemaios mitreisen durfte, war – die Königin hatte es angedeutet – ein wohlüberlegter Schachzug. Die Anhänger seines ertrunkenen älteren Bruders warteten sehnsüchtig auf die Volljährigkeit des jüngeren, und wäre dieser in Alexandria geblieben, hätte sich um ihn womöglich eine Opposition gebildet. So hielt Kleopatra es für besser, den Brudergemahl nicht aus den Augen zu lassen.

Die nächsten Wochen vergingen mit umfassenden Vorbereitungen für die Reise. Es war, als wolle ein Bienenvolk samt Königin auswandern, so schwirrte und summte es im Brucheion, aber die Beamtenschaft der Ptolemäer war seit Jahrhunderten auf pflichtbewußtes Arbeiten und vorzügliche Organisation gedrillt, und im Oktober, noch ehe die Herbststürme einsetzten, lichtete die Mittelmeerflotte des ägyptischen Königspaares ihre Anker.

Ich segelte mit zwei anderen Ärzten, einem *pharmakeus* und zwei Gehilfen, sowie Truhen voll ärztlicher Geräte und Arzneimittel im Kielwasser unserer Königin – sozusagen auf Rufweite. Die Seefahrt verlief ruhig und ohne größere Aufregung, ein paar Piratenschiffe auf der Höhe von Sizilien ergriffen schleunigst die Flucht, als sie am Horizont immer mehr Schiffe auftauchen sahen.

Rom selber besitzt bekanntlich keinen Hafen, und der Tiber ist für Seeschiffe nicht befahrbar. So erwartete uns bei der Tibermündung eine Reihe von Barken – es müssen wohl um die hundert gewesen sein, die uns – gerudert oder getreidelt – langsam in die Hauptstadt brachten. Der Hafen von Ostia begann damals schon zu versanden und war nur noch für kleinere Schiffe geeignet.

Ich verlor die Königin aus den Augen und erfuhr später, daß Caesar sie, verkleidet als einfacher *centurio*, mit einer Sänfte abgeholt hatte. Daß diese Einladung allein seinem Wunsch entsprach und der willfährige Senat dabei nur als Vorwand diente, zeigte sich schon in der Art unserer Unterbringung. Als Staatsgäste hätten zumindest Kleopatra und Ptolemaios im Gästehaus für hochrangige Besucher auf dem Palatin wohnen müssen, doch mir fällt kein anderes Wort ein – wir wurden buchstäblich am Stadtrand von Rom versteckt, und zwar in den abgelegenen und weitläufigen *Horti Caesaris*. Das war ein Gebiet jenseits des Tiber, wohin sich kein Unbefugter verirrte und wo Julius Caesar sich einen riesigen Park mit mehreren palastartigen Villen angelegt hatte. Dabei war gerade diese Tiberseite vom einfachen Volk bewohnt: Hafenarbeiter, Taglöhner, Schiffer, kleine Händler, auch lichtscheues Gesindel. Doch ihr Gebiet lag mehr tiberaufwärts, etwa auf der Höhe des *Mons Aventinus*.

Kurz danach, es war im November, mußte Caesar zu einem neuen Feldzug aufbrechen. Die Anhänger des Pompeius hatten in Hispania ein neues Heer gesammelt und wagten einen letzten Versuch, die Macht noch einmal an sich zu reißen. Daß Caesar sie besiegte, weiß alle Welt, und im darauffolgenden Frühjahr ging der Dictator nach Rom zurück. Einige Tage nach unserer Ankunft rief uns Protarchos im großen *triclinium* zusammen.

Man wird nun fragen, wie die Königin es wagen konnte, Ägypten mit ihrem Gatten, dem Mitregenten, und dem Ersten Minister zu verlassen, denn so sicher saß sie damals noch nicht auf dem Thron, um nicht einen Umsturz befürchten zu müssen. Die Antwort ist einfach: Den Hauptanlaß für einen Umsturz, nämlich ihren Brudergemahl Ptolemaios, hatte sie mit auf die Reise genommen, und ihren Ersten Minister Protarchos ersetzte während ihrer Abwesenheit der Eunuch Mardion. Er war persönlich ohne jeden Ehrgeiz, absolut unbestechlich und höchst vertrauenswürdig. Später übernahm er noch öfter solche Ämter, und als Kleopatra ihn einmal dafür hoch belohnen wollte, lehnte er ab, sagte, er habe, was er brauche, und das schönste Geschenk seien Liebe und Vertrauen seiner Königin. Menschen wie ihn wird man lange suchen müssen, und jeder Fürst kann sich beglückwünschen, wenn er nur einen dieser Art in seiner Nähe hat.

Protarchos also klärte uns im Auftrag der Königin in großen Zügen über die Lage auf.

«Julius Caesar ist im April dieses Jahres für weitere zehn Jahre zum Dictator ernannt worden, so daß unsere Königin mit ihm allein verhandeln kann. Dabei geht es vor allem um die Erneuerung des Bündnis- und Freundschaftsvertrages, den Ptolemaios Neos Dionysos, der verewigte Vater unserer erhabenen Königin, vor dreizehn Jahren mit Caesar – damals noch Konsul – abgeschlossen hat. Ihre Majestät will unbedingt vermeiden, daß sich hier jene Kräfte durchsetzen, die Ägypten lieber gestern als heute von Rom annektiert sehen wollen. Daß Caesar bei dieser Gelegenheit sein Kind sehen wollte, versteht sich von selbst, und er wird Ptolemaios *Caesar* in einem offiziellen Akt als seinen Sohn anerkennen. Zuletzt muß ich euch noch sagen, daß wir Ägypter – so nennen sie uns hier, auch wenn wir Griechen sind – in Rom nicht gern gesehen werden. Es wurde das Gerücht ausgestreut, Caesar wolle unsere Königin heiraten und mit ihr gemeinsam die beiden Länder samt allen dazugehörigen Provinzen regieren. Und man munkelt, er habe zudem die Absicht, sich zum König krönen zu lassen – das ist in den Augen der Republikaner der schlimmste Verdacht, den man einem Staatsmann anhängen kann. Schon der Versuch gilt als Hochverrat und als todeswürdig. Seht euch also vor, und tretet in der Stadt nie allein auf, sondern in Gruppen von mindestens vier Personen. Sobald Caesar aus Hispania zurückkehrt, wird der Zwist wieder aufflammen.»

Der Speisesaal leerte sich, doch Protarchos hielt mich zurück. «Noch auf ein Wort, Hippo. Für dich hat die Königin einen besonderen Auftrag. Du sprichst ja jetzt leidlich Latein und sollst dich in der Stadt unauffällig umhören. Kleide dich wie ein Römer, besuche Thermen, Schenken, Theateraufführungen, Bibliotheken – eben alles, was öffentlich und jedermann zugänglich ist. Bei den Senatssitzungen ist dies nicht der Fall, aber prominente Besucher erhalten auf Wunsch eine Sondererlaubnis. Hier ist sie, und sie gilt für die Dauer unseres Aufenthalts.»

Ich nahm das kleine, einmal gefaltete und mit dem persönlichen Siegel Caesars versehene Dokument.

Protarchos legte mir eine Hand auf die Schulter.

«Du bist jung, klug und gewandt und wirst dein Bestes tun. Sei aber dennoch vorsichtig, halte die Augen und Ohren offen, und solltest du in Rom – wo sich ohnehin alles öffentlich abspielt – einen Stimmungsumschwung bemerken, dann erstatte sofort Bericht. Hörst du – sofort!»

Ich hatte schon befürchtet, mein römischer Aufenthalt würde sich darauf beschränken, die Mückenstiche des kleinen Hofstaates zu behandeln und sonst in den *Horti Caesaris* spazierenzugehen.

So ritt ich von nun an fast täglich auf meinem Maultier den Tiber entlang bis zum *Pons Sublicius* – Roms ältester

Brücke – und ging dann zu Fuß weiter zum *Forum Boarium*, dem uralten Rindermarkt, wo die Bauern und Viehhändler ihre Geschäfte abwickeln. Einige kleine Tempel säumten den Platz, darunter der des Hercules Victor, davor stand eine wundervolle überlebensgroße und vergoldete Statue des siegreichen Herkules. Hier nahm ich in einer der zahllosen Schenken ein zweites Frühstück ein, das aus Brot, Brühwurst und einem Becher Wein bestand. Die Wurst schmeckte jedesmal anders, manchmal vorzüglich, manchmal scheußlich, häufig zu scharf oder zu salzig. Die herumstreunenden Hunde profitierten davon, und ich spazierte weiter über den *Vicus Tuscus* oder den *Clivus Victoriae* zum *Forum Romanum*. Dort besuchte ich die Senatssitzungen regelmäßig, aber die Herren hielten sich bedeckt, und es war nicht viel Brauchbares herauszuhören. Wenn Julius Caesar dort auftrat, verwandelte sich der Senat in eine Horde von Jasagern, und wenn einer der Herren Kritik oder Bedenken äußerte, dann in so verschlüsselter Form, daß man schon sehr genau hinhören mußte. Dazu kam, daß mein Latein zwar täglich besser wurde, aber noch lange nicht gut genug war, um alle Feinheiten zu verstehen.

Für das Publikum bei den Gladiatorenspielen war allerdings kein feines Latein vonnöten, dort hörte ich aber auch nur wenig politische Äußerungen. Die Zuschauer hier wollten Blut fließen sehen, und daran hat sich bis heute nichts geändert.

Theateraufführungen gab es an allen Ecken und Enden in unterschiedlicher Qualität – begonnen bei der populären Stegreifsatire bis zu den Komödien und Tragödien des klassischen Hellas, und überwiegend wurden solche gespielt. Hätte es nicht einen Plautus oder Terentius gegeben, so wären die Römer vollends auf griechische Dramatiker angewiesen gewesen. Auch daran hat sich bis heute nicht viel geändert ...

Für mich war das Ergiebigste die Stegreifsatire, und wer immer bei der Tagespolitik gerade zählte, wurde dabei auf eine Weise durchgehechelt, die man in Alexandria als Majestätsbeleidigung geahndet hätte. Ich mußte mich sehr zusammennehmen, wenn von «einer ägyptischen Hure» die Rede war, die einem bestimmten Römer so den Kopf verdreht habe, daß er weiß nicht mehr von schwarz, heiß nicht mehr von kalt unterscheiden könne. Namen wurden da keine genannt, aber jeder wußte, wer oder was gemeint war.

Auch an den öffentlichen Festen nahm ich teil, und davon gab es im Dezember eine ganze Reihe, nämlich das *Agonium*, die *Consualia*, die *Saturnalia*, die *Opalia*, die *Divalia* und am 23. schließlich die *Larentalia*, das Fest der Toten.

Am bemerkenswertesten schienen mir die *Saturnalia* am 17. des Monats, denn da mußten die Herren ihre Sklaven bedienen und ihnen prächtige Symposien ausrichten. Wer dies nicht mochte, ging aufs Land und überließ die Sache dem Majordomus.

Ich hörte mich dabei um – in Schenken, bei den Festen, bei den häufigen Diskussionen auf der Straße und fand bestätigt, was Protarchos schon angedeutet hatte. Man machte Caesar den Vorwurf, Kleopatra eingeladen und sie, so glaubte man, politisch bevorzugt zu haben. Da stecke doch etwas dahinter, meinten die Leute, dieser Dictator hecke mit der Ägypterin etwas aus. Der berühmte Rhetor Marcus Tullius Cicero wurde zitiert, und was er bisher über unsere Königin geäußert hatte, ließ wenig Sympathie erkennen. Sein harmlosester Vorwurf war, Kleopatra platze vor Hochmut, suhle sich in orientalischem Pomp und sei dabei, auch Julius Caesar anzustecken.

Nach einigen Wochen Herumhören äußerte ich vor Protarchos den Verdacht, Kleopatra sei nur ein Vorwand, um Caesar zu schaden, gegen den vielleicht eine geheime und gar nicht so kleine Opposition bestünde. Er gab mir recht.

«Dieser Meinung ist auch die Königin; und sie hat den Dictator eindringlich davor gewarnt, doch er schien das nicht ernst zu nehmen, sagte, Opposition gegen die jeweils Herrschenden habe es immer gegeben, das gehöre zum Wesen einer Republik.»

Dann setzte der Winter ein, und wir froren jämmerlich. Auch Alexandria kennt von Dezember bis Februar kühle Tage, doch dazwischen gibt es immer lange wärmere Phasen, so daß von *cheimon* – also einem Winter, der Frost, Sturm, sogar Schnee bringt – nicht die Rede sein kann.

Mitte Januar, während der Tage des *Carmentalia*-Festes, schneite es ein paarmal, ohne daß allerdings diese weiße, seltsam flüchtige Materie länger liegenblieb. Ich betrachtete eine frische Schneeflocke auf dem Ärmel meines Wollmantels – ohne ihn wäre ich hier erfroren – und war überrascht über ihre anmutige, doch streng geordnete Gestalt. Der Zauber hielt nicht lange an, ihre schöne Form verging, und sie war am Ende nur noch ein Tropfen Wasser.

Das seltsamste Fest aber feiern die Römer am 15. Februar – die *Lupercalia*. An ihm und den meisten anderen Jahresfesten ist zu sehen, daß die Römer ursprünglich ein reines Bauernvolk waren, denn häufig geht es dabei um Ernte, Akker, Korn, Vieh oder – wie bei den *Lupercalia* – um Fruchtbarkeit schlechthin. Das Fest gilt dem Gott Faunus, und die *Luperci*, seine Priester, laufen dabei in Ziegenfelle gehüllt durch die Straßen und peitschen Frauen, die sich ein Kind oder eine leichte Geburt wünschen, mit Riemen aus Bockshaut. Die überall als so sittenstreng gerühmten Römerinnen entblößen dabei ihren Unterleib und strecken ihn den Priestern und ihren Schlägen entgegen. Die Schamhafteren lassen sich nur auf die Hände schlagen. Da findet sich natürlich viel Mannsvolk auf den Straßen ein, um dieses aufreizende Schauspiel zu genießen.

Während des Winters litt fast der ganze ägyptische Hofstaat an Erkältungskrankheiten irgendwelcher Art, und ich fand heraus, daß die hiesigen Arzneimittelhändler dafür bestens gerüstet waren – allerdings zum Teil mit Heilkräutern, die ich aus Ägypten nicht kannte, wie etwa Minze und Kamille, aber auch mit dem mir vertrauten Fenchel und Thymian. Innerlich wie äußerlich angewandt erzielte ich damit die besten Heilerfolge, vor allem bei Husten und Halsentzündung. Daß ein Schnupfen nicht zu kurieren ist, weiß ein jeder, denn er dauert – ob mit oder ohne Behandlung – fünf bis sieben Tage.

Unsere Königin blieb kerngesund, aber sie mußte auch nicht frieren, denn Caesar hatte ihr ein paar Dutzend jener kleinen bronzenen Holzkohleöfen bringen lassen, die – falls man sie Tag und Nacht am Glimmen hält – einen kleinen Raum wohlig durchwärmen.

Nun, der Winter verging, und mit dem März mehrten sich die warmen Tage. Rom hatte sich, so schien es, mit der Anwesenheit Kleopatras abgefunden, um so mehr, als Caesar Gerüchte verstreuen ließ, daß er keineswegs die Absicht habe, seine liebe und hochverehrte Gattin Calpurnia zu verstoßen, um eine ägyptische Königin zu heiraten. Das seien böswillige, von seinen Feinden in Umlauf gebrachte Verleumdungen, denn – und nur darum gehe es ihm – Ägypten sei als Kornlieferant unverzichtbar, und er habe für Rom derart günstige Sonderkonditionen erwirkt, daß man diese fast mit Tributzahlungen gleichsetzen könne.

Da glätteten sich die Wogen etwas, und Kleopatra nützte die Stimmung, um die vornehmsten Familien von Rom zu einem Frühlingssymposion zu laden. Als Anlaß diente die Rückkehr des siegreichen Imperators Julius Caesar aus Hispania. Da war dann nichts mehr von Abneigung oder Vorbehalten zu erkennen, und wer solche hegte, kam eben aus Neugier.

Ich hatte die Ehre, mit dem *progeustes* am Tisch der Königin sitzen zu dürfen, aber dieser Vorkoster trat nur in Aktion, wenn etwas aufgetischt wurde, das nicht aus Kleopatras eigener Küche kam, und an diesem Tag hatte er nur Wein, Wasser, Fruchtsäfte und Trockenobst zu begutachten.

Das *triclinium* im Haus war für die vielen Gäste nicht groß genug, so daß Kleopatra Tische und Liegen im Freien aufstellen ließ, wozu der sonnige und warme Märztag den besten Anlaß bot. Daß die Römer liegend speisen, ist mir bis heute unverständlich, um so mehr, als die verdrehte Körperlage für die Nahrungsaufnahme höchst ungesund ist. Leider muß ich zugeben, daß die Römer diese Unsitte von uns, den Griechen, übernommen haben.

## SIEBENTES KAPITEL

Niemand von uns war bisher Zeuge gewesen, wie Caesar seinem kleinen Sohn begegnete, denn das hatte sich immer in den Privatgemächern abgespielt, und die Königin sprach nicht darüber. Nun aber durfte der Kleine mit seiner verschüchterten Amme bei Tisch erscheinen und den staunenden Gästen vorführen, wie gut er schon laufen konnte.

Caesar lächelte, stand auf und entfernte sich einige Schritte vom Tisch. Er ging in die Hocke und lockte das Kind mit leiser, zärtlicher Stimme:

«Komm, *puellus*, lauf her – komm, es geht schon ...»

Er streckte seine Hände aus, und die Amme ließ den pausbäckigen Kleinen los. Der stand auf seinen dicken krummen Beinchen, sah sich nach seiner *nutrix* um und zögerte. Die junge, dralle Frau lächelte ihn aufmunternd an, und da lachte auch er und marschierte los, schwankend, mit ausgebreiteten Armen, aber schnell und zielstrebig. Caesar fing ihn auf, hob das Kind hoch über seinen Kopf und sagte vernehmlich: «Nun schaut er auf seinen Vater herab, aber das pflegt mit den Söhnen nun einmal so zu sein. Warum soll es mir bessergehen ...?»

Daß diese öffentliche Demonstration gewollt war, mußte jedem klar sein, der Caesars Art kannte, sich über Dinge nicht zu äußern, die er der Öffentlichkeit vorenthalten wollte. Er log dann nicht, sondern schwieg.

Daß er sich hier vor aller Augen und Ohren als Vater bekannt hatte, würde morgen in Rom jeder Straßenjunge wissen, und so war es wohl beabsichtigt.

Der Kleine verschwand mit seiner Amme im Haus, und Kleopatra blickte ihnen lächelnd nach. Sie hatte zu der ganzen Szene geschwiegen, und ihrem verschlossenen Gesicht waren weder Freude noch Genugtuung anzumerken gewesen. Eines stand jedenfalls fest: Es war nun völlig belanglos, ob Caesar dieses Kind gezeugt hatte oder nicht – er hatte es hochgehoben und es damit nach altrömischer Art vor Zeugen anerkannt.

Sitzt oder liegt man zu Tisch und hat das Mahl beendet, dann wandert der Blick gemächlich umher, denn nur der Hungrige starrt in seinen Teller. So blieben meine Augen am Gesicht einer Frau haften, die schräg gegenüber am benachbarten Tisch saß – nein, lag, und offenbar schon länger in meine Richtung geschaut hatte. Inzwischen war es lebhafter geworden, denn solange Caesar, Kleopatra und Marcus Antonius unter uns weilten, hatte etwas wie eine feierliche Steifheit, vielleicht auch Befangenheit die Gäste gehemmt. Ja, Marcus Antonius war erstmals hier zu Gast, aber ich sah ihn diesmal nur von ferne.

Die drei also waren ins Haus gegangen, vermutlich um Dinge zu besprechen, die nicht für jedermanns Ohr gedacht waren. Als ich aufstand, um mir die Beine zu vertreten, sah ich, daß die Frau am Nachbartisch den neben ihr sitzenden Mann am Ärmel zupfte und etwas zu ihm sagte. Das Paar erhob sich ebenfalls, und wir trafen an dem kleinen Brunnen zusammen, wo eine lebensgroße marmorne Quellnymphe auf einem Baumstumpf saß und das Wasser aus einer Schale in ihrer rechten Hand sprudelte. Ich tauchte beide Hände in den Brunnen und kühlte damit mein erhitztes Gesicht. Als ich mich aufrichtete und umwandte, stand das Paar vor mir, und der Mann sagte lächelnd: «Jetzt wird es sogar euch Ägyptern zu warm. Solltest du im August noch hier sein, Hippokrates, dann sehnst du dich nach dem kühlen Alexandria. Ich heiße Lucius Quintillus, und das ist meine Frau Claudia. Ich kenne deine Stadt von mehreren Besuchen, und ich weiß, wovon ich rede.»

«Woher kennst du meinen Namen?»

«Wer am Tisch der Königin speist, wird von allen anderen beobachtet, und so hat es sich schnell herumgesprochen, daß du ihr Leibarzt bist.»

Quintillus war ein großer, etwas dicklicher Mann mit Stirnglatze und einem schlauen, aber gutmütig wirkenden Gesicht. Seine Frau war um Haupteslänge kleiner und schien mir um etliches jünger – nicht mehr zwanzig und noch nicht dreißig.

«Wie gefällt dir Rom, Hippokrates? Ist es schöner als Alexandria?»

An Claudia fand ich zunächst wenig Bemerkenswertes. Ihre erlesene, aber zurückhaltende Kleidung, der sparsame Schmuck und die fehlende Schminke ließen auf eine sittenstrenge Römerin schließen.

So kamen wir ins Gespräch, das nicht besonders lebhaft, aber doch recht aufschlußreich wurde, denn Quintillus war als Getreidehändler viel herumgekommen. Dann sagte er: «Jetzt reise ich kaum noch, sitze als gewählter Plebejer im Senat und bringe es vielleicht noch zum *tribunus plebis.*»

«Was dich viel Geld kosten wird, mein Lieber», sagte seine Gemahlin, und es klang ein wenig anzüglich.

Doch Quintillus lachte nur behaglich.

«So kommt es wieder unter die Leute. Geld im Sack nützt keinem, es muß zirkulieren.»

Unser Gespräch endete mit einer Einladung in das Haus des Quintillus, das in der Gegend des *Mons Caelius*; eingeschlossen war die Bitte, das fünfjährige Töchterchen Claudilla zu untersuchen, das nicht essen wolle und immer magerer werde. Ich sagte gerne zu, denn die Gelegenheit, ein römisches Bürgerhaus von innen kennenzulernen, wollte ich mir nicht entgehen lassen. Natürlich fragte ich vorher bei Protarchos um Erlaubnis, wie wir alle es hielten, wenn wir in Rom etwas von Belang unternahmen. Er unterrichtete die Königin und gab mir den Bescheid: «Du sollst die Einladung unbedingt wahrnehmen. Quintillus ist reicher als Krösus und hat überallhin Beziehungen. Obwohl Plebejer, ist er auf der Seite Caesars; versuche ihn behutsam über seine Pläne und Absichten auszuhorchen.»

«Ich versuche es, glaube aber nicht, daß ich diesem Mann gewachsen bin. Der kommt in allen Sätteln zurecht und hat mir ein paar Jahrzehnte an Lebenserfahrung voraus.»

«Du bist auch nicht auf den Kopf gefallen, Hippo, sei also nicht so bescheiden.»

Die Villa des Quintillus lag in einem riesigen Garten breit hingelagert und roch schon von weitem nach gediegenem Reichtum. Ein alter Majordomus begrüßte mich mit altertümlicher Feierlichkeit, als besuche ein Staatsgast den Landesfürsten.

Claudia empfing mich im kleinen, mit einem Sonnensegel überdachten Atrium des Hauses, und ein flüchtiger Blick ließ mich erkennen, daß hier an nichts gespart worden war. Die zierlichen Säulen rund um das Atrium waren aus den kostbarsten Marmorsorten gefertigt, und jede hatte eine andere Farbe.

Wir nahmen auf bronzenen, mit brokatenen Polstern belegten Sesseln Platz.

«Quintillus hat noch eine Besprechung mit einem Geschäftsfreund – er wird jeden Augenblick erscheinen. Bis dahin mußt du mit mir vorliebnehmen.»

«Ich muß? Ich darf! Gespräche mit Frauen haben mir stets mehr bedeutet als solche mit Männern. Ich bin selber einer und weiß, wie Männer denken. Bei Frauen darf man immer gespannt sein und erlebt häufig Überraschungen.»

Bei Serapis – was redete ich da? Warum ging mir plötzlich

der Mund wie geschmiert, und ich trug die dicksten Komplimente auf?

Claudia drohte mir mit dem Finger.

«Das klingt ja sehr schmeichelhaft, aber die Wahrheit ist es wohl nicht – oder?»

Ich wurde der Antwort enthoben, denn der Herr des Hauses erschien. Claudia war heute eine andere als damals in den *Horti Caesaris*. Sie gab sich reizvoller, koketter, und jetzt war ihr Gesicht kunstvoll geschminkt.

«Hippokrates! Welch eine Freude! Mein Koch ist dabei, das Kunstwerk seines Lebens zu schaffen, um unseren Gast aus Ägypten zu beeindrucken und zu überraschen. Damit du dich drauf einstellen kannst und die Vorfreude dir den Mund wässert, habe ich die Speisenfolge aufschreiben lassen. Hier – lies es langsam und mit Genuß.»

Da ich mir diese Speisekarte aufgehoben habe, kann ich die Folge genau wiedergeben.

*Patinam de asparagis frigidam* (kalte Spargelplatte)
*Patinam de apua fricta* (Pfanne mit gebratenen Sardellen)
*Lucustam elixam cum cumino* (Langusten in Kümmelsoße)
*Lucustas assas* (gegrillte Langusten)
*Anatem ex rapis* (Ente mit Rüben)
*Pernam apruni* (gefüllte Wildschweinkeule)
*Vitulinam frictam* (gebratenes Kalbfleisch)
*Dulcia domestica* (Süßspeise nach Art des Hauses)
*Tyropatinam* (Eiercreme).

Zu jedem Gericht wurde ein anderer Wein gereicht, natürlich mit Wasser gemischt, wie es sich für eine *cena* am späten Nachmittag gehörte. Nach dem etwa dreistündigen Mahl hatte ich Mühe, mich zu erheben, und auch die Zunge gehorchte mir nicht mehr so recht.

«Ehe ich noch etwas von euren vorzüglichen Weinen

trinke, möchte ich das Töchterchen untersuchen, denn sonst, fürchte ich …»

Quintillus schlug mir kräftig auf die Schulter.

«Aber natürlich! Wie konnte ich das vergessen!»

Claudilla war ein zartes, schmächtiges Kind und wirkte eher wie eine Vierjährige. Doch sie hatte kürzlich ihren sechsten Geburtstag gefeiert, und die Eltern machten sich Sorgen, weil sie nicht wachsen und gedeihen wollte. Das Kind war blutarm, das sah ich auf den ersten Blick. Aber warum? Mein erster Verdacht richtete sich auf eine fehlerhafte Ernährung, und diese Diagnose erwies sich dann auch als richtig.

Zuerst untersuchte ich die Kleine manuell, fand aber keine Besonderheiten, nur abgesehen von einer krankhaften Magerkeit.

«Sie ißt wenig und wenn, dann erbricht sie es oft gleich wieder», sagte Quintillus, und sein schlaues glattes Gesicht durchzogen tiefe Kummerfalten.

Nach einem längeren Gespräch fand ich dann heraus, daß die Eltern schon zahlreiche Ärzte konsultiert hatten, und die meisten rieten zu gehaltvollen und nahrhaften Speisen.

«Gut gewürzt», fügte Quintillus hinzu, «damit es der Kleinen auch bekommt.»

Ich schlug vor Entsetzen die Hände zusammen.

«Diesen kleinen, noch zarten Organismus mit Gewürzen zu traktieren, das ist leider das Falscheste von der Welt! Kein Wunder, daß sie die Speisen erbricht. Claudilla wird seit Jahren falsch ernährt, und wenn das noch länger weitergeht, fürchte ich um ihr Leben.»

Die Eheleute sahen sich erschreckt an.

«Aber die Ärzte …», begann Claudia, doch ich schnitt ihr das Wort ab.

«Die Ärzte haben offenbar vergessen, daß es sich hier um ein zartes Kind mit einem empfindlichen Magen handelt.

Mein Rat ist nun folgender: Laßt die Kleine einen oder zwei Tage hungern, und gebt ihr nur leichtes Honigwasser zu trinken – soviel sie will.»

Da schlug Claudilla erfreut die Händchen zusammen.

«O ja! Honigwasser – das schmeckt mir!»

«Wenn sie dann Hunger verspürt, gebt ihr nur, was sie möchte, und sei es noch so unsinnig. Nüsse in Honig, Milch, Traubensaft, gesalzene Pistazienkerne – was immer sie verlangt, gebt es ihr, und gebt ihr davon, soviel sie will. Dann sollen ihre Mahlzeiten auf ganz leichte Kost umgestellt werden. Viel Obst, Salate, Nüsse, Milch, süßen Brei aus geschroteten und gekochten Kornsorten, auch mageres Geflügel oder Fisch, wenn sie es verlangt. Niemals aber Schwein, Wild oder fettes Geflügel! Und keine Gewürze! Kein Pfeffer, kein *garum*, weder Safran noch Koriander und wenig Salz. Gegen ihre offensichtliche Blutarmut mische ich euch eine wohlschmeckende Arznei, die sie dreimal täglich nehmen soll.»

Ich schrieb für den Apotheker eine Anweisung aus für eine Mischung aus gemahlenem Eisenrost, Honig, Wasser und etwas Rotwein und sagte den Eltern, wenn Claudilla sich vor roher geschabter Kalbsleber nicht ekle, solle sie täglich einige Löffel davon zu sich nehmen.

«Wenn ihr euch genau an meine Anweisungen haltet, wird Claudilla binnen vier Wochen um fünf bis acht *librae* schwerer geworden sein – nehmt mich beim Wort!»

Quintillus verabschiedete sich bald, da heute noch ein wichtiges *concilium plebis* angesagt sei, aber er hoffe, mich bald wiederzusehen. Anstandshalber wollte ich mich auch gleich verabschieden, aber Claudia hielt mich zurück.

«Der Tag ist noch zu jung, lieber Hippokrates. Ein Glas Wein noch auf den Weg, und ich lasse dich ziehen.»

Mir brummte noch der Kopf von den zuvor genossenen Weinen, aber Claudia erschien mir plötzlich so reizvoll, so weiblich-verlockend, daß ich blieb. Ich trank in vollen Zügen weiter, und sie nippte nur, betrachtete mich lächelnd und fragte mich über ägyptische Bräuche und Sitten aus.

Sah ich recht, oder waren es die Geister des Weines? Claudia bediente mich selbst, denn kein Sklave erschien von da an mehr. Plötzlich erschien sie in einer kurzen, gerade die Oberschenkel bedeckenden Tunika, dem üblichen Sklavengewand, das eine römische Bürgerin immer nur als Unterkleid und niemals vor Fremden trug.

«Es ist heiß geworden, machen wir es uns doch bequem.»

Der Wein rauschte wie ein Wasserfall in meinen Ohren, und durch das Rauschen vernahm ich von ferne ihre Stimme, hörte sie aber dennoch deutlich und verstand jedes Wort.

«Du wirst dich fragen, warum wir nur eine Tochter haben. Nun, ich bin die zweite Frau des Lucius Quintillus, seine erste starb vor sieben Jahren im Kindbett und hat ihm zwei Söhne geschenkt. Die sind jetzt erwachsen und führen einen Teil seiner Geschäfte. Auch ich hätte ihm weitere Kinder gebären können, aber seine Lust am ehelichen Umgang ist nach und nach erloschen. Er hat nur noch die Geschäfte im Kopf, und seine Lust heißt Geldverdienen. Ich bin zwanzig Jahre jünger als Quintillus und weiß heute, daß ich ihn nicht hätte heiraten sollen. Aber nachher ist man immer gescheiter, nicht wahr?»

Sie hatte sich neben mich auf den *lectulus* gesetzt und lehnte ihren Kopf an meine Schulter. Dabei kroch ihre Hand unter meine Toga, lüpfte die Tunika, krabbelte am Oberschenkel hinauf und tastete zart nach dem Phallos.

Träumte ich? Kaum wagte ich mich zu regen, ich wollte den Traum nicht zerstören. Jeder Mann weiß, daß, im Übermaß genossen, Wein die Liebesglut löscht. So hob sich meine *mentula* um keinen Fingerbreit, und die kundige Claudia brach in Lachen aus.

«Ja, das kenne ich! Zuviel Wein ist ein Liebestöter, aber wir sehen uns ja nicht zum letztenmal!»

Sie muß mich dann in eine Sänfte gesetzt haben, denn ich wachte erst auf, als die Träger mich am Tor der *Horti Caesaris* ablieferten.

Zwei Hausdiener brachten mich zu Bett, aber das war, als hätte man mich an ein Mühlrad gehängt, das mich im schnellen Schwung durch die Luft drehte. Vor Übelkeit keuchend und würgend, kroch ich aus dem Bett und gab die vorhin aufgelistete Speisenfolge samt den erlesenen Weinen von mir.

Als ich am Morgen mit rasenden Kopfschmerzen und einem Geschmack im Mund erwachte, als hätte ich aus der *Cloaca Maxima* getrunken, nahm ich das von mir schon anderen für die Folgen eines feuchten Symposions verordnete Mittel, nämlich einen kalten Becher starken Weines mit Würzessig und etwas Salz vermischt.

Sollte ich Protarchos oder gar der Königin von dem gestrigen Tag berichten? Während ich noch hin und her überlegte, sandte Protarchos einen Boten, der mich zu einer Besprechung holte.

«Was gibt es zu berichten, Hippo? Hast du etwas herausgefunden?»

«Leider nein. Quintillus hatte für mich kaum Zeit übrig, und seine Gemahlin ...»

Der Erste Minister blickte mich neugierig an.

«Nun – was war mit ihr?»

«Wir tranken noch etliche Krüge – äh, Becher eines vorzüglichen Weines, und dann war ich so betrunken, daß ich mich kaum noch an etwas erinnere.»

«Das sollte nicht noch einmal geschehen, Olympos! Die Römer warten doch nur darauf, uns etwas anzuhängen. Ich verlange in Zukunft von dir mehr Beherrschung – verstanden?»

Da er mich Olympos nannte, muß er zornig gewesen sein. Da regte sich in mir der Stolz, und fast ohne mein Zutun stieß ich hervor: «Da haben wir uns gegenseitig nichts vorzuwerfen. Claudia setzte sich halbnackt zu mir und betastete meinen Phallos. Was man uns von den sittenstrengen Römerinnen erzählt, ist eine Legende!»

Nun hatte ich es doch gesagt, und Protarchos quetschte mich aus wie ein Saftverkäufer seine Zitronen. Als er schließlich jede Kleinigkeit wußte, an die ich mich noch erinnern konnte, sagte er: «Du wirst nun hören, was ich von der Sache halte. Quintillus, der als Parteigänger von Julius Caesar gilt, ist dabei umzuschwenken, dafür gibt es mehrere Anzeichen. Er will demnächst Volkstribun werden, und dazu wählen sie nur einen Mann, der die überwiegende Volksmeinung vertritt, und die ist nach wie vor gegen unsere Königin und auch zunehmend gegen Caesar gerichtet. Diese Leute versuchen nun mit allen Mitteln, uns in Mißkredit zu bringen, und so glaube ich, Quintillus hat deine Verführung geplant. Wärst du nicht so besoffen gewesen und hättest auf Claudias Verlangen reagiert, dann wäre Quintillus hereingestürzt und hätte dich *in flagranti* ertappt. Du wärst angeklagt worden, und ganz Rom hätte vor Empörung aufgeschrien. Nun machen sich diese wüsten Alexandriner schon an unsere ehrbaren Frauen heran – so hätte es geheißen. An unsere Königin wagen sie sich nicht heran, auch mich, den Ersten Minister, wird man ungeschoren lassen. So prügelt man den Esel anstatt seines Herrn. Du bist kein politischer Faktor, stehst Kleopatra aber als Leibarzt dennoch sehr nahe, bist also das geeignete Opfer. Sieh dich vor, Hippo, sieh dich vor! Halte Augen und Ohren weit offen, sei lieber fünfmal zuviel mißtrauisch als einmal zuwenig. Natürlich behandelst du das Kind des Quintillus weiter, aber laß dich kein zweites Mal in eine schiefe Lage bringen.»

Ich schüttelte störrisch meinen Kopf.

«Ich kann's einfach nicht glauben! Vielleicht hat mir Bacchus in meiner Trunkenheit das alles nur vorgegaukelt. Es war ja schon dunkel, im Raum brannten nur zwei oder drei Lämpchen ...»

«Eben deshalb!» rief Protarchos. «Warum zieht sich eine römische Ehefrau mit einem fremden Gast in ein nur spärlich erhelltes Zimmer zurück und schickt ihre Sklaven weg? Zu diesem Zeitpunkt warst du noch nicht zu betrunken, um dies zu bemerken.»

«Aber was soll ich jetzt tun? Dieses Wissen macht mich so befangen, daß es der schlaue Quintillus sofort bemerken wird.»

«Hippo – eines möchte ich noch sagen: Es muß nicht so gewesen sein, wie ich vermute. Ich spreche da nur einen Verdacht aus, aber der ist – wie du zugeben wirst – sehr begründet. Vielleicht hat Claudia sich tatsächlich nur einen jungen schmucken Mann ins Bett holen wollen, nachdem sie vorher andeutete, Quintillus meide seit Jahren den ehelichen Umgang. Aber ich wäre kein Staatsmann und unserer Königin ein schlechter Berater, fände ich mich damit ab. Es ist mein Beruf, mißtrauisch zu sein, und die derzeitige Lage verlangt es geradezu. Also achte darauf, daß du mit Claudia nicht mehr allein bist, und beschränke dich ganz auf deine Tätigkeit als Arzt.»

So etwas ist leicht hingesagt, aber es in die Tat umzusetzen ist weitaus schwieriger. So dachte ich wenigstens, als ich drei Tage später meine kleine Patientin wieder aufsuchte. Ich tat dies vorsichtshalber in den späten Morgenstunden und spielte den beschäftigten Arzt.

Claudia gab sich ganz als besorgte Mutter, im Haus flitzten zahlreiche Sklaven umher, im Kinderzimmer saß in einer Ecke Claudillas Amme. Alle meine Befürchtungen erwiesen sich als unbegründet, und meine Befangenheit wich. Der Kleinen ging es schon viel besser, und daß sie nun essen durfte, wann und was sie wollte, machte sie heiter und froh.

Claudia berichtete: «Sie schlingt durcheinander Pistazien mit Honig, Obstsäfte, Brei, süße Suppen in sich hinein, als hätten wir sie monatelang hungern lassen. Wenn das so weitergeht, ist sie bald so dick wie ein Kürbis.»

«Sie wird bald damit aufhören, wenn ihr Körper mit den nötigen Stoffen versorgt ist. Doch sie muß weiterhin fette und gewürzte Speisen meiden und die verschriebene Arznei einnehmen.»

«Willst du noch eine Kleinigkeit zu dir nehmen? Etwas Obst oder ein Glas Wein?»

Was kann jetzt schon geschehen, dachte ich und nahm die Einladung an. Dazu muß ich sagen, daß mir Claudia mehr und mehr gefiel. Sie war keine Frau, die auf den ersten Blick reizvoll und verlockend wirkt, aber je öfter ich sie sah, desto mehr gefiel mir ihre frische unbefangene Art, gewürzt durch eine leise Koketterie, die nicht aufdringlich, aber immer da war und mich spüren ließ: Ja, dich, Hippo, will ich, und ich werde dich kriegen, mag es noch so lange dauern. – Alles in allem war sie eine reizvolle frauliche Erscheinung, die noch ein Hauch frischer Mädchenhaftigkeit umgab – nun ja, sie hätte gut Quintillus' Tochter sein können.

So saßen wir dann im Garten, Blumen und Kräuter dufteten, und Claudilla übte mit ihrer Amme das Ballwerfen.

Mit leiser Stimme wandte sich Claudia zu mir: «Was ist nun mit uns, Hippo? Wenn du nüchtern bist, kriegst du ihn doch hoffentlich hoch?»

Ich glaubte nicht recht zu hören, denn dann vernahm ich ihre laute Stimme: «Du mußt den Ball höher werfen, Claudilla, sonst fängt ihn deine *nutrix* nie.»

Ich beschloß einfach, nichts gehört zu haben, sondern

sagte: «Bei Claudilla zeigt die Diät schon Wirkung und die Arznei gegen Blutarmut wohl auch. Sie wirkt heute viel kräftiger.»

Claudia nickte lächelnd und flüsterte: «Du auch, Hippo, und du solltest in Zukunft nicht mehr soviel trinken, sonst entgeht dir einiges. Hast du dir die Umgebung von Rom schon angesehen? Kennst du Ostia?»

«Nein – ja, das heißt, nur von weitem, wir sind am Tiber-Hafen abgeholt worden.»

Sie nickte. «Siehst du! Ostia ist ein wunderhübsches Hafenstädtchen, ich habe dort kürzlich von einer kinderlosen Tante ein kleines Haus geerbt. Es steht leer, müßte hergerichtet werden, wenn ich es verkaufen oder vermieten will. Wir könnten es uns ansehen ...»

Was mochte da wieder dahinterstecken? Ich konnte die Warnung des Protarchos nicht vergessen, und es wurde mir unbehaglich.

Sie lachte. «Du siehst aus, als hättest du in eine Quitte gebissen. Gefalle ich dir nicht?»

«Natürlich gefällst du mir, Claudia, sehr sogar. Aber» – und nun trug ich dick auf – «du kannst dir nicht vorstellen, wie streng es bei uns am Hof zugeht. Wir dienen einer Königin, und ihr Wort ist Gesetz. Hier in Rom ist sie sehr mißtrauisch, und wir müssen sie über jeden unserer Wege informieren, sie oder einen der höheren Hofbeamten. Bei ihr wird gleich alles zum Politikum ...»

Runde erstaunte Augen sahen mich an. «Aber wir haben doch nichts mit Politik zu tun, Hippo. Du bist Arzt, ich eine unbedeutende Frau – wir wollen gemeinsam ins Bett gehen und nicht politisieren.»

«Ich will ja auch ...», sagte ich lahm, doch ich sprach die Wahrheit. Claudia erregte meine Sinne, und ich stellte mir schon vor, wie sie auf dem Gipfel der Lust die Augen aufriß, stöhnte, sich an mich klammerte ... Schon beim Gedanken daran regte sich mein Phallos, und ich rutschte unruhig auf meinem Sitz herum. Es entging ihr nicht. Nichts entging dieser Frau.

«Was hast du, Hippo? Du wirkst so unruhig …»

«Gut», sagte ich, «versuchen kann ich es ja. Ich werde sagen, daß es in Ostia eine aus Fisch und Algen gefertigte Arznei gibt, die ich prüfen möchte.»

«Na also! Es hätte mich schon sehr gewundert, wenn dir nichts eingefallen wäre. Beim nächsten Besuch wirst du schon mehr wissen.»

Da befand ich mich in einem schönen Dilemma! Irgendwen mußte ich belügen – Protarchos und die Königin oder Claudia. Eros – die Römer nennen ihn Amor – flüsterte mir ins Ohr: Du mußt niemanden belügen, Olympos! Melde deinen Ausflug nach Ostia, schaue dich dort wirklich nach Arzneien um, und die Begegnung mit Claudia ist dann eben zufällig, du hast vorher nichts davon gewußt.

Ich folgte dem Rat des Liebesgottes, und Protarchos zeigte großes Verständnis.

«Gut, Hippo, nimm eines unserer besseren Rösser, reite hin, und sieh dich in Ruhe um. Ich verstehe schon, daß es dir hier langweilig wird – keine Kranken, keine Frauen …»

Er lächelte, und sein strenges Gesicht wurde weich und war voll Freundschaft. Wie alt mochte er wohl sein? Ich hätte es nie gewagt, danach zu fragen, aber er hatte schon unter Auletes ein Hofamt innegehabt.

«Ach», sagte ich leichthin, «danken wir den Göttern, daß es bei uns keine Kranken gibt, und was die Frauen anbetrifft – an jeder Ecke ist ein *lupanar*, wer Geld hat, braucht da nicht zu darben und kann zugleich eine Reise um die Welt machen.»

«Das verstehe ich nicht ganz …»

«Es gibt dort Griechinnen, Syrerinnen, Jüdinnen, auch Mädchen aus Asia, Germania, Gallia, Hispania, ja sogar welche aus Africa nigra findest du dort. Rom ist eine internationale Stadt, aber die *lupanaris* sind es im besonderen.»

Lag etwas wie Abweisung in seinem Blick?

«Ich kenne mich da nicht so aus, mich hat noch nie nach Huren verlangt. Also gut, Hippo, ich melde deinen Ausflug bei Gelegenheit unserer Königin. Übrigens wird Marcus Antonius zum Marsfest Ende Mai wieder nach Rom kommen, und sie will ihm ein Symposion ausrichten. Er steht seit einiger Zeit bei Caesar in Ungunst, doch der scheint unserer *Basilissa* einen Wink gegeben zu haben – vielleicht wollen die beiden sich wieder versöhnen. Caesar hält sehr viel von ihm, hat die Königin kürzlich erwähnt.»

«Wie kam es zu dem Zwist?»

«Ach, weißt du, beide sind sehr starke Naturen, eigenwillig, dickköpfig – nur ist Caesar der Schlauere.»

«Und der gibt gewöhnlich nach.»

«So ist es, Hippokrates.»

Am nächsten oder übernächsten Tag fand eines der vielen dem Olympischen Jupiter geweihten Feste statt, bei dem Caesar zugegen sein wollte. Dieses Mal hielt der Dictator es für wichtig, mit allen Insignien seines Amtes aufzutreten, was er sonst sehr selten tat.

Legionäre sperrten die *Via Sacra* ab, auf der er einzog, der Imperator und Dictator, im Purpurmantel des siegreichen Feldherrn, der genau dem Krönungsornat der früheren Könige entsprach. Auf seinem fast kahlen Haupt funkelte der goldene Lorbeerkranz, vor ihm gingen die vierundzwanzig *lictores* mit ihren furchterregenden Rutenbündeln, in denen jeweils eine Axt steckte, Tribunen in ihren Prunkuniformen umringten ihn – und doch, ich weiß nicht, woran es lag, Caesar wirkte inmitten dieses Aufzugs ernst und bescheiden. Hinter ihm schritt, umgeben von Priestern und Vestalinnen, der *pontifex maximus*, und es war Gaius Octavius, der damals dieses Amt ausübte.

Man führte zwei weiße, makellose Stiere hinauf zum Tempel, um sie dem höchsten Staatsgott zu opfern. Gaius Octavius wirkte schwächlich, war mager, mittelgroß und von bleicher Gesichtsfarbe. Sein Antlitz aber war schön und regelmäßig, strahlte eine große priesterliche Würde aus. Kein Prophet erhob sich und wies auf den kränklichen Mann, um mit Donnerstimme zu verkünden: Hier schreitet der zukünftige Herr der Welt! Die Propheten, glaube ich, sind es immer nur im nachhinein, und wenn das Ereignis lange genug her ist, machen sie das Volk glauben, sie hätten in die Zukunft geschaut.

Für unsere Königin gab es nur einen einzigen öffentlichen Auftritt, als sie vom Senat auf dem Kapitol begrüßt wurde. Von da an blieb sie in den *Horti Caesaris*, und mit der Zeit vergaß man, daß sie jenseits des Tiber mit einem Hofstaat von etwa zweihundert Menschen recht aufwendig residierte. Es mag ihr schwergefallen sein, aber sie hielt sich klug zurück, um Caesars Gegnern nicht in die Hände zu arbeiten.

Mein nächster Besuch im Hause des Quintillus fiel sehr kurz aus; ich sah mir die Kleine an, fand alles in Ordnung und trank mit dem Ehepaar einen Höflichkeitsbecher stark gewässerten Weines. Claudia begleitete mich hinaus und konnte mir gerade noch Tag und Ort unseres Treffens in Ostia zuflüstern.

Hatte ich sie richtig verstanden? Das Haus lag in der Nähe des Neptun-Tempels gegenüber dem Laden eines Obst- und Weinhändlers namens Marsius oder Marsias.

In einem Städtchen wie Ostia wird das leicht zu finden sein, dachte ich und ritt frohgemut am vereinbarten Tag los. Die sechzehn römischen Meilen der *Via Ostiensis* waren bald zurückgelegt, aber dann, als die ersten Häuser auftauchten, bot sich mir ein anderes Bild. Von der Seeseite hatte die Stadt mit ihren Docks und Hafenanlagen eher bescheiden gewirkt, aber ich konnte nicht ahnen, daß sich Ostia noch eine gute Meile ins Hinterland erstreckte. Freilich, die Bauten waren hier nicht so gewaltig wie in Rom, und Häuser über zwei Stockwerke gab es so gut wie keine.

Eine nicht sehr breite Hauptstraße durchzog die Stadt von Ost nach West, bog später nach Süden ab und endete am Hafen. Das Gedränge war lebhaft, und ich hörte fast mehr fremde Sprachen als Latein, denn hier lebten und arbeiteten Syrer, Griechen, Juden, Gallier, Africaner, Bewohner von Asia und viele andere Menschen aus nahen und fernen Provinzen.

Nur jeder zweite verstand mein schlechtes Latein, und die Auskunft war jedesmal anders. Einmal sollte der Neptun-Tempel am Hafen, einmal beim Forum und ein anderes Mal im Süden der Stadt liegen. Ich irrte kreuz und quer durch Gassen und Gäßchen, führte mein Pferd am Zügel und war schier am Verzweifeln. Es ging schon auf den Abend zu, als ich irgendwo im Gewirr der Hafengassen ein bescheidenes Neptun-Heiligtum fand, wo die Fischer, Schiffer und alle auf oder mit dem Meer Beschäftigten kleine Opfergaben niederlegten.

Müde und hungrig stolperte ich in die nächste Schenke, trank zwei Becher unvermischten und ziemlich sauren Wein und ließ mir eine Wurst braten. Als der Wirt sie mir auftrug, fragte ich nach Marsias oder Marsius. Der Mann grinste und deutete in eine Ecke.

«Dort sitzt er und versäuft seine Tageseinnahmen.»

Ich schlang die Wurst hinunter und ging dann zu dem Tisch.

«Marsias?»

Eine rauhe Stimme sagte: «Der bin ich und heiße Marsius. Was willst du?»

Der schon ältere Mann war durchaus nicht dabei, seine Einnahmen zu versaufen, sondern trank hier – wie er sagte – einen Becher, bis zu Hause die *cena* fertig war. Natürlich habe er die alte Dame gekannt, sie sei jahrelang seine Kundin gewesen.

Ich tat so, als wolle ich das Haus vielleicht kaufen, aber da riet er mir ab.

«Auch wenn ich einen künftigen Kunden verliere, zuraten kann ich dir nicht. Der Hafen von Ostia ist am Versanden, und niemand tut etwas dagegen. Große Lastschiffe müßten schon weit draußen im Meer ankern, da wird die Entladung problematisch. Freilich ist hier nicht alles auf den Seehandel und die Seefahrt eingerichtet, ein Teil unserer Stadt wird auch ohne den Hafen weiterbestehen. Aber eine gesunde Entwicklung ist das nicht.»

Wir brachen zusammen auf, und Marsius begleitete mich vor das betreffende Haus. Nirgends war ein Licht zu sehen, und so vermutete ich, Claudia habe sich wieder auf den Heimweg gemacht.

Ich übernachtete in der Schenke – ausnahmsweise, sagte der Wirt – höchst unbequem auf einer Bank und schaute mir am nächsten Morgen das Haus noch einmal an.

Schon von weitem sah ich sie, als sie aus einer Sänfte stieg und in Begleitung eines Dieners sich an der Tür zu schaffen machte. Den Sklaven schickte sie dann weg und verschwand im Haus. Ich schlenderte heran, blickte dahin, blickte dorthin, stieß schnell die Tür auf, und da ertönte ein leiser Schrei.

«Claudia?»

«Hippo?»

Sie war gerade dabei, die Läden in Richtung Straße aufzustoßen, doch nun unterließ sie es und öffnete nur die zur Gartenseite einen Spalt. Flüsternd unterhielten wir uns, und ich erfuhr, daß sie von der sechsten bis zur zwölften

Tagesstunde auf mich gewartet hatte, um dann, weil sie das leere Haus fürchtete, bei Verwandten zu übernachten.

«Du hättest mir sagen sollen, daß es hier drei Neptun-Tempel gibt ...»

«Aber nur einen Marsias ...», fiel sie mir ins Wort.

«Er heißt Marsius, und ich habe ihn erst am Abend gefunden.»

Wir sahen uns an und brachen beide in Lachen aus.

«Diesmal hat Amor nicht mitgespielt, und heute ist es zu spät, weil mein Diener jeden Augenblick mit dem *cisium* erscheinen wird.»

«Schick ihn weg, und sag, du hast inzwischen einen Käufer gefunden und triffst ihn heute nachmittag. Dann hast du noch Zeit, nach Hause zu fahren.»

«Ich wurde schon gestern abend zu Hause erwartet. Quintillus wird einen Boten schicken, und das möchte ich nicht riskieren. Aber in zwei Wochen wird er einige Tage auf unserem Landgut bei Praeneste verbringen, und dann suchen wir uns in Rom ein stilles Plätzchen. Laß dir etwas einfallen, du verhinderter Liebhaber, und untersteh dich, zu den *lupae* zu gehen. Hebe deine *fortitudo* für mich auf, du wirst sie brauchen ...»

Immer wieder erstaunte mich der freie, ja vulgäre Ton, den Claudia anschlug, wenn wir alleine waren. In Gesellschaft sprach sie gewählt und zurückhaltend, schien geradezu ein Ausbund an altrömischer Frauentugend.

Inzwischen hielt ich es für undenkbar, daß Quintillus hinter den Verführungskünsten seiner Frau steckte. Da hätte er nicht Ostia wählen müssen, in Rom wäre es einfacher gewesen.

Wir trennten uns also, und ich erkundigte mich auf dem nächsten Marktplatz nach einer guten *medicina taberna* und kaufte dort etwas wahllos ein, aber dafür würde sich Protarchos ohnehin kaum interessieren.

Der Arzt und Apotheker, ein vor etwa fünfzehn Jahren zugewanderter Syrer, sprach ausgezeichnet Griechisch und verwickelte mich in ein Fachgespräch. Wir kamen auf das alte Problem der Schmerzbetäubung zu sprechen und die damit verbundenen Gefahren. Er meinte: «Es ist alles eine Frage der Dosierung, und deshalb sehen heute die meisten Ärzte den von den alten Griechen gebrauchten *mandragoras* als zu gefährlich an. Betäubt man einen Kranken so sehr, daß er auch bei längeren und sehr schmerzhaften Operationen nichts mehr spürt, dann spielt man mit seinem Leben, denn alle Betäubungsmittel sind Gifte. Der zehnte Teil einer *ligula* kann schon zuviel oder zuwenig sein.»

Ich sprach von meinen Erfahrungen in Ägypten, aber er kannte nichts von dem, was wir dort zur Schmerzbetäubung verwandt hatten, ausgenommen eben den *mandragoras*, wobei ich seine Bemerkung nur bestätigen konnte: Jeder echte und verantwortungsbewußte Arzt gebraucht diese Wurzel zu mancherlei Zwecken, nicht aber zur Schmerzbetäubung bei Operationen.

Also fragte ich ihn: «Wozu würdest du mir raten?»

«Hier hat sich der Mohn durchgesetzt. Die Blütenkapsel dieser Pflanze sondert – ehe die Samen reif sind – beim Anschnitt eine milchige Flüssigkeit ab, das *mekonion*, hier als *meconium* bezeichnet. Je mehr du es einkochst und damit verdickst, desto stärker wirkt es. Auch hier ist Vorsicht geboten, denn etwas zuviel, und dein Patient entschlummert auf ewig.»

Ich will nicht sagen, daß ich davon noch nie etwas gehört hatte, aber es wurde in Alexandria wenig verwendet, weil es teuer und schwer zu beschaffen war. Der Syrer erklärte mir genau die Dosierung für starke und schwache Naturen, für Kinder, Jugendliche, Erwachsene, ältere und alte Menschen. Ich kaufte davon einen so reichlichen Vorrat, daß der Apotheker mir noch eine Gratisprobe gab.

«In schwacher Dosierung, mit Honig vermischt, ist das ein echter Sorgenbrecher. Es wirkt ähnlich wie Wein, doch weder brummt dir der Kopf am nächsten Morgen, noch empfindest du Übelkeit oder einen schlechten Geschmack im Mund.»

Ich nahm das dargebotene Löffelchen, spürte zunächst nichts, verabschiedete mich und stieg aufs Pferd. Da erfaßte mich ganz sacht ein leises beschwingtes Wohlgefühl, wie man es beim Wein empfindet, ehe die eigentliche Trunkenheit einsetzt. Der Heimritt verlief wie ein fröhlicher Traum, doch als ich in den *Horti Caesaris* ankam, hatte sich die Wirkung verflüchtigt, und ich widerstand tapfer einer zweiten Dosis.

Zwei Tage später konnte ich das Mittel schon an einem Patienten erproben. Ein Offizier von Kleopatras Leibwache war schon in Alexandria ein begeisterter Wagenführer gewesen, und im Hippodrom fand kaum ein Rennen statt, an dem er nicht teilnahm. Mit Kleopatras Erlaubnis tat er das auch in Rom im *Circus Maximus* und hatte auch schon ein paar Preise gewonnen. Wie es genau zu dem Unfall kam, war nicht mehr herauszufinden; es bestand der dringende Verdacht, daß man dem Ägypter eines auswischen wollte. Jedenfalls stürzte er bei voller Fahrt vom Wagen und geriet dabei unter die Räder von drei oder vier ihm folgenden Fahrzeugen. Beide Beine unterhalb der Knie waren vielfach gebrochen, und was die Beine noch zusammenhielt, waren ein paar Sehnen. Der Mann litt fürchterlich, als sie ihn herbrachten, und ich sah nicht die geringste Hoffnung, eines seiner Beine zu erhalten. Ich zog den Hofarzt hinzu; auch ein römischer Medicus erschien. Beide gaben mir recht, ich legte Säge und Messer bereit und flößte dem Verunglückten von dem *mekonion* eine Dosis für Erwachsene ein. Er schlief schnell ein, und die Operation war bald beendet, weil da nicht mehr viel abzuschneiden war.

Bis heute kann ich nicht sagen, ob der Offizier am Blutverlust und der dadurch entstandenen Schwäche starb oder ob die Dosierung für ihn zu stark war. Am Abend war er jedenfalls tot, und die Königin meinte, in seinem Fall sei das besser, als auf Stümpfen als jämmerlicher Krüppel durchs Leben zu humpeln. Nun, das sagt sich so leicht, und niemand weiß, ob dieser Offizier nicht lieber beinlos weitergelebt hätte.

# ACHTES KAPITEL

Der römische Mai begann mit heftigen Regenstürmen, was alle Welt entzückte, denn diese Römer denken noch immer wie Ackerbürger, und es gibt kaum eine wohlhabende Familie, die nicht ein Landgut unterhält. Mairegen bringt Segen! jubelten sie, während wir Ägypter naß und verfroren herumschlichen. Es ist schon seltsam – in Alexandria hätte ich mich niemals als Ägypter bezeichnet, hier aber tat ich es, vielleicht um uns alexandrinische Griechen von solchen aus anderen Teilen Europas zu unterscheiden.

Kleopatra überlegte es sich anders, vielleicht bekam sie von irgendwoher einen Wink: Sie gab für Marcus Antonius kein Fest, sondern empfing ihn ganz zwanglos im Kreis ihrer Freunde in ihrer privaten *habitatio.*

Mein erster Eindruck von ihm war zwiespältig. Der jetzt etwa Fünfunddreißigjährige wirkte aufs erste grob, kriegerisch, ein Jünger des Mars, rauh und säbelrasselnd. Als ich ihn reden hörte, milderte sich dieser Eindruck wieder, denn Antonius gab sich charmant, witzig, drückte sich im Griechischen gewandt aus und verspottete sich selber als «römischen Helden im Schatten Caesars». Seine Nase hatte an der Wurzel einen merklichen Höcker, sie mußte in seiner Jugend gebrochen worden sein, das Kinn sprang fest und deutlich hervor; im Gegensatz dazu war sein schmaler Mund weich und empfindsam geschwungen, als hätten die Götter sich darauf geeinigt, diesen Menschen mit Gegensätzen auszustatten. Dennoch war es ein männlich-schönes Gesicht, und wenn Antonius lachte, was er oft und gerne tat, wirkte er sehr anziehend. Ganz Rom sprach damals von seiner kürzlich geschlossenen dritten Ehe mit Fulvia, für die es ebenfalls die dritte Heirat war. Diese Frau genoß keinen guten Ruf, galt als habgierig, herrschsüchtig und berechnend, und nicht wenige römische Mütter waren der festen Meinung, daß ihre eigenen Töchter sich weit besser zur Ehe mit diesem römischen Helden geeignet hätten.

Er sprach ganz offen über seinen Zwist mit Caesar, gab zu, daß er sich zeitweise von dessen Gegnern hatte beeinflussen lassen, jetzt sein Unrecht erkenne und dabei sei, sich wieder mit dem Dictator zu versöhnen.

Er wandte sich an uns. «Euch Griechen aus Alexandria sage ich es vor dem Angesicht eurer Königin und nicht ihr oder euch zuliebe, sondern mache die Götter zu Zeugen meiner Aufrichtigkeit: Rom hat nie einen größeren Mann gesehen als Julius Caesar, und wenn ich sagte, ich stehe in seinem Schatten, so möchte ich es noch erweitern und behaupten, jeder Mann muß im Schatten eines so großen Menschen stehen, der für Rom mehr getan hat als alle Könige, Konsuln und Feldherren in seiner siebenhundertjährigen Geschichte.»

Kleopatra lächelte, applaudierte seinen Worten und sagte nur: «Rom hat diesen Mann verdient.»

Wenige Tage später hörte ich etwas ganz anderes über Caesar, und mir war, als sei die Rede von zwei völlig verschiedenen Menschen gewesen. Diese Aufklärung kam ganz überraschend von Lucius Quintillus, dem bisher keine politische Stellungnahme zu entlocken gewesen war.

Ein Bote holte mich in sein Haus, Claudilla habe einen Rückfall erlitten, und ich müsse dringend nach ihr sehen. Dieser Rückfall sah dann so aus, daß die Kleine sich – schlicht gesagt – überfressen hatte, da die besorgten Eltern meinen Ratschlag dahingehend mißverstanden, sie nicht nur alles, worauf sie Lust hatte, essen zu lassen, sondern auch soviel sie wollte. So hatte sie sich mehrfach übergeben müssen, nachdem sie einen ganzen Tag nach Lust und Laune alles durcheinander in sich hineingeschlungen hatte.

«Jetzt, wo ihre Eßlust wiedergekommen ist, müßt ihr als Eltern sie zügeln, weil Kinder, wenn ihnen etwas schmeckt, das Fassungsvermögen ihrer Mägen überschätzen.»

Als ich mit dem Ehepaar ins Atrium hinaustrat, bat Quintillus seine Frau: «Claudia, könntest du uns ein halbes Stündchen allein lassen? Ich möchte mit Hippokrates etwas tun, was ich bisher vermeiden wollte, nämlich über Politik zu sprechen.»

Da es regnete, setzten wir uns in eine Ecke der gedeckten Arkadenreihe, ein Diener stellte einen zierlichen Klapptisch mit einem kleinen Krug Wein vor uns hin.

«Jetzt keine Störung – was es auch ist!» gebot der Hausherr mit drohend erhobenem Finger. «Wir brauchen keine Zeugen, denn im Notfall werde ich abstreiten, mit dir ein solches Gespräch geführt zu haben. Einige meiner Klienten – Freigelassene – werden dann vor Gericht schwören, daß ich zur fraglichen Zeit ganz woanders war.»

Er grinste, und alle falsche Biederkeit war aus seinem Gesicht verschwunden. Er ähnelte jetzt eher einem lauernden Wolf, aber dann tätschelte er beruhigend meine Schulter.

«Aber dahin wird es nicht kommen, weil die politische Lage auf eine Lösung hinstrebt – so oder so, und ich halte jetzt die Zeit für gekommen, Farbe zu bekennen oder in diesem speziellen Fall dich über Julius Caesar aufzuklären. Er ist oder besser war ein großer Mann, der Retter und Bewahrer Roms, aber die verliehene Dictatur ist ihm zu Kopf gestiegen, und nun könnte er sich in den Verderber Roms verwandeln. Du hast ihn ein paarmal gesehen, ich hörte es, hast in Alexandria mit ihm sogar gesprochen, warst beeindruckt – gut. Aber nun, nach dem Hispaniafeldzug, dem neuen Triumph, dem Übermaß an Ehrungen und Titeln, verliert Caesar – dessen Parteigänger auch ich war – Maß, Übersicht, Beherrschung, gerade die alten republikanischen Tugenden, für die wir alle ihn verehrten. Nun legt er seinen Purpurmantel kaum noch ab, läßt sich feiern wie ein Halbgott und hat vor kurzem den verbürgten Ausspruch getan: ‹Die Republik ist ein Nichts, ein bloßer Name ohne Körper und greifbare Gestalt.›

Du als Höfling in einem Land, das seit drei Jahrtausenden nur Monarchien kennt, hast vermutlich kein Gespür dafür, wie zerstörend so etwas auf das seit langem von Senat und Volk regierte Rom wirken kann. Der Senat duckt sich und lauscht wie ein schweifwedelnder Hund auf die Worte seines Herrn. Auch ich habe bis vor kurzem dabei mitgetan, ich gebe es zu. Daß Caesar eure Königin heiraten wird, ist ein dummes Gerücht, an das kein Einsichtiger glaubt – aber was findet Kleopatra an ihm, dem dreißig Jahre Älteren? Er verbraucht Frauen wie das Theater die Gladiatoren und scheut sich nicht, jede, die ihm gefällt, in sein Bett zu ziehen, gleichgültig, ob und mit wem sie verheiratet ist. Willst du Namen hören? Also, da wäre die schöne Postumia, verheiratet; die blutjunge Lollia, verheiratet, dann die etwas dickliche, aber verführerische Tertulla, Frau des Senators Marcus Crassus. Er ist nicht einmal davor zurückgeschreckt, Mucia in sein Bett zu holen, verheiratet mit seinem Feind Gnaeus Pompeius – oder vielleicht gerade deshalb. Ganz vernarrt war er in Servilia, die Mutter des von ihm so überaus geförderten Senators Marcus Brutus, und ihr schenkte er eine Riesenperle im Wert von sechs Millionen Sesterzen. Brutus ist seither in bezug auf unseren Dictator etwas nachdenklich geworden. Weitere Namen? Ich erspare sie dir und nenne nur noch die dunkle, aber bildschöne Königin Eunoë von Mauretania, deren Gatte aus politischen Gründen höflich wegschaute, als Caesar sie während seines Africafeldzugs in sein Zelt holte. Aber damit nicht genug, Caesar ist auch dem eigenen Geschlecht nicht abgeneigt und ist als junger Mann in Bithynien – es war sein erster Kriegsdienst – zu König Nikomedes ins Bett geschlüpft und hat ihm den Hintern hingehalten oder seinen Schwanz gelutscht – wer weiß. Später lief es dann wieder umgekehrt, und er hat sich in Mamurra einen Epheben angelacht, der ihm tat, was er einst Nikomedes gewährte. Gerüchte? Der Fall war so sprichwörtlich, daß unser großer, leider allzu früh verstorbener Dichter, Gaius Valerius Catullus – übrigens durchaus kein Gegner Caesars – einige Spottgedichte veröffentlichte. Willst du eines hören? Ich habe ein paar Zeilen im Kopf. Er nannte Mamurra übrigens nur Caesars *mentula*, also Schwänzchen.

‹Herrlich paßt ihr zusammen, Hurenbolde,
du, Mamurra, und Caesar, alter Lustknab'.
's ist kein Wunder, die gleichen Makel sind euch
– dir stadtrömische, jenem formian'sche –
eingeprägt, und sie haften unaustilgbar.
Gleich entartet im Laster, gleiche Brüder,
beid' auf ‚Bildung' bedacht in *einem* Bette,
ehebrechender Vielfraß der wie jener
und bei Mädchen Rival und Freund in einem:
herrlich paßt ihr zusammen, Hurenbolde! …*

Das ist hart – nicht wahr, doch Spottgedichte dieser Art gingen damals in Rom von Hand zu Hand. Nun, Caesar – klug wie immer – verjagte seinen Lustknaben aus Rom, Catullus entschuldigte sich und wurde als Akt der Versöhnung zu einem Symposion geladen. Du wirst dich fragen, was der Politiker Caesar mit dem Hurenbold Caesar zu tun hat?

* Nach der Übersetzung von Otto Weinreich

Bleiben wir bei den Frauen, und da ist Kleopatra freilich der Name, der am hellsten glänzt, aber was uns nachdenklich macht, ist die Tatsache, daß er den mit ihr gezeugten Sohn anerkannt hat – öffentlich! Er hätte es ja in aller Stille tun können, aber wenn ein Mann wie Caesar so etwas vor aller Welt tut, dann sind politische Absichten damit verbunden. Ich sehe deinen fragenden Blick, aber dafür gibt es nur einen vernünftigen Grund: Er will mit Kaisarion eine Dynastie gründen. Er könnte Kleopatra nach ägyptischem Ritus heiraten, das gilt hier nicht, aber für ihn wäre es die Krönung seiner Laufbahn – Herr der Welt! Dictator von Rom und all seinen Provinzen, also Herr des Ostens und Westens, eingeschlossen Hispania; als nomineller Pharao Herr des Südens, bis an die Ursprünge des Nils. Wenn die beiden sich dann noch die Vasallenstaaten Cappadocia, Armenia, Palästina, Numidia und Mauretania einverleiben, ist ihnen die gesamte uns bekannte zivilisierte Welt untertan. Wer könnte ihn dann noch hindern, sich eine Krone aufs kahle Haupt zu setzen? Wer?»

«Du dürftest stolz darauf sein, daß ein Römer es so weit gebracht hat», warf ich ein.

Er schüttelte den Kopf.

«Wir wollen nicht Untertanen eines Königs sein, sondern mit Konsuln, Senat, Patriziern, Plebejern und dem römischen Volk gemeinsam unser Schicksal bestimmen. Darauf wird Caesar Rücksicht nehmen müssen, ob es ihm paßt oder nicht. Unklug wäre es jedenfalls, jetzt nicht auf Volkes Stimme zu hören. Du hast sie hiermit vernommen und kannst deiner Königin Bericht erstatten. Ich erwarte aber, daß du es nicht als meine Privatmeinung verkündest, sondern als einen stärker und stärker werdenden Druck, der gleichermaßen von Senat und Volk ausgeht.»

«Es ehrt mich, daß du mir soviel Vertrauen schenkst, Quintillus.»

Er hob die Hände. «Du bist unser Arzt und ein Freund des Hauses. Deiner Königin kannst du übrigens noch andeuten, daß Caesar – falls er sich nicht mäßigt – in Gefahr gerät zu stürzen, und dann hat sie hier keinen Fürsprecher mehr, keinen einzigen, und Ägypten wird binnen kurzem eine römische Provinz. Drei römische Legionen befinden sich ja bereits dort.»

«Sie stehen unter Caesars Befehl.»

«Jetzt noch, aber dann nicht mehr.»

Ich hatte keine Gelegenheit, Claudia nochmals zu sehen, auch drängte mich die Pflicht, mein Wissen so schnell wie möglich an die Königin weiterzugeben.

Als ich bei Protarchos andeutete, um was es ging, eilten wir unangemeldet zur Königin, doch Charmion stand wie eine rächende Gottheit vor der Tür, ihre Augen sprühten Feuer, ihr Mund belegte uns mit wenig schmeichelhaften Ausdrücken.

«Laß sie herein!» hörten wir von innen Kleopatras Stimme.

Ich erstattete genauen Bericht, sagte auch, Quintillus gebe damit ausdrücklich die überwiegende Meinung von Volk und Senat wieder. Die Namen von Caesars Geliebten – einen Teil hatte ich ohnehin vergessen – nannte ich nicht, ausgenommen den der Königin Eunoë.

Da winkte sie nur verächtlich ab. «Es ist für mich belanglos, ob Caesar sich gelegentlich mit einer kleinen Provinzfürstin vergnügt oder nicht. Nicht sie, sondern mich hat er nach Rom geladen, und nicht mit Mauretania gibt es einen Freundschaftspakt, sondern mit Ägypten. Was ich da sonst noch höre, sind von Böswilligen erfundene Zukunftsprognosen. Wenn das Volk gegen ihn ist, warum veranstaltet man für ihn Theaterspiele, Gladiatorenkämpfe, Tierhetzen, athletische Wettkämpfe und setzt das Marsfeld für eine Seeschlacht unter Wasser? Warum erteilt ihm der Senat die

Dictatur auf weitere zehn Jahre und überhäuft ihn mit Ehren? Tun sie das, Senat und Volk, weil sie ihn hassen? Sage deinem Quintillus, er möge diese *fabulae* seinem Töchterchen erzählen, aber Erwachsene damit verschonen.»

In diesem Fall hat Kleopatra der politische Weitblick gefehlt, aber das mag daran gelegen haben, daß sie in Rom ziemlich isoliert war und fast nur mit Caesar und seinen Freunden Umgang pflegte.

Ich stellte mich damals natürlich auf Kleopatras Seite und fühlte für Quintillus etwas wie Verachtung. So fiel es mir auch leichter, ihn zu betrügen, und zwar – ich gebe es zu – auf eine besonders niederträchtige Art.

Zwei Tage vor seiner Abreise besuchte ich ihn kurz, sagte, meine Königin wolle die Lage gründlich überdenken und sei ihm dankbar für die Aufklärung. Daran schloß ich eine Bitte an. Ich sei jetzt fast täglich in der Stadt, schaute mir Theater, Gladiatoren und Pferderennen an und müsse häufig frühzeitig aufbrechen, weil der Weg zu den *Horti Caesaris* ziemlich weit sei. Ob er nicht in einer seiner Geschäftsstellen eine Schlafecke für mich habe? Fast bereute ich, ihn danach gefragt zu haben. Sein Gesicht strahlte vor herzlicher Freundschaft und gutem Willen.

«Aber ja, Hippo, in einer Gasse hinter dem Tempel der Ceres unterhalte ich eine kleine Wechselstube. Einer meiner Freigelassenen betreibt sie und schließt sie aus Sicherheitsgründen eine halbe Stunde vor Sonnenuntergang. Dort ist es nachts ziemlich ruhig, weil es wenig Geschäfte gibt. Es ist eine schäbige Bude, gewiß, aber zum Schlafen reicht es.»

Als ich Claudia die Geschichte erzählte, mußte sie hellauf lachen.

«Als Geschäftsmann kann ihn keiner nur um eine Sesterze betrügen, und von dir läßt er sich so übertölpeln.»

Mir wurde es unbehaglich.

«Aber woher hätte er wissen sollen … ?»

Sie achtete nicht darauf und überlegte laut weiter. «Meine alte *famula* wird mich begleiten, sie ist die einzige, der ich trauen darf. Den anderen sage ich, daß ich bei einer Freundin übernachte – ja, so wird es gehen.»

In Alexandria nähert sich der Sommer bedächtig und mild, selbst in den Monaten Juli und August wird die Hitze meist durch einen kühlen Seewind gemildert. Anders hier in Rom. Nachdem die heftigen Mairegen bejubelt und schließlich versickert waren, wurde es im Juni von Tag zu Tag heißer. Die Morgenfrische wich schnell einer brütenden Hitze, vor allem in den tiefer gelegenen Teilen der Stadt. Der alte Ceres-Tempel am Ostrand des *Forum Boarium* lag leider nicht sehr hoch, so daß Amor für unsere erste Liebesstunde tüchtig eingeheizt hatte. Aber was stört einen jungen Verliebten schon? Die Witterung hält ihn gewiß nicht ab von seinem Vorhaben – wenn ich das hier so nennen darf, denn eigentlich ging es ja zuerst von Claudia aus. An dem Tag, als ich sie kriegte, wähnte ich mich als der schlaue und umtriebige Verführer.

Die kleine *taberna* war in der Tat recht schäbig: Zur Straße lag die winzige Wechselstube, und nach hinten ging ein schmaler, länglicher Trakt, wo ein schmuddeliges Ruhebett stand, daneben ein Wasserkrug, und vom Bord herunter stank ein ranziger Käse, daneben lag ein Stück verschimmeltes Brot.

Zum Glück war ich schon eine Stunde eher da, füllte den Krug am nächsten Brunnen mit frischem Wasser, warf den Käse weg und schüttelte die löchrige Decke aus, doch das half nicht viel. Beim Flackerlicht einer Ölfunzel wartete ich auf Claudia und hatte dabei das Gefühl, ins Unwirkliche abzugleiten.

Da knarrte leise die Tür, und eine verhüllte Gestalt

schlüpfte herein. Die Hülle fiel, und vor mir stand ein erhitztes, atemloses junges Mädchen, denn in ein solches hatte sich Claudia verwandelt. Sie kicherte aufgeregt, breitete ihren Umhang über die löchrige Decke, ließ Toga und Tunika fallen und stand in herrlicher Nacktheit vor mir, während das schwache Licht der Ölfunzel über ihren Körper flackerte und ihn zittrig liebkoste. Die Kleider fielen wie von selber von mir ab, wir sanken auf das Lager und hielten uns fest umschlungen. Die schwüle Wärme hatte unsere Körper feucht werden lassen, so daß wir aneinanderglitschten wie Fische beim Liebesspiel. Claudia hielt sich nicht lange auf, sie hatte – wie sie mir dann erzählte – während des ganzen Weges nur an mich und die kommenden Liebesfreuden gedacht. Sie warf ihren Körper gegen den meinen, drängte sich meinen heftigen Stößen entgegen, bis wir den gemeinsamen Rhythmus fanden und schnell zum Höhepunkt gelangten. Beide keuchten wir wie Ringer, beide troffen wir von Schweiß und Samen. Ich stand auf, leerte den halben Krug über meine Tunika und rieb uns ab. Claudia lächelte mich träge an.

«Das war nur der Anfang, hoffe ich. Du warst ja lange keusch und hast viel Samen für mich gespart – ich möchte deinen Vorrat verbrauchen bis zum letzten Tropfen.»

Das taten wir dann auch, und einige Stunden nach Mitternacht muß ich erschöpft eingeschlafen sein. Draußen graute schon der Tag, als Claudia schmerzhaft meine *testes* preßte.

«Du wärst sonst nicht aufgewacht», sagte sie entschuldigend. «Wir müssen raus, ehe der Wechsler kommt.»

So gut es ging, beseitigten wir alle Spuren; draußen wartete schon ungeduldig Claudias *famula*, und sie verschwanden im Gassengewirr. Ich ging zu den Pferdeställen beim *Pons Sublicius*, holte mein Maultier und ritt halb im Schlaf den Tiber entlang zu den *Horti Caesaris*.

Bei der Brunnenanlage traf ich auf Ptolemaios, der dort mit zwei Leibwächtern Speerwerfen übte. Er sah müde und verdrossen aus, war lustlos und unkonzentriert. Ich verbeugte mich – übrigens weit weniger tief, als wir das vor der Königin taten. Niemand neigte sich allzutief vor dem Schattenkönig.

«Majestät, Verzeihung, daß ich störe, aber du siehst unpäßlich aus. Fühlst du dich nicht wohl?»

«Ah – Olympos, Leibarzt meiner erhabenen Gemahlin.»

Er nannte mich stets beim alten Namen und ließ deutlich erkennen, wie sehr er dem Freundeskreis um Kleopatra mißtraute. «Ich bin nicht unpäßlich, ich bin krank. Seit Tagen fühle ich mich fiebrig, aber der Arzt findet nichts.»

Sein Arzt – nun, davon will ich schweigen. Nur soviel: Er hing noch an den magischen Riten und verstand von zeitgemäßer Medizin weniger als ein frisch angelernter Arztgehilfe.

«Wenn du erlaubst, werde ich dich untersuchen.»

Er zog ein spöttisches Gesicht, was bei einem darin ungeübten Vierzehnjährigen etwas lächerlich aussah.

«Ja, darfst du denn das – oder solltest du nicht vorher meine erlauchte Gemahlin um Erlaubnis fragen?»

«Müßte ich das?»

«Nun – ich weiß nicht.»

Jetzt wirkte er unsicher und sah aus wie ein ratloses Kind.

«Komm, gehen wir ins Haus.»

Er schien tatsächlich fiebrig zu sein. Auch wenn sein Körper nicht glühte, so fühlten sich Stirn, Brust und Lenden doch wärmer an, als es sein durfte. Sonst hatte er keine Beschwerden, nichts tat ihm weh, er klagte nur über eine ständige Müdigkeit.

«Du wirst dir eines der römischen Sommerfieber eingefangen haben. Die hiesigen Ärzte warnen davor, die tief gelegenen Stellen der Stadt aufzusuchen, weil da in den sumpfigen Gebieten die Fieberluft brütet. Aber auf dich, *Basileus*, trifft das nicht zu, denn du hast ja die *Horti Caesaris* nie verlassen.»

«Einmal doch, mit gnädiger Erlaubnis meiner Gemahlin. Antonius hat mich in sein Haus am Palatin zu einem Symposion geladen, nur unter Männern – das war fein! Da hat man akzeptiert, daß ich erwachsen und König von Ägypten bin! Nicht nur das Anhängsel meiner Schwester ...»

«Dein Leiden, Majestät, heißt Langeweile. Du fieberst sozusagen vor Langeweile. Deine Krankheit wird verschwinden, sobald wir wieder in Alexandria sind.»

Er richtete sich auf. «Wären wir es nur schon! Dort warten die Anhänger meines verstorbenen Bruders, um ihre Hoffnungen auf mich zu setzen. Sie wollen, wie das seit jeher in Ägypten war, daß ein König regiert. Mit einer Gemahlin an seiner Seite, gewiß, aber sie steht an zweiter Stelle. Und glaube mir, Olympos, so wird es wieder sein, wenn wir dieses verfluchte fieberbrütende Rom endlich verlassen haben.»

«Fürchtest du nicht, daß ich dieses Gespräch an die Königin weiterberichte?»

Er lächelte schlau. «Aber gerade das will ich ja! Sie kennt übrigens meine Meinung, und was ich dir gerade gesagt habe, weiß sie längst aus meinem Mund. Sie hat nicht einmal widersprochen, sondern nur gesagt: ‹Wir werden sehen.›»

Ich redete mit Protarchos darüber, und er bestätigte es.

«Ja, die Nachrichten aus Alexandria sind nicht die besten. Mardion ist zwar durchaus noch Herr der Lage, aber es gibt dort Kreise, die auf Ptolemaios setzen, jetzt, nachdem er volljährig ist. Trotzdem – ein Vierzehnjähriger ist im Grund noch ein Kind und läßt sich leicht manipulieren. Bei Kleopatra haben diese Herren keine Chance, also hoffen sie auf den jungen König. Ich habe der Königin geraten, nach Ägypten zurückzukehren und Ptolemaios unter Caesars Obhut hierzulassen, doch sie nennt das Halbheiten und scheint auf eine Entscheidung zu warten, von der sie auch mir nichts verrät. Im Notfall werde ich nach Alexandria reisen, um selber nach dem Rechten zu sehen.»

Seine meist üblichen Fragen, ob uns etwas aufgefallen und wie die Stimmung in Rom sei, unterließ er diesmal.

Caesar kam oft zu Besuch, einmal sogar zusammen mit Marcus Antonius und Gaius Octavius, aber da wurde der Leibarzt nicht zugezogen, und ich war darüber keineswegs beleidigt – im Gegenteil. Je weniger man auf mich achtete, um so lieber war es mir jetzt, da ich mich abmühte, für Claudia und mich ein bequemeres Quartier zu suchen. Ich wandte mich an einen Häuservermittler, doch die Mieten in guten Lagen waren so hoch, daß ich auf den Ausweg verfiel, als Käufer aufzutreten, mit der Bedingung, vor meinem Entscheid im jeweiligen Objekt gegen geringes Entgelt einige Tage wohnen zu dürfen. So konnte ich das Quartier aus Sicherheitsgründen schnell wieder wechseln.

Es begann mit einer kleinen erlesen eingerichteten Villa am *Vicus Fabritii* im Osten des *Mons Palatinus*, nicht weit von Claudias Haus entfernt, dennoch ein völlig anderes Viertel, wo niemand sie kannte. Ich fragte gar nicht mehr nach ihren zu Hause gebrauchten Ausreden, obwohl ich ahnte, sie nehme es mit der Vorsicht nicht mehr genau und selbst der mit Arbeit überlastete Quintillus müßte eines Tages ganz von selber auf unser Verhältnis stoßen.

Nachdem wir uns vier- oder fünfmal in der schönen kleinen Villa getroffen und uns am hellichten Tag bis zur Erschöpfung geliebt hatten, schlug ich einen Quartierwechsel vor.

Claudia schmollte. «Aber hier ist es doch so bequem!

Über Nacht wegzubleiben ist unmöglich, solange Quintillus im Haus ist, aber tagsüber gibt es tausend Ausreden, um für ein paar Stunden zu verschwinden.»

So einigte ich mich mit dem Vermittler auf zehn Tage Probewohnen und steckte ihm noch ein paar Denare extra zu. Jeden zweiten Tag ritt ich zu den *Horti Caesaris*, doch hatte man mich dort weder vermißt noch gebraucht.

Caesar war damals noch für zwei Monate nach Hispania gereist, und als er im Spätsommer zurückkam, ließ er Senat und Volk nicht darüber im unklaren, welche Pläne er noch zu verwirklichen gedachte. Dazu gehörte ein Mars-Tempel in nie geschauter Größe, den er auf dem Gelände errichten wollte, wo die imitierte Seeschlacht stattgefunden hatte. Als Mann von erlesener Kultur plante er die Einrichtung umfassender lateinischer und griechischer Bibliotheken; auch an ein großes Theater zu Füßen des tarpeischen Felsens war gedacht. Die fieberverseuchten pontinischen Sümpfe wollte er trockenlegen lassen, eine Straße von der Adria über den Apenninus bis zum Tiber war geplant, der Hafen von Ostia sollte entsandet und ausgebaut werden. Auch der Isthmus von Korinth sollte endlich durchstochen werden – ein Plan, den schon einige Herrscher vor ihm hegten und nicht verwirklichen konnten.

Dann muß meine ständige Abwesenheit dem stets argwöhnischen Protarchos doch aufgefallen sein.

«Mir scheint, du bist in letzter Zeit mehr in Rom als hier zu finden. Ist es eine Frau, oder verschleißt du dich im Dienst unserer Königin, um möglichst viel über die Stimmung des Volkes herauszufinden?»

Ein leiser Spott klang mit, doch ich beschloß, eine möglichst nichtssagende Antwort zu geben.

«Beides, ehrwürdiger Protarchos, ist der Fall. Ich habe mit einer freigelassenen Römerin – einer jungen Witwe – ein Verhältnis begonnen, denn sie arbeitet im Haushalt der *gens Servilia* – wie du weißt, ein altes Patriziergeschlecht – und hat eine recht lockere Zunge. Auf diese Weise erfahre ich viel, und wenn ich das Gehörte der letzten Zeit zusammenfassen sollte, so müßte ich sagen, die Waage neigt sich mehr und mehr zuungunsten von Julius Caesar.»

Protarchos lächelte schlau. «Das scheint dir nur so, weil es dir am Überblick fehlt. Du bist zu einseitig informiert, denn ich erhalte aus anderen Quellen die gegenteiligen Nachrichten.»

Ich wunderte mich selber darüber, wie glatt mir die Lügen aus dem Mund kamen. Die Familie Servilius gab es natürlich, aber sie war so weit verzweigt und Protarchos offenbar so wenig interessiert, daß ich Nachforschungen nicht fürchten mußte.

«Übrigens will dich auch die Königin sprechen, aber es scheint nicht eilig. Sie wird dich morgen zur vierten Tagesstunde empfangen.»

So blieb ich diesen Tag in den *Horti Caesaris*, dachte voll Ungeduld an meine Geliebte und sah mit leiser Besorgnis dem Treffen mit der *Basilissa* entgegen. In letzter Zeit hatte ich sie selten gesehen, und es schien mir fast, als habe sie mich aus ihrem engeren Freundeskreis ausgeschlossen. In meinem jetzigen Zustand eines aufgeregten Verliebtseins störte mich das kaum – ja, ich erwog damals den Gedanken, aus Kleopatras Dienst auszuscheiden, um mich für immer in Rom niederzulassen.

Die Königin empfing mich sehr huldvoll und kam gleich von selber auf unser Verhältnis zu sprechen.

«Du magst in letzter Zeit den Eindruck gewonnen haben, deine Königin zürne ihrem Leibarzt und habe ihn aus ihrer Nähe entfernt. Dem ist nicht so, lieber Hippo, doch wir befinden uns inmitten von Ereignissen, die – auch Freunden gegenüber – strengste Geheimhaltung erfordern. Caesar und seine Vertrauten stehen im Mittelpunkt der

Aufmerksamkeit, können kaum einen Schritt unternehmen, ohne beobachtet zu werden. Wir sind gezwungen, immer wieder Listen und Täuschungen anzuwenden, denn Rom ist – im Gegensatz zu Alexandria – eine offene Stadt. Was im streng abgeschlossenen Brucheion leicht zu verbergen ist, das kommt in Rom schnell ans Licht, weil auch ein Dictator sich letztlich vor Volk und Senat verantworten muß.

Nun zu etwas anderem. Ich als Caesars Vertraute und Mutter seines Sohnes bin eine der Zielscheiben für die Giftpfeile seiner Feinde. Wo man ihn nicht treffen kann, versucht man es bei mir. Nicht daß ich Angst davor hätte, aber es wäre unklug, sich nicht vorzusehen. Seit ich hier bin, treffen Geschenke für mich ein, in der Regel von Anhängern Caesars, die sich bei ihm einschmeicheln wollen oder sich irgendwelche Vorteile davon versprechen. Einer von Caesars Sekretären überprüft diese Gaben und läßt sie vom Absender bestätigen. In letzter Zeit sind sehr kostbare Geschenke eingetroffen – Salböl, erlesene Weine oder seltene Speisen für die königliche Tafel. Bei einem Teil ist der Absender nicht angegeben, oder er ist fingiert, wie sich schnell herausstellte. Ich möchte dich nun bitten herauszufinden, ob etwas davon vergiftet oder anderweitig verdorben ist.»

«Aber wie – wie soll das geschehen, *Basilissa*?»

«Ganz einfach: Caesar hat mir aus den Gefängnissen fünf zum Tode Verurteilte überlassen – übrigens Freiwillige –, die nun eine Möglichkeit haben, ihr Leben zu retten. Mit ihnen sollst du die zweifelhaften Geschenke erproben und vielleicht sogar herausfinden, um welches Gift es sich handeln könnte.»

Ich hätte mir eine schönere Aufgabe denken können, gerade jetzt, wo mich in Rom meine Geliebte sehnsüchtig erwartete. Ich sandte einen Boten mit der Mitteilung, ich könne in den nächsten Tagen nicht nach Claudilla sehen, weil der Hofdienst mich hier festhalte. Dem Boten schärfte ich ein, die Nachricht nur an die Frau des Hauses zu überbringen. Ich durfte Quintillus nicht mißtrauisch machen, denn seine Tochter war ja längst gesund.

Von den fünf Verbrechern waren drei recht jämmerliche Gestalten, kleine Tagediebe, die irgendwann, fast aus Versehen, in ein schweres Verbrechen verwickelt worden waren – Totschlag, Raub, Tempelschändung. Auf letzteres Delikt stand immer die Todesstrafe, und es enthielt praktisch alles: vom Beschmieren einer Götterstatue mit Farbe bis zum Raub des Tempelschatzes. Die zwei anderen waren halbwegs ehrenwerte Bürger gewesen, doch sie waren Plebejer und hatten sich an Patriziern vergangen – der eine durch Vergewaltigung einer Senatorentochter, der andere hatte ein reiches Söhnchen im Streit niedergeschlagen und versehentlich getötet.

Mein Wissen um Gifte reichte damals nicht sehr weit und war von den Erfahrungen in Syene geprägt – nämlich den Bissen und Stichen von Giftschlangen und Skorpionen. Natürlich kannte ich auch die wichtigsten Pflanzengifte wie Schierling, Wolfsmilch, Stechapfel, Tollkirsche und die verschiedenen Nachtschattengewächse, ohne damit praktische Erfahrungen zu verbinden.

Das abseits in einem schattigen Kiefernwäldchen gelegene, halb in einen Hügel gegrabene Vorratslager war die Stätte meines traurigen Experiments, das mich damals weniger bewegte als heute.

Jeder der fünf Delinquenten saß mit gefesselten Händen am Boden, dahinter ein Bewacher. Es gab Weine, Feigen, Dörrfleisch und *garum* zu verkosten, auch verschiedene Salböle zu prüfen.

Man verteilt seine Sympathien zuerst nach der äußeren Erscheinung, und so hatte ich die unverdächtigste Probe, einen Krug edlen Caecuberweins, demjenigen zugedacht, der am anständigsten wirkte, einem Mann in mittleren Jahren, gefaßt, ruhig und vielleicht nur durch Zufall in diese Lage geraten. Das unverletzt aussehende Siegel am Weinkrug zeigte die Jahreszahl 698, war also – da wir jetzt 708 schrieben – zehn Jahre alt. Ich hielt es für undenkbar, Gift in den fest verschlossenen, altversiegelten Krug zu praktizieren, und hatte diese Probe nun dem von mir Auserwählten zugedacht.

Zuerst aber wurden die anderen mit Speisen und Getränken traktiert, einer mußte den Oberkörper entblößen, um die verschiedenen Salböle zu erproben. Beim dritten Versuch rötete sich seine Haut langsam, er riß angstvoll die Augen auf, begann zu winseln und zu jammern, worauf ich befahl, die vergiftete Salbe mit Wein abzuwaschen, doch das half nicht viel, und so wurde er fortgeschafft. Die anderen kauten und tranken widerwillig, doch nichts geschah. Als mein Auserwählter den Becher mit Caecuber leerte, schnalzte er genüßlich mit der Zunge.

«Ein vortrefflicher Wein, etwas für Könige oder Senatoren.»

Er streckte den leeren Becher hin und ließ ihn von neuem füllen.

«Solltest du nicht erst abwarten …», versuchte ich zu warnen.

«Warum? Dem Caecuber fehlt nichts, und ich kann sagen, Kleopatras Tischwein verkostet zu haben.»

Nachdem er den dritten Becher getrunken hatte, preßte er plötzlich die Hände auf den Magen, rang nach Luft, fiel zu Boden und wand sich, als liege er auf glühenden Kohlen. Blutiger Schaum trat vor seinen Mund, er verdrehte die Augen und starb nach wenigen Minuten.

Die drei Verwahrlosten überlebten die Probe und waren recht guter Dinge. Sie lachten, scherzten und hatten für den vor ihren Augen qualvoll Gestorbenen kein Wort des Mitleids übrig.

«Euch Halunken hätte ich den Caecuber trinken lassen sollen!» rief ich zornig, aber einer von ihnen gab mir heraus: «Uns hast du ihn nicht gegönnt, weil du glaubtest, der feine Pinkel sei etwas Besseres.»

Ich antwortete nicht darauf, ging wütend und beschämt davon. Ob der mit dem Salböl gestorben ist, weiß ich nicht, denn kurz darauf traten Ereignisse ein, die mich glauben ließen, Fortuna habe mir für immer den Rücken gekehrt.

Von nun an ließ die *Basilissa* alle Geschenke abweisen, und was für ihre Küche verwendet wurde, kauften Vertrauensleute auf unverdächtigen Märkten ein.

Der Wohnungsvermittler kam schnell dahinter, daß ich ihn ausnützte, um einen billigen Unterschlupf für meine Liebesstunden zu finden, doch er, der mit allen Wassern Gewaschene, konnte mir seinen Respekt nicht verhehlen.

«Bei Mercurius, dem Patron der Gauner und Betrüger! Schon viele haben versucht, mich hereinzulegen, aber noch niemals auf diese Art. Ich habe etwas dazugelernt und bedanke mich, aber unsere Geschäftsverbindung sehe ich hiermit als beendet an.»

Ehe ich neue Wege suchte, hatte Claudia eine Möglichkeit gefunden, die – so schien es uns – gefahrlos und bequem zugleich war. Sie ließ mich rufen, weil sie Schmerzen im Unterleib hatte, irgendwelche «Frauengeschichten», wie sie sagte. Ich bat Quintillus, zugegen zu sein, denn ich wolle nicht in den Verdacht geraten, an einer Römerin unziemliche Untersuchungen vorgenommen zu haben. Im übrigen gebe es auch *medicae* in Rom für solche speziellen Fälle.

Der gutmütige und damals noch vertrauensselige Quintillus winkte lässig ab.

«Du bist ein Freund des Hauses, Hippo, außerdem steht ein Leibarzt der Königin Kleopatra über jedem Verdacht. Wenn ihr wollt, lasse ich euch allein ...»

Ohne eine Antwort abzuwarten, ging Quintillus hinaus.

«Ich schäme mich», sagte ich leise, «er verhält sich wie ein Freund, und ich – und wir ...»

«Jetzt bedaure ihn nur noch!» zischte Claudia und sah gar nicht mehr lieblich aus. «Diese Suppe hat er sich selber eingebrockt, und nun soll er sie auch auslöffeln!»

Natürlich fehlte Claudia nichts, aber sie hatte durch eine verwitwete Freundin erfahren, daß es ganz in der Nähe am *Vicus Honoris Virtutis* ein kleines, vornehmes Bad für medizinische Anwendungen gab. So stand es draußen auf einer Marmortafel: *Balneum medicinale*, aber, so hatte die Freundin kichernd erzählt, drinnen gebe es auch Extraräume für andere Zwecke. Der Preis sei sehr hoch, dafür aber könne man sich dort in völliger Sicherheit unter vier Augen treffen.

Es stimmte tatsächlich. Das ganze Haus roch nach Kräutern und Heilschlamm, und die meisten Gäste kamen auch nur der Gesundheit wegen, so daß es nicht auffiel, wenn eine verschleierte Dame aus einer Sänfte stieg und in eine der hinteren Badestuben geleitet wurde.

Eine dieser Damen hieß Claudia, und in der Stube wartete ich. Der Preis war unverschämt hoch, aber dafür bot der schlaue Besitzer ein Maximum an Sicherheit. Jeder dieser speziellen Räume besaß eine unsichtbare Tür nach draußen, und für alle Fälle stand in der Ecke eine Wanne, gefüllt mit duftendem Kräuterbad.

Denke ich heute an die Liebesstunden mit Claudia, so steigt mir immer jener Duft in die Nase, eine Mischung aus Thymian, Lavendel, Minze und Piniennadeln.

Für alle Fälle hatten wir auch die Flucht geprobt. Wenn es an der Tür viermal klopfte, sollte Claudia sofort in die

Wanne steigen, während ich auf einen Knopf oben am Rahmen des Bronzespiegels drückte. Dann öffnete sich eine schmale Tür auf einen engen, finsteren Gang, der in einen verwilderten Garten mündete. Von dort kam man in ein von niedrigen Häusern gesäumtes Gäßchen und konnte so tun, als hätte man nur schnell sein Wasser abgeschlagen.

Wir ließen das schöne Kräuterbad freilich nicht ungenutzt, planschten und alberten darin herum, manchmal vor dem Liebesakt, häufiger danach, um uns zu reinigen. Weniger gefiel mir, daß Claudia ein besonderes Vergnügen darin fand, die gestrenge Herrin zu spielen, die ihren ergebenen und zutiefst demütigen Liebhaber nach Belieben herumscheucht.

Was dann geschah, konnte ich bis heute nicht ganz ergründen. Es wird etwa unser achter oder zehnter «Badetag» gewesen sein, als es draußen viermal klopfte. Leider aber klopfte es in einem Augenblick, da die Natur alle Sinne des Menschen verschließt – er nichts hört oder sieht, sondern nur eines fühlt: das lustvolle Verschmelzen mit dem Körper der oder des Geliebten.

Zu einem zweiten Klopfen kam es nicht, denn dann flog die Tür auf, und ein zornbebender Quintillus stürmte herein, gefolgt von zwei Mann der Stadtmiliz. Ich sprang vom Bett, Quintillus griff nach Claudias Toga, warf sie ihr über und führte sie nach draußen. Im Hinausgehen sagte er, ohne sich umzudrehen: «Nehmt ihn euch tüchtig vor, aber wir brauchen ihn lebendig.»

Die beiden Milizen zogen ihre hölzernen Knüppel und schlugen auf mich ein, wo sie mich trafen; einer versuchte, auf meinen Unterleib zu zielen, doch ich preßte krampfhaft beide Hände vor mein Geschlecht, so daß Kopf, Schultern und Brust am meisten abbekamen. Ein Schlag auf die Schläfen ließ mich in wohltätiges Dunkel sinken, ein Guß kalten Wassers holte mich schnell wieder heraus. Der eine Schläger feixte: «So geht das nicht, Freundchen, einfach ohnmächtig werden. Wir wollen unsere Arbeit gewürdigt wissen!»

Der andere lachte laut und schlug mich dabei im Takt auf Rücken und Hüften. Da sie mich jedoch nicht totschlagen durften, hörten sie nach einer Weile auf, wuschen ihre blutigen Knüppel im Kräuterbad, trugen mich hinaus und warfen mich wie einen Sack über den Rücken eines Maultiers. Da wurde ich ein zweites Mal bewußtlos und erwachte erst wieder im Kerker.

## NEUNTES KAPITEL

Mein Kerker muß in dem Gebiet zwischen *Mons Palatinus* und *Circus Maximus* gelegen haben, weil die zum Tier- oder zum Gladiatorenkampf Verurteilten, wie ich den «Scherzen» der Aufseher entnahm, nur «über die Straße» zu gehen brauchten. Seit langem brauchte Rom kaum noch Henker zu beschäftigen, weil fast alle zum Tode Verurteilten zur Schaulust des Publikums öffentlich zu sterben hatten, und zwar auf die verschiedenste Art. Man konnte beim Tierkampf draufgehen, weil ein Holzknüppel gegen hungrige Löwen eine unzureichende Waffe ist, oder man durfte als Darsteller eines mythologischen Stückes den Todeskandidaten spielen – etwa als der von Hunden zerfleischte Aktaion, der auf dem Scheiterhaufen verbrannte Herkules oder der von Mainaden zerrissene Orpheus. Eine zweite Möglichkeit war, als ungeübter Gladiator zu sterben, im Kampf mit einem anderen Verurteilten, wobei man im Gnadenfall sogar überleben konnte, wenn es einem gelang, seinen Gegner in Stücke zu hauen.

Quintillus muß den Behörden etwa folgende Geschichte aufgetischt haben: Der Arzt Olympos, genannt Hippokrates, hat sich bei ihm eingeschlichen unter dem Vorwand, das Töchterchen Claudilla heilen zu können. Nach mehreren ärztlichen Besuchen hat er sich das Vertrauen der Hausleute erschlichen und Claudia eingeredet, sie müsse wegen einer harmlosen Unpäßlichkeit ein Heilbad aufsuchen. Unter dem Vorwand, die richtige Zubereitung des Bades zu überwachen, ist er in das *balneum* eingedrungen, hat Claudias

Arglosigkeit benützt, ihr in die Badestube zu folgen, und ihr dort Gewalt angetan. Ihre Hilferufe haben den Besitzer des Hauses veranlaßt, die Miliz zu rufen und den Täter zu verhaften.

Daß ich Leibarzt der Königin Kleopatra war, muß Quintillus zunächst verschwiegen haben, denn man steckte mich in einen überfüllten Sammelkerker, wo auf engstem Raum zwei bis drei Dutzend Gauner – es mögen auch Unschuldige darunter gewesen sein – auf ihr Urteil warteten. So lag ich dort im Dreck, aus mehreren Wunden blutend, mit Beulen am Kopf und einem blaurot zerschlagenen Körper. Meine Mitgefangenen hatten nichts mehr vom Leben zu erwarten als einen schrecklichen, oft langsamen und qualvollen Tod, und sie benahmen sich dementsprechend. Die Stärkeren rissen den Schwächeren das schimmlige Brot aus der Hand, und nach Einbruch der Dämmerung verwandelte sich der enge Kerker in ein Tollhaus. Die Jüngeren wurden von den Älteren vergewaltigt, und wer sich wehrte, bekam so lange Hiebe, bis er sich fügte. Mich wenig attraktives Schmerzensbündel ließ man einige Tage in Ruhe, aber als meine Wunden abzuheilen begannen, kam auch ich an die Reihe. Ich empfand keinen Haß, sondern war überwältigt von Gefühlen der Scham und der Demütigung, als mich zwei kräftige Kerle festhielten und fünf oder sechs andere mich von hinten besprangen.

«Ah –», rief einer, «der hat endlich einmal ein enges Loch! Die anderen sind schon ausgeleiert wie alte Wagennaben, da spürt man kaum noch was.»

Täglich wurden einige abgeholt, um drüben im *Circus Maximus* zum Gaudium des Pöbels zu sterben, täglich kamen neue dazu. Bei einem solchen Aufenthalt dehnen sich die Stunden zu Tagen, werden Tage zu Wochen. Ich kann deshalb nicht sagen, wie lange ich diese Hölle aushalten mußte, als ich abgeholt und in eine kleine, sogar ziemlich saubere Einzelzelle gebracht wurde. Später erfuhr ich, daß Protarchos mein langes Wegbleiben auffiel und, da er wußte, daß ich häufig bei Quintillus verkehrte, dort nachfragen ließ. So mußte der Kornhändler Farbe bekennen, und ich wurde als namenloser Ausländer zu einem politischen Fall, denn der Leibarzt einer mit Rom verbündeten Königin ist nicht irgendwer.

Auch Caesar muß den Fall im stillen verfolgt und zur rechten Zeit beeinflußt haben, denn er wußte genau, daß Quintillus zu seinen einflußreichsten Gegnern gehörte, und er konnte – das sagte er mir später selber – einfach nicht an eine Vergewaltigung glauben. Er trieb einen gewieften *advocatus* für mich auf, dem es nicht schwerfiel nachzuweisen, daß Claudia vor mir schon mehrmals die Ehe gebrochen hatte und halb Rom darüber Bescheid wußte.

Als mich dieser *advocatus* besuchte, wurde ich endlich darüber aufgeklärt, was man mir vorwarf. Ich war perplex.

«Ich soll Claudia vergewaltigt haben? Aber sie war es doch, die nicht geruht hat, bis ich ihr Liebhaber wurde. Schon bei meinem ersten Besuch hat sie mir – kaum war Quintillus draußen – unter die Tunika gegriffen. Aber wie soll ich das ...»

«Das läßt sich nicht beweisen», unterbrach mich der *advocatus*, «da aber Claudias Vorleben ähnliche Fälle aufweist, können wir gewisse Schlüsse daraus ziehen. So wie es aussieht, wird der Fall außergerichtlich bereinigt werden – im Interesse beider Parteien. Wenn du erst einmal vor dem gewählten Richter stehst, ist es sehr schwer, eine Anklage niederzuschlagen, denn eben dadurch wird sie erst zum Fall. Unser römisches Rechtssystem ist im Kern gut, aber wehe, du stehst allein! Dann bist du der Willkür von Richtern ausgeliefert, denen von oben immer wieder nahegelegt wird, sie sollen mit den kleinen Gaunern nicht zimperlich sein, weil die Theater und Arenen hungrig sind nach Menschenfleisch. Ein guter *advocatus* bewahrt dich mit Sicherheit vor der Todesstrafe – es sei denn, du hättest deinen Vater umgebracht oder einen Tempel geschändet. Also sei guten Mutes, Hippokrates, in wenigen Tagen hole ich dich hier raus.»

Mir gaben diese Worte neues Leben, das war wie eine Wiedergeburt. Was ich hier bisher gesehen hatte, ließ mich daran zweifeln, daß irgendwer lebend herauskam, ausgenommen auf dem Weg zur nächsten Arena oder zum *Circus Maximus*. Nicht alle mußten ihre Hinrichtung erleben; täglich gab es zwei oder drei glücklich zu Nennende, die schon hier durch Gewalt, Hunger oder wie auch immer zu Tode gekommen waren.

Ich habe diese schlimmen Erfahrungen im römischen Gefängnis niemals vergessen, wurde noch Jahre später von Alpträumen geplagt. Und noch etwas: Ich kann bis heute keine Tierhetzen oder Gladiatorenspiele mehr sehen, weil ich immer daran denken muß, daß ich fast selber eines dieser Opfer geworden wäre.

Als nun mein *advocatus* immer hartnäckiger im Vorleben der Claudia herumzustochern begann und Caesar dem Quintillus gegenüber andeuten ließ, er könne seinen Getreidehandel mit Ägypten sperren lassen, zeigte er sich kompromißbereit. Mein Fall wurde niedergeschlagen und meine Strafe der königlich ägyptischen Gerichtsbarkeit übertragen. So kam ich frei, und Protarchos putzte mich herunter wie einen Schuljungen.

«Habe ich dir nicht gleich zu Anfang gesagt, du sollst dich nicht mit Claudia einlassen! Aber wenn der Schwanz juckt, dann geht der Verstand baden, nicht wahr?»

Ich hätte nicht gedacht, daß der biedere Protarchos sich je so vulgär äußern würde, doch ich senkte nur schuldbewußt den Kopf und gab ihm in allem recht.

Mit einigem Bangen sah ich der Audienz bei Kleopatra entgegen, aber die Königin muß damals schon gewisse Pläne mit mir gehabt haben, denn sie zeigte sich nachsichtig und mitfühlend.

«Ohne zu wissen, hast du uns einen guten Dienst geleistet, lieber Hippo. Caesar und mir ist durch deinen Fall einiges klargeworden, das heißt, gewisse Kreise haben Morgenluft gewittert und unvorsichtige Äußerungen getan. Wir sehen jetzt viel klarer und können uns dagegen wappnen. Daß diese römische Edelhure dich in ihr Bett gelockt hat, wundert mich nicht, denn du bist ein junger, gutaussehender Mann und gewiß ein besserer Liebhaber als der alte Quintillus, der lieber mit einem Geldsack schläft.»

Ich lachte vor Erleichterung, bedankte mich für ihr Verständnis und brachte den Mut auf, Kleopatra nach meiner Strafe zu fragen, die ja jetzt in ihrem Ermessen stand. Da machte sie ihr strenges Gesicht, wobei auf ihrer glatten hohen Stirn eine kleine, reizende Senkrechtfalte entstand.

«Meine Strafe wird sein, daß du dich täglich weiterhin in Rom umsiehst, daß du jeden Verkehr mit Römerinnen, welchen Standes auch immer, meidest und jede Nacht hier in den *Horti Caesaris* verbringst. Dein Fall ist ja niedergeschlagen, und wer davon weiß, wird sich hüten, davon zu sprechen, um Quintillus nicht zu verärgern. Besuche also weiterhin Theater, Thermen und Bibliotheken, und gehe regelmäßig in den Senat. Es wird übrigens nicht mehr lange dauern, bis wir heimkehren, aber vieles wird sich dann geändert haben.»

Das waren prophetische Worte, wenn sie sich auch anders erfüllten, als wir alle dachten.

Ich versuche nun, wenigstens in Stichworten darzustellen, wie es zu dem Ereignis an den Ideen des März im 709. Jahr nach der Gründung Roms kommen konnte.

Im Bewußtsein der ihm übertragenen diktatorischen

Vollmachten begann der sonst so kluge und beherrschte Caesar leichtsinnig zu werden. So etwa, als er eine Abordnung des Senats sitzend vor dem Tempel der Venus Genetrix empfing, was als außerordentlich herabsetzend empfunden wurde. Sehr unbeliebt – zumindest bei den Patriziern – machte er sich dadurch, daß er im Venus-Tempel des neuen *Forum Julianum* neben der Statue der Liebesgöttin eine lebensgroße vergoldete Figur der Kleopatra aufstellen ließ. Damit nährte er natürlich das Gerücht, er wolle die ägyptische Königin zur Frau nehmen.

Im Herbst seines letzten Lebensjahres war Caesar häufig krank, und inzwischen wußte jedermann, daß er zunehmend an *epilepsia* litt, was ihm aber keineswegs schadete, da diese Krankheit allgemein als heilig angesehen wird. Meist spürte er seine Anfälle um einige Minuten voraus und konnte sich so rechtzeitig zurückziehen. Aber diese Krankheit scheint ihn auch nachlässig und sorglos gemacht zu haben, weil er nun Dinge zuließ, die er noch vor einem Jahr strikt abgelehnt hätte. Sein Verhalten dem beim Volk verhaßten Senat gegenüber hatte ihn ungeheuer populär gemacht. Die *plebs* feierte ihn als einen der ihren, und er ließ es sich gefallen.

Als er Mitte Januar an den *Feriae Jovi* teilnahm und, vom jubelnden Volk umgeben, nach Hause ritt, krönte jemand eines seiner Standbilder vor seinen Augen mit einem weiß umwundenen Lorbeerkranz, dem Zeichen der Königswürde. Sofort eilten zwei Volkstribunen herbei, rissen den Kranz herab und nahmen den Täter fest. Außer sich vor Zorn, entsetzte Caesar die beiden Tribunen ihres Amtes und befahl, den Mann sofort freizulassen. Der Senat und die eingeschworenen Republikaner deuteten dieses Verhalten so, daß Caesar ernsthaft dabei sei, die Königswürde anzustreben. Caesar machte einen Fehler, als er ihnen nicht widersprach.

Am darauffolgenden *Lupercalia*-Fest wollte sich ein Konsul bei ihm einschmeicheln und versuchte mehrmals, Caesar das Königsdiadem aufzusetzen. Doch dieser wehrte es lächelnd ab und ließ es dem Kapitolinischen Jupiter als Weihegeschenk überbringen. Doch das half nichts mehr – das Unheil nahm seinen Lauf. Ob es ein Gerücht war oder den Tatsachen entsprach: Es wurde in Rom die Kunde verbreitet, daß die Perser nur von einem König besiegt werden könnten, und da paßte es gut, daß der von Caesar im Frühjahr geplante Feldzug gegen die Parther ging.

In diesen Februartagen muß es zu der Verschwörung gekommen sein, doch der Anschlag war von oben her geplant, und im Volk ahnte man nicht das geringste davon.

Im nachhinein wurde gesagt, es hätte eine Menge warnender Vorzeichen gegeben, doch hat mir später Antonius bestätigt, daß nichts davon der Wahrheit entsprach. Aber selbst wenn es welche gegeben hätte: Julius Caesar war nicht der Mann, sich durch *omina* von seinen Plänen abhalten zu lassen.

So hätte ihn auch nichts und niemand an diesem 15. März daran gehindert, in den Senat zu gehen, außer seinem damals schlechten Gesundheitszustand. Doch an diesem Tag fühlte er sich besser, und er ging um die fünfte Tagesstunde aus dem Haus. Wer die Verschwörung verriet und ihm eine Aufstellung ihrer Teilnehmer auf dem Weg zusteckte, ist bis heute unbekannt geblieben. Caesar hielt es für einen der vielen Bittbriefe und steckte ihn zu seinen anderen Papieren, um ihn zu Hause in Ruhe durchlesen zu können. Auch sollen an diesem Tag die Opfertiere schlechte *omina* gezeigt haben, aber dafür gibt es keine schlüssigen Beweise.

Spurinna, ein damals berühmter Seher und Wahrsager, soll – das ist mehrfach bezeugt – Caesar vor diesem Senatsbesuch gewarnt haben, aber es ist ebenso bezeugt, daß er ihn auch bei früheren Besuchen warnte. Spurinna stand vor der *curia* und schaute Caesar vorwurfsvoll an, worauf dieser gesagt haben soll, heute sei der fünfzehnte und ihm sei nichts geschehen, worauf Spurinna sagte (oder gesagt haben soll), schließlich sei der Tag noch nicht vorbei.

Ich war schon vorher in das Gebäude gegangen, und wie immer beschaute der Aufseher stirnrunzelnd und sehr genau meine Berechtigungskarte. Dazu möchte ich bemerken, daß diese Sitzung nicht in der alten *curia* auf dem Forum stattfand, sondern in der Halle beim Pompeius-Theater, weil hier für den großen Andrang – wegen Caesars Erscheinen – mehr Raum war. Da ich sehr früh ankam, ergatterte ich auf den Zuschauerbänken einen sehr guten Platz und konnte sogar Caesars Gesichtszüge genau erkennen, als er die *curia* betrat. Ich habe weder eine Vision noch eine Vorahnung gehabt, aber mich beschlich das Gefühl von etwas seltsam Unwirklichem, als säße ich auf einem Theaterplatz und drunten auf der Bühne spielten sich Dinge ab, die mir undurchsichtig und rätselhaft erschienen.

Caesar nahm nun Platz, sein hageres faltiges Gesicht drückte Sammlung und Wohlwollen aus, aber auch einen leisen Überdruß, als wolle er sagen: Dies alles langweilt mich, macht schnell, denn es gibt Dringenderes zu tun. Inzwischen kannte ich die Namen der wichtigsten Senatoren, denn fast nur sie waren es, die auftraten, Reden hielten, Vorschläge machten oder Kritik übten.

Cimber Tillius, ein ewiger Bittsteller, trat nun nahe an den Dictator heran, um ihn etwas zu fragen. Aus Caesars Gestik war zu lesen, daß er die Frage oder Bitte abschlägig beschied, denn er schüttelte leicht den Kopf und hob abwehrend die rechte Hand. Da packte ihn Tillius wie im Zorn an beiden Schultern, Caesar rief laut: «Das ist ja Gewalt!», und ein Raunen lief durch die *curia*. Was dann geschah, lief so schnell ab, daß es kaum zu verfolgen war. Jemand muß von hinten auf Caesar eingestochen haben, und das war wie ein Zeichen, denn nun fielen etwa zwei Dutzend Männer über ihn her, er sank lautlos zu Boden, lag, das Haupt verhüllt, mit blutbefleckter Toga zu Füßen der Pompeius-Säule, worin besonders eifrige Herumdeutler einen Fingerzeig der Götter sahen.

Dann war es, als hätte man Wasser in ein Bienenhaus geschüttet. Der ganze Senat stob davon, einige wurden dabei halbtot getreten, und auch ich hatte alle Mühe, unversehrt dem Chaos zu entkommen. Ich hatte nicht den geringsten Zweifel daran, daß Caesar tot war, wollte aber keine falsche Nachricht überbringen, und so versteckte ich mich hinter einer Säule, bis ich sah, daß einige Sklaven den Leichnam in einer Sänfte fortschafften. Sein Kopf lag nun frei, die toten Augen starrten halb offen aus dem bleichen, blutverschmierten Gesicht, ein Arm hing aus der Sänfte und wippte auf und ab, als die Sklaven ihn eilig wegtrugen. Dieses hilflose Wippen des Armes erschütterte mich so, daß ich in Tränen ausbrach. Eben noch Herr der halben Welt und wenig später ein toter Körper, ein Stück Fleisch – nicht anders als jene, die man täglich zu Dutzenden aus dem Circus trug, um sie in den Tiber zu werfen. Nun, das würde mit dem Dictator nicht geschehen, aber für den Toten macht es keinen Unterschied, ob man seinen Körper auf duftendem Holz verbrennt oder ob ihn der Tiber ins Meer trägt, wo ihn die Raubfische fressen.

Durch ein aufgestörtes Rom, wo an jeder Straßenecke Dutzende lautstark diskutierten, lief ich zum *Forum Boarium*, warf mich auf mein Maultier und trieb es mit Faustschlägen zu einer schnelleren Gangart. War ich auch nicht der erste Bote, der die schlimme Nachricht überbrachte, so konnte ich sie jetzt als Augenzeuge bestätigen.

Kleopatra war erschüttert, doch sie blieb so ruhig und sachlich, als habe man ihr mitgeteilt, ein alter Senator sei gestorben. Wir sollten nur das Allerwichtigste mitnehmen, ließ sie uns sagen, denn Ägyptens Schicksal hinge nicht zuletzt von unserem schnellen Verschwinden ab. In Wahrheit war es eine Flucht, aber sie verlief wohlgeordnet und ohne ernstliche Zwischenfälle oder gar Verzögerungen.

Was Kleopatra damals schon wußte, uns aber erst später mitteilte, war der Umstand, daß Gaius Octavius sich als Erbe Caesars sah, was laut Testament auch den Tatsachen entsprach, denn er vermachte ihm drei Viertel seines Vermögens und adoptierte ihn sogar. Von da an nannte er sich in offiziellen Urkunden *Caesar Julius divi filius Caesar*. Er war nun auf dem Weg nach Rom, und Kleopatra wußte, daß er bisher ihr heimlicher, jetzt aber ihr offener Gegner war, der Caesars Ägyptenpolitik immer abgelehnt hatte. Dem Marcus Antonius war zwar vom Dictator nichts vererbt worden, er hatte aber mit ihm zusammen das letzte Konsulat innegehabt und so die Schlüssel der Macht in Händen. Damit war schon vorgezeichnet, was die Zukunft bringen würde, nämlich den erbitterten Machtkampf zwischen Antonius und Octavius. Daß das reiche Ägypten sich aus dem Zwist heraushalten konnte, war wenig wahrscheinlich, und Kleopatra sagte uns ganz offen, sie wolle und müsse Stellung beziehen, aber nicht ohne die nächste Entwicklung abzuwarten. Da sagte Protarchos laut und für uns alle deutlich hörbar: «Wenn ich dich um etwas nicht beneide, *Basilissa*, dann um diese Entscheidung.»

Da lächelte sie auf ihre bezaubernde und hinreißende Art.

«Ach, Protarchos, ich stamme von so vielen göttlichen Königen ab und weiß Isis als meine Ratgeberin, so daß ich nichts zu fürchten habe – sowenig wie ihr.»

Man hörte es heraus und sah es ihr an, daß dies keine leeren, nur so hingesagten Worte waren, sondern ihr fester, unerschütterlicher Glaube.

Es dauerte drei, vielleicht auch vier Tage, bis unsere Schiffe beladen und bereit zum Absegeln waren. Aus römischen Kreisen hagelte es Drohungen gegen uns, Drohungen auch gegen Kaisarion, Caesars jetzt knapp zweijährigen Sohn. Sie, die Königin, möge sich nur nicht einbilden, mit diesem Wechselbalg das Erbe Caesars antreten zu können. Sie solle sich nur vorsehen, daß nicht der umgekehrte Fall eintrete, nämlich daß die Nachfolger Caesars sie beerbten.

Das war mehr als deutlich, und ich glaube, wären wir nur ein paar Tage länger geblieben, so hätte man unsere Häuser in den *Horti Caesaris* mit Brandfackeln beworfen.

Die zwei Monate vor Caesars Tod – Januar und Februar – hatten meinen vollen ärztlichen Einsatz gefordert, denn dieser zweite ungewohnte und auch ungewöhnlich kalte Winter ließ die Mitglieder unserer Hofhaltung zu Dutzenden erkranken.

Wir alle fühlten uns nicht mehr wohl in unserer Haut, und niemand bedauerte die überstürzte Abreise. Auch König Ptolemaios war diesen Winter ernsthaft erkrankt, das heißt, die schon im Sommer aufgetretenen Fieberanfälle verstärkten sich und – wenn ich sie auch nicht für lebensbedrohend hielt – stimmten mich doch bedenklich.

Als ich während der Schiffsreise nun mit der Königin darüber sprach, schickte sie alle anderen hinaus.

«Ich möchte mit dir etwas besprechen, was ganz Ägypten angeht und dennoch so geheim bleiben muß, daß ich keine Zuhörer dulden kann. Du bist gekommen, um mir über den Zustand meines Gemahls zu berichten, weil du in Sorge bist. Auch ich bin in Sorge, nur ist diese anderer Art. Setze dich her zu mir, Hippo, denn es wird eine längere Unterredung werden.»

Sie deutete auf einen Hocker, der vor ihrem schweren, am Boden festgeschraubten Sessel stand. Irgendwelche Seevögel schossen draußen vorbei, und ich hörte ihre aufgeregten krächzenden Rufe. Die See war etwas aufgewühlt, das Schiff schwang in weichen, krängenden Bewegungen hin und her.

«Eine etwas rauhe See», meinte Kleopatra, «aber um diese Jahreszeit nicht ungewöhnlich. Nun laß uns einmal in Gedanken schnell wie die Vögel da draußen nach Alexandria fliegen. Du weißt, daß ich immer in Verbindung mit Mardion gestanden habe und daß Protarchos im August sich dort einige Tage aufhielt. Die Nachrichten waren schlecht, und der letzte Bericht sprach bereits von einem bevorstehenden Umsturz nach Ankunft unserer Flotte, denn unzufriedene, romfeindliche Kräfte wollen, daß Ptolemaios alleine regiert. Darüber ließe sich reden, wäre er älter, erfahrener und auch gesünder. Nichts davon trifft zu. Unter seiner Regentschaft würde Ägypten binnen kurzer Zeit den Römern in den Schoß fallen wie eine reife Frucht, um so mehr, als Caesar tot ist und wir nicht wissen, ob sich seine Erben und Nachfolger an die Verträge halten. Kurz und gut, lieber Hippo, wenn Ptolemaios lebend nach Alexandria kommt, riskieren wir einen Bürgerkrieg.»

Sie schwieg, um diese Bemerkung gehörig auf mich wirken zu lassen.

Noch immer ahnungslos, fragte ich: «Wer aber will ihn daran hindern, lebend in Alexandria anzukommen?»

«Wir beide werden es tun, Hippokrates. Ich werde dich bitten, sein Leben zu beenden, und du wirst in deinen Vorräten ein geeignetes Mittel finden, um dies schmerzlos zu bewerkstelligen. Krank ist er ja ohnehin, und wenn wir in Alexandria landen, hat diese Krankheit zum Tod geführt. Seine Anhänger werden heulen und zetern, ihn klagend zur *Sema* begleiten, dort bestatten und sich zerstreuen. So können wir einen Bürgerkrieg verhindern, und ich werde, zusammen mit meinem Sohn Ptolemaios Caesar, das Land Ägypten regieren.»

«Das kann ich nicht, *Basilissa*. Ich habe an den Altären von Sachmet und Asklepios einen Schwur getan, den man den Eid des Hippokrates nennt, und darin heißt es: ‹Ich werde niemandem, auch nicht auf seine Bitte hin, ein tödliches Gift verabreichen oder auch nur dazu raten.› Dich, *Basilissa*, aber werde ich bitten müssen, mich aus deinem Dienst zu entlassen.»

Da huschte ein trauriges Lächeln über ihr Gesicht.

«Du wirst deinen Eid nicht brechen, Olympos Hippokrates, denn du wirst Leben retten, vermutlich mehr, als es ein Arzt während seines ganzen Lebens kann. Es geht nicht nur um dich, mich und Ptolemaios, es geht um Millionen von Menschen in Alexandria und Ägypten. Hunderte von ihnen, vielleicht sogar Tausende, verurteilen wir zum Tode, wenn Ptolemaios am Leben bleibt. Du kannst es auch anders sehen. Stell dir Ägypten als einen riesigen Körper vor, an dem ein kleines, unwichtiges Glied, ein Finger vielleicht, zu faulen beginnt, brandig wird, die Hand, den Arm und schließlich den ganzen Körper ergreift, der daran zugrunde geht. Doch das ist leicht zu verhindern, wenn ein Arzt den Finger abschneidet.»

«Du meinst – du meinst – es kommt mit Sicherheit zu einem Aufstand, wenn –»

Kleopatra hob die Hand und griff nach der silbernen Glocke.

«Hole Protarchos her!» befahl sie dem Diener.

Der Erste Minister kam, verneigte sich und schaute die Königin fragend an.

«Protarchos, berichte unserem Hippokrates über deinen Besuch in Alexandria, und rede ganz offen über alles.»

«Man läßt unseren Mardion unbehelligt regieren, um nichts von den Absichten zu verraten, aber dieser kluge Mensch hat zwei Spitzel eingeschleust, und so wissen wir über die Absichten der Verschwörer Bescheid. Der Kern besteht aus Mitgliedern des ehemaligen Regentschaftsrates für Ptolemaios XIII., und diese Herren haben ihre früheren Pläne keineswegs aufgegeben, sondern nur abgewartet, bis sein jüngerer Bruder volljährig wird. Nach den Berichten, die Mardion damals vorlagen, ist ihre Anhängerschaft stark angestiegen, und sie können einen Teil der Griechen von Alexandria mobilisieren. Es wird mit absoluter Sicherheit zu einem Bürgerkrieg kommen, seine Ausmaße sind unbekannt, aber Mardion meint, daß der damalige Krieg mit den Römern dagegen nur ein Geplänkel war.»

«Gut, Protarchos, ich danke dir – du kannst wieder gehen.» Sie schaute mich eindringlich an.

«Rette Leben, Hippo, rette Leben – du kannst es!»

«Warum beauftragst du nicht einen anderen Arzt?»

«Weil du mein Freund bist, und nur Freunde bittet man um etwas. Einem anderen Arzt müßte ich es befehlen, und bei manchen Menschen erzeugen Befehle ein Gefühl, als schulde ihm der Befehlsgeber etwas. Du wirst dafür keinen Lohn erhalten, kein Geld, kein neues Amt – ich werde dir nur danken. Und denke immer daran: Ich tue alles für meine Freunde, auch für meine Feinde tue ich alles – alles, um sie zu vernichten.»

Seltsamerweise waren es ihre letzten Worte, die mich überzeugten. Vielleicht hätte ich auch ihrem Befehl gehorcht, sie aber danach gehaßt. So klammerte ich mich an den Gedanken, mein Land vor einem Umsturz zu retten, und ich hatte später keinen Grund, diese Vorstellung anzuzweifeln. Was Protarchos berichtet hatte, entsprach den Tatsachen – ein blutiger Umsturz war vorgeplant gewesen. Man mag diesen Fall ansehen wie auch immer – ich habe den Eid des Hippokrates gebrochen, aber um eines höheren Zweckes willen. Dazu stehe ich bis heute, und diese Tat hat mir zu keiner Stunde jemals den Schlaf geraubt, obwohl ich nicht gerne an sie zurückdenke.

Da ich mich nun entschlossen hatte, mußte ich umsichtig zu Werke gehen. Ptolemaios sollte kurz vor der Ankunft in Alexandria sterben – aus praktischen Gründen, denn niemand schätzt eine verwesende Leiche an Bord.

Einige Tage Schiffsreise lagen noch vor uns, so konnte ich in Ruhe meine Überlegungen anstellen. Ich mußte nicht lange nachdenken, um herauszufinden, daß für diesen Zweck nur *mekonion* in Frage kam. In meinen damals in Ostia gemachten Notizen stand, daß ein *scripulum* (1,14 g) für einen Erwachsenen die mit Sicherheit tödliche Menge war. Dieser Stoff hat einen bitteren, etwas scharfen Geschmack und löst sich nur schwer in Wein oder Wasser. Ich machte eine Reihe von Versuchen, bis es mir gelang, die nötige Menge in heißem Honigwein aufzulösen.

Wenn ich heute daran denke, wird mir – trotz aller vernünftigen Überlegungen – das Herz schwer, doch damals war ich so ruhig, als bereite ich die Arznei für eine harmlose Krankheit vor.

Etwa einen Tag vor der gedachten Landung suchte ich den jungen König auf. Seit Tagen quälte ihn die *nautia* mit all ihren üblen Folgen, er konnte kaum noch schlafen und hatte dazu noch schwere Schübe seines römischen Fiebers. Ptolemaios wälzte sich unruhig auf seinem Lager und stöhnte leise.

«Seine Majestät leidet an ständiger Übelkeit und findet keinen Schlaf», berichtete flüsternd der Leibdiener.

Ich nickte: «Deshalb habe ich eine Arznei gemischt, damit der König frisch und ausgeschlafen ist, wenn wir morgen um diese Zeit ankommen.»

Es roch nach Erbrochenem, und ich fragte vorsichtshalber, wann zuletzt er sich übergeben habe, denn es wäre fatal gewesen, hätte er meinen «Schlaftrunk» herausgewürgt.

«Erst vor kurzem», berichtete der Diener, «aber Seine Majestät hatte fast nichts im Magen.»

Ptolemaios war ein hübscher Junge, etwas dicklich und verweichlicht, doch er hatte vor einigen Monaten entdeckt, daß sein Phallos nicht nur zum Wasserlassen gut war, und so steckte er die ganze Zeit über mit seiner Lieblingssklavin zusammen. Sie kauerte vor seinem Bett, und ich scheuchte sie weg, doch sie, der Diener und die beiden Leibwächter an der Tür sollten ruhig anwesend sein, wenn ich ihm die Arznei einflößte.

Diese Sklavin stammte aus Syria, hieß Iras und war eine begnadete Haarkünstlerin. Antonius hatte sie bei seinem letzten Besuch als Gastgeschenk für Kleopatra mitgebracht. So diente das hübsche muntere Mädchen beiden: der Königin mit ihren Händen und dem König mit ihrem Schoß. Kleopatra schätzte sie sehr, hatte aber nichts dagegen, daß sie ins Bett ihres Bruders schlüpfte. Solange er nicht zu regieren begehrte, gönnte sie ihm solche Vergnügungen gern.

Ich nahm einen winzigen Schluck von dem Getränk und ließ auch den Diener kosten.

«Es wird dich ein wenig müde machen, aber schließlich ist es ein Schlaftrunk», sagte ich lächelnd.

Die Reflexe der ins Meer sinkenden Sonne tanzten wie purpurne Lichter auf Decke und Wänden der Kabine; die See war jetzt ruhig, und das Schiff bewegte sich kaum. Ich setzte mich ans Lager und hob den Becher.

«Ein schöner Schlaftrunk, *Basileus*, und wenn wir morgen an Land gehen, läßt du die *nautia* hier zurück.»

Er richtete sich halb auf.

«Gib schon her, Hippo, ich bin ausgetrocknet wie eine alte Sandale.»

Er wollte nach dem Becher greifen, doch seine Hand zitterte so stark, daß ich Angst hatte, er könnte den Inhalt verschütten.

«Ich mache das schon, *Basileus*», sagte ich beruhigend

und hielt ihm den Becher an die Lippen. Durstig trank er ihn leer, und ich tupfte ihm den Mund mit einem Tuch ab.

«Schmeckt nicht schlecht», sagte er, «ich habe schon Arzneien gekostet, die viel bitterer waren.»

Auch ein Todestrunk kann süß sein, dachte ich.

Ptolemaios legte sich zurück und sagte: «Die Übelkeit ist fast weg, ich glaube, du verstehst dein Handwerk, Hippokrates. Warum hast du mir diese Arznei bis jetzt vorenthalten?»

«Ich mußte sie erst zubereiten, Majestät.»

Er antwortete nicht mehr, hatte die Augen geschlossen.

Ich wandte mich zu den anderen.

«Laßt Seine Majestät jetzt in Ruhe durchschlafen, denn morgen bei der Ankunft muß er frisch sein.» Ich wandte mich an die Sklavin und sagte streng: «Das gilt besonders für dich!»

Sie kicherte leise und flüsterte: «Ja, Herr.»

Es muß um die Mitternachtsstunde gewesen sein, vielleicht noch etwas früher, als ein Mann von Ptolemaios' Leibwache in meine Kabine stürzte.

«Schnell – schnell, der König röchelt so seltsam ...»

Fast gleichzeitig fanden wir uns an seinem Lager ein: Kleopatra, Protarchos und ich. Ptolemaios tat mühsam seine letzten Atemzüge, dann streckte sich sein Körper leicht, und der Kopf fiel zur Seite.

Ich untersuchte ihn gründlich.

«Es muß das römische Fieber gewesen sein, denn niemand stirbt an der Seekrankheit, auch wenn sie zu seinem Tod beigetragen haben mag. Er schleppte die Krankheit zu lange mit sich herum, sein Körper war sehr geschwächt, dann das dauernde Erbrechen ...»

Kleopatra schlug die Hände vor das Gesicht und stammelte: «Mein lieber Gemahl ist tot, sein Volk wird ihn betrauern.»

Dann ging sie hinaus, erleichtert und befreit, wie ich annehme.

Als am nächsten Tag der Pharos aus der Ferne auftauchte und uns wie ein riesiger Zeigefinger den Weg in den Hafen wies, ließ Kleopatra die Trauerflagge aufziehen. Ein Teil von Ptolemaios' Anhängern mochte glauben, Kleopatra sei gestorben, doch wir ließen sie nicht lange im ungewissen. Protarchos sandte ein Dutzend Herolde aus, die zu verkünden hatten, König Ptolemaios XIV. Philopator sei zum Osiris geworden, und ließ eine Trauerzeit von vierzig Tagen anordnen.

Kleopatra dankte mir mit einfachen Worten und sagte, ich hätte gehandelt wie ein Freund, und das werde sie mir niemals vergessen.

Während die Gottessiegler den Leib des toten Königs in eine Mumie verwandelten, suchte die Königin mit ihren Freunden die *Sema* auf, um dort eine geeignete Grabstätte auszuwählen. Diese königliche Grabanlage hatte schon der zweite Ptolemaios begründet, als er den Leichnam des großen Alexander von Memphis hierher überführen ließ. Um die schädliche Einwirkung des Grundwassers zu vermeiden, war die *Sema* in einer Hügelkette angelegt und durch Erdaufschüttung noch vergrößert worden. Um sie herum gliederten sich die Gräber der Vornehmen, dazu Tempel und Opferstätten, so daß die *Sema* schließlich ein eigenes Stadtviertel geworden war. Im Innern reihten sich die Grabkammern der Ptolemäer um die Gruft Alexanders, und es werden schon fünf oder sechs Dutzend gewesen sein, da hier nicht nur die Könige und ihre Frauen lagen, sondern auch frühverstorbene Kinder und Verwandte.

Noch ehe ich die Bitte äußern konnte, das Alexandergrab zu besichtigen, kam die Königin von selber darauf zu sprechen.

«Zwar haben meine Vorfahren es immer so gehalten, daß

nur Personen fürstlichen Blutes das Grab sehen durften, aber ihr, meine Freunde, steht mir näher als alle Fürsten dieser Welt.»

Alexanders Sarg stand in einem oktagonalen, überkuppelten Grabraum. An den Wänden waren die zwölf Taten des Herakles dargestellt, und dieser Held trug das Antlitz Alexander des Großen. Sein Leichnam ruhte in einem Kristallsarg, doch dieses Mineral ist niemals ganz transparent, so daß der vom purpurnen Königsmantel umhüllte Körper nur wie in einem trüben Spiegel zu erkennen war. Das Gesicht war von einem Schleier verhüllt, der goldene Brustpanzer schimmerte kostbar, in seiner Mitte war deutlich erkennbar eine Sonne dargestellt.

Muß ich hier sagen, was Kleopatra damals verschwieg? Ich gebe der historischen Wahrheit die Ehre und möchte anmerken, daß Alexanders Sarg – von damals an gerechnet – noch fünfzig Jahre zuvor aus purem Gold gewesen war. Ptolemaios XI. Alexander, ständig von Geldnot gebeutelt, hat ihn einschmelzen lassen und durch einen gläsernen ersetzt. Dieser König ermordete Berenike III., seine Stiefmutter und Mitregentin, doch die war beim Volk so beliebt, daß die Alexandriner ihn aus dem Palast zerrten und erschlugen. Diesen in jeder Beziehung unrühmlichen Vorfahren hat uns die Königin wohl verschweigen wollen.

## ZEHNTES KAPITEL

An allem, was das Königshaus betraf, nahmen die Alexandriner lebhaften Anteil, so auch am Tod des Königs. Die Grablegung war lange vorher angekündigt worden, verbunden mit einer feierlichen Prozession vom Brucheion zur *Sema*, der Totenstadt. Der Trauerzug machte einen Umweg nach Westen, um auch einige vom Volk bewohnte Viertel zu berühren.

Die Mumie lag in einem vergoldeten und reich bemalten Sarg, den zwölf junge Priester trugen und dem unmittelbar die Symbole oder lebendigen Abbilder aller ägyptischen und alexandrinischen Gottheiten folgten. Der bärtige Serapis mit dem Kerberos zu Füßen wurde in Form einer lebensgroßen Statue mitgeführt, Isis und Nephtys stellten Tempeltänzerinnen dar, Horus, Anubis und Ptah waren maskierte Priester. Die schrillen Rufe von ein paar Dutzend Klageweibern gellten durch die Straßen, die Musiker des Serapeions spielten dazwischen getragene Weisen, und beim Trauerreigen an der Pforte zur *Sema* sah ich meine Nataki wieder, die so entrückt tanzte, daß sie nichts um sich wahrnahm.

Die Zeremonie der «Mundöffnung» vollzog der Hohepriester des Ptah-Tempels von Memphis und nach wie vor unbestritten der erste Priester im Gebiet des Deltas – auch wenn man dies im Serapeion nicht gerne sah. Mit dieser magischen Zeremonie wird der Mumie neue Lebenskraft eingehaucht, und sie besteht aus zahllosen einzelnen Handlungen, von denen ich nur die wichtigsten nenne: Reinigungsopfer, Beweihräucherung, Salbungen, Bestreichen des Sarges mit einer Feder, Berühren des Gesichts mit einem Dächsel – unter anderem wurde auch ein Stierkalb geschlachtet, das rechte Vorderbein abgehackt und damit der Sarg gesegnet, was dem Toten neue körperliche Kraft verleihen sollte.

Dies alles dauerte unendlich lange, aber am späten Nachmittag war es dann vorbei, der Sarg wurde in die Gruft getragen, während draußen die Freudenrufe einsetzten.

«Der Osiris Ptolemaios lebt!»

«Nun lebt er in Freude Millionen und Abermillionen Jahre!»

«Er ist als Osiris zum Leben wiedererwacht!»

«Er fährt im Sonnenschiff des Ra über den Himmel!»

Da befiel mich doch eine Rührung, daß dieser junge Mensch so früh sterben mußte, und ich hätte ihm ein neues Leben in einer besseren Welt von Herzen gegönnt.

Dann tauchte ein neues Problem auf, auch wenn es nur ein ganz kleines war. Kleopatra hatte großen Gefallen an ihrer Haarkünstlerin gefunden, die sich nicht nur als geschickt und tüchtig, sondern auch als klug und verschwiegen erwies. Sogar die strenge Charmion hatte sich mit der kleinen munteren Person angefreundet, weil sie die um einiges Jüngere bemuttern und belehren konnte.

Bei einer Besprechung im kleinen Kreis sagte Kleopatra: «Nicht nur, weil ich Iras schätze, wollte ich sie täglich um mich haben, da gab es noch einen naheliegenden Grund. Sollte sie von Ptolemaios schwanger sein, dann mußte ich es als erste merken, um gewisse Vorkehrungen zu treffen. Es stellt sich nun heraus, daß sie ein Kind von meinem Bruder im Bauch trägt, ein Kind, das es nicht geben darf. Die Hoffnung von Ptolemaios' früheren Anhängern würde neue Nahrung erhalten, und das will ich unter allen Umständen vermeiden. Es gibt nun zwei Möglichkeiten: Ich lasse das

Mädchen töten, oder ich mache ihr klar, daß sie – um ihr eigenes Leben zu retten – dieses Kind nicht gebären darf. Da ich sie als Mensch wie als Haarkünstlerin sehr schätze, neige ich der zweiten Möglichkeit zu. Protarchos, du wolltest etwas sagen?»

«Nur, daß ich dir beipflichte, *Basilissa.*»

Nun, das taten wir alle, doch mir fiel die Aufgabe zu, ein sicheres Abtreibungsmittel zu finden, während die Königin Iras eröffnen wollte, was ihr bevorstand.

Für solche Fälle war ich bisher nicht zuständig gewesen, und so machte ich mich im Museion kundig. Unter den Ärzten fand ich schließlich einen Spezialisten für Frauenkrankheiten, aber ich durfte nicht mit der Tür ins Haus fallen. Ich erinnerte mich an einen Ausspruch meines Vaters, daß jedes Mittel, das die Wehen verstärkt, wenn sie bei der Geburt zu schwach sind, auch vorher Wehen auslösen und eine Früh- oder Totgeburt bewirken kann.

Ich stellte mich als Leibarzt der Königin vor, worauf mich der Arzt fragte, ob ich denn nicht auch Mitglied des Lehrkörpers sei. Ja, sagte ich, aber meine vielfältigen Pflichten am Hof ließen es kaum zu, daß ich mich häufiger einer Lehrtätigkeit widmete. Dann fragte ich ihn bescheiden und respektvoll um Rat.

«Weißt du, es geschieht ja nicht allzuoft, daß der königliche Leibarzt zu einer Geburt geholt wird, aber sollte es dazu kommen, dann möchte ich das Richtige tun, etwa wenn die Wehen zu schwach sind, um das Kind auszutreiben.»

Der Arzt hielt mir einen langen verwirrenden Vortrag, zitierte eine Reihe von Autoren, die sich widersprachen, hob den Zeigefinger, nahm Stellung, kam aber nicht zum Wesentlichen. Ich mußte ihn mehrmals wieder auf die allein mich interessierenden Fragen lenken, bis er das Thema aufnahm und ausschöpfte. Er nannte eine Anzahl von Mitteln, doch die meisten waren nicht oder nur schwer zu bekommen, außerdem zu gefährlich in der Anwendung. So blieben nur zwei Mittel als erprobt und verhältnismäßig gefahrlos übrig: das bei Weizen, Roggen und Gerste erscheinende Giftkorn in der oralen Anwendung und das Öl des Sabinerbaumes als Klistier in die Scheide. Ich notierte mir die genaue Anwendung und besorgte die Mittel im Arzneiladen des Museions, wohl das am besten ausgestattete *pharmakopolion* in ganz Alexandria.

Iras erwarte mich, ließ man mir im Brucheion sagen. Sie wohnte wie Charmion in unmittelbarer Nähe der Königin in einem der kleinen, der engsten Dienerschaft vorbehaltenen Gemächer. Ihre großen schwarzen Kulleraugen blickten trotzig und angstvoll zugleich, ihr kleiner, hübscher, etwas fülliger Körper zappelte vor Unruhe. Sie setzte sich hin, stand auf, ging zum Fenster, dann zur Tür, während ich beruhigend auf sie einredete.

«Die Königin wird dir erklärt haben, warum dieses Kind nicht geboren werden darf. Als ihre persönliche Dienerin bist du so etwas wie eine öffentliche Person, und jeder am Hof weiß, daß du monatelang die Geliebte des verstorbenen Königs warst. Du kannst dieses Kind nicht wie eine Küchensklavin in irgendeinem Winkel unbeachtet zur Welt bringen. Deine Schwangerschaft wird sich herumsprechen, und nicht nur in Alexandria warten Hunderte, wenn nicht Tausende von Gegnern unserer Königin auf den neuen Ptolemäersproß. Weniger schlimm, wenn es ein Mädchen wird, schlimm und gefährlich aber, wenn du einen Jungen zur Welt bringst, also den fünfzehnten Ptolemaios. Es ist gar nicht abzusehen ...»

Sie blieb stehen und zischte: «Das hat mir alles schon die Königin erzählt, und sie tat es besser und einfühlsamer als du grober Klotz. Ich weiß ja, daß das Kind wegmuß, also reden wir besser vom Nächstliegenden.»

Mit drei sorgfältig dosierten Mengen des Giftkorns trieb ich die Frucht ab; die Anwendung des Sabinerbaumöls konnte unterbleiben. Als die sehr schmerzhaften vorzeitigen Wehen einsetzten, ließ die Königin eine bewährte *maia* kommen; ich erfuhr erst am nächsten Tag davon. Es soll ein Mädchen gewesen sein.

Iras, die mich zuvor behandelt hatte wie einen Feind, der ihr ans Leben wollte, und mich niemals alleine empfing, änderte ihr Verhalten nun schnell und spielte die Verführerische – damals noch aus Lust am Spiel, nehme ich an. Einen größeren Gegensatz als sie und Charmion konnte man sich nicht denken. Die große, ruhige, grauäugige und sehr schweigsame Makedonierin war das genaue Gegenstück zu der kleinen, quirligen, rundlichen und schwarzäugigen Syrerin, die gerne viel durcheinander redete, aber – und darum blieb sie bis zuletzt Kleopatras bevorzugte Dienerin – niemals etwas Intimes über ihre Herrin ausplauderte.

Somit wäre der Weg frei gewesen für eine unbehelligte und lange Herrschaft unserer Königin, doch zwei Probleme galt es noch zu bereinigen: ein innen- und ein außenpolitisches. Letzteres begleitete uns bis zum Tod Kleopatras, ersteres aber erwies sich als klein und schnell aus der Welt zu schaffen. Wer da glaubte, die Anhänger von Ptolemaios XIV. hätten nach seinem Tod resigniert und sich zerstreut, der irrte gewaltig. So liefen bald Gerüchte um, die Königin habe ihren Bruder beseitigt, um in Ruhe mit Rom bündeln zu können und um für Kaisarion den Thron freizumachen. Dabei verhielten sich die Urheber dieser Gerüchte nicht einmal besonders vorsichtig, so daß Kleopatras Spione drei der wichtigsten bald ausfindig machen konnten. Sie wurden wegen Majestätsbeleidigung und Hochverrat sofort festgenommen. Es wäre ein leichtes gewesen, sie stillschweigend im Gefängis beseitigen zu lassen, aber die Königin bestand auf einem öffentlichen Prozeß.

Zwei der Angeklagten waren geständig, einer leugnete lange, bis ihn die tägliche Anwendung von Stockprügeln einsichtiger machte. Ich nahm als Beobachter an allen Phasen der Verhandlung teil, doch hatte mir die Königin dabei noch eine besondere Rolle zugedacht. Zuerst aber erging das Urteil, und es konnte nicht anders lauten als Tod durch Verbrennung bei lebendigem Leibe, die übliche Strafe für schwere Majestätsvergehen.

Nachdem das Urteil verkündet war, trat ich vor Gericht und sagte, ich müsse dies tun, um meine Ehre als Arzt zu verteidigen. Mehrmals sei während der Verhandlung mein Name als möglicher Täter gefallen, weil es naheliegend sei, daß sich die Königin zur vermeintlichen Tötung des Brudergemahls ihres Leibarztes bedient hätte. Die zuvor informierten Richter spielten diese Komödie willig mit.

«Meine Herren Richter, ich möchte nun vier Zeugen benennen, die hier eidlich bestätigen können, daß ich am Abend vor seinem Tod mit König Ptolemaios nicht allein war und ihm nur einen harmlosen Schlaftrunk reichte. Dies können die beiden Leibwachen bezeugen sowie die Sklavin Iras und der damalige persönliche Diener des Königs.»

Am nächsten Tag traten die vier Zeugen auf und sagten brav ihr Sprüchlein her, wobei sie nicht einmal lügen mußten. Der Leibdiener bestätigte außerdem, «einen kräftigen Schluck» des Schlaftrunks genommen zu haben. Das Wort «kräftig» wird wohl die einzige Übertreibung oder Unwahrheit gewesen sein.

Dann bat ich für die Angeklagten um eine mildere Strafe, denn hätten sie diese Zeugen vorher gehört, wäre es vielleicht nicht zu ihrer unsinnigen Anschuldigung gekommen. Das Gericht, von der Königin instruiert, milderte die Strafe auf zehn Jahre Zwangsarbeit bei Tempelbauten im Binsenland, also in Oberägypten.

Der Gnadenakt sprach sich schnell herum und brachte

der Königin viele Sympathien ein, wenn auch manche meinten, in diesem Fall sei sie zu mild und nachsichtig gewesen.

Von Zeit zu Zeit gab es im Königspalast eine «kleine Ratsversammlung», auf der interne Dinge besprochen wurden, meist Hofkreise oder Zustände in Alexandria betreffend. An ihr nahmen die engsten Vertrauten der Königin teil, also Protarchos, Mardion, die unvermeidlichen Damen Charmion und Iras, einige hohe Hofbeamte und ich.

Eine «große Hofversammlung» aber war eher eine feierliche Angelegenheit, mit vierzig bis sechzig Personen, wo große Politik verkündet und weitreichende Beschlüsse gefaßt wurden. Diese aber waren bereits das Ergebnis der kleineren internen Besprechungen.

Die wichtigste Frage in diesen Tagen war, auf welche Seite sich Ägypten schlagen solle – auf die von Caesars Mördern oder auf die seiner Freunde und Erben.

«Wer den Sieg davonträgt, weiß ich nicht – weiß niemand, aber für mich als Mutter von Caesars einzigem Sohn gibt es nur einen Weg: Ich muß seine Freunde und Rächer unterstützen. Zur Zeit stehen vier seiner früheren Legionen in Ägypten, und ich werde sie dem schicken, der die Mörder Brutus, Cassius und all die anderen so lange verfolgt, bis sie ihre Schandtat büßen müssen.»

Dafür kam zur Zeit nur Cornelius Dolabella in Frage, der sich kurz nach Caesars Tod auf die Seite seiner Feinde geschlagen hatte, doch dann von Antonius in sein Lager gezogen wurde. Dieser Dolabella versuchte nun, Cassius in Syria zu stellen und zu vernichten, und ihm sandte Kleopatra die vier Legionen. Doch ihre Rechnung ging leider nicht auf, Dolabella wurde geschlagen und nahm sich das Leben, während seine Truppen in das Lager des Cassius überliefen. Als die Königin das erfuhr, rief sie die zu seiner Unterstützung schon abgesegelte Flotte zurück. Wir mußten nun fürchten, daß Cassius seine Augen auf das reiche Ägypten richtete, denn er brauchte viel Geld, um den Kampf fortsetzen zu können. Es sah also für uns nicht gut aus, um so mehr, als alle von Rom abhängigen Klientelfürstentümer des Ostens auf Brutus und Cassius setzten. Kleopatra fürchtete um ihren Thron und überlegte ernsthaft, ob sie nicht aus politischen Erwägungen den gleichen Weg einschlagen sollte. Doch als sie erfuhr, daß Serapion, ihr Statthalter von Cyprus, sich mit ihrer Halbschwester, die noch immer in Ephesos lebte, zusammentat, um sie zu stürzen und Arsinoë auf den Thron zu bringen, verwarf sie ihren Plan und wartete ab.

Als Cassius eine dringende Aufforderung an Kleopatra sandte, ihn mit Geld, Truppen und Schiffen zu unterstützen, ließ sie ihm antworten, ein Mörder von Julius Caesar verdiene nur eines – den Tod. Zu einer Antwort kam es nicht mehr, weil sich die Schicksalswaage auf die andere Seite neigte. Die untereinander zerstrittenen Caesarfreunde waren endlich vernünftig geworden und hatten gegen Brutus und Cassius ein Triumvirat aus Marcus Antonius, Octavius und Lepidus gebildet. Letzterer zählte kaum, denn er war ein unsicherer und schwacher Charakter, doch die beiden anderen setzten alles daran, die Caesarmörder zur Strecke zu bringen.

Kleopatra, die Octavius seit jeher mißtrauisch gegenüberstand, überwand ihre Abneigung und stellte eine beachtliche Flotte zusammen, um die beiden zu unterstützen. Und noch etwas sehr Ungewöhnliches tat die Königin: Sie übernahm persönlich den Befehl über diese Schiffe.

Wir segelten bei gutem Wetter in Alexandria ab. Unser Ziel war die südliche Adria, wo wir uns mit Octavius und Antonius vereinigen wollten: Es war April oder Mai, und um diese Zeit sind in der Regel keine schweren Stürme zu erwarten, doch diesmal kam es anders. Wir hatten uns noch keine fünf Meilen von der Küste entfernt, als plötzlich ein so gewaltiger Sturm aufkam, daß unsere *trierarchoi* nicht einmal Zeit fanden, die Segel zu streichen. Der Sturm wütete derart, daß für mich der Eindruck entstand, da recke sich eine Faust aus dem Himmel, um unsere Flotte schnell und gründlich in Stücke zu schlagen. Der Kapitän des Flaggschiffes, auf dem sich Kleopatra und ihre Freunde befanden, muß schneller reagiert haben als die anderen. Er ließ den Großmast kappen und trieb die Ruderer mit Peitschenhieben derart an, daß wir wenig später an die rettende Küste gelangten. Zwei Drittel unserer Flotte versanken, die meisten Seeleute fanden dabei den Tod.

Kleopatra grämte sich über das Mißlingen ihrer gutgemeinten Hilfe so sehr, daß sie schwer erkrankte und ich zwei Wochen brauchte, um sie mit Diät und milden, beruhigenden Arzneien wieder auf die Beine zu bringen. Das war übrigens das einzige Mal während meiner Zeit als ihr Leibarzt, daß die Königin ernsthaft erkrankte. Kleopatra befahl sogleich den Bau einer neuen Flotte, doch noch ehe man sie fertiggestellt hatte, waren Brutus und Cassius in zwei Entscheidungsschlachten bei Philippi in Makedonia besiegt worden. Beide Caesarmörder nahmen sich kurz nacheinander das Leben.

Kleopatra triumphierte.

«Jetzt sind wir auf der Siegerseite, und es kommt nur darauf an, ob Octavius und Antonius sich einigen können. Rache ist süß, meine Freunde, und bald werden auch Serapion und Arsinoë sie zu spüren bekommen. Sie haben auf das falsche Pferd gesetzt, diese beiden, aber wir wollen nichts überstürzen. Hippo, ich möchte dich nachher noch sprechen.»

Das war nichts Ungewöhnliches, denn häufig bat sie

mich um kleine Gefallen für Freunde oder Hofleute, wenn diese eine Arznei oder meine Hilfe benötigten.

«Nein, Hippo, diesmal brauche ich keinen Arzt, auch keine Arznei, sondern deine Mitwirkung bei einer heiklen Mission. Ich habe vor einigen Tagen die Nachricht erhalten, daß Antipatros, der von den Römern eingesetzte Statthalter von Judäa und Galiläa, ermordet wurde. Ehe die Römer einen Nachfolger ernennen, möchte ich meine Ansprüche auf diese Gebiete anmelden. Seit dem fünften Ptolemaios gehörten ganz Palästina und ein Teil von Syria zu Ägypten, gingen aber später durch politisches Mißgeschick wieder verloren. Wir sind Freunde und Verbündete der Römer, und es würde für sie keinen Unterschied machen, wenn ich dort die Statthalterschaft ausübte. Nun erhebt aber Herodes, der Erstgeborene das Antipatros, Ansprüche darauf; ich will ihm ein Angebot machen, und du sollst es überbringen – geheim und in aller Stille. Mache ich daraus eine offizielle Angelegenheit, wird man in Rom sofort aufhorchen. Schau dir diesen Herodes an, und suche seine Absichten zu ergründen. Wenn er klug ist, wird er auf mein Angebot eingehen.»

Sie schwieg, und ich wartete auf eine genauere Erklärung, doch diese kam nicht.

«Darf ich mir eine Frage gestatten, *Basilissa*?»

«Nur zu, Hippo, wir sind unter uns.»

«Wie lautet dein Angebot, das ich überbringen soll, oder bleibt es geheim, und ich übergebe nur ein versiegeltes Schreiben?»

Sie schüttelte lächelnd den Kopf.

«Du hast nichts zu übergeben, weil die Gefahr besteht, daß man dich an der Grenze festnimmt und dein Gepäck untersucht. Du bekommst lediglich ein von mir gesiegeltes Schreiben, daß du in meinem Auftrag unterwegs bist. Mein Angebot mußt du Herodes mundlich überbringen. Es lautet: ‹Kleopatra, Königin von Ägypten und Cyprus, bietet dir, Herodes, Sohn des Antipatros, an, die Länder Idumäa, Judäa und Galiläa mit Ägypten zu vereinigen, wie es in alten Zeiten lange der Fall war. Ich setze dich dort als selbständigen Statthalter ein und erkläre mich meinen römischen Verbündeten gegenüber als tributpflichtig. Falls du meinem Vorschlag zustimmst, werde ich die Triumvirn Gaius Octavius und Marcus Antonius um Bestätigung bitten. Mein Gesandter Olympos hat die Erlaubnis, deine Antwort mündlich zu überbringen.›

Kannst du dir den Text merken?»

«Ich werde die Sätze notieren und sie mir einprägen. Als Gesandter darf ich mich wieder in Olympos verwandeln?»

Sie zuckte die Schultern.

«Das klingt einfach gewichtiger. Bei Hippokrates denkt jeder an Arznei und Krankheiten. Übrigens wirst du alleine reisen, das ist unauffälliger. Nur ein Diener wird dich begleiten. Damit du dich ausweisen kannst, in meinem Auftrag unterwegs zu sein, brauchen wir dafür eine Erklärung. Du bist ganz offiziell unterwegs, um Balsam aus Jericho einzukaufen, natürlich für mich persönlich und von der besten Qualität.»

Jedem, der mit Arzneien, Salben oder Schönheitstinkturen zu tun hatte, waren die sagenhaften Balsamgärten von Jericho ein Begriff. Die beste Sorte des Jericho-Balsams wird zweifach mit Silber aufgewogen, und die Römer zogen gewaltige Steuern aus diesem weithin begehrten Stoff.

Außerdem beauftragte mich die Königin, für Herodes in Jerusalem ein angemessenes Geschenk zu besorgen; ich sollte mich dazu an den ägyptischen Geschäftsträger wenden, einen Mann, der die vielfältigen Interessen unseres Landes dort schon seit vielen Jahren vertrat.

Beim Abschied führte Iras sich auf, als ginge ich zur Hinrichtung.

«Ach, Hippo, du gehst in ein fremdes, wildes Land und läßt mich alleine hier zurück! Was soll ich ohne dich tun, liebster Freund? Ich werde täglich den Göttern für deine glückliche Rückkehr ein Opfer bringen.»

Ich glaubte nicht recht zu hören und sah Iras nun mit anderen Augen an. War ich ihr denn so ans Herz gewachsen? Sie gefiel mir gut – sehr gut sogar, doch in diesem Augenblick bewegten mich andere Gedanken. Ich zweifelte nicht daran, dieser Aufgabe gewachsen zu sein, denn damals war ich noch jung und abenteuerlustig, freute mich auf die abwechslungsreiche Reise in ein altes Land, das einstmals zu Ägypten gehörte. Doch ich hatte mir zuviel erwartet, denn die Reise verlief zunächst enttäuschend.

Ein kleiner Küstensegler aus Kleopatras Flotte brachte mich in zwei Tagen nach Raphia, der Grenzstadt zwischen Ägypten und Idumäa, woher Herodes übrigens stammte. Er war Araber und kein Jude, doch die Idumäer hatten vor etwa einer Generation – übrigens nicht ganz freiwillig – den jüdischen Glauben angenommen.

Jüdischen Glaubens und in Jerusalem geboren war auch mein Begleiter Salmo. Eigentlich hieß er Schelomo, woraus die Griechen Salomon machten. «Aber», so meinte er, als er sich bei mir vorstellte, «der Name des weisen Königs schien mir immer zu groß, klingt so feierlich und erhaben. Nenne mich also, wie alle mich nennen – Salmo.»

Er war vor drei Jahren mit den von Antipatros gesendeten Hilfstruppen nach Alexandria gekommen und, wie nicht wenige Juden, dort hängengeblieben. Inzwischen hatte er eine Familie gegründet und diente nun bei den königlichen Truppen als Unterführer. Kleopatra hatte eigens nach einem in Jerusalem geborenen Juden für meine Begleitung gesucht, um es mir dort leichter zu machen. Salmo war ein schlanker, großgewachsener Mann, konnte – wie fast alle Juden – schreiben und lesen und war in der Geschichte seines Volkes außerordentlich bewandert. Ohne ihn hätte ich schon beim Grenzübertritt in Raphia die größten Schwierigkeiten gehabt, weil jüdische Zöllner offenbar alle anderen an aufdringlicher Genauigkeit und bohrenden Fragen übertreffen.

Warum ich im Auftrag der Königin unterwegs sei und nicht auf eigene Faust Handel treibe? Welche Mengen an Balsamöl ich zu kaufen und wie ich es zu transportieren gedenke? Nur auf dem Landweg? Oder auch per Schiff, und wenn, dann von welchem Hafen? Auf welche Weise ich die Ware bezahlen wolle? Gold? Silber? Warentausch? Oder beides? Wenn ja, in welchem Verhältnis?

Unser Reisegepäck kehrten sie vom Untersten zuoberst, aber Salmo gebot mir flüsternd, es ruhig geschehen zu lassen. Dann lobte er in blumigen Worten die Tüchtigkeit und den Eifer der Beamten, gab sich als Jude im Dienste der Königin von Ägypten zu erkennen und – ich bemerkte es nicht – steckte den Herren einige Silberstücke zu. Wir erhielten einen gesiegelten Papyrus – eine Art Freibrief, der bestätigen sollte, daß wir amtlich geprüfte Reisende seien, in Geschäften unterwegs.

So ritten wir auf unseren Maultieren gemächlich die Küste entlang, übernachteten in der uralten Hafenstadt Askalon und bogen bei Asdod nach Osten in Richtung Jerusalem ab.

In Askalon hatte Salmo am Hafen ein Hurenhaus entdeckt, aber als wir es betreten wollten, stank es schon im Vorraum derart entsetzlich, daß wir hinausliefen.

«Das muß ein *lupanar* nur für Seeleute sein, die nach langer Seefahrt so sehr nach Frauen hungern, daß nichts sie stört.»

Wir gingen statt dessen in eine Schenke und probierten so lange die Weine durch, bis wir nur noch lallen konnten.

Unterwegs erläuterte mir Salmo die Geschichte des Volkes Israel, indem er die Fünf Bücher des Moses auf handliche Geschichten zusammenstrich. Ausführlicher jedoch ging er auf Antipatros und seine Söhne ein, denn, so sagte er: «Wenn du da nicht genau Bescheid weißt, Herr, nehmen sie dich in Jerusalem gar nicht ernst, und die Königin hätte statt deiner auch einen Maulesel senden können.»

Ich hob die Hand, um seine Frechheit zu züchtigen, doch er wich mir lachend aus.

«Einen freien Juden schlägt man nicht, schon gar nicht wegen eines harmlosen Scherzes.»

Da mußte auch ich lachen und versprach Besserung.

## ELFTES KAPITEL

Den genauen Tag meines Einzugs in Jerusalem habe ich nicht notiert, aber es muß etwa Anfang Mai gewesen sein, zwischen Pessach und dem Wochenfest. Als erstes erfuhren wir, daß Herodes nicht in der Stadt weilte, sondern nach Asia gereist war, um dort seinen alten Freund Antonius zu treffen, der nach dem Tod von Brutus und Cassius – im Einverständnis mit Octavius – die gesamten römischen Ostprovinzen übernommen hatte. Er war sozusagen auf Inspektionsreise, um die wichtigsten Städte seines gewaltigen Herrschaftsgebietes zu besuchen. Sollte ich ihm nachreisen? Das hatte wenig Sinn, denn niemand wußte, wo Marcus Antonius sich gerade aufhielt, geschweige denn, wo Herodes ihn zu treffen gedachte. Doch er wurde im Laufe der nächsten zwei Monate zurückerwartet, und so lange mußte ich eben in Jerusalem ausharren.

Mir kam jetzt mein Auftrag ziemlich sinnlos vor. Herodes war offenbar dabei, die Freundschaft mit Antonius zu erneuern, und da sollte ich ihn den Römern abspenstig und ihm eine Bindung an Ägypten schmackhaft machen? Meine einzige Hoffnung war, daß der heißblütige und anmaßende Herodes sich mit Antonius entzweite und ihm so ein Bündnis mit Ägypten überlegenswert schien. Man brauchte deshalb die Römer nicht zu verprellen, denn der Pakt mit Kleopatra würde dann eben auf ein um Palästina erweitertes Ägypten ausgedehnt. Rom verlor nichts dabei, aber die Königin hätte die alten Reichsgrenzen wiederhergestellt. Weiter zerbrach ich mir nicht den Kopf darüber. Ich hatte meinen Auftrag, den mußte ich ausführen, obwohl mir – offen gesagt – vor dem gewalttätigen Araber etwas bangte. Tyrannen seiner Art erteilen manchmal die Antwort, indem sie den Boten verstümmeln oder umbringen lassen.

Salmo war mir in dieser Zeit keine große Hilfe, denn fast täglich bat er mich unter einem wichtigen Vorwand um Urlaub. Zuerst war es seine weitverzweigte Familie, die er besuchen mußte, dann die Freunde, und im übrigen wollte er sich ständig umhören, um Neues über die politische Lage zu erfahren. Das damalige Jerusalem hat mich nicht sehr beeindruckt, auch wohl deshalb, weil ich aus Ägypten kam, wo an älteren, größeren und auch schöneren Städten kein Mangel war. Wer wie ich Theben, Memphis und Alexandria kannte, konnte dieser verwinkelten Stadt mit engen, stinkenden Gassen wenig abgewinnen. Der von den Babyloniern zerstörte Tempel stellte auch keine Augenweide dar, man hatte ihn nur notdürftig wieder aufgebaut. Inzwischen soll Jerusalem durch Herodes ja ein ganz anderes Gesicht bekommen haben, aber das entzieht sich meiner Kenntnis.

Ich kam mir hier ein wenig verloren vor, verstand kein Wort Aramäisch, obwohl ich mit Griechisch gut zurechtkam, weil diese Sprache in den größeren Geschäften verstanden und von allen Gebildeten beherrscht wurde.

Salmo hatte uns in einer gut geführten Herberge in der Nähe des Hasmonäer-Palastes zwei Zimmer besorgt und auch in der Unterstadt beim sogenannten Misttor ein halbwegs sauberes *lupanar* aufgetan. Eine schöne Abwechslung in diesem Einerlei, dachte ich. Ich scherzte:

«Nun muß ich tatsächlich nach Jerusalem gehen, um mit einer Jüdin zu schlafen, obwohl es auch in Alexandria eine ganze Menge davon gibt.»

Salmo setzte sein übliches freches Grinsen auf, an das ich mich inzwischen gewöhnt hatte.

«Das Gesetz hier verbietet für Jüdinnen die Prostitution.

Du kannst dort Mädchen aus Syria, Mesopotamia, Asia, Hellas und andere finden, aber wenn du eine Jüdin im Bett haben willst, mußt du eine heiraten oder dir – und das ist für einen Ausländer nicht einfach – eine Witwe anlachen.»

In den letzten Tagen war mir aufgefallen, daß Salmo zerstreut und gehetzt wirkte, kaum noch zu Späßen aufgelegt war und häufig mißtrauisch aus dem Fenster blickte. Ich scherzte: «Hast du ein Mädchen geschwängert, und ihr Vater oder ihre Brüder sind hinter dir her?»

Er lachte nicht einmal.

«Nein, das ist es nicht ...»

Doch ich erfuhr bald genug, was es wirklich war. Noch ehe ich meinen Besuch im *lupanar* in die Tat umsetzen konnte, erschienen eines Morgens drei Mann der Stadtmiliz und fragten, ob ein Jona ben Nahum in meinen Diensten sei. Ich mußte es verneinen, sagte, mein Diener heiße Salomon und werde Salmo gerufen. Dann müsse ich mitkommen, um den Mann zu identifizieren.

Fest davon überzeugt, daß es sich nur um einen Irrtum handeln könne, ging ich mit ins Stadtgefängnis, einen düsteren Bau im Norden der Oberstadt. Was da auf fauligem Stroh verkrümmt am Boden lag, hatte mit meinem Diener Salmo kaum noch Ähnlichkeit. Die Milizen rissen ihn brutal in die Höhe, und ich blickte in ein zerschlagenes Gesicht mit einem halb und einem ganz geschlossenen Auge. Die Lippen waren geplatzt und aufgeschwollen, die Nase zweimal gebrochen, das Kinn blutig.

«Salmo?» fragte ich mit zitternder Stimme.

Ein heiseres Krächzen kam aus den verquollenen Lippen, doch ich erkannte ihn am Haar und an der Kleidung.

«Es wird wohl mein Diener Salmo sein, aber warum ist er ...»

«Das wirst du gleich erfahren!»

Der Anführer sprach ein hartes, gebrochenes Griechisch,

war nicht unfreundlich, wirkte aber so gleichgültig und gelangweilt, daß ich vermutete, er habe täglich mit solchen und ähnlichen Fällen zu tun.

Wir marschierten in das Viertel um den Hasmonäer-Palast, wo man mich in das Gerichtsgebäude führte. Nach etwa einer halben Stunde erschien ein junger, eifriger Beamter, wohl eine Art Untersuchungsrichter, und begann mich auszufragen. Zuerst wollte er alles über mich wissen, und ich spielte meine Rolle als Händler – so hoffe ich – überzeugend. Ja, ich sei auf der Weiterreise nach Jericho, wollte mir nur einige Tage das weltbekannte Jerusalem anschauen und meinem Diener Gelegenheit geben, Freunde und Familie zu besuchen. Die königliche Bestätigung schien ihn wenig zu beeindrucken, und es sah fast so aus, als hielte er sie für falsch. Dann mußte ich ihm alles berichten, was ich über Salmo wußte – viel war es nicht. Der Beamte nickte.

«Ich glaube dir, weil auch Jona – so heißt dein Diener wirklich – es nach intensiver Befragung so dargestellt hat, doch einiges Wichtige aus seinem Leben hat er dir verschwiegen. Ehe er sich in einen Soldaten verwandelte und den Namen Salomon annahm, gehörte er zur Räuberbande des berüchtigten Ezechias, und er ist einer der wenigen, die bei ihrer Festnahme dem Strafgericht entkommen konnten. Da wird also etwas nachzuholen sein, aber das betrifft dich nicht weiter. Jona ben Nahum stand lange auf der Fahndungsliste und war leider so unvorsichtig, mit seinen Verwandten sowie alten Freunden die Verbindung aufzunehmen. Da sowohl Herodes wie auch der Hohepriester Hyrkan verreist sind, werden wir erst nach ihrer Rückkehr den Fall wiederaufnehmen.»

«Kann ich etwas für Salmo – also für Jona tun? Er war mir ein guter Diener, und ich möchte ...»

«Herodes ist auf dem Weg nach Jerusalem, wird wohl im Laufe der nächsten Woche hier eintreffen. Wenn du willst, kannst du so lange warten, aber helfen wirst du Jona nicht können.»

Ich verfluchte meinen Auftrag und sehnte mich zurück nach Alexandria, zurück ins Brucheion, wo jeder mich kannte und wo ich als Leibarzt der Königin hoch geachtet war. Hier war ich nichts weiter als ein unerwünschter Ausländer, ein Götzenverehrer, den Juden ein Greuel. Daß ich die Götter mehr aus Tradition als aus Herzensbedürfnis verehrte, fiel hier nicht ins Gewicht. Viele der gelehrten alten Griechen sprechen in ihren Schriften nie von Göttern, sondern nur von der Gottheit, und ich fühlte mich vom Monotheismus der Juden angezogen, während mich ihre damit verbundenen Bräuche und Regeln eher abstießen. Ihre ganze Religion war in einen Wust von Ge- und Verboten eingebunden, von denen die wenigsten vernünftig erklärbar und durchschaubar waren.

Als ich in einer Schenke einen Becher Milch verlangte, fiel der Wirt fast in Ohnmacht und deutete nur fassungslos auf die Wurst auf meinem Teller. Gut, daran gewöhnte ich mich, aber daß man auch von mir, dem Ausländer und Götzenverehrer, verlangte, die Sabbatruhe einzuhalten – daran gewöhnte ich mich nicht. Immer wieder verstieß ich unbewußt dagegen und wurde ermahnt – wäre ich Jude gewesen, hätten sie mich im Vorhof des Tempels ausgepeitscht, wie das jede Woche einige Male mit kleinen Gesetzesbrechern geschah.

Große Sorgen machte ich mir um meinen Diener Salmo. Vielleicht hatten sie ihn dort im Kerker inzwischen totgeschlagen? So wie er damals aussah, konnte er auch an seinen Verletzungen gestorben sein. Als ich einmal dort nachfragen wollte, sagte man mir, ich würde rechtzeitig Bescheid erhalten. Über was? Das sagten sie nicht.

Nun war es höchste Zeit, mich um das Geschenk für Herodes und seinen Bruder zu bemühen. Der ägyptische Geschäftsträger studierte genau meine Legitimation und sagte dann seufzend: «Herodes liebt den Luxus und hat Geschmack. Das Geschenk muß also teuer und geschmackvoll sein. Ich werde mich umsehen.»

Er besorgte mir ein goldenes Tafelgeschirr zum Mischen des Weines mit Wasser: zwei schöne, kunstvoll mit Pflanzenornamenten verzierte Krüge, dazu vier ebensolche Becher. Mit Rücksicht auf die Juden zeigten die Ornamente keinerlei Anspielung auf Mensch oder Tier.

Im Juni kehrten Herodes und sein Bruder Phasaël aus Asia zurück, und ihr Einzug gestaltete sich überaus prächtig. Herolde mit Fanfaren ritten voraus, als sich der Zug aus dem Norden näherte. Von der Unbeliebtheit des Herodes war an diesem Tag nichts zu bemerken, denn in den dichtgedrängten Straßen jubelte man heftig. Gut, ich sah auch Menschen mit verbitterten Gesichtern im Hintergrund stehen, aber es ist eben so, daß man fünf laut schreiende Menschen im ganzen Viertel hört, während hundert Schweigende nicht wahrgenommen werden. Es gab genügend Griechisch sprechende Menschen in der Stadt, von denen ich schon in der ersten Stunde hörte, was Herodes und Phasaël von Antonius mitgebracht hatten: den Fürstentitel. Er hatte sie beide zu Tetrarchen von Judäa ernannt, und in diesem Fall traf die alte Bezeichnung «Viertelfürst» kaum noch zu, denn sie geboten nun über Idumäa, Judäa, Galiläa und Samaria, waren also keine Viertel-, sondern Vierfürsten. Phasaëls Ernennung war bedeutungslos, alle Welt wußte das, denn er stand im Schatten seines Bruders, und es schien ihm ganz recht so.

Ich rechnete nicht damit, schnell eine Audienz zu erhalten, doch hatte diesmal mein gesiegeltes Schreiben seine Wirkung getan, denn vier Tage nach seiner Rückkehr empfing Herodes mich in seinem Haus. Vorher instruierte ich noch den Geschäftsträger, er möge etwa eine Stunde nach Beginn der Audienz das Geschenk dort abliefern lassen. Bei seinem Einzug hatte ich Herodes nur kurz von weitem, also eigentlich gar nicht gesehen, doch jetzt stand er vor mir, lächelte mich freundlich an und erwiderte meine tiefe Verneigung mit einem Nicken.

«Olympos aus Alexandria, ich grüße dich und möchte mich dafür entschuldigen, daß ich dich so lange warten ließ.»

Das war nun der Mensch, von dem man sagte, er habe sich durch die Geschichte gemordet. Schlank, mittelgroß, von edler, gut proportionierter Gestalt. Sein Kopf war schmal und lang, das Gesicht ebenmäßig mit goldbrauner Haut, mandelförmigen schwarzen Augen und einer glatten hohen Stirn. Wangen und Kinn bedeckte ein schwarzer kurzgeschorener Bart, ungewöhnlich für einen jüdischen Würdenträger, die hier alle mit langen Rauschebärten herumliefen. Vielleicht wollte er damit andeuten, daß er kein Jude war. Dieser Mensch strahlte Kraft und Würde aus, sein Blick war ruhig und fest, wirkte aber seltsam blicklos, da die Augen so schwarz waren, daß die Pupillen in dieser Schwärze verschwanden. Er streckte die Hand aus und sagte:

«Wo ist die Botschaft deiner Königin?»

Alle blickten mich dabei neugierig an: Herodes, die beiden Beamten im Hintergrund, sogar die Leibwachen an der Tür.

«Die Botschaft meiner Königin muß ich dir, Hoheit, ihrem Wunsche gemäß mündlich überbringen, und wenn du gestattest – ohne Zeugen.»

In gespielter Verlegenheit blickte er sich um.

«Nun, ich gestatte es. Vielleicht sollte mein Bruder, der Tetrarch Phasaël – nein, das ist nicht nötig, ich werde ihm später Bericht erstatten.»

So sagte ich also mein Sprüchlein auf, gewärtig, nach Lage der Dinge von Herodes hohnlachend davongejagt zu werden. Aber da hatte ich ihn falsch eingeschätzt. Er hörte mich ruhig und bis zu Ende an, verzog keine Miene dabei, war ganz höfliche Aufmerksamkeit. Dann tat er, als müsse er eine Weile überlegen.

«Ein bedenkenswerter Vorschlag, Olympos, und gewiß ein verlockender Gedanke, unsere beiden Länder zu vereinigen, um sie unter einen König – die ehrenwerte *Basilissa* Kleopatra – zu stellen, natürlich im Einvernehmen mit Rom und unter dem Schutz seiner Waffen. Ich wäre dann Proconsul von Judäa – wieder vorausgesetzt, Rom stimmt dem zu –, und das ist nicht viel weniger als Tetrarch. Nur, verehrter Olympos, während deine Königin diesen Entschluß faßte, hat sich das Rad der Geschichte weitergedreht, fast ohne unser Zutun, gewiß, aber – gestatte mir den Vergleich – den kleinen Finger haben wir dabei schon in die Speichen gelegt.»

Er lächelte mich freundlich an und spielte mit Hingabe einen Menschen, den Fortuna überraschend mit einer Gabe bedacht hat.

«Wie du weißt, hat mein ehrenwerter Vater, der Ethnarch Antipatros, nach Caesars Tod den Praetor Cassius unterstützt und wir Söhne pflichtgemäß auch, aber jedem, der handelnd im Leben steht, kann ein Irrtum unterlaufen. Nun, den haben wir korrigiert, und trotz eifrigen Bemühens des Synedrion, uns bei Antonius anzuschwärzen, war der Hohepriester Hyrkanos so klug, Phasaël und mich als Tetrarchen vorzuschlagen.»

Bei unserer Unterhaltung gebrauchte Herodes wohl mit Absicht das griechische Wort Synedrion statt des hebräischen Sanhedrin.

Er hob lächelnd beide Hände und sah wieder aus, als habe ihn dies maßlos überrascht. Ich schlug in die Bresche.

«Wie wenig klug die Männer des Sanhedrin sind, haben sie damals mit ihrem Urteil gegen dich bewiesen. Jeder im Land war froh, von dieser Räuberplage befreit zu sein, und anstatt dich dafür zu ehren, mußtest du außer Landes gehen. Gestehst du auch ihnen das Recht des Irrtums zu?»

Meine etwas ungehörige Frage schien ihn nicht zu stören.

«Ich gestehe sie dem einzelnen zu, nicht aber einer Versammlung von einundsiebzig Männern. Die können sich absprechen und sollten nicht auf die Törichten, sondern auf die Klugen hören. Nun, wir werden sehen.»

Beim letzten Satz hatte sich sein Gesicht verändert; die glatte höfliche Maske war abgefallen und wandelte sich – wenn auch nur für Augenblicke – in eine Wolfsfratze, zähneblitzend, mit drohend aufgerissenen Augen, ja ich glaubte sogar, ein leises, bedrohliches Knurren zu hören. Täuschte ich mich?

Schon lächelte er wieder.

«Du weißt ja gut Bescheid, Olympos. Jetzt spiele ich einmal den Gesandten und bringe dir eine Nachricht vom Imperator Marcus Antonius. Er hat deine Königin, die erhabene *Basilissa* Kleopatra, für den Sommer nach Tarsos geladen – Tarsos in Kilikia. Da Caesar nun tot ist, muß das Verhältnis zwischen Rom und Ägypten neu überdacht werden. Kein leichter Gang für deine Königin, aber mit ihrem hochentwickelten politischen Geschick wird sich gewiß eine Lösung finden lassen.»

Das hatte er ganz höflich gesagt, aber seine nachtschwarzen Augen funkelten dabei – vor Ironie? Vor Freude, vielleicht sogar Schadenfreude? Ich weiß es nicht. Vielleicht vor Genugtuung, das eigene Getreide sicher in der Scheune zu haben, während Kleopatra wieder einmal um ihr Land, ihre Position zu kämpfen hatte. Zum Glück enthob mich das Erscheinen des Boten einer Antwort.

Herodes zeigte sich über das Geschenk ehrlich erfreut,

sein Gesicht strahlte wie eine Sonne, und er fand erlesene Worte des Lobes und Dankes. Diesen Augenblick der Freude und Entspannung galt es zu nutzen.

«Darf ich eine Bitte äußern, Hoheit?»

«Nur zu, nur zu. Es würde mich freuen, dem Gesandten Ihrer ägyptischen Majestät einen Gefallen zu tun.»

Ich berichtete in kurzen Worten vom Schicksal meines Dieners Salmo, hatte aber – wie ich gestehen muß – wenig Hoffnung, etwas für ihn tun zu können. Herodes hörte mich unbewegten Gesichts an. Ich schloß mit dem Satz: «Nun sitzt oder, besser, liegt er im Stadtgefängnis und wartet auf seine Hinrichtung, doch der Hohe Rat wollte nichts unternehmen, ehe du zurück bist.»

«Sehr klug vom Synedrion, sehr klug. Es ist mir eine Freude, Olympos, dir diesen geringen Dienst erweisen zu können. Jona ben Nahum, der sich jetzt Salomon nennt, hat sein Überleben dazu benutzt, sich zu bessern und sich als Soldat im Dienste meines Vaters nützlich zu machen. Als Tetrarch von Judäa habe ich das Recht, ihn noch vor dem Urteilsspruch zu begnadigen, und das tue ich hiermit. Salomon kann schon heute entlassen werden.»

Noch ehe ich mich geziemend bedanken konnte, kam ein Mann in den Raum, der Herodes auf verblüffende Weise ähnlich sah, nur war bei ihm alles abgemildert. Der schlanke Herodes mit dem schmalen schönen Gesicht wirkte wie ein scharfes, schnell zuschlagendes Schwert, während Phasaël – denn er war es – eher den Eindruck eines stumpfen Messers machte. Er war kleiner, fülliger, sein Gesicht breiter, seine braunen Augen strahlten Wohlwollen und Milde aus.

«Phasaël!»

Herodes umarmte den Bruder herzlich und stellte mich vor. Dann erläuterte er ihm in kurzen Worten den Grund meines Kommens, erwähnte auch den Fall meines Dieners. Phasaël nickte mehrmals.

«Du hast wie immer das Richtige getan, ich hätte nicht anders gehandelt.»

Das Antlitz des Herodes leuchtete vor Zufriedenheit, als habe er sehnsüchtig auf die Zustimmung des älteren Bruders gewartet.

Ich wurde dann in Gnaden entlassen und erhielt als persönliche Gabe einen roten, schön bestickten Beutel mit 24 *aurei*, während das Geschenk für die Königin aus zehn Krügen mit dem erlesensten Jericho-Balsam bestand und vom Geschäftsträger sofort auf den Weg zur Küste gebracht wurde. Die frischgeprägten Goldmünzen zeigten auf der einen Seite den Kopf des Antonius, auf der anderen die Siegesgöttin Victoria mit Lorbeerkranz und Palmzweig. Wenn dieses Geschenk als politischer Hinweis gedacht war, so stimmte es mich versöhnlich, denn eine Victoria mit Palmzweig wies auf eine friedliche, verhandlungsbereite Siegerin.

Herodes hielt Wort; zwei Tage später kam Salmo zurück, zwar auf den eigenen Beinen, aber doch noch sehr schwach und in keinem guten Zustand. Auf einem Auge war er blind geworden, zwei oder drei Rippen schienen gebrochen, und ich legte eine feste Bandage um seine Brust. Trotzdem versuchte er es mit einem matten Scherz.

‹Eigentlich hatte ich gedacht, ans Kreuz und nicht in deine Obhut zu kommen ...»

Etwas hielt mich zurück, als sein alleiniger Retter dazustehen, und so sagte ich: «Die Ernennung von Herodes und Phasaël zu Tetrarchen gab Anlaß zu einer Amnestie, und davon hast du nun profitiert.»

Er blickte mich zweifelnd an.

«Amnestie? Das paßt aber gar nicht zu Herodes, und ich habe auch nicht gemerkt, daß man andere freiließ.»

«Natürlich habe ich bei der Audienz deinen Namen genannt und daran erinnert, daß man den Diener eines Gesandten nicht behandeln kann wie einen gemeinen Verbrecher. Auch daß du unter Antipatros Soldat gewesen bist, habe ich erwähnt – nun, und dies alles zusammen …»

«Soldat! Damit ist es nun vorbei, weil ein Einäugiger nicht mehr sicher trifft, ob mit Pfeil, Lanze oder Schwert. Ich werde wohl auf Taglöhner umsatteln müssen. Dir jedenfalls verdanke ich mein Leben und werde versuchen, mich auf irgendeine Weise erkenntlich zu zeigen.»

Mir kam ein Gedanke und ich rief: ‹Das kannst du, Salmo! Bleibe mein Diener, dazu genügt auch ein Auge. So mußt du nicht Taglöhner werden und kannst deine Familie weiterhin ernähren. Ich werde dich in die Arbeit eines Arztgehilfen einweisen, das ist eine schöne, abwechslungsreiche und verantwortungsbewußte Tätigkeit.»

«Traust du mir das zu?»

Etwas wie Zweifel und Angst war in seinem zerschlagenen, mit halbverheilten Wunden bedeckten Gesicht zu sehen. Er tat mir leid, und ich spürte, daß ich ihn während unserer Reise liebgewonnen hatte.

«Ja», sagte ich fest, «das und noch mehr traue ich dir zu. Und nun werden wir auf schnellstem Weg zurückreisen.»

Doch dazu kam es nicht, weil ich zu der Verlobung des Herodes mit der Hasmonäer-Prinzessin Mariamne eine Einladung erhielt. Sie war eine Enkelin des Hohepriesters Hyrkanos, und Herodes wollte sich auf diese Weise mit dem alten, in Judäa hochangesehenen Geschlecht verbinden. Der Tetrarch war zwar noch mit Doris, der Mutter seines Sohnes Antipatros, verheiratet, doch diese Doris war nun unwichtig und unbedeutend geworden und würde bald den Scheidungsbrief erhalten. Ihr nach dem Vater des Herodes benannter Sohn Antipatros fiel nun vom Rang des Erstgeborenen auf den eines *nothos*, eines Bastards, zurück.

Das Verlobungsfest war eine steife, feierliche Angelegenheit, bei der Herodes erstmals als Fürst auftrat, in farbigen, ungemein prachtvollen Gewändern, während die kleine schlanke Mariamne, stumm und verschleiert, wie eine Puppe vom Zeremonienmeister hin und her geschoben wurde. Die Braut war erst elf Jahre alt, und so mußte die Hochzeit noch einige Jahre aufgeschoben werden.

Froh, jetzt endlich reisen zu können, ging ich in meine Herberge und befahl Salmo, drei gute Maultiere zu besorgen. Er war noch nicht zurück, als ein Bote des Herodes eintraf und mir ein Schreiben aus Alexandria überreichte. Es war zweifach gesiegelt – von der Königin und von Protarchos.

«An Olympos, unseren Gesandten in Jerusalem.

Unsere gnädige Fürstin, die *Basilissa* Kleopatra, wird im August eine Reise nach Tarsos antreten, auf Einladung des ruhmreichen und siegreichen Feldherrn Marcus Antonius. Dir gebietet die Königin, dich von Jerusalem geradewegs dorthin zu begeben, dem Imperator schon im voraus unsere Ehrerbietung zu erweisen und das Eintreffen der *Basilissa* zu erwarten.»

Marcus Antonius trug also jetzt den Titel Imperator, was siegreicher Feldherr bedeutete.

Der Text war in griechisch geschrieben, doch darunter standen zwei Zeilen in ägyptischer Schrift und Sprache.

«Schau dir A. genau an, und suche seine Absichten zu ergründen. K.»

Ich legte das Schreiben auf den Tisch und fragte mich, ob man es im Haus des Herodes schon vorher geöffnet hatte. Doch die Siegel aus Hartwachs schienen unversehrt. Es wäre auch nicht so wichtig gewesen.

Als Salmo mit den Mauleseln eintraf, klopfte ich ihm auf die Schulter und sagte mit gespielter Munterkeit: «Deine Familie wird noch eine Weile auf dich warten müssen, denn das Schicksal in Gestalt unserer *Basilissa* wird unsere

Schritte nach Norden und nicht nach Süden lenken. Wir machen uns auf den Weg nach Tarsos, der Hauptstadt von Kilikia.»

Er nahm es mit Gleichmut auf.

«Meine Frau wird mich ohnehin kaum wiedererkennen, außerdem ist es keine besonders weite Reise. Es ist nur so – ich müßte meiner Familie etwas Geld zukommen lassen.»

Ich holte den Beutel mit den *aurei* des Antonius und gab ihm fünf der Goldstücke.

«Ein Geschenk des Herodes an den Gesandten und seinen Diener. Unser ägyptischer Geschäftsträger wird das für dich erledigen, sage ihm aber, er soll das Geld an den königlichen Palast und nicht direkt an deine Familie senden. Die Beamten dort sind zuverlässig und werden es an deine Frau weiterleiten.»

Wir ritten von Jerusalem nach Tyros, der uralten Hafen- und Handelsstadt, und fuhren von dort mit einem Küstensegler nach Tarsos, das – entgegen meiner Erwartung – etwas im Landesinneren am Fluß Kydnos lag. Der Segler setzte uns an dem kleinen Flußhafen ab, wo es sehr lebhaft zuging und die Schiffe sich drängten wie Schafe in einem Pferch. Von dort brachte uns ein Ruderboot in die Stadt.

Marcus Antonius residierte im alten Palast der Satrapen und Herrscher von Kilikia – die Römer nennen diese Provinz Cilicia –, den er inzwischen prächtig hatte ausbauen lassen. Im Palastviertel herrschte ein so reges Treiben wie in Rom zwischen *Forum Romanum* und *Forum Boarium*, und es schwirrte ein halbes Dutzend Sprachen durch die Luft.

Schon am nächsten Tag wurde ich von Marcus Antonius empfangen.

# ZWÖLFTES KAPITEL

Das früher sicher etwas verschlafene Tarsos war durch die Anwesenheit des Feldherrn Marcus Antonius zu neuem Leben erwacht. Die Herbergen – ob gute oder schlechte – waren allesamt überfüllt, doch Salmo gelang es, auf dem Marktplatz einen jüdischen Weinhändler ausfindig zu machen, der uns gegen gutes Geld für einige Tage ein Zimmer zur Verfügung stellte.

Die Juden von Tarsos bewohnten ein eigenes Viertel mit zwei Synagogen, einigen Schulen, Bädern und koscheren Läden. Immer wieder fiel es mir angenehm auf, daß dieses Volk auf Sauberkeit den größten Wert legt und – im Gegensatz zu den freien Griechen – es auch unter reichen Leuten als Makel gilt, keinen Beruf erlernt zu haben.

Im Haus des Weinhändlers erholten wir uns von der Reise und suchten dann eines der Bäder auf, um uns gründlich zu säubern. Am nächsten Tag schickte ich Salmo mit einem Schreiben zum Palast des Imperators Marcus Antonius.

«Olympos, der Sondergesandte Ihrer Majestät, der *Basilissa* Kleopatra, erbittet höflich die Gnade einer kurzen *admissio.*»

Ich muß gestehen, daß ich mich auf Wochen des Wartens einrichtete, aber keineswegs damit rechnete, schon am nächsten Tag empfangen zu werden. Heute weiß ich, daß Ägypten für Antonius damals ein vorrangiges Problem darstellte, weil in Rom Teile des Senats für eine sofortige Annexion plädierten.

In der von seinem Sekretär unterzeichneten Antwort hieß es: «Marcus Antonius, Imperator, bittet den Gesandten Olympos für heute abend zu einem Symposion.»

Lieber wäre mir eine Unterredung unter vier Augen gewesen, aber dazu konnte es ja noch kommen. Zum letzten Mal hatte ich Antonius vor fünf Jahren in Rom gesehen, und sein Antlitz stand mir noch deutlich vor Augen.

Als er mich jetzt empfing, hätte ich ihn beinahe nicht wiedererkannt. Sein breites, martialisches Gesicht war von tiefen Falten durchfurcht, unter den geröteten Augen hingen schwere Tränensäcke, die Oberlippe war eingesunken, vermutlich weil einige Vorderzähne fehlten. Ein verbrauchtes, von Wein und durchfeierten Nächten gezeichnetes Gesicht, das aber – wie ich gleich erleben sollte – keinen Rückschluß auf seinen körperlichen Zustand zuließ. Seine Gestalt war hoch gewachsen, muskulös und kraftvoll. Neben ihm mußte Octavius wie ein schwächlicher Zwerg erscheinen. Mit schnellen, lebhaften Schritten kam er mir entgegen, drückte mir kraftvoll die Hand und sagte mit seiner lauten, etwas heiseren Stimme:

«Olympos! Wie ich sehe, hast du Beruf wie Namen gewechselt! In Rom kannte ich dich noch als den Leibarzt Hippokrates, und jetzt bist du unter die Politiker gegangen. Hast du dein Arztbesteck weggelegt und den Arzneischrank für immer geschlossen? Die Politik ist ein gefährliches Handwerk, und daß nicht wenige dabei umkommen, hast du in den letzten Jahren gesehen.»

«Gewiß, Imperator, aber ich bin nur Gesandter auf Zeit, und das ist mehr einem Zufall zu verdanken. Arzt bin ich nach wie vor, und mein Namenswechsel erfolgte auf Wunsch der *Basilissa*, die Olympos nicht für angemessen hielt und mich nach meinem großen Vorgänger benannte.»

Er schlug mich so kräftig auf die Schulter, daß sie mir noch tagelang weh tat.

«Wie dem auch sei, du bist mir herzlich willkommen. Hast du ein Schreiben oder eine Botschaft deiner Königin?»

Diese Frage hatte ich erwartet und mich darauf eingestellt. Mein Auftrag war es, nichts preiszugeben, aber möglichst viel von den Absichten des Imperators zu erfahren.

«Nein, Imperator, was zu besprechen ist, wird sie selber tun, wenn sie hier eintrifft. Ich bin, militärisch gesprochen, nur eine Art Quartiermacher, kann aber soviel sagen, daß die *Basilissa* mit Vertrauen und Zuversicht hier erscheinen und das mit Ägypten durch einen Freundschaftspakt verbundene Rom nach Kräften unterstützen wird.»

Antonius lachte laut und herzlich.

«Das glaube ich gern! Was wäre Ägypten ohne Rom? Vergiß aber nicht, daß der vergöttlichte Caesar es war, der diesen Pakt mit Kleopatra schloß.»

«Und sie hat ihn treulich über seinen Tod hinaus gehalten, als sie seine Freunde und Erben gegen die Mörder unterstützte – zuerst Dolabella in Syria, dann dich, Octavius und Lepidus gegen Brutus und Cassius. Daß ihre Flotte dabei in einem Sturm zugrunde ging, mußt du den Göttern anlasten und nicht ihr.»

Der Imperator grinste, und die Falten in seinem Gesicht mehrten sich.

«Ja, die Götter! Auf sie ist kein Verlaß, und doch ehren wir sie unentwegt. Genug davon – ich habe beschlossen, dein Erscheinen mit einem Symposion zu ehren, das – so hoffe ich – bei dir einen bleibenden Eindruck hinterlassen wird.»

Das machte mich natürlich sehr stolz, bis ich später sah, daß Antonius jeder Grund recht war, eine Sauferei zu veranstalten. Halt – dieses Wort wird den von Antonius in Szene gesetzten Symposien nicht gerecht, wie wir gleich sehen werden.

Als wir den kleinen Festsaal betraten, erhoben sich die dort schon versammelten Gäste – es werden an die zwanzig Männer gewesen sein – von ihren *lecti*; Antonius stellte mich ihnen als ägyptischen Sondergesandten vor und machte mich dann mit jedem einzelnen bekannt. Diese Männer waren fast ausschließlich hohe Offiziere in den Legionen des Antonius, alte Waffen- und Trinkbrüder, alle etwa im Alter ihres Imperators, der damals das vierzigste Jahr schon überschritten hatte. Einige der Herren verbargen ihre Abneigung gegen den «Ägypter» nur schlecht, und diese waren es dann auch, die Antonius später von einem Bündnis mit Kleopatra abrieten.

Nach der Vorstellung legte Antonius freundschaftlich einen Arm um meine Schulter und führte mich zur Stirnseite des Raumes, wo auf einem hölzernen Podest die *symphoniaci* saßen.

«Anaxenor!» rief Antonius. «Steh auf und lasse dich sehen!»

Der Gerufene erhob sich, stellte sorgsam seine Kithara beiseite und stieg vom Podest. Der dickliche, nicht unschöne Mann verneigte sich, und auf seinem geschminkten, verlebten Gesicht erschien ein serviles Lächeln.

«Das ist unser weltbester *kitharistes*, und dieser Meinung bin nicht nur ich. Er kostet mich viel, sehr viel, aber du bist es wert, nicht wahr?»

Anaxenor lächelte geschmeichelt und verbeugte sich mehrmals.

«Dir, Imperator, dienen zu dürfen – höher kann ein kleiner Musikant nicht steigen, mehr kann niemand vom Leben erwarten.»

Antonius lachte schallend.

«Ein kleiner Musikant! Das ist, als nenne man ein *talentum* Gold ein Bettelgeld!»

Antonius war für seine vollmundigen Scherze weithin

bekannt, aber daß dies keiner war, erfuhr ich bald, denn jedes Kind in Asia kannte Anaxenors Namen, und seine Heimatstadt Magnesia stellte vor ihrem Theater seine Statue auf. Antonius schenkte ihm nach und nach die Einkünfte von vier Städten und gestand ihm eine Ehrengarde zu. Den dafür abkommandierten Legionären soll dies weniger ehrenvoll erschienen sein …

Dann wurde mir noch der *auletes* Xuthos vorgestellt, der seine Flöte wie ein Szepter in der Hand hielt und so würdevoll vom Podest stieg wie ein König von seinem Thron.

Natürlich hatte der Imperator auch die besten Köche von Tarsos für seine Zwecke requiriert, so daß die aufgetragene Speisenfolge zwar nicht so verfeinert und erlesen zubereitet war wie bei der Hoftafel in Alexandria, dafür aber herzhafter und manchmal von raffinierter Derbheit. Wild und Geflügel herrschten vor; von Gerichten aus Fluß- und Meerestieren schien Antonius wenig zu halten. Zu meinem Erstaunen waren die Diener angewiesen, den Wein beim Einschenken im Verhältnis eins zu drei zu verdünnen, aber auch das geschah nicht ohne Grund, denn es sollte einer vorzeitigen Trunkenheit vorbeugen und den Gästen erlauben, nach dem Mahl dem unverdünnten Wein um so intensiver zusprechen zu können.

Die Musikanten spielten eine schmeichelnde Tafelmusik, wobei Anaxenor von Zeit zu Zeit einen Solopart bot – unglaublich virtuos und die Gäste zu Beifallsstürmen hinreißend. Ob diese rauhen Soldaten aber tatsächlich an diesen Darbietungen einen solchen Gefallen fanden, möchte ich bezweifeln. Sie wußten um die Leidenschaft ihres Imperators, und da sie ihn verehrten wie einen Gott, beklatschten sie seinen Lieblingskünstler noch heftiger als er. Im Grund war das eine rein soldatische Angelegenheit: Die Speisen wurden von jungen Legionären mit unbewegten Gesichtern aufgetragen, aber wenn sie in die Nähe des Imperators kamen, begannen ihre Hände zu zittern und ihre Augen zu leuchten.

Warum das so war, ist einfach zu erklären. In den folgenden Tagen und Wochen, die ich in Tarsos verbrachte, konnte ich beobachten, wie Antonius mit seinen Legionären umging. Da kam er etwa von einem Gerichtstag zurück und rief, während er vom Pferd stieg, den vier Wachhabenden am Tor zu: «Kinder, habe ich einen Hunger! Ich mag nicht warten, bis die Köche da drinnen ihre Hintern lupfen, da esse ich lieber gleich mit euch.»

Dann setzte er sich mit diesen einfachen *milites* zu Tisch und mampfte einen Roggenbrei aus der Feldküche, die sattsam bekannte *puls*. Sobald Antonius sich außerhalb des Palastes befand, konnte jeder seiner Leute ihn ohne Zeremoniell ansprechen; da zeigte er nicht den geringsten Hochmut, scherzte gutmütig herum und nahm keines der ihm vorgetragenen Anliegen auf die leichte Schulter, mochte es in den Augen eines Imperators noch so unbedeutend sein.

Zurück zum Symposion, von dem ich nur hoffte, es möge bald überstanden sein. Antonius wärmte mit seinen Offizieren alte Erinnerungen auf, denen ich höflich zuhörte, die mir aber nichts bedeuteten. Das Geschirr wurde abgetragen, und es sah ganz danach aus, als wäre das Festmahl zu Ende. Ich wandte mich gerade ab, um verstohlen zu gähnen, da riß mich ein jäher Trommelwirbel aus meiner Schläfrigkeit.

Die Tür flog auf, und eine Schar halbnackter Sklavinnen im kurzen *chiton* stob herein. Das knappe Kleidungsstück war so gerafft, daß es eine Brust frei ließ, wie bei den sagenhaften Amazonen. Jedes der Mädchen trug eine Fackel, um den Zug von Gauklern zu beleuchten, die nun radschlagend, feuerschluckend und allerlei Gegenstände durch die Luft wirbelnd hereinströmten. Die Musikanten hatten das Podest geräumt, wo nun die Akrobaten ihre erstaunlichen

Künste zeigten. Da gab es Schlangenmenschen, die ihre Glieder so verbogen und verstrickten, daß ich als Arzt an der menschlichen Anatomie zu zweifeln begann. Warum die Feuerschlucker sich nicht Zunge und Schlund verbrannten, war mir ebenso unerklärlich wie die Treffsicherheit der Messerwerfer, die ihr Opfer hautnah mit den spitzen Klingen einrahmten. Einer der Künstler sauste zwischen den Tischen und Liegen der Gäste herum und nahm da einen Becher, dort ein Messer oder ein Mischgefäß an sich, stellte sich auf das Podest und warf diese so unterschiedlich großen und meist zerbrechlichen Gegenstände hoch in die Luft, fing sie auf, um sie gleich wieder hochzuschleudern. Nichts davon fiel zu Boden, nichts zerbrach.

Die jungen uns bedienenden Legionäre waren verschwunden, und nun waren es kilikische Palastsklaven, die jene verstaubten kleinen Krüge hereinbrachten, wie man sie nur für alte kostbare Weine benutzte. Antonius hob einen Krug hoch und deutete auf das Siegel.

«Ein zwölfjähriger Samos – und hier ein neunjähriger Wein aus Rhodos.»

Diese Weine waren wie Öl, fast schwarz und süß. Dazu servierten die Diener jetzt kleine scharfe und stark gesalzene Häppchen – geröstete Hammelnieren in Salz und Honig gewälzt, würzige Würste, die wie Feuer im Mund brannten, gepfefferte Feigen und Datteln, gesalzene Nüsse, in Kräuteressig eingelegte Zwiebeln, Gurken und Früchte.

Dann verschwanden die Gaukler, und eine Schar geschminkter Schauspieler erschien. Sie boten eine Art *theatrum obscurum* mit sehr gewagten Possen. Kernstück des Auftritts waren Zeugung und Taten des Herakles, und dies geschah nicht ohne Grund. Die *fabula* gipfelte in der Szene, wo König Thespios dem Helden seine 50 Töchter anbietet. Genau diese pikante Szene war es, die man nun auf offener Bühne zeigte. Herakles, ein muskelbepackter Riese, trat auf, und ehe er sich auf das mit Fellen belegte Bett sinken ließ, hob er seinen *chiton* und zeigte einen – vermutlich künstlich verlängerten – Phallos von der Größe eines Stiergemächtes. Dann traten sie herein, die Töchter des Königs Thespios, und jede wurde von Herakles mit einer anderen Liebesstellung beglückt – von vorne, von hinten, im Stehen, im Liegen, und da es hier nicht so viele Möglichkeiten gibt, wiederholte sich manches. Wichtig allein aber war die Schlußszene, als Herakles die jüngste Tochter des Königs empfing. Dazu wurden wieder alle Fackeln entzündet. Herakles hob das bildhübsche Mädchen hoch wie eine Beute und legte es dann behutsam auf das fellbezogene Bett. Er schälte sie geschickt aus ihrem *chiton*, hob auch diesen wie eine Trophäe in die Höhe. Dann kniete er sich auf das Bett, liebkoste die Brüste des Mädchens, und für jedermann sichtbar schwoll dabei sein mächtiger Phallos an, hob sich und zielte wie ein Speer auf den nackten Frauenleib.

Waren die vorhergehenden Szenen etwas hastig durchgespielt worden, so geschah jetzt alles langsam in zeremoniöser Feierlichkeit. Langsam spreizte das Mädchen die Schenkel, und langsam versenkte Herakles den gewaltigen Phallos in ihren Schoß. Dann hielten beide still, als müsse dieser feierliche Akt den Zuschauern wie der Höhepunkt einer Circusnummer in völliger Bewegungslosigkeit demonstriert werden. Xuthos, der Flötist, spielte dazu eine getragene Weise, dann setzten leise die Trommeln ein, langsam erst, dann schneller und schneller, und im selben Rhythmus bewegte sich das Paar, bis beide etwas wie einen Jubelruf ausstießen – Herakles rauh und tief, das Mädchen lang und spitz, ein gellender Lustschrei, der tief ins Ohr drang.

Danach verdeckten die Fackelträgerinnen das Liebespaar mit einem Vorhang, und wenn jetzt alle klatschten und jubelten, dann nicht nur, um dem Imperator zu gefallen.

Wieder trat der Rhetor auf und verkündete feierlich:

«Aus dieser Verbindung entstand das Zwillingspaar Antaios und Hippaios, und auf ersteren führt unser hochverehrter Imperator Marcus Antonius sein Geschlecht zurück. Er lebe hoch – hoch – hoch!»

Abgelenkt durch die ständigen Vorführungen, hatte ich mit dem Wein nicht Maß gehalten, sondern Becher um Becher wie Wasser hinuntergestürzt. Es war Ende August, die heiße, stickige Luft hing trotz der weiten Fensteröffnungen fast unbewegt im Raum, zudem entfachten die scharfen und salzigen Happen einen höllischen Durst. Ein sausender Schulterhieb ließ mich zusammenzucken. Ich hörte die rauhe, trunkene Stimme des Imperators.

«Na, Gesandter Olympos, wie findest du mein Symposion – oder, besser gesagt, dein Symposion? Hat dich die Begegnung mit meinem Urahnen etwas angeregt? Mich schon – mich schon! Nur noch ein bißchen Geduld, mein Lieber, das Beste kommt noch.»

Nach weiteren zwei Darbietungen verschwanden die männlichen Tänzer, von den Musikanten blieben nur ein Trommler und der Flötenspieler. Kann Musik obszön sein? Ich weiß es nicht, aber was die beiden dann spielten, klang wie ein von Instrumenten dargestellter Beischlaf – rhythmisch, süß, erregend, sich langsam steigernd. Nun schwärmten die Mädchen aus, umtanzten zuerst Antonius, dann mich, den Ehrengast.

«Nimm dir eine, Olympos – oder zwei oder drei ...»

Er lachte dröhnend, der Imperator, zog eines der Mädchen auf den Schoß, ein anderes neben sich. Mein vom Wein schon etwas getrübter Blick konnte keine großen Unterschiede mehr ausmachen: Die eine war größer, die andere kleiner, eine rothaarig, eine andere schwarzhaarig, dann gab es große Brüste, mittlere und kleine. So griff ich willkürlich nach einer schlanken Rothaarigen, die sich sofort auf meinen Schoß setzte, einen Schluck Wein trank, eine Dattel aß.

Es dauerte nicht lange, dann begannen die Herren ohne Scheu mit den Mädchen zu kopulieren, was sie vermutlich in Gesellschaft ihres lebenslustigen Imperators nicht zum ersten Mal taten. Die Gespräche verstummten allmählich, Geräusche wie Flüstern, Schnaufen, Stöhnen zogen durch den nur noch von wenigen Fackeln erhellten Raum. Dazu war das leise Patschen zu vernehmen, wenn schweißfeuchte Körper innig aneinanderstießen.

Xenia – so hieß meine Schöne – begann leichthin zu plaudern, streichelte mich da und dort. Mir wurde heiß, ich sehnte mich nach frischer Luft, einem Bad …

Ich stand auf und fragte einen der Offiziere, den ich gerade zur Tür gehen sah.

«Na, Olympos, auch Platz für neuen Wein schaffen?»

«Nein, ich möchte ein Bad nehmen – zusammen mit Xenia …»

«Ah, ein stiller Genießer – also, hol das Mädchen her, ich zeig's euch.»

Die kleine Thermenanlage war ebenerdig in den Innenhof hineingebaut, besaß ein kleines *caldarium* und ein doppelt so großes *frigidarium*, doch ersteres war längst kalt oder lauwarm geworden. Der Offizier hatte einen Badesklaven geweckt, doch ich ließ mir nur zwei Tücher bringen und scheuchte ihn wieder davon.

«Heute spiele ich den Badesklaven», sagte ich galant, und wir stiegen gemeinsam in das lauwarme Becken, rieben uns gründlich ab und gingen dann ins *unctorium*, wo bequeme gepolsterte Liegen standen. Nicht daß meine Trunkenheit verflogen war, aber ich sank in ein wohliges Gefühl der Entspanntheit, tändelte mit Xenia ein bißchen herum, ließ mich von ihr amazonenhaft reiten, ohne daß dies gewaltige Luststürme entfacht hätte. Mir war eher nach einem Gespräch zumute, um so mehr, als ich lange keine Gelegenheit mehr gehabt hatte, mich mit einer Frau zu unterhalten.

Zur Ehre der griechischen Hetären sei gesagt, daß diese fast immer eine Ausbildung genossen haben. Wenn auch nicht alle schreiben und lesen können, so sind sie doch fähig, auf der Lyra zu spielen, Lieder oder Sprüche vorzutragen, gefällig zu tanzen. Bei den römischen *meretrices* muß man schon viel Geld hinlegen, wenn man auf solche Kenntnisse Wert legt.

Ich beschränkte mich darauf, Xenia kurze neugierige Fragen zu stellen, und da sie offenbar spürte, daß mir an dieser Unterhaltung gelegen war, gab sie ausführliche Antworten.

So zeichnete sie das Bild einer kleinen Gutsbesitzerfamilie, die in drei Generationen verarmte.

«Schon mein Großvater mußte sein Erbe mit drei Brüdern teilen; auch zwei Schwestern waren noch zu versorgen. Am Niedergang unserer Familie trug ihre große Fruchtbarkeit die Schuld. Auch andere hatten viele Kinder, aber – und so ist es ja die Regel – die Hälfte oder zwei Drittel davon starben weg. Bei uns blieben immer alle am Leben. So war aus dem großen Besitz ein Gütchen geworden, und als meine Großmutter ihrerseits sieben Kinder in die Welt setzte – vier Söhne und drei Töchter –, blieb nur noch sehr wenig. Mein Vater war dann gezwungen, zur eigenen Arbeit Taglöhnerdienste zu leisten, vor allem in der Erntezeit. Er hatte zudem das Pech, nur Töchter zu zeugen, so daß er die fehlende Arbeitskraft durch Knechte hätte ersetzen müssen, aber dazu war kein Geld da. So hat er mich und eine meiner Schwestern – wir waren die jüngsten – als Sklavinnen verkauft, die Schwester an einen Gutsbesitzer, mich an die Hetärenschule des Xanthippos.»

Ich horchte auf.

«Hetärenschule? Was ist genau darunter zu verstehen? Ist es nur die beschönigende Bezeichnung für ein Hurenhaus?»

Xenia lachte leise und warf mit einer anmutigen Geste ihr Haar zurück.

«Du hast natürlich recht, auch wenig anspruchsvolle Häuser tarnen sich mit diesem Namen. Bei uns ist das aber nicht so, und mein Vater hat streng darauf geachtet, daß ich nicht in einem solchen landete. Xanthippos nennt sich selber mit Vorliebe einen eigensüchtigen Mann, der nur darauf aus ist, in möglichst kurzer Zeit möglichst viel Geld zu verdienen.»

Sie blickte zum Fenster, wo ein blaßrötlicher Schimmer das Anbrechen des Tages verkündete. Schnell stand sie auf.

«Wir werden bei Sonnenaufgang abgeholt, und ich möchte noch nachschauen, wie es den anderen geht. Kommst du mit?»

Vor dem Festsaal schliefen die Wachen, von den Dienern war keiner zu sehen. Es roch nach verschüttetem Wein, kalten Speisen, Schweiß, Urin und Erbrochenem. Antonius und die meisten seiner Offiziere waren schon verschwunden, sechs oder acht schnarchten auf den Liegen und schliefen ihren Rausch aus. Die Mädchen saßen frierend und aneinandergekauert am Rand des Podestes, gähnten, dösten und unterhielten sich leise.

Xenia winkte mir zu und setzte sich zu ihnen. Trotz der durchwachten Nacht erschien sie mir hübsch und begehrenswert, und ich hätte jetzt nichts gegen einen gemeinsamen Ritt durch die Gärten der Aphrodite gehabt. Ich ging hin und küßte sie auf die Wange.

«Sehen wir uns wieder?»

«Das hängt allein von dir ab. Du kannst ja unserer Hetärenschule einen Besuch abstatten, da gibt es viel zu schauen ...»

Einige der Mädchen kicherten.

«Warum nicht», sagte ich unbestimmt und ging zur Tür. Ich stolperte dabei über einen zerbrochenen Krug und konnte mich gerade noch auf den Beinen halten, was bei der Mädchenschar neue Heiterkeit erregte.

Auch der Stallbursche schlief, und so machte ich mein Maultier selber los und ritt in den anbrechenden Tag hinein.

Salmo empfing mich mit den Worten: «Gleich nachdem du gestern weggingst, traf ein Eilbote ein.»

Er streckte mir eine Papyrusrolle hin, die das ägyptische Staatssiegel trug.

Das war sozusagen mein Entlassungsschreiben, denn gestern war die offizielle ägyptische Gesandtschaft eingetroffen, und etwa fünfzehn Tage später sollte die Königin nachfolgen. Ich wurde für den nächsten Tag zu einer Besprechung gebeten, die auf dem Schiff stattfinden sollte.

«Jetzt sind wir wieder Privatleute, Salmo. Ich der Leibarzt der Königin und du mein künftiger Gehilfe. Na – wir werden uns die Zeit schon zu vertreiben wissen.»

Ich dachte flüchtig daran, Xenia in ihrer Hetärenschule zu besuchen, aber dazu kam es vorläufig nicht, weil die nächsten Tage sehr turbulent wurden.

Von der Gesandtschaft kannte ich keinen Menschen, das waren alles *homines novi*, wie die Römer solche Männer nennen – Leute, die vorher kaum jemand kannte und die jetzt mit einem hohen Amt ans Licht der Öffentlichkeit traten.

Der Gesandte, ein junger Mann noch, entstammte einem der alteingesessenen mazedonischen Nobelgeschlechter; vielleicht wollte Kleopatra seiner Familie einen Gefallen tun. Zu mir gab er sich sehr herablassend, als wir uns auf seinem Schiff, das an der Kydnosmündung vertäut lag, gegenübersaßen. Ich vermied es absichtlich, ihn mit seinem glanzvollen Namen – der ja schließlich nicht sein Verdienst war – anzusprechen, und nannte ihn stets «Herr Gesandter».

«Ich hoffe, du hast herausfinden können, was Marcus Antonius im Sinn führt, damit die *Basilissa* sich darauf einstellen kann.»

So etwa eröffnete er das Gespräch, aber ich dachte nicht daran, ihm etwas vorzulügen.

«Antonius hätte es nicht zum Imperator des gesamten römischen Ostens gebracht, würde er gleich jedem gegenüber aus der Schule plaudern. Ihm liegt vor allem daran herauszufinden, wie weit unsere *Basilissa* seine Gegner unterstützt hat – es geht die Rede davon, sie habe Cassius Geld gegeben –, aber da dies nicht der Fall ist, wird es da kaum Probleme geben. Im Gegenteil – es läßt sich jederzeit beweisen, daß sie anfangs insgeheim und dann offen sich auf die Seite von Octavius und Antonius geschlagen und dabei unter anderem ihre gesamte Flotte geopfert hat.»

«Du siehst also keine Gefahr irgendwelcher Art?»

«Doch, ich sehe sie darin, daß sich unter den Beratern des Imperators auch Feinde der Ptolemäer befinden, die versuchen werden, auf ihn nachteilig einzuwirken. Er gilt als großer Frauenfreund, und da wir zum Glück eine hübsche Königin auf dem Thron haben, dürfte das zur positiven Lösung unserer Probleme entscheidend beitragen.»

Der junge Gesandte schaute mich abweisend an und zog seine aristokratische Nase hoch, als strömten meine Worte einen üblen Geruch aus.

«Ich weiß nicht, ob es dir zusteht, so frei über unsere göttliche *Basilissa* zu sprechen ...»

«Wenn nicht ihrem Leibarzt – wem sonst?» Ich lachte ihn dabei frech an, und sofort wurde er unsicher und stammelte: «Entschuldige, aber ich vergaß, daß du ...»

«Dann merke es dir künftig, es könnte für dein Fortkommen von größtem Nutzen sein.»

Er verschluckte eine Entgegnung, weil er mich nicht kannte und nicht sicher sein konnte, wie eng ich mit der

Königin vertraut war. Zum Glück fiel ihm etwas anderes ein.

«Übrigens sind auf diesem Schiff für dich und deine Sklaven einige Kabinen reserviert. Die *Basilissa* will, daß du mit ihr in Tarsos einziehst.»

«Sehr freundlich von ihr, doch ich habe nur einen Diener – keinen Sklaven übrigens –, und so werden uns zwei Kabinen genügen. Wir werden in den nächsten Tagen hierher übersiedeln.»

Natürlich mußte ich noch zugegen sein, als der Imperator die neue Gesandtschaft empfing, aber das gestaltete sich nicht sehr feierlich, denn Antonius schien zerstreut und von etwas abgelenkt. Mit einem Wink hielt er mich zurück – einem Wink übrigens, der dem Gesandten nicht entging und in seinem gescheiten Kopf vermutlich die wildesten Vermutungen entfachte. Hatte ich mich von Antonius kaufen lassen oder mich gar mit ihm gegen die Königin verschworen? Vielleicht hatte er mir den Posten eines Leibarztes angeboten – natürlich für doppelten Lohn –, und ich mußte ihm dafür einige Staatsgeheimnisse offenbaren …

Daß der junge, unerfahrene Gesandte tatsächlich einen solchen Verdacht hegte, habe ich später aus Kleopatras eigenem Mund erfahren, und sie lachte dabei sehr herzlich, und ich lachte mit ihr.

Antonius zog mich ans Fenster und scheuchte unwillig einen Sekretär weg, der ihn etwas fragen wollte.

«Nicht jetzt, beim Orcus, könnt ihr mich nicht für fünf Minuten in Frieden lassen!»

Zu mir sprach er mit halblauter Stimme: «Olympos, heute früh ist etwas Unangenehmes geschehen. Wie immer, wenn gewisse Herren einmal dienstfrei bekommen, haben sie nichts Besseres zu tun, als die nächste Schenke anzusteuern und sich schon am frühen Morgen vollaufen zu lassen.

Hätte es sich dabei um einfache *milites* gehandelt – nun gut, der Dienst ist manchmal hart, aber es waren zwei *centuriones* und zwei *decuriones*, die sich mit Einheimischen anlegten, und wie mir gemeldet wurde, ist die ganze *taberna* nur noch Kleinholz.» Er blickte sich mißtrauisch um und sprach dann flüsternd weiter.

«Aber darum geht es nicht. Bei diesem Kampf – nennen wir es einmal so – wurde ein hier ansässiger Lederhändler erschlagen, und zwei von unseren Leuten haben sehr schwere Verletzungen davongetragen. Ich kann nun eines im Augenblick gar nicht gebrauchen, nämlich unliebsames Aufsehen zu erregen. Der Witwe des Lederhändlers wurde inzwischen eine angemessene Entschädigungssumme angeboten, die sie auch akzeptiert hat. Unsere Verletzten habe ich hierherschaffen lassen und bitte dich, sie zu behandeln. Vertraue ich sie unseren Truppenärzten an, spricht es sich herum, und irgendwelche Heißsporne planen dann einen Rachefeldzug. Ich kenne meine Leute, hab's oft genug erlebt. Also, mein Freund, schau sie dir an, und stelle fest, was sich machen läßt.»

Es klingt vielleicht seltsam, wenn ich sage, daß mich die Bitte des Imperators ungeheuer erleichterte. Mir war zumute wie einem Fisch, der sich lange auf dem Trockenen abquälen mußte, bis sie ihn endlich wieder ins Wasser warfen.

Es waren die beiden *decuriones*, die bleich, still und blutverschmiert auf ihren Betten lagen; sie hatten offensichtlich in der ersten Reihe gekämpft, um ihre Vorgesetzten zu verteidigen. Ich hatte sofort nach Salmo geschickt und schaute mir die beiden inzwischen an. Der eine schien ohne Bewußtsein, atmete unregelmäßig, dann und wann fuhr über sein Gesicht ein schmerzliches Zucken, aber das waren gewiß nur Reflexe. Wie ich ertasten konnte, war sein Schädel an zwei Stellen eingedrückt, einmal links über der Stirne sehr stark und in der Größe einer Pflaume; leichter dagegen am Hinterkopf, etwa im Ausmaß eines Denars. Von seinen sonstigen Blessuren will ich schweigen, sie waren zahlreich, aber nicht lebensgefährlich.

Der andere hatte einen Stich in die Lunge erhalten, sein sehr flacher Atem ließ blutige Blasen aus dem Mund treten. Das sieht gefährlicher aus, als es ist, und wenn dabei nur eine Lunge verletzt wurde und keine Infektion eintritt, dann überleben solche Patienten aus einem einfachen Grund: Die Natur hat uns mit zwei Lungen ausgestattet, und die Erfahrung hat uns gezeigt, daß eine davon zum Weiterleben reicht.

Inzwischen war Salmo aufgetaucht, und ich trug ihm auf, sich nach dem nächsten *pharmakopolion* zu erkundigen, auch gleich zu fragen, wer hier ärztliche Instrumente verkaufte oder herstellte.

Ich erstattete Antonius sofort Bericht.

«Der mit dem Lungenstich stellt kein großes Problem dar. Die Wunde wird verheilen, und er lebt genauso mit einer Lunge weiter. Der andere hat leider zwei Knocheneinbrüche am Schädel – einen großen und einen kleinen. Tut man nichts, wird er in jedem Fall sterben, öffne ich den Schädel, hat er noch eine winzige Möglichkeit davonzukommen.»

Ich übertrieb absichtlich, weil ich wußte, wie riskant solche Eingriffe waren und daß sie nur etwa im Verhältnis eins zu fünf zum Erfolg führten.

«Versuche dein Bestes», sagte Antonius nur und fügte im Weggehen hinzu: «Der Mann ist ein alter *commilito*, ich kenne ihn schon aus Gallia.»

Der Arzneimittelladen war recht gut bestückt, aber Instrumente für eine Schädelöffnung hatten sie nicht, abgesehen von Messern, Pinzetten, Bohrern und Wundhaken.

«So etwas», sagte der Händler bedauernd, «wurde hier noch nie verlangt.»

Ich wußte aus alter Erfahrung, wo man in solchen Fällen fündig wird – bei einem Feinschmied, der Silber- oder Goldwaren fertigt. Dort trat ich sofort als Arzt des Imperators auf, und der verschreckte Silberschmied überließ mir ein Hämmerchen nebst drei feinen Meißeln «als Geschenk für unseren erhabenen Imperator Marcus Antonius».

Dem *decurio* mit dem Lungenstich legte ich ein festes Pflaster an und gebot ihm, so oft zu räuspern und zu spukken, wie immer es möglich sei. Dann machten wir uns an den Kopfverletzten, und mir kam zu Bewußtsein, daß ich noch niemals allein eine Schädelöffnung durchgeführt hatte. Immer war mein Vater dabeigewesen und hatte die Feinarbeit mit dem Meißel oder dem Bohrer geleistet. Ehe ich begann, ließ ich Antonius ausrichten, daß die Aussichten des *decurio* schlecht, sehr schlecht stünden. Als Salmo kam, banden wir den Kranken fest und schoben das Bett ans Fenster.

Die Verletzung des *decurio* verlangte eine großflächige Behandlung, und so ging ich nach der Methode vor, die mich mein Vater gelehrt hatte. Dabei wird rund um den beschädigten oder zerstörten Knochen eine Reihe von Löchern gebohrt, und die Stege dazwischen werden behutsam herausgemeißelt.

Zunächst aber mußte Salmo seine Barbierkünste zeigen, die er bisher nur an mir erprobt hatte. Es war nicht einfach, die Haare von einer blutverkrusteten Kopfhaut zu lösen, auch nachdem wir sie mit warmem Wasser, so gut es ging, gereinigt hatten. Es dauerte dann gut zwei Stunden, bis der Knochen entfernt war und ich einige Splitter aus der Hirnhaut gezogen hatte. Sie waren leider tief eingedrungen, und das ließ auf dauernde Schäden schließen, doch das würde sich erst später zeigen. Sorgen machte mir auch die Größe des entfernten Knochens, denn da war es nicht damit getan, einfach die Haut darüberzuziehen und es abheilen zu lassen. Ich machte einen Wachsabdruck, damit ein Kunstschmied den hier notwendigen *meningophylax* (Hirnschützer) anfertigen konnte. Die großflächige Wunde schützte ich mit einem festen Verband, und ich ließ zur Sicherheit die Hände des Verletzten am Bettpfosten festbinden. Er kam zwar zu sich, aber mir schien es kein völliges Erwachen, denn er blickte unruhig und verstört um sich, erkannte auch keinen seiner alten Freunde, die ich an sein Bett holen ließ.

Am nächsten Tag fügte ich die Silberplatte in das Schädelloch ein. Ich hatte sie zudem noch vergolden lassen, weil erfahrungsgemäß das reine Gold sich mit dem Körper besser verträgt als Silber, das von verschiedenen Stoffen – auch solchen im Körper – angegriffen werden kann. Ich nehme hier vorweg, was sich langsam über viele Wochen vollzog: Der *decurio* kam wieder ganz zu sich, die Wunde verheilte ohne größere Komplikationen, aber er blieb stumm. Er konnte zwar unterschiedliche Laute von sich geben, verstand auch alles, was man ihm sagte, aber die Sprache kam nicht mehr zurück.

Zu mir sagte Antonius feixend: «Unter uns – einen solchen Mann habe ich immer gesucht. Er kann weder schreiben noch lesen, versteht alles, was ich ihm auftrage, ist also der ideale Leibdiener.»

Dazu machte Antonius den Stummen, und er hat ihm, soweit ich es verfolgen konnte, lange treulich gedient.

Ich war inzwischen mit Salmo auf das ägyptische Schiff gezogen, und hier erwarteten wir nun täglich die Ankunft unserer Königin und damit die Entscheidung über das künftige Schicksal Ägyptens und – da wir Hofbeamte waren – auch über unser eigenes.

Schließlich kündete ein Schnellruderer das Erscheinen

der königlichen Flotte für den übernächsten Tag an – es muß die Zeit um Mitte September gewesen sein. Erfahrungsgemäß wird das Warten erst richtig lang, wenn die Zeit bis zum Ereignis auf Tage oder sogar Stunden geschrumpft ist.

Den noch verbleibenden freien Tag wollte ich nun zu einem Besuch der Hetärenschule nutzen. Ich war sonst nie ein Mensch, der es nötig hatte, seine Zeit zu «vertreiben», denn das Gefühl der Langeweile kannte ich nicht, und ich hielt die Welt – auch wenn ich gerade keine Arbeit hatte – immer für so interessant, daß mir die Zeit eher zu kurz als zu lang erschien.

Die Hetärenschule des Xanthippos kannte tatsächlich jedes Kind in Tarsos; sie lag am Nordrand der Stadt, wo das bewaldete Hügelland beginnt. Salmo bestand darauf, mich «sicherheitshalber» zu begleiten. Bald standen wir am Tor des niedrigen, weitläufigen Gebäudes, und der *pyloros* winkte uns gleichgültig durch, als wir nach Xanthippos fragten. In der Ferne sahen wir auf einer Wiese vier Mädchen Ball spielen, ein paar andere schauten dabei zu. Es war ein schönes, friedliches Bild, in den Bäumen und Büschen zwitscherten die Vögel, hinter der Wiese blinkte ein kleiner See oder der Teil eines Flusses. Eine ältere Frau ging auf uns zu.

«Womit kann ich den Herren dienen?»

Ich hatte mir den Vorwand schon zurechtgelegt.

«In den nächsten Tagen wird Königin Kleopatra von Ägypten hier eintreffen. Wir gehören zu ihrem Hofstaat und möchten uns vorsorglich erkundigen, ob hier auch Mädchen zur Verfügung stehen, die Lieder und Gedichte mit Lyra- oder Kitharabegleitung vortragen können. Es müßten aber erste Kräfte sein ...»

Die Frau sah uns neugierig an.

«Ihr seid also Ägypter?»

«Ich heiße Olympos, bin Grieche und lebe am Hof in Alexandria, mein Diener Salmo stammt aus Judäa. Auch unsere Königin ist Griechin, aber Ägypter gibt es bei uns natürlich auch.»

Ihre Neugier schien damit befriedigt. Sie nickte.

«Gut, dann wäre es wohl besser, du besprichst alles weitere mit Xanthippos – ich führe dich hin.»

Salmo blieb zurück, sagte, er wolle im Garten spazierengehen. Er war ein guter Diener und fiel nie aus der Rolle.

Xanthippos saß behaglich im Atrium – vermutlich in einem der Atrien dieses weitläufigen Gebäudes – und erhob sich langsam, als ich auf ihn zutrat. Eine schnellere Bewegung wäre ihm kaum möglich gewesen, denn er war dick – feist wie eine Schlachtsau. Sein Doppelkinn verschwand nach drei oder vier Falten in der sackartigen, sehr geräumigen Tunika, über die er jetzt eine Toga warf.

Ich stellte mich vor und sagte, ich hätte als ägyptischer Sondergesandter bei einem Festmahl im Palast des Imperators seine Mädchen gesehen und dabei Xenia näher kennengelernt.

«Es könnte nun sein, daß unsere *Basilissa* hier größere Symposien veranstalten wird und sich dabei ein Bedarf an gepflegter Unterhaltung einstellt – also Tanz, Gesang, Musik. Da wollte ich fragen …»

Xanthippos klatschte in die Hände und sagte: «Setzen wir uns doch wieder. Ich stehe sehr ungern, weißt du, vom Gehen gar nicht zu sprechen.»

Er ließ sich in einen gepolsterten Stuhl sinken, der den Umfang einer Liegestatt hatte. Ein Diener erschien, und Xanthippos orderte Wein, Wasser und «ein bißchen was zu essen».

«Ja, edler Olympos – welch schöner Name! –, da bist du bei mir am rechten Ort. Ich beschäftige zur Zeit vierundsechzig Mädchen und Frauen – keine jünger als fünfzehn oder älter als dreißig. Unter meinen reiferen Damen gibt es einige – es werden zehn oder zwölf sein –, die durchaus imstande sind, einen Abend mit Musik, Gesang oder Rezitativ zu gestalten, umfassende Literaturkenntnisse natürlich eingeschlossen. Das geht von Homer bis Aristophanes, und wenn es sein muß, tragen sie auch etwas Leichteres vor. Tanzen können sie hier alle, doch es gibt etwa zwanzig, die sogar anspruchsvolle Kunsttänze beherrschen. Du siehst also – hier werden auch Wünsche von Königen erfüllt.»

«Ich bin beeindruckt, verehrter Xanthippos – war schon beeindruckt, als Xenia dein Haus und seine Vorzüge in lebhaften Farben schilderte. Gestattest du mir eine Frage – was ist das Geheimnis deines Erfolges?»

Mit einer matten Bewegung hob er die rechte Hand, und das sah aus, als schwebe ein Schinken in der Luft, an dem fünf pralle Würste hingen.

«Es ist kein Geheimnis, oder, anders ausgedrückt, mein Erfolg liegt in meiner Selbstsucht. Von Kindheit an träumte ich davon, mit wenig Arbeit schnell reich zu werden, und ich habe als junger Mann einen Menschen getroffen, dem dies gelungen war. Wie du mich jetzt, so fragte ich ihn nach dem Rezept, und er meinte, zum Reichwerden ohne viel Arbeit brauche man andere Menschen, die solch lästige Dinge für einen erledigen – aber, so sagte er, sie müßten es gerne tun, müßten es bei dir besser haben als anderswo. Danach habe ich stets gehandelt, und ich glaube nicht, daß es hier nur ein Mädchen gibt, das nicht gerne für mich arbeitet oder sich als Sklavin behandelt fühlt. Wenn sie mit fünfzehn hier eintreten, dann lernen sie dieses Haus zunächst einmal als Schule kennen, werden je nach ihren Fähigkeiten von anderen mit Erfahrung und Können zu Tanz, Gesang, Musik, auch Literatur ausgebildet. Ich habe sie ihren Eltern abgekauft, manchmal auch vom Sklavenmarkt oder anderswoher geholt. Von allem, was sie bei mir verdienen, lege ich zehn Prozent beiseite, und wer bis zum dreißigsten Lebensjahr hier ausharrt, erhält den Freilassungsbrief und eine schöne Prämie dazu. Über die Hälfte der Mädchen bleibt weniger lange, denn ein Teil von ihnen wird weggeheiratet, ein anderer Teil kann sich vorher freikaufen, denn ich handle auch mit Kindern.»

«Was? Mit Kindern? Aber wie –»

Er lächelte begütigend.

«Da ist nichts Schlimmes dabei. Natürlich kriegen fast alle meine Mädchen irgendwann ein Kind – früher oder später. Tarsos ist eine große Stadt, und es gibt hier mehr Ehepaare, als du denkst, denen Tyche, die Launenhafte, den Nachwuchs versagt. Hier kriegen sie ein neugeborenes Kind, das seine Mutter gar nicht zu sehen bekommt, und können es aufziehen wie ihr eigenes. Diese Säuglinge stammen, wie du dir denken kannst, nicht von schlechten Eltern. Die Mütter sind junge hübsche Mädchen, die Väter meist Soldaten oder Männer aus besten Häusern, überwiegend junge, kräftige Leute. Für das weggegebene Kind erhalten die Mädchen hohe Extraprämien, und nach drei oder vier Geburten kann die Betreffende sich freikaufen.»

«Gut, aber wenn sie nun ihr Kind nicht hergeben will?»

«Da gibt es zwei Möglichkeiten: Entweder es geht als Sklave in meinen Besitz über und wird auf meine Kosten aufgezogen, oder sie findet Verwandte, die sich seiner annehmen. Das kommt vor, aber sehr selten. Ja, hier ist für alles gesorgt, und es gibt auch einen Arzt, der – falls es gewünscht wird – die Leibesfrucht rechtzeitig abtreibt. Ich schätze das weniger, denn danach sind schon einige Mädchen gestorben oder waren lange krank.»

«Und dies alles – dies alles geschieht aus Eigensucht?»

«Aber ja – schau mich doch an! Sehe ich aus wie einer, der viel tut? Ah – endlich!»

Dieser Ausruf galt der mit kalten Speisen vollgepackten

silbernen Platte, dem Korb mit Brot und dem Weinkrug. Es waren Berge von Geflügel, Wurst, eingelegten Zwiebeln, Gurken und Kapern, aufgeschnittenem Käse und was da sonst noch lag. Als ich zu einer neuen Frage ansetzte, gebot er mir mit einer fast schroffen Handbewegung Schweigen.

«Ich rede nicht gern beim Essen – das trübt den Genuß.»

Ich hatte schon gefrühstückt und nahm nur einige Häppchen, aber Xanthippos griff ordentlich zu, und als er plötzlich aufhörte, war die Platte fast leer.

«Bei Hermes, dem Listen- und Zauberreichen, jetzt hätte ich mir beinahe den Appetit für die *cena* verdorben. Aber mir schmeckt es immer so, und nichts fällt mir schwerer, als beim Essen aufzuhören. Ich werde jetzt ein Nickerchen machen, lieber Olympos, und solltest du etwas aus meinem Haus brauchen, so weißt du, wo ich zu finden bin.»

## DREIZEHNTES KAPITEL

Von allen Ereignissen, die ich hier schildere und noch schildern werde, hat mich Kleopatras Auftritt in Tarsos am meisten in Erstaunen versetzt, denn ich hätte Antonius niemals zugetraut, daß er sich auf eine solche Weise bezaubern und zu Entscheidungen hinreißen ließ, die er noch kurz zuvor als undenkbar weit von sich gewiesen hätte. Wäre Octavius an seiner Stelle gewesen, so hätte die Geschichte schon damals eine andere Wendung genommen.

Unser Gesandter erwies sich am Morgen von Kleopatras geplanter Ankunft als ein Bündel zitternder Nerven. Er stotterte vor Aufregung, brüllte herum, weinte ein paarmal und bat mich dann – widerstrebend, das sah ich ihm an – um ein persönliches Gespräch.

«Olympos, bitte sage mir, was die Königin erwartet. Ich meine – was soll ich vorweisen? Einen Bericht? Soll ich ein feierliches Empfangskomitee bilden oder mich ihr unauffällig anschließen? Mir fehlt einfach die Erfahrung ...»

«Zuerst einmal solltest du die Ruhe bewahren. Die *Basilissa* hat mir aufgetragen, ihr als erster einen mündlichen Bericht zu erstatten, danach wird sie dich und deine Leute empfangen. Du beantwortest dann einfach ihre Fragen.»

Das paßte ihm nun auch wieder nicht.

«Warum du als erster? Offiziell bin doch ich ...»

«Gut», unterbrach ich ihn, «so mache ich den Vorschlag, wir beide werden uns ihrem Schiff entgegenrudern lassen, sobald es am Horizont auftaucht, und Ihre Majestät soll dann selber entscheiden, wen sie zuerst empfängt.»

Damit war er einverstanden, und die schnellsten Ruderer von Tarsos – so bezeichneten sie sich selber – warteten draußen auf unseren Wink. Hoch oben im *thorakion* starrte der scharfsichtigste Seemann des Gesandtenschiffes nach Süden, um das erste Aufleuchten der Purpursegel zu melden.

Dies geschah am frühen Nachmittag, und sofort kletterten der Gesandte und ich die Strickleiter hinab ins Boot, wo die «schnellsten Ruderer von Tarsos» sich so in die Riemen legten, daß ihr Schiffchen erstaunt zu knarren und zu ächzen begann. Es dauerte keine Stunde, und wir legten am königlichen Schiff an. Es bot einen so majestätischen Anblick, daß nicht der Dümmste im Zweifel war, wen es trug – die Königin von Ägypten, die reichste Fürstin unserer Welt.

Die Purpursegel leuchteten weithin und spiegelten sich im wenig bewegten Wasser wie dunkle Blutlachen; das mit Goldblech beschlagene Heck gleißte in der Sonne wie ein übergroßes Juwel. Unsere schnellen Ruderer waren so verdattert, daß sie ohne Lohn umkehren wollten. Wir waren schon an Deck geklettert, da fiel es mir ein, und ich warf ihnen den versprochenen *aureus* ins Boot.

Die Königin wartete schon und empfing uns beide. Hinter ihr standen Charmion und Iras, links von ihr ein Unbekannter und zu ihrer Rechten, klein, kugelig und übers ganze Gesicht lachend, der gute Mardion, der sich offenbar freute, mich wiederzusehen. Iras freute sich auch, ihre schwarzen Augen blitzten, doch – wie immer bei öffentlichen Auftritten – bewahrte sie Haltung, schon um Charmion nicht zu mißfallen, ihrer mütterlichen Freundin, die so majestätisch und lang aufragend dastand, als sei sie die Königin. Protarchos, der *dioecetes*, war, wie wir erfuhren, als Regent in Alexandria geblieben.

Den hageren Mann an ihrer Seite stellte sie uns als Quintus Dellius, den Sekretär und Vertrauten des Imperators, vor. Ich hatte schon mehrmals seinen Namen gehört, denn er war es, der unserer Königin die Einladung des Antonius in Alexandria überreichte. Dieser Mensch gefiel mir gar nicht. Er hatte ein schlaues, füchsisches Gesicht und konnte einem nicht lange in die Augen sehen. Sein Blick wich dann schnell ab und blieb woanders haften. Andererseits gab er sich bescheiden, machte nicht viel von sich her, spielte den allzeit treuen und zuverlässigen Diener seines Herrn. Wenn ich sage «spielte», so hat das – wie wir später sehen werden – seinen guten Grund.

Uns stellte Kleopatra nur allgemeine Fragen und schloß mit der Bemerkung: «Ich werde mir dann in Tarsos selber ein Bild von der Lage machen, aber du, Hippokrates, mußt mir noch ausführlich über deine Erlebnisse in Jerusalem berichten, außerdem sind Briefe für dich eingetroffen.»

So konnte sich der Gesandte nicht übergangen fühlen, denn mit Jerusalem und Herodes hatte er nichts zu tun. Verabschieden wir uns damit von diesem Menschen, der nur so kurz hier auftrat, daß ich seinen Namen nicht erwähnte, und der schon ein halbes Jahr später wieder ins Privatleben zurückkehrte, weil sein Vater gestorben war und er als Erbe und Familienoberhaupt sich der Verwaltung seines weitläufigen Besitzes widmen mußte.

Gleich danach ließ mich Kleopatra in ihre Privaträume bestellen. Da war zunächst nur Iras, die mir gleich um den Hals fiel und fragte: «Na, Hippo, waren die Mädchen in Jerusalem und Tarsos zufrieden mit dir? Nach so einem hübschen Griechen mit grauen Augen werden sie sich die Hälse verrenkt haben.»

Es war seltsam – in diesem Augenblick war es mir, als hätte ich nur auf Iras gewartet, als wäre ich ihr und nicht der Königin entgegengefahren. Ich küßte sie leidenschaftlich, und sie klammerte sich an mich wie eine Kletterpflanze, die ihren Wirt um keinen Preis mehr loslassen will.

«Dafür habt ihr noch genügend Zeit», hörten wir Kleopatras helle, freundliche Stimme. Wir fuhren auseinander wie ertappte Sklaven.

«Iras, mein Haar könnte eine Auffrischung vertragen, und du berichtest mir unterdessen von Herodes und Antonius, auch wenn der Fall des Tetrarchen inzwischen zwar nicht erledigt, aber doch aufgeschoben ist.»

«Herodes ist ein sehr ernstzunehmender Mann. Sein Bruder, seine Ratgeber, der Hohepriester, der Hohe Rat, alles beugt und duckt sich vor ihm. Er ist gerade dabei, seine erste Frau zu verstoßen, um in das Hasmonäer-Geschlecht einzuheiraten. Ich war bei der Verlobungsfeier und hatte den Eindruck, die Hasmonäer verachten ihn, aber sie beugen sich aus Furcht. Im Gegensatz zu dir, *Basilissa*, hat er in Cassius die falsche Partei unterstützt und konnte dennoch Antonius dazu bewegen, ihn zum Tetrarchen zu ernennen. Wir müssen diesen Menschen künftig fest im Auge behalten, denn er sieht mir nicht danach aus, als begnüge er sich mit seinem jetzigen Rang.»

«Ja», sagte Kleopatra ernst, «mit diesem Herrn werden wir noch Probleme haben, doch davon hat er – wie ich hörte – zur Zeit selber genug. Die Parther bedrohen Palästina, und die Hasmonäer wollen seine Ehe mit Mariamne verhindern. So lautete der letzte Bericht meines Geschäftsträgers.»

«Ein tüchtiger Mann – sind die Krüge mit dem Jericho-Balsam angekommen?»

«Ein Teil ist schon verbraucht», warf Iras ein, während sie das hochgesteckte Haar der Königin auflöste.

Kleopatra lächelte.

«Da hörst du es, und wenn mir der Duft dieses Balsams in die Nase steigt, gelüstet es mich nach mehr.»

«Du brauchst ihn nur nachzubestellen, *Basilissa.*»

«Ich meine nicht nur den Balsam, lieber Hippo ...»

«Ich verstehe, Majestät.»

Das sagte ich so, aber ich verstand nichts, wollte mir aber keine Blöße geben.

«Jetzt zu Marcus Antonius, dem Imperator. In Alexandria habe ich verbreiten lassen, ich sei einer freundlichen Einladung des Imperators gefolgt, aber dem ist nicht so. Meinen Freunden und Vertrauten habe ich die Wahrheit gesagt, und du sollst sie auch hören: Was Quintus Dellius – den du heute kennengelernt hast – mir überbrachte, war der Befehl, nach Tarsos zu kommen, um mich dort für meine angebliche Unterstützung des Cassius zu rechtfertigen. Da mußte ich Dellius zunächst darüber belehren, daß eine in ganz Ägypten als Gottheit verehrte Fürstin sich nichts befehlen läßt, es sei denn, Isis oder Serapis täten dies in eigener Gestalt. Dellius ist ein sehr geschickter und wendiger Mann; er hat dann sofort eingelenkt und mir freimütig – so sah es wenigstens aus – Wesen und Eigenarten des Imperators geschildert. Antonius sei im Grunde seiner Seele gutmütig, leicht zu überreden und ein bekannter Frauenverehrer. Wenn ich es nur geschickt anstellte, würde er mir keinen vernünftigen Wunsch abschlagen – ja, er sei sogar dafür bekannt, sich bei Frauen unvernünftig zu zeigen. Nicht als demütige Bittstellerin solle ich bei ihm erscheinen – das hätte ich ohnehin niemals getan –, sondern im Glanz königlicher Majestät und weiblicher Anmut. Bin ich anmutig, Hippo, bin ich schön?»

Iras blickte mich über Kleopatras Haupt bittend an und nickte leicht. Bei Aphrodite, der Schaumgeborenen, auch wenn sie häßlich gewesen wäre wie ein Krokodil, ich hätte es ihr niemals gesagt.

«Du bist voll Anmut, *Basilissa*, und majestätischer Schönheit und wirst – davon bin ich fest überzeugt – Antonius auf deine Seite ziehen. Ich danke Serapis Tag um Tag, daß kein Mann auf Ägyptens Thron sitzt, denn bei Männern scheint mir Antonius weniger zugänglich und weniger gutmütig. Nun, du kennst ihn ja schon aus Rom. Stand er damals noch im Schatten Caesars, so ist jetzt etwas – nun, Königliches aus ihm geworden, auch wenn die Römer solche monarchischen Vergleiche scheuen. Er ist in der Tat mehr als der König irgendeines kleinen, von Rom abhängigen Landes, nämlich Herr der halben Welt mit unbeschränktem Zugang zu den Reichtümern des Ostens. Ob es sich nun um die Einkünfte des Tempels von Ephesos handelt, um die Erträge der immens reichen Stadt Antiochia oder um den Tribut des Herodes aus Judäa – er ist an allem beteiligt und wird in einigen Jahren über gewaltige Geldmittel verfügen können.»

«Ja», sagte die Königin lebhaft, «genau darum geht es! Die Provinzen sind durch den Bürgerkrieg verarmt, die Gelder beginnen erst zu fließen – langsam, langsam. Antonius aber braucht die Mittel jetzt – jetzt gleich, Dellius hat das bestätigt.»

«Er könnte sie sich mit Gewalt holen …»

«Gerade das werden wir verhindern, nicht wahr, Iras? Am Ende sind die Frauen allemal klüger als die Männer.»

«So ist es, Majestät – ein Mann hat häufig noch nicht zu Ende gedacht, da hat die Frau schon gehandelt.»

Kleopatra nickte beifällig zu den Worten ihrer Vertrauten, die gerade dabei war, das dunkle Haar wieder aufzustecken.

«Die Briefe, Majestät.»

«Gut, daß du mich daran erinnerst, Hippo. Für dich sind zwei Briefe aus Meroë eingetroffen, mein Sekretär wird sie dir nachher aushändigen.»

Die beiden Schreiben lagen zeitlich etwa sieben Monate auseinander. Das eine stammte von meinem Vater und klang etwas resigniert. Er stehe nach wie vor in hohen Ehren, aber König Teritekas sei schwer erkrankt, und die Königin suche mit aller Macht zu verhindern, daß nur er ihn behandle. So werde wieder die alte nutzlose Zaubermedizin angewandt, und die Königin sei dabei, alle Regierungsgeschäfte an sich zu ziehen, unter Beteiligung ihres Sohnes Akinidad, dem es zu verdanken sei, daß er, Herakles, überhaupt noch Zutritt zum Palast habe. Die letzten Zeilen lauteten: «Ich habe es mir schon ernsthaft überlegt, ob ich nicht wieder nach Syene zurückgehe, um dort als Privatmann mein Leben zu beschließen. Warum schreibst du so selten? Ich habe bisher nur zwei Briefe erhalten und würde mich freuen, mehr und ausführlicher von dir zu hören.»

Ich schämte mich. Zwar hatte ich insgesamt vier Briefe nach Meroë gesandt, zwei waren offenbar verlorengegangen.

Der zweite Brief stammte von einem Sekretär der Königin Amanirenas und teilte in kurzen, dürren Worten mit, daß König Teritekas als Gott zur Sonne aufgestiegen sei, und sein ehemaliger Leibarzt habe drei Wochen nach ihm den Weg nach Westen angetreten und sei mit einem Staatsbegräbnis im Bereich der Königlichen Grabstätten geehrt worden.

Der Kummer überfiel mich wie eine dunkle Wolke, und das letzte Bild meines Vaters stand mir vor Augen, als wir uns verabschiedeten und er nicht zur Bootsanlegestelle mitkommen wollte, um den anderen kein Schauspiel zu bieten.

Ich stand auf dem Deck des königlichen Schiffes, und der Wind wehte meine Tränen ins Meer. Etwas berührte sacht meine Schulter, und ich wandte mich um.

Iras stand vor mir, lächelte mich an und wurde gleich wieder ernst.

«Du weinst? Hast du Kummer? Es sind die Briefe, nicht wahr?»

«Ja, Iras, mein Vater ist in Meroë gestorben. Ich hatte so gehofft, ihn eines Tages wiederzusehen ...»

Sie schmiegte sich an mich und war so klein, daß ich auf ihr dunkles Haar hinabsehen konnte.

«Wir Lebenden betrauern die Toten, weil sie uns fehlen und ihr Fehlen uns schmerzt. Sie selber aber sind in eine sorglose Welt eingegangen, frei von Schmerzen, Sorgen, Ängsten – wir hätten mehr Grund, sie zu beneiden, als sie zu bedauern.»

«Du sprichst ja wie ein griechischer Philosoph ...»

«Und das hast du von der dummen Iras nicht erwartet – so ist es doch? Manchmal füllt unsere *Basilissa* die Abendstunden mit gelehrten Vorlesungen von Dichtern und Philosophen, die sie aus dem Museion kommen läßt. Da beeindruckt mich manches so, daß ich es mir merke.»

«Ach, Iras, ich möchte – ich möchte mit dir schlafen ...»

In gespieltem Zorn runzelte sie ihre feine glatte Stirn und versetzte mir eine leichte Ohrfeige.

«Das ist wieder typisch für euch Männer! Aus Feigheit, sich anständig und mit Würde einer Trauer hinzugeben, werft ihr euch der nächsten Frau an den Hals und wollt mit ihr ins Bett. Dabei kennen wir uns kaum!»

«Aber Iras, wir kennen uns seit Rom, und das sind jetzt fünf Jahre. Ich habe dich öfter gesehen als irgendeine andere Frau! Ich weiß gar nicht ...»

«Gesehen», rief sie, «gesehen schon, aber nicht wahrgenommen. In Rom war der Herr ja anderweitig beschäftigt, und in Alexandria hast du dein ganzes Geld vermutlich in irgendwelche Hurenhäuser getragen. Gib's doch zu!»

«Iras», sagte ich zärtlich, «ich habe dich immer gemocht, aber jetzt liebe ich dich.»

Ich muß zugeben, daß mir diese Worte nicht ganz von Herzen kamen, aber sie drängten sich ohne mein Zutun auf die Lippen und waren gesagt, noch ehe ich darüber nachdenken konnte.

«Schluß damit! Schließlich gibt es wahrhaftig Wichtigeres zu bereden. Morgen will die Königin in großer Aufmachung nach Tarsos segeln, ohne sich vorher anzukündigen – als Überraschung für Antonius. Sechs ihrer Schiffe werden sie begleiten, ihre engsten Freunde – zu denen du offenbar zählst – will sie dabei um sich haben. Melde dich beim Zeremonienmeister, der dich einkleiden und jedem seinen Platz zuweisen wird.»

Ich verneigte mich theatralisch tief und stammelte: «Jawohl, *despoina*!»

Sie versetzte mir eine zweite Ohrfeige, diesmal eine stärkere, und ging davon – aufrecht, stolz und sicherlich voll Verachtung für die Art der Männer. Ihr kleiner, fester Hintern zeichnete sich dabei deutlich unter dem *himation* ab, weil sie diesen – absichtlich oder nicht – eng an sich raffte.

An alles war gedacht, alles war von langer Hand vorbereitet worden. Das für mich vorgesehene prunkvolle Staatskleid hatte man schon in Alexandria gefertigt, zudem erhielt ich als Geschenk eine goldene Ehrenkette mit dem Bildnis der Königin auf der einen und dem schlangenumwundenen Stab des Asklepios auf der anderen Seite.

Der Fluß Kydnos geht von seiner Mündung in Richtung Tarsos in eine Lagune über, so daß die kleineren, mit Blumen und brokatenen Schabracken geschmückten Barken unserem königlichen Schiff nicht im Kielwasser folgen mußten wie die Küken der Ente, sondern zwei fuhren voraus, zwei flankierten es und zwei folgten dem goldgleißenden Heck. Die Purpursegel blähten sich majestätisch im Wind, die mit Silber beschlagenen Ruder tauchten sanft und lautlos ins Wasser, als wollten sie es liebkosen. Dies geschah im Takt einer anfeuernden Musik, die weithin vernehmbar, aber nicht grell oder aufdringlich das Nahen der Isis kündete. Die griechischen Historiker scheinen sich darin einig zu sein, daß Kleopatra in der Gewandung einer

Aphrodite erschien, doch war keiner von ihnen unmittelbarer Augenzeuge, sonst hätten sie bemerken müssen, daß in ihrem Uräen-Diadem eine goldene Sonnenscheibe glühte, daß sie in ihrer linken Hand ein silbernes Sistrum hielt und ihr goldbrokatenes Gewand an der Brust zum Isisknoten gerafft war. Gut, man mag das aus der Ferne nicht so deutlich gesehen haben, und vielleicht legte Kleopatra Wert darauf, den Menschen hier als die vertrautere Göttin Aphrodite zu erscheinen, die dem Nachkommen des Herakles, dem wiedererstandenen Dionysos, einen Besuch abstattete. In dionysischer Aufmachung nämlich zog Antonius vor einigen Monaten in Ephesos ein, begeistert empfangen von einer Bevölkerung, die sich ihm zu Ehren als Mänaden, Nymphen und in Pan-Gestalt verkleidete. Ich weiß, daß dergleichen den Römern sauer aufstößt, weiß auch, daß Octavius niemals einen solchen Mummenschanz mitgemacht hätte.

Kleopatra jedenfalls – möge man sie nun als Isis oder Aphrodite sehen – hatte sich einen Rahmen geschaffen, der einer Göttin zukam. Ein paar Dutzend der schönsten Mädchen hatten sich als Nymphen und Nereiden verkleidet und auf das ganze Schiff verteilt, wo diese lächelnden und wohlgestalteten Grazien für ihre Herrin eine anmutige Umrahmung bildeten. Die zahlreichen Weihrauchpfannen hüllten das Prachtschiff mit seiner Göttin in weiße Duftwolken, die der Wind ans Ufer trieb und die dort die Menschen in weihevolle, ja ekstatische Stimmung versetzten.

Kleopatra lag regungslos auf dem goldenen, mit Edelsteinen geschmückten Ruhebett, überwölbt von einem schweren goldpurpurnen Baldachin. Sie war ägyptisch geschminkt und blickte starr geradeaus wie eine Götterstatue.

Die Königin traf damit den Geschmack der griechischen Kilikier; die Stadt leerte sich im Nu, und alles strömte zum Hafen. Antonius hielt gerade auf dem Markt Gerichtstag ab und sah sich bald allein auf dem Richterstuhl sitzen. Es muß für ihn schon eine seltsame Situation gewesen sein, daß er, der Imperator aller römischen Ostprovinzen, also im Grunde der mächtigste Mann unserer römisch-griechischen Welt, allein gelassen wurde wie ein verlachter und ausgepfiffener Schauspieler, dessen Auftritt keiner mehr sehen will.

Doch dann reagierte er sofort, sandte Boten auf Kleopatras Schiff und lud sie zu einem Festmahl. Sie ließ sich für die Einladung bedanken und ihm ausrichten, daß sie schon alles zu seinem Empfang bereitet habe und nichts sie glücklicher machen würde, als wenn sie ihn als erste empfangen dürfe.

Der Gesandte und ich hatten schon vor einiger Zeit das schönste freistehende Haus in Hafennähe gemietet, und Kleopatras Diener hatten es in wenigen Stunden so prächtig ausgestattet, daß es sein Besitzer nicht wiedererkannt hätte.

Dazu muß ich sagen, daß etwa ein Drittel der rund vierzig Begleitschiffe Lastkähne waren, die nichts anderes transportierten als Möbel, Geschirr, Webereien, dazu Säcke und Kisten mit Gold- und Silberbarren, Juwelen, Münzen und anderes.

Zwölf Tafeln hatte Kleopatra für ihre Gäste decken lassen; Tische, Stühle und Liegen waren Wunderwerke aus Zitronen-, Zedern- und Ebenholz, eingelegt mit Gold, Silber und Elfenbein. Das Tafelgeschirr war eigens für diesen Zweck angefertigt worden und stellte alles in den Schatten, was ich bisher – auch in Alexandria – gesehen hatte. Das war feinste alexandrinische Schmiedearbeit, verschwenderisch mit Edelsteinen besetzt. Die Wände des Saales ließ die Königin mit aus Gold- und Silberfäden gestickten Wandteppichen verhängen.

Charmion, Iras, Mardion und ich saßen mit der Königin

an einem Tisch – sie an der Stirnseite und ihr gegenüber Antonius mit seinen engsten Freunden, darunter leider auch Quintus Dellius mit seinem Fuchsgesicht.

Der Imperator wunderte sich sehr, mich hier wiederzufinden, er hatte wohl nicht damit gerechnet, daß ich zu den engsten Vertrauten der Königin gehörte. Aber er war nicht der Mensch, sich groß um Etikette und Rangordnung zu scheren, sondern sang sogleich in hohen Tönen mein Lob als Arzt.

«Wir alle wissen, was unser Hippo wert ist», sagte Kleopatra und lächelte mich an.

«Hippo?» Antonius schaute mich fragend an.

«Ja, Imperator, so werde ich bei Hof genannt, weil die Königin fand, daß Olympos für einen Arzt zu hochtrabend klingt. Jedenfalls stehen die erlauchte Königin und du den Olympiern weit näher als ein einfacher Arzt. Den Namen meines genialen Kollegen trage ich mit Stolz und versuche ihm gerecht zu werden.»

Kein Wort fiel an diesem Abend über Politik, die Gespräche flossen leicht und locker dahin, und ich beobachtete die Freunde des Imperators bei ihren tapferen, aber krampfhaften Bemühungen, nicht aus der Rolle zu fallen. Kleopatra machte es ihnen leicht, sie leitete mit Witz und Anmut das Gespräch in die ihr genehme Richtung, ließ dabei immer wieder Stolz und Respekt vor den Leistungen des Imperators durchschimmern, war voll des Lobes für den vergöttlichten Julius Caesar, ohne in den Fehler zu verfallen, seine Mörder zu schmähen. Dabei ließ sie – und zwar sehr deutlich – durchblicken, daß der in ihren Augen geeignetere Erbe Marcus Antonius gewesen wäre, deutete auch an, daß Caesar kurz vor seinem Tod dabei war, sein Testament dahingehend zu ändern.

Mußte man das nicht glauben? Sie war schließlich seine Geliebte und Vertraute gewesen, und ich sah es den Freunden des Imperators an, wie begierig sie diese intimen Nachrichten aufsogen.

Es wurde an diesem Abend nicht über Politik gesprochen, sagte ich vorhin, aber heute ist mir klar, daß bereits Politik gemacht wurde. Schon an diesem Abend nahm Kleopatra Antonius für sich ein, zog ihn auf ihre Seite. Mag während des Festes mancher seiner Freunde noch gezögert haben oder mißtrauisch gewesen sein, so gewann sie die ganze rauhe Männerrunde für sich, als sie jedem von ihnen das Geschirr, aus dem er gegessen, und die *kline*, auf der er gelegen hatte, einfach schenkte. Dies tat sie so nebenher, ohne große Geste, als handle es sich um einen Korb Feigen oder einen Krug Wein. Dabei entsprach dieses Geschenk mindestens dem Zehnjahreslohn eines hohen Offiziers.

Die Gegeneinladung des Imperators fiel bescheidener aus, sie mußte es, weil er einfach nicht die Mittel zu einer derart glanzvollen Hofhaltung besaß. Um wenigstens auf einem Gebiet mithalten zu können, hatte er die besten Köche der Stadt zusammentrommeln lassen, aber es kam nicht viel dabei heraus, weil diese Kochkünstler in ihrem Bemühen, etwas ganz Besonderes zu bieten, sich in Bereiche wagten, wo sie nicht ganz zu Hause waren – mit anderen Worten, es kamen sehr phantasievolle Dinge auf den Tisch, die fürs Auge ein schönes Bild boten, aber die Zunge meist enttäuschten.

Kleopatra ließ sich nichts davon anmerken, kostete von fast allen Speisen, aber wer sie kannte, wußte ihre ironischen Bemerkungen richtig zu deuten. Bei einem Ragout aus Fisch, Fleisch, Quallen, Schnecken und Haselmäusen sagte sie: «Eine wahrhaft kühne Komposition! Dieser Koch zeigt Mut und hätte vielleicht eine militärische Laufbahn einschlagen sollen.»

Eine völlig verpfefferte Süßspeise kommentierte sie: «Welch ein Feuer! Diese Speise ist imstande, ungeahnte Leidenschaften zu entfachen – oder einen sonst nüchternen Menschen zum Trinken zu verleiten.»

Die meisten der Herren verstanden diese Anspielungen nicht oder nicht richtig, aber hinter der soldatisch-polternden Art des Antonius steckte ein kluger Kopf, und er merkte sehr wohl, daß aus Kleopatra der Spott sprach. Doch ich habe auch später niemals erlebt, daß Ironie, gutmütiger Spott oder auch ein gewagter Scherz den Imperator zornig gemacht hätten – im Gegenteil, er schien dergleichen zu schätzen und bemühte sich redlich, dabei mitzuhalten, was ihm aber nicht immer gelang.

Binnen weniger Tage war es Kleopatra gelungen, den Imperator und seine wichtigsten Berater restlos für sich einzunehmen – und nicht nur das: Es wurde deutlich und war auch für Fernerstehende nicht mehr zu übersehen, daß Antonius ihr Bett teilte. Das entsprach durchaus der mystischen Weltsicht der hier ansässigen Bevölkerung, denn wenn Aphrodite in Menschengestalt auf die Erde herabstieg und hier auf Dionysos traf, dann war es nur recht und billig, daß dieses Götterpaar eine heilige Hochzeit feierte. Natürlich wußte alle Welt, daß der Imperator verheiratet war, daß seine Frau Fulvia hieß und im fernen Rom auf ihn wartete. Doch das spielte sich auf verschiedenen Ebenen ab – einer mystisch-religiösen und einer politisch-irdischen. Gerade die östlichen Völker mit ihrem Verständnis von sakrosankten, vergöttlichten oder den Göttern sehr nahestehenden Königen hatten viel Verständnis für diese Inszenierung, die sie als glücksbringend für Gegenwart und Zukunft ansahen.

Ganz Tarsos versank im Taumel dieser göttlichen Begegnung, und der «heiligen Hochzeit» zwischen Isis-Kleopatra und Dionysos-Antonius wurde in vielen Betten nachgeeifert. Es ging hier zu wie im ägyptischen Bubastis während der siebentägigen Feier zu Ehren der katzenköpfigen Liebes- und Freudengöttin Bastet. Die Stadt war ein einziges

Liebeslager, es stöhnte, ächzte und knarzte aus allen Ecken und Enden. In diesen Tagen werden hier mehr Kinder gezeugt worden sein als jemals zuvor oder danach.

Auch Salmo war davon angesteckt und schlug einen Besuch der Hetärenschule vor, doch das erübrigte sich für mich, so gerne ich Xenia wiedergetroffen hätte. Ich war gerade dabei, mich für eine abendliche Festlichkeit anzuziehen, als ich draußen meinen Namen rufen hörte.

«Schau nach, wer es ist», befahl ich Salmo, und da stand sie schon an der Tür, die kleine, quirlige Iras, lachend und mit unternehmungslustig blitzenden schwarzen Augen.

«Die *Basilissa* hat mir für heute freigegeben – kannst du nicht dasselbe für Salmo tun?»

War das ein Wink?

«Salmo, du hörst die Bitte der edlen Iras. Besuche also diese – hm, Schule – und sei spätestens morgen früh wieder hier auf dem Schiff.»

Salmo lachte und verbeugte sich tief.

«Ich werde die Schüler von dir grüßen, Herr.»

Als er weg war, fragte Iras verwundert: «Schule? In welche Schule will dein Diener gehen?»

Ich winkte ab.

«Da gibt es im Judenviertel so eine Synagogenschule – ich kenne mich da nicht so aus. Die *Basilissa* braucht dich also heute nicht?»

Sie lachte hellauf.

«Nein, denn das Ausziehen wird ein anderer besorgen, ihr treuer eifriger Diener, der alles, alles für sie tut – besser als Charmion und ich es je könnten.»

«Und der etwas hat, was ihr beide nicht habt – es ist nur eine Kleinigkeit ...»

Mit großen runden Augen blickte sie mich an.

«Was mag das sein? Hast du es auch?»

Ich nahm ihre Hand und führte sie unter meinen *chiton.*

«Hier ist es …»

Übrigens hatte auch Iras die Absicht gehabt, die vom Bürgermeister von Tarsos für die ägyptischen Gäste veranstaltete Festlichkeit zu besuchen, aber daraus wurde nun nichts.

Die kleine, quirlige Iras erwies sich als ausdauernde, viel fordernde, viel gebende Geliebte und war – wie ihre Herrin – der festen Meinung, Männer seien vor allem da, um den Frauen zu dienen, im Bett, in der Politik, in der Familie. In einer unserer Ruhepausen sprach sie es deutlich aus, wenn auch im Ton einer liebenswürdigen Nachsicht.

«Daß wir Frauen die Klügeren sind, siehst du schon daran, daß wir alles Gefährliche, Schwierige und Anstrengende den Männern überlassen. Ihr dürft euch in Kriegen herumschlagen, im Circus kämpfen, für die Fehler der Politiker den Kopf hinhalten. Die Schlaueren von euch bleiben am Leben, und die dürfen dann zu uns ins Bett – der Imperator Antonius ist das beste Beispiel. Hätte Cassius gesiegt, dann …»

Sie schwieg vielsagend.

«Was ist mit mir? Ich führe kein Schwert, bin kein Staatsmann, kein Gladiator, habe nirgends gesiegt, nirgends den Kopf hingehalten …»

«Heilige Isis – das waren nur einige Beispiele! Du bist Arzt der *Basilissa* geworden und damit unter tausend anderen auserwählt. Das ist doch auch so etwas wie ein Sieg.»

## VIERZEHNTES KAPITEL

Die glanzvollen Tage von Tarsos endeten damit, daß Kleopatra den Imperator Marcus Antonius nach Alexandria einlud, um dort die Wintermonate zu verbringen. Nicht alle sahen es gern, daß er die Einladung so ohne weiteres annahm, denn in Rom rechnete man damit, daß der Imperator den Partherfeldzug begann und ihn – auch damit rechnete man fest – siegreich beendete.

Ich freute mich auf Alexandria, auf meine schöne und bequeme Wohnung im Brucheion – ja, es kam mich sogar die Lust an, meine Verwandten wiederzusehen. In dieser Hinsicht gab sich Salmo zurückhaltend, und ich hegte den Verdacht, er habe in Alexandria nur geheiratet, um nicht nach Jerusalem zurückzumüssen, wo er als Verbrecher gesucht wurde.

Dann war vom Aufbruch die Rede, denn im Dezember sollte Antonius nachkommen und alles aufs beste gerichtet finden. Da rief mich die *Basilissa* zu sich, und als ich sah, daß weder Iras noch Charmion noch irgendein Diener oder eine Wache zugegen waren, wehte mich ein eisiger Hauch an. Das letzte Mal, als sie mich auf diese Weise empfing, ging es um den Tod von König Ptolemaios – und diesmal? Mußte ich wieder den geheimen Gesandten spielen?

Nun, höfische Regel gebot es, der Königin das erste Wort zu überlassen, und wie es ihre Art war, begann sie zuerst ganz harmlos zu plaudern.

«Wir haben viel hier erreicht, Hippo, jedenfalls mehr, als ich zu hoffen wagte. Der Besuch des Imperators in Alexandria wird unsere Verbindung festigen und aller Welt zeigen, unter welchem Schutz Ägypten künftig steht und wie eng das von meinem Vater gepflegte und nie gebrochene Bündnis mit Rom jetzt neu geknüpft wurde, und zwar stärker als je zuvor.»

«Darf ich dazu etwas sagen, *Basilissa?*»

Sie nickte gnädig, und ich wandte ein: «Da du mich zeitweise den Politiker hast spielen lassen, drängt es mich, jetzt eine politische Äußerung zu tun. Du darfst Fulvia, die Frau des Imperators, nicht vergessen. Sie besitzt großen politischen Einfluß und handelt manchmal recht selbständig – bis jetzt immer im Sinne des Imperators. In Tarsos war es so, daß alle Welt glauben mußte, Antonius habe dich hierhergebeten, aber nun besucht er dich in Alexandria, und das wird Fulvia zeigen, daß euer Verhältnis nicht nur politischer Natur ist. Dann kann es sein, daß sie gegen dich arbeitet ...»

Kleopatra blickte mich ruhig an.

«Wir sind Freunde, Hippo, und unser Gespräch hat keine Zeugen, deshalb überhöre ich die Anmaßung in deinen Worten und werde dir darauf entgegnen. Ja, Fulvia kann zur Gefahr werden, das habe ich wohl bedacht. Aber sie haßt Octavius aus Gründen, die sehr privat sind und die ich dir nicht nennen kann. Zudem stehe ich ihr nicht im Weg. Sobald Antonius sich auf römisches Staatsgebiet begibt, ist er ihr angetrauter und unbestrittener Gatte. Sie hat ihm zwei Söhne geboren, und ich denke nicht daran, diese Ehe stören oder gar zerstören zu wollen. Fulvia macht mir zur Zeit keine Sorgen, aber Arsinoë, meine Halbschwester, die mein Vater in einer schwachen Stunde mit irgendeinem Kebsweib gezeugt hat, das kein Mensch kennt. Es war damals eine ungeheure Anmaßung, daß sie es gewagt hat, den heiligen Thron Ägyptens zu usurpieren. Nun, es war ja nur ein kurzes Gastspiel, aber ich werde dafür sorgen, daß es sich nicht wiederholt. Arsinoë ist ehrgeizig und wartet in Ephesos nur darauf, daß für sie etwas abfällt. Der ägyptische Thron ist besetzt, aber vielleicht hofft sie auf Cyprus, das Caesar ihr damals aus politischen Gründen versprach. Diese Frau steht mir im Weg, Hippo, und Antonius hat das auch sofort eingesehen. Sie muß sterben, es gibt keinen anderen Weg, doch in diesem Fall traue ich dem Imperator nicht ganz. Er hat zugesagt, sie hinrichten zu lassen, fügte aber hinzu, daß er es nicht gerne tue und in ihr keine Gefahr sehe. Wie denkst du darüber?»

Ich war wie vor den Kopf geschlagen. Jeder wußte doch, daß Arsinoë im Tempel von Ephesos so gut wie eingesperrt und streng bewacht war. Was konnte sie tun, wem konnte sie schaden?

«Ich muß dem Imperator recht geben – ich meine, daß ich seine Bedenken verstehe. Arsinoë ist völlig machtlos und schon so etwas wie eine Priesterin der Artemis geworden, ist unverheiratet ...»

Kleopatras Gesicht verhärtete, ja verzerrte sich, und die Anmut der Isis wich der Fratze einer *erinys*, den Römern als *furia* bekannt.

«Ah – verehrter Olympos, ich weiß genau, was in euren Männerköpfen vorgeht!» Ihr ausgestreckter Zeigefinger wies auf meine Leibesmitte. «Das da trübt euren Verstand! Es wäre besser gewesen, Prometheus hätte euren Phallos am Kopf anwachsen lassen, dann wäre der Zusammenhang deutlicher gewesen. Jeder andere verliert für Hochverrat seinen Kopf, ob Knabe, Mann oder Greis, aber einer hübschen Frau verzeiht man alles. Da war es nicht so gemeint, da hat man sie eben schlecht beraten. Arsinoë war immer gegen mich, und säße sie heute hier und ich in Ephesos, sie würde nicht anders handeln.»

Mir lag auf der Zunge, ihr zu sagen, daß auch Antonius von seinem Geschlecht beeinflußt gewesen sei, als er sich mit ihr so schnell und problemlos einigte, aber ganz hinunterschlucken konnte ich es auch nicht.

«Säße statt deiner, *Basilissa*, ein König auf Ägyptens Thron, so wäre der Imperator vielleicht nicht so zugänglich gewesen. Du wirfst uns Männern etwas vor, was dir, uns und ganz Ägypten nutzte.»

Ihre Anmut war zurückgekehrt, und sie lächelte nachsichtig.

«Das war kein Vorwurf, Hippo, sondern die Feststellung einer Tatsache, die mir zweifellos Vorteile bringt, doch das darf nicht für Arsinoë gelten – über sie ist der Stab gebrochen. Ich möchte, daß du die Kommission von Antonius begleitest und bei Arsinoës Hinrichtung zugegen bist. Aus der Geschichte sind Fälle bekannt, da hat man den Giftbecher so dosiert, daß der Betreffende wieder zum Leben erwachte und von seinen Anhängern in Sicherheit gebracht werden konnte. Ich wünsche ihr einen schmerzlosen Tod, will aber sichergehen, daß er auch eintritt, und dafür bist du verantwortlich. Dein Schiff geht übermorgen früh bei Sonnenaufgang, und das bei jedem Wetter. Wir dürfen keine Zeit verlieren. Auch Serapion, den hochverräterischen Statthalter von Cyprus, wird sein verdientes Schicksal ereilen. Er ist zwar nach Tyros geflohen, doch der Befehl zu seiner Hinrichtung ist schon unterwegs. Erinnere dich an meinen alten Spruch: Ich tue alles für meine Freunde. Auch für meine Feinde tue ich alles – alles, um sie zu vernichten. Das gilt, lieber Hippo, solange ich herrsche und lebe.»

Es war dumm und vermessen von mir anzunehmen, eine Frau wie Kleopatra würde ihren Beschluß ändern oder abmildern, und so blieb mir nur die ironische Frage: «Aber diesmal muß nicht ich den Henker spielen, oder hast du mir auch diese Rolle zugedacht?»

Auf ihrer glatten Stirn bildete sich schon die steile Zornesfalte, verschwand aber gleich wieder.

«Geht dir das immer noch nahe? Du warst damals kein Henker, weil Ptolemaios nichts verbrochen hatte. Die Gefahr bestand in seiner Anhängerschaft, und wenn du heute noch nicht einsiehst, daß deine Handlung einen blutigen Bürgerkrieg verhindert hat, dann fehlt dir jeder Funke von politischem Verstand.»

«So mag es sein, *Basilissa*. Wenn dieser Fall erledigt ist, wohin schickst du mich dann? Vielleicht nach Rom, um Octavius zu stürzen …»

Ihr helles, fröhliches Lachen flog durch den Raum.

«Du hast Witz, Hippo, das muß man dir lassen. Nein, du gehst dann sofort zurück nach Alexandria. Ich brauche dich – ich brauche jeden meiner Freunde. Feinde habe ich genug.»

Ja, dachte ich, und du wirst dir durch Arsinoës Hinrichtung neue Feinde schaffen. Aber ich war in Gnaden entlassen und hatte gesehen, daß Kleopatra ihren guten Freunden auch Frechheit, Spott und gewagte Scherze verzieh, solange es nicht unter Zeugen geschah.

Der Befehl zur Hinrichtung Arsinoës ging offiziell von Marcus Antonius aus, zu dessen Herrschaftsgebiet Ephesos zählte, obwohl jeder Kundige sich ausrechnen konnte, wer ihn dazu gedrängt hatte.

Die Kommission bestand aus dem *legatus iuridicus* Valerius Proculus, einem Sekretär, einem *decurio* mit zwei *milites* als Begleitschutz, dem Arzt Hippokrates und seinem Diener Salmo.

Antonius hatte es ohne Murren hingenommen, daß ich mich quasi als Aufpasser der Kommission angeschlossen hatte. Zu mir sagte er: «Kleopatra hat recht – man soll keinem Menschen trauen. Ich kenne Proculus nicht so gut, um für ihn meine Hand ins Feuer zu legen. Wer weiß, ob Arsinoë sich dort nicht eine Schar von Anhängern geschaffen hat und die Kommission mit einigen Beuteln Gold besticht.

Du aber bist unbestechlich und absolut treu – so hat die *Basilissa* dich geschildert. Es ist keine leichte Aufgabe, ich weiß, aber es muß geschehen. Möge Asklepios dir beistehen!»

Valerius Proculus war mir schon auf den ersten Blick zuwider, und dieser Eindruck verstärkte sich noch während unserer Reise. Er war über diesen Auftrag verärgert und deutete an, es hätte genügt, einen Boten mit dem schriftlichen Urteil nach Ephesos zu senden. Da hatte er freilich recht, aber ich vermutete, daß Antonius, um dem Urteil einen offiziellen Anstrich zu geben, damit einen hochrangigen Beamten betraute, denn immerhin handelte es sich bei Arsinoë um eine Prinzessin, die sogar einmal für kurze Zeit von ihren Anhängern zur Königin ausgerufen worden war.

Die Kraft unserer Ruderer, gelegentlich von den Segeln unterstützt, brachte uns in etwa zehn Tagen nach Ephesos, dieser glänzenden und vielgepriesenen Stadt, in aller Welt bekannt durch den gewaltigen Tempel der Artemis Polymastos – also der vielbrüstigen Diana, die mit ihrer griechischen oder römischen Entsprechung wenig gemein hat.

Der Hafen konnte sich durchaus mit dem von Alexandria messen; eine Unzahl von Schiffen aller Größenordnungen lag dort vor Anker, die Schiffsbau- und Lagerhallen erstreckten sich unübersehbar weit.

Ich mußte immer wieder an die ahnungslose junge Frau im Asyl des Artemis-Tempels denken, deren Todesbote jetzt schon so nahe war. Um mich abzulenken, wollte ich Salmo ein wenig ärgern. Als wir in den Hafen einfuhren, wies ich auf die vielen Schiffe und die großen Gebäude.

«Dies alles hat Ephesos einer nicht existierenden Göttin zu verdanken – das ist schon ein seltsamer Gedanke. Da pilgern alljährlich Tausende und Abertausende von Menschen hilfesuchend hierher, sprechen Gebete, opfern Weihrauch,

Gold oder Vieh, und die meisten von ihnen, so nehme ich an, reisen zufrieden nach Hause. Fallen sie alle einem Trugbild zum Opfer? Oder könnte da nicht doch etwas sein?»

Etwas wie Überdruß zeichnete sich auf Salmos vernarbtem Gesicht ab.

«Da ist nichts, Herr – absolut nichts. Diese Menschen beten zu einem Götzen aus Stein; sie sind Unwissende, aber vielleicht hört sich der Herr in seiner Güte ihre Bitten an und verzeiht ihnen, daß sie an die falsche Person gerichtet sind.»

«Gut, Salmo, aber in Ephesos leben doch auch viele Juden, warum versuchen sie nicht, mehr Gläubige für euren Gott zu gewinnen? Denke nur an die Isis- oder Mithras-Religion! Die haben sich von Süden nach Osten über die ganze Welt ausgebreitet und gewinnen Jahr um Jahr neue Anhänger.»

«Uns Juden hat der Herr unter den Völkern auserwählt und nicht Griechen, Römer, Syrer, Asier oder Parther. Wir haben seinen Ratschluß ohne Murren oder Widerrede hinzunehmen.»

Das Schreiben des Imperators öffnete Tür und Tor. Der Befehl lautete, den Auftrag unverzüglich zu erfüllen, doch Proculus suchte zuerst den hier residierenden *legatus* der Provinz Asia auf, um ihn gebührend von dem Befehl des Imperators zu unterrichten. Ich war dabei nicht zugegen, sondern es war vereinbart, daß wir uns am nächsten Tag zur dritten Morgenstunde an den Stufen des Artemis-Tempels treffen sollten.

So schlenderte ich mit Salmo durch die weitläufige und sehr lebhafte Stadt, der – wie in Alexandria – die Übersicht durch quadratisch angelegte Straßen fehlte. Freilich, es gab die Hafenstraße, es gab eine untere und eine obere Agora, es gab das Prytaneion, das Odeion und große Marktplätze, um sich zurechtzufinden, aber wehe, man tauchte in die vielen seitlichen Gassen und Gäßchen ein. Dann konnte man sich nur noch an den Höhenunterschieden orientieren, denn die Stadt erstreckte sich von Ost nach West an den Hängen des Pionberges.

Am Abend nahmen wir in einer der besseren Pilgerherbergen beim Tempel Quartier, und sogar Salmo, dem doch diese Götzen ein Greuel waren, zeigte sich von dem gewaltigen, über und über kunstvoll bemalten Tempel beeindruckt. Gemeinsam umschritten wir den riesigen Baukomplex und zählten etwa einhundertdreißig Säulen, von denen allein an der Frontseite sechsunddreißig aufragten, an den unteren Basen mit bemalten Reliefs geschmückt.

Die Göttin sah immer gleich aus, doch man fand sie in den verschiedensten Größen und Materialien. Das ging von der einfachen spannenlangen Tonfigur über solche aus Elfenbein, Silber, Gold und Marmor bis zu Dimensionen in mehrfacher Menschengröße. Mit ihren drei Reihen von Brüsten mutete sie seltsam an, Kleid und Kopfputz waren übersät mit Symbolen von Tieren und Mischwesen.

Ohne es zu wollen, überkam mich ein heiliger Schauer, während Salmo sich nur angewidert abwandte. Als Grieche und Halbägypter war ich in Ehrfurcht vor den sichtbaren Ausformungen der Götter erzogen worden, auch wenn mein Vater es einschränkte, als er sagte, nicht das steinerne Abbild sei zu verehren, sondern die Mächte, die es symbolisiert.

Es waren fast nur Frauen, die hier vor der Artemis beteten und opferten, denn – wieder im Gegensatz zur keuschen und jungfräulichen griechischen Jagdgöttin oder zur römischen Diana – war die Vielbrüstige auch für Fragen der Fruchtbarkeit, Ehe und Familie zuständig.

Gegen Abend wurde es schwül, der Rauch zahlloser Opferfeuer stieg nicht empor, sondern kroch am Boden entlang, machte die Luft stickig und erschwerte den Atem.

In der Nacht tobte ein kurzes Gewitter, das mich weckte, aber der dann stetig herabrauschende Regen schläferte mich wieder ein.

Am Morgen regnete es noch immer, der Himmel war von schweren Wolken verdeckt, und auch am *gnomon* war die Zeit kaum abzulesen. Zu Salmo sagte ich, er brauche mich nicht zu begleiten, ich sei gegen Mittag wieder hier. Natürlich kam ich zu früh, stellte mich fröstelnd im *prodomantion* unter, bis Proculus mit seinen Leuten erschien, gefolgt von einer *centuria* schwerbewaffneter Legionäre. Das erregte großes Aufsehen, denn in Ephesos war sonst kaum römisches Militär zu sehen.

«Der Statthalter meinte, wir sollten sehr vorsichtig sein ...», rechtfertigte Proculus sein Vorgehen.

Dann gingen wir zur Westseite des Tempels, wo sich ein Komplex von Priesterwohnungen, Lagerhäusern und Wirtschaftsgebäuden anschloß.

Arsinoë bewohnte eine kleine, von einer dichten Hecke umgebene Villa. Proculus fackelte nicht lange, stieß beiseite, wer sich ihm in den Weg stellte, und befahl den Soldaten, die Villa zu umstellen. Dann verschwand er mit dem *decurio* und den zwei *milites* im Haus, gefolgt von dem Sekretär, dem ich mich unaufgefordert anschloß.

Arsinoë muß sich gerade im Garten aufgehalten haben; ich sah sie mit einer Dienerin im Atrium erscheinen. Valerius Proculus las ihr das Todesurteil vor, und noch ehe sie etwas sagen oder darauf reagieren konnte, warfen ihr die beiden *milites* einen Strick um den Hals und erwürgten sie. Nun, dachte ich, wenigstens ist es schnell gegangen, und sie hat kaum Todesangst ausstehen müssen.

Mit einer herrischen Geste winkte mich Proculus heran.

«Nun, *medicus*, sieh nach, ob sie tot ist.»

Ich beugte mich über den zusammengekrümmten Körper der Erwürgten, sah das blaurot angelaufene Gesicht mit den halboffenen Augen und die herausragende Zunge. Ich hielt ihr einen Spiegel vor den Mund und befühlte zugleich die Halsader.

«Prinzessin Arsinoë ist tot.»

Ich richtete mich auf. Proculus winkte den Sekretär heran, und der setzte eine kurze Bestätigung auf, die der *legatus* und ich unterschrieben. Im Hinausgehen meinte er vorwurfsvoll: «Und deshalb mußte ich nach Ephesos!»

Draußen sagte er mir dann, ich müsse mich selber um meine Rückkehr nach Alexandria kümmern, denn er habe noch einige Tage hier zu tun und werde dann wieder nach Tarsos reisen. Die Galeere gehörte zur Flotte des Antonius, und ich war zu stolz, diesen Widerling um einen Gefallen zu bitten.

«Jetzt sind wir ganz auf uns gestellt», sagte ich zu Salmo.

Der feixte nur.

«Ich könnte es schon noch ein paar Tage hier aushalten. Hast du gestern bei dem großen Brunnen in der Nähe der oberen Agora den Hinweis gesehen?»

Ich schüttelte den Kopf. «Welchen Hinweis?»

«Verzeih die Bemerkung, Herr, aber du scheinst wieder einmal blind und taub durch die Straßen gewandelt zu sein. Da stand Gott Priapos auf seinem Sockel und wies mit ausgestreckter Hand auf das gegenüberliegende Hurenhaus. Sein langer steifer Phallos zeigte übrigens in die gleiche Richtung ...»

«Du bist gefühllos wie ein Stein, Salmo. Während mir gestern das Schicksal der armen Arsinoë nicht aus dem Kopf ging, bewegten dich lüsterne Gedanken. Ich schäme mich für dich!»

«Du kannst die Dinge einfach nicht trennen, Herr. Der Kopf kann ruhig mit schlimmen Schicksalen beschäftigt sein, während der Phallos in ganz anderen Sehnsüchten schwelgt. Aber was ist nun – bleiben wir noch?»

Warum nicht? Ob wir nun das Hurenhaus besuchten oder sofort zurückreisten – Arsinoë wurde dadurch nicht wieder lebendig. Ich war weder mit ihr verwandt, noch hatte ich sie gekannt, es gab also keinen Grund zur Trauer.

«Also gut, zwei, höchstens drei Tage können wir noch bleiben. Schauen wir uns einmal an, was dein Hurenhaus bietet ...»

Das Haus befand sich in der Nähe der oberen Agora, zwar nicht an der Hauptstraße, doch schon dort gab es eindeutige Hinweise, damit jeder das Freudenhaus finden konnte, ohne viel herumfragen zu müssen. Am Ende einer Gasse erhob sich das zweistöckige Gebäude mit einer noblen Marmorfassade, vor der ein prächtig gekleideter athletischer Türsteher Wache hielt. Er taxierte uns flüchtig, gab dann den Weg frei und wies auf eine Tür. Wir traten ein und kamen in einen Empfangsraum, wo uns ein würdiger älterer Herr empfing, der eher aussah wie ein Bibliothekar, sich aber sogleich sehr vornehm und etwas von oben herab als *pornodidaskalos* vorstellte, was zwar mit Hetärenausbilder zu übersetzen wäre, in diesem Fall aber einfach Hurenwirt bedeutete.

Daß wir in einem sehr teuren Haus gelandet waren, ließ sich schon an der Aufmachung erkennen. Im Inneren des Hauses gab es kleine, mit Marmor und Mosaiken geschmückte Bäder, Abtritte mit fließendem Wasser und schließlich eine säulengeschmückte Galerie, von der nach links und rechts Zedernholztüren in die jeweiligen Zimmer führten. Darüber standen die Phantasienamen der Hetären und die gebotenen Dienste – etwa: «Archedike macht es mit dem Mund und hat eine kräftige Zunge», «Helena ist eine ausdauernde Reiterin», «Glykera ist hitzig wie eine Stute», «Herpyllis preßt dich aus wie eine Limone».

An den Türen waren kleine silberne Pfeile angebracht, die sich drehen ließen. Der *pornodidaskalos* erklärte: «Weist der Pfeil nach unten, ist die Dame besetzt, weist er nach oben, ist sie frei, steht er waagrecht, dann macht die Hetäre eine Pause, um zu baden, zu essen oder sich wieder schön zu machen. Auf deinen Wunsch werden wir sie holen lassen.»

Zuvor mußten wir natürlich unsere Gebühren bezahlen, und die waren so hoch, daß ich mir schon überlegte, ob wir uns nicht für das Geld gleich eine Sklavin kaufen sollten. Doch ich schluckte meinen Ärger hinunter, zahlte für uns beide, und jeder suchte sich eine Tür mit dem nach oben weisenden Pfeil.

Ich achtete nicht darauf, welches Motto angeschrieben war, doch das rothaarige und freundlich grinsende Mädchen muß eine athletische Ausbildung genossen haben, denn ihr schlanker Körper war so muskulös wie der eines olympischen Wettkämpfers. Sie warf ihren *chiton* ab wie ein Ringer, tänzelte auf mich zu, stieß mir eine Faust zwischen die Rippen, drehte mir einen Arm auf den Rücken, und als ich laut dagegen protestierte, riß sie mir lachend die Kleider vom Leib und warf mich auf das Bett. Auch den Liebesakt gestaltete sie wie einen Ringkampf, und sie setzte alles daran, mit ihren harten und geübten Scheidenmuskeln aus meinem Phallos den letzten Tropfen zu pressen. Zum Abschied erhielt ich dann noch einen kräftigen Klaps auf den Hintern. Das war ein Erlebnis ganz besonderer Art und hinterließ bei mir etliche blaue Flecken. Draußen las ich dann über der Tür: «Du magst noch so stark sein – Kyrene ringt dich nieder.»

Als ich Salmo dann von meinem Abenteuer erzählte, erstickte er fast vor Lachen.

«Du hättest eben den Hinweis an der Tür vorher lesen sollen! Mir sind die schmiegsamen Kätzchen lieber, die von einem Mann nichts anderes wollen, als für ihr Geld einfach aufs Kreuz gelegt zu werden. Wir Juden bevorzugen einfache, kräftige Kost. Unser verehrter Moses hielt zwar nicht viel von Hurenkünsten, und der weise Salomon, mein Namensvetter, sagte: ‹Wer Weisheit liebt, erfreut seinen Vater, wer aber mit Huren verkehrt, kommt um sein Gut.› Nun, davor hast du mich bewahrt, gnädiger Herr, und ich bedanke mich für deine Einladung.»

«Das hat mich ein Vermögen gekostet; in Zukunft werde ich schlauer sein. Jetzt gehen wir hinunter zum Hafen und suchen uns ein Schiff.»

Nach langem Hin- und Hergefrage fand ich einen Küstensegler – eigentlich ein Frachtschiff –, der mit seiner Ladung schon am nächsten Tag nach Halikarnassos aufbrechen wollte und noch Platz für einige Passagiere hatte. Der *trierarchos* fügte hinzu, sollte der Wind sich verstärken, so müsse er die Fahrt aufschieben, notfalls sogar streichen.

Wir hatten Glück, der Wind ließ eher nach, und so kreuzte das Schiffchen, hart an der Küste entlang, zwischen einer nie abreißenden Kette von Inseln und Inselchen nach Süden. Der Wind war sehr launisch und schien manchmal aus allen Richtungen gleichzeitig zu wehen. Unsere Ruderer waren weniger damit beschäftigt, das Schiff voranzubringen, als es auf Kurs zu halten.

Wir wurden beide seekrank, Salmo und ich, doch ehe wir uns die Seele aus dem Leib kotzten, fuhren wir am dritten Tag in den Hafen von Halikarnassos ein.

Dort fanden wir ein großes Schiff, das nach Cyprus segelte und bei gutem Wetter nach Alexandria weiterfahren wollte. Diese Insel gehörte jetzt zur Provinz Kilikia und damit zum Herrschaftsbereich des Antonius. Ich pries Fortuna für dieses Glück, vergaß aber, daß auf hoher See der Windgott Aiolos auch noch ein Wörtchen mitzureden hatte. Er zeigte sich uns zuerst recht gnädig, so daß wir ohne Zwischenfall nach Paphos kamen, einer Hafenstadt auf der Westseite von Kypros. Der Schiffsführer sagte, dieses Glück wolle er weiterhin ausnutzen, und so segelten wir unverzüglich nach Süden weiter, doch am selben Abend kam ein solcher Nordweststurm auf, daß der *trierarchos* das große Segel streichen und die Ruder einziehen ließ, nachdem schon einige zersplittert waren. Doch er zeigte sich nicht sehr aufgeregt.

«Ich kenne das. Wenn die Windstärke anhält, landen wir irgendwo an der judäischen Küste, das kann schon bei Sidon oder Tyros sein, vielleicht auch erst weiter im Süden bei Apollonia oder Askalon.»

Seine Erfahrung gab ihm recht. Der Wind wehte noch etwa dreißig Stunden und trieb unser Schiff mit seinem kleinen halbzerfetzten Beisegel in Richtung Judäa. Danach herrschte eine ziemliche Flaute, und es mußten wieder die Ruder eingesetzt werden. Wir landeten dann tatsächlich in Askalon, einer der südlichsten Städte von Judäa, und so konnte ich aufatmen, denn von dort waren es nur noch fünf oder sechs Tage auf dem Landweg.

Salmo küßte inbrünstig die Erde, als wir das feste Land betraten, und ich streute eine Handvoll Weihrauch am Opferaltar des kleinen Isis-Tempels. Dem *trierarchos* gab ich aus Erleichterung ein schönes Extrageld, so daß Salmo mich einen Verschwender schalt.

Schon am Hafen war es merkwürdig still, auch die übrige Stadt schien wie ausgestorben. Der Schiffsführer hatte uns die Namen von zwei guten Herbergen genannt, doch niemand öffnete auf unser Klopfen. Aus dem Haus gegenüber trat ein älterer Mann und sagte: «Die haben sich alle nach Ägypten abgesetzt, obwohl ich nicht glaube, daß die feindlichen Truppen bis hierher kommen.»

«Was? Welche Truppen? Ist Herodes nicht mehr Herr im Land?»

Der Mann sah mich an, als käme ich vom Mond.

«Ja – wo bist du denn gewesen?»

«In Ephesos, auf Cyprus und auf hoher See.»

«Na, komm schon herein, ich bin Seiler, zur Not könnt ihr in meiner Werkstatt übernachten.»

Seine Frau lächelte uns freundlich an. Wir wuschen uns Gesicht, Hände und Füße, die Hausfrau trug Käse, Dörrfisch, Brot und Wein auf. Unter den wohlgefälligen Blicken des Ehepaares griffen wir zu, während der Seiler zu erzählen begann.

Während wir noch in Ephesos waren, hatten parthische Truppen den Euphrat überschritten, die schwache römische Besatzung in Syria überfallen und besiegt. Da witterte Antigonos, der Sohn des früheren jüdischen Königs Aristobulos, Morgenluft und wollte mit parthischer Hilfe Herodes von dem «Thron seiner Väter» verjagen. Er bot den Parthern tausend Talente und fünfhundert Frauen, wenn sie Herodes samt seiner Familie umbrächten und ihm, Antigonos, auf den Thron halfen.

Unser Gastgeber schloß mit den Worten: «Nun ist Herodes in seine Felsenburg Masada geflohen, und Antigonos befindet sich im Eilmarsch auf Jerusalem. Das sind unsere letzten Nachrichten. Die ängstlichsten – meist auch die reichsten – meiner Mitbürger sind schon nach Ägypten geflohen, denn in Alexandria liegen drei römische Legionen, und dahin werden sich die Parther nicht wagen.»

«Herodes hatte offenbar kein Glück: gestern Tetrarch, heute ein Flüchtling und morgen –»

«Halt, Fremder, halt! Wir wollen den Göttern nicht vorgreifen, denn nur sie kennen das Morgen.»

Salmo zog wieder einmal ein schiefes Maul, aber er benahm sich als gesitteter Gast und schwieg. Mir fiel ein, daß ich mich hier auf idumäischem Gebiet befand, wo Herodes herstammte und großes Vertrauen genoß. Um unserem Gastgeber zu schmeicheln, sagte ich:

«Herodes ist ein großer, kraftvoller Fürst. Er wird mit

Hilfe der Römer die Parther besiegen und auf seinen Thron zurückkehren. Schließlich ist Marcus Antonius sein Freund, und die Parther sind ihr gemeinsamer Gegner.»

Der Seiler nickte.

«Das stimmt zwar, aber Antonius ist – was du vielleicht nicht weißt – keineswegs auf einem Feldzug gegen diesen Feind, sondern wälzt sich mit der ägyptischen Königin im Bett. So gewinnt man bekanntlich keine Kriege.»

Ich hatte mich als reisender Händler aus Tarsos vorgestellt, auf dem Weg nach Alexandria, um dort Luxuswaren einzukaufen.

«Er wird sich auf seine Pflicht besinnen», meinte ich voll Zuversicht.

Doch der Augenschein überzeugte mich vom Gegenteil. Als wir Mitte Dezember nach Alexandria kamen, war Antonius noch immer Gast der *Basilissa*, und im Brucheion jagte ein Fest das andere. Ich gab Salmo die Erlaubnis, so lange bei seiner Familie zu bleiben, bis ich seiner wieder bedürfe.

Antonius, entweder gut beraten oder aus eigener Klugheit, war nicht als Heerführer in der Stadt erschienen, sondern als privater Gast. Er trat bescheiden auf und ließ die Alexandriner spüren, daß er die Griechen liebte und die Eigenständigkeit ihrer Königin achtete. Das verfehlte seinen Eindruck nicht, und Antonius gewann viele Freunde, auch durch seine herzliche, gewinnende Art.

Kleopatra nahm meinen Bericht etwas zerstreut zur Kenntnis. Es schien ihr gar nicht recht zu sein, daß Arsinoë so schnell starb, denn als ich ihr die Szene schilderte, zeigte sich die wohlbekannte Zornesfalte auf ihrer Stirn. Doch dann fand sie schnell zu königlicher Großmut und lobte die Römer wegen ihres raschen Handelns.

Während meiner letzten Reisetage hatte ich mich unbändig auf Iras gefreut, in der festen Überzeugung, wir könnten unser in Tarsos begonnenes Liebesverhältnis jetzt fortsetzen. Sie freute sich auch, gewiß, aber sie wirkte so zerstreut wie ihre Herrin und tat sehr beschäftigt. Es gelang mir einfach nicht, sie alleine zu treffen, und als ich dies geradewegs verlangte, tat sie recht empört, und ihre Stimme klang schrill.

«Wir sind hier nicht in Tarsos, verehrter Hippokrates, sondern im Brucheion, in der Residenz Ihrer göttlichen Majestät. Auf uns sind tausend Augen gerichtet, und selbst wenn ich wollte, könnte ich nicht so unbedacht handeln.»

«Und das willst du nicht?»

«Ach, was denkst du denn!» sagte sie schnippisch und küßte mich flüchtig auf die Wange. Doch die Ursache ihrer Zurückhaltung hieß, wie ich bald feststellen konnte, Alexas und kam aus Laodikeia in Syria. In dieser bedeutenden Hafenstadt hatte sich Antonius auf seiner Reise nach Süden einige Tage aufgehalten und Alexas in sein engeres Gefolge mit aufgenommen.

Ich lernte diesen Menschen ein paar Tage später bei einem Symposion kennen, das Kleopatra aus Anlaß meiner Rückkehr und ihres «Sieges» über Arsinoë veranstaltete. Ich habe noch heute Mühe, diesem Alexas gerecht zu werden, denn auch im Abstand so vieler Jahre fällt es mir schwer, ihn ohne bittere Gedanken zu schildern. Er war, gleich vorweg gesagt, ein schöner, ansehnlicher Mann etwa meines Alters, also um die dreißig, wußte sich angemessen zu benehmen, war belesen, gebildet, höflich, zuvorkommend und ein ausgezeichneter Redner. Freilich war er kein Rhetor von der Art eines Cicero, doch er besaß die Gabe der Überzeugungskraft und setzte jedem Argument ein besseres entgegen. Er hatte nur einen einzigen Fehler, den ich allerdings erst später entdeckte: Er war so falsch wie eine bleierne Drachme.

Protarchos hielt eine kurze, launige Rede, sprach von der vielseitigen Verwendbarkeit des Arztes Hippokrates, der als Olympos mit heiklen politischen Aufgaben betraut gewesen sei. Zuletzt habe nun auch die hochverräterische Usurpatorin Arsinoë ihre wohlverdiente Strafe erhalten, und so stünde einer gedeihlichen, in die Zukunft weisenden Entwicklung Ägyptens und des Römischen Reiches nichts mehr im Wege.

Am längsten und lautesten klatschte Alexas, der in seinem Sessel das makellose Bild eines gepflegten und gebildeten Griechen abgab. Sein *chlamys* lag genau in den richtigen Falten um seinen kräftigen, aber keineswegs dicklichen Körper, er trug die Haare weder zu lang noch zu kurz, gab im Gespräch zuerst jedem recht, nicht ohne dann geschickt zu relativieren oder andere Möglichkeiten aufzuzeigen.

Iras, und das fiel mir sofort auf, hing an seinen Lippen wie eine Verdurstende, lächelte und nickte zu allem, was er sagte, und ihre dunklen Kulleraugen schmachteten ihn so schamlos an, daß in mir heißer Zorn aufstieg. Aber ich hielt mich klug zurück, versuchte Alexas im Gespräch auf den Zahn zu fühlen, doch in seinen Antworten wich er mir geschickt aus, und am Ende wußte ich auch nicht mehr von ihm als am Anfang. Er ließ durchblicken, daß er eine sehr gute Schulausbildung genossen hatte, ohne zu sagen, wo und in welche Richtung sie ging. Er habe seinem Vater häufig in Geschäften beigestanden, vergaß aber auszuführen, welcher Art die Geschäfte waren.

Kleopatra, Antonius, Protarchos, Mardion und sogar Charmion strahlten ihn an, als seien sie Juden und Alexas der Messias. Später sagte mir Mardion, der kluge und besonnene Eunuch, so ganz gefalle ihm dieser Alexas nicht und er werde künftig ein Auge auf ihn haben.

Die Falschheit dieses Menschen war freilich keine oberflächliche oder irgendwie auffällige, und man kam ihr nur auf den Grund, wenn man genau prüfte, was er in einem Gespräch unter vier Augen zu diesem und jenem gesagt hatte. So zeigte er sich mir gegenüber sehr angetan, ja fast begeistert über meine Mission in Jerusalem, Tarsos und Ephesos und meinte, ich sei der lebende Beweis, daß ein geschickter und kluger Mensch vielen Aufgaben gerecht werden kann.

Mardion gegenüber ließ er dann die Bemerkung fallen, er verstehe die *Basilissa* nicht, daß sie einen so guten und erfolgreichen Arzt wie mich vom Hof lasse wegen irgendwelcher belangloser politischer Aufgaben, die man auch jedem anderen hätte anvertrauen können. Das ist nur ein Beispiel von vielen, die seine subtile Falschheit zeigten, ohne daß die anderen daran Anstoß nahmen, sie vielleicht nicht einmal bemerkten.

Solange Antonius am Hof war, rissen die Vergnügungen nicht ab, und Kleopatra ging in allem auf ihn ein, so daß sie ihm als die ideale Gefährtin erscheinen mußte. Sie, die alle militärischen Angelegenheiten ihren bewährten *strategoi* überließ, nahm mit ihm stundenlange Truppenparaden ab, ohne eine Spur von Langeweile zu zeigen. Sie, die niemals für die Jagd das geringste Interesse gezeigt hatte, begleitete ihn auf seinen Beutezügen in die Wüste, wo er tagelang Gazellen, Antilopen und anderem Vieh nachstellte. Zum vielbelachten Scherz wurde seine Vorstellung, er könne draußen in der westlichen Wüste Löwen jagen. Wir alle wußten, daß es diese Tiere seit Jahrhunderten im Norden Ägyptens nicht mehr gab, und wenn hier jemand ein lebendes Exemplar davon sah, dann am Hafen im Käfig der Tierhändler als «Ware» für die römischen Circus-Arenen.

Die Königin machte auch noch andere Zugeständnisse. Hätten wir, ihre Freunde, sie aufgefordert, mit uns dem primitiven und geistlosen Würfelspiel zu frönen, sie wäre beleidigt gewesen, doch mit Antonius würfelte sie stundenlang um Gold- und Silbermünzen und freute sich, wenn er gewann und leuchtenden Auges die Münzen einstrich.

In diesem Zusammenhang möchte ich erwähnen, daß es Kleopatra im Laufe ihrer Herrschaft gelang, die Staatskasse noch reicher zu machen. Sie kam auf den genialen Einfall, nach und nach alle Silbermünzen, die von ihren Vorgängern noch im Umlauf waren, einzuziehen und sie durch Bronzeprägungen zu ersetzen. Da der Umlauf von Fremdwährungen strengstens verboten war, minderte diese Maßnahme den Geldwert nicht, denn Drachme blieb Drachme, aus welchem Metall auch immer. So floß das ganze Edelmetall in Kleopatras Kassen, und sie durfte sich trotz der immensen Zuschüsse für Antonius nach wie vor als die reichste Fürstin unter den von Rom abhängigen Monarchien bezeichnen.

Ob das folgende der Wahrheit entspricht, kann ich aus eigenem Erleben nicht sagen, doch die meisten Historiker ließen es nicht unerwähnt. Die *Basilissa* soll Antonius auf seinen nächtlichen Streifzügen, verkleidet als Sklavin, begleitet haben. Dabei suchten sie die übelsten Schenken auf, soffen und fraßen mit Taglöhnern, Hafenarbeitern und den *nautae*, wobei es auch zu Prügeleien kam, die nicht immer durch die stets präsente Leibwache des Imperators zu seinen Gunsten entschieden worden sein sollen.

Zugegen war ich aber bei einer Posse, die uns allen großen Spaß bereitete. Daß Antonius auf seine Art gutmütig war, habe ich schon erwähnt, doch das paarte sich immer mit einer gewissen Großmannssucht, einer Eitelkeit, in allem der Größte, Beste und Klügste zu sein. Dabei ging es ihm etwa beim Würfelspiel nicht so sehr um den Gewinn – was bedeuteten fünfzig Goldstücke mehr oder weniger für einen Antonius –, sondern einfach um die Tatsache, daß Fortuna ihm stets die Hand reiche.

So wollte er eines Tages zeigen, daß auch beim Fischfang

ihn keiner übertreffen könne. Er nahm eine Angel, besorgte sich ausreichend Köder und setzte sich auf eine Terrasse an der Meerseite des Palastes. Entweder war dies nicht die richtige Stelle, oder er warf die Angel nicht weit genug aus, jedenfalls war seine Beute so gering, daß er auf eine List verfiel. Er bestach einige Fischer, und die tauchten nach Fischen und hängten sie an seine Angel. So zog er vor den staunenden und Beifall spendenden Zuschauern Fisch um Fisch aus dem Wasser und sonnte sich in ihrer Bewunderung. Am überschwenglichsten zeigte sich die Königin, sagte, ein Glückskind sei eben in allem erfolgreich, und hier komme das Geschick des geborenen Jägers noch hinzu, ganz gleich, ob die Beute Länder, Frauen, Wild oder Fische sei. Antonius strahlte über sein breites, vom Lotterleben schon stark gezeichnetes Gesicht. Dann bat ihn Kleopatra, seine erstaunlichen Fähigkeiten doch am nächsten Tag Freunden vorzuführen, die sie eigens deshalb einladen wolle.

Dies geschah, alles saß erwartungsvoll auf der Terrasse, einige schauten sogar von Booten aus zu. Antonius warf mit großem Schwung die Angel aus, doch Kleopatra, der sein Betrug nicht entgangen war, hatte nun ihrerseits die Fischer bestochen, seine Angel zu versorgen. So zog der Imperator den ersten Fang heraus, und was war es? Ein gesalzener Trockenfisch, der einer Ledersandale ähnlicher sah als einer frischen Beute. Zuerst zog Antonius ein beleidigtes Gesicht, aber als alle herzlich lachten, lachte er mit, und er war nicht der Mensch, irgend jemand wegen eines harmlosen Scherzes etwas nachzutragen.

Nicht alles spielte sich in der Abgeschlossenheit des Brucheion ab, manchmal zeigte sich das Paar auch dem Volk, um es an seinem Glanz teilhaben zu lassen. Das geschah vor allem auf der Bootsfahrt nach Kanobos, einem feudalen Badeort nur wenige Meilen östlich von Alexandria. Einer von Kleopatras Vorfahren hatte einen schnurgeraden Kanal dorthin bauen lassen, und wenn die Fanfaren ertönten und das gold- und silberfunkelnde Prunkschiff mit seinen schweren Purpursegeln erschien, liefen Tausende von Menschen herbei und säumten die Ufer, um das erlauchte Paar zu bestaunen und zu bejubeln. Ja, sie jubelten auch, denn Kleopatra war beim Volk wegen ihrer geschickten Politik populär geworden, und Antonius verkörperte Rom als Garant für Schutz und Frieden. In Kanobos hatte sich schon Auletes eine noble Villa erbaut, die seine Tochter erweitern und verschönern ließ. Hier fanden Feste im engsten Kreis statt, an denen ich manchmal teilnahm, die aber nicht mit denen im Lochias-Palast zu vergleichen waren.

So verging der Januar, und es gab kaum einen Abend, da nicht ein Fest stattfand. Gaukler, Theatergruppen, Musikanten, Tänzer und Tänzerinnen, Akrobaten, Possenreißer, Zauberkünstler – wer immer in Alexandria etwas davon beherrschte, war im Brucheion willkommen, und keiner schied ohne großzügig bemessenen klingenden Lohn.

Ich war bei vielen dieser Festlichkeiten zugegen und hatte es mir in den Kopf gesetzt, die Gunst der Iras zurückzugewinnen. Vielleicht wäre ich nicht so eifrig um sie bemüht gewesen, hätte sie unsere in Tarsos begonnene Liebschaft einfach fortgesetzt. So aber erschien sie mir wie eine Kostbarkeit, die mir jemand weggenommen hatte und die ich um jeden Preis zurückgewinnen wollte. Sie wies mich nicht schroff ab oder zeigte sich gänzlich abweisend – man kann sagen, sie hielt mich hin. Ob sie mit Alexas ins Bett ging, brachte ich nicht heraus, und als ich sie einmal direkt fragte, meinte sie, als Vertraute der Königin müsse sie auf ihre Reputation achten und könne es sich nicht leisten, jedem ihre Gunst zu schenken. Wieder keine klare Antwort, aber was Alexas betraf, so ließen verschiedene Anzeichen erkennen, daß er sich um Iras bemühte, um auf diese Weise in den engeren Freundeskreis der Königin einzudringen.

Mardion, der Eunuch, mein väterlicher, mir immer gewogener Freund, riet mir dringend, in Ruhe die Entwicklung abzuwarten.

«Die *Basilissa* interessiert sich derzeit nicht allzusehr für unsere Belange, außerdem weiß ich von Charmion, daß sie wieder guter Hoffnung ist. Antonius ist hin- und hergerissen zwischen der Frau, die er liebt – daß er es wirklich tut, bleibt auch einem Eunuchen nicht verborgen –, und seinen dringenden Pflichten, die immer dringlicher werden.»

Ende Februar kam eine Nachricht, die endlich geeignet war, Marcus Antonius aus seinem Liebesnest aufzustöbern. Protarchos teilte sie uns bei einer eilig einberufenen «kleinen Ratsversammlung» mit.

«Der Imperator Marcus Antonius hatte bisher aus wohlerwogenen Gründen angenommen, daß die Parther nicht von sich aus offen gegen Rom vorgehen werden, sondern ihre Aktivitäten auf Judäa beschränken und die römische Reaktion abwarten wollten. Nun hat sich aber in Quintus Labienus ein Verräter gefunden, der den Parthern Geld und Truppen zur Verfügung stellt, um sich – fern von Rom – in der Fremde den Rang eines Imperators zu sichern. Das hat die Parther bewogen, von sich aus einen Feldzug zu beginnen, der sich – unter Leitung des parthischen Prinzen Pakoros – einerseits gegen Syria und – geführt vom Verräter Labienus – andererseits gegen Asia richtet. Ist Rom bedroht, sind es auch wir, und so hat unsere erlauchte *Basilissa* alles Entbehrliche an Geld, Truppen und Gerätschaften dem Imperator Antonius zur Verfügung gestellt. Er hat mich beauftragt, euch mitzuteilen, daß er morgen abend bei einem Symposion von seinen Freunden am Hof in Alexandria Abschied nehmen will. Wer dabei ohne triftige Entschuldigung fehlt, beleidigt den Imperator.»

Nun, wir alle zählten uns zu der von Kleopatra und Antonius gegründeten *hetaireia*, die sie die «Unverwechselbaren» nannten. Das ging hauptsächlich von Antonius aus, der sich auch jetzt, als über vierzigjähriger Imperator und Herr der halben Welt, eine kindliche Lust an Maskenspielen, Schabernack und oft nicht sehr geistvollen Scherzen bewahrt hatte. Ich sehe ihn noch vor mir, wie er an einem Abend, da wir alle in Verkleidung erscheinen mußten, als Meeresgott Glaukos auftrat. Bis auf einen Lendenschurz nackt, hatte er seinen Körper blau bemalt, sich einen Fischschwanz angebunden und trug auf dem Kopf eine Schilfkrone. In seliger Trunkenheit tanzte er herum, fiel zu Boden, machte Schwimmbewegungen, besah sich die kreischend davonlaufenden Frauen von unten und kommentierte den Anblick mit obszönen Bemerkungen.

Die *Basilissa* trat mit ihm als Paar auf und war deshalb als Nereide verkleidet, trug ein eng anliegendes Gewand aus silbernen Schuppen und eine grün eingefärbte Perücke. Mit großem Geschick ging sie auf seine Scherze ein, überhörte und übersah jedoch seine ungehörigen Bemerkungen und anzüglichen Gesten.

Ich selber hatte die Maske des schakalköpfigen Gottes Anubis angelegt, nahm ihm aber seine düstere Bedeutung als Patron der Gottessiegler und verteilte lachend aus Brot gebackene *anch*-Zeichen an die Gäste.

Iras und Alexas verkörperten Philemon und Baucis, was ich als wenig passend empfand. Ein Schminkmeister hatte sie recht geschickt als Greis und Greisin hergerichtet, und anfangs wurden sie ihrer Rolle auch gerecht, humpelten gebückt herum, aber als sich die Stimmung auflockerte, vergaßen sie ihre Maskierung und bewegten sich wie junge Leute.

Nun, die Zeit und die Lustbarkeiten der «Unverwechselbaren» gingen schnell vorbei, weil sich das Rad der Geschichte weiterdreht und nicht von einer Bande gutgelaunter Prasser und Festefeierer aufzuhalten ist.

# FÜNFZEHNTES KAPITEL

Wenn ich heute sage, Alexas hatte schon damals in aller Stille Vorsorge getroffen, mich, den lästigen Nebenbuhler, kaltzustellen, so kann ich es nicht beweisen. Sein Vertrauensverhältnis zu Marcus Antonius war jedoch so groß, daß dieser blind seinen Ratschlägen folgte, vor allem wenn es sich um private Dinge handelte, denn Alexas war so klug, dem Imperator niemals in politische Angelegenheiten hineinzureden. So hatte er sie wohl beide sacht umgarnt – Kleopatra wie Antonius –, aber als wir uns zu dem abendlichen Symposion einfanden, kam es doch anders, als dieser Intrigant gehofft hatte.

Mir ging es an diesem Abend wie einem Jungen, der zu seinen Spielgefährten stößt und bald merkt, daß sie ohne sein Wissen etwas ausgeheckt haben. Da gibt es bedeutungsvolle Blicke, heimliches Geflüster, dann wird laut von etwas anderem geredet, und man wird, als sei nichts geschehen, von den anderen ins Spiel mit einbezogen. Jeder Mensch kennt so etwas, doch niemand schätzt eine solche Rolle besonders.

Man hatte mir an diesem Abend den besten Platz angewiesen, zwischen Kleopatra und Antonius; Alexas und Protarchos saßen oder, besser, lagen in der Nähe, denn dem Römer zuliebe hatten wir unsere gewohnten bequemen Stühle aufgegeben und lagerten auf der *kline*. Über das sonst so griechische Alexandria hatte sich im Laufe der Zeit ein dicker ägyptischer Firnis gelegt, denn das von Osiris beherrschte Jenseits war doch weniger düster als das Reich des

Hades, und im Sitzen aß und trank es sich bequemer als im Liegen.

Antonius schnitt das Thema der Militärärzte an und redete mich dabei, wie stets, bei meinem alten Namen an.

«Ich habe gehört, dein Vater sei Truppenarzt im Süden gewesen, und du hast bei ihm dein Handwerk – nein, deine Kunst gelernt?»

«Das stimmt, Imperator, ich mußte schon als Zehnjähriger verwundete Krieger während der Behandlung festhalten und war mit fünfzehn oder sechzehn ein vollwertiger Gehilfe meines Vaters. Doch die Sache hatte einen Nachteil: Ich lernte damals hauptsächlich den Umgang mit Kriegsverletzungen, aber ich glaube inzwischen das Fehlende nachgeholt zu haben.»

Antonius hob seinen Becher.

«Ich trinke auf deinen tüchtigen Vater, der einen ebenso tüchtigen Sohn gezeugt hat.»

Wir tranken, dann sprach der Imperator weiter.

«Wir Römer haben von den Hellenen vieles übernommen, aber leider nicht den schon von Alexander geübten Brauch, die Truppen von Ärzten begleiten zu lassen. Die armen Kerle waren bisher immer auf heilkundige Kameraden angewiesen oder – wenn sie Glück hatten – auf die Ärzte in der nächstgelegenen Stadt. Octavius und ich haben beim letzten Triumvirat dieses Thema angesprochen, und wie du aus Tarsos weißt, Olympos, dienen in meinen Legionen schon einige mehr oder weniger gute Ärzte.» Er lachte schallend. «Wie schlecht sie sind, hast du ihnen ja damals bewiesen.» Er deutete auf seinen Leibdiener, den stummen *decurio*, der hinter ihm stand. «Der da wäre längst zu Asche geworden, hätte ich ihn meinen *medici* überlassen. Nun, da ein neuer langer Feldzug vor der Tür steht ...» Er seufzte und blickte etwas verlegen die Königin an.

Sie griff den Faden auf.

«… solltest du deine Männer nicht schlechter stellen als die griechischen oder unsere ägyptischen Soldaten. Und da haben wir uns gedacht, daß du, lieber Hippo, die Aufsicht dieser *medici* übernehmen sollst, als eine Art Oberster Arzt, der ihnen in schwierigen Fällen beisteht oder mit ihnen berät, was zu tun ist.»

Ah, das war es also! Dahinter konnte nur Alexas stecken, und seltsamerweise hatte er – ganz gegen seine sonstige Gewohnheit – am Gespräch nicht teilgenommen.

«Aber ich bin doch Leibarzt der *Basilissa*, habe hier meine Aufgaben, meine Freunde …»

«So soll es vorerst auch bleiben, Hippo, denn noch ist der Feldzug nicht eröffnet. Erst wenn es zu Kampfhandlungen kommt, sollst du dem Imperator beistehen.»

Antonius blickte verwirrt drein und schaute Alexas an, der nur leicht die Schultern hob.

«Ich dachte, er sollte gleich jetzt –»

«Aber Antonius, so lange kann ich meinen Leibarzt nicht entbehren, das mußt du doch verstehen.»

Mein verehrter Alexas, dachte ich, das entspricht wohl nicht so ganz deinen Plänen …

Bis heute weiß ich nicht, wer wen an diesem Abend täuschte, oder wollten sie nur ihre Scherze mit mir treiben, das Lieblingsspiel der Mächtigen? Vielleicht entgalt mir Kleopatra auf diese Weise meine treuen Dienste und verdarb Alexas den Plan, mich vom Hof zu entfernen.

Jedenfalls war ich sehr erleichtert, trank dann zuviel, machte gewagte Scherze, die im kleinen vertrauten Kreis niemand übelnahm.

In einem aber schien Alexas der Sieger zu bleiben – Iras wurde seine Geliebte, und ich durfte diesen Turteltauben dabei zusehen. Es ist schon seltsam: Man schätzt besonders das, was man nicht erlangen kann, und so glaubte ich, Iras nie so geliebt zu haben wie damals. Nicht ihr gab ich die Schuld, sondern Alexas, auf dessen infames Intrigenspiel die leichtgläubige Iras hereingefallen war. Alexas in seiner Durchtriebenheit aber stellte es so hin, als habe sie ihm so lange nachgestellt, bis er sich erweichen ließ. Iras hingegen berichtete stolz, daß nie ein Mann sie so verehrt und geliebt habe wie er.

Kleopatra hielt sich aus solchen Liebeshändeln heraus, wenn sie mich auch einmal mit der Bemerkung tröstete, Iras sei wie ein Schmetterling, der sich heute auf dieser Blüte niederlasse und morgen auf einer anderen. Mich tröstete das keineswegs, und allmählich machte es mir kein Vergnügen mehr, am Hof zu leben. Auf meine Bitte hin gewährte mir die Königin großzügigen Urlaub; ich müsse nur in Alexandria bleiben und jederzeit erreichbar sein. So beschloß ich, meinem Onkel Perseus und seiner Frau Demetria einen Besuch abzustatten, was ich bis jetzt immer wieder hinausgeschoben hatte.

Perseus empfing mich mürrisch.

«Hätte sich nicht in der Stadt herumgesprochen, daß du mit der *Basilissa* und dem Imperator wüste Feste feierst, wir hätten dich für – tot halten können. Du verleugnest den dir vom Vater verliehenen Namen, verleugnest deine Familie, deine Herkunft ...»

Sein Zorn war nicht echt, das sah ich, es war eben der Ärger, der aus ihm sprach. Ich legte ihm beruhigend meine Hand auf den Arm.

«Ich verleugne nichts und niemanden. Den neuen Namen hat mir die *Basilissa* verliehen, er gilt nur in Hofkreisen. Daß ich meine Familie nicht leugne, siehst du an meinem Hiersein, und es hat mich viel Mühe gekostet, dafür Urlaub zu erwirken. Ich bin Hof- und Leibarzt, vergiß das nicht, und habe vielfältige Pflichten, ganz davon abgesehen, daß die Königin geruhte, mich mehrmals für politische

Aufgaben einzusetzen. Ich war in Jerusalem, Tarsos, Ephesos ...»

Nun mischte sich Demetria ein.

«Wir wissen ja, wie beschäftigt du bist, und sind stolz, daß ein Verwandter von uns in ein so hohes Amt aufgestiegen ist. Andere ziehen ihre Vorteile daraus, wir aber ...»

Sie schwieg bedeutungsvoll.

«Wie ist das zu verstehen?»

Bei diesem Gespräch standen wir noch zwischen Tür und Angel, doch nun trat Perseus ins Haus, und wir setzten uns auf die schattige Terrasse, an die der kleine Garten angrenzte. Es war später Vormittag, und die Sonne lag schon schwer auf den staubigen Büschen und Gräsern.

«Zeit, daß es einmal regnet», meinte Perseus.

«Wann hat es im Mai jemals schon geregnet?»

Demetria schüttelte den Kopf.

«Jetzt bist du nach langer Zeit wieder hier erschienen, und ihr redet vom Wetter! Wenn wir schon einen Arzt in der Familie haben, dann sage ihm gleich, was dir fehlt, Perseus.»

Jetzt erst fiel mir auf, daß mein Onkel ungesund aussah – schlaff, aufgedunsen, mit trüben und müde wirkenden Augen.

Er winkte ab.

«Ach, das wird sich geben. Ich bin nur so häufig müde, schlafe drei- oder viermal täglich und habe ständig Durst. Da, schau dir das an.»

Er streifte die Sandalen ab und streckte die Zehen vor. Sie waren bläulich verfärbt und wirkten wie abgestorben.

«Die Zehen jucken und brennen, wenn ich aber kratze, sind sie fast gefühllos. Was könnte das sein?»

Mir kam ein furchtbarer Verdacht, denn die Symptome waren so eindeutig, daß ein Arztschüler im ersten Jahr sie zu deuten gewußt hätte. Perseus litt an Harnruhr, und dagegen gab es kein Mittel. Dieser Krankheit sind vor allem ältere Männer ausgesetzt, und sie endet nach einigen Monaten – manchmal kann es auch länger dauern – mit tiefer Bewußtlosigkeit, die nach wenigen Stunden zum Tod führt. Doch das konnte und wollte ich ihm nicht sagen. Ich lächelte beruhigend.

«Diese Symptome können vielerlei und nichts bedeuten. Wenn ich ein paar Tage dein Gast sein darf, werde ich dich beobachten, und dann sehen wir weiter. Um ganz sicherzugehen, werde ich mich im Museion beraten lassen.»

Das schien ihn zu beruhigen, und ich machte mich gleich dahin auf. Vielleicht hatten die Ärzte doch ein Mittel dagegen? Mir war die Krankheit bis jetzt nur zweimal am Hof begegnet, aber das waren keine wichtigen Leute gewesen, und man hatte den Dingen ihren Lauf gelassen.

Im Museion hatte man mich schier vergessen, und ich schämte mich etwas, daß ich nach wie vor mein Gehalt als Lehrer bezog, mich aber fast zwei Jahre nicht mehr dort hatte sehen lassen. Nun, meine Schuld war es nicht, wenn es der *Basilissa* gefiel, mich anderweitig zu verwenden.

Als Leibarzt der Königin fand ich schnell einen Facharzt, den ich befragen konnte. Ich schilderte ihm die Symptome und die von mir gestellte Diagnose. Er nickte.

«Allein auf deinen Bericht hin wäre ich zum gleichen Ergebnis gelangt, aber du solltest deinen Onkel trotzdem noch einige Tage beobachten. Was die Behandlung angeht, so gibt es verschiedene Methoden, ich wüßte aber nicht, daß eine davon besonders wirksam gewesen wäre. Alles, was dir bleibt, ist, deinem Onkel das Sterben mit immer höheren Dosen von *mekonion* zu erleichtern.»

Wieder zurück, zeigte ich mich Perseus gegenüber nicht besonders beunruhigt. Ich versprach, seinen Zustand zu beobachten, und lenkte dann das Gespräch auf andere Themen. Wie es Aspasia gehe?

«Wir haben das Mädchen zu sehr verwöhnt, sie ist launisch, ungehorsam und sehr anspruchsvoll. Im Herbst wird sie einen Sohn des Nachbarn heiraten – den, in dessen Haus du eine Zeitlang gewohnt hast. Nun etwas anderes. Wir haben heute vormittag davon gesprochen, daß du bei Hof etwas für uns tun könntest. Die Geschäfte gehen nicht mehr so gut wie früher, was einesteils mit der hohen Besteuerung, anderenteils mit dem Verbot der Silbermünzen zusammenhängt. Du weißt ja, daß nicht wenige meiner Kunden aus dem Ausland kommen: Asier, Syrer, Römer, Judäer, und die haben, solange es erlaubt war, immer in gutem Silber, größere Posten sogar in Gold bezahlt. Nun aber tauschen sie ihre Währung in Bronzemünzen um und wundern sich, daß sie nicht mehr dafür bekommen als früher für die Silberstücke. Das ist keine gute Entwicklung und schadet dem Geschäft. Die Einnahmen sind in den letzten Jahren deutlich gesunken, meine Ausgaben aber steigen. Die Familie ist größer geworden, Hektor hat im Vorjahr geheiratet, seine Frau erwartet ein Kind. Ich mußte schon zwei Sklaven verkaufen …»

«Dafür wird Aspasia aus dem Haus gehen, wenn sie heiratet.»

Er seufzte.

«Wenn – wenn – das Mädchen ist störrisch, und wir hatten Mühe, sie zu verloben.»

«Ich kenne sie eher als schüchtern, zurückhaltend, noch kindlich …»

Er lachte unfroh.

«Das ist vorbei. Sie ist unsere einzige Tochter und führt sich auf wie eine Prinzessin. Du wirst es ja selber sehen, wenn sie geruht, ihren mittäglichen Schönheitsschlaf zu beenden. Also – Olympos, kannst du etwas für uns tun? Ein königlicher Auftrag würde mir große Erleichterung verschaffen. Ich habe noch immer eine Ladung des feinen Tafelgeschirrs aus Rhosus im Lager, das ist für meine üblichen Kunden fast zu schade. Schau es dir einmal an.»

Perseus hatte recht, diese Töpferware erwies sich als etwas ganz Besonderes. Teller, Schüsseln, Krüge, Trinkgefäße, zierliche Amphoren – alles kunstvoll geformt und mit erlesener, polychromer Bemalung.

«Das ist ein wahrhaft königliches Geschirr, pack mir zwei oder drei Muster ein, ich werde mein Glück bei Hof versuchen.»

Auf dem Weg zurück ins Haus begegnete mir Aspasia. Aus dem kindlichen Pummelchen hatten die letzten Jahre eine schlanke, selbstbewußte Schönheit gemacht, mit straffen Brüsten, tiefbraunem Haar und zwei Augen, die jeden Mann herausfordernd anblickten, als wollten sie sagen: Ich könnte mit dir ins Bett, aber ich will nicht!

«Dein Vetter Olympos hat uns die Ehre eines Besuches erwiesen.»

Ich küßte meine *anepsia* auf beide Wangen, und sie nahm es hin wie eine Götterstatue – unbeeindruckt.

«Es freut mich zu hören, daß du bald in den Stand der Ehe trittst, Aspasia. Mögen dir viele gesunde Kinder beschieden sein …»

Sie hob unwillig die schön geformten Augenbrauen.

«Kinder? Ehe? Noch ist es nicht soweit. Nicht alles, was meine Eltern wünschen oder beschließen, findet meine Billigung. Vielleicht mache ich es wie deine Sklavin und weihe mich als Priesterin einer Gottheit – etwa der Isis. Das ist ein schönes, ausgefülltes Leben, und ich muß mich nicht mit einem besoffenen, ungewaschenen Mann und schreienden Kindern herumärgern.»

Perseus erblaßte sichtlich, und es trat ihm feiner Schweiß auf die Stirn.

«Aspasia – also, du – also ich verbiete dir, so daherzureden. Dein Bräutigam trinkt weder, noch ist er unsauber, und zu einer Ehe gehören nun einmal Kinder. Sonst gäbe es auch dich nicht!»

Der Arme sah mich an, als wolle er sagen, nun sprich auch du als ihr Vetter und hohe Standesperson ein Machtwort. Ich hätte es auch so getan.

«Nun glaube ja nicht, daß der Tempeldienst leicht ist. Du bist zu striktem Gehorsam verpflichtet und mußt jedem Befehl nachkommen – ohne Zögern, ohne Diskussion oder gar Widerrede. Nataki kann da ein Lied davon singen, und ihre blauen Flecken stammten damals nicht von Tanzübungen, sondern vom Stock ihrer Lehrerin.»

Das war natürlich wieder so hinfabuliert, aber ich wollte diese Mauer von Halsstarrigkeit ein wenig durchbrechen.

Doch Aspasia zeigte sich kaum beeindruckt.

«Nun – es muß ja nicht sein, vielleicht heirate ich doch. Jetzt erzähle mir ein bißchen vom Hofleben, Olympos, damit ich sehe, daß es auch noch etwas anderes gibt als Töpferware, das Mondtor-Viertel und einen Bräutigam, der übrigens jünger ist als ich.»

«Bei allen Göttern, nun fängt sie wieder damit an! Sie ist ein knappes Jahr älter, was macht das schon aus?»

Um den Familienzank zu beenden, erzählte ich vom Leben am Hof und sah, wie Aspasia die Ohren spitzte, als ich heitere und komische Begebenheiten aus der Zeit schilderte, als Antonius hier zu Gast war. Aspasia fragte nach Einzelheiten über Kleidung und Schmuck der Hofdamen, wollte alles über die Königin wissen, wie sie aus der Nähe aussah, was sie aß und trank, ihre sonstigen Gewohnheiten und vieles mehr.

«Aspasia, ich bin nicht die Zofe der Königin, sondern ihr Leibarzt, und da sie niemals krank ist, kann ich einige deiner Fragen nicht beantworten.» Da kam mir ein plötzlicher Gedanke. «Willst du die *Basilissa* einmal aus der Nähe sehen?»

«Aber ja!» rief sie. «Ist denn das möglich?»

Ich tat gelassen.

«Warum nicht? Als Leibarzt werde ich ihr doch meine Base vorstellen dürfen? Kleopatra ist ihren Freunden gegenüber sehr zuvorkommend, ich sehe da keine Schwierigkeiten.»

Perseus und Demetria waren von diesem Plan sehr angetan, doch ich beschwor sie, bis zu seiner Verwirklichung nichts davon verlauten zu lassen. Wie ich Demetria kannte, wäre sie gleich nach diesem Gespräch zu den Nachbarn gelaufen und hätte von Aspasias Glück berichtet.

In meinem Kopf formte sich ein Plan, den ich beim nächsten Besuch der Königin vortragen wollte, und daher sollte Aspasia mich begleiten. Zuvor fragte ich sicherheitshalber an, ob dies erwünscht sei, doch es ergaben sich nicht die geringsten Schwierigkeiten.

Als wir das Brucheion betraten, wo jedermann mich kannte und ehrerbietig behandelte, wurde Aspasia ganz still. In einer Doppelsänfte ließen wir uns auf die Halbinsel Lochias bringen, und meine Base blickte mit großen Augen auf die prachtvollen Tempel, Paläste und Gartenanlagen, die unseren Weg säumten, bis die Träger uns vor Kleopatras legendärem Palast absetzten.

«Das ist – das ist – wie bei den Göttern ...»

Ja, Aspasia hatte recht. Auch wer in guten Verhältnissen im eigenen Haus in Alexandria lebte, mußte vor dieser Pracht die Fassung verlieren. Selbst ich, der hier schon hundertmal aus und ein gegangen war, blieb manchmal stehen und bewunderte ein Detail, das mir bisher entgangen war. So dauerte es zum Beispiel Monate, ehe ich entdeckte, daß die Rückseite des Hauptportals nicht nur mit Elfenbeintafeln eingelegt war, sondern daß diese in feinster Reliefschnitzerei Szenen aus der Isis-Legende zeigten.

Ich gebe zu, daß ich meinen Auftritt mit Aspasia sehr genoß, weil sich in ihren vor Erstaunen und Bewunderung weit offenen Augen deutlich spiegelte, welche Stellung ich hier erreicht hatte. Keine der Wachen senkte vor mir die Lanzen, jeder der Palastsklaven begrüßte mich respektvoll, und als wir den kleinen, intimen Empfangssaal betraten, mußten wir weder warten, noch hielt uns wer zurück. Dieser Raum war für eher private Begegnungen mit Menschen gedacht, die von Kleopatras Freunden eingeführt und ohne großes Zeremoniell empfangen wurden.

Zuerst trat Iras ein, stutzte, lächelte und tat dann, als sei sie auf unseren Besuch vorbereitet, was ich aber nicht glaubte. Ein wenig scheel musterte sie Aspasia von Kopf bis Fuß, als sie uns betont spöttisch begrüßte.

«Schau, schau, der Arzt Hippokrates beehrt uns wieder einmal! Bist ein seltener Gast geworden, mein Verehrter. Und wen hast du da mitgebracht?»

Die Szene entbehrte nicht der Komik, als die kleine, zierliche Iras gönnerhaft zu der hochgewachsenen Aspasia aufblickte.

In diesem Augenblick muß mich der Kobold Bes geritten haben, denn ich sagte – oder besser, er sagte: «Das ist meine Base Aspasia, wir sind seit kurzem verlobt.»

Aspasia spielte mit weiblichem Einfühlungsvermögen das Spiel mit, denn sie spürte – das sagte sie mir nachher –, daß ich dieser Frau eins auswischen wollte.

Iras war nicht wie Charmion, die niemals ihre Gefühle erkennen ließ. Erschrecken und Erstaunen lagen in ihrem Gesicht, und ich genoß es sehr, obwohl ich sie nach wie vor liebte – ja, ich liebte sie und wollte sie zugleich verletzen.

«Verlobt? Das – das ist ja eine überraschende Neuigkeit – da wird die *Basilissa* – sie wird –»

Unbemerkt war die Königin eingetreten und nahm den Faden auf.

«Was werde ich?» fragte sie freundlich.

Da niemand antwortete, wandte sie sich uns zu.

«Hippo – welche Freude! Sind deine Verwandten wohlauf – und das ist deine Base Aspasia?»

Überrascht, ihren Namen aus dem Mund der Königin zu hören, sank Aspasia in die Knie und neigte tief ihren Kopf.

«Ja», hauchte sie, «ich bin Aspasia, göttliche Majestät.»

Kleopatra lächelte in ihrer unvergleichlich fröhlich-heiteren Art.

«Komm – steh schon auf, wir sind nicht im großen Audienzsaal.»

Kleopatra trug wegen ihrer fortgeschrittenen Schwangerschaft ein weites Gewand, und nur ein schmaler goldener Reif um ihre Stirn mit der sich aufbäumenden Uräusschlange wies auf ihren hohen Rang.

«Und verlobt ist er mit ihr auch!» stieß Iras hervor, als habe ich damit ein Verbrechen begangen.

Eine göttliche Königin durfte weder Erstaunen noch Überraschung zeigen, und so fragte sie in freundlichem Gleichmut: «Das ist schön – es freut mich für euch. Wann soll die Hochzeit sein?»

«Nun, das hängt von Aspasias Eltern ab, wir müssen uns erst …»

«Gut, gut, es wird sich alles finden.»

«Darf ich die *Basilissa* noch kurz alleine sprechen?»

Sie nickte.

«Iras, führe Aspasia nach draußen, es wird nicht lange dauern.» Leiser Vorwurf klang durch, als sie sagte: «Du hättest mich ruhig vorher informieren können, Hippo, unter Freunden gehört sich das so.»

«Verzeih, *Basilissa*, aber das war ein spontaner Entschluß, aus heiterem Himmel sozusagen …»

Sie war eine ausgezeichnete Menschenkennerin und ahnte wohl die Zusammenhänge.

«Ein Entschluß, den Iras ausgelost hat? Überlege es dir

gut, Hippo, denn ich glaube, die Sache mit Alexas wird nicht lange dauern. Er wird schon bald zu Marcus Antonius reisen müssen – wer weiß, ob und wann er wiederkommt …»

«Ich werde dich von allem, was geschieht, rechtzeitig unterrichten, Majestät.»

Dann zeigte ich ihr die drei Probestücke der Rhosus-Keramik und sah, wie ihre grauen Augen aufleuchteten.

«Das ist schön – wirklich schön! Ja, ich nehme die ganze Lieferung. Ich finde es ohnehin ziemlich eintönig, die Gäste immer aus silbernem Geschirr bewirten zu lassen.»

«Oder aus goldenem, wie in Tarsos …»

Sie lächelte.

«Ja, das war eine besondere Situation, und ich will es nicht zur Gewohnheit machen.»

Ich schilderte ihr kurz die Krankheit meines Onkels und bat, ihn weiter behandeln zu dürfen, bis ich wußte, ob es eine Heilung gab oder die Krankheit zum Tode führte. Sie gestattete es mir gnädig und schlug ihrerseits vor, ich könne im äußeren Bezirk des Palastviertels ein *iatreion* errichten, dort Patienten behandeln und zugleich im Bedarfsfall als Leibarzt zur Verfügung stehen. Das kam meinen Wünschen sehr entgegen.

«Deine göttliche Natur läßt dich in den Herzen der Menschen lesen. Ich hätte diese Bitte nicht auszusprechen gewagt.»

«Ich sehe schon, daß du dich hier langweilst. Wir sind ein junger Hof, es gibt kaum Kranke, und jeder unserer älteren Hofleute hat seinen eigenen Arzt. Wer seine Fähigkeiten nicht übt, geht ihrer verlustig.»

Ich bedankte mich und nährte die Hoffnung, daß mein angedrohtes Amt als Oberster Truppenarzt bei Marcus Antonius in Vergessenheit geraten würde.

Auf dem Rückweg schwieg Aspasia lange, dann sagte sie:

«Ich weiß natürlich, daß unsere Verlobungslüge dieser Iras galt, aber wenn ich es mir so recht überlege ...»

«Aspasia, dein Vater hat schon einmal versucht, uns beide zu verkuppeln – ich bitte dich herzlich, dieses Thema nicht mehr zu berühren. Außerdem bist du verlobt.»

«Wenn du wüßtest mit wem, würdest du anders reden.»

Das sollte ich bald erfahren, denn Haimon, der Nachbarssohn, kam jeden zweiten oder dritten Tag auf Besuch. Sein Vater handelte mit kostbaren Gewürzen, die er im großen einkaufte und in seinem Laden aufbereiten und in Säckchen oder kleine Tongefäße verpacken ließ. So war Haimon, der viel mit dem Mörser zu arbeiten hatte, immer von graugrünem Gewürzstaub bedeckt und roch – je nach seiner letzten Arbeit – nach Safran, Koriander, Pfeffer oder Kümmel, oder nach einer Mischung aus diesen Gewürzen. Aspasia behandelte ihn von oben herab, aber der scheue und schweigsame Bursche schien es nicht zu bemerken. Er schaute sie nur bewundernd mit feuchten Augen an, verstand ihre bissigen Bemerkungen nicht oder wollte sie nicht verstehen. Mir tat er leid, aber ich sah keine Möglichkeit, ihm auf irgendeine Weise zu helfen, um so mehr, als in dieser Zeit meine ganze Sorge dem Onkel galt. Unterdessen sprach ich mit vielen anderen Ärzten – alle kannten das Leiden, aber keiner wußte ein Mittel dagegen.

Sein sich steigernder brennender Durst war von einem Heißhunger begleitet, doch was und wieviel er auch aß, Perseus magerte stetig ab, Zähne und Haare fielen ihm aus, auf seinem Körper bildeten sich Furunkel. Die verzweifelte Demetria zog noch andere Ärzte zu, doch die schüttelten nur den Kopf und bestätigten meine Diagnose. Zuletzt verwirrte sich sein Geist, doch wir hatten vorher noch ein kurzes Gespräch.

«Mit mir geht es zu Ende, Olympos, spende Osiris ein Opfer, daß es nicht zu schlimm wird und zu lange dauert.

Gestern hat Aspasia mit mir gesprochen, sie bat mich um Verzeihung, aber sie will Haimon nicht heiraten. Dich will sie jetzt haben, Olympos, dich. Um Hektor mache ich mir keine Sorgen, er wird zurechtkommen. Ich kann dich nicht zu einer Ehe mit Aspasia zwingen, aber kümmere dich um sie, wenn ich tot bin. Du bist dann von Rang und vom Alter her der *archon* unserer Familie – dir vertraue ich sie an.»

Seine letzten Tage machte ich mit hohen Dosen von *mekonion* schmerzfrei, und eines Morgens starb er im Schlaf. Ich überließ die Familie ihrem Schmerz, ging hinüber zum Nachbarn und erstattete Bericht. Dann teilte ich Haimon und seinem Vater mit, daß Perseus die Verlobung auflösen wollte und mir als seinen letzten Wunsch das Versprechen abgenommen habe, Aspasia zu heiraten. Die Verwirrung war groß, doch mein hoher Rang verbot jede Widerrede. Haimon schien mir eher erleichtert, denn er hatte gewiß mit Angst und Unbehagen dem Tag entgegengesehen, da er mit der eigenwilligen Aspasia Tisch und Bett hätte teilen müssen. Ich aber, der acht Jahre Ältere, bildete mir ein, Erfahrung mit Frauen zu haben, und war überzeugt, mit ihr zurechtzukommen.

Wir wollten die Trauerzeit von neunzig Tagen abwarten, und ich sollte mich inzwischen um geeignete Räumlichkeiten für mein *iatreion* kümmern. Mein Status als Leibarzt öffnete mir dazu Tür und Tor, und bald hatte ich geeignete Räumlichkeiten am Ostrand des Brucheion gefunden. Hier verlief ein schiffbarer Kanal nach Süden, und er begrenzte auch das anschließende Judenviertel, wo Salmo mit seiner Familie lebte. Er hatte mir die Lage seines Hauses genau beschrieben, nämlich nördlich des Kanobischen Tores, schräg gegenüber dem Bethaus des Viertels, in Nachbarschaft eines Bäckers.

Ich irrte eine ganze Weile herum, bis ich das schmale, zweistöckige Gebäude fand. Die Tür öffnete sich spaltbreit, und eine weibliche Stimme fragte nach meinem Begehr. Salmo wolle ich sprechen? Der sei drüben im Bethaus, wo er den erkrankten Schammes vertrete, den Synagogendiener. Wer denn ich sei? Als sie meinen Namen hörte, öffnete sie die Tür ganz.

Ihre Ähnlichkeit mit Iras verblüffte mich, nur war sie etwas dicker. Die kleine runde Person stemmte herausfordernd die Hände in die Hüften, und dann sagte sie mit lauter, etwas schriller Stimme: «Ah – der Herr Leibarzt läßt sich auch einmal sehen! Salmo spricht ja von nichts anderem als dem wunderschönen Dienst bei dir. Höchste Zeit, daß du ihn wieder beschäftigst, nachdem er den Posten bei der Truppe verloren hat, den ganzen Tag nur herumhängt, Wein trinkt, die Fliegen an der Wand zählt, die Kinder herumscheucht …»

«Halt – halt! Er hat den Posten nicht verlassen, sondern ist als mein Diener und Gehilfe nur beurlaubt. Hätte ich mich nicht um einen erkrankten Verwandten kümmern müssen, dann –»

«Was auch immer!» fiel sie mir ins Wort. «Ein Mann ohne Arbeit ist ein Erzübel, schlimmer als die schlimmste Krankheit. Ich hoffe nur, daß du –»

Ihre Stimme schrillte noch lange hinter mir her, als ich hinüber zum Bethaus ging. Salmo machte sich gerade oben auf der Frauenempore zu schaffen, und ich hörte, wie er vor sich hinschimpfte.

«Müssen diese Weiber beim Beten immer Kürbiskerne kauen und die Schalen herumspucken, daß es hier aussieht wie in einem Dreschhaus? Und riechen tut es hier wie in einem Laden für Duftwässer und Salböle! Am liebsten würde ich die ganze Weiberschar …»

«Was würdest du am liebsten mit ihnen tun, Salmo?»

Die Stimme verstummte, und sein Kopf beugte sich über das Geländer.

«Endlich – endlich!» rief er laut und stürmte die Treppe hinab. Wir umarmten uns. «Hast du mich denn vergessen?» fragte er vorwurfsvoll, und sein gesundes Auge wurde feucht.

Ich klopfte ihn auf den Rücken, daß es krachte.

«Nein, Salmo, nicht vergessen, aber abgelenkt durch Familiengeschichten.»

Ich erzählte ihm von Krankheit und Tod meines Onkels und von meiner Verlobung.

«Nein!» rief er, «wie konntest du nur so unbesonnen handeln? Du hättest vorher mich, den erfahrenen Ehemann, zu Rate ziehen müssen!»

«Für einen Diener bist du ganz schön frech, aber daran habe ich mich schon gewöhnt. Ich bin nicht gesonnen, hier, in einem Tempel, mit dir über Vorzüge und Nachteile des Ehestandes zu diskutieren. Sobald du hier wegkannst, melde dich in meinem neuen *iatreion*.»

Da wurde Salmo ganz eifrig.

«Sofort! Ich kann sofort hier weg! Für diese Narrenarbeit findet sich schnell ein anderer. Narren gibt es ja immer noch genug auf der Welt, das siehst du an dir selber, wenn du allen Ernstes vorhast ...»

Ich holte aus, Salmo grinste und duckte sich, aber er schwieg. Ich dachte an seine sehr selbstbewußte Frau und an ihre schrille Stimme und ahnte, daß mein Diener sich überall anders wohler fühlte als zu Hause.

So machte ich mich daran, meine Praxis mit allem Erforderlichen einzurichten, kaufte Skalpelle, Zangen, Pinzetten, Nadeln, Wundhaken, Sonden, Spachteln, Schröpfköpfe, einfache und doppelte Knochenheber, Sägen, Meißel, Brenneisen und auch ein *embryotomon* – ja, leider auch das, denn ich wollte für alle Fälle gerüstet sein. Mit diesem speziellen Messer wird der Embryo im Mutterleib zerstückelt, wenn das Ausstoßen der Frucht aus irgendwelchen Gründen nicht zustande kommt und das Leben der Schwangeren gefährdet ist. Von einem Schreiner ließ ich mir nach Maß einen Arzneischrank anfertigen, gegenüber dem Fenster aufstellen, und dann tat ich stundenlang nichts als die Schubladen beschriften.

Während dieser Tätigkeit, es muß etwa Mitte Oktober gewesen sein, holte mich ein Eilbote in den königlichen Palast – Kleopatra, meine Königin, stand kurz vor ihrer Niederkunft. Sie ließ mich weniger in meiner Eigenschaft als Arzt rufen – dafür gab es Hebammen und spezialisierte Geburtshelfer –, sondern wollte in ihrer schweren Stunde den alten Freundeskreis um sich versammelt wissen.

Priester hatten das Geburtszimmer in einen Weiheraum verwandelt. Dem Bett gegenüber war ein Isis-Altar aufgebaut, am Kopfende des Lagers wachte die lebensgroße Statue der ägyptischen Geburtshelfergöttin Thoëris in Gestalt eines schwangeren Nilpferdes, ihre linke Hand stützte sich auf die Hieroglyphe «Schutz». Die Königin empfing mich kurz, und obwohl schon die ersten Anzeichen von noch schwachen Wehen über ihr Gesicht huschten, hatte sie ihre Neigung zur Ironie nicht verloren.

«Wenn Prometheus den Männern die Aufgabe des Gebärens zugewiesen hätte, wäre die Welt längst ausgestorben, denn keiner von euch Helden würde sich ein zweites Mal den Qualen und Gefahren einer Geburt aussetzen.»

Was sollte ich meiner Königin darauf antworten? Neben ihrem Bett wachte Iras, und ihre schwarzen Augen schossen Pfeile auf mich, den traurigen Helden, der – wie wohl alle Männer – verwirrt und verlegen am Bett einer Gebärenden stand und sich weit weg wünschte.

«Die – die Götter –», stammelte ich, «werden dir beistehen, *Basilissa*.»

Sie lächelte, und eine plötzliche Wehe wandelte ihr Gesicht jäh in eine schmerzliche Grimasse. Mit gepreßter

Stimme stieß sie hervor: «Wenn – wenn die Götter versagen, habe ich ja noch einen Leibarzt …»

In diesem Augenblick liebte ich meine Königin wie nie zuvor und wußte, ich würde ihr treu sein bis in den Tod – komme, was da wolle. Klingt es zu pathetisch? Es ist die Wahrheit, ich habe meinen Schwur gehalten.

Iras riß mich aus meinen hehren Gedanken.

«Hinaus!» zischte sie. «Sofort!»

«Ich werde Serapis ein Opfer bringen …», murmelte ich noch und ging schnell zur Tür.

Im Vorzimmer wartete die ganze Freundesschar, und es herrschte eine Stimmung wie im Allerheiligsten eines Tempels. Es fiel kaum ein lautes Wort, vielleicht auch aus Respekt vor Pshereniptah, dem Hohenpriester von Memphis, der großes Ansehen bei der Bevölkerung genoß und an Macht und Einfluß gleich hinter der Königin kam, der er – wie ihrem Vater – stets treu zur Seite gestanden hatte. Sein Amt war erblich und konnte in seiner Familie über zweihundert Jahre zurückverfolgt werden.

Pshereniptah war ein Mann um die fünfzig, aber damals bereits todkrank. Er war zum Skelett abgemagert, und wenn er ging, mußten ihn zwei junge Priester stützen. Aus seiner gelblichen Gesichtsfarbe schloß ich, daß er an einer auszehrenden Leber- oder Gallenkrankheit litt.

Am Fenster standen Protarchos und Mardion, die sich flüsternd unterhielten. Alexas war natürlich auch zugegen, er sprach gerade mit dem betagten Zeremonienmeister, das heißt, er monologisierte und ließ den Greis kaum zu Wort kommen.

Als Protarchos mein Eintreten bemerkte, winkte er mich herbei, während Mardion mich freundlich anlächelte.

«Wir unterhalten uns gerade über die Lage in Judäa; gestern abend ist von dort ein Schiff mit – nun, sehr interessanten Nachrichten gekommen. Vieles scheint noch unklar, aber sicher ist, daß Herodes vor den Parthern in seine Festung Masada fliehen mußte und jetzt offenbar versucht, von dort nach Rom zu gelangen, damit sein Freund Antonius ihm aus der Patsche hilft. In Jerusalem hat Antigonos die Macht an sich gerissen, während Phasaël – der ältere Bruder des Herodes – versucht, die Parther auf seine Seite zu ziehen. Ich hoffe, wir werden bald mehr erfahren.»

«Davon habe ich schon auf der Rückreise von Ephesos gehört», sagte ich. «Herodes wird sich durchsetzen; wer diesen Mann gesehen hat, traut ihm alles zu. Was hört man von Marcus Antonius? Während unsere *Basilissa* sein Kind zur Welt bringt, macht er sich unsichtbar.»

«Leiser!» zischte Mardion, und sein immer freundliches Gesicht wurde ernst und streng.

«Man merkt, daß du länger nicht mehr am Hof gewesen bist, denn vom neuesten Stand der Dinge scheinst du keine Ahnung zu haben.»

Protarchos flüsterte: «Kläre du ihn auf, Mardion, ich werde euch rufen, wenn es soweit ist.»

Wir gingen in den kleinen, intimen Palastgarten, der – von allen Seiten uneinsehbar – wie ein grünes, von kostbarem Marmor eingefaßtes Juwel in heiterer Stille dalag und dem leisen Rauschen seines Nymphenbrunnens lauschte.

Mit seiner kleinen runden Gestalt hätte Mardion Iras' älterer Bruder sein können; trotz seiner ruhigen besonnenen Art wirkte er lebhaft und unterstützte seine Rede häufig mit ausdrucksvollen Gesten. Er scheuchte einen Sklaven davon, der gerade den Ziersträuchern ihren herbstlichen Schnitt verpaßte.

«Das Thema Marcus Antonius ist ein sehr heikles geworden», begann Mardion seine Erklärung mit halblauter Stimme. «Aus dem Krieg mit den Parthern ist bekanntlich bis jetzt nicht viel geworden, die sitzen jetzt in Judäa und hüten sich davor, Rom weiter zu provozieren. Dafür hatte

Antonius um so mehr Schwierigkeiten mit seiner Gattin Fulvia. Die brach – zusammen mit Lucius Antonius, dem Bruder des Imperators – einen Krieg gegen Octavius vom Zaun, natürlich unter dem Vorwand, die Stellung ihres Gatten in Italien zu stärken, eher aber, um ihn aus Ägypten fortzulocken. Die Sache ging schief, sie mußte fliehen und ist im Sommer auf der Flucht in Hellas gestorben. Octavius trug dem Imperator klugerweise nichts nach, hat sich mit ihm versöhnt und das Triumvirat erneuert. Um den Frieden zu befestigen, hat Octavius nun darauf gedrungen, daß Antonius seine ältere Schwester heiratet. Sie ist Witwe, er Witwer – der Sache stand also nichts im Wege als unsere Königin. Du kannst dir denken, wie es sie getroffen hat, als sie vor wenigen Tagen von dieser Heirat erfuhr. Sie will um jeden Preis, daß Antonius zu ihr zurückkehrt, und ich ahne schon, wen sie zu ihm schicken wird – einen Mann, der sich als geheimer Gesandter schon einige Verdienste erworben hat.»

Ich erschrak.

«Nein, Mardion, diesmal nicht! Antonius mag mich als Arzt schätzen, aber daß er sich von mir nach Ägypten lokken läßt, kann auch die Königin nicht glauben.»

«Beruhige dich, Hippo! Ich sagte ja nur, ich hätte da so eine Ahnung. Wen könnte sie deiner Ansicht nach mit dieser Aufgabe betrauen?»

Ich zögerte keinen Augenblick.

«Alexas natürlich. Er genießt das volle Vertrauen des Imperators und hat, wie jedermann weiß, großen Einfluß auf ihn. Wenn es einem Menschen gelingen könnte, Antonius nach Ägypten zu bringen, dann ist es Alexas von Laodikeia.»

Mardion nickte.

«Du hast recht – ich verstehe gar nicht, daß noch niemand auf diesen Gedanken gekommen ist. Aber dieser

Mensch hat sich hier so unentbehrlich gemacht, daß ihn offenbar keiner missen will. Ich weiß, du magst ihn nicht, kann es auch verstehen und gehöre selber nicht zu seinen Freunden. Dieser Mann schillert wie ein vergoldeter Bronzekrug, von dem man annimmt, er könne nur den besten Wein enthalten. Aber unter der dünnen Goldschicht verbirgt sich das unedle Metall, und im Krug ist ein mit Honig verbesserter Säuerling.»

Ich lachte.

«Ein guter Vergleich, obwohl die meisten an Alexas nur den goldenen Firnis sehen.»

«Gut, Hippo, ich bin auf deiner Seite, werde Protarchos informieren und – sein Einverständnis vorausgesetzt – den Vorschlag als eine gemeinsame Idee von uns dreien der Königin unterbreiten.»

Gegen Abend gebar Königin Kleopatra ein Zwillingspärchen. Der Junge erhielt den Namen Alexander Helios, das Mädchen Kleopatra Selene. Die *Basilissa*, auf Erden eine Inkarnation der Isis, spielte ihre Rolle klug und konsequent weiter, indem sie Sonne und Mond aus ihrem Leib erschuf.

# SECHZEHNTES KAPITEL

Für mich begann nach der Geburt von Kleopatras Zwillingen eine aufregende Zeit, die aber nicht lange dauerte. Ich mußte mein Leben aufteilen zwischen dem Königspalast, meinem neu errichteten *iatreion* und den Besuchen bei meiner Verlobten Aspasia, die unserer Hochzeit entgegenfieberte und sich als Frau des Leibarztes eine glänzende Stellung am Hof ausmalte.

Mit Hilfe des Eunuchen Mardion gelang es mir, Protarchos auf unsere Seite zu ziehen, und wir überzeugten ihn bald, daß es keinen geeigneteren Menschen gäbe, um Antonius wieder nach Ägypten zu bringen, als Alexas. Der wußte von alldem nichts, sonnte sich in der Gunst der Königin und ihrer Kammerfrau Iras, merkte aber nicht, daß viele, die ihn anfangs schätzten, allmählich von ihm abrückten, weil sie ahnten, daß hinter seinem neunmalklugen, verbindlichen und jovialen Wesen nur Eitelkeit und Geltungsbedürfnis steckten.

Als vier Wochen keine Nachricht von Antonius eintraf, hatten wir die Königin in immer neuen behutsamen Vorstößen davon überzeugt, daß einzig Alexas der Mann sei, Antonius an seine Vater- und Liebhaberpflichten zu erinnern und ihn aus den Armen Octavias in die Kleopatras zu locken.

Ob Kleopatra, die nichts und niemand scheute oder fürchtete, es in diesem Fall doch vermeiden wollte, Alexas seine Aufgabe unter vier Augen mitzuteilen, oder ob sie es für richtig hielt, ihren Freundeskreis daran teilnehmen zu lassen, mag ich nicht entscheiden. Jedenfalls waren wir alle versammelt, als sie uns dies und noch etwas anderes mitzuteilen hatte.

Nachdem die Diener das Tafelgeschirr abgeräumt und die Mischkrüge mit Wasser, Honig, Fruchtsäften und Wein bereitgestellt hatten, erhob sich Protarchos, um uns mitzuteilen, daß wir in wenigen Wochen einen hohen Besuch zu erwarten hätten.

Da unterbrach ihn die Königin.

«Na, na, Protarchos, so hoch auch wieder nicht. Unser Hippo kennt diesen Herrn, und daher wünsche ich seine Anwesenheit, und auch die der anderen, soweit es sich machen läßt. Aus staatspolitischen Gründen – vor allem in Hinblick auf Rom – lege ich Wert darauf, keinen Augenblick mit Herodes, dem Tetrarchen von Judäa, allein zu sein. Jedes unserer Gespräche muß mindestens zwei Zeugen haben, abgesehen vom Hofchronisten, der alles aufzuzeichnen hat. Protarchos wird euch nun berichten, was Herodes hierherführt.»

Protarchos setzte sein strenges Ministergesicht auf und holte einige Notizen hervor.

«Ja, meine Freunde, Herodes ist in keiner guten Lage und besucht Alexandria auf seinem Weg nach Rom, um dort bei den Triumvirn Hilfe zu erbitten, wobei er natürlich vor allem auf seine Freundschaft mit Marcus Antonius baut. Daß er vor Antigonos, den die Parther unterstützten, fliehen mußte, ist ja schon früher bekanntgeworden, jetzt aber erfuhren wir die Einzelheiten. Herodes war seinem Bruder Phasaël in Jerusalem zu Hilfe geeilt, doch die beiden wurden mit ihren schwachen Truppen in der Königsburg eingeschlossen. Nun aber gerieten die Brüder in Streit – Phasaël wollte Zeit gewinnen und mit den Parthern verhandeln, Herodes sah darin keinen Sinn, weil sie als die erklärten Feinde der Römer natürlich den ebenfalls römerfeindlichen

Usurpator Antigonos unterstützten. Nun, Phasaël ließ sich von seinem Plan nicht abhalten, verließ die sichere Königsburg und ging in das Hauptquartier der Parther, um mit ihnen zu verhandeln. Dort wurde er zuerst ehrenvoll empfangen, aber dann warfen sie ihn gefesselt in einen Kerker, worauf Herodes die Flucht ergriff, was ihm nur des Nachts und durch massive Bestechung der Wachen gelang. Doch die Flucht wurde entdeckt, und nur wenige Meilen von Jerusalem entfernt hatten ihn die parthischen Verfolger eingeholt, aber Herodes gelang es, sie mit seinen Leuten zu überwältigen. Auf dem Weg in die Festung Masada geschah dies noch mehrmals, doch immer blieb Herodes siegreich. Erst als er die Grenzen von Idumäa, seinem Heimatland, überschritten hatte, war er in Sicherheit, weil hier das Volk zu ihm stand und viele Männer sich ihm freiwillig als Krieger anschlossen. In Masada ließ Herodes seine Familie unter dem Schutz seines jüngeren Bruders Joseph zurück, während er mit einer kleinen Truppe nach Petra zog, um dort von dem Nabatäerkönig Malchos einen Geldbetrag einzutreiben, den Antipatros – der Vater des Herodes – ihm geliehen hatte. Mit diesem Geld wollte er seinen Bruder von den Parthern freikaufen – doch dafür war es zu spät. Die Parther hatten inzwischen Phasaël und Hyrkanos an den Usurpator Antigonos ausgeliefert, der dem Hohenpriester beide Ohren abschneiden ließ, weil er dann nach jüdischem Gesetz zeitlebens sein hohes Amt nicht mehr bekleiden kann. Phasaël sollte hingerichtet werden, doch es gelang ihm, sich gefesselt von einem Felsen zu stürzen, vielleicht war es auch ein verzweifelter Fluchtversuch, bei dem er umkam. Der Versuch des Herodes, beim Nabatäerkönig Geld einzufordern, mißlang. Malchos wies ihn schon an der Grenze zurück und rechtfertigte sich mit einem Befehl der Parther, die ihn angewiesen hatten, Herodes gefangenzunehmen oder wenigstens aus dem Land zu jagen.»

Protarchos machte eine Pause und nahm einen Schluck Wasser.

«An diesem Punkt nun treffen sich zwangsläufig seine und unsere Interessen. Für Herodes blieb nur noch die Möglichkeit, bei Antonius Hilfe zu erlangen, und dieser hält sich derzeit in Rom auf. Alle Wege dahin sind von den Parthern versperrt – bis auf einen, und der führt über Ägypten.»

Hier unterbrach Kleopatra ihren Ersten Minister.

«Wir werden Herodes sehr ehrenvoll empfangen, ihn aber doch spüren lassen, daß er machtlos ist ohne Thron, ohne Land, ohne Geld und wie sehr er zunächst unsere Hilfe und dann die von Rom benötigt. Sobald er will, lassen wir ihn weiterziehen, doch einer von uns wird ihn zu Antonius begleiten, um unsere Hilfsbereitschaft ins rechte Licht zu rücken – nämlich du, Alexas von Laodikeia!»

Mir hüpfte das Herz vor Freude, als Kleopatra diese Worte herausstieß wie einen Urteilsspruch. Wäre sie allein mit diesem Schönredner gewesen, er hätte sicher eine Reihe von Argumenten gefunden, um die Königin umzustimmen. Aber dies war ein Befehl, klar, eindeutig und vor vielen Zeugen, ein Aufbegehren oder gar eine Widerrede wären da undenkbar gewesen.

Iras war nichts anzumerken, unbewegten Gesichts stand sie da, den Blick in die Ferne gerichtet, so daß ich annahm, Kleopatra habe sie schon vorher unterrichtet.

Alexas aber übertraf sich selbst. Langsam stand er auf, sein schönes Antlitz strahlte, als sei er gerade mit einer hohen Auszeichnung bedacht worden. Er streckte anbetend beide Arme vor, beugte sich tief und rief mit klarer, beherrschter, doch vor Begeisterung leise zitternder Stimme: «Ein schöneres Geschenk konntest du mir nicht machen, göttliche *Basilissa*, als mich mit diesem so ungemein wichtigen Auftrag nach Rom zu senden. Ich werde meinen besten

Freund wiedersehen, und das wird mir den Schmerz versüßen, mich von dir, *Basilissa*, und von euch, meine lieben Freunde, für eine Weile trennen zu müssen.»

Für eine Weile! Er konnte es nicht lassen, uns gleich auf seine Rückkehr vorzubereiten. Sei nicht so sicher, mein Freund, dachte ich grimmig, der Weg nach Rom ist weit, und ob du zurückkehrst, hängt nicht allein von dir ab.

Später sprach noch Protarchos mit Alexas und teilte ihm seinen eigentlichen Auftrag mit. Er sollte versuchen, Antonius alleine zu sprechen, und ihn dazu bewegen, Herodes zu entmachten und sein Land zwischen Rom und Ägypten aufzuteilen. Mich hatte Kleopatra damals nach Jerusalem geschickt, um Herodes zu überreden, in einem gemeinsamen Abkommen Rom zu hintergehen; nun, da Antonius ihr Geliebter und sie Mutter seiner Kinder war, forderte sie ihn auf, Herodes fallenzulassen und sein Land aufzuteilen. Um die Einzelheiten dieses Planes zu besprechen, müsse Antonius dringend nach Ägypten kommen oder mit ihr ein Treffen in Syria oder Asia vereinbaren.

Diesen Geheimauftrag hat mir Protarchos kurz vor seinem Tod anvertraut, aber gerüchteweise hatte es sich längst herumgesprochen.

Anfang November traf Herodes in Alexandria ein, zusammen mit ein paar hundert Mann seiner treuen idumäischen Leibsoldaten, aber er trat auf, als sei er noch der allmächtige Tetrarch von Judäa und nicht ein mittelloser und hilfesuchender Flüchtling.

Kleopatra ging klug auf sein Spiel ein. Die Fanfaren schmetterten von den Palastmauern, die Straßen waren geschmückt wie an einem hohen Feiertag, alles, was im Brucheion lebte – vom Stallknecht bis zum Feldherrn, von der Küchenmagd bis zu den Kammerfrauen –, war aufgerufen, den hohen Gast in Festkleidern und mit Jubelrufen zu empfangen.

Sollte Herodes von diesem Aufwand überrascht gewesen sein, so zeigte er es nicht. In blütenweißer arabischer Gewandung saß er auf seinem feurigen schwarzen Rappen, seine Soldaten umgaben ihn lanzenstarrend und schwerterklirrend als lebendige Schutzmauer. Etwa zwölf Tage blieb der Tetrarch in Alexandria, und Kleopatra hielt ihr Wort: Jedes ihrer Gespräche fand unter Zeugen statt, von jedem fertigte der Hofschreiber eine von ihr und den Zeugen gegengezeichnete *anagraphe.*

Sie sprachen sich förmlich als *Basilissa* und *Tetrarches* an, waren von ausgesuchter Höflichkeit, und niemand konnte übersehen, daß Herodes unserer Königin als Mann gefiel. Sie zeigte sich von ihrer besten Seite, war charmant, fürsorglich, aufmerksam, und ihre ironischen Bemerkungen sparten ihn sorgsam aus. Bei Herodes war zu spüren, daß nicht die etwa gleichaltrige Frau – beide waren damals um die dreißig –, sondern die kluge, beliebte und hochgebildete Königin seine Bewunderung erregte. Sie sprach fließend hebräisch und aramäisch, kannte sein Land, als sei sie dort geboren, und ihm schien es Spaß zu machen, Reichtum und Schönheit Judäas so herauszustreichen, als wolle er es ihr zu Füßen legen.

Am vierten Tag seines Aufenthalts wurden Iras und ich an den Tisch der Fürsten gebeten; im Hintergrund saß der Protokollführer am Boden, Schreibrolle und Feder auf seinen Knien – ein Bild, wie es noch auf vielen altägyptischen Malereien und Reliefs zu sehen ist.

Wieder war ich überrascht von der katzenartigen Anmut dieses Mannes, der so lässig und locker in unserer Runde saß, als gelte es, eine Lustfahrt nach Kanobos zu planen, doch es ging um sein Leben, seine Existenz, seine Zukunft. Täuschte ich mich, oder sah ich eine leise, kaum spürbare Verachtung in seiner Miene? Verachtung vielleicht für diesen Königshof, den eine Frau regierte – Verachtung vielleicht auch für uns Männer, die das zuließen. Aus der Sicht eines Arabers oder Juden war dies tatsächlich eine unmögliche Situation, denn in diesen Kulturkreisen wäre eine Frau in einem öffentlichen Amt undenkbar, während Ägypten in seinen alten Dynastien, aber auch unter den Ptolemäern, immer wieder Königinnen auf dem Thron gesehen hat.

«Olympos – du hier?»

Seine schrägen dunklen Augen weiteten sich vor Erstaunen. Ich verneigte mich.

«Diesmal als Leibarzt der Königin unter meinem Hofnamen Hippokrates.»

Herodes schmunzelte.

«Ihr Griechen seid sehr beweglich, nicht wahr? Das soll auch als Kompliment an deine Vorfahren verstanden werden, *Basilissa*.»

Kleopatra lächelte auf ihre strahlende und gewinnende Art, und es war, als wehe ein Hauch der göttlichen Isis durch den Raum.

«Die Geschichte bleibt nicht stehen, Herodes. Die Reiche der griechischen Diadochen beginnen zu verblassen, seit die Sonne Roms aufgegangen ist. Wohl dem, den sie freundlich bescheint.»

«Wie dich, *Basilissa*.»

«In Ägypten hat man seit je die Sonne verehrt, als mächtige Gottheit, die auch stattliche Opfer erheischt. Deine Reise nach Rom halte ich übrigens für wenig sinnvoll, und zwar aus zwei Gründen. Zum einen ist die Seefahrt um diese Zeit sehr riskant, zum anderen kannst du hier in Ruhe das Eintreffen des Imperators Antonius abwarten, und ich hätte auch eine Aufgabe für dich: Du könntest *strategos* meiner jüdischen Truppen werden …»

Das glatte, bronzehäutige Antlitz des Herodes blieb unbewegt. Nachdenklich strich er mit den Fingern durch seinen kurzen, pechschwarzen Bart.

«Ehrenvoll, höchst ehrenvoll – gewiß. Aber die Priesterschaft in Jerusalem würde es mir verdenken, wenn ich in Ägypten – wo man, wie sie sagen, falsche Götter verehrt – ein Amt annähme. Was nun Antonius betrifft, so darf ich niemals vergessen, daß er nur ein Drittel der Macht in Rom darstellt, denn noch immer regiert dort das Triumvirat aus Octavius, Lepidus und ihm. Er ist mein Jugendfreund, ich schätze und liebe ihn, aber ich muß die tatsächlichen Machtverhältnisse im Auge behalten, und ich glaube sogar, daß er es von mir erwartet. Darum, *Basilissa*, muß ich die Reise nach Rom antreten, so gefahrvoll sie auch sein mag.»

Anfang Dezember reiste er ab und Alexas mit ihm. Nun endlich redete Iras wieder mit mir, und was ich von ihr hörte, waren zunächst nur Klagen und Vorwürfe.

«Nun ist es dir endlich geglückt, Alexas davonzujagen. Was hat er dir getan? War er nicht jedermanns Freund – begonnen bei der Königin bis hinunter zum Türwächter? War es Eifersucht, die dich so rachsüchtig handeln ließ – Eifersucht eines Mannes, der bald eine andere heiraten wird?»

Lauter schwierig zu beantwortende Fragen, um so mehr, als ich in diesem Augenblick selber nicht wußte, warum ich Aspasia heiraten wollte und ob ich Iras noch liebte. Wütend über meine hilflose Verwirrung schimpfte ich los.

«Ich soll Alexas davongejagt haben? Ehrwürdige und unverdächtige Hofleute wie Protarchos und Mardion waren es, die der *Basilissa* den Rat gaben, ihn zu Antonius zu senden. Dem stimmte ich aus vernünftiger Überlegung zu. Ja, ich war eifersüchtig, aber du hast dich ihm an den Hals geworfen und dich so festgeklammert, daß ich meine Pläne änderte. Aspasia ist ein junges, sehr hübsches Mädchen, eine Jungfrau noch, und ich halte es für besser, bei einer Frau, noch dazu, wenn man sie heiraten will, der erste zu sein und nicht der – wie viele waren es bei dir vor und nach Ptolemaios?»

Es war nicht schön, was ich da sagte, aber der Zorn wägt nicht die Worte, und ihre Antwort waren zwei kräftige Ohrfeigen, eine rechts, eine links. Dann lief sie laut schluchzend davon.

Mag man es mir glauben oder nicht: Schon wenig später packte mich eine sinnlose Eifersucht auf Alexas' Nachfolger, den es derzeit noch gar nicht gab.

Ich ließ mich jetzt vom Hof für einige Zeit beurlauben, denn aus mir war ein *nymphilos*, ein Bräutigam, geworden. Bisher hatte es sich nicht ergeben, daß ich Zeuge einer griechischen Hochzeit war, und Ägypter – das wußte ich aus Syene – heiraten sehr formlos, da gibt es nur den Ehevertrag und eine Feier für Verwandte und Freunde.

Hier in Alexandria klärte mich meine Tante Demetria über alles auf und sagte nach jedem dritten Satz mit tränenerstickter Stimme: «Wenn das der gute Perseus noch erlebt hätte ...»

Ihn vertrat nun sein Sohn Hektor, mein lieber Vetter, der unentwegt dummstolz grinste, vielleicht weil er selber schon verheiratet war und sich mir in dieser Beziehung überlegen fühlte. An ihn zahlte ich die *hedna*, das sind die Brautgeschenke, die früher wohl aus Naturalien bestanden haben, jetzt aber – zumindest im städtischen Bereich – mit einer Geldsumme abgegolten wurden. Demetria und Hektor hatten eingesehen, daß diese Summe nicht sehr hoch sein konnte, denn ich war bisher zu keinen Reichtümern gekommen, zudem erhob ich Aspasia weit über ihren Stand: Als meine Frau war sie bei Hof zugelassen, und in einer Monarchie bedeutet das viel.

Mit Freunden, Nachbarn und Verwandten begingen wir die *proteleia*, die «Vorfeier», an deren Ende Aspasia ihr Kinderspielzeug vor einem kleinen Hausaltar der Serapis verbrannte, als Symbol für ihren Eintritt in das Erwachsenenleben. Danach gab es ein üppiges Hochzeitsmahl, bei dem besonders die jüngeren Leute zuviel aßen und tranken und dann zu Demetrias Entsetzen das ganze Haus vollkotzten. Gegen Mitternacht hätte sich der Brautzug zu meinem Haus formieren sollen, doch ich besaß keines. Da waren nur die Arztwohnung im Brucheion und meine frisch eingerichtete Praxis, die ursprünglich nicht als Aufenthalt für eine Familie gedacht war und nur zwei einfache Schlafräume für Salmo und mich enthielt. Nun war es mir in letzter Minute gelungen, meinem *iatreion* schräg gegenüber eine größere Wohnung zu mieten, die aber Aspasia nach ihrem eigenen Geschmack einrichten sollte.

So fand – mit Erlaubnis der *Basilissa* – die Übergabe der Braut in die Obhut ihres Mannes im Brucheion statt, und wie es ihre Art war, erwies sich die Königin dabei als außerordentlich großzügig. Damit begannen – das muß ich leider sagen – die Mißverständnisse in unserer Ehe.

Das *epithalamion*, das rituelle Brautlied vor der Hochzeitskammer, wurde von den Sängern des königlichen Isis-Tempels – er grenzte unmittelbar an Kleopatras Palast – vorgetragen, und zwar nach den Texten der von der Königin überaus geschätzten Dichterin Sappho, die vor etwa sechshundert Jahren auf Lesbos gelebt hat und von Kennern als die «zehnte Muse› gerühmt wird.

«Hoch die Türe des Gemaches!
  Hymenaios!
Hebt den Türsturz, ihr Brautleute, höher!
  Hymenaios!
Dem Ares gleich, so naht jetzt der Bräutigam
viel größer noch als große Männer!
  Hymenaios!
Segen und Glück dir, Braut!
Dir Bräutigam, Glück und Segen!
  Hymenaios!»

Der Chorgesang dauerte einige Stunden und begleitete meine Versuche, Aspasia zu entjungfern, was sich als gar nicht so einfach erwies.

Kaum saßen wir auf unserem breiten Bett, flüsterte sie: «Die Lieder sind so schön!», und legte einen Finger auf ihren Mund.

Gut, so lauschten wir also den erlesenen Gesängen des mehrstimmigen Chores, und etwas Besseres war gewiß in keinem Odeion von ganz Alexandria zu hören. Nach einer halben Stunde legte sie langsam ihr mit Blumen geschmücktes Brautgewand ab, stand da in einem sehr züchtigen *chiton*, der noch halb ihre Knie bedeckte, und nun wollte ich ihr – «dem Ares gleich» – stürmisch zu Leibe gehen, doch da sprang sie mit einem leisen Schrei auf und rief: «Mein Haar! Ich muß mein Haar öffnen! Wo ist ein Spiegel?»

Gemeinsam suchten wir in der Schlafkammer einen Spiegel, aber im Haus eines ledigen Mannes gibt es so etwas in der Regel nicht.

«Ich werde dein Haar losbinden», bot ich mich an.

«Ein Mann –», sagte sie schnippisch, «ein Mann kann so etwas nicht!»

«So laß es mich wenigstens versuchen …»

Darauf fiel ihr nichts ein, und so machte ich mich im Dämmerlicht einer kleinen Öllampe an die Arbeit, ihr hochgestecktes dunkles Haar aufzubinden. Wer dieses System, die weibliche Lockenpracht zu bändigen, nicht kennt, glaubt am Ende, er besitze an jeder Hand fünf Daumen, wenn er diese Fülle von ihren Fesseln befreien soll. Sie rief mehrmals «Autsch!», pfiff schmerzlich durch die Zähne, aber am Ende rieselte die ganze Haarflut über ihren Rükken, und nun wollte ich sie von ihrem *chiton* befreien, was sie stumm verweigerte.

«Aspasia», sagte ich geduldig, «wir sind jetzt Mann und

Frau, und es ist mein gutes Recht – nein, wir beide haben die Pflicht, uns ehelich zu verbinden, ich will damit sagen, Hymenaios, der Hochzeitsgott – den sie draußen dauernd ausrufen – kann unsere Verbindung erst gutheißen und segnen, wenn sie vollzogen ist.»

Wie mühte ich mich ab, ihr alles plausibel zu machen, schließlich wollte ich nicht meine eigene Base mit Gewalt nehmen und dachte, mit Geduld und Verständnis ... Nun, beides erwies sich als vergeudet und schließlich auch als erschöpft. Ich packte sie an ihren Haaren und zischte sie an: «Wenn du nicht in wenigen Augenblicken nackt vor mir liegst, dann schicke ich dich noch heute zu deinem Bruder zurück! Dann wird es nichts mit dem Hochzeitsmahl, das die Königin uns morgen bereiten läßt.»

«Was? Die *Basilissa* wird uns – hier im Brucheion?»

«Ja – und mit sehr erlesenen Gästen.›

Nun endlich kleidete Aspasia sich aus, legte sich aufs Bett und schloß ergeben die Augen. Inzwischen war noch einer müde geworden, nämlich mein Phallos. Beim Eintritt in die Schlafkammer wäre er noch recht munter und tatendurstig gewesen, aber die fruchtlosen, sich über Stunden hinziehenden Bemühungen hatten in mir jedes Verlangen erstickt. Ich trank hastig zwei Becher Wein, legte mich neben Aspasia und sagte: «Was noch keiner Frau bisher gelungen ist, hast du erreicht. Schlafe jetzt, morgen reden wir weiter.»

«Und das Hochzeitsmahl?»

«Wird stattfinden!»

Ich erwachte zuerst, preßte mich an ihren nackten Körper, spreizte die kaum widerstrebenden Schenkel und brach mühelos das jungfräuliche Siegel. Sie schrie leise auf, erwachte, schaute mich mit vor Schreck geweiteten Augen an und wollte sich meinem Zugriff entziehen. Doch ich hielt sie eisern fest und brachte die Sache zu Ende.

Warum ich das so nüchtern und lieblos schildere? Weil

mir bisher jeder Liebesakt – mit welcher Frau auch immer – Lust und Freude bereitet hatte, ob es nun Nataki war oder Iras oder die Huren in Jerusalem, Tarsos und Ephesos. Jetzt aber hatte ich das Gefühl, eine lästige Pflicht zu erledigen, und konnte nur hoffen, daß Aspasia ihr Verhalten mit der Zeit ändern würde. Ich jedenfalls wollte alles dazu beitragen, es ihr leichtzumachen, und redete mir ein, es sei etwas anderes, ein Mädchen zu entjungfern, als mit einer erfahrenen Frau ins Bett zu gehen.

Nun, der Blutfleck auf dem Laken war vorhanden und wurde von Aspasias Brautführerinnen gebührend und mit viel Gekicher bewundert.

Kleopatra hatte unser Hochzeitsmahl im früheren Palast ihres Brudergemahls ausrichten lassen, und was da geboten wurde, war fürstlich. Gesang, Musik und Tanz würzten das aus elf Gängen bestehende Mahl, von dem mir noch ein ganzer Eber erinnerlich ist, der hereingetragen wurde in seinem mit Gold bestäubten Fellkleid, das die besten und knusprigsten Stücke unter sich verbarg.

Gegen Ende des Mahls erschien die Königin, festlich gewandet, mit der Uräenkrone auf dem Haupt und wünschte uns beiden Glück. Als Geschenk ließ sie mir einen Asklepiosstab aus purem Gold überreichen, der gut ein halbes ptolemäisches Talent wog. Aspasia erhielt eine aus goldenen *anch*-Zeichen zusammengesetzte Kette mit einem in Karneol geschnittenen Bildnis der Königin.

Ehe Kleopatra ging, deutete sie auf mein Geschenk und sagte: «So leben wir beide im Zeichen der Schlange – der Arzt und die Königin.»

Sie spielte damit auf den von einer Natter umwundenen Asklepiosstab an und auf ihre Krone mit den heiligen Uräusschlangen, die von alters her König und Königin beschützen, aber auch das feurige Auge des Sonnengottes Ra symbolisieren.

Dieses Mahl, die kostbaren Geschenke und die offensichtliche Gunst der Königin verleiteten Aspasia zu dem Schluß, auf diese Weise müsse das Leben weitergehen, im Goldglanz königlicher Gnade, an der Seite des allseits hochgeachteten Leibarztes, dann und wann ein Geschenk … Die Arme wurde bitter enttäuscht, denn die Wirklichkeit sah anders aus. Ich dachte nicht daran, Aspasia zuliebe mein Dasein als kaum je in Anspruch genommener Leibarzt am Hof zu vertrödeln. Ich liebte meinen Beruf über alles, war nach wie vor bereit dazuzulernen, mich mit den zahlreichen Gebresten der Menschen auseinanderzusetzen.

Wir blieben noch einige Wochen im Brucheion, Aspasia setzte alles daran, sich Freunde zu machen, was ihr gar nicht so schwerfiel, denn sie konnte – wenn sie wollte – charmant und liebenswürdig sein, leichthin über alles und nichts plaudern, wobei sie durchblicken ließ, daß früher ihr Vater und jetzt ihr Bruder Lieferanten des königlichen Tafelgeschirrs aus Rhosus waren. Am Liebesakt hatte sie noch immer keinen besonderen Geschmack gefunden, und wenn ich es fünfmal versuchte, erfand sie viermal eine Reihe von Ausflüchten. Wenn andere Frauen die Zeit ihrer Reinigung einmal im Monat hatten, so quälte die Natur meine Aspasia damit angeblich alle zehn Tage; ansonsten waren es Kopf-, Leib- und Magenschmerzen, die sie unfähig machten, mit mir das Bett zu teilen. In dieser Zeit lernte ich eine neue Seite der weiblichen Natur kennen, nämlich die, gewissen Männern ihre Situation am Gesicht abzulesen. Ich schwöre hiermit feierlich, daß ich niemals und niemandem gegenüber meine Probleme mit Aspasia erörtert oder auch nur angedeutet habe, wie es mit unserer Ehe stand. Und dennoch sagte Iras mir auf den Kopf zu, was mich damals bedrückte. Sie hatte ihr Verhalten mir gegenüber völlig geändert. Wenn sie mir unmittelbar nach Alexas' Weggang alle Schuld daran zuschrieb, so änderte sie bald ihre Meinung, und ich gewann den Eindruck, es müßte mich nur ein paar Worte kosten, und wir hätten unser Verhältnis von Tarsos fortsetzen können.

Es war der Tag, als ich den Lieblingsgärtner unserer Königin – sie meinte, er sei von den Göttern begnadet – verarztete, als er sich mit der Gartenschere den Zeigefinger halb durchgetrennt hatte. Zum Glück wuchs der Finger wieder an, doch er blieb steif.

Iras kam dazu, später gingen wir gemeinsam in den Garten und setzten uns auf eine der schön geformten Ruhebänke aus Porphyr und Alabaster.

«Mit deiner Ehe stimmt es nicht, das sehe ich dir an», eröffnete sie das Gespräch.

Ich war so verblüfft, daß ich vor Verlegenheit rot wurde.

«Was soll nicht stimmen?»

«Du kommst mit Aspasia nicht zurecht ...»

«Oder sie nicht mit mir!» warf ich ein.

«Das kommt doch aufs gleiche heraus. Jedenfalls bist du nicht glücklich, das merkt doch jeder.»

Ich lachte bitter.

«O nein, Iras, nicht jeder. Du bist die erste, die mich darauf anspricht.»

«Also habe ich recht?»

Ich nickte.

«Warum soll ich es dir verheimlichen? Die Heirat war übereilt, und wenn ich es genau betrachte, habe ich sie nur aus Familienrücksichten geschlossen.»

«Und dich damit abgefunden, für dein restliches Leben unglücklich zu sein?»

Das klang wie eine Frage, und ich setzte andere dagegen.

«Was soll ich tun? Aspasia umbringen? Sie zu ihrer Mutter zurückschicken? Sie verprügeln, bis sie Vernunft annimmt? Wozu rätst du mir?»

«Gib ihr eine vernünftige Aufgabe! Hier wimmelt es von

dienstwilligen Sklaven, und der Frau des Leibarztes wird jeder Wunsch erfüllt. Ihr habt ein sicheres Dach über dem Kopf, der Tisch ist immer gedeckt, für Vergnügungen ist stets gesorgt. Eine Lustfahrt auf dem Boot? Bitte sehr! Ein Ballspiel in der Kühle des Abends, ein Ausflug zum Pharos, um ein paar Drachmen würfeln – immer wird sich dazu ein Partner oder eine Gelegenheit finden. Charmion und ich haben alle Mühe, uns täglich ein Stündchen abzustehlen, deine Frau hat alle Mühe, die zwölf Tagesstunden herumzubringen, und wie es scheint, weiß sie auch nachts nichts Rechtes anzufangen.»

Ich senkte den Kopf und schwieg.

«Ich habe also recht?»

Die großen dunklen Kulleraugen blickten mich in ungewohntem Ernst an. Ich scherzte.

«Wir könnten sie eifersüchtig machen ...»

«Wie?»

«Indem du mir dein Zimmer öffnest ...»

«Nein!» sagte sie hart und bestimmt. «Du bist verheiratet, und die Königin würde es schärfstens mißbilligen.»

«Antonius war auch verheiratet, als er mit der *Basilissa* schlief.»

Das hätte ich nicht sagen sollen. Ihre Augen flammten vor Empörung.

«Du wagst es, dich und mich mit unserer göttlichen Königin und dem Imperator zu vergleichen? Den Leibarzt und die Kammerfrau mit Isis und Dionysos? Das kann doch nicht dein Ernst sein!»

«Beruhige dich, Iras, es war ein Scherz – ein schlechter, für den ich mich entschuldige.»

Dennoch bin ich bis heute der festen Überzeugung, Iras hätte meinem Werben sofort nachgegeben, wäre ich damals in der Stimmung dazu gewesen.

Mein *iatreion* war nun fertig eingerichtet. Salmo harrte ungeduldig seiner Aufgabe als mein Gehilfe, und die dazu gemietete Wohnung erwartete uns. Es gelang Aspasia mit Schmeicheleien und allerlei Intrigen, unseren Wegzug aus dem Brucheion zu verzögern – ja, sie brachte es sogar fertig, sich die strenge, aber sonst – im Gegensatz zu Iras – ahnungslose Charmion zur Verbündeten zu machen.

Die hochgewachsene, schlanke und herb-schöne Makedonierin fragte mich eines Tages, warum ich das Leben am Hof leid sei und unbedingt wieder praktizieren wolle. «Wo doch jeder dich hier schätzt und du die Gunst unserer Königin besitzt. Auch deine Frau meint, daß dein Platz hier sei und nicht draußen, wo von zehn deiner Patienten acht aus Neugierde kommen oder dich rufen lassen, eben weil du der Leibarzt Ihrer Majestät bist.» Das werde und wolle ich bleiben, versicherte ich, und mein *iatreion* sei mit ausdrücklicher Billigung der Königin eingerichtet worden.

Als letztes Mittel, mich umzustimmen, spielte Aspasia nun die Fügsame, täuschte im Bett Leidenschaften vor, die sie kaum empfand, bewirkte aber damit, daß sie schwanger wurde, doch die Dienstwohnung des Leibarztes war nicht für eine wachsende Familie gedacht.

Arme Aspasia – gerade dein Eifer, mich mit allen Mitteln umzustimmen, hat letztlich dazu beigetragen, daß wir unsere Stadtwohnung beziehen mußten und du nun die Rolle der *despoina* zu spielen hattest anstatt die dir so lieb gewordene einer müßigen Hofdame.

Sie mußte sich damit abfinden, und nun genügte ihr die zunehmende Schwangerschaft als einziges Argument, sich mir zu verweigern. Auf einer Familienfeier – ich weiß nicht mehr, um was es ging – lernten Aspasia und Ruth, Salmos Frau, sich kennen, und siehe da, die Frau meines Dieners verstand sich auf Anhieb prächtig mit der meinen, ungeachtet aller Standesunterschiede. Meine Praxis an der Ostseite des Brucheion lag gar nicht so weit vom Judenviertel entfernt, und so steckten die beiden oft zusammen.

Meine Hoffnung, die Geburt des Kindes würde unsere Ehe sozusagen wieder ins Lot bringen, erwies sich als vergebens – das Gegenteil geschah. Trotz Anrufung der Haroëris und reicher Opfergaben vor ihrem Altar wurde es eine langwierige und sehr schmerzhafte Geburt. Die Wehen dauerten etwa zwanzig Stunden, und am Ende fehlte der armen Aspasia sogar die Kraft zum Schreien – ihre Stimme versagte.

Sie machte dafür nicht das Kind verantwortlich, sondern mich, den Verursacher, und schwor mir noch im Wochenbett, sie würde sich diese Qualen kein zweites Mal antun lassen, und ich sollte mir – wenn ich es nicht lassen könne – für den Beischlaf eine Sklavin zulegen. Das waren deutliche Worte, die ich kopfschüttelnd zur Kenntnis nahm.

In einem wenigstens setzte ich mich durch: Ich beendete den Familienbrauch, unserem männlichen Nachwuchs olympische Namen zu geben, und nannte den Jungen Herophilos, nach dem berühmten Arzt, der unter Ptolemaios I. in Alexandria gewirkt und Richtungweisendes bewirkt hatte. Er war es, der die Menschen lehrte, daß Empfindungen und Gedanken nicht aus dem Herzen, sondern vom Gehirn kommen, er entdeckte die Bedeutung des Pulsschlages und erforschte durch zahlreiche Leichensektionen die inneren Organe des Menschen. Ihm verdankt die Medizin sehr viel, und so trug mein kleiner Junge einen großen Namen, doch einen angemessenen und als Vorbild geeigneten, im Gegensatz zu den bisherigen in unserer Familie; denn wer kann schon Hermes, Herakles oder Perseus nacheifern?

Was nun mein häusliches Dasein betraf, so lebte Aspasia neben mir her, erwies sich als fürsorgliche Mutter, tat als Hausfrau ihre Pflicht, hat es mir aber niemals verziehen, sie aus ihrem Traum vom glanzvollen und müßigen Hofleben herausgerissen und ihr ein Leben außerhalb der Mauern des Brucheion zugemutet zu haben.

Salmo war der einzige, mit dem ich über diese Probleme reden konnte, aber auch er wußte nur einen Rat: «Zwinge sie dazu – es ist dein verbrieftes Recht als Gatte! Auch Ruth hatte nach unserem ersten Kind solche Anwandlungen, doch als ich ihr klarmachte, daß ich sie täglich durchprügeln werde – und es einigemal auch tat –, hat sich ihr Sinn gewandelt, und ich muß sagen, daß sie jetzt recht gern mit mir ins Bett geht.»

Ich schüttelte den Kopf.

«Das kann ich nicht; ich glaube auch nicht, daß Prügel ihren Sinn ändern könnten. Sie würde mich dann vielleicht in ihr Bett lassen, die Beine spreizen und daliegen wie eine Leiche – nein, da gehe ich lieber ins Hurenhaus.»

Das tat ich dann auch gelegentlich, aber dann änderte sich mein Leben auf eine Weise, daß die Familie in den Hintergrund trat und schließlich daraus verschwand.

## SIEBZEHNTES KAPITEL

Eines stand in dieser Zeit fest und wurde von Mal zu Mal deutlicher ausgesprochen – auch gegenüber der Königin: Alexas hatte versagt. Es war nicht gerecht, so zu denken und zu reden, aber er war nun einmal als Hoffnungsträger nach Rom gesandt worden, und wenn in diesen Monaten und Jahren überhaupt etwas von ihm zu hören war, dann nur Ausflüchte, Entschuldigungen und Bitten um Geduld.

Ein anderer war in Rom wesentlich erfolgreicher gewesen, nämlich Herodes, der gestürzte Tetrarch von Judäa. Ihm gelang es, als ein vom Senat bestätigter König in sein Land zurückzukehren, mit Hilfe der Römer Jerusalem zu erobern und den Usurpator Antigonos hinrichten zu lassen.

Es war nicht die Art unserer Königin, sichtbar in Wut auszubrechen, herumzutoben und andere für ein politisches Ereignis, auf das wir keinen Einfluß hatten, verantwortlich zu machen. Doch bei Gesprächen in Freundeskreisen kam zum Ausdruck, wie sie sich über diese Entwicklung grämte und sich Gedanken darüber machte, dem entgegenzuwirken. Einmal sagte sie: «Warum, glaubt ihr, habe ich Herodes davon abgeraten, nach Rom zu reisen, und ihm hier die Stellung eines *strategos* angeboten? Eben weil ich ahnte, daß dieser kluge, wortgewandte und so selbstbewußt auftretende Mann die Römer bald um den Finger wickeln würde. Diese wackeren Leute – und da schließe ich Antonius mit ein – sind seiner arabischen Schlauheit nicht gewachsen gewesen. Ich sehe ihn vor mir, wie er den Senatoren mit wohlerwogenen Worten zu verstehen gibt, daß Rom sich einen Widersacher wie Antigonos nicht leisten könne.»

Sie erhob sich, strich sich mit einer eleganten Geste über den nicht vorhandenen Bart, senkte die Stimme und rief beschwörend: «Antigonos spuckt auf Roms Größe, er verlacht eure Bemühungen, die Parther zu vertreiben, die nach wie vor als Besatzungsmacht in Judäa hausen, als gehöre es ihnen. Wie lange seid ihr, Ehrwürdige Väter, noch bereit, einen von den Parthern eingesetzten König in Jerusalem zu dulden?» Kleopatra setzte sich wieder und fuhr mit normaler Stimme fort: «So hat er sie alle auf seine Seite gebracht – den Senat, die Triumvirn, die einflußreichen Familien. Er ist ein gefährlicher Nachbar geworden, dieser Herodes, der sich König von Judäa nennt, aber auch Galiläa, Samaria, Peräa und Idumäa beherrscht. Fern in Rom mag das so aussehen, als mache es keinen Unterschied, ob einer zwei, drei oder vier dieser kleinen Wüstenländer regiert, aber wir wissen es besser! Herodes wird sich damit nicht begnügen, wird die Hand nach Norden und Westen ausstrecken, wird – denkt an meine Worte! – Ansprüche auf Syria und Cyprus erheben. Nur einer kann dem Einhalt gebieten, und er wird es tun, wenn ich ihm die Lage aus unserer Sicht geschildert habe – nur einer: Marcus Antonius!»

Der aber hielt sich nun schon zwei Jahre von Ägypten fern, und wenn ich es heute im zeitlichen Abstand und aus der Sicht des Historikers betrachte, waren es triftige und durchaus verständliche Gründe, die Antonius an einer Reise nach Alexandria hinderten.

Nach Fulvias Tod mußte er seine ganze Kraft aufwenden, um eine Versöhnung mit Octavius zu erreichen, und als diese gelang, zahlte er seinen Preis: die Vermählung mit Octavia. Doch auch Octavius wußte, daß er ohne den Imperator mit den anstehenden Schwierigkeiten nicht fertig geworden wäre. Das Hauptproblem in diesem Jahr 714 nach der Gründung Roms bestand in der Person des Sextus Pompeius – heute von der Geschichte nur als Randfigur betrachtet, damals aber ein Mann, der dem Senat schlaflose Nächte bereitete. Dieser jüngere Sohn des von Caesar vernichteten großen Pompeius war seitdem als Gejagter durch Europa gezogen – ein Glücksritter und Abenteurer, der sich immer irgendwie am Leben hielt und dem es an Anhängern aus alten Republikanerkreisen niemals fehlte. Einige Jahre zuvor hatte er sogar die Flotte des Octavius besiegt und sich später auf die Seite des Marcus Antonius geschlagen. So kam der Senat nicht umhin, den Sextus zum Statthalter von Sicilia, Sardinia und Achaia zu ernennen, während er versprechen mußte, die freie Seefahrt nicht mehr zu behindern. Dieser Sextus Pompeius verkörperte die Nachwehen des längst noch nicht überwundenen Bürgerkrieges, und in seiner Person lebte Pompeius der Große fort, und er selber nährte die Legende und verglich sich nicht nur mit Neptun, dem Beherrscher der Meere, sondern bezeichnete sich als dessen Sohn.

Als er begann, für die Getreideversorgung von Rom eine Gefahr zu werden, trafen Octavius und Antonius sich mit ihm am Promunturium Misenum, um dem Unbequemen und Gefürchteten einige Zugeständnisse zu machen, falls er sich künftig ruhig verhielt. So durfte er seine Inseln behalten, und Antonius verlieh ihm dazu noch die Herrschaft über den Peloponnes. Bei dieser Gelegenheit ernannte Octavius den Marcus Antonius zum Priester seines Adoptivvaters, des vergöttlichten Julius Caesar. Danach reiste der Imperator weiter nach Athen, wohin ihn seine Gattin Octavia mit der vor kurzem geborenen Tochter Antonia begleitete.

Nun begann eine Zeit, die von Kleopatra als besonders schmerzlich empfunden wurde, nämlich die achtzehn Monate Aufenthalt von Octavia und Antonius in Athen, wo sie beide eine glänzende Rolle spielten und als ideales Ehepaar gepriesen wurden. Antonius spielte – sowohl aus Neigung wie aus Klugheit – den graekophilen Römer, der offensichtlich griechische Lebensart bevorzugte und sich zum *gymnasiarchos* ernennen ließ, was als Leiter von Festspielen verstanden werden muß, und demnach erhielten die im August abgehaltenen panathenischen Spiele den Ehrennamen Antonieia. Der Imperator tat noch ein weiteres, um Kleopatra nicht nur zu erzürnen, sondern auch maßlos zu enttäuschen. Er, der in Tarsos mit ihr als Isis und Dionysos aufgetreten war, ließ sich und Octavia von der athenischen Priesterschaft zum «Himmlischen Hochzeitspaar» erklären, als eine Inkarnation von Athena und Dionysos. Als diese Nachricht kam, erlebte ich unsere Königin zum ersten Mal in einer Wut, die sie aussehen ließ wie eine entfesselte *megaira.*

«Hat dieser treulose Mensch völlig vergessen, daß er ein solches Schauspiel schon einmal vorgeführt hat? Weiß Octavia nicht, daß sie die traurige Rolle einer Nachäfferin spielt? Sie hat ihm eine Tochter geboren – irgendeine Römerin irgendeine Tochter! Was ist daran bemerkenswert? Hat man ihm Lethe gereicht, den Trank des Vergessens? Sonst müßte er sich doch täglich daran erinnern, daß hier seine Zwillinge leben, geboren aus dem Leib einer göttlichen Königin! Meine Geduld hat Grenzen, und ich werde bald einen Boten nach Athen senden, der dem Imperator die möglichen Folgen darlegt.»

Da erhob ich gleich meinen Kopf, denn mein «Familienleben» war mir leid geworden, und auch Salmo machte gelegentlich eine Andeutung, wie sehr doch jetzt eine Abwechslung not täte.

Wie verträgt sich das mit meiner früheren Bemerkung, daß ich meinen Beruf über alles liebte und Arzt sein wollte

– nur Arzt? Die Erklärung liegt darin, daß die meisten meiner Patienten – wie von der klugen Charmion vorausgesagt – aus Neugierde kamen, um den Arzt zu sehen, der unserer Königin gelegentlich so nahe war. Sie erfanden irgendwelche Leiden, um einen Vorwand zu haben, und ich mußte so tun, als nähme ich ihre Klagen ernst. Fast kein weniger begüterter Kranker wagte sich noch in mein *iatreion* oder ließ mich rufen, aus Angst, das hohe Honorar eines königlichen Leibarztes nicht bezahlen zu können. Einige kannten solche Skrupel nicht und vertrauten sich mir an, und ich war ihnen so dankbar, daß ich manche umsonst, andere für das symbolische Honorar einer Drachme behandelte. So sehnte ich mich wie Salmo nach Veränderung, nach einer Aufgabe, die mehr erforderte als den Titel eines Leibarztes.

Noch war es nicht soweit, denn Kleopatra räumte Antonius eine Frist ein, die sie dazu nutzen wollte, sich und Kaisarion dem Volk in den südlichen Landesteilen zu zeigen und dabei den Hathor-Tempel von Tentyra zu besichtigen, den sie seit Jahren förderte und den Fortgang der Bauten mit Zuwendungen unterstützte. Doch sie reiste nicht einfach überstürzt ab, sondern nach genauer Planung zu einer Zeit, da die Bevölkerung im Binsenland am wenigsten mit Saat und Ernte beschäftigt war, nämlich im Januar und Februar, wenn Getreide und Feldfrüchte heranwachsen.

Habe ich schon erwähnt, daß Ägypten nur drei Jahreszeiten kennt – nämlich Überschwemmung, das Hervorkommen und die Erntezeit; die beiden letzteren kann man einfacher auch als Winter und Sommer bezeichnen. Der Nil beginnt Mitte Juni zu steigen, im Delta allerdings rund vierzehn Tage später als in Syene, und Anfang Oktober kehrt er wieder in sein Bett zurück und beginnt langsam, aber stetig zu fallen. In dieser Zeit wird gesät, und die stille Winterzeit ist ein Warten auf die Ernte in den Sommermonaten zwischen März und Mai.

Mit einer Flotte von etwa vierzig Schiffen segelten wir ab, und wenn wir in Memphis, Herakleopolis, Kynopolis, Hermopolis und Lykopolis kurz anlegten, um die dortigen Honoratioren zu begrüßen, dann war Kleopatra nichts von ihren Sorgen anzumerken. Da erschien eine strahlende Königin im Glanz der Doppelkrone, von Priesterchören und weihevoller Musik begrüßt, von Weihrauch umwölkt, und lächelte gnädig von ihrer hohen Tragesänfte herab. Ihre Diener sammelten Bittschriften, Huldigungsschreiben und Geschenke ein, und dies alles wurde absichtlich mit feierlicher Langsamkeit zelebriert, um dem einfachen Volk die Möglichkeit zu geben, seine Königin ausführlich zu betrachten.

Die Hofbeamten waren angewiesen, bei jedem dieser kurzen Aufenthalte krasse Fälle von Not, Ungerechtigkeit oder anderen Mißständen herauszugreifen, und die wurden – so gut es ging – an Ort und Stelle geklärt oder bereinigt.

Die Reise bis Tentyra zog sich hin, dafür erwartete uns dort eine Überraschung, mit der wir nicht gerechnet hatten.

Der Empfang war freilich großartig; wie geknickte Blütenstengel sank die Reihe der kahlgeschorenen Priester zu Boden, als die Königin mit dem jetzt achtjährigen Ptolemaios Caesar – Julius Caesars Sohn – auf einer von zwölf Nubiern getragenen Doppelsänfte an Land gebracht wurde. Der Tempelchor stimmte feierliche Lieder an, weißgekleidete Novizen beiderlei Geschlechts streuten Blumen auf ihren Weg; kräftige Tempeldiener trugen drei große bronzene Schalen mit Holzkohlen, auf die ein Priester immer wieder Weihrauch streute, der schließlich in dichten Wolken das königliche Paar einhüllte.

Die Überraschung kam, als unsere Prozession vor dem Tempel anlangte und Kleopatra sich mit Kaisarion bereit machte, das *adyton* zu betreten – ein Vorrecht, das nur dem regierenden König und dem Hohenpriester zustand. Wir durchschritten die prächtige Vorhalle mit ihren vierundzwanzig mächtigen Säulen, aber da, wo sich der eigentliche Tempel öffnen sollte, war nichts außer Baugerüsten und Rampen, nur die Kammer des Allerheiligsten stand schon da – für alle sichtbar, unter freiem Himmel. Klar und nüchtern ausgesprochen: Der Hathor-Tempel in Tentyra bestand derzeit aus einer Vorhalle, dem Allerheiligsten und der mächtigen, bis zum Dachfirst reichenden Südmauer. Warum man diese fertiggestellt hatte, sahen wir gleich. Gemessenen Schrittes kamen Kleopatra und Kaisarion aus der dunklen Kammer des *adyton*, wo die Barken mit den Götterbildern der Hathor, ihres Gemahls Horus und des gemeinsamen Sohnes Ihi standen.

Die Priesterschar geleitete uns an die Außenseite der Südwand, und da prunkte das gewaltige, vermutlich gerade fertiggestellte Relief, auf dem zu sehen war, wie Kleopatra und der als Erwachsener dargestellte Kaisarion den Göttern Opfergaben darbringen. Ein erhebendes Bild, eindrucksvoll, majestätisch und geeignet, dem Volk – das den Tempel ohnehin nur von außen betrachten durfte – vorzugaukeln, hier sei alles schon fertig und vollendet.

Die *Basilissa* deutete später nur an, warum sich die Bauarbeiten so verzögert hatten; da war von Mißernten, Seuchen und anderen Hindernissen die Rede – nun, jedenfalls wurde am Tempel weitergebaut und der Königin versichert, daß er bei ihrem nächsten Besuch in schöner Vollendung dastünde.

In Alexandria erwarteten uns aufregende Nachrichten. Marcus Antonius hatte wider Erwarten den Feldzug gegen die Parther nicht selber befehligt, sondern seinen tüchtigen Feldherrn Publius Ventidius damit beauftragt, der in den letzten Jahren sein Statthalter von Asia und Syria gewesen war. Dieser Mann erwies sich als siegreich auf der ganzen

Linie, vertrieb den Verräter Labienus aus den von ihm besetzten Gebieten, und – noch wichtiger – er besiegte und tötete den parthischen Prinzen Pakoros bei Antiochia.

Unterdessen konnte Octavius nur Mißerfolge verzeichnen. Zweimal wurde er von dem abtrünnigen Flottenführer – dem «Sohn des Neptun» – Sextus Pompeius besiegt. Daraufhin bat er Antonius um Hilfe, und es wurde ein Treffen in Brundisium vereinbart. Antonius kam, Octavius nicht; angeblich weil er in Gallien einen Aufstand niederschlagen mußte. Das nächste Treffen sollte in Tarentum stattfinden; diesmal erschien Octavius, doch mit erheblicher Verspätung. Sie mißtrauten einander, aber einer war auf den anderen angewiesen, und so kam es zu einem Vertrag, in dem Antonius sich verpflichtete, Octavius mit hundertzwanzig Schiffen auszuhelfen, während dieser ihm für den parthischen Feldzug vier Legionen, das waren etwa zwanzigtausend Mann, überlassen sollte. Ersteres geschah, Octavius übernahm die Schiffe, doch anstatt der zwanzigtausend überließ er Antonius nur zweitausend Legionäre und versprach, die anderen nachzusenden, was nie geschah. So war der gutmütige und vertrauensselige Antonius wieder einmal betrogen worden. Zur Feier dieses Ereignisses wurden Münzen mit beider Bildnissen geprägt, so daß sich alle Welt von der Einigung und Eintracht der beiden Machthaber überzeugen konnte. Das sind nun historische Tatsachen, und der erhabene Augustus wird es mir verzeihen, wenn ich sie nicht verfälsche, sondern wahrheitsgemäß darstelle.

Octavia war bei diesen Verhandlungen zugegen, und als Antonius im Herbst die Anker lichtete, um mit seinen restlichen Schiffen – das waren immerhin noch hundertachtzig – nach Osten zu segeln, nahm er seine Gattin mit. Doch bei einer Zwischenlandung in Korkyra bat er sie plötzlich, nach Italien zurückzukehren; denn eine Seefahrt im Herbst sei eine unsichere Sache, und sie müsse auf ihre Schwangerschaft Rücksicht nehmen. Im übrigen sei dies keine Lustfahrt, sondern der Beginn eines neuen Feldzugs gegen die Parther.

Nun mag man fragen, woher ich weiß, was der Imperator zu seiner Frau gesagt hat, und ich gebe meine Quelle gerne preis. Davon berichtete Alexas, als wir uns in Antiochia trafen, und er erzählte noch mehr, doch davon später, um dem chronologischen Ablauf nicht vorzugreifen.

Antonius segelte von Korkyra nach Seleukia, dem Hafen der etwas landeinwärts gelegenen Stadt Antiochia, und von dort schickte er einen Eilboten nach Alexandria, und zwar nicht irgendeinen, sondern seinen Freund und Vertrauten Gaius Fonteius Capito.

Es war ein diesiger, feuchtschwüler Tag Ende Oktober, als der Bote eintraf und sofort bei der Königin vorgelassen wurde. Kaum hatte sie die Botschaft vernommen, ließ sie ihre Freunde zusammentrommeln, als gelte es einen Triumph zu feiern, und so empfand sie die Nachricht wohl auch. Man könnte nun einwenden, daß die Aufforderung, nach Antiochia zu kommen, sehr wohl auch etwas Negatives hätte bedeuten können – etwa, daß Antonius sich in Tarentum nun mit Octavius geeinigt hatte und in einem geheimen Abkommen Ägypten annektiert und die Königin entmachtet sei. Das gab der bedächtige Protarchos dann auch zu bedenken.

«Ich werde es hart ausdrücken, *Basilissa*, unter der Gefahr, dich zu erzürnen oder gar deine Gunst zu verlieren. Du hast Antonius jetzt vier Jahre nicht mehr gesehen, er ist mit einer Schwester des Octavius verheiratet und kann seinen Sinn gänzlich gewandelt haben. Um dich in Sicherheit zu wiegen, schreibt er schöne Briefe, aber wenn du nach Antiochia kommst, läßt er dich festnehmen, um mit deiner königlichen Person seinen Triumph in Rom zu schmücken. Liegt so etwas nicht im Bereich des Möglichen?»

Kleopatra hörte sich diese Vermutungen mit unbewegtem Gesicht an, doch weder erschien die Zornesfalte auf ihrer Stirn, noch sprang sie empört auf. Ein Lächeln flog über ihr schönes, kluges Gesicht, und sie drohte dem Minister mit dem Finger.

«Protarchos, Protarchos – du weißt genau, daß sich nur alte Freunde solche Vermutungen erlauben dürfen – nun, da frage ich euch alle: Wer hegt den gleichen Verdacht? Was ist mit dir, Hippo?»

«Aus Protarchos hat die Sorge gesprochen, und in einem gebe ich ihm recht: Wenn es um die Macht geht, dann gehören Tücke, Verrat und Hinterlist zu alten, probaten Mitteln, sie zu erlangen oder zu bewahren. Von uns allen hier – die *Basilissa* natürlich ausgenommen – kenne ich den Imperator am besten, und er müßte sein Wesen schon sehr geändert haben, wenn er sich nun plötzlich des eben genannten Mittels bedienen würde. Damit mag Octavius arbeiten, aber ich traue es Antonius einfach nicht zu, daß er die Mutter seiner Kinder ins Verderben lockt. Hätte man in Rom gegen unsere Königin etwas ausgeheckt, so würde er dir eher eine Warnung als eine Einladung zukommen lassen, Majestät.»

Ich hatte nicht als Höfling der Königin nach dem Mund geredet, sondern aus tatsächlicher Überzeugung.

Kleopatra schien meine Ansicht in einem Maße zu teilen, das über ihr sonstiges, eher bedächtiges Temperament hinausging.

«Das ist der Beginn einer neuen Ära!» rief sie, und ihre grauen Augen blitzten wie geschliffene Steine. «Wenn Herodes meint, der Königstitel verleihe ihm ein Anrecht auf ganz Palästina, dann irrt er! Ich will den römischen Senat, will das Triumvirat nicht kritisieren, aber diesen Sohn eines obskuren arabischen Stammesführers zum König über die Juden zu machen, halte ich denn doch für übertrieben.

Nun, da er Mariamne geheiratet hat und somit quasi hoffähig geworden ist, schaltet und waltet er wie ein Tyrann, der niemand Rechenschaft schuldig ist. Eine Kreatur namens Ananel – er stammt aus einer unbedeutenden Priesterfamilie – hat er zum Hohenpriester ernannt, weil der ihm hörig ist und wie ein Hündchen jedem Wink seines Herrn gehorcht. Und Rom läßt es zu! Meine Freunde, ich verspreche euch, hier und jetzt: Ich werde dafür sorgen, daß dieser Herodes auf das ihm angemessene Maß zurückgestutzt wird! Er soll fühlen und erkennen müssen, daß zwischen ihm, dem Emporkömmling, und einer ptolemäischen Königin aus uraltem, heiligem Stamm eine Kluft besteht, die nicht einmal das allmächtige Rom auf Dauer überwinden kann.»

Ja, sie nahm den Mund sehr voll, unsere Königin, und wohl jeder ihrer Freunde schrieb ihren Überschwang der guten Nachricht aus Antiochia zu. Eine heitere Aufbruchstimmung bemächtigte sich des ganzen Hofes; jeder lief mit fröhlichem Gesicht herum, alle hatten es eilig, denn der Imperator wartete. Und alle sollten mit auf die Reise. Diesmal durfte keiner ihrer Freunde zurückbleiben, und so ernannte Kleopatra irgendeinen alten, bewährten Hofmann zum *dioecetes* während ihrer Abwesenheit. Sie hat dies künftig noch oft getan, und ich wüßte die Namen ihrer Minister und Stellvertreter nicht mehr aufzuzählen. Sie hat dabei immer gut gewählt, keiner hat sie enttäuscht oder verraten.

Ich suchte Hektor auf, meinen Vetter und Schwager, bat Demetria – Aspasias Mutter – dazu und umriß in kurzen Worten meine Pläne. Zum erstenmal hörten die beiden, daß unsere Ehe seit langem nur noch auf dem Papyrus bestand, und ich sah es Demetria an, daß sie ihre arme Tochter sofort als Opfer eines untreuen Ehemanns wähnte.

«Ehe du deinen Verdacht aussprichst, Demetria – nein, es ist keine andere Frau im Spiel, es sei denn, du willst die Huren zählen, bei denen ich mir holte, was deine Tochter mir seit langem verweigerte. Ich gebe Aspasia frei, sollte sich ein Mann finden, dem gelingt, was mir mißlang. Aber dann will ich meinen Sohn haben! Solange sie bei euch in der Familie lebt, mögt ihr den Kleinen aufziehen. Sobald ich zurück bin, werde ich Herophilos regelmäßig besuchen und, wenn er sieben ist, mich um seine Ausbildung kümmern.»

Aspasia schien es ganz recht zu sein, in die Geborgenheit ihrer Familie zurückzukehren. Zum Abschied gab sie mir die Worte mit auf den Weg: «Und vergiß niemals, Olympos, daß du nach wie vor verheiratet bist! Ich bin deine Frau und werde es bleiben!»

«Bist du es je gewesen?» fragte ich zurück.

Salmos Frau war inzwischen schwanger geworden, und ich stellte ihm frei, bis zur Geburt des Kindes in Alexandria zu bleiben.

«Du kannst jederzeit nachkommen, bis Antiochia sind es mit dem Schiff nur einige Tagesreisen.»

Nein, das wollte er nicht, und er spielte seiner Frau Ruth den treuen Diener vor, doch ich glaube, daß Neugierde und Lust am Abenteuer seinen Entschluß nicht weniger bestimmten.

# ZWEITES BUCH

## ERSTES KAPITEL

Der Aufbruch und die Reise nach Antiochia sind mir wie ein einziges Fest in Erinnerung geblieben – ein Fest, das sich in der prächtigen syrischen Metropole fortsetzte. Ja, diese Stadt konnte sich mit Alexandria, Ephesos oder Rom messen und hat mit meiner Heimatstadt eines gemeinsam: Beide verdanken ihre Gründung oder ihren Aufstieg einem der Feldherrn des großen Alexander. In diesem Fall war es Seleukos Nikator, der neben der Hafenstadt Seleukia einige Meilen landeinwärts am linken Ufer des Grontes die nach seinem Sohn Antiochos benannte Stadt gründete. Seine Nachfolger verlegten ihre Residenz dorthin, doch ihren eigentlichen Aufschwung erlebte sie erst, als Syria römische Provinz und Antiochia deren Hauptstadt wurde. Man hat diese Stadt auf einer Flußinsel erbaut, und ihre Hauptstraßen sind – wie in Alexandria – rechtwinklig angelegt. Wo die Straßen sich überschneiden, sind sie durch prachtvolle Triumphbögen geschmückt. Neben dem im Norden gelegenen früheren Königspalast – dort residierte nun der römische Statthalter – war das am meisten ins Auge fallende Gebäude die von Julius Caesar mit ungeheurem Aufwand errichtete Basilika – das Caesarium. Dieser dreischiffige, mit Kolonnaden geschmückte Bau diente der Stadt als Versammlungsort und dem Statthalter als Tribunal und Gerichtsstätte. Vor dem Gebäude erhob sich eine bronzene Monumentalstatue des Dictators, im Inneren kündete eine kleinere – dafür aus purem Gold – der Göttin Roma von Macht und Ansehen des Reiches.

Julius Caesar hatte es recht gut verstanden, seinen Namen auch in den Provinzen gegenwärtig und populär zu machen, und wir alle profitierten davon – vor allem seine Nachfolger und Erben, die Imperatoren Octavius und Antonius. Aber auch auf uns, die Verbündeten, fiel etwas von diesem Glanz.

Unsere Ankunft in der Hafenstadt Seleukia und der Empfang in Antiochia gestalteten sich weit weniger glanzvoll als damals in Tarsos. Die Erklärung ist einfach: Für Tarsos, Hauptstadt der ziemlich unbedeutenden Provinz Kilikia, war das Treffen von Kleopatra und Antonius, inkarniert als Aphrodite und Dionysos, etwas ganz Außergewöhnliches – ein Jahrhundertereignis.

Die Weltstadt Antiochia mit geschätzten 500 000 Einwohnern zeigte sich davon weniger beeindruckt, und unser hohes Paar war klug genug, hier nicht in göttlicher Verkleidung aufzutreten und damit den Spott des Pöbels herauszufordern. Großstädter, ob Alexandriner oder Römer, neigen zu Zynismus und Respektlosigkeit, und was dem Provinzler heilige Schauder über den Rücken jagt, reizt sie eher zum Lachen.

So war unser Empfang in Antiochia kein öffentlicher, aber er war herzlich, fast familiär, wozu auch jeder Anlaß bestand, denn Antonius begrüßte die Mutter seiner Kinder. Wir alle waren Zeugen, als der Imperator unsere Königin im großen Saal des Statthalterpalastes empfing.

Es gelang dem alten Krieger nur schlecht, seine Rührung zu verbergen. Sein verlebtes, faltiges Gesicht wurde weich, die Augen glänzten, sein Mund zitterte, und es fiel ihm sichtlich schwer, seiner Geliebten nicht gleich um den Hals zu fallen. So überspielte er seine Ergriffenheit mit forschen Scherzen, lachte und redete viel, während Kleopatra an seinen Lippen hing wie ein kleines Mädchen, das mit gehorsamer Aufmerksamkeit dem Vater lauscht. Es dauerte nicht lange, dann zogen die beiden sich zurück, während die Palastdiener uns die Quartiere zuwiesen. Diesmal war es nicht nötig, auf andere Häuser auszuweichen, denn Kleopatras gesamter Hofstaat fand in dem weiten Komplex der alten Königsburg bequem Platz.

War es Zufall oder Absicht – jedenfalls wohnte ich mit Iras fast Tür an Tür, und was in Tarsos begonnen hatte, setzte sich hier fort, als hätte es in Alexandria die Episode mit Alexas nie gegeben.

Ja, auch er war zugegen, der schöne, höfliche, gebildete, zuvorkommende und wortgewandte Alexas, aber seine glanzvolle Rolle hatte eine Unterbrechung erfahren. Kleopatra verübelte ihm seinen offensichtlichen Mißerfolg, und einmal hörte ich sie zu ihm sagen, sie habe ihn nicht zu Antonius geschickt, um ihn von Ägypten fernzuhalten, was ihm ja vier Jahre lang prächtig gelungen sei. Alexas setzte zu einer gestenreichen Verteidigungsrede an, die ich leider nicht mehr verfolgen konnte, da die beiden sich entfernten.

Iras aber zeigte ihm deutlich die kalte Schulter, und wenn es zum Gespräch kam, dann übergoß sie ihn erbarmungslos mit Spott und Verachtung, so daß ich das beinahe Unglaubliche erlebte: Alexas verschlug es die Rede. Das war ein Tiefpunkt in seiner sonst so glänzenden Laufbahn, und gerade als sich meine Schadenfreude in eine Art verächtliches Mitleid zu wandeln begann, gewann dieses Lieblingskind der Fortuna wieder Oberwasser. Zum Vergleich fiel mir die Fabel vom Frosch ein, der in einen Krug Milch gefallen und nicht mehr imstande war, die steilen Wände hinaufzuklettern. Anstatt sich zu sagen, ich lasse mich sinken, das ist besser, als sich stundenlang schwimmend herumzuquälen, gab er die Hoffnung nicht auf – schwamm und strampelte, schwamm und strampelte, bis sich ein Butterklumpen bildete, von dem er ins Freie hüpfen konnte.

So gelang es auch Alexas, wieder Fuß zu fassen, indem er sich fröhlich und optimistisch zeigte, sein Versagen offen zugab und, wenn Spott ihn traf, herzlich mitlachte – ja, wenn es sein mußte, sich selber verspottete. So sicherte er sich wieder einen warmen Platz an Kleopatras Tafel, aber es gelang ihm nicht mehr, Iras für sich zu erwärmen. Sie hatte mich erwählt und verbarg dies keineswegs. Ich spürte deutlich, daß ich nach Kleopatra für sie der wichtigste Mensch auf Erden war, aber das hatte ich nicht allein meiner Ausstrahlung zu verdanken, sondern der derzeitigen glücklichen Situation. Anders als bei der hoheitsvollen und schweigsamen Charmion spiegelte sich in Iras' Temperament Erfolg und Glück ihrer Herrin, und wenn diese sich nach dem *dorpon* (Nachtmahl) sehr zeitig mit Antonius zurückzog und aus naheliegenden Gründen keiner Kammerfrau mehr bedurfte, so drängte auch Iras zum Aufbruch, und wir verließen gemeinsam den Speisesaal, nicht ohne daß meine Geliebte einen spöttisch-verachtungsvollen Blick in Richtung Alexas sandte. Auch ich war noch jung genug, um hoch erhobenen Hauptes an ihrer Seite hinauszugehen, und es fehlte nicht viel, so hätte ich gekräht wie ein Gockel, der stolz seiner Lieblingshenne folgt.

Obwohl unser Verhältnis sozusagen ein öffentliches war, achtete Iras sehr auf äußere Formen. So durfte ich sie zum Beispiel nur vor ihre Zimmertür begleiten, mußte danach meine eigene Schlafkammer aufsuchen. Nach einer schicklichen Wartezeit von etwa einer halben Stunde fand ich ihre Tür offen und durfte eintreten – vorausgesetzt, daß keiner der Palastdiener mich dabei sah. Sie erwartete mich dann mit offenen Haaren, im leichten *chiton*, eingehüllt in kostbare – vermutlich von Kleopatra stammende – Wohlgerüche. Auf dem Tischchen warteten ein Krug mit erlesenem Wein, Obst, geröstete Nüsse und Ingwergebäck, das sie für potenzfördernd hielt. Doch das braucht ein Mann um die dreißig nicht, wenn er seine Gefährtin liebt und seinen Phallos schon deutlich pochen fühlt – nur, wenn er an sie denkt.

Zuerst tranken wir einige Becher unvermischten Weines, sprachen über Tagesereignisse, lästerten ein wenig über dieses und jenes, wobei ich darauf achtete, niemals abfällig über die Königin oder den Imperator zu sprechen, wozu es damals auch keinen Grund gab.

Der Wein erhitzte uns, wir tändelten ein wenig herum, umarmten und küßten uns, wobei unsere Hände auf Wanderschaft gingen und hurtige Finger sich da- und dorthin verirrten. Es war das alte Spiel, gewiß, der Menschheit vertraut vom Anbeginn ihrer Tage, aber für Liebende ist es immer neu, immer wieder neu.

So ungeduldig, sprunghaft und launisch Iras im täglichen Leben manchmal sein konnte – all dies fiel von ihr ab, sobald wir alleine waren. Dann wurde sie eine geduldige Geliebte, neugierig, phantasievoll und unermüdlich, meinen und damit auch ihren Körper zum Klingen zu bringen. Der *coitus* wurde da oft zur Nebensache oder zum natürlichen Abschluß einer langen Wanderung, der wir immer neue Überraschungen abgewannen. Aber es gab auch Situationen, da fehlte uns die Zeit dafür, weil sie oder ich oder wir beide zu unaufschiebbaren Pflichten gerufen wurden. Da konnte es dann schon sein, daß wir uns gegenseitig die Kleider herunterrissen und wie balgende Katzen knurrend übereinander herfielen.

Doch meistens war genügend Zeit, um unsere Liebesspiele bis spät in die Nacht hinein auszudehnen. Um Iras nicht noch einmal in die Lage einer unerwünschten Schwangerschaft zu bringen, pflegte ich die alterprobte, wenn auch nicht immer sichere Technik des *coitus interruptus*, die zudem den Nachteil hatte, daß wir oft nicht gemeinsam den Höhepunkt erreichten. Damit mochte sich Iras nicht abfinden, und sie beruhigte mich: «Es gibt andere Methoden, eine Schwangerschaft zu verhindern – laß mich nur machen.»

Meiner Neugierde als Arzt begegnete sie mit der Bemerkung, das ginge nur sie allein etwas an, und im übrigen stamme das Rezept von einer Hebamme, die über derlei Dinge zehnmal mehr wisse als jeder Mann – auch wenn er ein Arzt sei. Nun, mir war es recht, weil es für uns schon um vieles bequemer und lustvoller ist, nicht vorzeitig die Venusgrotte verlassen zu müssen, in der wir uns offenbar so wohl fühlen, daß der Abschied von ihr mit Schmerzen, Geschrei und Protest verbunden ist. Kaum mannbar geworden, sehnen wir uns dorthin zurück und nehmen viel Widriges in Kauf, um dieses Ziel zu erreichen.

Uns betraf es damals nicht – schöner, leichter und einfacher hätten wir es nicht haben können: Quasi Tür an Tür, unter stillschweigender Billigung der Königin, von unseren Pflichten keineswegs überfordert, lebten wir fröhlich in den Tag hinein. Freilich, es konnte schon geschehen, daß die Königin meine Geliebte nachts benötigte, weil sie sich nach einem langen, ermüdenden, aber hochoffiziellen Symposion für Antonius noch schönmachen wollte. Außerdem liebte es Kleopatra, in dieser von Männern beherrschten Welt von Zeit zu Zeit mit einer vertrauten Freundin zu plaudern und, wie jedermann wußte, tat sie dies lieber mit Iras, weil die strenge Charmion so sehr auf die königliche Würde ihrer Herrin bedacht war, daß am Hof der Spruch umging: Charmion ist königlicher als die Königin. Doch sie war eine sehr kluge und auch gebildete Frau und für ernsthafte Gespräche weit eher geeignet als meine flatterhafte Iras, die wiederum unübertroffen war im leichten Plauderton, und auch eine Königin ist nicht immer ernsthaft oder feierlich gestimmt.

Wenn Iras dann um Mitternacht oder manchmal eine

oder zwei Stunden danach aus den königlichen Gemächern zurückkam, so war sie keineswegs gesonnen, sich allein in ihr kaltes Bett zu legen, sondern nützte die nächtliche Stille, um ungesehen und ungehört in mein Zimmer zu gelangen. Da wehte mich dann plötzlich ein kalter Luftzug an, wenn sie die Wolldecke hob und zu mir ins Bett schlüpfte. Es war mitten im Winter, und das im Norden Syrias gelegene Antiochia kannte so kühle Nächte, daß der Schlamm in den Straßen eine dünne Eisschicht trug, die dann allerdings die dritte Tagesstunde nicht überdauerte.

Iras also schlüpfte zu mir ins Bett, und war ich noch wach oder durch den kalten Luftzug wach geworden, so umarmten wir uns fest, und dieser weiche warme Frauenkörper erschien mir wie eine Ergänzung meines eigenen, wie eine dazugehörige Hälfte, deren Fehlen – sobald ich daran dachte – mich so schmerzte, als hätte man mir ein Glied amputiert.

Wovon der ganze Hof wußte, das konnte auch Alexas nicht verborgen bleiben, und da er sich damals in der fatalen Lage befand, sowohl bei Antonius als auch bei Kleopatra nicht mehr nach seinen eingebildeten Verdiensten gewürdigt zu werden, mußte er etwas unternehmen, um wieder – da oder dort – *persona grata* zu werden. Da alle Welt davon sprach, daß Antonius im Frühjahr von Antiochia aus endlich zum großen Partherfeldzug aufbrechen würde und der verwöhnte Alexas sich in Palästen wohler fühlte als in Zelten, legte er es darauf an, wieder in Kleopatras Hofstaat aufgenommen zu werden. Der kürzeste und erfolgreichste Weg zu ihrem Ohr aber führte über ihre beiden Kammerfrauen, und so tat Alexas alles, um das Herz seiner früheren Geliebten zurückzuerobern.

Zuerst aber – und darüber lachte man noch lange, wie über einen besonders gelungenen Scherz – versuchte er die unnahbare Charmion zu gewinnen. Er fing es nicht ungeschickt an, ließ ihr dann und wann kleine, aber erlesene Geschenke zukommen, machte feine versteckte Komplimente, und – das war sehr klug ausgedacht – stellte sich dabei als einen Mann hin, der zwei Herren dienen wollte und dabei gescheitert war – ja scheitern mußte. Damit appellierte er an Charmions unbeugsames Gefühl für Gerechtigkeit, und sie war gerade dabei, ihm ihre mitleidvolle Aufmerksamkeit zu schenken, als sie sich selber verliebte. Wer diese Frau gekannt hat, hielt es für wenig wahrscheinlich, daß sie sich einem Mann unterwarf, ihm gestattete, ihren Körper zu berühren, sich seinen Forderungen hinzugeben, ihren Schoß dem speergleich drohenden Phallos zu öffnen.

Von Iras hatte ich erfahren, daß Charmion einer gelegentlichen Liebesstunde nicht abgeneigt war, aber – so hatte Charmion ihr gegenüber angedeutet – dann mußte sie der aktivere Partner sein und ihr Liebhaber sich genau nach ihren Wünschen richten. Nun, davon war nichts zu bemerken, und wenn Charmion tatsächlich von Zeit zu Zeit einem Mann gestattete, ihr beizuwohnen, so muß dies in aller Stille und Heimlichkeit geschehen sein.

Nun aber, angesteckt von der allgemeinen Euphorie – der übrigens auch mein Diener Salmo zum Opfer fiel –, schien Charmion dem Werben eines der hohen Offiziere im Gefolge des Imperators Gehör zu schenken. Es handelte sich dabei um den *tribunus laticlavius* Lucius Metellus. Er amtierte als einer der beiden Stellvertreter des *legatus legionis*, also des Befehlshabers einer Legion, und er gehörte zu den ganz wenigen von Antonius' Offizieren, die außerhalb des Dienstes lieber eine zivile Toga trugen – übrigens ohne die breiten Purpurstreifen, auf die er seinem Rang gemäß Anspruch gehabt hätte. Er stellte den höchst seltenen Fall eines Offiziers dar, der von Vorgesetzten wie Untergebenen gleichermaßen geschätzt wurde.

Metellus entstammte einer edlen Familie aus Ligurien und hatte sich im Heer schnell hochgedient, obwohl er für einen Soldaten zu gebildet, zu mitfühlend und zuwenig rauhbeinig war. Dem setzte er einen fast krankhaften Gerechtigkeitssinn, absolute Treue zu den Vorgesetzten und im Dienst Ausdauer, Korrektheit und Geduld mit den ihm anvertrauten Soldaten entgegen. Er war der Abgott seiner Legionäre, die ihm am liebsten Altäre errichtet hätten, vor allem, weil er keine von den *centuriones* verfügte Strafe ungeprüft vollziehen ließ.

Lucius Metellus war ein dürrer, baumlanger Kerl, der immer leicht gebeugt ging und mit seinen gutmütig-klugen Augen und den schlaksig-unsicheren Bewegungen nicht gerade das Idealbild eines römischen Offiziers bot. Wie er und Charmion sich kennenlernten, konnte niemand herausfinden, nicht einmal Iras hatte dafür eine Erklärung. Die beiden bewegten sich in völlig unterschiedlichen Regionen, und Lucius war nicht der Mensch, an den feuchtfröhlichen Symposien seines Imperators teilzunehmen. Ich erkläre es mir damit, daß er häufig als Meldeträger zwischen seinem *legatus* und dem Imperator fungierte, dem die Königin oft Gesellschaft leistete, wobei auch eine der Kammerfrauen zugegen war.

So hatte sich Alexas das falsche Ziel erwählt, und als ihm Charmions Dienerin seine Geschenke zurückbrachte, gab er seine Bemühungen auf. Warum es also nicht ein zweites Mal bei Iras versuchen, wo es ihm doch schon einmal gelungen war, mich auszubooten?

Ich bemerkte seine Anstrengungen wohl und sah mit Befriedigung und auch Schadenfreude, wie Iras ihn zurecht- und zurückwies. Nach einigen Wochen hatten wir uns darauf geeinigt, daß ich – wenn sie spät kam – in ihrem Zimmer wartete, um ihr die Peinlichkeit zu ersparen, am Morgen aus meiner Schlafkammer schleichen zu müssen.

So erwachte ich – wie schon so oft – eines Nachts von der gelüfteten Bettdecke und rückte beiseite, um Iras Platz zu machen. Doch nicht ihr vertrauter, warmer, weiblich-runder Körper schmiegte sich an den meinen, sondern eine Hand tastete mich ab. Ich hörte eine Stimme «Iras» flüstern, konnte aber – noch im Halbschlaf – den Widersinn nicht erkennen und murmelte: «Es wird kalt, komm endlich ins Bett!»

«Iras – bist du das?» hörte ich die Stimme fragen, und nun erwachte ich ganz, richtete mich auf, packte die herumirrende Hand und drehte sie herum. Der Besucher schrie laut auf, riß sich los und geriet, als er sich aufrichtete, mit dem Gesicht in das Mondlicht. Es war Alexas. Ich sprang aus dem Bett, hieb ihm meine Faust ins schöne Gesicht und versetzte ihm einen kräftigen Tritt zwischen die Beine. Er jaulte auf und stürzte aus dem Zimmer, als sei ein Rudel Wölfe hinter ihm her. Als ich wieder klar denken konnte, mußte ich zuerst daran glauben, daß Iras ihn zu dem nächtlichen Besuch eingeladen oder ermuntert hatte, doch das widersprach jeder Vernunft, da sie ja wußte, daß ich in ihrem Bett wartete.

Als sie wenig später erschien und ich ihr davon erzählte, erstickte sie fast vor Lachen und vergrub ihr Gesicht im Kissen. Sie habe, so erzählte sie, Alexas – als er sie gewinnen wollte – spöttisch dazu aufgefordert, es doch zu versuchen, ihre Tür stehe ihm allezeit offen.

«Spöttisch – verstehst du? Doch er in seiner Arroganz nahm es für bare Münze, und es freut mich unendlich, daß du es ihm heimgezahlt hast.»

Natürlich muß Alexas die Zusammenhänge erraten haben, doch er ließ sich nichts anmerken, als er am nächsten Tag bei Tisch erschien – ja, es gelang ihm sogar, sein halb geschlossenes, verschwollenes und blau angelaufenes Auge in eine Heldentat umzumünzen. Er habe, so sagte er und blickte dabei verwegen-treuherzig drein, er habe versucht, einen Streit zwischen den Wachposten des Imperators zu schlichten und sei dabei zwischen die Fronten geraten. Dann lächelte er schmerzlich.

«Als Freund und Diener eines Imperators muß man es eben hinnehmen, wenn man in Soldatenhändel gerät. Da geht es eben rauh zu, da darf man nicht zimperlich sein.»

«Du Armer!» äußerte Iras ihr falsches Bedauern. «Hast du sonst noch eine Verletzung davongetragen? Hippo wird dir gerne behilflich sein, sie zu lindern oder auszukurieren.»

«Nein, nein –», beteuerte Alexas, «es war nur das Auge.»

Doch als er später hinausging, war nicht zu übersehen, daß er leicht humpelte und verstohlen mit der Hand seine edlen Teile betastete.

Ich habe vorhin erwähnt, daß mein Diener Salmo ein Opfer dieser allgemeinen Euphorie wurde, woran er allerdings keine Schuld trug. Neben meiner Schlafkammer hatte ich mir einen kleinen Behandlungsraum eingerichtet, und Salmos Dienst bestand darin, daß er um die dritte Morgenstunde dort erschien und mir zur Hand ging. Ansonsten ließ ich ihm seine Freiheit, denn hätte er – wie üblich – in meinem Zimmer geschlafen, so wäre dies für mich und Iras sehr störend und hinderlich gewesen. So hielt er es wie immer, suchte sich im Judenviertel ein Quartier und kam dort in eine Situation, die gefährlich und lächerlich zugleich war.

Auf Quartiersuche war er in das Haus eines Mannes geraten, der als mehrfacher Witwer dort mit zwei Töchtern lebte und – wie Salmo später, vielleicht zu spät, erfuhr – einen sehr zweifelhaften Ruf genoß. Er war viermal verheiratet gewesen und hätte – nach jüdischem Brauch – durch die Kosten für den Brautkauf eigentlich immer ärmer werden müssen, doch das Gegenteil geschah. Seine erste Frau erbte als einziges Kind ihrer Eltern das väterliche Geschäft, seine beiden nächsten Gemahlinnen waren reiche Witwen, und seine vierte noch sehr junge Frau starb im Kindbett. Nun wollten die Gerüchte nicht verstummen, daß er seine drei ersten Gattinnen aus Habgier zu Tode gebracht hatte und dadurch immer wohlhabender geworden war.

Die beiden aus der ersten Ehe stammenden Töchter benutzte er von Zeit zu Zeit, um durch Scheinverlöbnisse von Männern Entschädigungsgelder zu erpressen, doch Salmo, der von alldem nichts wußte, mietete im geräumigen Haus dieses Mannes ein preiswertes Zimmer und merkte bald, daß Debora, die jüngere der beiden Töchter, ihm schöne Augen machte. Als Jude hätte er wissen müssen, daß dem Schänder einer Jungfrau nur drei Möglichkeiten blieben: Heirat, hohes Bußgeld oder öffentliche Bestrafung.

Salmo spürte schon, daß in diesem Haus ein lockerer Ton herrschte und daß die Töchter nicht das von Moses gebotene züchtige Leben führten, aber er schrieb das dem Einfluß der großen Stadt zu, wo die strengen Sitten jüdischer Kreise sich ein wenig gelockert hatten.

Es war etwa in der dritten oder vierten Woche unseres Aufenthalts in Antiochia, als Salmo eines Morgens nicht bei mir erschien. Ich machte mir zunächst keine großen Gedanken; irgend etwas konnte ihn in dieser riesigen Metropole aufgehalten haben. Doch als er sich den ganzen Tag über nicht blicken ließ und auch am nächsten Morgen fehlte, sagte ich Mardion Bescheid und machte mich auf die Suche.

Das Haus war leicht zu finden, denn dieser verdächtige mehrfache Witwer schien im ganzen Viertel so bekannt wie ein angesehener Rabbi zu sein, doch wenn sein Name fiel, verzogen die Leute ihr Gesicht, und manchmal hörte ich Bemerkungen wie: «Der weiß, wie man zu Geld und dennoch nicht vor den Richter kommt.» Oder: «Der hält seine Töchter als Huren und verklagt jeden, der sie als solche bezeichnet.»

Selten fiel sein Name – er hieß Daniel –, als fürchteten seine Mitbürger, sich damit zu beschmutzen. Sie nannten ihn den «reichen Witwer» oder – hinter vorgehaltener Hand – einen «abgefeimten Hurenwirt».

Wie gesagt, sein Haus war leicht zu finden, ein Diener öffnete die Tür und rief den Hausherrn.

Diesen Daniel zu beschreiben fällt mir nicht leicht, weil er aussah – nun, wie jedermann. Seinen Typus hätte man hier im Judenviertel gleich an der nächsten Ecke, in der nächsten Schenke oder auf dem Markt im Dutzend wiederfinden können. Er war ein Mann nahe der Fünfzig, mittelgroß, nicht dünn, nicht dick, trug einen gestutzten Vollbart, einen bestickten, aber nicht auffälligen dunkelbraunen Hausmantel – und lächelte verbindlich. An seinem Gesicht entdeckte ich nichts Auffälliges, davon abgesehen, daß seine Augen ohne jeden Ausdruck waren – nicht freundlich, nicht feindlich, ohne Neugier, weder streng noch gütig, so daß man es umgekehrt als das einzig Auffällige an ihm bezeichnen konnte.

Ich stellte mich mit Rang und Namen vor und fragte, ob mein Diener Salomon noch hier wohnte. Er nickte verbindlich.

«Salomon oder Salmo, wie er sich zu nennen pflegt, wohnt noch hier, gewiß.»

«Und wo ist er jetzt?»

«Ich habe ihn im Keller eingesperrt, bis der Rabbi über sein Vergehen entscheidet.»

Mir verschlug es die Sprache.

«Du hast – du hast Salmo einfach in den Keller gesperrt? Einen Diener des Leibarztes Ihrer göttlichen Majestät, der Königin Kleopatra von Ägypten?»

«Ja, als solcher hat er sich bezeichnet; wenigstens da hat er die Wahrheit gesprochen.»

«Und sonst? Was wirfst du ihm vor?»

«Er hat meiner Tochter Debora die Ehe versprochen, ist aber – so scheint es – nicht gesonnen, dieses Versprechen zu halten.»

Ich schüttelte den Kopf.

«Er kann deiner Tochter nicht die Ehe versprochen haben, weil er in Alexandria eine Frau und zwei – nein, drei Kinder hat. Salmo ist ein Ehrenmann, für ihn lege ich meine Hand ins Feuer.»

Daniel zuckte gleichmütig die Schultern.

«Das würde ich für nichts und niemanden tun – ich meine, die Hand ins Feuer legen. Im übrigen besitze ich den schriftlichen Beweis für seine Absicht, Debora zu heiraten.»

«Was? Ihr habt es schriftlich gemacht?»

Daniel nickte.

«Wie es unter kultivierten Völkern der Brauch ist, gleich welcher Kultur sie angehören. Wir Juden haben unsere Verträge schon schriftlich fixiert, ehe Griechen und Römer mit Sprache und Schrift in die Geschichte traten.»

«Ah –», sagte ich spöttisch, «ich sehe, du bist ein gebildeter Mann, Daniel, nun beweise mir auch, daß du ein ehrlicher Mann bist.»

Sofort erhob er sich.

«Gewiß, gewiß. Ich werde das Dokument sofort holen.»

Er ging zum Fenster und machte sich dort an einer schweren, eisenbeschlagenen Truhe zu schaffen, die er unter geräuschvoller Betätigung von Schlüsseln und Riegeln öffnete. Dann legte er ein Pergament vor mich hin, bedeckt mit hebräischen Buchstaben.

«Sprache und Schrift der Juden sind mir fremd – lies es mir vor.»

«Wie du willst – also: Salomon ben Nahum aus Alexandria und Daniel ben Simon aus Antiochia treffen folgende Vereinbarung: Salomon ist gewillt und bereit, Debora, die

Tochter des Daniel, binnen Jahresfrist zu ehelichen, und betrachtet diesen Vertrag als Beweis und Zeichen seiner Verlobung mit Debora.

Gegeben zu Antiochia im 4. Jahr der Herrschaft des Imperators Marcus Antonius und im 338. Jahr nach dem Sieg des Seleukos Nikator.»

Dann hielt Daniel mir das Dokument unter die Nase und sagte: «Hier ist die Unterschrift von Salomon ben Nahum und hier die meine.»

Sein Zeigefinger klopfte mehrmals auf Salmos Unterschrift, und es klang auf dem steifen Pergament wie ein leiser Trommelwirbel. Mir fiel nur auf, daß der Text sehr gedrängt und klein geschrieben war, obwohl ein Drittel des Schriftstücks frei war und also genügend Platz gewesen wäre.

«Gut», sagte ich, «und jetzt möchte ich Salmos Meinung dazu hören.»

Etwas wie ein Lächeln huschte über Daniels Allerweltsgesicht, doch die ausdruckslosen Augen waren nicht daran beteiligt.

«Seine Meinung hat er schon durch die Unterschrift kundgetan, die nichts anderes sagt, als daß er Debora heiraten will.»

Wieder trommelte der Finger auf das Pergament. Ich schüttelte leicht den Kopf.

«Manch einer unterschreibt, und meint etwas anderes.»

«Dann ist er ein unehrlicher Mensch.»

«Oder man hat ihn getäuscht. Nun bitte ich dich abermals, mich mit Salmo sprechen zu lassen.›

«Du hast mich beim ersten Mal nicht gebeten ... Nun, warum nicht? Aber ich halte es für angebracht, auch Debora herzuholen.»

«Später gerne. Jetzt aber möchte ich nur mit dir und Salmo reden.»

Daniel hob die kleine Bronzeglocke und schüttelte sie leicht. Nichts an diesem Menschen war jäh, laut oder gewaltsam. Er sprach mit leiser, beherrschter Stimme, bewegte sich gemessen, ließ sich nicht zu Zorn oder unbedachten Worten hinreißen.

Als sei sein Auftritt schon vorbereitet gewesen, führte ein Diener Salmo kurz darauf herein. Als er mich sah, strahlte sein narbiges Gesicht, als sei ich der Bote mit der Begnadigung eines zum Tode Verurteilten.

«Herr! Endlich! Ich dachte schon, du hättest mich vergessen. Hoffentlich wirst du diesem Betrüger und Erzhalunken ...»

«Halt, Salmo, halt! Vorerst bist du es, der den Verdacht ausräumen muß, du habest im Hause Daniel ben Simons versucht, seine Tochter Debora ...»

«Was?» unterbrach er mich erregt, und sein gesundes Auge funkelte vor Zorn. «Was soll ich versucht haben? Dieses Flittchen hat alles getan, um in mein Bett zu gelangen – nun, ich bin auch nur ein Mann, und dann kam dieser ausgekochte und, wie jeder hier weiß, berüchtigte Erzgauner, und ...»

Nun mischte Daniel sich ein, der bisher mit ausdruckslosem Gesicht Salmos Zorntiraden gelauscht hatte. Er hob das Schriftstück hoch und sagte: «Ehe du für mich neue Beleidigungen ersinnst, solltest du dir einmal dies hier ansehen.»

Salmo schüttelte mürrisch den Kopf.

«Diesen Schwindel kenne ich, das hast du mir schon im Keller unter die Nase gehalten.»

«Hast du diesen Vertrag unterschrieben?» fragte ich.

«Ja – ja, es sieht so aus, als sei dies meine Unterschrift, aber diesen Text – diesen Text kenne ich nicht, das heißt, Daniel hat davon gesprochen, und ich habe ihn ausgelacht ...»

Meine Geduld begann sich zu erschöpfen, während der Hausherr ruhig und gelassen dasaß, als ginge es um etwas ganz Belangloses und nicht um den Ehevertrag seiner Tochter.

«Salmo!» unterbrach ich ihn scharf. «Ist das deine Unterschrift – ja oder nein?»

«Ja, Herr, ich setzte sie auf dieses Pergament, aber unter einen anderen Text.»

«Was – was meinst du damit?»

«Daniel wollte einen schriftlichen Mietvertrag, und ich sagte, es sei nirgendwo üblich, wegen ein paar Wochen Miete Pergament zu verschwenden, doch er bestand darauf. Noch mehr habe ich mich gewundert, als er dann mit einem Pergament ankam, das vermutlich soviel gekostet hat wie mein Zimmer hier in vier Wochen. Das sei bei ihm nun einmal üblich, hat Daniel gesagt, er wolle Ordnung und Übersicht haben, und dieses Stückchen Pergament liege schon lange ungenutzt auf seinem Schreibtisch herum und deshalb ...»

Salmo schaute mich flehend an, sein Blick bat um Verständnis.

«Was sollte ich tun, Herr? Wegen dieser paar Zeilen herumstreiten, wo es hieß, daß ich, Salomon ben Nahum, hiermit bestätige, in Daniels Haus mindestens sechs Wochen zu wohnen und bereit bin, dafür soundsoviel zu zahlen. Sollte ich eher ausziehen, mußte ich ihm für die restliche Zeit den halben Mietpreis überlassen. Das unterschrieb ich und nichts anderes.»

Jetzt wurde mir sofort klar, warum auf dem Pergament noch soviel Platz war. Daniel hatte den kurzen Mietvertrag weggeschabt und den mindestens doppelt so langen Ehekontrakt hingesetzt, denn der mußte ja noch vor Salmos Unterschrift enden. Ich nahm das Pergament und fuhr mit dem Finger darüber. Es war sorgsam geglattet, und es würde uns sehr schwerfallen, Daniel einen Betrug nachzuweisen. Dennoch war ich davon überzeugt, daß Salmo hier geschickt in eine Falle gelockt worden war.

Ich wandte mich an Daniel.

«Es ist nur seltsam, daß der Ehekontrakt so klein und eng geschrieben ist, wo dieses Pergament noch soviel Platz bietet. Wie ist das zu erklären?»

Daniel war nicht aus der Ruhe zu bringen.

«Ganz einfach – dieser Platz mußte freibleiben für eine spätere Bestätigung des Rabbi.»

«Aha – aber warum hast du den Rabbi nicht gleich als Zeugen zugezogen? Er hätte dann mit unterschreiben können, und alles wäre rechtens.»

«Der Rabbi war dieser Tage nicht anwesend, wir hätten es nachgeholt.»

Nun hielt ich die Zeit für gekommen, Krallen und Zähne zu zeigen.

«Daniel ben Simon, du bist genau das, was mein Diener dich genannt hat, nämlich ein Erzgauner, der zudem seine Töchter für Erpressung und Betrug mißbraucht. Ich fordere dich nun auf, mit mir zum Palast des Statthalters zu gehen, wo erfahrene und mit Fälschungen durchaus vertraute römische Beamte dieses Pergament genau prüfen werden. Hier ist deutlich zu spüren, daß der vorherige Text mit Bimsstein abgerieben und ein neuer, längerer daraufgesetzt wurde.»

Daniel wollte mir den Kontrakt blitzschnell aus der Hand reißen, doch damit hatte ich gerechnet. Ich barg das Schriftstück unter meinem *himation* und schlug ihm derb auf die Hand.

«Ja, Daniel, nun bist du einmal an die Unrechten geraten. Als Leibarzt der Königin von Ägypten und persönlichem Freund des Imperators stehen mir alle Möglichkeiten offen, dich schnell zu entlarven und deiner längst überfälligen

Strafe zuzuführen. Menschen wie du sind eine Gefahr und dürfen nicht frei herumlaufen. Bei dieser Gelegenheit werden sich die Richter auch mit deinem Vorleben befassen, und da scheint es recht trübe auszusehen. Du sollst drei deiner Frauen umgebracht haben ...»

Jetzt endlich brach der immer mühsamer bewahrte Gleichmut des Betrügers zusammen. Er lief rot an und brüllte: «Geschwätz! Gerüchte! Von Neidern zusammengebraute Lügenmärchen! Kein Gericht dieser Welt wird dem Glauben schenken ...»

«Mag sein, aber was ist damit?» Ich klopfte auf die Stelle, wo das Pergament steckte. «Das ist doch offensichtlicher, geschickt ausgedachter Betrug.»

«Debora wird bezeugen, daß alles rechtens ist ...»

«Gut», sagte ich und lächelte nachsichtig, «dann laß Debora hereinholen.»

Das war sein letzter, verzweifelter Versuch, sich aus der Schlinge zu ziehen, doch mir fehlte diesem Gauner gegenüber jedes Mitleid, und so wollte ich zusehen, wie er in seine selbstgegrabene Fallgrube stolperte.

Salmo hatte recht: Debora sah aus wie ein Flittchen, grell geschminkt, mit dem Gesicht eines Frettchens und verschlagenem Blick. Jede anständige griechische Hetäre oder römische *meretrix* hätte es leicht mit ihr aufnehmen können.

«Hat dir dieser Herr da, also Salomon ben Nahum, mehrmals die Ehe versprochen, nachdem es ihm endlich gelang, dich in sein Bett zu locken?»

«Ja – ja –», stammelte sie «zu – zuerst wollten wir uns verloben ...»

Mir reichte es jetzt.

«Beenden wir doch dieses erbärmliche Schmierentheater. Daniel, ich wünsche, daß du jetzt zwei Doppelsänften bestellst, und wir – also ich und Salmo und du mit Debora –

werden die Sache vor Gericht klären lassen. Ich freue mich schon auf den Augenblick, da man dich am Stadttor hängt, zur Warnung für alle anderen Betrüger.»

Daniel schrie seine Tochter an.

«Raus mit dir!»

Debora verschwand, und es sah so aus, als hätte Daniel seine unerschütterliche Ruhe wiedergefunden. In gespielter Hilflosigkeit hob er beide Hände.

«Verzeih, Salomon, aber meine Handlung entsprang väterlicher Liebe und – das gebe ich zu – unverzeihlicher Nachsicht mit den Launen meiner Tochter. Sie hat sich in dich verliebt, und gegen Liebe ist bekanntlich kein Kraut gewachsen. Ich hätte meinen Willen durchsetzen, hätte der Klügere sein müssen ...»

Jetzt war tatsächlich der Augenblick gekommen, da mir dieser Mensch leid tat. Er handelte wie ein zu Tode getroffener Löwe, der unter Fauchen und Knurren versucht, sich in die rettende Höhle zurückzuziehen, und in seiner Verzweiflung ein Junges vor sich hinhält, um den eigenen Pelz zu retten.

«Daniel, Daniel, du hast Debora durch deine Habgier zu einer Hure gemacht; jetzt versuche nicht auch noch, ihr die Schuld zuzuschieben. Zeige dich als Mann und Vater und löffle die Suppe allein aus, die du dir eingebrockt hast.»

Ich hätte diese Worte auch an eine Mauer oder einen Baum richten können, denn Daniel ging nicht darauf ein, sondern versuchte, etwas von dem längst verschütteten Wein in den Krug zurückzubringen.

«Wir könnten doch den Kontrakt so lassen, wie er ist, und ich setze ein paar Zeilen hinzu, daß die Verlobung auf meinen und Deboras Wunsch wieder gelöst wurde.»

Salmo grinste.

«Dann ist aber ein Strafgeld fällig, lieber Daniel. Wer einen Vertrag einseitig löst ...»

Daniel fuhr auf und sagte triumphierend: «Ah – du bekennst dich also zu dem Vertrag?»

«Schluß jetzt!» brüllte ich. «Wir gehen vor Gericht, und Daniel wird hängen; er verdient es nicht anders.»

Da gab er es auf. Er bezahlte an Salmo fünf Goldstücke, und wir verbrannten gemeinsam den gefälschten Kontrakt. Als mein Diener feixend die Münzen einsteckte, begann Daniel zu weinen.

Auf dem Weg zurück zum Statthalterpalast erzählte mir Salmo ausführlich, auf welche Weise Daniel das Gaunerstück in Szene gesetzt hatte. Ich lauschte seinem etwas umständlichen Bericht und konnte es mir am Ende nicht verkneifen, ihn mit einem täppischen und einfältigen Jungen zu vergleichen, auf den man ständig aufpassen müsse. Da tat er dann recht beleidigt, meinte, das könne jedem passieren und ich solle ihn nicht behandeln wie ein unmündiges Kind.

«Manchmal zwingst du mich dazu», sagte ich streng, «ich weiß schon aus Jerusalem, daß man dich in einer großen Stadt nicht allein lassen kann. Dort mußte ich dich aus dem Gefängnis holen, und hier läßt du dich von einem stadtbekannten Gauner einsperren.»

Er machte ein Gesicht wie ein gescholtener Junge, was bei seinem narbigen und sehr männlichen Gesicht schon recht seltsam aussah. Von da an wohnte Salmo im Dienertrakt des Statthalterpalastes und meldete sich jedesmal brav ab, wenn er in die Stadt gehen wollte.

Alles in allem war es ein gutes, lockeres Leben in Antiochia, doch jeder weiß, daß die Götter es nicht gerne sehen, wenn es den Menschen zu wohl ergeht, und bald mußten Salmo und ich erkennen, daß Fortuna ihre Glückshand von uns nahm und wir unter die eiserne Fuchtel des schrecklichen Gottes Ares, den die Römer Mars nennen, gerieten.

## ZWEITES KAPITEL

Königin Kleopatra war keine Geheimnistuerin und hatte immer das Bedürfnis, ihre Freuden und Erfolge dem Freundeskreis mitzuteilen – uns teilhaben zu lassen an ihrem Triumph, der sich mit der allmählichen Wiederherstellung des alten Ptolemäerreiches verknüpfte. Diese Entwicklung war mit dem Dezember jenes wichtigen und ereignisreichen Jahres abgeschlossen, und ich kann nicht umhin, sie in großen Zügen zu schildern, auch wenn dadurch der alte Streit wieder aufgerührt wird, ob Antonius «dieser Ägypterin» – so ihre Gegner – in seiner Verliebtheit damals nicht allzu große Geschenke gemacht hat. Das ist freilich eine Frage des Standpunkts, denn aus Kleopatras Sicht war der Gebietszuwachs nicht umfassend genug, und sie hätte gerne vom Reich des Herodes noch einige größere Happen abgezwackt, doch in diesem Punkt gab Antonius nicht nach.

Die Vereinbarung zwischen der Königin und dem Imperator wurde im *praetorium* feierlich verlesen und dann – aus Gründen der Sicherheit – durch zwei getrennte Boten nach Rom gesandt, um die «Ehrwürdigen Väter» und die beiden im Januar neuernannten Konsuln angemessen von den Entscheidungen des Imperators zu unterrichten.

Ich sehe die Szene noch heute in allen Einzelheiten vor mir. Im großen Audienzsaal des Statthalters waren zwei Throne aufgerichtet – nicht nebeneinander, sondern in einigem Abstand, so daß die mit der Verlesung beauftragten Beamten vortreten konnten, ohne die Sicht auf das Herrscherpaar zu versperren. Sie verkündeten mit lauter

Stimme, was die beiden Herrscher ausgehandelt und vereinbart hatten. Kleopatras Gebietszuwachs reichte im Süden von der Hafenstadt Akkon über den Kleinstaat Ituräa an der Westgrenze von Phoinikia und Teile der Dekapolis im Norden von Peräa bis hinein nach Asia, wo Antonius ihr ein Stück von Kilikia überließ. Dort gab es die begehrten Zedernwälder – unerläßlich als Bauholz für Schiffe, Befestigungen und Paläste. Der Besitz der Insel Cyprus wurde nochmals ausdrücklich bestätigt.

Einige dieser Gebietserweiterungen betrafen eine Reihe von Küstenstädten und gingen auf Kosten von Herodes, so daß dem König der Juden nur noch Gaza als einziger Zugang zum Meer blieb. Aber nicht nur das. Kleopatra, die es darauf angelegt hatte, Herodes nach Kräften zu schwächen – ja, wenn möglich zu vernichten, brachte – und das muß nicht einfach gewesen sein – Antonius dazu, ihr die Palmen- und Balsamgärten von Jericho zu überlassen. Herodes erklärte sich unter der Bedingung einverstanden, daß er die Pflanzungen von Kleopatra zurückpachten durfte, um ihr dann Jahr für Jahr die recht beträchtlichen Gewinne zu übersenden. Sehr klug ausgedacht, denn auf diese Weise konnte der König es vermeiden, daß ägyptische Beamte sich dort, nur knapp zwanzig Meilen von seiner Hauptstadt entfernt, herumtrieben. Kleopatra ließ auch später keinen Zweifel daran, daß sie Herodes als feindlichen Nachbarn betrachtete und auf seine Vernichtung hinarbeitete.

Doch das war noch lange nicht alles. Sie forderte und erhielt Teile des Königreichs der Nabatäer, vor allem um das Gebiet des Asphalt-Sees. Wie wichtig der *asphaltos* als Arznei, Balsamierungsmittel, Baustoff und für andere Zwecke ist, brauche ich nicht eigens zu erwähnen.

Kleopatra hatte uns vorher in einer geheimen Besprechung ausdrücklich gebeten, bei dem feierlichen Akt der Gebietsverteilung keinerlei Beifallsbekundung zu äußern.

«Das würde so aussehen, als habe ich diese Gebiete dem Imperator abgeschmeichelt oder abgetrotzt, und das würde besonders in Rom böses Blut machen.»

Sie lächelte bezaubernd und freundschaftlich.

«Ich weiß, daß es euch danach drängt, eure Freude zu äußern, doch diesmal bitte ich um äußerste Zurückhaltung. Gratulieren könnt ihr mir nachher, wenn wir unter uns sind.»

Im neuen Jahr ließ unser hohes Paar Münzen mit beider Bildnissen prägen, wobei der römische Münzmeister Kleopatras Nase so unziemlich betonte, daß wir schon fürchteten, sie werde den Mann zur Verantwortung ziehen. Sie tat es nicht, sondern lachte nur.

«Ich halte es für gar nicht so schlecht, wenn ich auf den Denaren so unvorteilhaft dargestellt bin. Dann mögen sich die Römer sagen, Antonius werde die Episode mit der ägyptischen Königin bald beenden, weil er so ein häßliches Weib nicht länger ertragen wird, als die Politik es verlangt.»

Jeder von uns erhielt einen prallen Beutel mit den neuen Silberprägungen, dazu ein Dutzend Goldabschläge, die eigens für den Freundeskreis gefertigt waren und nicht in Umlauf kamen. Auch Salmo erhielt seinen Teil, und ich sagte: «Siehst du, nun bin ich doch das geworden, was der Erzbetrüger Daniel zu Unrecht von mir angenommen hat, nämlich ein reicher Mann.»

Ich kann nur immer wieder versichern, daß mir zeitlebens am Geld wenig gelegen war und ich nie besonders viel davon besaß. War dies doch einmal der Fall, dann gab ich es schnell wieder aus.

So setzte ich damals einen Teil der neugeprägten Silbermünzen in ein Geschenk für Iras um, und zwar ließ ich ihr von einem bekannten Goldschmied eine schwere Kette anfertigen mit einem höchst kunstvollen Anhänger in Form der katzenköpfigen Göttin Bastet, der gut zwei Unzen wog.

Iras war davon so begeistert, daß sie ihn Tag und Nacht trug, wobei letzteres für mich nicht ungefährlich war. Meine Geliebte schätzte nämlich die Amazonenstellung; dabei geriet die Bastet heftig ins Pendeln und hätte mir einmal fast ein Auge ausgeschlagen. So bat ich sie, das gute Stück vor unserem Liebeskampf abzulegen. Später tat sie das auch manchmal, wenn sie mir böse war, aber es dauerte nie sehr lange, dann funkelte Bastet wieder an ihrer Brust.

Alexas hatte seine Werbung um Iras noch keineswegs aufgegeben und kam gleichzeitig mit mir auf die Idee, ihr ein Geschenk zu machen, das ihm aber durch ein Mißverständnis zum Unheil wurde. Zuvor hatte er sich bei Charmion erkundigt, welcher Gottheit Iras besondere Verehrung zolle, und diese hatte kurz und unwirsch geantwortet: «Der Katzenköpfigen.» So wagte er Charmion nicht weiter zu belästigen, sondern wandte sich an einen der wenigen Ägypter in unserem Hofstaat, und der sagte, damit könne nur Sachmet, die Gemahlin des großen Ptah von Memphis, gemeint sein. Er ließ sich die Göttin genau beschreiben und danach eine Silberfigur fertigen. Die überreichte er Iras – so hat sie mir es berichtet – mit den Worten: «Für dich, du Hochverehrte, die Sachmet Tag und Nacht leiten und beschützen möge.»

Ich habe schon früher erwähnt, daß Sachmet eine durchaus ehrenwerte und hochangesehene Gottheit ist, aber als Göttin von Krieg, Krankheit, Vernichtung und Schutzherrin der Ärzte kaum als Geschenk für eine Geliebte geeignet.

Iras, als enge Vertraute der Königin, hatte von ihr gelernt, im Bedarfsfall schnell und ironisch zu reagieren, und so gab sie zurück: «Aber Alexas, da hast du dir die verkehrte Person ausgesucht. Meine Göttin heißt Bastet und schützt die Liebenden, während deine Sachmet eher für unseren Arzt Hippokrates paßt. Überreiche sie ihm, und es wird dir vielleicht gelingen, seine Freundschaft zu gewinnen.»

Alexas stand da wie ein Bauer, den der königliche Verwalter ausschimpft, weil er Gerste anstatt Weizen geliefert hat und ihm nun Stockprügel drohen. Doch der Kerl war nicht unterzukriegen und machte aus dem Reinfall das Beste. Er ließ die Figur einschmelzen und daraus eine Isis fertigen mit den Zügen unserer Königin. Auf dem Sockel ließ er in Griechisch, Latein und Ägyptisch eingravieren: *Cleopatrae Reginae Regum* (für Kleopatra, Königin der Könige).

Für unsere Königin war es materiell gesehen ein wertlos es Geschenk, doch die Geste gefiel ihr, und so gelang es Alexas, sich bei ihr langsam wieder einzuschmeicheln.

Uns aber hatte die *Basilissa* in einem vertraulichen Gespräch gebeten, nicht ihr, sondern dem Imperator ein Geschenk zu machen. Ich gebe gerne zu, daß ich die Idee Alexas zu verdanken habe. Unser Freundeskreis beriet hin und her, wobei so seltsame Einfälle diskutiert wurden wie Antonius mit Circusspielen zu ehren, aber dafür hätten wir das Einkommen eines Proconsuls gebraucht, ganz davon abgesehen, daß hier niemand diesen römischen Brauch schätzte.

Ich dachte an das Geschenk des Alexas für die Königin und fragte mich, welche Gottheit Antonius besonders nahestünde. Da fiel mir das Symposion in Tarsos ein und die auf Herakles bezogene Theateraufführung.

«Herakles!» rief ich. «Das ist es! Der Imperator führt seine Abstammung auf diesen Helden zurück; macht häufig Anspielungen darauf und fühlt sich geehrt, wenn man davon spricht. Wir aber sprechen nicht davon, wir werden handeln!»

Und so machte ich den Vorschlag, im großen Zeus-Tempel der Stadt einen Herakles-Altar zu errichten und dazu eine lebensgroße Bronzestatue mit den Zügen des Imperators zu stiften. Es ist schon seltsam, daß zugleich mit uns zwei andere auf diesen Gedanken gekommen waren, nämlich Kleopatra, die der Ratsversammlung der Stadt – sie nannte sich hier «Senat» – nahelegte, den Imperator durch einen Herakles-Altar zu ehren, während dieser Ältestenrat gerade dabei war, bei Kleopatra anzufragen, ob es dem Imperator genehm sei, ihm ein kleines Heiligtum zu errichten. Lachend berichtete sie uns davon.

«Diese ehrwürdigen Väter sind mit einer *consecratio* schnell zur Hand, doch ich habe sie darüber aufgeklärt, daß man in Rom nicht nur viel geleistet haben, sondern auch tot sein muß, um für göttlich erklärt zu werden, so wie dies mit Julius Caesar geschah. Es bleibt also dabei, daß an der Ostseite des Zeus-Tempels, außerhalb des *adyton*, aber noch innerhalb der *stoa*, ein Herakles-Altar errichtet wird mit der lebensgroßen Bronzestatue des Gottes.»

«Der die Züge des Imperators trägt», fügte ich vorlaut hinzu.

«Davon weiß ich nichts, das ist eure Idee, euer Geschenk. Mein Geschenk an Marcus Antonius wird – wie das eure – menschengestaltig sein, aber kleiner, viel kleiner.»

Iras und Charmion lächelten stolz, während die dumme Männerschar erst nach einer Weile begriff, wovon die Rede war – Mardion, der Eunuch, natürlich als erster.

«Ein neuer Sproß aus göttlichem Stamm!» rief er begeistert. «Unsere besten Wünsche begleiten dich! Glück und Segen der Götter über dich, *Basilissa*!»

Wir wiederholten es im Chor: «Glück und Segen der Götter!»

Dann wollten wir uns zurückziehen, doch Kleopatra hob die Hand.

«Ihr seid noch nicht entlassen! Ich habe euch noch etwas mitzuteilen: Von Beginn des nächsten Jahres an werde ich meine Regierungszeit nach einer neuen Ära berechnen. Das Jahr eins beginnt mit der gemeinsamen Regentschaft von mir und meinem über alles geliebten Sohn Ptolemaios Caesar, Sproß des göttlichen Caesar, der mir und euch aus den lichten Höhen des Olymp seinen Segen spenden möge.»

Mitte Februar war der Altar im Zeus-Tempel errichtet, die Bronzestatue des Herakles vollendet. Sie kam uns sehr teuer, weil es in dieser großen Stadt seltsamerweise nur ganz wenige wirklich tüchtige Bildhauer gab, und um dem von uns gewählten die Arbeit zu ermöglichen, mußte er Antonius aus der Nähe sehen. Kleopatra übernahm diese Aufgabe und beklagte sich beim Imperator über die unähnlichen und groben Bildnisse auf den Münzen. Die nächste Prägung müsse ein wirklicher Künstler übernehmen, damit sich alle Welt ein wahres Bild ihres Herrschers machen konnte. Antonius erklärte sich sofort dazu bereit, und so erschien Skopas, ein vielbeschäftigter Bildhauer, Steinschneider und Bronzegießer, der eine große Werkstatt unterhielt. Bei der Arbeit durfte niemand zugegen sein, nur dem ehrwürdigen Protarchos war es einmal gestattet, kurz dabei zuzusehen.

«Bei allen Göttern, ich sage euch, dieser Kerl zeigte vor Antonius nicht den geringsten Respekt. Er legte ganz ungeniert sein Winkelmaß an das Haupt unseres Imperators, lief mit dem spitzen Zirkel herum, als wolle er ihn ermorden, und wickelte ihm ein Maßband um den Bauch. Antonius schmunzelte dabei nur und meinte, sein Leibesumfang müsse ja nicht unbedingt auf der Münze erscheinen, denn er wußte ja nichts von den wahren Absichten des Bildhauers. Der aber zeigte sich mit dem Mund nicht weniger flink als mit seinen Händen und sagte, dies sei eine Frage der Proportion und der *sectio aurea* – ja, er gebrauchte das lateinische Wort, mit dem ich nichts anzufangen weiß.»

«Der goldene Schnitt?» übersetzte ich den lateinischen Begriff. «Das muß ein Begriff für Bildhauer sein, den auch ich nicht kenne.»

Wie dem auch sei, Skopas lieferte seine Arbeit pünktlich ab, und zur Einweihung des Altars erschien der Imperator im purpurnen Feldherrnmantel mit dem goldenen Lorbeerkranz auf seinem noch immer sehr vollen Haar. Kleopatra begleitete ihn, und das war einer ihrer ganz wenigen öffentlichen Auftritte in Antiochia.

Es war schon die Rede vom respektlosen Großstadtvolk, dem nichts heilig ist, das keine Ehrfurcht kennt. Doch diesmal zeigten sich die Antiochier von ihrer besten Seite.

Imperatoren, Konsuln, Präfekten, Satrapen, auch kleine Klientelfürsten sah man hier quasi alle Tage, aber eine ägyptische Königin war doch etwas Besonderes. Vielleicht lag es auch daran, daß hier jeder wußte: Dieser Altar ist von der Stadt, also mit unseren Steuergeldern bezahlt, und so möchten wir unser Geschenk auch sehen.

Antonius kniete am Fuß der Statue kurz nieder, wo geschrieben stand: «Seinem göttlichen Ahnherrn in Ehrfurcht und Dankbarkeit geweiht von Marcus Antonius Imp.»

Am Abend feierten wir das Ereignis im kleinen Kreis, und Iras – schon um Alexas zu ärgern – hatte dafür gesorgt, daß Antonius erfuhr, von wem die Idee zu dem Geschenk stammte. Ja, Alexas war auch schon wieder zugegen, er war sozusagen das Salz in der Brühe – von keinem besonders gemocht, von allen wohlgelitten.

Antonius sprach mir seinen besonderen Dank aus, zwinkerte mir zu und sagte: «Für dich, Olympos – meinetwegen auch Hippokrates –, für dich also habe ich etwas ganz Besonderes. Ich löse damit ein altes Versprechen ein, von dem du vielleicht angenommen hast, ich hätte es vergessen.»

Er überreichte mir ein Kupfertäfelchen, und da konnte ich lesen: «Olympos, genannt Hippokrates, Leibarzt Ihrer Majestät, der Königin von Ägypten, wird hierdurch und für die Zeit des Feldzuges gegen die Parther zum Generalarzt aller daran beteiligten Legionen ernannt, im Rang und mit dem Sold eines Tribuns. Jeder andere an diesem Feldzug teilnehmende Arzt ist dem Generalarzt Olympos, genannt Hippokrates, unterstellt.

Gegeben zu Antiochia im 5. Jahr der Regierung des Imperators Marcus Antonius.»

Meine Gedanken schwirrten durcheinander wie aufgestörte Wespen, mein Mund war trocken wie altes Pergament. Alexas muß mich genau beobachtet haben und sagte hämisch: «Er freut sich gar nicht ...»

«Vielleicht ist er vor Freude stumm geworden», meinte Kleopatra, und es klang gar nicht ironisch.

Ich mußte mich räuspern und zweimal zu einer Erwiderung ansetzen, ehe die Zunge mir gehorchte.

«Also – das ist eine große Ehre – eine Auszeichnung – die – die ich zu schätzen weiß ...»

Heute, aus dem Abstand von Jahrzehnten, muß ich sagen, daß ich diese mir seit Alexandria drohende Aufgabe nach und nach aus meinem Gedächtnis verdrängt hatte, weil nie mehr davon die Rede war, auch weil ich es für eine Intrige des Alexas hielt, der jetzt quasi als Versager dastand und zunächst kaum noch Einfluß besaß. War er es, der den Imperator an sein damaliges Versprechen erinnert hatte? Drehte er nun den Spieß um und versuchte mich vom Hof zu entfernen, um wieder Iras' Gunst zu gewinnen? Freilich, dieser Verdacht drängte sich auf, aber später konnte ich feststellen, daß er unbegründet war. Antonius, Soldat mit Leib und Seele, war unfähig, sich vorzustellen, daß jemand die hohe Ehre nicht schätzte, in die römische Armee eintreten zu dürfen – noch dazu in einem Rang, den er eigens für mich geschaffen hatte. Tatsache war, daß zuvor Militärärzte in der Geschichte der römischen Legionen nicht vorkamen. Freilich, da und dort hat es bei der Truppe den *medicus militaris* gegeben, aber nur wenn der *legatus legionis* es wünschte oder anordnete. Seit Jahren sprach alle Welt vom

Partherfeldzug, der letzten großen Schlacht, die dem Römischen Reich zu seiner endgültigen Befriedung – wie man damals glaubte – bevorstand.

Weite Kreise in Rom nahmen es dem Imperator übel, diesen Feldzug nicht längst begonnen und siegreich abgeschlossen zu haben. Man schrieb sein Zaudern dem verderblichen Einfluß der «Ägypterin» zu, und nicht wenige gutmeinende Freunde des Marcus Antonius warnten ihn und drängten ihn zum Aufbruch. Ich weiß es von ihm selber, und er hat es immer wieder betont, daß nicht Kleopatra ihn zögern ließ, sondern – um des Sieges sicher zu sein – er auf eine günstige Situation wartete, und diese schien jetzt gekommen.

Der bisher regierende Partherkönig Orodes – sein Sohn war von den Römern besiegt und getötet worden – dankte zugunsten seines Thronfolgers Phraates ab, der sich sofort daranmachte, seine neunundzwanzig Brüder – das ist kein Schreibfehler, es waren neunundzwanzig – umzubringen, um unangefochten und ungestört regieren zu können. Sein Vater, der alte König, warf ihm das vor, worauf dieser feine Sohn auch ihn ermorden ließ. Darüber empörte sich ein Teil des parthischen Volkes, und nicht wenige gingen außer Landes, darunter Monaises, einer der mächtigsten Adelsführer des Landes.

Lassen wir es vorerst dabei, und kehren wir zu jener Feier zurück, die Antonius anläßlich der Einweihung des Herakles-Altars seinen Freunden gab.

Als der erste Schreck verflogen war und ich die strahlenden Gesichter meiner Freunde sah, die sich mit mir freuen wollten und die mein zuerst entsetztes Gesicht verwirrt hatte, löste sich in mir der Widerstand. Ich fühlte mich von einer Woge des Wohlwollens und der Freundschaft emporgetragen, und meine Stimmung schlug um, noch bestärkt durch die kleine Rede, die der Imperator hielt.

«Erlauchte *Basilissa*, meine lieben Freunde! Es gibt Probleme im Leben einzelner Menschen, Sippen, Stämme, Völker und Staaten, denen wir mit Bedacht ausweichen, die wir geschickt umgehen oder durch Zugeständnisse und Absprachen abmildern und damit lösen können. Die Auseinandersetzung mit den Parthern gehört leider nicht dazu. Als König Mithridates sein Herrschaftsgebiet deutlich nach Westen verschob, hat er seinen Nachfolgern ein bitteres Erbe hinterlassen, nämlich den dadurch entstehenden Zwist mit Rom. Wenn zwei Steinchen aufeinandertreffen, fliegt das leichtere beiseite, sind es Steine, rollt der kleinere davon, sind es aber Felsen – zu schwer und kantig zum Fliegen oder Rollen –, dann muß der größere den kleineren zertrümmern, in Stücke schlagen, zu Staub zermahlen und den Staub in den Wind streuen. Ihr wißt, was ich meine, liebe Freunde, der Felsblock des parthischen Reiches versperrt uns, den Römern, den freien Zugang nach Osten, und es bleibt uns keine Wahl – wir müssen diesen Felsen zertrümmern. Letztlich war der Sieg immer unser, und nicht anders wird es beim Feldzug gegen die Parther sein.»

Antonius hielt inne, nahm einen Schluck Wein und schaute mich an.

«So preisen wir heute dich, Olympos Hippokrates, der du auserwählt bist, große Geschichte selbst mitzuerleben, und das wird dich bereichern fürs ganze Leben.»

Er hob sein Glas.

«Auf Rom, auf Ägypten, auf den Sieg!»

Alle standen auf und gaben ihm Bescheid, nur unsere Königin blieb sitzen, und ich las von ihren Lippen ab, daß sie sagte: «Auf Ägypten, auf den Sieg!» Oder hieß es: «Auf Antonius – auf den Sieg?»

Siegeszuversicht ergriff jeden im Gefolge von Antonius und Kleopatra und, wie ich später sah, auch jeden in der römischen Armee.

Ob ich im Zusammenhang mit meiner Ernennung irgendwelche Wünsche habe, fragte mich später der Sekretär des Imperators. Nur einen, gab ich zurück, nämlich daß mein Diener Salmo mich auf dem Feldzug als mein *adiutor* begleiten dürfe. In welchem Rang? Bei Ares – was verstand ich damals schon vom römischen Heer und seinen Rängen? Ich wußte nur, daß der *miles* ein einfacher Soldat war, daß über ihm der *optio*, der *centurio* und der *tribunus* standen und sie alle vom *legatus legionis* – dem Führer einer Legion – befehligt wurden.

Ich dachte also kurz nach und sagte frech, in meinem Stand als Generalarzt sei ich dem Imperator wesensgleich, denn wie er über alle Legionäre gebiete, so sei ich der Herr aller beim Heer beschäftigten Ärzte. Als solcher müsse mein Erster Gehilfe mindestens im Offiziersrang sein, etwa in dem eines *centurio.*

Dem Sekretär blieb vor Erstaunen der Mund offen.

«Was – was?» stotterte er schließlich. «Du vergleichst dich also mit dem göttlichen Imperator – du, ein kleiner Arzt?»

«Ich bin Leibarzt Ihrer königlichen Majestät, der *Basilissa* Kleopatra von Ägypten, und Generalarzt des römischen Heeres. Wenn du nicht im Steinbruch oder als Rudersklave auf einer Galeere dein Leben beenden willst, so verlange ich für den ‹kleinen Arzt› eine angemessene Entschuldigung.»

An dieser Ausdrucksweise ersieht man, daß ein Rang den Charakter verändert. Ehe man mir das Kupfertäfelchen mit meiner Ernennung übergeben hatte, wäre ich zu einer solchen Anmaßung gar nicht fähig gewesen.

Der Sekretär duckte sich und murmelte etwas von «den Herrn noch fragen müssen». Nun, zwei Tage später wurde Salmo offiziell zu meinem *adiutor* ernannt, im Range eines *optio*. Ich schlug ihn auf die Schulter.

«Römischer Offizier bist du also nicht geworden, aber der *optio* ist immerhin der Assistent eines *centurio* – du stehst also weit über den einfachen Legionären, was sich natürlich auch in deinem Sold ausdrückt.»

Salmo verzog angewidert sein zernarbtes Gesicht.

«Ich habe geglaubt und gehofft, dem Soldatenstand für immer Lebewohl sagen zu können, und nun läßt du mich hinterrücks einfach –»

«Halt, Salmo, halt! Du wolltest doch beim Feldzug mit dabeisein, hast mich ausdrücklich gebeten, beim Imperator ein Wort für dich einzulegen. Als alter Soldat müßtest du wissen, daß Zivilpersonen ...»

«Ich hab's nicht so gemeint, Herr, und der Sold ist gewiß auch nicht zu verachten. Schwert, Lanze, Pfeil und Bogen muß ich ja nicht anrühren. Wann geht's los?»

«Wann Antonius sich mit seinen Legionen von hier aus in Bewegung setzt, weiß ich nicht. Für uns geht es sofort los, denn wir müssen Ärzte anwerben, Instrumente und Arzneien beschaffen, uns – ja, leider auch das – einen *vestitus militaris* besorgen.»

«Ich – ich soll wieder Uniform tragen?»

Ich grinste.

«Gewiß, denn dein neuer Rang ist dir weder vom Gesicht noch vom Hintern abzulesen.»

Der Imperator ließ sich Zeit – viel Zeit, und das hat ihm später schwere Vorwürfe eingebracht. Warum blieb er, da der Entschluß nun einmal gefaßt war, noch über drei Monate in Antiochia? Januar, Februar und März gingen ins Land, und als sich der Heereszug Mitte April in Bewegung setzte, hörte man hinter vorgehaltener Hand flüstern, nun sei es der ägyptischen *venefica* doch gelungen, Marcus Antonius in ihrem Bett festzuhalten, und so seien die Aussichten auf einen erfolgreichen Feldzug um vieles kleiner geworden. Warum? Weil man so dem parthischen Vater- und

Brudermörder Gelegenheit gegeben habe, seine Herrschaft zu stabilisieren, und weil das römische Heer durch den späten Aufbruch in Gefahr geraten sei, irgendwo im unwirtlichen Bergland überwintern zu müssen.

Daß beide Einwände mehr als berechtigt waren, stellte sich erst viel später heraus. Doch wer dies damals laut äußerte, wurde schnell als Querulant, Schwarzseher – ja, als Verräter an der römischen Sache angesehen.

Ich hatte zuerst befürchtet, in Antiochia keinen halbwegs gutgestellten Arzt zu finden, der sich auf die Mühen und Gefahren dieses Feldzugs einlassen würde. Doch weit gefehlt – es meldeten sich Dutzende, wovon allerdings schon von vornherein zwei Drittel ausgeschieden werden mußten, weil ihre Qualifikation nicht hinreichte oder weil sie zu alt waren. Ich hätte nicht geglaubt, daß über fünfzig, ja nahezu sechzig Jahre alte Männer bereit waren, sich kopfüber in das Abenteuer dieses zeitlich kaum absehbaren Kriegszugs zu stürzen. Sie alle nannten ein Motiv: Sie wollten der römischen Sache dienen, damit es nicht noch einmal geschehen könne, daß die Parther plündernd, mordend und brandschatzend bis nach Jerusalem zögen – an Antiochia vorbei, gewiß, aber darauf wollte man sich in Zukunft nicht mehr verlassen.

Salmo zwinkerte mir jedesmal zu, wenn er solche Argumente in verschiedenen Varianten hörte, die diese wackeren Ärzte in das Licht römischer Patrioten rücken sollten – aber nicht taten. Als Arzt lernt man schnell, hinter die Maske eines Menschen zu schauen. Die tatsächlichen Motive dieser Herren schienen mir ganz anderer Natur, und das hörte ich oft leicht zwischen den tönernen Worten heraus.

So wollte der eine seiner Familie den Rücken kehren, die ihn mit Töchtern, Söhnen, Schwiegertöchtern und Schwiegersöhnen, Enkeln, Basen und Vettern allmählich aufzufressen begann, weil jede und jeder das gut verdienende

Haupt der Familie melken wollte. Ein anderer steckte tief in Schulden, weil er einer anspruchsvollen Geliebten hörig war, seine Frau davon wußte und sie deshalb noch größere Ansprüche stellte.

Einer, der mir auf den ersten Blick sehr sympathisch war, hatte aus Geldgier einen unverzeihlichen Kunstfehler begangen und wurde wenig später von der Miliz festgenommen.

Dennoch fand ich so nach und nach jüngere, tüchtige, für den Heeresdienst geeignete Männer, die den Arztberuf – vor allem die *chirurgia* – schon seit Jahren und mit Erfolg ausgeübt hatten. Ihr Motiv war tatsächlich die Lust am Abenteuer, die Neugierde auf fremde Länder, vielleicht auch die Absicht, sich unter Mühen und Gefahren bewähren zu müssen – und dabei noch ein schönes Sümmchen Geld zu verdienen.

Der Imperator hatte in diesen Tagen und Wochen wenig Zeit für mich, doch in bezug auf die Entlohnung der *medici militares* bestand ich auf einer persönlichen Besprechung, um ihm behutsam klarzumachen, daß man diesen zuvor gut verdienenden Leuten nicht Mühen und Gefahren zumuten konnte, ohne sie ausreichend zu entlohnen, und zwar – gemessen an ihrem bisherigen Einkommen – weitaus besser als gleichrangige Offiziere. Antonius sah dies ohne weiteres ein, lachte plötzlich und meinte, jetzt könnten wir uns das schon leisten. Ich verstand den Hinweis, denn in unserem Kreis wußte man längst, daß Kleopatra einen nicht unbeträchtlichen Teil dieses Kriegszugs mit finanzierte.

Fast mehr Mühe als die Rekrutierung geeigneter Ärzte machte mir die Beschaffung von Instrumenten und Arzneien in ausreichender Menge. Von dem für einen Feldzug gewiß sehr notwendigen *mekonion* konnte ich nur etwa drei schwere *librae* bekommen, dafür war ich mit blutstillenden Mitteln ausreichend versorgt, wobei ich mir sagte, daß die verschiedenen Arzneien nur für leichte Fälle geeignet waren, denn bei schweren Verletzungen mußte ich mich ohnehin auf Tamponaden, Druckverbände oder das Brenneisen verlassen.

Jedem der Ärzte ließ ich ein eigenes Operationsbesteck anfertigen – für alle einheitlich und in zweifacher Ausfertigung. Die hiesigen Feinschmiede erwiesen sich dabei als recht tüchtig, und fast alle lieferten das Bestellte pünktlich.

Die größte Schwierigkeit aber ergab sich mit den acht römischen Ärzten, die Antonius – schon den Feldzug im Auge – aus Italien mitgebracht hatte. Drei von ihnen weigerten sich rigoros, mich, den Ägypter, als Vorgesetzten anzuerkennen – nicht wegen meiner Jugend, o nein, denn damals zählte ich schon dreiunddreißig Jahre, sondern weil sie es für unter ihrer Würde hielten, dem Untertan eines von Rom abhängigen Königreichs zu gehorchen. Antonius, diesmal sehr konsequent, stellte die störrischen Herren vor die Wahl, meinen Weisungen zu folgen oder nach Rom zurückzukehren. Einer blieb, und zwei traten den Heimweg an.

Mein Diener Salmo – nun im Rang eines *optio* – verwandelte sich nun seinerseits in einen Vorgesetzten und erhielt als mein Erster Gehilfe vier *servi medici* zu seiner Unterstützung und für die gröberen Arbeiten.

Ursprünglich war vorgesehen, daß auch Alexas als einer der zwei Privatsekretäre des Imperators am Feldzug teilnehmen sollte, doch irgendwie gelang es diesem intriganten Burschen, sich davor zu drücken. Ich schreibe das so schnell und unbesehen hin, muß aber zu seiner Rechtfertigung anführen, daß Antonius ihm den Auftrag erteilte, die Stimmung am ägyptischen Hof zu beobachten und die *Basilissa* – falls sie säumig sein sollte – zu größeren Geld- und Sachleistungen zu veranlassen. Die Frage ist eben nur, ob dieser

Auftrag von Antonius kam oder ob Alexas dem in manchen Dingen recht gutmütigen Imperator die Idee dazu auf seine schönrednerische Art ins Ohr blies.

Der Abschied von Iras – ich kann es nicht anders sagen – war herzzerreißend. Jammernd und klagend lief sie vor mir auf und ab, bot mir mehr als einmal an, bei Kleopatra meine Rückstellung zu erreichen, ohne daß sie es – davon bin ich überzeugt – wirklich gewollt hätte. Es widerstrebte ihrer Natur, Entscheidungen von so hochgestellten Personen wie der *Basilissa* oder dem Imperator in Frage zu stellen oder gar um ihre Rücknahme zu bitten. Sie versprach mir regelmäßige Opfer für die dafür zuständigen Götter – also den griechischen Kriegsgott Ares und seine ägyptische Entsprechung Month – sowie Gebete und weitere Opfer an Sachmet, Asklepios und den für alles zuständigen Serapis.

Ich selber glaubte und glaube nicht an die Wirkung von Gebeten und Opfern vor steinernen oder bronzenen Figuren und äußerte meine Zweifel.

«Tu, was dein Herz dir rät, aber übertreibe es nicht, denn die Priester nehmen und versprechen viel, und ihre Götter halten wenig. Viel lieber wäre es mir, du würdest mir eines zusichern, nämlich diesem Alexas nie mehr deine Gunst zu schenken.»

Sie schwor es mir bei Bastet und hat – was Alexas betraf – ihren Schwur gehalten.

# DRITTES KAPITEL

Mitte April brachen wir nach Norden auf, um uns in der kleinen Stadt Zeugma am Euphrat mit den übrigen Heeresgruppen zu vereinigen. Zuerst fühlte ich mich gar nicht wohl im Habit eines römischen Tribuns. Ich trug sogar am *cingulum* den *gladius*, das Kurzschwert mit breiter Klinge, an der Seite, damit ich – wie der Imperator meinte – wenigstens äußerlich einem römischen Offizier glich und mir die Legionäre mit Respekt begegneten. Meinem Rang nach wäre mir auch das rote *paludamentum* zugestanden, der eher für Paraden geeignete Offiziersmantel, doch ich zog die unauffälligere *paenula* vor, den wollenen Reisemantel, der leicht war, aber dennoch im rauhen Klima gut wärmte. Auf der *cassis*, dem bronzenen Helm mit dem schmückenden Federbusch, hatte der Imperator bestanden, doch unterwegs trug ich die leichte *galea* aus Leder – zugleich Schutz gegen Wind und Wetter. Der *thorax*, mein Brustpanzer, bestand aus hartgegerbtem Leder, war aber nicht, wie bei anderen Offizieren, mit martialischen Symbolen verziert, sondern zeigte – für jedermann verständlich – groß und deutlich einen Asklepiosstab mit Schlange.

Der Weg nach Zeugma war nicht sehr beschwerlich, wir durchquerten einige Tage die Täler der Amanusberge, aber es war – verglichen mit dem, was folgte – eher ein vergnüglicher Ausflug.

Salmo fand, so schien es mir, wieder Gefallen am Soldatenstand, genoß seinen Rang als *optio* und ging recht schneidig mit seinen Untergebenen um. Die Legionäre respektierten ihn insgeheim weit mehr als mich, denn sein zernarbtes Gesicht und das blinde Auge ließen auf allerlei bestandene Kämpfe schließen. Salmo nährte diese Vermutungen und erzählte Episoden aus seinem früheren Soldatenleben – eine haarsträubender als die andere. Ihm kam zugute, daß er kurz unter Julius Caesar gedient hatte, und das hob ihn weit über andere seines Ranges hinaus, obwohl es natürlich auch Legionäre gab, die damals an dem Krieg gegen die Ägypter teilgenommen hatten.

In Zeugma, einer verschlafenen Kleinstadt, ließ der Imperator die Zelte errichten, um dann das Eintreffen der übrigen Truppenteile abzuwarten. Wie man weiß, besteht eine *legio* aus etwa 5000 Mann mit zehn Kohorten zu 500 oder 50 Centurien zu 100 Mann. Es gab aber auch Legionen mit nur 4000 Mann, so daß dann auf die Centuria etwa 80 kamen. Je acht bis zehn Mann bildeten ein *contubernium*, eine Zeltgemeinschaft, mit je einem Maultier für die Lasten und einer Handmühle für das Korn, aus dem die *puls*, der im römischen Heer altgewohnte steife und – mit Verlaub – schauderhaft schmeckende Getreidebrei bereitet wurde.

Für mich als Generalarzt hatte man die Regelung gefunden, daß ich mit Salmo, meinem *adiutor*, in einem eigenen kleinen Zelt nächtigen konnte, während unsere Gehilfen zusammen mit dem *mulio*, dem Maultiertreiber, im Nachbarzelt wohnten.

Von hier aus sandte Antonius den abtrünnigen Stammesführer Monaises mit einer Friedensbotschaft zum Partherkönig Phraates, der sie freundlich beantwortete. Was Antonius dabei wirklich dachte oder wollte, kann ich nicht mit Sicherheit sagen, jedenfalls mußte es ihn mißtrauisch machen, daß der Vater- und Brudermörder den angeblichen Verräter Monaises empfing und auch wieder gehenließ.

Der Unterfeldherr Canidius Crassus, einer von Antonius' engsten Vertrauten, hatte der vom armenischen König unbeantwortet gelassenen Bitte um Waffenhilfe mit einem Kriegszug nachgeholfen. So sah sich Artavasdes veranlaßt, die Römer mit 6000 Reitern und 7000 Fußsoldaten zu unterstützen. Nachdem diese Truppen eingetroffen waren, brach der Imperator unverzüglich auf.

Um die Stärke des damaligen römischen Heeres gibt es keinen Historikerstreit, und so nenne ich die Zahlen, die man damals kannte und nannte und bis heute nicht angezweifelt hat.

Es waren dies 60000 Legionäre und 10000 Berittene, dazu rund 30000 Mann *auxiliares*, also Hilfstruppen aus römischen Provinzen und aus Klientelkönigreichen. Ein Heer von über 100000 Mann also, geführt von bewährten und fähigen Legaten unter dem Oberbefehl des nicht weniger bewährten Imperators Marcus Antonius.

So kann man die gehobene Stimmung unter den Männern verstehen, die von den Parthern nur als «Ungeziefer» sprachen, das man austilgen müsse. Schmutzige, unwissende Barbaren seien es, die Rom erstaunlich lange getrotzt hatten, aber damit werde nun ein Ende gemacht.

Diese Siegeszuversicht ergriff jeden Mann, vom einfachen *gregarius* über die Offiziersränge bis hinauf zu den Legaten. Daß Marcus Antonius diesen Kriegszug zwar nicht als Nebensache, aber quasi schon als gewonnen betrachtete, gab er schon in Antiochia zu erkennen. Eine derart unerschütterliche Siegeszuversicht aber ließ den Imperator sorglos und unvorsichtig werden – Eigenschaften, zu denen er ohnehin neigte. So versäumte er es, bei seinem neuen «Verbündeten», dem Armenierkönig Artavasdes, römische Besatzungstruppen zu stationieren oder zumindest hochrangige Geiseln zu verlangen. Vielleicht unterließ er es auch aus Zeitmangel, denn die Jahreszeit schritt voran, und der Weg nach Phraaspa, der Haupt- und Residenzstadt des parthischen Reiches, war noch weit.

In Karana, einer der größeren Städte Armenias, trafen wir auf den siegreichen Legaten Canidius Crassus und vereinigten uns mit seinen Truppen.

Danach begannen die Probleme. Wir zogen von Karana nach Südosten; die Landschaft wurde immer bergiger und kahler, was besonders die schweren Versorgungsfahrzeuge und die sperrigen Belagerungsmaschinen zu spüren bekamen. Es bedurfte der ganzen Kraft und des Einfallsreichtums unserer Pioniere, die plumpen Fahrzeuge und die schweren Geräte über die Bergrücken zu schaffen, wobei so mancher Mann und eine Anzahl Lasttiere zu Schaden oder zu Tode kamen.

Da war dann unsere ärztliche Kunst, aber auch unser Gewissen gefordert, denn es ging nicht an, Schwerverletzte im unwirtlichen Feindesland zurückzulassen, und so mußten wir schweren Herzens so manchen Tod beschleunigen. Es waren dies Schwerverletzte, von denen die meisten unter günstigeren Umständen durch Ruhe und sachkundige Pflege überlebt hätten, aber wir mußten weiter und weiter, und ein Transport hätte diesen Männern nur unnötige Qualen bereitet.

Salmo beruhigte mich, das sei in jedem Krieg so und lasse sich nicht vermeiden. Ich aber hoffte, daß uns Sachmet künftig gnädiger gesonnen sei, doch hier im Feindesland besaß die grimmige Göttin offenbar keine Macht.

So gelangten wir unter Mühen bis zum Matiane-See, wo der Imperator halten ließ und alle hohen Offiziere zu einer Besprechung bat. Dieses von den Römern als *Lacus Matianus* bezeichnete Gewässer nennen die griechischen Historiker den Kapauta-See, und wer nun glaubt, daß man sich an seinen Ufern erholen und dort reichlich Fisch genießen könne, der irrt. Der *Lacus Matianus* ist ein Bittersee, sein Wasser ist so salzig, daß keine Lebewesen in ihm gedeihen, und trinkbar ist es auch nicht. Einige von unseren Leuten wollten sich darin erfrischen, doch wehe, etwas von diesem höllischen Wasser geriet in die Augen oder in offene Wunden. Da krochen die Männer heulend ans Ufer, und ich ließ ihnen Augen und Wunden mit verdünntem Wein auswaschen; erwirkte dann beim Imperator ein strenges Badeverbot.

Salmo fand das eher erheiternd und lachte über die armen Kerle, die vor Schmerzen wie wild herumtanzten.

«Ich kenne das von unserem Salzmeer bei Jerusalem. Kein Jude würde dort freiwillig ein Bad nehmen.»

So standen wir dann im geräumigen Feldherrnzelt um den Klappstuhl des Imperators und harrten seiner Erklärungen. Antonius wirkte heiter und zuversichtlich wie stets, machte einige Scherze, verglich das Wasser des Sees mit dem des Unterweltflusses Lethe, denn da wie dort vergesse man alles Vorherige. Im Lethefluß durch göttliche Magie, im *Lacus Matianus* durch die höllischen Schmerzen des Bitterwassers. Natürlich lachten wir alle recht herzlich. Dann hob Antonius die Hand: «Scherz beiseite, meine Herren – wir müssen unsere Strategie ändern. Unser Troß kommt im bergigen Gelände zu langsam voran, und dieser Zeitverlust kann sich verheerend auswirken. So habe ich mich entschlossen, die Armee zu teilen. Zwei Drittel unserer Reiter und Fußsoldaten werden sich von morgen an in Eilmärschen auf die Hauptstadt zu bewegen, und zwar, um ganz sicherzugehen – römische Soldaten. Wer wird den Troß schon angreifen? Was sollen die Barbaren mit Belagerungsmaschinen, mit *catapultae* und *ballistae* anfangen, die sie weder zusammenzusetzen noch zu bedienen wissen?»

Ein zustimmendes Lachen ging durch das Zelt.

«Dieses Zeug sollen Auxiliartruppen bewachen, wie etwa die Armenier und die Pontiner.»

Letztere waren Soldaten des verbündeten Königs Polemo von Pontos. Beide Herrscher waren bei der Besprechung zugegen, und es wird ihnen kaum entgangen sein, daß etwas wie Verachtung in der Wortwahl des Imperators lag, der sie nicht kämpfen, sondern nur dieses «Zeug» bewachen ließ. Auch daß er seinem Legaten Oppius Statianus das Kommando über die Nachhut anvertraute, mußten die beiden Könige als Mißtrauen empfinden, wenn ein einfacher Legat quasi als Aufpasser über sie gesetzt war.

Durch solch unbedachte Redereien verdarb Antonius viel, aber ich glaube, daß es nicht geschah, um die Fremdvölker oder gar die beiden Könige herabzusetzen, sondern eher, um bei seinen Offizieren Eindruck zu schinden.

Als ich ihn fragte, wie viele Ärzte bei der Nachhut bleiben sollten, sagte er: «Ärzte? Wofür Ärzte? Wenn es zum Kampf kommt, dann mit unseren Truppen, denn die Parther werden ihre Hauptstadt bewachen und nicht hier auf gut Glück im steinigen Gelände herumziehen. Lasse also drei oder vier deiner Kollegen zurück, das wird ausreichen.»

Warum widersprach ihm keiner? Es waren doch tüchtige Heerführer zugegen wie Munatius Plancus und Canidius Crassus oder enge Freunde wie Quintus Dellius und Fonteius Capito – intelligente und erfahrene Menschen, die wenigstens ihre Bedenken hätten äußern können. Aber nein, wer nicht lauthals zustimmte, hielt den Mund und gab schweigend sein Einverständnis.

So zogen wir dann am nächsten Morgen ab, in Richtung auf die Hauptstadt, während der Troß mit den auf dreihundert Wagen verteilten Belagerungsmaschinen zurückblieb, darunter eine allgemein bestaunte *ballista* von achtzig Ellen Länge, die ganze Felsbrocken gut ein halbes Stadion weit schleudern konnte.

Frohgemut und siegessicher zogen wir durch das karstige Bergland nach Südosten und standen schon am übernächsten Tag vor den Mauern der parthischen Haupt- und Residenzstadt Phraaspa. Da wurde so manches Gesicht sehr lang, und der Gedanke, die Stadt beim ersten Ansturm einfach zu überrennen, erwies sich als unerfüllbarer Wunschtraum. Diese Stadt war nämlich von einer turmhohen Mauer umgeben, so daß wir unsere Köpfe weit in den Nakken legen mußten, um hinaufzusehen. Was wir jetzt dringend gebraucht hätten, waren die Belagerungsmaschinen, doch mit deren Eintreffen durften wir erst nach fünf oder sechs Tagen rechnen.

«Wir können nicht untätig hier herumliegen», rief Antonius und befahl das Erbauen eines Dammes, über den die Mauern erreicht und die Stadt erstürmt werden konnte. Doch der steinige Boden gab nicht viel her, und am dritten Tag war der Damm nicht weiter gediehen als die erhöhte Trasse für eine befestigte Straße. Zudem wurden die Legionäre ständig mit Pfeilschüssen von der Mauer und den Türmen behelligt, während es kaum möglich war, von unten einen dieser durch Zinnen und Schießscharten gut gedeckten Schützen zu treffen.

Am vierten Tag traf ein Meldereiter ein, der mehr von seinem erschöpften Pferd fiel als sprang und hinausschrie: «Tot! Alle vernichtet! Die Maschinen verbrannt! Statianus tot! Die Könige tot! Alles vernichtet!»

Antonius scharte ein paar hundert Mann um sich und sprengte davon. Ich schloß mich aus Neugierde an und vergaß ganz die Gefahr, dabei in dieselbe Falle zu laufen wie die unselige Nachhut. Salmo, klug wie immer, sagte, ich solle lieber hierbleiben, weil ein lebender Generalarzt für das römische Heer doch vorteilhafter sei als ein toter Held, aber ich schalt ihn einen Schlappschwanz und befahl ihm mitzukommen, denn es könnte ja unsere Hilfe benötigt werden. Er seufzte, blickte anklagend zum Himmel, wohl um Jahwe zum Zeugen meiner Dummheit und seiner Unschuld zu machen.

Später stellte sich dann heraus, daß der «Verräter» Monaises sehr schnell die Fronten gewechselt hatte und jetzt wieder treu zu König Phraates stand, der nun einmal – Vatermord hin oder her – die Macht im Partherreich an sich gebracht hatte. Um seine Zuverlässigkeit gleich unter Beweis zu stellen, überfiel Monaises mit 50 000 berittenen Bogenschützen unsere schlecht geschützte Nachhut und metzelte sie in wenigen Stunden nieder. Statianus, der Anführer, kam dabei um, doch die Könige Artavasdes und Polemo teilten nicht, wie der Melder berichtet hatte, sein Schicksal. Der armenische König ergriff rechtzeitig die Flucht, während Polemo von Pontos in Gefangenschaft geriet.

Der gesamte Troß wurde geplündert und, was blieb, zusammen mit den *ballistae* in Brand gesteckt.

Ein paar Überlebende fanden sich ein, verwundet, verdreckt und verstört. Von den Ärzten hatte einer überlebt, und nun war es unsere traurige Pflicht, das Schlachtfeld nach Verwundeten abzusuchen, um dann zu entscheiden, wen wir mitnahmen oder wer den Gnadenstoß erhalten sollte. Es ist nämlich durchaus nicht so, daß einer, der mit abgehauenen Händen und herausquellenden Därmen dalag, sehnsüchtig nach schnellem Tod verlangte. Da gab es welche, die mit lauter, klagender Stimme nach Rettung schrien. Sie wollten leben, leben, leben – auch ohne Hände oder mit einem Bein oder blind oder alles zusammen. Andere wieder – doch sie waren in der Minderzahl – wären durchaus zu retten gewesen, hatten nur ein Auge oder einen Arm verloren oder waren schwer, aber nicht lebensgefährlich verwundet worden. Da hörte ich dann, sie seien nur unnütz für das römische Heer, eine Last, die mitzuschleppen nur Gefahren und Verzögerungen bringe. Man möge sie ruhig töten und dem Imperator melden, sie hätten bis zuletzt ihre Pflicht getan.

Natürlich redeten wir solchen Leuten ihre Absicht aus,

wobei sich Salmo weit geschickter zeigte als ich. So wandte er etwa ein: «Du bist keine unnütze Last, lieber Freund, sondern eine kostbare. Wir sind weit ins Feindesland vorgedrungen, einen Nachschub gibt es nicht. Die Belagerung von Phraaspa wird lange dauern und viele Opfer fordern. Bis dahin bist du längst gesund geworden – mein Herr ist tüchtig und schafft das leicht –, und dann brauchen wir jeden Mann. Wenn wir dich jetzt töten, ist das so etwas wie Fahnenflucht – verstanden!»

Der Mann stand symbolisch stramm, so gut das im Liegen ging, und sagte: «Verstanden, *optio*!»

Ja, Salmo genoß seinen Rang und seine Autorität, ohne sie jemals zu mißbrauchen. Wir waren alle sehr niedergeschlagen, und Antonius schwor heilige Eide, diesen Verräter Monaises zu verfolgen – wenn es sein mußte, bis ans Ende der Welt.

Was wir jetzt am dringendsten gebraucht hätten, nämlich die Belagerungsmaschinen, war nur noch ein Haufen verkohlter Trümmer, und so richtete der Imperator seine ganze Hoffnung auf den Damm. Dessen Vollendung aber stellten sich zwei Umstände entgegen, nämlich die Tag und Nacht anhaltende Wachsamkeit der feindlichen Bogenschützen und Steinschleuderer und die zunehmende Sommerhitze. So kalt dieses karstige, fast nur von Hirten bewohnte Bergland im Winter sein konnte, so glühend heiß erwiesen sich die Sommertage, denen dann wieder recht kalte Nächte folgten. Das Klima erinnerte mich an das ägyptische Binsenland, wo man nachts halb erfriert und tagsüber in der Sonne schmort. Wenn es sich aber dort durch das Fruchtland mit schattigen Bäumen und dem Nil milder auswirkt, so gab es hier nur Steine, Steine, Steine, die um die Mittagsstunde so heiß wurden, daß man darauf Brotfladen backen konnte.

So hatten wir Ärzte fast nur zwei Dinge zu behandeln:

Pfeilwunden und Hitzschläge. Letztere sind leicht zu überwinden, wenn man den Betroffenen in den Schatten legt und ihn ein paarmal mit eiskaltem Wasser begießt. Wo aber den Schatten und das eiskalte Wasser hernehmen? So mußten wir die Kranken in unser stickiges Sanitätszelt bringen, und der zunehmende Wassermangel gebot es, sie nur mit feuchten Tüchern zu behandeln.

Schlimmer waren die Pfeilwunden, weil die Parther ihre Geschosse offenbar mit einem langsam wirkenden Gift bestrichen, das innerlich weiterschwärte und den Körper unrettbar vergiftete. Wer an Armen oder Beinen getroffen wurde, war durch tiefes Ausschneiden der Wunde leichter zu retten, doch die an Hals, Brust und Bauch Verletzten mußten wir meist aufgeben.

Ein weiteres Problem ergab sich mit der zunehmend schwieriger werdenden Beschaffung von Nahrung. Die Römer mußten immer weitere Kreise um das Lager ziehen, um aus kleinen Dörfern oder von Hirten und Bauern etwas herauszupressen. Nicht selten wurden sie dabei vom Feind beobachtet, überfallen und vernichtet.

Marcus Antonius tat alles, um die Situation zu retten. Lange hoffte er darauf, König Phraates würde sich zur Entscheidungsschlacht stellen, aber der hielt sich klug zurück und wartete in seiner befestigten und gut versorgten Stadt, bis den Römern Proviant, Wasser und schließlich die Geduld ausging.

Die Weizenvorräte waren längst aufgebraucht, jetzt mußte Gerste für die *puls* herhalten, die aber war eigentlich als Notration für unsere Pferde gedacht. Also ließ Antonius einen Teil der Pferde schlachten und von den Köchen verarbeiten. Der römische Legionär ist aber den Fleischgenuß – noch dazu den der eigenen Pferde – nicht gewohnt, und so war zu beobachten, daß ein Teil der Leute lieber hungerte, als ihre Rösser zu verspeisen. Das erzürnte den Imperator so sehr, daß er einige dieser Leute wegen Befehlsverweigerung vor Gericht stellte und sie grausam auspeitschen ließ. Wer die bei der römischen Truppe verwendeten Geißeln kennt – sie sind mit Bleikugeln und Knochenstücken durchsetzt –, wird sich nicht wundern, daß einige der Männer an der Bestrafung starben. Wer sie überlebte, kam ins Krankenzelt und mußte tagelang auf dem Bauch liegen, bis unsere Heilsalben zu wirken und die Wunden zu verheilen begannen. Eines wurde jedenfalls deutlich: Die Disziplin begann zu erlahmen, denn die Männer hatten nichts zu tun als abzuwarten, und es gibt nichts Schlimmeres als zur Untätigkeit verdammte Soldaten. Den Bau des Dammes hatte man aufgegeben, weil es noch viele Monate dauern würde, bis er annähernd die Höhe der Stadtmauern erreicht hätte, und weil der Blutzoll durch die feindlichen Bogenschützen einfach zu hoch war.

Um die Männer aufzurütteln, schickte der Imperator zehn Legionen und drei Prätorianerkohorten zum Beutemachen aus. Er hoffte dabei wohl im stillen, den Feind herbeizulocken, damit es endlich zu der entscheidenden Schlacht kam. Die Rechnung ging zwar auf, aber anders, als er es erwartet hatte.

Zwar umzingelten parthische Reiter unsere Truppen, aber kaum spürten sie die römische Übermacht, preschten sie auf ihren schnellen Pferden davon. Antonius setzte ihnen nach, doch seine Leute kannten das Gelände nicht, verloren die Richtung, und ein Teil verirrte sich so sehr, daß sie erst Tage später zurückfanden.

Dreißig Gefangene und etwa achtzig Gefallene waren die dem Feind zugefügten, kaum erwähnenswerten Verluste. Enttäuscht und verbittert kam der Trupp in unser Lager zurück, immer wieder bedrängt von den parthischen Bogenschützen, die aus sicherer Entfernung ihre Pfeile abschossen. Die im Lager zurückgelassene schwache Besatzung sollte den halbfertigen Damm bewachen und wurde durch Ausfälle der Parther so hart bedrängt, daß sie sich in ihrem Lager verschanzen mußte. Das erzürnte den ohnehin schon verärgerten Imperator noch mehr, und er entschloß sich, die Legionäre wegen Feigheit vor dem Feind dezimieren zu lassen.

Jetzt endlich kam es doch dazu, daß seine Freunde und Vertrauten ihm von diesem letzten Mittel zur Herstellung der Disziplin abrieten. Es seien einfach zuwenig Männer im Lager zurückgelassen worden, meinte Canidius Crassus, und das könne man den Leuten doch nicht anlasten.

Der sonst den Ratschlägen seiner Freunde immer aufgeschlossene Antonius aber blieb störrisch, und Crassus schlug vor, ich solle mein Glück versuchen.

«Du bist Arzt und Ägypter, kennst den Imperator schon länger und kannst Argumente ins Feld führen, die für einen römischen Offizier nicht statthaft sind.»

«Hast du etwas Bestimmtes im Sinn, Canidius Crassus?»

«Nein», sagte er knapp, «das muß ich dir überlassen. Einem ägyptischen Höfling wird schon etwas einfallen.»

Er sagte es ganz liebenswürdig, gewiß ohne mich beleidigen zu wollen, aber ich hörte doch heraus, daß er sich als Römer mir überlegen fühlte.

Ich entgegnete steif: «Auch ich bin römischer Offizier im Rang eines Tribuns – bitte vergiß das nicht!»

Er grinste anzüglich und meinte: «Auf Zeit, Olympos, nur auf Zeit. Nach Beendigung dieses Feldzugs kehrst du nach Alexandria zurück und bist wieder Leibarzt deiner Königin.»

«So war es abgemacht.»

«Eben – und deshalb wiederhole ich meine Bitte.»

Nun, was konnte mir schon geschehen? Ich ersuchte um eine Audienz und wurde auch schnell vorgelassen.

Der Imperator schien gealtert, unter seinen Augen hingen schwere Tränensäcke, er stand gebeugt neben seinem Schreibtisch und diktierte halblaut seinem Sekretär. Im Zelt roch es nach schalem Wein und verschwitzter Kleidung.

Er winkte den Schreiber hinaus und bot mir Platz an.

«Einen Schluck Wein, Olympos? Oder willst du etwas essen?»

Ich setzte mich auf den wackeligen Klappstuhl.

«Nein, danke, Imperator, ich will dich nicht lange behelligen. Ich möchte dich nur bitten, die unter Umständen gewiß nötige Dezimierung hier an diesem Ort auszusetzen. Du würdest dem Feind ein Schauspiel bieten, das uns nur zum Nachteil gereicht.»

Antonius zog ein finsteres Gesicht und brummte: «Warum mischst du dich jetzt in militärische Angelegenheiten? Wer hat dich dazu aufgestachelt?»

«Niemand, Imperator, nur eigenes Überlegen. Versetze dich einmal in die Rolle des Königs Phraates. Er schaut von einem Turm der Stadtmauer den Exekutionen zu, reibt sich die Hände und sagt: Dieser Mensch muß von Ahriman besessen sein, denn er tut meine Arbeit und bringt seine Leute selber um.»

Antonius schlug so stark auf den kleinen Schreibtisch, daß zwei *stili* zu Boden rollten und das Tintenfaß umfiel. Er kümmerte sich nicht darum, sondern brüllte: «Es ist mir völlig gleichgültig, was dieser Verwandtenmörder tut und denkt! Es kann aber auch so sein, Olympos, daß der König erkennt, was römische Disziplin bedeutet, und wir ihn dadurch das Fürchten lehren.»

Ich schüttelte den Kopf.

«Genau das Gegenteil wird eintreten. Er muß erkennen, daß wir am Ende sind und hier nicht auch noch den Winter abwarten können. Seine Spitzel werden ihm melden, daß die Hälfte unserer Leute krank und die meisten zudem halb verhungert sind.»

Antonius antwortete nicht, sondern wies auf den Zelteingang. Ich verstand und ging hinaus.

Am nächsten Morgen begannen die Exekutionen. Die schwerbewaffneten prätorischen Kohorten – eine Elitetruppe – bildeten außerhalb des Lagers einen festen Ring, den die unglücklichen Verteidiger nun betreten und sich in Gruppen von zehn Mann aufstellen mußten. Die meisten hatten vor Angst nicht schlafen können, sahen übernächtigt und unterernährt aus, denn wir mußten uns schon seit längerer Zeit mit halben Rationen dahinfretten. Ich konnte auch die unterschiedliche Wirkung des bevorstehenden Strafgerichts auf den einzelnen Gesichtern beobachten. Es wußte ja keiner, wen es treffen würde, und so sah ich die zuversichtlichen Mienen der Optimisten, die trotzigen Gesichter jener, die sich sagten: «Komme, was da wolle, ich lasse mich nicht unterkriegen», und die Verzweiflung derer, die Fortuna nicht trauten und mit dem Schlimmsten rechneten.

Mir taten die armen Kerle leid, denn diese Form von «Gerechtigkeit» konnte ich nicht billigen. Vielleicht traf es gerade ein paar von jenen, die sich tapfer geschlagen hatten und nur vor der Übermacht zurückgewichen waren, während einige der feigen Drückeberger überlebten.

Die Losverteilung vertraute man einem der wenigen Nichtsoldaten an, um jede Art von Beeinflussung auszuschließen. So ging einer der Maultiertreiber mit einem Helm von Zehnerschaft zu Zehnerschaft. Jeder mußte mit abgewandtem Gesicht hineingreifen, und wer eines der neun weißen Stäbchen erwischte, war gerettet, der mit dem schwarzen mußte heraustreten und vor dem *carnifex* niederknien. Das war kein beamteter Henker, sondern ein besonders kräftiger und geschickter Legionär, stolz darauf, den Kopf mit einem Streich abtrennen zu können.

Und sie traten heraus, die meisten ohne zu zögern, nur

einige schüttelten fassungslos den Kopf, erstaunt und erzürnt, daß Fortuna sie so im Stich gelassen hatte. Sie knieten nieder, beugten das Haupt, der *carnifex* schlug zu, und es gab nur ganz wenige Fälle, da er mehr die Schulter als den Nacken traf oder der Kopf nicht beim ersten Streich fiel.

Den Anfang der Strafaktion schaute ich mir an, dann ging ich weg, was mir so manchen vorwurfsvollen Blick eintrug.

Soll ich nun die Disziplin im römischen Heer loben? Muß ich den Mut der Todeskandidaten bewundern, die zumeist in strammer Haltung – nachdem sie das schwarze Stäbchen gezogen hatten – aus der Reihe traten, nicht anders, als gelte es eine Belobigung zu empfangen? Ein ägyptischer Soldat hätte sich vielleicht dem Heerführer zu Füßen geworfen, ihn angefleht, sein Vergehen kleiner zu sehen, hätte Besserung gelobt – aber hier mußten viele für das «Vergehen» weniger büßen, für einige arme Kerle, die der Mut verließ, als man von den Wällen her in Übermacht auf sie eindrang.

Manche der von mir behandelten Legionäre äußerten später ihre Meinung zu der Dezimierung, und die war durchaus positiv. Ja, so etwas müsse von Zeit zu Zeit sein, und das sei der Brauch gewesen, solange es römische Legionen gebe. Der Imperator sei sonst kein Unmensch, und niemand in der Truppe werde ihm diese Strafaktion verübeln.

Zuerst wunderte ich mich über diese Reaktion, doch dann dachte ich nach und fand sie gar nicht so abwegig. Das erste Gefühl dieser Männer wird Dankbarkeit und Erleichterung gewesen sein, daß sie nicht das schwarze Stäbchen gezogen hatten. Man bedauerte den *commilito*, den es erwischt hatte, aber das Glücksgefühl, noch einmal davongekommen zu sein, überwog alles andere. Die Leute strengten sich dann besonders an, einer versuchte den anderen an Diensteifer und Pflichterfüllung zu übertreffen, ganz abgesehen davon, daß die Befehle eines so hochgestellten Mannes gewertet und gesehen wurden wie eine göttliche Fügung. Das war in Ägypten nicht anders – Anordnungen, Befehle und Entschlüsse des Herrschers auf dem Thron der Pharaonen gaben keinen Stoff für Diskussionen, wurden weder kritisiert noch angezweifelt. Was vom Herrn oder der Herrin «Beider Länder» kam, geschah mit Billigung und Einverständnis der Götter – wer wollte sich dagegen auflehnen?

Trotzdem konnte auch diese Strafaktion nichts daran ändern, daß unsere Situation immer kritischer wurde. Der Sommer schwang seine glühende Peitsche über den Zelten der Römer und trocknete deren Leder so aus, daß es später beim Abbau manchmal krachend auseinanderbrach wie uraltes Gebäck. Noch aber war es nicht soweit.

# VIERTES KAPITEL

Mit der Sonnenglut kamen in Myriadenschwärmen die Fliegen und mit ihnen die Seuchen. Ich will damit keinerlei Zusammenhang herstellen, denn es gibt in der Medizin bis heute keine schlüssige Erklärung, woher diese Krankheiten kommen und warum sie oft sehr schnell wieder verschwinden. Ob die Griechen es *loimos* nennen oder die Römer *pestilentia* sagen – es läuft doch immer auf eines hinaus: Es beginnt mit leichtem Fieber und Durchfall, dann folgen häufiges Erbrechen, krampfartige Bauchschmerzen, bis die Kranken in eine tiefe Bewußtlosigkeit fallen, aus der sieben von zehn nicht mehr erwachen. Die Symptome variieren gelegentlich: Kopfschmerzen, hohes Fieber, rote Flecken auf der Haut, Blut im wäßrigen Kot, Trübung des Bewußtseins. Manchmal treten diese Anzeichen vereinzelt auf, so daß ich – wie die meisten Ärzte – der Ansicht bin, es handle sich um eine Krankheit mit individueller Ausprägung.

Woher aber kommt sie? Ich sehe die Hauptursache im verdorbenen Wasser, vor allem wenn es nicht aus der Tiefe der Erde oder von Flüssen kommt, sondern aus Tümpeln oder Seen. In der kühlen Jahreszeit hat es damit wenig Gefahr, aber im Sommer ist es durch Fliegenlarven, Algen und andere Kleinstlebewesen verunreinigt, und die beginnen – ist das Wasser in Gefäße gebracht – in kürzester Zeit zu faulen. Mag man es auch abseihen oder erhitzen, von den Giftstoffen bleibt doch immer etwas zurück, abgesehen davon, daß für ein vieltausendköpfiges Heer solche Maßnahmen nicht durchführbar sind.

Was die römischen Legionen zermürbte und zunehmend dezimierte, waren Seuchen, Hunger und die ständigen Abwehrgefechte gegen feindliche Ausfälle, die nicht nur aus der Stadt kamen, sondern oft genug auch von draußen, wo im Hinterland ein zahlenmäßig sehr starkes Heer auf jede Möglichkeit lauerte, uns Schaden zuzufügen.

Von den etwa fünfzig Ärzten und ärztlichen Gehilfen war die Hälfte gestorben – umgekommen durch Waffengewalt, Krankheit oder einfach verschollen. Wie leicht so etwas geschehen konnte, mußten auch Salmo und ich erleben.

Mit dem Frühsommer hatte sogar in dieser steinigen Wüste etwas wie ein Pflanzenwuchs eingesetzt, und wir Ärzte zogen von Zeit zu Zeit hinaus, auf der verzweifelten Suche nach irgendwelchen Heilkräutern. In der Nähe von Wasserstellen – oft genug nur durch feuchte Flecken am Boden erkennbar – wuchs doch so einiges Brauchbare, und um es aufzufinden, nahm ich einen Kräuterkundigen mit. Es ist nämlich etwas anderes, Kranke mit getrockneten oder pulverisierten Heilkräutern aus dem *pharmakopolion* zu behandeln, als solche in frischem Zustand zu erkennen, zu bewerten und zu dosieren.

Ich lernte da einiges hinzu und machte mich eines Morgens mit Salmo, zwei Gehilfen und einem Trupp Bewaffneter zu einer Stelle auf, wo ich schon vor einigen Tagen reichlich *menthae* gefunden hatte.

Seitdem einige Ärzte bei solchen Exkursionen umgekommen waren, hatte der Imperator angeordnet, sie immer durch einen Trupp von mindestens einer halben *centuria* begleiten zu lassen, also von etwa vierzig bis fünfzig Mann. Der Zustand unserer Männer war nun allerdings so, daß jeder halbwegs Gesunde zur Verteidigung des Lagers gebraucht wurde und ich es nicht für nötig hielt, so viele Leute allein zu meinem Schutz zu beschäftigen.

Ich nahm also nur etwa ein Dutzend Bewaffneter mit,

und als wir uns der Wasserstelle näherten, sahen wir schon von weitem, daß dort ein Trupp von etwa zehn Parthern lagerte. Sie bemerkten uns fast gleichzeitig, sprangen auf, legten ihre pfeilsicheren Lederwesten an, setzten die Helme auf und griffen nach ihren Waffen.

Bei dem Wort «pfeilsicher» wird so mancher militärkundige Leser aufhorchen. Gibt es so etwas überhaupt, es sei denn, man trägt einen Metallpanzer? Doch, das gibt es, und zwar sind diese Lederkoller mit *serica* gefüttert, einem Stoff, der in Rom kaum zu finden, aber den Parthern durch direkte Handelsbeziehungen zu den *Seres* leichter und preiswerter zugänglich ist.

Durchschlägt nun ein Pfeil das Leder, so kann er die außerordentlich fein gewebte *serica* nicht durchstoßen, dringt in den Körper und zieht die Seide mit hinein. Ist nichts Lebenswichtiges getroffen, so kann der Verwundete den Stoff samt dem Pfeil wieder herausziehen, denn die Widerhaken sind von der Seide umhüllt, und so ist es weniger schmerzhaft und viel einfacher.

Unsere Männer beratschlagten gerade, ob sie sich zum Kampf stellen wollten, da flogen schon die ersten Pfeile. Wir warfen uns auf den Boden und warteten ab. Ein Soldat mit Schwert und Lanze ist im Nahkampf jedem Bogenschützen überlegen, aber der läßt es dazu in der Regel nicht kommen, sondern schickt aus der Ferne Pfeil um Pfeil. Ein kriegsmäßig gewappneter Legionär muß einen Pfeilangriff von vorne nicht fürchten, denn ihn schützen Schild, Brustpanzer und Beinschienen, doch wir alle waren beritten, und ohne unsere Pferde wären wir dem Feind ausgeliefert gewesen, von dem wir annehmen mußten, daß diese wenigen Männer nur der Teil einer größeren Truppe waren, die – wenn sie uns umzingelte – leicht mit uns fertig wurde.

Ich trug die Kleidung eines *tribunus militaris*, und der Drill hatte diesen Männern beigebracht, in solch mißlichen

Lagen vertrauensvoll auf den Vorgesetzten zu schauen. Es war keine Zeit, den Leuten begreiflich zu machen, daß ich Arzt und nur Arzt sei und meine Uniform mehr dekorativen Charakter besaß. Ich wiederum blickte hilfesuchend meinen Diener Salmo an, der ja schließlich längere Zeit Soldat gewesen war.

Salmo grinste, und sein gesundes Auge glänzte verwegen. Er lag neben mir und flüsterte: «Laß die Pferde außer Schußweite bringen, und dann reizen wir die Kerle so lange, bis sie alle Pfeile verschossen haben.»

«Pferde außer Schußweite!» rief ich.

Einige der Legionäre sprangen auf und trieben die Pferde zurück. Einer der Männer fiel dabei durch einen Schuß in die Halsader, der an sich nicht tödlich war, doch er verblutete in kurzer Zeit.

Wir andern sprangen auf, liefen voran, deckten uns durch die Schilde und ließen uns beim Heransausen der Pfeile wieder zu Boden fallen. So näherten wir uns langsam den Parthern, und denen gingen tatsächlich die Pfeile aus. Als wir dann schreiend auf sie zustürzten, verschwanden sie blitzschnell hinter einem Steinhügel; wir hörten einige Rufe, und dann kehrten sie mit Verstärkung zurück.

«Abhauen!» rief Salmo. «Schnell weg von hier!»

Zum Glück waren es Fußtruppen, und noch ehe sie uns erreicht hatten, schwangen wir uns auf die Pferde und preschten davon.

Zurück im Lager, berichtete ich dem Imperator pflichtgemäß von unserem Abenteuer, und er sagte unwirsch: «Wenn so etwas noch einmal geschieht, wirst du zum Arztgehilfen im Rang eines *miles medicus* degradiert!»

Da dies weder verschmitzt noch ironisch klang, nehme ich an, es war ernst gemeint. Ich aber fragte mich, was ich getan hätte, wäre es zum Kampf gekommen. Hätte ich mein Schwert gezogen? Wäre ich davongerannt und hätte meinen

Leuten das Kämpfen überlassen? Damals konnte ich keine Antwort finden, aber später, als es dann wirklich gefährlich wurde, handelte ich wie jeder, der überleben will.

Anfang September war die Lage so unhaltbar geworden, daß ich mich mit den anderen Ärzten besprach, dann eine Abordnung zusammenstellte und beim Imperator um eine Unterredung bat. Auf meine Anregung hin hatten die anderen Kollegen Buch über die letzten Ausfälle geführt, so daß ich dem Imperator mit zuverlässigen Zahlen aufwarten konnte.

«Wie viele Männer bei Gefechten oder durch Gefangennahme außerhalb des Lagers umgekommen sind, wirst du besser wissen, Imperator. Durch Krankheiten und Verwundungen sind im Zeitraum von etwa vier Monaten rund neuntausendfünfhundert Mann zu Tode gekommen. Die *pestilentia* wütet nach wie vor im Lager, und daran sterben weiterhin täglich zwischen dreißig und fünfzig Mann. Freilich, mit der kühleren Jahreszeit wird die Seuche erlöschen, aber dann kommt der Winter mit seinen Nachtfrösten, und das wird deine Legionen derart schwächen, daß die Parther den Rest in wenigen Stunden aufreiben können. Ich hielt es für meine Pflicht, Imperator, dir das mitzuteilen.»

Marcus Antonius war in diesen Monaten um Jahre gealtert. Sein ohnehin etwas faltiges Gesicht sah aus wie ein zerknautschter Beutel mit zwei verblichenen Münzen darauf – seine Augen hatten jeden Glanz verloren, sein Mund trug einen bitteren und verkniffenen Zug.

«Ich danke dir, Olympos, aber ich bin auch nicht untätig gewesen, und bald wird eine Entscheidung fallen.»

Mit einer Handbewegung schickte er die anderen hinaus. Er schwieg eine Weile und schaute mich nachdenklich an.

«Du hast dich immer als treu und verschwiegen erwiesen – warum sollst du es also nicht wissen? Ich habe unter den Parthern das Gerücht ausstreuen lassen, daß ich von Octavius in den nächsten Wochen eine Verstärkung von mindestens fünf ausgesuchten Legionen erwarte. Phraates ist dadurch unsicher und unruhig geworden, und ich erwarte täglich seine Unterhändler. Wenn es soweit ist, werde ich dich benachrichtigen, Tribun.»

Ich stand stramm und verneigte mich.

«Danke, Imperator!»

So geschah es dann auch, die Abgesandten erschienen und baten im Namen ihres Königs um eine Unterredung. Natürlich war Antonius klug genug, sich nicht selber in die Höhle des Löwen zu begeben, sondern sandte zwei Legaten und zwei seiner Vertrauten, nämlich Munatius Plancus und Canidius Crassus, dazu zwei Sekretäre, die alles aufzunehmen hatten, und einer davon war ich.

«Sperre Augen und Ohren auf, Olympos, und betrachte diesen Phraates genau. Du bist, glaube ich, ein besserer Menschenkenner als ich und wirst vielleicht von seinem Antlitz etwas ablesen, das sein Mund verschweigt.»

Mir war bei dieser Aufgabe sehr unbehaglich zumute, denn Phraates galt als grausamer Mann, und wenn er schlechter Laune war, konnte es sein, daß er mich kunstvoll pfählen ließ – eine in seinem Land häufig geübte Hinrichtungsart. Dabei wird der Delinquent auf einen spitzen Pfahl gesetzt, der sich langsam durch den Körper bohrt und oben bei der Schulter wieder herauskommt. Die Spitze ist leicht abgerundet, so daß kaum innere Organe verletzt werden und diese Unglücklichen noch tagelang unter großen Schmerzen am Leben bleiben.

Daran mußte ich denken, als wir durch ein kleines Tor in die Stadt gelassen und zum Königspalast geführt wurden. Ähnlich wie in Alexandria gab es hier ein streng abgeriegeltes Palastviertel, das nach außen keinerlei Prunk zeigte, im Innern aber um so üppiger ausgestattet war. Die Wände waren mit barbarisch bunten Bildteppichen bedeckt, die auf kunstlose, aber sehr eindringliche Weise Götter- und Königsmythen darstellten. Wenn ich hier von «Göttern» spreche, so stimmt das – wie ich später erfuhr – nicht ganz, denn die Parther hingen der Religion des Zoroaster an, der – wie Moses bei den Juden – die alte Vielgötterei verdammte und seine Lehre auf das Prinzip vom ewigen Kampf des Guten gegen das Böse gründete.

König Phraates saß auf einem kunstvoll gearbeiteten goldenen Thron, den an den vorderen Ecken zwei fauchende Löwen flankierten. Der Herrscher trug die hohe zylinderförmige Tiara der parthischen Großkönige, ein in kunstvolle Locken gelegter Vollbart umrahmte Wangen, Mund und Kinn und machte es schwierig, von seinem Gesicht etwas abzulesen.

Er wartete unsere tiefen Verneigungen kaum ab, sondern begann in erregtem Ton und in holprigem Griechisch eine Schmährede, die ich nur sinngemäß wiedergeben kann.

«Schau, schau – da kommen sie endlich, die Abgesandten des edlen Antonius, der zu feige ist, sich vor mein Angesicht zu wagen. Nun, der Grund liegt offen zutage: Er fürchtet mich, fürchtet das unbesiegbare parthische Heer, fürchtet die Kraft unserer Bogenschützen und den Mut unserer Schwertkämpfer. In seiner Verzweiflung opfert er Hunderte seiner eigenen Männer den kraftlosen und machtlosen römischen Göttern – Götzen aus Stein, deren Namen vergehen werden wie Rauch vor dem Antlitz des ewigen Ahura Mazda –», der König verneigte sich, als er das Wort aussprach –, «der am Ende den Kampf gegen Angra Mainyu, den Geist alles Bösen, verlieren wird.»

Der König setzte seine Schmährede noch eine Weile fort, verhöhnte unsere Belagerungsmaschinen, die gerade gut genug seien, um durch ihr Feuer seine tapferen Krieger für ein paar Stunden zu wärmen. Während seiner ganzen Rede hielt er einen prächtig gearbeiteten Bogen auf den Knien, spielte mit der Sehne, ließ sie auf- und abschnellen, und als er seine Rede beendet hatte, streckte er gebieterisch die Hand aus. Ein Sklave eilte herbei, kniete nieder und übergab dem König ein Bündel Pfeile. Mit einer herrischen Handbewegung winkte er uns zur Seite, legte einen Pfeil auf und schoß. Wir alle drehten uns um und sahen, wie ein gefesselter halbnackter Mann am offenen Portal zu Boden sank. Von draußen stieß man einen zweiten herein, einen dritten und vierten. Sie alle fielen unter den treffsicheren Schüssen des Königs, jedesmal vom Hofstaat laut bejubelt. Man schleifte die Leichen hinaus, wischte hurtig das Blut von den Marmorfliesen.

«Das waren Römer», rief Phraates triumphierend, «gefangene Römer, und so wie ich sie, einen nach dem anderen, erlegte, so wird mein siegreiches Heer eure Truppen vernichten – Mann für Mann!»

Er legte den Bogen beiseite, beugte sich vor und fuhr mit ruhiger, fast schmeichelnder Stimme fort: «Aber Ahura Mazda gibt euch durch mich die Möglichkeit, die Reste des römischen Heeres zu retten – sagt das eurem Imperator! –, und zwar durch sofortigen und vollständigen Abzug. Eine Frist von drei Tagen räume ich euch ein – jeder römische Soldat, den wir dann noch in Sichtweite unserer Stadt aufgreifen, wird gepfählt! Habt ihr das verstanden? Drei Tage, dann will ich keinen Römer mehr sehen, hören oder riechen!»

Munatius Plancus und Canidius Crassus, als Führer unserer Gesandtschaft, blickten sich an. Plancus zuckte leicht mit den Schultern, Crassus, für seinen Mut bekannt, straffte sich und sagte: «Darf ich antworten, mein König?»

«Was gibt es da noch zu bereden?»

«Zuerst etwas Allgemeines. Deinen Worten entnehme ich, daß du dich als Sieger wähnst über die Römer. Darauf muß ich dir sagen – auch im Namen des Imperators –, daß keine Entscheidungsschlacht stattgefunden hat und also kein Sieger feststeht.»

Bei diesen Worten ging ein empörtes Gemurmel durch die Reihen der Höflinge. Doch Crassus ließ sich dadurch nicht stören.

«Zum anderen hat die Geschichte erwiesen, daß Rom jeden Rückschlag schnell wieder ausgeglichen hat, denn die Götter – du geruhtest sie zu schmähen – haben Rom zum Herrn der Welt bestimmt. Rom – und nicht die Griechen, die Gallier, die Germanen, nicht die Syrer, Iberer oder Makedonier, und auch nicht die Parther! Wir werden wiederkommen, und wenn dich nicht inzwischen andere vom Thron gestürzt haben, so werden wir es tun, und wenn du es überlebst, so wird es deinen Nachfolger treffen. Das Römische Reich beherrscht schon den größten Teil unserer Welt, und Parthien wird keine Ausnahme machen.»

Im Saal herrschte atemlose Stille, während mir das Blut in den Adern gefror. Jetzt, dachte ich schaudernd, jetzt hat sich unser Schicksal erfüllt. Wir werden allesamt auf den Mauern der Stadt gepfählt, und Antonius wird hilflos zusehen müssen.

Phraates hatte aufmerksam zugehört, und ich traute meinen Ohren nicht, als er sagte: «Canidius Crassus, ich möchte dir danken! Du hast mir Gelegenheit gegeben, wenigstens einmal in meinem Leben einen mutigen Römer kennenzulernen. Du bist mein Feind, bekennst dich dazu – warum solltest du anders reden? Ich kenne die Zukunft der Völker nicht, aber eines weiß ich: Kein Reich ist von Gott dazu bestimmt, über andere zu triumphieren, auch wenn es den Anschein hat, als sei Rom dazu ausersehen, die Welt zu beherrschen. Ihr werdet Parthien niemals erobern, auch nicht unter meinen Nachfolgern. Also, Crassus, vergiß nicht, deinem Imperator zu sagen, er hat drei Tage Zeit, sich und sein Heer unsichtbar zu machen. Tut er es nicht, werden wir es tun. Erfüllt er jedoch meine Bedingungen, so bin ich bereit, einen Waffenstillstand abzuschließen.»

Mir war so übel geworden, daß ich nur noch mit Mühe meine Aufzeichnungen machen konnte. Die Angst wühlte mit kalter Faust in meinen Eingeweiden, durch die ich in Gedanken schon den Pfahl dringen spürte. Jetzt, da die Gefahr vorbei war, entkrampften sich Magen und Darm und drängten ihren Inhalt oben wie unten nach draußen. Nur durch äußerste Beherrschung gelang es mir, den Drang zurückzuhalten, bis wir durch die Stadtmauer ins Freie traten. Dann spie ich wie ein Reiher und schiß mir das Lendentuch voll. Crassus lachte: «Ist dir auch schlecht geworden beim Anblick dieses Popanzes und seiner dummen Reden? Nur schade, daß du ihm nicht den Thronsaal vollgekotzt hast!»

Ich war dem einfühlsamen Crassus dankbar für seine launige Rede, mit der er meine nur allzu deutlich geäußerte Angst ins Lächerliche zog und geschickt überspielte.

Ein Wort zu diesem Crassus, der sich im Laufe der nächsten Jahre als der treueste und zuverlässigste Freund erwies, den Antonius jemals hatte.

Canidius Crassus kam aus einer unbedeutenden Familie, er war der typische *homo novus*, der es zum Konsul und Legaten gebracht hatte, ehe er unter Antonius einer dessen fähigster Heerführer wurde. Auf den ersten Blick wirkte er unscheinbar mit seiner eher kleinen, stämmigen Gestalt und dem fast kahlen Haupt. Sein Gesicht verriet Klugheit, gepaart mit einem eisernen Willen. Er gab sich sehr beherrscht, niemals erlebte man seine Stimme laut, und sein Antlitz verriet keine Regung – weder Freude noch Zorn, weder Bitterkeit noch Begeisterung. Niemals hat er in die Schmähreden auf Octavius eingestimmt und ist dennoch nicht – auch als es ums Überleben ging – zu ihm übergelaufen.

Antonius war so klug, die Aufforderung des parthischen Königs ernst zu nehmen. Er ließ unser Lager in aller Eile abbrechen und befahl, die inzwischen neu angefertigten leichten *catapultae* zurückzulassen. Was hätten wir damit in der Wüste auch anfangen sollen? Durch die Legionen ging ein fühlbares Aufatmen, doch keiner ahnte, daß uns das Schwerste noch bevorstand.

König Phraates verhielt sich – eben wie ein Barbar: tükkisch und verlogen. Das Römische Reich verdankte seine Erfolge nicht zuletzt der peinlich genauen Einhaltung aller ausgehandelten Verträge. Das Ziel der Parther war es jedoch, uns mit allen Mitteln und solange es ging möglichst großen Schaden zuzufügen.

Antonius trieb seine Männer buchstäblich mit der Peitsche zur Eile an, so daß es gelang, schon am Morgen des dritten Tages das Lager zu räumen. Ein Problem waren die vielen Kranken, und wir Ärzte berieten, auf welche Weise wir diese armen Kerle fortschaffen konnten, denn wer zurückblieb, mußte damit rechnen, zum Gaudium der Parther öffentlich gepfählt oder auf andere qualvolle und langwierige Weise umgebracht zu werden.

So ließ ich einen Teil der nutzlosen *catapultae* zerlegen und eine Art Schlitten daraus anfertigen, die – von Pferden gezogen – den Vorteil hatten, daß sie einfach herzustellen waren und es unterwegs keinen Radbruch gab. Unsere Rösser hatten sich wider alle Erwartung gut gehalten und sich daran gewöhnt, mit den kärglichen, aber doch reichlich vorhandenen Pflanzen dieser Halbwüste auszukommen. Etwa ein Drittel der Berittenen war durch Seuchen und Kämpfe umgekommen, und so gab es genügend Pferde, um unsere Kranken und Verletzten abzutransportieren.

Ich scheue mich nicht zu sagen, daß Antonius meine Maßnahmen mehrmals und vor Zeugen lobte und dabei sagte, aus unserem Generalarzt sei inzwischen ein richtiger

Römer geworden, mit dem Blick auf das Wesentliche und dem Einsatz ohne Rücksicht auf die eigene Person. Nun, so reden alle hohen *viri militares*, und es kam mir nicht in den Sinn, ihm zu widersprechen. Ich handelte einfach als verantwortlicher Arzt, und wenn mir das Wohl der römischen Truppen am Herzen lag, dann vor allem deshalb, weil nicht zuletzt auch das Schicksal meiner Königin damit verbunden war.

Kaum hatten wir dem Lager den Rücken gekehrt, stürzten die im Hinterland verborgenen Parther wie ein Rudel Wölfe auf uns ein, nachdem sie uns vorher mit einem Schwarm von Pfeilen und Schleudersteinen überschüttet hatten. Wir wehrten uns, so gut es ging, denn kaum einer hatte damit gerechnet, daß Phraates sein Wort so schnell brechen würde.

Antonius meinte, dies seien selbständig operierende Einheiten, die von der kürzlich getroffenen Absprache noch nichts wußten, und es sei gewiß zum letzten Mal, daß die Parther uns behelligten. Es entsprach so ganz seiner im Grunde gutmütigen und gutgläubigen Natur, sogar dem als heimtückisch bekannten Partherkönig etwas wie Ehrenhaftigkeit zuzutrauen.

Der Kampf kostete nur wenige Tote, aber wieder eine Anzahl von Verwundeten, die den Heereszug belasteten.

Daß der Imperator seiner eigenen Vermutung nicht traute, zeigte sich darin, daß er beim Rückzug den gewaltigen Umweg über das «befreundete», jedenfalls weniger gefährliche Armenia in Kauf nahm, also zuerst nach Norden in Richtung auf den Grenzfluß Araxes ziehen wollte, um von dort den Euphrat entlang nach Syria zu kommen.

Wir hatten keinen ortskundigen Führer zur Verfügung und zogen wie Blinde durch eine *terra incognita*, immer wieder verfolgt und angegriffen von kleinen oder größeren parthischen Einheiten. Sie taten alles, aber auch wirklich alles, um uns den Durchzug zu erschweren. Näherten wir uns einem Engpaß, konnten wir sicher damit rechnen, daß auf den Höhen Bogenschützen lauerten, die darauf warteten, wie wir uns in kleine Gruppen aufteilten, um durch die Enge zu gelangen. Da dies nur langsam und nicht im Laufschritt möglich war, konnten sie ihre Ziele in aller Ruhe anvisieren. Nachdem wir mehrmals größere Verluste erlitten hatten, ordnete der Imperator an, daß vor dem Durchzug dieser Engpässe die Anhöhen durch kräftige, kletterkundige Legionäre zuvor vom Feind zu säubern seien.

Diese Methode erwies sich als sehr erfolgreich, wenn es auch jedesmal bei dieser Vorhut hohe Verluste gab. Die Parther wechselten daraufhin ihre Taktik und versperrten die Durchgänge durch Gräben oder nahezu undurchdringliche Palisaden aus Felsblöcken und Dornensträuchern. Es dauerte viele Stunden, diese Hindernisse wegzuräumen, und genau darin bestand die Absicht des Feindes: uns möglichst lange aufzuhalten, damit uns der Winter überraschte, und dem konnte man es getrost überlassen, das römische Heer weiter zu reduzieren.

Manchmal schien es mir, als würden wir den Winter gar nicht mehr erleben. Das Beschaffen von Nahrung wurde immer schwieriger und konnte fast nur noch durch Überfälle auf Dörfer und Bauernhöfe geschehen, doch die Bewohner ergriffen die Flucht, sobald der endlose Heerwurm sich näherte. So blieb oft nichts anderes übrig, als Kräuter und Wurzeln zu fressen wie das liebe Vieh, dem aber die Natur das Wissen um deren Verträglichkeit mitgegeben hat. Der Mensch ist da ziemlich hilflos, und bald gerieten unsere Männer an ein Kraut, das gut schmeckte und aufs erste bekömmlich schien, aber dann eine Trübung des Geistes bewirkte, die die Betroffenen zu seltsamen Handlungen zwang.

Noch ehe wir Ärzte ein Verbot erlassen konnten, taumelten die von der unbekannten Pflanze Vergifteten herum, als hätten sie zwei Krüge Wein geleert, lallten seltsames Zeug und waren vor dem nach wenigen Stunden einsetzenden Tod nur durch sofortiges Erbrechen zu retten. Schließlich sprach es sich herum, daß der Genuß dieser Pflanze das Leben kostete, und unsere Leute ließen die Finger davon.

Zur Taktik des Feindes zählte auch die Methode, uns «zufällig» auf durchs Land ziehende Händler stoßen zu lassen. Die sprachen ein durchaus verständliches Griechisch und schienen sich in der Gegend gut auszukennen. Sie wiesen uns freundlich den Weg, doch ihre Angaben waren falsch; wir gingen in die Irre und verloren wieder viel Zeit.

Aber das war längst nicht alles, die Parther setzten uns auch auf andere Weise empfindlich zu. Wenn wir mit unseren erschöpften, hungrigen und durstigen Pferden ins Tal stolperten und wankten, dann konnte es geschehen, daß die Weideflächen verbrannt und die Wasserstellen verseucht und vergällt waren. Meist geschah dies durch Hineinwerfen von Aas, worunter nicht selten auch gefallene römische Legionäre waren. Unter anderen Umständen hätte das die Männer verbittert, erzürnt und ihren Kampfgeist angefacht, doch so wollte jeder nur so schnell wie möglich heraus aus diesem bedrohlichen Land.

Konnte man es da den armen Kerlen verdenken, wenn mancher die einzige Rettung darin sah, zum Feind überzulaufen? Halb verhungert, vom Durst gequält, krank oder verletzt schleppten sie sich durch diese erbarmungslose Wüstenlandschaft, täglich bedroht von vielfältigen Gefahren und immer die Möglichkeit vor Augen, bei der nächsten Rast kein oder vergiftetes Wasser vorzufinden und den Hunger mit winzigen Portionen notgeschlachteter Pferde und Maulesel stillen zu müssen.

Auf Fahnenflucht stand schimpflicher Tod, das war jedem klar, und dennoch häuften sich die Fälle von Überläufern, doch nur solange man nicht wußte, was mit diesen Verzweifelten geschah. Die Parther nämlich machten sich einen Spaß daraus, diese Männer langsam zu Tode zu martern oder sie geblendet, mit abgeschnittenen Ohren, Nasen und Genitalien zu uns zurückzuschicken. Da zogen es die Fluchtwilligen doch lieber vor, im Kameradenkreis zu verhungern, als zum Gaudium des Feindes qualvoll abgeschlachtet zu werden.

Salmo und ich wurden, wenn unsere Pferde zu Tode kamen, auf Wunsch des Imperators sofort mit neuen versorgt, weil ihm – wie er sagte – die Gesundheit und Beweglichkeit seiner Ärzte mehr am Herzen läge als die Bequemlichkeit einiger Legionäre. Nun, von einer solchen konnte längst nicht mehr die Rede sein. Auch viele der Offiziere gingen zu Fuß, um die erschöpften, durstigen und unterernährten Reittiere zu schonen, denn irgendwann würden wir auf unverbrannte Weiden und genießbares Wasser stoßen; doch das Ziel lag noch weit, und der Weg dorthin war unvorstellbar lang. Zudem hatte es der Feind noch keineswegs aufgegeben, uns nach Kräften zu schaden, bis einige der altgedienten Offiziere dem Imperator vorschlugen, beim nächsten Überfall eine *testudo* zu bilden.

Ein paarmal übten die Legionäre diese als «Schildkröte» bezeichnete Schutzmaßnahme und konnten sie schon wenig später praktisch anwenden, als ein Teil unseres Heerwurms wieder in einen Pfeilhagel der Parther geriet. Sofort gingen alle Schildträger an den Rand und nahmen Leichtbewaffnete, Lasttiere und Reiter in die Mitte. Die mit den großen schweren Schilden versehenen Schwerbewaffneten bildeten um den schwachen Teil ein Rechteck, ließen sich auf das linke Knie nieder und hielten ihre gewölbten Schilde so über sich, daß es keine Lücke gab. Die mit den flachen Schilden schützten das Zentrum, und es wäre purer Zufall gewesen, hätte da ein Pfeil ein verletzliches Ziel gefunden.

Die parthischen Bogenschützen ließen sich aus der Ferne täuschen, weil sie dachten, ihre Geschosse hätten die Männer zu Boden geworfen. Sie stürmten heran, ließen ihre Bogen zurück, um dem Feind mit ihren langen Lanzen den Rest zu geben. Doch da sprangen die Römer plötzlich auf und veranstalteten im Nahkampf unter den Parthern ein furchtbares Gemetzel. Nur wenigen gelang die Flucht, doch sie berichteten von dieser römischen Finte, und so fielen die Parther kaum noch darauf herein.

Unter solchen Umständen ließ es sich nicht vermeiden, daß auch ich mich manchmal meiner Haut wehren und zur Waffe greifen mußte.

Am gefährlichsten war es, als sich die *testudo* beim Feind herumgesprochen hatte. Da zogen sich die Bogenschützen nach ihrem Angriff zurück, und Hunderte von schwerbewaffneten Parthern drangen auf uns ein. Noch ehe es Salmo und mir gelang, innerhalb der Schildträger Schutz zu suchen, begannen zwei Parther mit ihren langen gebogenen Schwertern auf uns loszudreschen.

In Salmo erwachte das alte Soldatenblut, er sprang vom Pferd, riß das *pilum* aus dem Halfter und stieß es seinem Angreifer mit einer solchen Wucht in den Hals, daß der einige Schritte zurücktaumelte.

Mir fiel es schwer, mich mit dem kurzen Breitschwert gegen das lange des Parthers zu verteidigen, aber die Todesangst ließ Kräfte in mir wachsen, von denen ich nichts geahnt hatte. Da traf mein Gegner mich am Handgelenk, ich ließ den *gladius* fallen und wich zurück. Salmo kam mir mit seiner Lanze zu Hilfe, und der Parther wandte sich ihm zu. Ohne nachzudenken riß ich den großen Knochenheber aus der Tasche an meinem *cingulum* und rannte ihn dem Angreifer ins Gesicht. Wer dieses Instrument kennt, weiß, daß es eine fürchterliche Waffe sein kann. Ich traf den Gegner am Wangenknochen, das Instrument rutschte ab und drang ins Auge. Besessen von dem Wunsch, diesen Feind zu töten, stieß ich nach und traf das Gehirn. Der Parther riß die Arme hoch und stürzte röchelnd zu Boden.

Ich zog mein zur Waffe gewordenes chirurgisches Instrument zurück und wischte die Gehirnreste an meinem Mantel ab, als hätte ich gerade eine Operation durchgeführt. Salmo war verschwunden, der Kampf hatte sich etwas verlagert, die Parther schienen zurückzuweichen. Ich suchte mein Schwert, wollte es aufheben, und da erst sah ich, daß meine rechte Hand kraftlos geworden war und reichlich Blut von ihr herabtropfte. So nahm ich den *gladius* mit der Linken und steckte ihn in die Scheide zurück. Dann untersuchte ich meine Hand und stellte zum Glück fest, daß nur eine tiefe Schnittwunde quer über das Gelenk lief. Der Hieb hatte es so stark geprellt, daß es einige Tage dauerte, bis ich es wieder benutzen konnte.

Was mir damals nicht zu Bewußtsein kam, wurde mir später klar: Ein Krieg, ein Feldzug, vor allem, wenn er so lange dauerte wie dieser, wirkt zunehmend verrohend, und man tut kalten Herzens Dinge, die man vorher empört abgelehnt und jenseits aller *humanitas* empfunden hätte. Gerade die Römer waren es ja und sind es zum Teil noch, die auf die sittlichen Werte eines Krieges hinweisen und sich dabei unter anderem auf den Philosophen Herakleitos beziehen und seinen verhängnisvollen Satz *polemos pater panton*. Der Krieg schärfe den Sinn, er fördere Erfindungskraft und schnelles Handeln und bringe alles in allem die Menschheit voran.

Gut, das mag für einzelne gelten, für die obere Schicht der Offiziere, aber dem einfachen *miles gregarius* bringt es nichts als Narben, Leid und häufig den Tod. Der Kampf stumpft ihn mehr und mehr ab, das Leid anderer rührt ihn von Mal zu Mal weniger – er wird zu einer gefühllosen Tötungsmaschine.

Wie lange wir schon unterwegs waren, weiß ich nicht, es kann der zehnte, zwölfte oder vierzehnte Tag gewesen sein. Jeder trottete so dahin, gepeinigt von Müdigkeit, Hunger und Durst, gequält und behindert durch Verletzungen oder nicht ausgeheilte Krankheit. Alle paar Stadien blieb einer liegen, und wenn er Glück hatte, hoben ihn seine Kameraden auf, schleppten ihn – oft selber geschwächt – eine Weile mit, und wenn er nicht mehr zu Kräften kam, blieb er eben zurück. Was an Pferden und anderen Lasttieren noch vorhanden war, schleppte andere Kranke mit sich oder war zu schwach, noch die geringste Last zu tragen, und mußte geführt werden.

Salmo und ich schlossen uns oft einem Trupp auf Nahrungssuche an, denn nur so bestand eine Möglichkeit, sich von Zeit zu Zeit halbwegs satt essen zu können. Parthien war kein Land, wo man Früchte von den Bäumen pflückte, und was wir in die Hände bekamen, geschah mit Gewalt – durch Raub, Drohung oder im Kampf.

An jenem Tag überfielen wir am frühen Morgen ein Lager von Schaf- und Ziegenhirten, die noch schliefen und uns nicht kommen hörten. Die ganze Sippe ergriff Hals über Kopf die Flucht, doch wir dachten nicht daran, ihnen nachzusetzen, sondern stürzten uns auf das, was sie zurückließen: Milch, Käse, Brotfladen und einige Säckchen mit getrockneten Datteln und Feigen. Wir waren etwa zwanzig oder dreißig Mann und schlangen wahllos hinein, was uns in die Hände fiel.

Keiner teilte etwas, keiner dachte an den anderen oder gar daran, etwas für die Truppe mitzunehmen. Jeder Brokken Käse, jeder Schluck Milch, jede Dattel war ein Stück Leben – Überleben.

Dann drängte der *centurio* zur Eile: «Weg! Wir müssen schnell weg! Wenn die Parther uns hier erwischen, machen sie uns fertig!»

«Er hat recht», sagte Salmo, «los, hauen wir ab!»

Da fiel mein Blick auf einen Haufen Schaffelle, die vor sich hinstanken und vermutlich zum Gerben bereitlagen. Mir schien, als bewege sich da etwas, und die Neugierde trieb mich nachzusehen. Ich sprang vom Pferd und stocherte mit dem Schwert in dem Haufen herum, und da quiekte es und eine schmale Hand schob sich abwehrend aus den blutigen, fliegenumschwärmten Fellen. Salmo ergriff die Hand und zog ein etwa zwölf- oder vierzehnjähriges Mädchen ans Licht, das sofort die Augen niederschlug und zu zittern begann.

Sie trug nur ein kurzes Leinenhemd, eine Art ärmellose primitive Tunika. Blut- und dreckverschmiert stand sie da, und eine maßlose Geilheit schoß mir in die Lenden. Wochenlang hatte ich weder an Frauen gedacht noch Verlangen nach Liebesspielen gespürt, denn wer hungrig, durstig und ständig mit dem Überleben beschäftigt ist, der verliert die Lust am anderen Geschlecht. Nun aber war ich satt, und das Begehren überfiel mich so machtvoll, daß ich, ohne zu überlegen, dem Mädchen das Kleid vom Körper riß und sie auf die stinkenden Felle warf und ihr Gewalt antat. Weder kümmerte mich, daß die Kleine erbärmlich winselte, noch daß Salmo Zeuge war und ständige Gefahr von den Parthern drohte. Danach stand ich auf und sagte zu Salmo, der einige Schritte entfernt stand und mir den Rücken zudrehte: «Los, bediene dich! Wer weiß, wann du wieder zu einem Mädchen kommst.»

Er drehte sich um und sagte ruhig: «Wir sind im Krieg, ich weiß, aber es liegt kein Segen auf dem, was du tust. Wer eine Jungfrau schändet, soll gesteinigt werden – so spricht der Herr, unser Gott. Hier wird keiner dich richten, aber Gott kann deine Nachkommen verfluchen bis ins dritte Glied.»

«Ich bin kein Jude, Salmo, und unterliege nicht den Gesetzen eures Gottes. Außerdem ist sie jetzt keine Jungfrau mehr, und so kannst du ruhig zugreifen. Du wirst es bereuen, wenn die Parther dir demnächst etwas da unten abschneiden. Dann wirst du sagen, hätte ich nur –»

«Nein», unterbrach mich Salmo, «das werde ich nicht. Im übrigen verstehst du nicht, was ich meine, Herr. Gehen wir lieber!»

Das Mädchen lag verkrümmt auf dem Haufen stinkender Felle und weinte leise. Ich drehte mich nicht um, als wir davonritten, und empfand weder Mitleid noch Bedauern. Vielleicht hätte ich es wiederholt, doch es ergab sich keine Gelegenheit mehr.

Dies nur zur Demonstration, wie Krieg, Elend, Not und Gefahr den Menschen verändern und alles zum Vorschein bringen, was übel und verachtenswert ist.

Mehr tot als lebendig erreichten wir endlich den Grenzfluß Araxes, der reißend dahinströmte und sein Bett bis zum Uferrand füllte. Während unsere Pioniere – auch sie hungrig, entkräftet oder krank – alles taten, um eine Möglichkeit zu finden, den Fluß zu überbrücken, warteten wir voll Angst auf den nächsten Überfall der Parther. Es schien uns undenkbar, daß der Feind diese letzte Möglichkeit nicht nutzen würde, uns zu schaden. Doch nichts geschah, kein einziger Parther zeigte sich, und so konnten unsere Männer aus den das Ufer säumenden Bäumen und Sträuchern primitive Flöße bauen, die sie durch feste Stricke verbanden und an beiden Ufern verankerten. Es war eine schwankende und unsichere Brücke, die oft zollbreit unter Wasser sank, wenn Pferde oder Lasten hinübermußten, doch sie hielt. Ein paar Mann ertranken, weil sie aus Entkräftung ins Wasser fielen, aber schließlich waren wir alle drüben, und eine Abordnung des armenischen Heeres empfing uns freudig und mit allem ausgestattet, was uns fehlte. Ich hörte, wie Antonius zu seinen Offizieren sagte:

«Artavasdes hat ein schlechtes Gewissen! Der armenische König will damit wiedergutmachen, was er durch seine Treulosigkeit verschuldete. Wir werden dazu eine gute Miene aufsetzen und ihn wie einen Freund und wertvollen Verbündeten behandeln.»

Dies Verhalten zahlte sich aus – wir wurden mit Proviant und anderen Wohltaten so überschüttet, daß sich bald die negative Wirkung zeigte: Die Männer überfraßen sich, soffen Wein wie Wasser, so daß ihre geschwächten Mägen rebellierten und die Brechruhr grassierte. Das ist sonst keine tödliche Krankheit, doch so mancher geschwächte Körper hielt ihr nicht stand, und Männer, die fast dreißig Tage den Entbehrungen getrotzt hatten, fielen jetzt dem Überfluß zum Opfer.

Antonius mag zwar ein Mensch gewesen sein, der mit der Gefahr leichtfertig und sorglos umging, doch er stellte sich den Tatsachen und versuchte, als er hier in Armenien Heerschau hielt, nichts zu beschönigen. Ich war zugegen, als er im Kreis der Legaten und Tribunen sagte: «Wir haben etwa zwanzigtausend Mann Fußvolk und viertausend Reiter verloren – nicht oder nicht nur im Kampf, sondern durch Krankheiten und Entbehrungen. Jeden Legionär, der tot im Feindesland zurückbleiben mußte, empfinde ich wie ein Stück aus meinem Körper, wie eine schmerzhafte Wunde, die lange brauchen wird, um zu verheilen. Wir haben achtzehn größere Gefechte gegen die Parther bestanden – meist als Sieger – und können dennoch den Feind nicht zu den Besiegten zählen. Die Natur hat König Phraates eine Waffe geschenkt, gegen die sein Gegner ziemlich hilflos ist, nämlich die Weite und Kargheit seines Landes. Feige und dennoch klug hat er sich jeder großen Konfrontation entzogen, und so mag er sich nun als Sieger dünken, doch wir, meine Herren, sind deshalb noch lange keine Besiegten! Am Ende wird Rom triumphieren, denn die Götter sind mit uns.»

Der Imperator meinte, was er sagte, doch jeder konnte sich ausrechnen, daß er zwei Fünftel seiner Armee für seinen sinn- und erfolglosen Feldzug geopfert hatte.

Wer von den Soldaten bis jetzt überlebt hatte, konnte aufatmen – so wenigstens sah es aus. Wir alle glaubten, sorglos in Armenia nun überwintern zu können – gehegt, gepflegt und mit allem wohl versorgt. Doch der rastlose Antonius hielt es für angebracht, alle reisefähigen Männer seiner stark reduzierten Legionen sofort mit an die Küste zu nehmen, und das hieß, ein in Kälte erstarrtes, von Schneestürmen gepeitschtes Bergland zu überqueren, bis wir, etwa in der Höhe von Edessa, auf milderes Klima hoffen durften. Zurückbleiben sollten nur die Kranken und Verletzten, und das waren nicht wenige – ich schätzte sie auf sechs- bis achttausend.

Der Imperator stellte es mir frei, in Armenia zu überwintern oder mit ihm an die syrische Küste zu ziehen, wo in Leuke Kome, einer kleinen Hafenstadt nördlich von Sidon, die Königin Kleopatra ihn erwartete.

Salmo war mir längst mehr zum Freund und weniger zum Diener geworden, und so fragte ich ihn um Rat. Ohne zu zögern, schlug er vor: «Bleiben wir hier! Ein sicheres Winterquartier ist doch allem anderen vorzuziehen. Nur Gott weiß, was dieser wankelmütige Artavasdes zusammen mit dem tückischen Großkönig noch ausheckt. Vielleicht wartet er nur darauf, Antonius mitsamt seinen Legionen im Bergland zu stellen, um ihn endgültig zu vernichten. Hier sind wir zwar wenige, doch der armenische König wird es nicht wagen, uns anzugreifen, weil er das Strafgericht des Imperators fürchtet. Ich wenigstens fühle mich hier sicher und möchte bleiben.»

«Ah, Salmo ist feige geworden und zieht ein warmes Plätzchen am Herdfeuer dem winterlichen Marsch vor!» spottete ich, doch er ließ sich nicht aus der Ruhe bringen.

«Nein, ich gebrauche nur meinen Kopf, um herauszufinden, was für dich und mich besser ist.»

«Den gebrauche ich auch, und genau deshalb werden wir es anders machen. Antonius zieht durch Gebiete, in die der Partherkönig sich nicht wagen wird, denn eines darfst du niemals vergessen: Nicht die Parther wollen Rom angreifen und es sich untertan machen, sondern die Römer träumen seit über hundert Jahren davon, sich das parthische Großreich einzuverleiben, und da dies trotz aller Bemühungen niemals gelungen ist, versuchen sie es immer wieder.»

Salmo grinste.

«Es ist auch diesmal mißlungen – aber rede ruhig weiter, Herr.»

Ich verbeugte mich spöttisch.

«Besten Dank, edler Salomon, daß du mir dies gestattest. Manchmal frage ich mich tatsächlich, wer von uns der Herr und wer der Diener ist. Also – wir ziehen mit Antonius nach Syria, weil ich dem Artavasdes nicht traue. Er wird sich wieder den Parthern unterwerfen, weil die ihm näher sind als die Römer, und wenn dies bald geschieht, dann gebe ich für die hier lagernden Soldaten keine Kupfermünze mehr. Fast alle sind krank, verletzt, schwach – also keine ernstzunehmenden Gegner. Artavasdes weiß das, und vielleicht hat er sie schon für Phraates als Treuegabe vorgesehen, wenn er sich demnächst wieder mit ihm verbündet. Antonius wird sehr schnell sein müssen, um dieser Entwicklung zuvorzukommen.»

«Eine Entwicklung, die vorerst nur in deinem Kopf stattfindet, Herr, wenn du mir diesen Einwurf erlaubst. Niemand von uns weiß, was tatsächlich geschehen wird, aber deine Vermutung hat etwas für sich, das gebe ich zu. Wir werden uns also dem Imperator anschließen?»

«Unbedingt, Salmo, und in wenigen Monaten wirst du sehen, daß es uns das Leben gerettet hat.»

Nun, es zeigte sich später, daß nichts von dem eintraf, was wir beide vermuteten, aber eines stellte sich heraus: Der Weg mit Antonius war der schwerere gewesen.

Einige Tage vor unserer Abreise hegte der Imperator den Wunsch, einen Rundgang durch die Zelte der Kranken und Verwundeten zu machen. Er äußerte sich darüber ganz freimütig.

«Weißt du, Olympos, ich möchte die Stimmung der Männer erkunden, denn ein Feldherr ist letztlich davon abhängig, wie ihn seine Leute einschätzen. Es genügt nicht, auf dem hohen Roß zu sitzen und den Offizieren alles weitere zu überlassen – nein, jeder meiner Legionäre muß das Gefühl haben, ich sorge mich um sein Wohl und daß es mir nicht gleichgültig ist, was er über die jeweilige Lage denkt.»

«Aber beeinflussen läßt du dich davon nicht ...»

Antonius lachte sein sorgloses und fröhliches Lachen, das niemals gekünstelt wirkte.

«Natürlich nicht, aber es ist mir tatsächlich nicht gleichgültig, was die Männer denken und fühlen.»

Man mag es mir glauben oder nicht – Antonius standen Tränen in den Augen, als er die Schmerzen der Kranken sah und ihre Sorgen hörte. Für jeden hatte er ein gutes Wort und versicherte immer wieder, daß er nur ihr Wohl im Auge habe.

Antonius gelang es, die Männer so für sich einzunehmen, daß sie ihn geradezu drängten, sich nicht um sie zu kümmern, sondern nur an sein eigenes Wohl zu denken.

Wenn wir bei unserer bisherigen Reise (ich benutze dieses Wort, um nicht Rückzug zu sagen) vor allem unter Entbehrungen und ständiger Bedrohung durch den Feind gelitten hatten, so war diesmal unser einziger Feind die Natur. Mit allem waren wir wohlversorgt – mit Proviant, ausgesuchten kräftigen Pferden und warmer Kleidung, dazu mit landeskundigen eifrigen Führern, doch wurde all dies zunichte vor dem erbarmungslosen Wüten der Natur.

Salmo und ich trugen zwei Wollmäntel übereinander, hatten unsere Beine in Hosen gesteckt – dieses seltsame, nur von Barbarenvölkern in rauhen Landstrichen getragene Kleidungsstück –, ja sogar einen wollenen Gesichtsschutz hatten wir auf Anraten der Einheimischen angelegt, und dennoch setzte uns der Winter derart zu, daß wir auf diesem kurzen Marsch durch die westlichen Gebirge Armenias im Verhältnis mehr Männer verloren als auf dem langen Zug durch das Partherreich.

Ich habe dabei die Erfahrung gemacht, daß die Kälte von außen auch das Innere des Menschen zum Erstarren bringt, mag man mit Nahrung, Kleidung und allem anderen noch so gut versorgt sein. Wer diesmal ein Maultier ritt, war weitaus besser dran, denn diese Mischung von Eselhengst und Pferdestute hat ein sicheres Gespür für Bergpfade, ist zäh, genügsam und ausdauernd. Unsere Pferde, als Tiere der Steppe, wurden im Gebirge unsicher und ängstlich, blieben häufig stehen oder brachen sinnlos aus. Viele von ihnen stürzten sich und nicht selten auch ihre Reiter zu Tode.

Immer wieder kam es vor, daß Männer auf ihren Reittieren erfroren, zusammensanken und tot herunterfielen. Mir als Arzt stellte sich die Frage, ob das häufige Trinken von Wein – auch tagsüber – ein sicherer Kälteschutz sei, und auch diesmal lernte ich dazu. Es erwies sich nämlich, daß die nach dem Genuß von einigen Bechern Wein zuerst einsetzende, angenehme Wärme schnell einer viel stärkeren Empfindlichkeit gegen die Kälte wich, es sei denn, man goß neuen Wein nach, was auch einige taten. Die aber fielen stockbetrunken vom Pferd, schliefen ein und erfroren.

Salmo, immer ein zäher Bursche, überstand den winterlichen Zug recht gut, während ich einige Male nahe daran war aufzugeben, mich einfach fallen zu lassen.

Am schlimmsten war es, als wir am zweiten oder dritten Tag einen Paß im Hochgebirge überqueren mußten – meist zu Fuß, weil sogar unsere Maultiere auf den vereisten oder mit tiefem Schnee bedeckten Pfaden ausglitten oder stekkenblieben.

Stapf – stapf – stapf, Tritt um Tritt schleppte ich mich voran, trotz der warmen Kleidung durchgefroren bis auf die Knochen. Als ein dichtes Schneegestöber einsetzte, verklebten die Flocken den Mundschutz, so daß ich kaum Luft bekam; nahm ich ihn aber ab, geriet ich in Gefahr, mir Nase, Wangen und Lippen zu erfrieren. Wir hatten nur die Wahl, entweder den Paß bei Tageslicht noch zu überqueren, oder hier in diesen eisigen, unwirtlichen Höhen zu nächtigen und wahrscheinlich zu erfrieren.

Salmo muß gespürt haben, wie mir zumute war, denn er trottete hinter mir her, um mich nicht aus den Augen zu verlieren. Auch diesmal nahm ich Zuflucht zu dem Mittel der Ablenkung, versuchte mir vorzustellen, wie alt mein Sohn Herophilos jetzt sei und wie er aussah. Als noch besser erwies sich das Bild von einer Liebesnacht mit Iras, deren Körper ich in Gedanken abküßte von den Zehenspitzen bis zur Stirn und dabei versuchte, mich an Einzelheiten zu erinnern: etwa eine süße kleine Warze links vom Nabel, ein Muttermal auf der linken Brust, die zwei Grübchen in ihrem Gesäß und der kecke, etwas abstehende Busch ihrer Schamhaare.

Doch dann blieben die Gedanken einfach weg, mein Hirn rann aus wie ein lecker Krug, und damit schwand meine letzte Kraft. Ich fiel hin und blieb liegen. Salmo, der halbblind durch das Schneegestöber taumelte, stolperte über meinen Körper und fiel ebenfalls hin. Er fluchte leise, richtete sich auf und packte mich am Arm.

«Du kannst hier nicht liegenbleiben, Herr. Steh auf – los! Aufstehen sollst du!»

Ich dachte nicht daran. Mir war plötzlich so wohl zumute, und ich empfand es als Glücksgefühl, mich sinken zu lassen, mich einfach dieser Natur – die sich als stärker erwiesen hatte – auszuliefern, hinzugeben, wie eine Frau dem Geliebten. Dabei schossen mir die seltsamsten Gedanken durch den Kopf, der – seit ich lag – wieder seine Tätigkeit aufgenommen hatte.

Dann wieder drang Salmos Stimme in meinen Gedankennebel – lästig, störend, fordernd.

«Wenn du liegenbleibst, kostet es dich das Leben, Herr. Du erfrierst in kurzer Zeit! Wir haben höchstens noch eine Stunde – vielleicht sogar weniger – bis zum Paß, das wirst du doch noch schaffen, bei Sachmet und Asklepios!»

Es ist seltsam: Daß Salmo mich bei diesen ihm so verhaßten Göttern beschwor, rüttelte mich auf.

«Wenn dein Jahwe das hört ...», murmelte ich.

«Nur dir zuliebe nehme ich diese Wörter in den Mund», sagte Salmo grimmig und half mir beim Aufstehen.

Irgendwie gelang es mir dann, mich zwei oder drei Stunden weiterzuschleppen, bis wir in einer Talsenke ein dichtes Waldstück fanden, wo es fast schneefrei und windstill war und wir, in Felle und Decken gehüllt, niederfielen und sofort einschliefen.

Der weitaus größere Teil der Reise gestaltete sich dann wie eine Erholung. Wir ließen Schnee und Frost hinter uns, in den fruchtbaren Tälern westlich des Euphrats blühten schon die Mandelbäume, und die Wintersaat stand kniehoch. In den Siedlungen und Städten wurde Antonius als Sieger begrüßt, hier erlebte er schon unzählige kleine Triumphe, ehe er später in Alexandria seinen großen feierte.

# FÜNFTES KAPITEL

Der Zug durch das winterliche Armenia kostete Antonius weitere 8000 Mann, die vor allem der Kälte und den gefährlichen Bergpfaden zum Opfer fielen. Dazu gehörten auch jene, die einfach zurückblieben, weil ihnen die Kraft zum Weitermarschieren fehlte, wie auch ihre Kameraden zu schwach waren, sie mitzuschleppen.

Wir zogen schon durch das frühlingshaft milde nördliche Syria und labten uns an dem Anblick von blühenden Mandel-, Pfirsich- und Kirschbäumen, als Antonius bekanntgab, er wolle nicht – wie geplant – nach Alexandria gehen, da die *Basilissa* ihm mit Hilfsgütern entgegenkäme. Warum als Treffpunkt die winzige Hafenstadt Leuke Kome nördlich von Sidon ausersehen war, wußte der Imperator wohl selber nicht.

Voll Ungeduld, Kleopatra bald zu treffen, nahm sich Antonius die schnellsten und kräftigsten Pferde und ritt im Eiltempo – den langsamen Heerzug zurücklassend – nach Süden.

«Du, Olympos, kommst mit! Vielleicht braucht die Königin ihren Leibarzt ...»

Mir war das ganz recht, denn ich sehnte mich nach Iras wie ein jung verheirateter Soldat, der nach dem Feldzug voll Ungeduld nach Hause stürmt. Doch unsere Eile war umsonst, im Hafen von Leuke Kome – das bedeutet «weißes Dorf» – dümpelten nur ein paar Fischerboote und Küstensegler, die auf bessere Zeiten warteten.

Ein paar Tage später traf der Zug mit dem persönlichen

Troß des Imperators ein, und bald stand eine kleine Zeltstadt zu seiner Verfügung, in ihrem Zentrum das prachtvolle *praetorium*, geschmückt mit breiten Purpurbahnen, auf denen der goldgestickte römische Adler prangte.

Die Ungeduld des Imperators war maßlos, und er verbarg sie nicht. Tag und Nacht mußten Legionäre mit besonders scharfen Augen auf das Meer hinausstarren, und wer die ersten Segel oder nachts die ersten Lichter auftauchen sah, sollte eine Prämie von 1000 Sesterzen erhalten, was immerhin 250 Drachmen entsprach und für einen Soldaten ein beachtliches Vermögen bedeutete.

Um die Wartezeit abzukürzen, gab es Abend für Abend endlose Symposien, bei denen bis zur Bewußtlosigkeit gesoffen, gespielt und gehurt wurde. Solange seine Königin nicht anwesend sei, meinte Antonius, brauche er nicht den braven Mann zu spielen. Aus Sidon und Tyros ließ er Schauspieler, Gaukler und Akrobaten holen, doch deren Künste waren so bescheiden wie die Hafenstädte, aus denen sie kamen, und bald jagten wir sie wieder davon.

Es ist schon eigenartig – dieser während des Feldzugs mit all seinen Strapazen so selbstlose und disziplinierte Mann verwandelte sich jetzt, von Sehnsucht und Ungeduld verzehrt, in einen launischen, nicht selten auch jähzornigen Menschen, der sich oft schon beim Frühstück betrank, nach Schweiß und saurem Wein stank und seine Leibwache mit lächerlichen Befehlen durch die Gegend scheuchte. Allen fiel es auf, doch keiner wagte etwas zu sagen, um den ohnehin schon Gereizten nicht noch ärger zu reizen.

Dann erschien sie endlich – es wird Anfang Mai gewesen sein –, und was im Hafen lag, wurde einfach davongejagt, um für die zahlreichen Schiffe der Königin Raum zu schaffen, doch nicht alle fanden Platz, so daß ein Teil davon draußen in Küstennähe ankern mußte.

Im «weißen Dorf» gab es nichts, das einer königlichen

Behausung nur annähernd geglichen hätte, und so residierte die *Basilissa* auf ihrem Prunkschiff mit dem vergoldeten Heck, den Purpursegeln und den silberbeschlagenen Rudern.

Das Zusammentreffen fürstlicher Persönlichkeiten – ganz gleich, in welchem Verhältnis sie zueinander stehen – ist immer eine öffentliche Angelegenheit, und Antonius tat alles, um dieser Szene einen zeremoniösen Anstrich zu verleihen, doch wer in der Nähe stand, sah, daß ihm dies nicht immer gelang. Anstatt ihre Wange zu küssen, küßte er Kleopatra auf den Mund, vergaß dabei Zeit und Umgebung und mußte schließlich durch den wackeren Mardion – der ganz laut etwas Belangloses sagte – aufgestört und unterbrochen werden. Daß seine Hände zitterten, war deutlich zu sehen, doch – so vermute ich – war dies eher dem maßlos genossenen Wein als der Aufregung zuzuschreiben – oder beidem.

Nun, auch das ging vorüber, und Iras, die ich nur von weitem gesehen und die mich nicht bemerkt oder bei dieser hochoffiziellen Angelegenheit absichtlich übersehen hatte, ließ sich vorerst nicht blicken. Dafür kam der schöne Alexas auf mich zu, schaute sich verstohlen um und flüsterte: «Wo kann ich dich allein sprechen?»

Wir gingen in mein Zelt, wo Salmo gerade unser Arztbe steck auf Hochglanz brachte. Ich schickte ihn hinaus, doch Alexas, der Hochgebildete und Wohlerzogene, ließ sich Zeit. Er fragte mich höflich und mit geheuchelter Neugier nach meinen Erlebnissen während des Feldzugs, doch seinen leeren Augen sah ich an, daß er kaum etwas von meinem Bericht aufnahm.

Bald unterbrach er mich.

«Wir haben's auch nicht leicht gehabt! Die Königin war unruhig und ungeduldig, es fiel uns schwer, ihr etwas recht zu machen. Von eurem Feldzug hörte man mal dies, mal das, klare Siegesmeldungen blieben aus ... Übrigens – Protarchos ist vor drei Monaten gestorben.»

Ich erschrak – der stets besonnene, verantwortungsbewußte, bisweilen auch recht strenge Kanzler und Erste Minister der Königin – tot? Wir hatten immer Abstand gehalten, doch er hatte mich gemocht, war nie falsch oder intrigant gewesen.

«Wie konnte das geschehen – was hat ihm gefehlt?»

Mit einer anmutigen, nicht zu heftigen und nicht zu sachten Geste hob Alexas seine gepflegte, mit zwei – nicht zu großen und nicht zu kleinen – Ringen geschmückte Hand. Ein Ring trug das in blauen Lapis geschnittene Bildnis der Königin, der andere den Kopf des Gottes Serapis, erkennbar am *kalathos*, dem Getreidescheffel, als Kopfschmuck.

An der Tatsache, daß ich diese Bildnisse gut erkennen konnte, mag man ersehen, wie gemessen die Bewegungen des schönen Alexas waren.

«Ich bin kein Arzt, Olympos, und dein Kollege war sich auch nicht schlüssig, sagte etwas von Überarbeitung und einer daraus resultierenden Herzschwäche. Es ging ganz schnell – man fand ihn am Morgen tot über sein Schreibpult gebeugt. Er muß nachts während der Arbeit gestorben sein, der Glückliche. Mag uns auch ein solcher Tod beschieden sein, mein Freund.»

Seine letzten Worte klangen etwas heuchlerisch, und man hörte den falschen Ton heraus, nämlich daß Alexas es für sich selber hoffte, während ihm die Art meines Ablebens völlig gleichgültig war. Nun, vielleicht tue ich ihm unrecht, aber ich möchte vorwegnehmen, daß sein Tod sich durchaus nicht so friedlich gestaltete, wie er es erhofft hatte.

Alexas seufzte.

«Aber nicht nur deshalb habe ich dich zu einem Gespräch unter vier Augen gebeten.»

Er schwieg und betrachtete mich dabei in einer Art höflicher Neugier. Ich versuchte mir nichts anmerken zu lassen und verzog keine Miene, doch meine Zunge verlor die Beherrschung und ich stieß hervor: «Ist etwas mit Iras?»

Alexas nickte gemessen.

«Ich bin dein Freund und wollte dich darauf vorbereiten, denn beim morgigen Symposion wirst du ihn ohnehin kennenlernen.»

«Ihn?»

‹Ja, den Lehrer und Erzieher von Kaisarion und Alexander Helios, die jetzt zwölf und sechs Jahre alt sind. Nikolaos stammt aus Damaskos und ist ein hochgebildeter Mann, nicht nur ein Stubengelehrter. Er hält mit Kaisarion regelmäßige Leibesübungen ab und besteht darauf, daß der Junge – der König – täglich mindestens drei Stunden im Freien verbringt.»

«Sehr löblich», sagte ich ungeduldig, «aber was hat das mit mir zu tun?»

«Es hat mit Iras zu tun, und du bist ihr Geliebter. So hat es unmittelbar auch mit dir zu tun.»

Dies alles sagte er im Ton eines geduldigen Lehrers, der seinem Schüler etwas begreiflich machen will.

«Ja – und?»

«Nikolaos genügt es offenbar nicht, nur Erzieher der Prinzen zu sein, er will auch über eine Vertraute der Königin Einfluß auf sie gewinnen – so jedenfalls sehe ich es. Iras jedenfalls scheint nicht abgeneigt, ohne ihn direkt zu ermuntern – nun, ich sehe da nicht so ganz durch, finde auch, daß es deine Aufgabe ist, dich darum zu kümmern. Auf meine Unterstützung wirst du verzichten müssen, denn Antonius legt großen Wert auf meine Anwesenheit in seinem Gefolge, worauf ich stolz bin, und übrigens …»

«Ja, ja, ich weiß schon, was du wert bist, du brauchst es nicht immer wieder zu betonen. Ich danke dir jedenfalls für den Hinweis und werde nach eigenem Ermessen handeln.»

Er wollte noch einiges dazu bemerken, doch ich stand auf und schob ihn aus dem Zelt. Kein Akt der Höflichkeit, gewiß, doch was dies betraf, so konnte darin ohnehin keiner den schönen Alexas übertreffen.

Nun brannte ich darauf, Iras allein zu sprechen, doch – ich hatte es schon erwartet – war es zuerst die *Basilissa*, die von mir einiges hören wollte.

Charmion war zugegen, als ich eintrat, und schenkte mir, wie stets, ein hoheitsvolles, aber durchaus freundliches Lächeln. Kleopatra tätschelte den Arm ihrer Kammerfrau.

«Charmion, du weißt, wie ungern ich dich misse, aber mit Olympos möchte ich doch gerne allein sein. Setz dich vor die Tür, und laß niemanden herein.»

«Auch den Imperator nicht?»

Ich sah es Charmion an, daß diese Frage durchaus ernst gemeint war. Kleopatra seufzte.

«Es muß schließlich Ausnahmen geben – also, hinaus auf den Wachtposten!»

Dann sagte sie leise zu mir: «Zeltwände sind dünn, wir werden uns besser flüsternd unterhalten. Charmion ist nicht zu Scherzen veranlagt, und Ironie ist für sie ein Fremdwort, aber sie ist doch imstande, einen Spaß zu verstehen. Deine Iras ist da ganz anders ... Jetzt aber zum Wichtigsten: Ich muß dich nicht daran erinnern, daß du mir und nicht dem Imperator zur Treue verpflichtet bist?»

«Nein, *Basilissa*, das mußt du nicht!»

Sie lächelte.

«Nun werde nicht gleich böse – du gehörst zu den wenigen Menschen, denen ich trauen kann. Dieser Feldzug war kein Erfolg – nicht wahr?»

«Nein – zumindest gibt es keine großen Siege zu vermelden. Ich habe diese *miseria* von Anfang bis Ende mitgemacht und kann dir sagen – auch wenn ich von militärischen Dingen wenig verstehe –, es lag nicht am Imperator, daß es zu keiner Entscheidungsschlacht kam. König Phraates hat dies wohlweislich vermieden, weil er sein Land kennt und weiß, daß jede Armee, die bis zu seiner Hauptstadt vorstößt, schon an den Rand ihrer Möglichkeiten gelangt ist. Sie leidet an allem Mangel und kann eine Belagerung nicht lange durchstehen. Die Großtat dieses Feldzugs bestand darin, daß Antonius seine Legionen sicher zurückgeführt und nur etwa ein Drittel seiner Männer verloren hat. Das klingt zynisch, ist aber nicht so gemeint. Wer dabei war, wird wissen, wovon ich rede.»

Kleopatra schaute mich nachdenklich an, und wie immer war mir ihr Anblick lieb und vertraut. Ich verehrte meine *Basilissa* sehr.

«Wer trägt dann deiner Ansicht nach Schuld an dieser *miseria*, wie du es nennst?»

«Die römische Reichspolitik! Sie ist seit gut einem halben Jahrhundert darauf angelegt, die Parther für die Schrekkenstat des Königs Mithridates zu züchtigen, der an einem Tag in ganz Asia rund 80000 Römer und Italiker töten ließ. Auch der Sieg des Pompeius Rufus und das Ende des grausamen Tyrannen durch Selbstmord konnten daran nichts ändern. Letztlich blieben die Parther bis heute unbesiegt, und wenn Antonius diesen Feldzug unternahm, dann vor allem deshalb, weil ganz Rom es von ihm erwartete.»

Kleopatra nickte.

«So etwa sehe ich es auch, doch in Rom sieht man es offenbar anders.»

«Antonius sollte dort selber Rechenschaft ablegen! Er hat in Rom viele Anhänger, ist ein ausgezeichneter Rhetor und wird dem Senat die Wahrheit vermitteln können.»

Kleopatras Gesicht wurde abweisend.

«Untersteh dich, ihm zu einer solchen Reise zu raten! Er wird unter Octavius' Einfluß geraten und Ägypten seinem Schicksal überlassen. Das wäre nicht gut für uns!»

«Das glaube ich nicht …», sagte ich lahm, konnte aber Kleopatras Bedenken durchaus verstehen.

Die Königin erhob sich.

«Kümmere dich jetzt lieber um deine Iras, ich habe ihr wegen deiner Rückkehr die beiden nächsten Tage freigegeben.»

Iras stand vor meinem Zelt und unterhielt sich mit Salmo. Wir begrüßten uns mit zwei steifen Wangenküssen, und sie sagte spitz: «Dein Diener Salmo weiß, daß Frauen Achtung verdienen und wie man mit ihnen umgehen muß. Man merkt, daß die Juden schon ein altes Kulturvolk waren, als ihr Griechen noch als Troglodyten Wildschweine jagtet.»

Ich grinste. «Das hat dir Salmo eingeflüstert – von dir stammt es jedenfalls nicht.»

Salmo schaute ganz unbeteiligt drein.

«Ihr werdet jetzt allein sein wollen …» Dann ging er schnell weg.

Ich gestehe es gerne ein – ich hatte keine Lust, lange herumzureden, weil mir der Feldzug noch in den Knochen steckte und mich gelehrt hatte, auf welch schwankendem Boden der Mensch steht und daß es nicht immer nur die anderen sind – der Arztberuf verlockt zu solcher Denkweise –, über die plötzlich Unfall, Krankheit oder Tod kommen.

«Man spricht davon, daß Nikolaos von Damaskos dir den Hof macht – stimmt das?»

Kokett strich sie über ihr dunkles Haar, und die schwarzen Augen funkelten angriffslustig.

«Kann sein – was kümmert das mich? Es gibt viele, die mir den Hof machen, und nur ganz wenige meinen damit mich, sondern die Königin.»

Während sie dies sagte, spielte sie mit dem goldenen Bastet-Figürchen, das ihr am Hals hing – ich nahm es wahr, doch in meiner Erregung zog ich nicht die richtigen Schlüsse daraus.

«Iras, ich will die Wahrheit wissen. Bedeutet dir Nikolaos etwas, hast du ihm gewährt, was er wollte und will?»

«Pah – was will er denn? Weiß ich es? In mein Bett ist er jedenfalls nicht gelangt – wenn du das meinst.»

«Du könntest ja auch in seines –»

«Hippo – Hippo, jetzt spiele nicht den Eifersüchtigen! Nikolaos, den du in den nächsten Tagen kennenlernen wirst – also Nikolaos ist gewiß ein ansehnlicher Mann, aber ein Stubengelehrter, der so gespreizt daherredet, daß man die Hälfte davon nicht versteht. Er würde besser zu Charmion passen …»

«Ach Iras, ich bin ja so froh, daß ich den Feldzug überstanden habe! Kein Tag ist vergangen, an dem ich mich nicht nach dir gesehnt hätte.»

«Du lügst wie alle Männer!»

«Nun, es gab Tage, da war ich so mit dem Überleben beschäftigt, daß keine Zeit blieb … Eine Frau kann sich nicht vorstellen, wie das ist, wenn Hunger, Durst und Erschöpfung einen umklammern wie ein todbringendes Raubtier, und du weißt nicht, wie es weitergehen soll, wehrst dich dagegen, und dann geht es doch irgendwie weiter …»

Sie legte ihre kräftigen Arme um mich und küßte mich lange.

«Du Armer … Versprich mir eines: Lasse dich nie mehr auf ein solches Wagnis ein! Wenn Antonius dich wieder haben will, dann wende dich an mich. Ich werde der Königin so lange im Ohr liegen, bis sie mir den Willen tut.»

Während sie dies sagte, war ihre Hand unter meinen *chiton* gekrochen und hatte ein Spiel begonnen, das damit endete, daß wir uns gegenseitig die Kleider vom Körper zerrten und ich in den süßen Leib meiner Geliebten eindrang wie ein Bote, der es ganz eilig hat, ihr zu verkünden – ich liebe dich – ich begehre dich – ich will dich – dich – dich und keine andere!

Dann lagen wir schwer atmend nebeneinander, und Iras bat mit leiser Stimme: «Beim nächsten Mal läßt du dir mehr Zeit – nicht wahr? Die Königin hat mir nicht zwei Stunden freigegeben, sondern zwei Tage. Verschieße nicht alle Pfeile auf einmal, ich bitte dich.»

Ich lachte.

«Da sind schon noch einige im Köcher. Wohin hätte ich sie auch verschießen sollen? In Parthien hat es nur leere Dörfer, Überfälle, Hunger, Not und Tod gegeben, und jedes weibliche Wesen zwischen acht und achtzig hat sich bei unserem Nahen in Sicherheit gebracht. Da hießen unsere Geliebten *galea, lancea* und *catapulta*, das darfst du mir glauben.»

Sie lachte.

«Auf Helm, Lanze und Katapult bin ich nicht eifersüchtig, und trotzdem ist es mir lieber, wenn du nichts mit ihnen zu tun hast.»

«Mir auch, Iras, mir auch!»

Zwei oder drei Tage später lernte ich Nikolaos kennen und fand die Einschätzung meiner Freundin bestätigt: Er war tatsächlich ein pedantischer Stubengelehrter in mittleren Jahren, wenn auch klug und sehr von seinen Verdiensten und Kenntnissen überzeugt. Er war der geborene Höfling wie Alexas, ohne dessen Geschmeidigkeit zu besitzen. Er zeigte sich störrisch und besserwisserisch, gab aber sofort nach, wenn Höhergestellte auf ihrer Meinung beharrten.

Ich nehme dabei vorweg, was ich erst im Laufe der Zeit an ihm bemerkte. Offenbar war er jedoch ein ausgezeichneter Lehrer und setzte sich auch bei dem etwas verstockten, damals fast dreizehnjährigen Ptolemaios Kaisarion durch – Caesars Sohn. Der hoch aufgeschossene, hagere Bursche glich seinem Vater nur in der Statur, sein anmutiges Gesicht trug deutlich die Züge der Mutter und war dabei, die Kindlichkeit abzustreifen, was Kaisarion noch dadurch betonte, daß er zweimal pro Woche den *koureus* kommen ließ und wegen seines dünn sprießenden Bartes ein großes Wesen machte. Dies war nun Julius Caesars Sohn, der als der fünfzehnte Ptolemaios mit seiner Mutter den Thron teilte, ohne daß sie ihn jemals an den Regierungsgeschäften beteiligt hätte – auch später nicht, als er erwachsen wurde. Kleopatras Kopf war auf allen Münzen Ägyptens und auf vielen der östlichen Prägestätten – zusammen mit Antonius – zu finden, doch ihr Mitregent wurde dabei übergangen. Für spätere Historiker hätte er gar nicht existiert, wäre nicht sein Königssiegel auf wichtigen Urkunden neben dem seiner Mutter erschienen, wie er auch an allen offiziellen Staatsakten an Kleopatras Seite teilnahm.

In diesem Frühjahr sehnte ich mich wie nie zuvor nach meiner Heimatstadt mit ihren Bibliotheken, dem Museion, den prachtvollen Gärten, Tempeln und Palästen, auch wieder nach einer ärztlichen Tätigkeit, die nichts mit Krieg und den dadurch verursachten Wunden zu tun hatte. Noch etwas Seltsames konnte ich an mir beobachten, und ich glaube, daß es anderen ähnlich erging. Während des Feldzugs hatte ich mich schnell an die damit verbundenen Unannehmlichkeiten in bezug auf Sauberkeit und Hygiene gewöhnt. Wir alle stanken wie Böcke, schissen und pißten, wo wir gerade lagen oder standen. Wir waren manchmal in einem Zustand, daß eine Schweineherde vor uns die Flucht ergriffen hätte.

Jetzt, da ich zurück war, störten mich plötzlich die am Strand angelegte Latrine, die primitiven Waschmöglichkeiten, das enge Aufeinanderhocken in dieser von Tag zu Tag anwachsenden Zeltstadt.

Doch Kleopatra wollte abwarten, bis nach und nach die von ihr versprochenen Hilfsgüter eingetroffen waren, nicht zu vergessen eine gewaltige, frisch aus den Prägestätten kommende Geldsumme für die den Legionären vom Imperator zugesagten Prämien. Soweit ich mich erinnern kann, begann die bei 140 Sesterzen für einfache, leicht bewaffnete Fußsoldaten und endete bei mehreren tausend Sesterzen für hohe Offiziere. Ich selber erhielt zweitausend, Salmo achthundert.

Im Laufe des Frühjahrs aber kamen die Soldaten aus dem armenischen Winterquartier zurück, und mit den schon anwesenden waren es am Ende so viele, daß Kleopatras Gelder nicht ausreichten. Dies aber löste eine dramatische Entwicklung aus, die geeignet gewesen wäre, den Lauf der Weltgeschichte zu verändern.

Marcus Antonius war ein Heerführer, der sich als Vater seiner Soldaten sah. Er hätte sich lieber umgebracht, als sein Versprechen nicht einzuhalten, und er fand keine Ruhe, bis der letzte Soldat seine 140 Sesterzen erhalten hatte – wenig genug, wenn man bedenkt, was die Männer durchgemacht hatten, jedoch eine gewaltige Summe, wenn sie mit etwa fünfzigtausend multipliziert werden muß.

So sprach er jetzt immer dringlicher davon, er müsse nach Rom reisen, um die fehlenden Gelder vom Staat einzufordern, für den er schließlich diesen Feldzug unternommen hatte.

Kleopatra, die mehr und mehr fürchtete, nicht nur Octavius könne ihn ihr dort entfremden und festhalten, setzte alles daran, ihm den Reiseplan auszureden, und sie soll Alexas große Summen versprochen haben, falls es ihm gelänge, den Imperator in ihrem Sinn zu beeinflussen. Eine unerwartete, doch sehr willkommene Unterstützung kam dann aus Rom selbst. Dort feierte Octavius einen gewaltigen Triumph wegen seiner kürzlichen Siege zu Land und zur See über Sextus Pompeius. Freilich war keine Rede davon, daß es im Grunde kein Sieg der Landtruppen war und daß Octavius den Seesieg nur Agrippas kühnen Neuerungen zu verdanken hatte.

Diese Nachricht lieferte für Kleopatra genau die richtigen Argumente, denn sie führte dem Imperator vor Augen, in welchem Licht er vor dem Senat stünde mit seinem mißlungenen Partherfeldzug, wenn man ihn am erfolgreichen Octavius messen würde. Seine Stärken und sein Rückhalt lagen hier, im Osten, und nirgendwo sonst.

Antonius sah schließlich ein, daß eine Romreise für ihn Gefahren bergen konnte, die von hier aus nicht abzuschätzen waren, und er fügte sich. Den Rest der Prämien brachte er selber auf, indem er eine Reihe der ihm unterstehenden Städte mit Steuergeldern belegte.

Nun, da alles überstanden schien und die *Basilissa* zu ihrer gewohnten frohen Laune zurückgefunden hatte, erhielt Antonius Briefe von seiner Gemahlin Octavia, die ihn von ihren Hilfs- und Reiseplänen unterrichtete.

Ich bezog mein Wissen von Alexas, den der Imperator eingeweiht und um Rat gefragt hatte.

Octavia sah sich als treusorgende Gemahlin verpflichtet – vermutlich auch von ihrem Bruder Octavius unterstützt –, mit Geld, Hilfsgütern und zweitausend Mann Elitesoldaten nach Osten zu reisen.

Auf diese Hiobsbotschaft hin erkrankte die *Basilissa* an einem plötzlichen Fieber, verbunden mit ständiger Übelkeit, Magenschmerzen und Erbrechen. Da im Zeltlager keine Seuche grassierte und auch sonst die üblichen Zeichen einer echten *pestilentia* ausblieben, zweifelte ich nicht daran, daß Angst und Sorge die Unpäßlichkeit ausgelöst hatten.

Ich folge nun weitgehend der durchaus glaubwürdigen Darstellung von Alexas, der – falls Antonius scheiterte –

auch seine Felle davonschwimmen sah und nun alles tat, um ihn zu einer Trennung von Octavia zu überreden.

So sah sich der arme Antonius vor eine Entscheidung gestellt, die, vereinfacht, so aussah: für Rom und Octavia oder für Ägypten und Kleopatra, wobei unsere *Basilissa* den Vorteil besaß, anwesend zu sein, und eine Reihe ihrer und seiner Freunde bewogen hatte, auf Antonius einzuwirken.

Dazu kam noch ein drittes: das zwiespältige Verhältnis zu Armenia. Um König Artavasdes endgültig auf seine Seite zu ziehen, hatte Antonius ihm angeboten, den sechsjährigen Alexander Helios mit einer Tochter des Königs zu verloben, und verband es mit einer Einladung nach Alexandria, um dort dieses Ereignis gemeinsam zu feiern. Er sandte seinen Vertrauten Quintus Dellius in die armenische Hauptstadt Artaxata, doch diesem gelang es nicht, dem König eine verbindliche Antwort zu entlocken. Als Antonius dann durch Spitzel erfuhr, daß Artavasdes mit Octavius Verbindung aufgenommen hatte, beschloß der Imperator, Armenia anzugreifen, um jeder ungünstigen Entwicklung zuvorzukommen. Vielleicht wollte er damit die Scharte des gescheiterten Feldzugs auswetzen, um dann später – mit einem «verbündeten» Armenia im Rücken – nochmals gegen die Parther zu ziehen.

Im Frühjahr wollte er aufbrechen, und so war Antonius jetzt vollauf beschäftigt, seine Armee zu reorganisieren. Auch in bezug auf Octavia hatte er sich entschieden. Er schrieb ihr nach Athen, sie solle Soldaten und Hilfsgüter senden, selber aber nach Rom zurückkehren, da er dabei sei, einen neuen Feldzug zu unternehmen.

Kleopatra wurde daraufhin sofort gesund, und Iras besuchte mich wieder regelmäßig in meinem Zelt.

Was ich schon früher festgestellt hatte, war längst zur festen Regel geworden: Befand sich die Königin wohl und in

Harmonie mit Antonius, dann fand ich in Iras eine willige und leidenschaftliche Geliebte. Störte jedoch etwas den Gleichklang, so verwandelte sie sich in die Nymphe Echo als personifizierten Widerhall ihrer Herrin.

Mag man mich deshalb einen charakterlosen Weiberknecht schelten – Iras' Verhalten war ihr zur zweiten Natur geworden, und ich fand mich damit ab. Wer im Hofdienst steht, lernt seine Launen und Bedürfnisse zu zügeln und sie dem Willen – und den Launen – des Monarchen unterzuordnen.

Eines Abends saß unser kleiner Freundeskreis behaglich beim Mahl, während draußen die Winterstürme tobten und unablässig an den Wänden unseres großen Zeltes rüttelten.

Der Imperator hatte, wie fast immer, dem Wein kräftig zugesprochen und war in eine Stimmung voll Zuversicht und Beschwingtheit geraten.

«Dieser Feldzug wird geradezu das Gegenteil des vorigen werden! Im kommenden Frühling brechen wir auf und werden im Mai oder Juni die Berge überqueren – ohne Eis und Schnee, bestens ausgerüstet und vorerst in durchaus freundschaftlicher Absicht. Sobald wir vor der Hauptstadt stehen, werde ich dem König ein Ultimatum stellen: völlige Unterwerfung, Auslieferung des Kronschatzes und enges Bündnis mit Rom oder Gefangennahme der gesamten königlichen Familie als Geiseln für künftige Verhandlungen. So ist es geplant, und so wird es sein! Diesmal, lieber Olympos, wird der Feldzug ein Erholungsspaziergang, das verspreche ich dir!»

Das traf mich wie ein Schlag, und ich stammelte: «Aber – aber, Imperator, ich dachte, ich solle nur am Partherfeldzug – und nun …»

Antonius lachte dröhnend.

«Aber das gehört doch dazu, ist ein Teil davon. Ohne ein

Bündnis mit Armenia – auf welche Weise auch immer – können wir niemals an die Parther heran. Du wirst wieder Generalarzt sein und Tribun …»

Das weitere hörte ich nicht, weil mir übel wurde und ich hinausstürzte, wo ich mich erbrach. Dann ging ich in mein Zelt, sagte zu Salmo, ich sei krank und er möge mich bei den Herrschaften entschuldigen. Ich war fest entschlossen, diesem neuen Kriegszug fernzubleiben, und wandte mich zunächst über Iras an die Königin. Was mir meine Geliebte berichtete, klang durchaus hoffnungsvoll.

«Unsere *Basilissa* ist in sehr gnädiger Stimmung, weil sie zuverlässig erfahren hat, daß sich Octavia auf dem Rückweg nach Rom befindet. Freilich gefällt ihr dieser Feldzug nicht besonders, weil sie ihn zu diesem Zeitpunkt für überflüssig hält. Andererseits ist sie froh, daß Antonius eine Beschäftigung hat, die ihn von Rom fernhält. Und nun etwas, das unter uns bleiben muß: Er hat ihr bei allen römischen, griechischen und ägyptischen Göttern versprochen, den Triumph in Alexandria zu feiern.»

Ich lag noch zu Bett und richtete mich erstaunt auf.

«Was? Welchen Triumph?»

«Er ist fest davon überzeugt, Armenia zu besiegen, und ein siegreicher Feldherr darf nach altrömischer Sitte einen öffentlichen Triumph feiern – das muß dir doch bekannt sein!»

Ihre schwarzen Augen funkelten mich ungeduldig an.

«Natürlich, Iras, doch meine Unpäßlichkeit hat mich langsam im Denken gemacht. Wenn das wirklich die Absicht des Imperators ist, dann hat er sich endgültig für Ägypten entschieden; eine Rückkehr nach Rom käme dann einem Selbstmord gleich. Aber was hat das mit mir zu tun?»

«Sei nicht so ungeduldig! Ich habe also der *Basilissa* deinen Zustand geschildert und von der tiefen Enttäuschung gesprochen, die du jetzt fühlst. Ich sagte ihr, als königlicher

Leibarzt siehst du deinen Platz am ägyptischen Hof und nicht im römischen Heerlager. Dann teilte ich ihr mit, was du mir aufgetragen hast.»

«Wirklich?»

«Ja, ich sagte, wenn der Imperator auf deiner Teilnahme bestünde, dann bätest du um deinen Abschied aus dem Hofdienst und wolltest nach Alexandria zurückgehen, um dort wieder ein *iatreion* zu eröffnen. Da lachte die Königin und meinte, so leicht wolle sie es dir nicht machen, aber ihr sei lieber, wenn Alexas bei Antonius bliebe und du bei ihr. Warum – das möchte sie dir selber sagen.»

Ich umarmte meine Iras, und wir feierten unseren «Sieg» mit einer schnellen, lustvollen Umarmung.

Die Königin empfing mich sehr gnädig, doch sie meinte: «Versuche nicht noch einmal, mich zu erpressen, lieber Hippo! Dein Amt hat nichts mit einer Taglöhnerarbeit zu tun, das ist eine lebenslange Aufgabe. Freilich kannst du mich um Entlassung ersuchen, aber diese Bitte gewähre ich dir nicht. Dem Imperator habe ich deinen Wunsch vorgetragen, verbunden mit dem meinen, dich am Hof zu behalten. Ich werde dich bald für eine wichtige Aufgabe benötigen, die wieder einmal weniger deine ärztliche Kunst als dein diplomatisches Geschick erfordert.»

Sie sah mein fragendes Gesicht und schüttelte den Kopf.

«Nichts davon jetzt, Hippo – alles zu seiner Zeit.»

Ich habe in meinem langen Leben schon mehrmals die Erfahrung gemacht, daß der Mensch, falls er sich einmal aufrafft, sein Schicksal in eine andere Richtung zu zwingen, oft damit das Gegenteil oder etwas ganz anderes erreicht. So glaubte ich damals, durch mein Fernbleiben vom Armeniafeldzug einer großen Gefahr zu entgehen, geriet aber dadurch – obwohl ich in der sicheren Nähe unserer Königin war –, durch gewisse Umstände in eine weit größere.

# SECHSTES KAPITEL

So blieb mir die Teilnahme am Armeniafeldzug des Imperators Marcus Antonius erspart, doch ein mir vom Partherkrieg her bekannter Arzt – er hatte rätselhafterweise Gefallen am Felddienst gefunden – war dabei und hat mir davon berichtet.

Alles lief tatsächlich so ab, wie von Antonius vorhergesagt. König Artavasdes verhielt sich wie ein Verbündeter und ließ ihn unbehelligt mit seinen Legionen durch Armenia ziehen.

Vor der Hauptstadt Artaxata angekommen, ließ Antonius sofort die Maske fallen. Er sandte dem König eine Botschaft, sein feiges Verhalten im Partherkrieg habe ihn sehr enttäuscht und das römische Heer viel Blut gekostet. Er sei nun gekommen, Schadenersatz zu fordern, und verlange die Auslieferung des Staatsschatzes und der wichtigsten Festungen des Landes. Der König lehnte natürlich ab, übertrug die Krone auf seinen ältesten Sohn, der sich nicht in der Stadt aufhielt. Artaxata war derart befestigt, daß Antonius auch mit seinen Belagerungsmaschinen in absehbarer Zeit nichts ausrichten konnte. Die schlechten Erfahrungen mit dem armenischen Winter veranlaßten ihn, noch vor Jahresende eine Entscheidung zu erzwingen. Wie es ihm gelang, den mißtrauischen Artavasdes aus der Stadt zu locken, wird wohl nie ganz geklärt werden, und mein Augenzeuge, der Feldarzt, konnte nur die Gerüchte wiedergeben, die damals durchs Lager gingen.

Da gab es zwei Versionen. Einmal wurde gesagt, Antonius habe unter den armenischen Stammesführern einen Verräter gefunden, der Artavasdes mit der Nachricht täuschte, sein Sohn Artaxes sei von den Römern besiegt worden, die Streitkräfte vernichtet und die Lage hoffnungslos. Die zweite Version lautete, Antonius habe ihm ein Bündnis gegen die Parther angeboten, mit dem ausdrücklichen Wunsch, er möge die Krone von seinem Sohn zurücknehmen und sich einem neuen Feldzug anschließen.

Ich neige zur ersten Version, denn Artavasdes galt als außerordentlich mißtrauisch, und wenn er sich dem Feind auf Gedeih und Verderb auslieferte, dann muß es dafür gewichtige Gründe gegeben haben.

Wie dem auch sei, Antonius war es gelungen, den König zu überlisten, und er nahm ihn mitsamt seiner Familie gefangen, eignete sich auch die in der Hauptstadt lagernden Schätze an. Als der älteste Sohn davon erfuhr, floh er nach Parthien, um dort die Entwicklung abzuwarten. Antonius behandelte seinen Gefangenen überaus ehrerbietig, denn er sollte auf einem Beutezug durch ganz Armenia seinen Städten und Festungen befehlen, ihre Schätze auszuliefern. Doch diese waren schon auf Artaxes, den neuen König, eingeschworen und weigerten sich, die Tore zu öffnen. Wo dies möglich war, versuchte Antonius es mit Gewalt, so daß er am Ende doch eine recht beträchtliche Beute mit nach Alexandria brachte.

Unterdessen zog Königin Kleopatra mit ihrem Sohn Kaisarion, dem Hofstaat, der gallischen Leibtruppe – das waren vierhundert Mann – und einer Legion römischer Soldaten gemächlich nach Süden, besuchte in Emesa den berühmten Sonnentempel und wurde dort von der Bevölkerung mit frenetischem Jubel gefeiert, denn als Königin von Ägypten war einer ihrer Titel *sat-Ra*, Tochter der Sonne. Etwas von diesem Glanz fiel auch auf uns, die Mitglieder des Hofstaates, und wohltuend spürte ich den Unterschied zwischen einem geplagten Feldarzt und dem *iatros Kleopatres*, dem Leibarzt einer als göttlich angesehenen Fürstin. Bei Empfängen stand ich immer in ihrer Nähe, und mit einer Mischung aus Stolz und ironischer Belustigung sah ich die würdigen arabischen Stammesführer wie vom Schnitter gefällte Kornhalme vor meiner Königin niedersinken.

Nicht weniger triumphal war der Empfang in Damaskos, doch diesmal galt er weniger der göttlichen Königin als der Herrscherin von Ituräa, das ihr von Antonius in Tarsos überschrieben worden war. Damaskos lag an der Grenze zu diesem kleinen Land und hatte schwer unter ituräischen Räuberbanden zu leiden gehabt. Die Legionäre des Imperators machten dem schnell ein Ende, und nun fiel der Ruhm auf Kleopatra als die «Befreierin von Damaskos».

Was dann kam, war weniger erfreulich, und als es vorbei war, wunderten wir uns alle, daß wir noch lebten. Ich spreche von dem Besuch der *Basilissa* in Jerusalem, der Hauptstadt des von König Herodes beherrschten Landes. Herodes, das wußten wir alle, war seit den Belehnungen von Tarsos zum erbitterten Feind der Königin geworden, denn ein guter Teil ihrer Gebietsgewinne – vor allem die Hafenstädte im Westen – war auf seine Kosten gegangen, und er hatte es, um seinen Thron zu behalten, zähneknirschend hinnehmen müssen.

Kleopatra traf in der Regel solche Entscheidungen – es ging um den Besuch in Jerusalem – alleine, doch diesmal schien sie unschlüssig und beriet sich mit ihren Freunden.

Herodes hatte sie – wohl von Antonius gedrängt – gebeten, ihn auf ihrer Heimreise mit einem Besuch zu beehren, doch es hätte sich leicht ein Dutzend plausibler Gründe finden lassen, die Einladung höflich abzulehnen.

«Ich weiß, was ich tun soll, bin mir aber nicht sicher, ob ich es will, und ich sehe auch Gefahren damit verbunden. Laßt uns das Für und Wider abwägen, liebe Freunde.»

Wie immer bei solchen Besprechungen schaute sie als ersten Mardion an, ihren vertrauten langjährigen Freund und Berater.

Wie viele Eunuchen wirkte Mardion alterslos, seine Haut war glatt, die kleine, runde und behende Gestalt hatte sich nicht verändert, nur sein sorgsam gepflegtes Haar war licht und etwas grau geworden. Wie stets sprach er frei, offen und ohne falsche Rücksichtnahme.

«Ich glaube, mehr Gründe sprechen gegen als für diesen Besuch. Nennen wir die Dinge ruhig beim Namen: Ihr beide könnt euch aus verschiedenen Gründen nicht leiden, und es ist euch lieber, keine gemeinsame Luft atmen zu müssen. Doch du, *Basilissa*, und der König von Judäa habt auf den Imperator Rücksicht zu nehmen, weil er bemüht ist, aus euch gute Nachbarn zu machen. Herodes will seinen Thron behalten, und das geht nicht ohne Zustimmung Roms – sprich des Imperators Marcus Antonius. Du, *Basilissa*, hast Antonius große Gebietsgewinne – auf Kosten des Herodes – zu verdanken und willst ihn nicht vor den Kopf stoßen. Aber was wiegt schwerer? Ich bin der Meinung, du solltest den Besuch unterlassen, denn – wie du bereits gesagt hast – er birgt Gefahren. Bist du einmal in Jerusalem, kann es sein, daß Herodes sich auf schlaue und heimtückische Art deiner entledigt. Er wird den Mörder aufspüren und ihm ein passendes Geständnis abpressen lassen – und selber seine Hände in Unschuld waschen. Ich traue diesem Araber alles zu, nur nichts Gutes.»

Die Königin hatte aufmerksam gelauscht und ein paarmal zu Mardions Ausführungen genickt.

«Deinen letzten Satz kann ich nur unterstreichen, Mardion. Alles, was sich zu Herodes' Gunsten sagen läßt, ist seine Freundschaft zu Antonius – für mich eher ein Nachteil. Eines jedoch halte ich für ausgeschlossen: Herodes wird es niemals wagen, sich an mir zu vergreifen, denn so geschickt kann er es gar nicht anstellen, daß nicht ein Verdacht auf ihn fiele.»

Sie fragte noch andere nach ihrer Meinung, darunter auch den klugen Nikolaos von Damaskos, den Erzieher ihrer Söhne.

Der strich lange seinen üppigen Gelehrtenbart und sagte dann: «Göttliche *Basilissa*, bitte verzeih mir, wenn ich dazu nichts sagen und dir weder zu- noch abraten kann. Ich kenne Art und Absicht dieses Königs nicht, und ohne Kenntnis der Fakten will ich mich nicht äußern. Dieses Prinzip vertrete ich auch deinen Söhnen gegenüber, denn die griechischen Philosophen lehren ...»

Auf Kleopatras Stirn erschien die uns allen wohlbekannte senkrechte Falte. Gebieterisch hob sie die Hand.

«Genug, Nikolaos, ich achte deine Gründe, wenn ich sie auch nicht gutheißen kann.»

Dann wandte sie sich an mich.

«Du, Hippo, warst sozusagen mein erster Gesandter in Jerusalem, hast Herodes gesehen und lange mit ihm gesprochen. Würdest du an meiner Stelle die Einladung annehmen?»

«Es sprechen ebenso viele Gründe dafür wie dagegen. Nachdem du mich aber gefragt hast, was ich an deiner Stelle täte, so sage ich unumwunden, ich würde schleunigst und ohne Aufenthalt nach Alexandria reisen und von dort aus einen höflichen Entschuldigungsbrief senden. Herodes hat inzwischen schon mehrere Verwandte ermorden lassen, die» – fügte ich schnell hinzu – «nicht die geringste Gefahr für seine Herrschaft bedeutet hätten. Seine äußere Erscheinung täuscht leicht darüber hinweg, daß er seine eigene Mutter in die Sklaverei verkaufen würde, um seinen Thron zu halten – einen Thron von Roms Gnaden und nicht in langer Geschlechterfolge ererbt wie dein heiliger Sonnenthron, *Basilissa*.»

Die Königin nickte und schaute kurz in die Runde.

«Die meisten von euch raten mir also von dem Besuch ab und – wie ich finde – mit durchaus gewichtigen Gründen. Aber ein Herrscher muß gelegentlich etwas gegen die eigene Einsicht tun, und wir sollten eines nicht vergessen: Nehme ich die Einladung nicht an, wird Herodes es als Schwäche auslegen, dazu als feindseligen Akt gegen mein Nachbarland. Er fühlt seinen erschlichenen Thron ständig wanken, ist abhängig vom römischen Senat, von der Freundschaft mit Antonius und nicht zuletzt vom Wohlwollen des Octavius. Dieser Mensch versteht nur eine Sprache: die Geste der Macht. Ich werde nach Jerusalem reisen und ihm zeigen, daß ich ihn nicht fürchte, denn – ginge es ums Äußerste – Antonius würde letztlich an meiner und nicht an seiner Seite stehen.»

Ich muß hier etwas einfügen, das mir doch bemerkenswert erscheint. Als ich in meiner Stellungnahme erwähnte, Herodes habe schon einige Verwandte ermorden lassen, fügte ich hinzu, diese hätten keine Gefahr für seinen Thron bedeutet. Ich tat dies natürlich der *Basilissa* wegen, die ja auch Bruder und Schwester töten ließ – vermutlich aus Gründen, die sich nur wenig von denen des Herodes unterschieden.

Es gibt einen alten Volksspruch: Jedem riechen die eigenen Winde wohl! Womit recht treffend gesagt wird, daß einem die eigenen Fehler winzig und verzeihlich, die der anderen aber riesig und strafenswert erscheinen. So wurde mir damals gar nicht bewußt, daß ich es war, der Ptolemaios den Giftbecher reichte und mich so an einem Verwandtenmord beteiligte, den ich jetzt – und zwar durchaus überzeugt und guten Gewissens – dem Herodes vorwarf.

Dies zu erwähnen hielt ich für einen Akt unverzichtbarer Redlichkeit, denn ich will mich in diesem Bericht nicht besser machen, als ich bin. Dessenungeachtet halte ich die Tötung des jungen Königs nach wie vor für einen bitteren, aber politisch notwendigen Akt.

So war der Besuch beschlossen, doch einer weigerte sich strikt, Jerusalem zu betreten, nämlich mein Diener Salmo.

«Herr, das kannst du nicht von mir verlangen. Gut, Herodes hat mich damals begnadigt, wohl auch in der Meinung, ich würde Jerusalem nie wieder betreten. Er kann mich sozusagen als Warnung stellvertretend hinrichten lassen, nach dem Prinzip: Da ich den Herrn nicht schlagen kann, haue ich seinen Esel.»

Ich mußte lachen.

«Aber Salmo, du wirst dich doch nicht mit einem Esel vergleichen wollen? Um bei dem Vergleich zu bleiben: Herodes wird es nicht wagen, auch nur einem unserer Esel ein Haar zu krümmen, wie er nichts tun wird, was Kleopatra kränken könnte. Die Jugendfreundschaft zwischen ihm und Antonius mag alt und fest sein, doch so manche dieser Männerfreundschaften ist an Frauen zerbrochen.»

Salmo wiegte zweifelnd den Kopf.

«Oder an Gold, an Macht, gekränktem Stolz, Eitelkeit, Neid – ach, Herr, ich könnte dir noch Dutzende von Gründen nennen. Damit gibst du mir aber im Grunde recht: Herodes ist ein jäher, stolzer Mann, und ich traue ihm ganz und gar nicht. Deshalb bitte ich dich, mich für die Dauer des Besuchs bei der römischen Legion zu lassen, die vor den Mauern der Stadtlagern wird.»

Ich brachte es nicht fertig, ihm die Bitte abzuschlagen, um so mehr, als ich insgeheim selber seine Meinung teilte.

Seit meinem letzten Besuch hatte Jerusalem sich stark verändert – zu seinem Vorteil, mußte ich widerwillig zugeben, auch wenn das meiste davon der Sicherheit oder der Bequemlichkeit des Königs diente.

Herodes schickte uns schon eine ehrenvolle Delegation

entgegen, da waren wir noch zwei Tagesreisen von seiner Hauptstadt entfernt, und er empfing uns vor den Toren Jerusalems im Kreise seines glanzvollen Hofstaates.

Durch das Jaffa-Tor zogen wir in die Stadt, vorbei an den Festungstürmen Hippikos, Phasaël und Mariamne, die der König nach Freund, Bruder und Gemahlin benannt hatte und die – das muß gesagt werden – ganz unterschiedlich und in erlesener architektonischer Schönheit gebildet waren. Von irgendwoher jubelte das Volk, doch es klang gedämpft, denn unser Zug war von dreifachen martialischen Reihen einer bis an die Zähne bewaffneten Leibwache umgeben. Nicht zu übersehen war der schon hoch aufragende, ein weites Areal bedeckende neue Palast, der dann erst zehn Jahre später vollendet wurde.

Weiter zogen wir der Tempelmauer entlang nach Norden, bis an ihrem Ende der gewaltige Komplex der Antonia-Burg aufragte, eine in bemerkenswert kurzer Bauzeit entstandene Mischung aus Palast und Festung, die von außen abweisend, schmucklos und wehrhaft wirkte, im Innern aber mit erlesenem Geschmack ausgestattet war. Vier klobige Türme säumten die glatten und – bis auf einige Schießscharten – fensterlosen Außenmauern. Das Tor, das wir durchschritten, war auffällig klein, und Herodes erwähnte später, daß die Burg nach menschlichem Ermessen uneinnehmbar sei, nicht zuletzt, weil die Eindringlinge nur höchstens in Zweiergruppen durchkämen und so von der Besatzung leichter niedergemacht werden könnten.

Herodes, ich sage es gleich vorweg, war gewiß kein feiger Mensch, aber maßlos mißtrauisch, und er tat alles, um etwaigen Anschlägen zuvorzukommen. So war von den Burgtürmen der gesamte Tempelplatz zu überblicken, weil – wie der König in lässigem Gleichmut bemerkte – hier in der Regel die Aufstände begännen und so leicht im Keim zu ersticken seien.

Für den Abend war ein großes Symposion angesagt zu Ehren Kleopatras, ihrer beiden Söhne und ihres Freundeskreises.

Noch am selben Tag begann ein gefährliches Spiel, und wir alle mußten mächtig aufpassen, um nicht in seinen tödlichen Sog gerissen zu werden.

Die *Basilissa* hatte ein Bad genommen, sich von ihren Kammerfrauen frisieren und ankleiden lassen. Gleich danach befahl sie mich zu einer Unterredung, an der auch Charmion, Iras und der Eunuch Mardion teilnahmen.

Von Iras war zuletzt kaum noch die Rede, ich weiß, aber auf Reisen oder in angespannter Lage – wie etwa jetzt – zog sie sich ganz von mir zurück, war nur noch für unsere Königin da.

Ohne lange Vorrede kam Kleopatra zum Thema.

«Meine Freunde, wir befinden uns in einer ähnlichen Situation wie damals, als Herodes uns in Alexandria besuchte und ich darauf achtete, ihm nur unter Zeugen zu begegnen. Schon damals war er ein gefährlicher Mann, aber letztlich mir im eigenen Palast ausgeliefert. Nun aber befinden wir uns alle in seiner Gewalt, und ich bin mir bis jetzt nicht schlüssig geworden, welches Spiel über die *skene* gehen wird. So habe ich zu unser aller Sicherheit folgendes anzuordnen: Sollte Herodes mich überraschend in meinen Gemächern besuchen, so wird immer eine von euch zugegen sein – Charmion oder Iras, am besten beide. Sollte er euch hinausschicken, so hört nicht darauf, denn ich werde sagen, daß meine Kammerfrauen nur von mir Befehle entgegennehmen. Bittet er mich zu sich, so wird mich Hippokrates begleiten, und ich werde sagen, es ist ägyptischer Brauch und alte Tradition, daß die Könige ihre Leibärzte im Ausland immer um sich haben. Geht es um eine politische Besprechung, wird Mardion zugegen sein, als mein enger Vertrauter und Berater. Was dieser Araber auch tut, anordnet, befiehlt oder verlangt – ihr seid allein mir verpflichtet und habt ihm nur zu gehorchen, wenn ich es erlaube. Fragen dazu wird es wohl keine geben?»

Nein, diesmal hätte niemand gewagt, solche zu stellen.

Wenn Herodes unserer Königin gegenüber tatsächlich Feindschaft oder Haß empfand – auf diesem ersten Symposion war davon nichts zu bemerken. Der jüdische König war jetzt ein Mann um die Vierzig, er gab sich sehr hoheitsvoll, herrscherlich, auch verbindlich und redegewandt. Äußerlich hatte er sich kaum verändert, nur trug er jetzt den tiefschwarzen Bart etwas länger und war prunkvoller gekleidet, als ich es von früher in Erinnerung hatte. Über einem langen weißen, goldbestickten und fransenbehängten Untergewand trug er den schweren purpurnen Königsmantel. Seine juwelengeschmückte Mitra nahm er ab, nachdem er seinen Gast in wohlgesetzten Worten begrüßt hatte.

Das Symposion erwies sich als wahrhaft königlich mit zahllosen Gängen, unterhaltsamen Einlagen, rhetorischen Zugaben der königlichen Hofpoeten, doch über allem lag eine leise Drohung, und nicht nur ich habe so empfunden.

Als Kleopatras *progeustes* die Speisen vorkosten wollte, schüttelte sie lächelnd den Kopf.

«Nein, nein – hier doch nicht! Wo wären wir denn sicherer als im Palast unseres hochverehrten Freundes und Nachbarn, des edlen Königs Herodes?»

Das war ihre Art, Mut zu zeigen.

Mariamne, die Gemahlin des Herodes, nahm nicht an dem Symposion teil, und erst als Kleopatra sich nach ihr erkundigte, erfuhren wir, daß sie sich mit den Kindern auf einen Sommersitz zurückgezogen hatte, weil sie die Hitze schlecht vertrug. Warum der König sie nicht hierhaben wollte, war bald zu erkennen.

Im übrigen vergab sich Herodes nichts, was seine Stellung als König der Juden in den Augen des Volkes schmälern oder beeinträchtigen konnte. Keine Statue, kein Bildnis, keine Münze verstießen wider das mosaische Gesetz, und dennoch hatte er alles getan, um den großen Bankettsaal in fürstlichem Prunk zu gestalten. Das kunstvolle vielfarbige Bodenmosaik zeigte nur florale und ornamentale Schmuckelemente, so daß nicht der strengste Pharisäer daran hätte Anstoß nehmen können. Die Wände waren mit seidig glänzenden Teppichen verhängt, auch ihr Dekor zeigte nichts, das auch nur im entferntesten an die von Jahwe untersagte Darstellung von Mensch und Tier erinnerte. Herodes war dabei konsequent bis in seine Privatgemächer hinein, und ich zweifle, ob jemals ein Bildhauer von ihm eine Büste oder Statue geschaffen hat.

In den Tagen darauf setzte der König alles daran, Kleopatra gefällig zu sein und sie zu unterhalten. So besuchten wir gemeinsam die ihr von Antonius übertragenen Balsamgärten bei Jericho, die Herodes zurückgepachtet hatte und für die er jährlich hohe Ablösungen bezahlte. Auf einem Hügel am Rande der Stadt erhob sich ein kleiner Palast, und der König konnte sich nicht genug tun in der Erwähnung, daß es ja eigentlich «dein Palast ist, *Basilissa*, und ich hier nur Mieter bin».

Kleopatra vermied es, auf diese Anspielungen einzugehen, und ich habe sie niemals in Rede und Gestik so zurückhaltend erlebt wie bei diesem Aufenthalt in Jerusalem – ausgenommen das eine Mal, als sie ihm offen die Meinung sagte. Mit der Zeit wurde es für uns alle deutlich, daß Herodes um Kleopatra zu werben begann.

Wer auch immer später behauptete, es sei umgekehrt gewesen und die Königin habe alles getan, um Herodes in ihr Bett zu locken, dem kann ich als Augenzeuge versichern, daß es sich um eine Zwecklüge römischer Historiker handelte, die – aus welchen Gründen auch immer – alles taten, um an Kleopatra kein gutes Haar zu lassen.

Herodes begann seine Strategie mit einer Reihe von kostbaren Geschenken – wie etwa ein Dutzend der edelsten Zuchtpferde, oder das in Judäa bei Bauarbeiten gefundene und erlesen gearbeitete Geschmeide aus einem ägyptischen Fürstengrab, als wolle er sie daran erinnern, daß auch sein Land früher dem ägyptischen Großreich angehörte.

Sehr unklug von ihm, ließe sich da wohl sagen, der Königin die früheren politischen Verhältnisse vor Augen zu führen, doch der erzschlaue Herodes dachte – wie beim *men*-Spiel – um einige Züge voraus, und wir erkannten erst später, worauf er hinauswollte.

Es gab auch weniger kostbare Geschenke, meist aber verbunden mit zum Teil frechen Anspielungen auf seine Absicht, unsere Königin zu verführen. So ließ Herodes ein paar Dutzend säugender Eselinnen in den Palasthof bringen, sie melken und die Milch in Kleopatras Gemächer bringen für ihr bekanntes Schönheitsbad. Das wäre ja noch angegangen, doch das Geschenk war mit einer Ode auf Kleopatras Schönheit verbunden, die sie für so anzüglich hielt, daß sie auch ihren Freunden nichts davon preisgab – ausgenommen Mardion, ihrem engsten Vertrauten, der als Eunuch über solchen Dingen stand.

Er wiederum hat mir später den Inhalt der Ode in groben Zügen geschildert. Zuerst sprachen die Verse ganz allgemein von Kleopatras Liebreiz, befaßten sich dann eingehender mit verschiedenen Körperteilen – Busen, Bauch, Nabel, Schenkel, und wie die Vorstellung davon im Herzen des Verliebten heiße Sehnsucht entfachte, seine Lenden entflammte und so weiter. Die Ode schloß mit einem Zitat aus den Liedern des Königs Salomon. Davon abgesehen sei es schlechte Dichtung gewesen, in einem frechen, lüsternen Ton, manchmal schamlos und anmaßend. Doch das Machwerk nannte keinen Namen, sondern sprach von Kleopatra als «dem schönen und willkommenen Gast».

Um sicherzugehen, daß Kleopatra damit keinen Mißbrauch trieb, waren die Verse mit verblassender Tinte geschrieben – unter Geheimschreibern ein alter Brauch, weil es dann später keine schriftlichen Belege gab.

Ich bin mir bewußt, daß dieser Bericht unglaubhaft klingt, doch wer das spätere Leben und Wirken des Herodes betrachtet, weiß, daß diesem Menschen alles zuzutrauen war, wenn es um Macht und Selbstbehauptung ging. Darum nehme ich vorweg, was Herodes anstrebte.

Sein Plan bestand aus drei wesentlichen Schritten: Zuerst wollte er Kleopatra zu seiner Geliebten machen, dann mit ihr ein Scheinbündnis gegen Octavius eingehen, angeblich, um Antonius zu unterstützen, von dem sie beide mehr oder minder abhängig waren. Zuletzt wollte Herodes alles aufdecken und die *Basilissa* dem Antonius als gemeine Verräterin präsentieren – persönlich wie politisch – und damit ihren Untergang einleiten.

Herodes merkte schnell, daß schon sein erster Schritt an Kleopatras hartnäckigem Grundsatz scheiterte, niemals mit ihm länger alleine zu sein.

So lud er sie an einem dieser heißen Juliabende zu einem späten Nachtmahl auf den Dachgarten, und er bat sie in gesetzten und außerordentlich höflichen Worten, ihm den Abend allein zu schenken. Zum Schein nahm sie die Einladung an, bat mich, sie hinauf zu begleiten und dann in der Nähe zu warten.

Die Diener trugen das Mahl auf, stellten Wein und Mischkrüge bereit und zogen sich dann auf seinen Wink zurück. Das fürstliche Paar speiste, genoß die linde Kühle der Nacht, und als Gestik und Sprache des Herodes immer deutlicher und drängender wurden, schrie die Königin leise auf, preßte beide Hände auf ihren Magen, stammelte etwas von zuviel gegessen und verlangte dringend nach mir.

Herodes blieb nichts anderes übrig, als mich rufen zu

lassen. Ich kam, kniete vor der *Basilissa* nieder und suchte in meinem geöffneten Arztkoffer mit wichtiger Miene nach der geeigneten Arznei. Mit ernster und gesammelter Miene schluckte sie das von mir mit Wein verdünnte harmlose Pulver, während Herodes dabei zusah. Seine Miene verriet nichts, doch er muß innerlich vor Zorn gekocht haben.

Kleopatra bat mich zu bleiben, und Herodes machte einen letzten Versuch, als er vorschlug: «Es genügt doch, wenn Olympos – ich meine, wenn Hippokrates in Rufweite bleibt? Oder muß er den ganzen Abend neben dir stehen, verehrte *Basilissa*?»

«Nein, nein», sagte sie, «aber ich glaube, es ist besser, ich ziehe mich zurück. Diese Sommerhitze in Jerusalem bin ich nicht gewohnt, bei uns in Alexandria gibt es um diese Zeit eine erfrischende Brise vom Meer. Ich danke dir für den schönen Abend, das erlesene Mahl, das anregende Gespräch ...»

Jetzt wurde es für ihn doch etwas zuviel, und dies war eine der wenigen Situationen, wo Herodes nahe daran war, die Beherrschung zu verlieren. Ganz verlor er sie nie. Er sprang von seiner Liege und wies anklagend mit dem Finger auf seinen Gast.

«Du dankst mir, *Basilissa*, für den schönen Abend – ja, du dankst mir überhaupt sehr oft, für meine Gastfreundschaft, die Geschenke, aber wann käme ich je in die Lage, dir für etwas zu danken? Du gibst nichts von dir preis, kein Entgegenkommen ist dir zu entlocken! Bist du eine Frau oder eine Statue? Du hast soviel von meinem Land verschlungen, bist du nicht endlich satt? Wenn Antonius wüßte ...»

Da hob Kleopatra energisch die Hand. «Laß mich den Satz vollenden, *Basileus*. Wenn Antonius wüßte, was du von mir verlangst, er würde dir im selben Augenblick die durch

List und Tücke erschlichene Krone vom Kopf reißen. Ich bin Königin von Geburt an, doch du bist nichts weiter als ein Handlanger des römischen Senats und hängst von der Gnade des Imperators ab. Treibe dein Spiel nicht zu weit, denn deine Krone ist auswechselbar!»

Ich stand in meiner Ecke, und Herodes wußte, daß ich Zeuge dieser Auseinandersetzung war. Ein unliebsamer Zeuge, dem ein Wissen zuteil wurde, das ihm nicht zukam. Wie Tyrannen mit solchen Zeugen verfahren, das lehrt uns die Geschichte. Ich blickte wie hilfesuchend hinauf zum Sternenhimmel, der mit tausend kalten Lichtaugen auf mich herabstarrte. Ehe ich mich weiter in meine Furcht treiben ließ, hörte ich die Stimme der *Basilissa.*

«Hippo, wir gehen!»

Plötzlich waren dann auch Charmion da und zwei Palastdiener mit Fackeln.

Als ich später im Bett lag und einzuschlafen versuchte, zergrübelte ich mir den Kopf, ob und was Herodes auf Kleopatras Rede geantwortet hatte. Hatte die Furcht mich taub gemacht, oder hatte Herodes einfach geschwiegen? Ich weiß es bis heute nicht.

In den Tagen darauf begann sich das Verhalten des Königs mir gegenüber zu verändern. Hatte er bisher kaum das Wort an mich gerichtet, so schenkte er mir jetzt zunehmend Beachtung, stellte mir Fragen, als interessiere er sich für Medizin, wobei zu bemerken ist, daß ihm das Wohl seines Volkes tatsächlich am Herzen lag – ob aus Berechnung oder aus echter Sorge, mag dahingestellt bleiben. Es war allgemein bekannt und erregte in Jerusalem – wo ihn die meisten nicht mochten – widerwillige Bewunderung, daß er zugleich mit seinem Palast Schulen, Gymnasien und Hospitäler errichten ließ, die Wasserversorgung verbesserte und einen Umbau des schon recht hinfälligen Tempels vorbereitete.

Eines Tages lud er mich ein, die Baustelle am Jaffa-Tor zu besichtigen, wo der gewaltige Palastkomplex langsam in die Höhe wuchs. Natürlich fragte ich die Königin um Erlaubnis, die ich sofort erhielt.

«Vielleicht erfährst du etwas von seinen Absichten, Hippo. So klug und verschlagen er ist, manchmal rutscht ihm etwas heraus, das er lieber ungesagt hätte lassen sollen. Aber dieser Mensch ist schwer zu durchschauen, und es kann sich dabei auch um Verstellung handeln.»

«Du meinst, er tut nur so, als sei es ihm herausgerutscht, doch seine Absicht war, es uns wissen zu lassen.»

Sie lächelte.

«Ja, Hippo, ein bewährtes Mittel der Irreführung. Ich habe es auch schon angewandt.»

Der kleine Ausflug wurde von Herodes wie ein feierlicher Akt zelebriert. In golden funkelnden Prunksänften, umgeben von mehrfachen Reihen einer grimmigen Leibwache von ausgesucht großen Kerlen, näherten wir uns der Baustelle. Daß dies in ziemlicher Stille geschah, lag daran, daß vorher die Straßen rigoros «gesäubert» wurden, und wer sich nicht schleunigst davonmachte, riskierte, festgenommen und bestraft zu werden.

An Herodes' Seite ging ich durch schimmernde Säulenhallen, lichte Atrien, kleine intime Gartenanlagen mit kunstvollen Brunnen, und der König wies mich von Zeit zu Zeit darauf hin, was künftig noch entstehen und wie es aussehen würde. Das Thema entflammte ihn, die Begeisterung ließ seine dunklen Augen aufleuchten, seine sonst etwas harte und kalte Stimme warm und zärtlich werden, vor allem als wir den für Mariamne vorgesehenen Trakt betraten.

«Sie ist eine Hasmonäerin, weißt du, verwöhnt von Kindheit an, hat immer in Palästen gelebt, aber was hier entsteht, wird sie sprachlos machen. Bisher hat sie gewohnt wie eine Tochter aus patrizischem Haus – in Zukunft wird sie residieren wie eine Königin.»

Ich räusperte mich und wagte zu fragen: «Du verehrst sie wohl sehr, *Basileus*?»

Doch mein Interesse schien ihn eher zu freuen.

«Ja, Olympos, Mariamne ist mein kostbarster Schatz.»

«Warum machst du dann Kleopatra den Hof?»

Ein jäher Zorn ließ seine dunklen Augen aufglühen wie Holzkohlen, wenn man sie anbläst. Dann lachte er etwas gezwungen.

«Freilich, ich vergaß, daß du Zeuge unserer – nun, Auseinandersetzung warst. Doch ich bin dir dankbar für den Hinweis, denn unser gemeinsamer Ausflug hat noch einen anderen Grund.»

Ein Teil der ebenerdigen Räume war schon fertiggestellt, und hier hatte Herodes ein kleines Mahl für uns richten lassen. Er gab sich aufmerksam, höflich und gewinnend. Wir plauderten angeregt, und er war sehr geschickt in der Fähigkeit, mir Dinge zu entlocken – so glaubte er –, die ich nicht offenbaren wollte, und er hat wohl in dieser Plauderstunde mehr über Kleopatra, Antonius und die Zustände am ägyptischen Hof erfahren, als ihm seine Spione je berichten konnten – so jedenfalls mag es ihm erschienen sein. Ich gab mich absichtlich als arglose Plaudertasche, ohne ihm jedoch wirkliche Geheimnisse zu verraten.

Nach dem Mahl schickte er die Diener hinaus und verbot jede weitere Störung.

«Jetzt sind wir allein, Olympos, und ich werde dich weiterhin – wenn du gestattest – bei deinem richtigen Namen nennen.»

«Ich habe mich längst daran gewöhnt, zwei Namen zu tragen.»

«Gut – Olympos, ich habe mich entschlossen, dir an meinem Hof eine Stellung zu bieten, die alles übertrifft, was du jemals in Alexandria erreichen kannst. Sie wird dich so reich und angesehen machen wie einen Fürsten, allerdings müßtest du zuvor etwas für mich tun.»

Er hatte es ganz freundlich und wie nebenher gesagt, als verlange er lediglich, ich solle ihm eine Arznei verschreiben. Doch ich ließ mich nicht täuschen und schärfte alle meine Sinne, um jetzt nichts falsch zu machen.

«Ein höchst ehrenvolles und verlockendes Angebot, das ernsthaft bedacht sein muß. Aber du wolltest noch etwas sagen, *Basileus*?»

Ich spielte den respektvoll Lauschenden, war ganz gebannte Aufmerksamkeit.

«Wenn die heißen Tage vorbei sind, wird die *Basilissa* heimwärts ziehen und du mit ihr. Sie könnte sich hier eine Krankheit geholt haben, die während der Rückreise ausbricht und bewirkt, daß nur noch ein Trauerzug in Alexandria eintrifft.»

«Sie könnte, sagst du, aber das wollen wir nicht hoffen.»

Herodes sah mich freundlich an, trank einen Schluck von dem Gemisch aus Wein, Wasser und Granatapfelsaft.

«Ich lasse unsere Getränke in tiefen Felsenkellern zu Füßen des Golgotahügels lagern. Im Sommer ist das ein rechtes Labsal.»

«Ein erlesener Genuß, den uns Alexandria nicht bieten kann», stimmte ich zu.

«Ja, Olympos, diesen Genuß könntest du dir dann täglich verschaffen. Ich würde dich zum Obersten Arzt der Spitäler in Jerusalem machen und zum Leiter der Gesundheitsbehörde. Alles, was mit Medizin, Wasserversorgung, Sauberkeit der Straßen, Anbau von Heilkräutern und dergleichen zu tun hat, würde dir unterstehen – in eigener Verantwortung. Da mische ich mich nicht ein. Natürlich wäre auch das Amt eines Hofarztes damit verbunden. Als Anfangslohn könnte ich mir ein Talent in Silber vorstellen.»

So gering schätzte er mich ein! Er muß mir die Enttäuschung angesehen haben, denn er fügte schnell hinzu: «Natürlich spreche ich vom attischen Talent, nicht vom ptolemäischen ...»

Das waren sechzig Minen oder sechstausend Drachmen.

«Viel Geld», sagte ich, «sehr viel Geld.»

Nun wurde klar, daß das Bild mit dem Trauerzug ernst gemeint war. Für das mir angebotene Amt und sechstausend Drachmen sollte ich Kleopatra auf geschickte Weise zu Tode bringen. Ich war wie gelähmt und zu keiner weiteren Äußerung fähig.

Herodes bemerkte es und sagte in beiläufigem Ton: «Was ich verlange, ist nichts Ungewöhnliches. In der Geschichte haben Leibärzte schon mehrmals diese Rolle gespielt. Manche Historiker sind sogar der Meinung, daß der große Alexander auf Betreiben der Generäle von seinem Leibarzt Philippos vergiftet wurde. Durchaus verständlich, denn sie hatten es satt, immer nur zu erobern, wollten endlich einmal das Eroberte genießen. Was nun unseren Fall betrifft, so ist es für mich eine Art Notwehr. Und nicht nur das – es wird ein Freundesdienst für den Imperator sein.»

«Das verstehe ich nicht ...»

«Antonius wird von Kleopatra langsam, aber sicher zugrunde gerichtet. Er hat ihr mehr gegeben, als einem Klientelkönig zukommt, er mindert sein eigenes Gebiet – wozu auch mein Königreich gehört – zugunsten Ägyptens, und der Tag ist nah, da man dies in Rom nicht mehr hinnehmen wird. Das würde seinen Sturz bedeuten, und daran kann mir nicht gelegen sein. Deshalb ist es ein Dienst der Freundschaft, ihn von dieser Frau zu befreien.»

Ich ordnete meine Gedanken, doch die Situation erschien mir immer unwirklicher. Träumte ich? Es konnte doch nicht sein, daß der König von Judäa mit dem Leibarzt Olympos in seinem halbfertigen Palast saß und ihn zur Ermordung der ägyptischen Königin aufforderte. Ich mußte der Sache auf den Grund gehen.

«Erlaube mir eine Frage, *Basileus*. Gesetzt den Fall, ich unterrichte die *Basilissa* von deinem Vorschlag und sie wird dich sofort bei Antonius verklagen. Gehst du da nicht ein zu großes Risiko ein?»

Herodes strich langsam durch seinen schwarzen, sorgsam gepflegten Bart. Dabei blitzten die Steine an den Ringen auf, die seine schmale bräunliche Hand schmückten. Ein feines Lächeln glitt über sein kluges, männlich schönes Gesicht.

«Ich riskiere nichts, denn ich werde sagen, der Vorschlag kam von dir, weil man dich am ägyptischen Hof nicht genügend würdigt und dich zu gering entlohnt. Man wird dich foltern, und du wirst genau das aussagen, was ich dir in den Mund lege. Am Ende stehst du als Verräter da und wirst vor den Toren der Stadt gesteinigt oder lebendig verbrannt. So einfach ist das, Olympos. Wer auf dem Thron sitzt, hat den längeren Arm.»

Zeit gewinnen, dachte ich, Zeit gewinnen ist jetzt das Wichtigste.

«Sollte die Königin während der Heimreise erkranken, so wird dich zunächst kaum ein Verdacht treffen, aber mich, den Leibarzt, wird man zur Verantwortung ziehen. Man wird mich befragen, wahrscheinlich foltern, dann kommt an den Tag, daß du der Auftraggeber bist, und ich werde kaum noch in der Lage sein, das schöne Amt anzutreten. Ob dir Antonius diese Tat verzeiht, mag dahingestellt bleiben, aber er kann in solchen Situationen sehr schnell und entschlossen handeln.»

Herodes nickte mehrmals.

«All das habe ich bedacht. Aber du als geschickter Arzt wirst doch einen Weg finden, daß nicht nur die *Basilissa* an einem Fieber erkrankt. Du, eine ihrer Kammerfrauen, dazu ein paar Diener müssen sich dieselbe Krankheit geholt haben. Sie aber stirbt daran und ein paar Sklaven dazu. Wer sollte da noch Verdacht schöpfen?»

«Verstehst du etwas von Heilkunde, *Basileus*?»

«Nein – kaum …»

«Nun, es ehrt mich, daß du meine ärztliche Kunst so hoch einschätzt und mir zutraust, ich könne Fieberkrankheiten einfach herbeirufen wie willfährige Sklaven und dann noch bestimmen, wer daran stirbt und wer nicht. Wir tun uns schon schwer genug, ein Fieber durch geeignete Arzneien zu vertreiben, aber es herbeizaubern – nein, *Basileus*, da überschätzt du unsere Möglichkeiten.»

Herodes sah mich nachdenklich an, stand auf und ging zum Fenster. Er schaute eine Weile hinaus, dann wandte er sich um.

«Ich möchte noch erleben, wie dieser Palast fertig wird, vielleicht habe ich ihn zu groß geplant. Unser Leben ist wie eine morsche Leiter – wir steigen hinauf, Sprosse um Sprosse, und wissen nicht, ob der nächste Tritt noch Fuß faßt oder ob wir durchbrechen, abstürzen … Nein, Olympos, von Medizin verstehe ich nichts, aber ich habe mit einem meiner Ärzte gesprochen, der alt ist und sehr erfahren. Es stehe durchaus in der Möglichkeit eines Arztes, sagte er, bei gewissen Krankheiten ein künstliches Fieber zu erzeugen, das der Heilung dient. Ist es einmal da, so kann man durch geeignete Mittel den Tod herbeiführen, und niemand wird sagen, es sei der Arzt, sondern alle werden denken, es ist das Fieber gewesen. Hat man Philippos, den Leibarzt des großen Alexander, zur Verantwortung gezogen, als sein Herr in jener Mainacht plötzlich starb? Nein, keiner tat es. Jeder weiß, daß Dörfer, Städte, ja ganze Armeen an fiebrigen Seuchen zugrunde gingen. Das ist die Geißel Gottes, und wir müssen sie hinnehmen. Niemand wird dich verdächtigen, Olympos, glaube mir. Wenn dann Kleopatra in

Alexandria bestattet ist, wartest du noch einige Wochen, und dann machst du dich in aller Stille davon. Hast du eine Familie zu versorgen?»

Das war die Rettung!

«Ja, *Basileus*, Frau und Sohn erwarten mich in Alexandria. Die Familie meiner Gemahlin wird mich festhalten wollen – lange genug war ich ja fort, und ich habe beim Weggehen versprochen …»

Herodes winkte mit einer lässigen Geste ab.

«Das läßt sich alles mit Geld regeln. Ich gebe dir ein paar Beutel mit Gold, und die legst du der Familie deiner Frau auf den Tisch des Hauses. Sie werden dich dann gerne ziehen lassen, glaube mir.»

Er würde mich nicht aus den Händen lassen, ehe ich seinem Plan zustimmte, das schien mir jetzt klar. So sagte ich, sein Vorschlag sei für mich zu verlockend, um mich ihm zu widersetzen, aber es müsse noch viel bedacht und überlegt sein. Er lächelte freundlich, und seine dunklen Augen waren sanft geworden.

«Du bist ja noch eine Weile hier, Olympos. Wichtig ist nur, daß du die Notwendigkeit meines Handelns einsiehst. Ich hasse die *Basilissa* nicht, aber staatspolitische Gründe zwingen mich zu diesem Vorgehen – zum Wohle aller Menschen, die mir anvertraut sind.»

Hatte ich so etwas Ähnliches nicht schon einmal gehört?

Von da an beachtete mich Herodes kaum noch, wandte aber sein Interesse deutlich auf Nikolaos von Damaskos, mit dem er lange gelehrte Gespräche pflegte, wie uns der bärtige Lehrer nicht ohne Stolz berichtete. Daß der schlaue Araberfürst schon damals nicht nur mich, sondern auch Nikolaos für seine Zwecke einzuspannen versuchte, wurde deutlich, als die Katastrophe über uns alle hereinbrach.

# SIEBENTES KAPITEL

Warum ging ich danach nicht schnurstracks zu meiner Königin, erzählte ihr von dem ruchlosen Plan ihres Gastgebers und beriet mich mit ihr über Gegenmaßnahmen? Vielleicht war ich es Fortuna schuldig, mir alles noch einmal in Ruhe durch den Kopf gehen zu lassen, denn ein Geschenk der Glücksgöttin weist man nicht ungestraft zurück – zumindest will es bedacht sein. Geld hat mir niemals viel bedeutet, da geriet ich meinem Vater nach; es mag auch daran gelegen haben, daß ich nie richtig arm war und immer mein Auskommen fand. Wenn ich mir überlegte, was ich mit den 6000 Drachmen jährlich anfangen sollte, fiel mir nichts ein. Es genügte mir, behaglich zu wohnen, meiner Arbeit nachzugehen, und zu einem guten Essen mit einem Krug trinkbaren Weines würde es allemal reichen, sogar dann und wann für ein Buch, das ich unbedingt haben wollte. Dafür braucht man keine 6000 Drachmen im Jahr, dafür genügen 2000. Freilich, so etwas wie ein kleiner König würde ich hier schon sein, falls – ja, falls Herodes zu seinem Wort stand. Aber wenn er mich statt dessen stillschweigend beseitigen ließ, wer würde nach mir fragen, wer den König mit einer solchen Geringfügigkeit behelligen? Iras, ja, sie würde gewiß keine Ruhe geben, bis mein Schicksal geklärt wäre, mich beweinen – und dann nach anderen Männern Ausschau halten. Wenn ich auch nicht ernstlich erwogen hatte, auf den Plan einzugehen, so wollte ich ihn doch in aller Ruhe und angesichts der möglichen Konsequenzen überdenken.

So ließ ich einen Tag verstreichen, bis ich der *Basilissa* davon erzählte, und zwar achtete ich darauf, daß es nicht in einem geschlossenen Raum oder im Atrium geschah. Ein geschickter Physiker hat nämlich viele Möglichkeiten, ein Abhörsystem zu schaffen; die Geschichte berichtet von Tyrannen, die sich eines solchen bedienten, was dann so manchen Belauschten den Kopf kostete.

So bat ich Kleopatra unter einem Vorwand in den kleinen, nach Norden zu gelegenen Garten. Hier war es ruhig wie auf einer einsamen Insel, und das Summen der Insekten verstärkte noch den Eindruck dieser köstlichen Stille.

Ich bat die Königin, ihre Kammerfrauen wegzuschicken, und sagte dies mit einem solchen Ernst, daß sie Iras und zwei ihrer Hofdamen einen Wink gab.

«Setzt euch dort bei der Pforte auf eine Bank und weist jeden ab, der uns stören will. Offenbar» – sie lächelte auf ihre bezaubernde Art und blickte von Iras zu mir – «offenbar geht es diesmal um Leben und Tod.»

Iras warf mir einen Blick zu, der Erstaunen und Geringschätzigkeit zugleich ausdrückte und sagen wollte: Dieser Hippo bringt tatsächlich die Frechheit auf, uns wegzuschikken, denn was er zu sagen hat, wird so wichtig nicht sein.

Als die Frauen verschwunden waren, setzten wir uns in den Schatten einer dicht belaubten zierlichen Galleiche. Ich hatte mir schon Stunden vorher zurechtgelegt, wie ich beginnen sollte, aber nun fand ich keinen Anfang. Ich seufzte und muß dreingeschaut haben wie einer, der sein Todesurteil erwartet.

Die Königin wurde ein wenig ungeduldig.

«Ich bin gerne in deiner Gesellschaft, Hippo, vor allem weil du immer so unterhaltsam zu erzählen weißt, aber diesmal ...»

Sie blickte mich aufmunternd an, und in ihren grauen Augen glomm ein Fünkchen Neugier.

Ich mochte nicht gleich mit der Tür ins Haus fallen, erzählte von dem Besuch des unfertigen Königspalastes und meinte: «Da fragt man sich, wo Herodes die Mittel dazu hernimmt – schließlich ist er ja nicht König von Ägypten.»

«Davon mag er träumen, aber es wird ein Traum bleiben. Doch ich kann dir sagen, wo das Geld herkommt, weil es jeder hier weiß, aber wer am Leben hängt, spricht nicht davon. Herodes hat nach und nach um die vierzig Mitglieder des Hohen Rates – meist wegen Hochverrats – anklagen und hinrichten lassen. Das Vermögen dieser angeblichen Hochverräter verfällt dem Staat – also ihm. Nun aber komm bitte zum Thema!»

«Was ich dir zu berichten habe, ist diesmal nicht besonders unterhaltsam, *Basilissa*, denn es handelt sich um Verrat, Hinterlist und – und um einen schrecklichen Mordplan.»

«Mordpläne sind meistens schrecklich – worum also geht es?»

«Herodes wollte mich bestechen, dich zu ermorden. Es sollte auf dem Heimweg geschehen, durch Gift – das heißt, er schlug vor, bei dir, mir und anderen ein künstliches Fieber zu erzeugen, um alle Welt glauben zu machen, wir hätten uns gemeinsam angesteckt. Du und einige andere sollten dann – mit meiner Nachhilfe – an der Krankheit sterben. Er hat sich schon soweit in den Plan vertieft, daß er von dem Trauerzug sprach, der in Alexandria eintreffen würde. Ich sollte dann später nach Jerusalem kommen, um das mir versprochene hohe Amt zu übernehmen, verbunden mit einem Jahreslohn von einem attischen Talent in Silber.»

Kleopatra besaß die Fähigkeit, auch die ungeheuerlichsten Nachrichten mit unbewegtem Gesicht anzuhören. Wer uns aus der Nähe beobachtet hätte, mußte meinen, es gehe um eine belanglose Plauderei an einem müßigen Nachmittag im kühlen Schatten des kleinen, sorgsam gepflegten Gartens.

Dann fragte sie leichthin: «Und du hast keinen Augenblick überlegt, ob du sein Angebot annehmen solltest?»

«Das hättest du nicht fragen sollen, *Basilissa*», sagte ich traurig und blickte zu Boden. Da fühlte ich die leichte Berührung ihrer Hand auf der Schulter.

«Nun sei nicht gleich beleidigt, Hippo. Es wäre nur menschlich gewesen, wenn du –»

Ich unterbrach die Königin, was ich sonst niemals tat.

«Es wäre Verrat gewesen!»

«Ja, du hast recht – ich hätte dich das wirklich nicht fragen sollen. Laß mich statt dessen meine Dankbarkeit ausdrücken. Wenn dem Herodes mein Leben nur ein Talent wert war, so sollst du für deine Treue drei erhalten – attische natürlich.›

Ich war noch immer beleidigt und zeigte es ihr.

«Nein, *Basilissa*, ich will kein Geld. Ob Herodes mich besticht, um dich zu töten, oder du mir eine Belohnung für dein Leben zahlst – mir ist wohler, wenn dabei nicht von Geld die Rede ist. Wenn du willst, kannst du mir eine Bitte erfüllen, die dich nichts kostet.»

Sie nickte mehrmals.

«Wenn sie im Bereich meiner Möglichkeiten liegt ...»

Ich lächelte.

«O ja, *Basilissa*. Ich wünsche mir dein Versprechen, daß ich niemals mehr einen Feldzug mitmachen muß.»

«Gewährt – mit einer Ausnahme. Sollte ich einmal selber in den Krieg ziehen, mußt du mich begleiten.»

Ich atmete auf und sagte erleichtert: «Dazu wird es niemals kommen.»

Dann besprachen wir unser künftiges Verhalten gegenüber Herodes.

«Wir reisen, sobald es geht. Ich möchte keinen Augenblick länger als nötig mit meinem potentiellen Mörder unter einem Dach leben.»

«Das paßt sogar ausgezeichnet! Ich werde mich Herodes gegenüber einverstanden erklären und ihm sagen, ich hätte dich zu schnellem Aufbruch gedrängt, um den Seuchengefahren des Hochsommers zu entgehen. Um so glaubhafter wird dann unsere Erkrankung, werde ich ihm sagen. Wenn du dann im Triumph und nicht im Trauerzug in Alexandria einziehst, wird Herodes den Arzt Hippokrates nicht mehr sonderlich schätzen. In seinem Herrschaftsgebiet darf ich mich jedenfalls nicht mehr sehen lassen.»

«Das stimmt, aber ich möchte dich daran erinnern, wie klein Judäa und wie groß die übrige Welt ist.»

Da kam Iras herbeigelaufen und flüsterte: «Der König kommt.»

Kleopatra lächelte mich beruhigend an und sagte schnell: «Da werde ich ihm gleich meine baldige Abreise ankündigen. Geh beiseite, und rede kein Wort!»

Da erschien er schon, schnellen Schritts, nur von einem Leibdiener begleitet.

«Ah, da bist du ja – *Basilissa!* Eine gute Idee, hier auf die Kühle des Abends zu warten. Ich habe eben von Mariamne eine Botschaft erhalten; sie will dich kennenlernen, ehe du abreist, und wird morgen im Laufe des Nachmittags eintreffen.»

«Da lieferst du mir das Stichwort, Herodes. Mein Arzt hat mir heute geraten, so schnell wie möglich aufzubrechen, um den Sommerkrankheiten zu entgehen, die jede große Stadt um diese Zeit heimsuchen.»

Herodes hätte guten Gewissens antworten können, daß das auf mehreren Hügeln über dem Kidrontal gelegene Jerusalem zu den gesündesten Städten unserer Welt zählt, denn hier würde die Sommerhitze durch Seewinde gemildert, und die wüstenartige Umgebung sorgte für angenehm kühle Nächte. Doch er sagte es nicht, weil sein rascher Geist sofort erfaßte, worauf ich mit diesem Rat hinauswollte.

Mir war dabei zumute, als bewege ich mich auf einem schmalen schwankenden Brett über einem Abgrund, und im stillen gelobte ich Asklepios ein üppiges Opfer, wenn er mich, seinen ergebenen Diener, diese heikle Situation gesund überstehen ließ.

Gleich am nächsten Tag bat Herodes mich unter dem Vorwand eines ärztlichen Rates zu sich.

«Du wirst es also tun?»

«Ja, *Basileus*, und ich habe schon vorgearbeitet. Ich sprach von den ersten Fällen einer sommerlichen Seuche, die in der Stadt aufgetreten seien, und riet der Königin zur schleunigen Abreise. Im übrigen wird es ablaufen wie besprochen. Ich sorge dafür, daß schon vor der Einschiffung in Askalon die ersten Symptome auftreten und die Todesfälle dann während der Überfahrt eintreten.»

«Und du hast einen Weg gefunden, künstliches Fieber zu erzeugen?»

«Den brauchte ich nicht zu finden, der war mir schon vorher bekannt.»

Sein Gesicht spannte sich, und ich beschloß, meine Worte sorgsam abzuwägen.

«Dann war deine Unwissenheit nur vorgetäuscht?»

«Verzeih mir, *Basileus*, aber wer gibt bei einem Handel schon alle Vorteile preis? Jetzt, da wir uns einig sind, kann ich es mir leisten, ehrlich zu sein.»

«Ich habe dich wohl unterschätzt, Olympos?»

«Nein, dazu bist du zu klug. Kleopatra war es, die mich dauernd unterschätzte und damit mehr und mehr verärgerte. Hätte sie mir das Amt geboten, das du mir zugedacht hast, dann hätte ich keinen Grund – sie – sie gegen einen anderen Herrn einzutauschen.»

Ein flüchtiges Lächeln huschte über sein Gesicht.

«Einzutauschen – das ist schön gesagt, Olympos, und zeigt, daß du nicht nur als Arzt, sondern auch als Rhetor geschickt bist. Wir werden uns gut verstehen, und ich freue mich auf dein Kommen.»

Da kam mir zum Glück noch der Gedanke, ein Handgeld zu verlangen. Es mußte Herodes doch mißtrauisch machen, wenn ich nur auf sein Wort hin die verräterische und gefährliche Tat vollbrachte.

«Nimm es mir nicht übel, *Basileus*, wenn ich – da vorhin von einem Handel die Rede war – eine Anzahlung verlange. Es werden Kosten entstehen, vielleicht muß ich das Schweigen anderer erkaufen. Da ist etwa mein *servus medicus*, wie die Römer solche Gehilfen nennen, es kann zufällige Zeugen geben ...»

Ich hatte ihn richtig eingeschätzt. Sein Gesicht entspannte sich, und er sagte fast fröhlich: «Jetzt hätte ich dich beinahe für einen Dummkopf gehalten, der nur auf ein Versprechen hin handelt. Ich werde dir die Hälfte deines künftigen Jahresgehalts bezahlen, also dreitausend Drachmen. Du brauchst sie später nicht zu verrechnen – es ist ein Geschenk und ein Beweis meines Vertrauens.»

Das Geld wurde mir später in einem Beutel zugesteckt – es waren 120 *aurei* des Antonius, schöne frisch geprägte Goldmünzen mit einem sehr ähnlichen Bildnis des Imperators und der Göttin Pietas auf der Rückseite, Symbol für die Liebe zum Vaterland.

Als ich den Beutel in meinem Gepäck verstaute, dachte ich, wie gut es doch ist, daß die Kunst des Gedankenlesens den Göttern vorbehalten bleibt.

Am Abend veranstaltete Herodes zu Ehren seiner Gemahlin ein Symposion, an dem er nur anfangs teilnahm. Mariamne, die ich damals nur als verschleierte Braut gesehen hatte, zeigte unverhohlen ihre Abneigung gegen den aufgezwungenen Gatten. Sie behandelte ihn stolz und herrisch, so daß Herodes, der sich vor den Gästen keine weitere Blöße geben wollte, vorzeitig das Symposion unter einem Vorwand verließ. Die beiden noch im Kindesalter stehenden Söhne Aristobulos und Alexander nahm er mit. Mariamne tat, als nehme sie es nicht zur Kenntnis. Die stolze Hasmonäerin muß wohl damals schon erkannt haben, daß Herodes nicht aufhören würde, ihr Geschlecht zu verfolgen und auszurotten, bis niemand mehr übrig war, der ihm gefährlich werden konnte.

Am Tag unserer Abreise – es war Ende August – bot Kleopatra wieder eine Meisterleistung an Verstellung und Ironie, als Herodes sagte: «Ich werde im Tempel Opfer anordnen, damit unser Gott dir eine sichere Heimreise gewährt.»

In gespieltem Erschrecken hob sie ihre Hände.

«Tu das besser nicht! Jahwe wird kaum seine Hand über eine Götzendienerin halten, um so mehr, als ihre königlichen Vorgänger die Juden als Sklaven mißbraucht hatten und ihr Auszug nur unter großen Opfern geschah. Auge um Auge – Zahn um Zahn – Haus um Haus – Fuß um Fuß! So steht es doch in den Schriften des Moses, denn euer Gott ist ein strenger Gott und könnte durch dein Opfer an die alten Zeiten erinnert werden und sich an mir rächen.»

«Wie gut du unsere Religion kennst, *Basilissa!* Ich folge also deinem Wunsch und begnüge mich mit der Hoffnung, daß du so gesund in Alexandria eintriffst, wie du Jerusalem verlassen hast.»

«Oh, mir kann nichts geschehen, solange Hippokrates bei mir ist. Er weiß für alles einen Rat – nicht wahr?»

Sie wandte sich um und lächelte mich an. Ich verneigte mich und sagte: «Marcus Antonius, unser großer Imperator, sagte oft spöttisch: ‹*Medico tantum hominem occidisse summa impunitas est.*›»

Herodes schaute mich erschrocken an, doch er fing sich sofort.

«Ja, unser Freund ist allzeit groß – auch im Spott.»

Kleopatra lächelte nur und sagte nichts, denn sie sprach zwar ein halbes Dutzend Sprachen, aber kein Latein. Als ich ihr später sagte, daß in diesem Spruch davon die Rede sei, nur Ärzte dürften ungestraft Menschen umbringen, lachte sie so laut, daß Charmion herbeilief, um zu sehen, was es gebe.

«Du hast Mut, Hippo, das muß ich schon sagen. Jedenfalls ist Herodes auf unsere Täuschung hereingefallen, und ich werde nicht versäumen, Antonius von seiner Absicht zu unterrichten. Sei beruhigt, dein Name wird dabei nicht fallen, aber der Imperator soll ruhig wissen, welchem Unwürdigen er noch immer seine Freundschaft gewährt.»

Vor den Toren der Stadt erwartete mich Salmo, und wir fielen uns lachend und durcheinanderredend in die Arme. Sein gesundes Auge musterte mich zärtlich, das zernarbte Gesicht zuckte vor Freude und Rührung.

«Ich hatte das unbestimmte Gefühl, Herr, als drohe dir in dieser Stadt Unheil, und war schon drauf und dran, mich einzuschleichen, aber nun ...»

«Dein Gefühl hat dich nicht getrogen, Salmo. Jerusalem ist unter Herodes eine gefährliche Stadt geworden; der König ist bei den Juden verhaßt und fühlt sich nur hinter den dicken Mauern der ‹Antonia› sicher. Wenn er ausgeht, umgeben ihn dreifache Reihen seiner hochbezahlten Leibwache, und die Straßen sind wie leergefegt. Sein Mord an dem letzten hasmonäischen Hohenpriester ist unvergessen und wird ihm kaum jemals verziehen werden.»

«Wer wurde sein Nachfolger?»

«Ananel – ein Mann obskurer Herkunft und ohne jede Bedeutung.»

Salmo schüttelte betrübt den Kopf.

«Ich hoffe nur, daß diesem Araber kein langes Leben beschieden sein wird.»

Drei Wochen nach unserer Ankunft in Alexandria – Ende

September – traf Marcus Antonius dort ein, umstrahlt von der Aura des siegreichen Feldherrn. Er hatte Armenia erobert, unterworfen und ausgeplündert; König Artavasdes und seine Familie führte er gefangen mit sich.

Doch zunächst muß ich von meiner Familie berichten, die ich mangels einer anderen Bezeichnung weiterhin so nenne.

Hektor, mein *anepsios*, empfing mich so lebhaft und freundlich, daß ich den falschen Ton heraushörte. Er sei nach wie vor Hoflieferant und wisse recht gut, daß er das nur mir – mir allein zu verdanken habe, und so könne er sich über den Gang der Geschäfte keineswegs beklagen – Serapis sei Dank!

Nach einer Weile mußte ich seine Suada unterbrechen und fragte ihn nach Aspasia und Herophilos.

«Oh, deinem Sohn geht es prächtig – ganz prächtig, Olympos. Wir werden seinen sechsten Geburtstag in Kürze feiern – wir, das heißt du und – und ... Du nimmst doch am Geburtstag deines Sohnes teil, oder rufen dich wieder neue Pflichten ins Ausland?»

Mein Sohn war im Januar geboren worden, es waren also noch über drei Monate bis dahin, doch soviel ich wußte, würde Kleopatra von nun an länger in ihrer Hauptstadt verweilen – sie hatte es mehrfach angedeutet. Hektors Frage war nicht ohne Ironie gestellt worden, und so gab ich ihm mit gleicher Münze heraus.

«Diese Frage kann dir nur unsere Königin beantworten, ich werde für dich gerne eine Audienz erwirken.»

Er gab sich keineswegs geschlagen.

«Du bist doch königlicher Leibarzt – oder? Warum überträgt dir die *Basilissa* nicht ein politisches Amt, dann wüßten wir wenigstens, wie wir dran sind.»

«Wir? Was heißt das? Seit wann kümmert ihr euch um mein Schicksal?»

«Du bist immer noch mit meiner Schwester verheiratet, und daraus ergeben sich gewisse Pflichten …»

Da mußte ich laut lachen.

«Pflichten! Ich komme für Aspasias und meines Sohnes Unterhalt auf, darin erschöpfen sich meine Pflichten, da mir schon keine Rechte zugebilligt werden. Hat dir deine Schwester nicht erzählt, wie wenig ich im Ehebett willkommen war? Wo sind *ihre* Pflichten? Tag um Tag ein sauertöpfisches Gesicht und das ewige Gegreine, einen Haushalt führen zu müssen, anstatt bei Hof als Gemahlin des Leibarztes umschwänzelt zu werden!»

Hektor blickte sich verlegen um und sagte leise: «Ich werde demnächst heiraten, Olympos, und fürchte, dann wird hier für Aspasia kein Platz mehr sein. Vielleicht könnte sie wieder in dein Haus ziehen? Wirst du deine ärztliche Praxis dort weiterführen, oder …»

«Ich weiß es nicht. Aber eines weiß ich: Mit Aspasia unter einem Dach zu wohnen überfordert meine Kraft. Da kaufe ich mir lieber eine tüchtige Sklavin, die meinen Haushalt führt und gelegentlich mein Bett wärmt.»

Hatte sie unser Gespräch belauscht? Plötzlich stand Aspasia in der Tür und sagte mürrisch: «Natürlich ist von mir die Rede und welch schlechte Ehefrau ich war. Wie kann man einen Mann lieben, der nie zu Hause ist?»

«Damals war ich es, aber du tatest, als sei ich nicht vorhanden. Ich mußte viel Geld in Hurenhäuser tragen, denn du hast dich mir nach der Geburt unseres Sohnes strikt verweigert. Aber auch vorher warst du nicht sehr – nun, lassen wir das. Wo ist Herophilos?»

«Er spielt mit den Nachbarskindern, drüben bei Haimon.»

«Ah – dein früherer Verlobter. Hat er inzwischen eine Frau gefunden?»

«Ja – mich.»

«Dich?»

In ihr rundes, noch immer mädchenhaftes Gesicht kam dieser störrische Zug von Trotz und Aufsässigkeit, den ich nur zu gut kannte.

«Ein Haimon ist besser als gar kein Mann! Ich werde jetzt deinen Sohn holen.»

Hektor zuckte ergeben die Achseln.

«Du kennst ja ihre Art – ich habe es aufgegeben, sie ändern zu wollen.»

Ich schüttelte den Kopf.

«Haimon – ausgerechnet er, den sie damals verachtete und alles tat, um nicht seine Frau werden zu müssen.»

«Man muß auch ihr gegenüber gerecht sein. Sie hat nach deiner Abreise alles versucht, sich hier einzufügen, ging unserer Mutter zur Hand, erzog deinen Sohn liebevoll und nach bestem Gewissen. Haimon war es, der sie offenbar nicht vergessen konnte und sich mit Erfolg gegen weitere Ehepläne seiner Eltern sträubte. Auf seine beharrlich-schüchterne Art warb er um Aspasia, und nun ist sie schwanger von ihm. Hast du es nicht bemerkt?»

Ich war wie vor den Kopf gestoßen, fühlte keine Eifersucht, nur Zorn auf dieses launische und starrköpfige Wesen.

«Ich werde ihr den Scheidebrief senden und meinen Sohn zu mir nehmen! Mag Haimon dann für sie aufkommen.»

Hektor seufzte.

«Haimon ist im Grund der richtige Mann für sie. Er gehorcht ihr aufs Wort, widerspricht kaum – spielt in dieser Verbindung sozusagen die weibliche Rolle. Seine Eltern sind nicht besonders glücklich darüber; es ist ja Ehebruch, was die beiden treiben, und sollte ein böser Nachbar zum Gericht laufen ...»

Er schwieg, denn Aspasia kam zurück und schob Herophilos vor sich her. Sein Gesicht war vom Spiel gerötet, die grauen Augen glänzten, seine Kleidung war schmutzig, ein Knie blutig aufgeschürft.

«Das ist dein Vater, geh hin und umarme ihn!»

Diese Aufforderung kam in einem mürrischen Ton, daß Herophilos zurückwich und seine Mutter fragend ansah. Was mochte sie ihm alles von mir erzählt haben?

Ich ging hin und hob meinen Jungen hoch. Der Fünfjährige war ziemlich schwer, und ich muß mich wohl ungeschickt angestellt haben. Schnell küßte ich ihn auf die erhitzten Wangen und ließ ihn wieder zu Boden.

«Du siehst meinem Vater sehr ähnlich, weißt du das?»

«Woher soll er das wissen? Er hat diesen Großvater nie gesehen.»

Ich achtete nicht auf ihre vorlauten Worte, sondern wandte mich an Hektor.

«Nimm Herophilos, und laß uns eine Weile allein!»

Noch ehe sie etwas sagen konnte, fuhr ich sie an: «Ich werde mich sofort von dir scheiden lassen, und wenn dir das nicht recht ist, gehe ich zum Gericht und klage dich des Ehebruchs an. Deine Schwangerschaft macht den Nachweis nicht schwer, denn das Kind wurde in meiner Abwesenheit gezeugt. Danach kannst du Haimon heiraten, aber Herophilos kommt zu mir. Ich will nicht, daß er mit euren Bälgern aufwächst.»

«Ah – hochmütig ist er auch noch, der Herr Leibarzt. Und wie stellst du dir das vor? Ob du nun am Hof lebst oder wieder eine Praxis eröffnest, du wirst kaum imstande sein, den Jungen zu erziehen. Ein Fünfjähriger muß ständig beaufsichtigt und beschäftigt werden. Wie soll das gehen?»

Das wußte ich auch nicht, aber ich sagte störrisch: «Es muß gehen! Vorerst mag er noch bei dir bleiben, aber nach seinem sechsten Geburtstag werde ich einen Lehrer anstellen oder ihn bei der Hofschule anmelden. Da lernt er etwas und wächst mit Gleichaltrigen auf.»

Überraschend gab sie nach.

«Gut, das wäre eine Lösung. Aber du mußt mir keinen Scheidungsbrief ausstellen ...»

«Was – wie – ich verstehe dich nicht ... Möchtest du lieber wegen Ehebruchs verklagt werden?»

Sie rang sich ein Lächeln ab.

«Nein, aber ich könnte zu dir zurückkehren. Wir versuchen es noch einmal, und wenn du am Hof lebst, finde ich dort meine alten Bekannten wieder ...»

Jetzt dämmerte es mir, worauf sie hinauswollte.

«Ah – möchtest wohl wieder die Frau des Leibarztes spielen?»

Ich deutete auf ihren Bauch.

«Und das da? Diesen *nothos* soll ich wohl als Vater anerkennen? Nein, meine Liebe, daraus wird nichts, und nicht nur des Kindes wegen. Du wirst dich niemals ändern, wirst mir wie früher das Leben schwermachen. Ich bin nicht mehr jung genug, um diesen von vornherein sinnlosen Versuch zu wagen.»

Natürlich dachte ich dabei auch an Iras, die ich nicht verlieren wollte.

Aspasia sprang auf, ihre Augen funkelten zornig, ihr Antlitz rötete sich.

«Mach, was du willst! Deinen Sohn kriegst du jedenfalls nicht!»

Dann stürmte sie hinaus, an ihrer Mutter vorbei, die gerade eintreten wollte. Demetria schaute ihrer Tochter nach und seufzte. «Ach, Olympos, ich fürchte, der Mann ist noch nicht geboren, der für Aspasia taugt.»

«Ich dachte, Haimon sei endlich der Geeignete.»

«Vorläufig ja, aber sie wird seine sklavische Ergebenheit bald leid sein. Es wird ihm dann kaum noch gelingen, ihr etwas recht zu machen.»

Ich stand auf.

«Von mir bekommt sie jedenfalls den Scheidungsbrief, und um meinen Sohn werde ich mich selber kümmern, sobald er sechs geworden ist.»

Demetria machte ein trauriges Gesicht.

«Du willst – du willst mir meinen Enkel nehmen? Ich bitte dich, es nicht zu tun. Wenn Aspasia Haimon heiratet und mit ihm eigene Kinder haben wird, kann ich den Jungen genauso erziehen – falls du nicht möchtest, daß Haimon sein Stiefvater wird.»

«Genau darum geht es! Ich lasse mir meinen Sohn nicht nehmen, nur weil seine Mutter mit den Männern nicht zurechtkommt. Aber darüber reden wir, wenn es soweit ist.»

Ich gebe zu, daß es ein wenig Rechthaberei war, wenn ich so nachdrücklich darauf bestand, Herophilos selber zu erziehen. Ich hatte den Jungen kaum gesehen, und meine Vatergefühle waren nicht sehr ausgeprägt. So kam mir Demetria mit ihrem Vorschlag sehr entgegen, auch wenn ich endgültig noch nichts entschieden hatte.

## ACHTES KAPITEL

Dann kehrte Antonius nach Ägypten zurück. Was ich hier niederschreibe, klingt sehr dürftig, verglichen mit den tatsächlichen Ereignissen.

Der Imperator kam nicht einfach zurück – er zog in Alexandria ein im hehren Glanz des Triumphators und Eroberers, und als sichtbares Zeichen seines vollkommenen Sieges führte er den armenischen König in Ketten mit sich, dazu dessen Staatsschatz auf Dutzenden von Ochsenkarren in Kisten, Truhen, Säcken oder einfach in mit Stricken zusammengeschnürten Bündeln.

Die Königin und ihr Hofstaat erwarteten ihn auf der großen Freitreppe zum Serapis-Tempel, wo ein goldener Thron errichtet worden war. Kleopatra trat als *sat-Ra* auf, als Tochter der Sonne, trug die altägyptische Geierkrone, dazu ein einfaches weißes enganliegendes Gewand, so daß der schwere prachtvolle Schmuck – Armbänder, Pektorale und Schulterkragen – um so stärker ins Auge fiel.

Der Triumphzug war unendlich lang, der Imperator führte ihn nicht an, sondern ehe er sich als Sieger zeigte, sollten Königin und Volk die Besiegten sehen.

Voran schritt Artavasdes, König von Armenia, schwerfällig in leise klirrenden goldenen Ketten, hinter ihm seine Gemahlin mit drei Kindern zwischen fünf und zwölf Jahren, dann einige nahe Verwandte und hohe Staatsbeamte.

Später erfuhr ich, daß man Artavasdes mit sofortiger schwerer Folterung und Hinrichtung gedroht hatte, wenn er sich nicht vor der Königin von Ägypten in den Staub warf; dennoch tat er es nicht. Er blieb aufrecht vor der Freitreppe stehen und schaute zu dem goldfunkelnden Thron hinauf, wo Kleopatra unbeweglich verharrte, in ihren Händen die *nechech*-Geißel und das *heka*-Szepter, auf dem Kopf die *nechbet*-Krone mit dem vorgereckten goldenen Geierkopf über der Stirn und den seitlich herabhängenden Flügeln.

Der armenische König führte also nicht die erwartete *proskynesis* aus, sondern blieb aufrecht stehen und neigte nur leicht das Haupt. Ein Raunen kam auf, das sich verstärkte und vom Hofstaat aufs Volk überging, das in großer Menge den Tempel umlagerte. In Monarchien ist es ja eine alte Sitte, daß das Volk sich mit beliebten Herrschern identifiziert, und sobald sie diese in der Öffentlichkeit beleidigt oder respektlos behandelt sehen, fühlen die Untertanen sich persönlich betroffen und werden so wütend wie ein Bienenvolk, wenn der Imker nach der Königin greift.

Der damalige *dioecetes* – ein kluger, gewandter Mann, etwa im Alter Kleopatras und mit ihr entfernt verwandt – trat vor und sagte mit lauter Stimme: «Artavasdes, gewesener König von Armenia, warum wirfst du dich nicht vor dem Thron des Siegers in den Staub? Dein Hochmut wird dich teuer zu stehen kommen.»

In einem harten, fremdländisch klingenden Griechisch rief Artavasdes mit lauter Stimme zurück: «Nicht Kleopatra hat mich besiegt, sondern der römische Imperator Marcus Antonius, und König bin ich auch jetzt, denn eine Krone legt man nicht nach Belieben an oder ab. So begrüße ich, der König von Armenia, in brüderlicher Hochachtung Kleopatra, die Königin von Ägypten.»

Daraufhin verneigte er sich leicht, und Kleopatra erwiderte den Gruß mit einem kaum merkbaren Nicken. Ich kannte sie gut genug, um zu wissen, daß sie seiner Haltung den Respekt nicht versagte.

Nach diesem Auftakt wurden die schönsten Beutestücke vorgeführt: die Throninsignien von König und Königin, Kronjuwelen der verschiedensten Art, das goldene Tafelgeschirr, erlesene Möbel aus Eben- und Zitronenholz, eingelegt und verziert mit Edelsteinen, Perlmutt und Elfenbein. Die Wächter ließen es zu, daß das Volk herandrängte und sich die Kostbarkeiten von nahem besah. Das war ein Raunen und Staunen, ein Ah- und Oh-Geschrei, das sich zu einem frenetischen Jubel steigerte, als der Imperator selbst erschien, angetan mit einem golddurchwirkten safranfarbenen Gewand, in der Rechten den mit Weinlaub umwundenen, von einem Pinienzapfen gekrönten Tyrsos-Stab, auf dem Kopf einen Kranz aus frischem Efeu.

Ich stand mit dem engsten Hofstaat einige Schritte hinter dem Thron und sah dies alles aus der Höhe dieser gewaltigen Freitreppe mit ihren hundert Stufen – es war eine Sicht aus der Vogelschau.

Antonius stieg vom Pferd, winzig klein, ein Däumling, der sich tief verneigte und dann allein, langsam und feierlich, die Treppe emporstieg, dabei immer größer und faßbarer wurde, und die Absicht war deutlich: Dionysos trat vor den Thron der Sonnentochter, beugte das Knie und küßte ihre Hand.

Seinem gedunsenen und verlebten Gesicht verlieh das stolze und strahlende Lächeln Würde und Anmut, seine Augen aber sahen nur sie, und es waren – so schien es mir – Hundeaugen voll Liebe, Vertrauen und Unterwerfung.

In diesem Augenblick hatte ich eine Vision, und ich versichere, nicht im nachhinein etwas zu erfinden, um mich als prophetischen Historiker auszuweisen.

Die ägyptische Entsprechung des Dionysos ist Osiris, Herr der Unterwelt, Richter über die Toten, Gott des Jenseits, der – seit man seine Bildnisse kennt – stets als königliche Mumie erscheint, angetan mit Krone, Zepter und Peitsche; seine Hautfarbe ist immer dunkel, meist grün, manchmal schwarz oder blau.

Nach ägyptischem Verständnis trat Antonius hier als Osiris auf – er war zum Osiris geworden, und das bedeutet in Ägypten, er war gestorben.

Und so sah ich ihn für einen gedankenschnellen Augenblick wie eine Mumie in weiße Binden geschnürt, Gesicht und Hände in dunklem Grün, und wußte zugleich – oder besser, ich ahnte es, daß diese Stunde des größten Triumphs der Höhepunkt im Leben Kleopatras und des Imperators war und zugleich den Abstieg, den Niedergang einleitete.

Ich blickte auf die Menschen, die um mich standen – auf Iras, Charmion, Mardion, Nikolaos von Damaskos, Alexas und wer sonst in dieser Stunde mit uns war. In ihren Gesichtern und Augen spiegelte sich der Glanz, den die Königin und der siegreiche Imperator verbreiteten, alle genossen diesen Triumph mit, fühlten sich beteiligt und dazugehörig.

Iras lächelte mich freudig und verheißungsvoll an, sie trug mein goldenes Bastetfigürchen um den Hals, und das bedeutete, daß sie mir wohlgesonnen war.

Meine frohe Stimmung aber war dahin, und nur langsam verblaßte das Bild meiner Schreckensvision, aber vergessen konnte ich es nie.

Der Höhepunkt dieses Triumphes verschmolz mit einem zweiten, der wenige Tage später gefeiert – nein, zelebriert wurde und in die Geschichte unter dem Namen «Die Verleihungen von Alexandria» eingegangen ist.

Was dazwischen geschah, erfuhren nur wenige, und soviel ich weiß, lebt kein Augenzeuge mehr, außer mir, dem Leibarzt Hippokrates, wie ich damals allgemein hieß.

Es gibt einen Historikerstreit, wann Kleopatra und Antonius die Ehe schlossen und ob überhaupt. Niemand weiß etwas Sicheres, es wird geraten, vermutet, aus diesen und jenen Anzeichen auf diese und jene Zeit geschlossen, manchmal auch geleugnet, daß ein solcher Akt überhaupt stattfand. Alles, was ich bisher darüber gehört oder gelesen habe, ist unrichtig oder stark verfälscht.

Antonius und Kleopatra schlossen die Ehe am Tag nach dem Triumphzug – in aller Stille und nur mit ganz wenigen Zeugen, zu denen auch ich gehörte. Das Volk erfuhr nichts davon, aber wer am nächsten Tag aufmerksam die Zeremonie im Gymnasion verfolgte, hätte diesen Schluß ziehen können.

Das Volk war sehr froh gestimmt, denn Antonius hatte einen Teil der Beute verwandt, um die Bürger von Alexandria zwei Tage lang freizuhalten. Die Garküchen, Weinschenken – sämtliche Gastwirte der Stadt waren angewiesen, von früh bis spät zu kochen, braten und backen, dazu flossen vergorener Gerstensaft, Milch und Wein in Strömen. Wie immer, wenn es etwas umsonst gibt, kam es zu häßlichen Szenen – die Leute fraßen und soffen mehr, als ihnen guttat, und kotzten die Straßen voll. Andere wieder verprügelten die Wirte, weil es bei diesem Ansturm zu Engpässen kam und diese dann gleich verdächtigt wurden, etwas zu ihren Gunsten zurückzuhalten. So geht es eben in großen Städten zu, und daran wird sich niemals etwas ändern.

Abgesehen vom Brucheion und vom Serapis-Tempel stellte das Gymnasion den größten Baukomplex in Alexandria dar. Es füllte den Raum zwischen der *Sema* und dem Sonnentor, seine Säulenreihen erstreckten sich über eine Länge von etwa fünf Stadien, und sie umschlossen viele Innenhöfe, die nur zum Teil den athletischen Übungen dienten; hier wurde auch unterrichtet, und die jungen Leute würden ganz allgemein auf den Besuch höherer Schulen vorbereitet. In endlosen schattigen Wandelhallen konnten Lehrer und Schüler diskutieren und dabei auf- und abgehen, denn einige der gelehrten Herren vertraten die Ansicht, daß ein ruhender Körper zu Trägheit und Desinteresse neigt, während seine Bewegung auch der Munterkeit des Geistes förderlich ist.

Das Zentrum des Gymnasions beherrschte ein weiter quadratischer Innenhof, der gut drei- bis viertausend Menschen faßte, und hier war ein mit Silber beschlagenes Podest errichtet, auf dem sich zwei goldene Thronsessel erhoben, etwas tiefer standen vier kleinere, weniger prunkvolle.

Wer zu dieser Festlichkeit geladen war, stellte etwas dar in Alexandria. Wenn ich die damalige Bevölkerungszahl – niedrig geschätzt – auf achthunderttausend ansetze, so machen die etwa viertausend geladenen Gäste ein halbes Prozent aus. Diese Auserwählten verkörperten alles, was hier Rang und Namen besaß: die alten patrizischen Familien makedonischer, griechischer, ägyptischer und auch jüdischer Herkunft, die Inhaber der großen Schiffe und Handelshäuser, die Priester der zahlreichen Tempel, die Häupter der Gesandtschaften, die hier ansässige römische Kolonie und nicht zuletzt der königliche Hof und einige enge persönliche Freunde des Herrscherpaares.

Kleopatras Freundeskreis saß auf niedrigen Stühlen unterhalb ihres Thrones, das Gefolge von Antonius flankierte die andere Seite, und ich erkannte einige der Legaten aus dem Partherfeldzug, darunter den treuen und tüchtigen Canidius Crassus.

Nicht einmal wir vom Hof wußten genau, was hier stattfinden sollte, es kursierten verschiedene Gerüchte, die kaum jemand interessierten, denn in Kürze würden wir ja ohnehin die Wahrheit erfahren. Diese, ich sage es gleich vorweg, bestand darin, daß der Imperator Marcus Antonius die östliche und südliche Hälfte der von Rom beherrschten Welt neu ordnete.

Unter dem ohrenbetäubenden Klang von Trommeln und Fanfaren zog das Herrscherpaar ein und nahm auf den

Thronsesseln Platz. Dies, so meine ich, wäre auch für nicht Informierte der deutliche Hinweis auf eine eheliche Verbindung gewesen, denn die Throne waren diesmal gleich hoch und standen nebeneinander.

Die *Basilissa* saß zur Rechten des Imperators, was ihre königliche Herkunft betonte, aber aus der Sicht des Volkes hatte Antonius die rechte Seite inne, was den tatsächlichen Machtverhältnissen entsprach.

Kleopatra war mit allen Attributen der Isis angetan, auf ihrem Haupt schimmerte die von Kuhhörnern eingefaßte Sonnenscheibe über der Uräenkrone, ihre rechte Hand hielt ein silbernes Sistrum, die andere ein goldenes *anch*-Zeichen.

Wenig später nahmen Kleopatras Kinder die vier niederen Thronsessel ein. Ganz rechts saß der jetzt dreizehnjährige Ptolemaios Caesar, dem folgten der sechsjährige Alexander Helios und seine Zwillingsschwester Kleopatra Selene und zuletzt der erst zweijährige Ptolemaios Philadelphos, den seine *tithene* an der Hand führte und der zuerst um keinen Preis stillhalten wollte. Da flüsterte ihm die Amme etwas ins Ohr – er lachte laut und blieb von da an geduldig sitzen.

Antonius wartete, bis die Untertanen sich an dem prächtigen Anblick satt gesehen hatten, dann hob er die Hand, und langsam erstarb das Raunen, machte einer Stille Platz, soweit viertausend Menschen überhaupt still sein können.

Antonius erhob sich, diesmal trug er den goldenen Brustpanzer des Imperators, den purpurnen Feldherrnmantel, in seinem linken Arm ruhte der lange römische Feldherrnstab. Seine rauhe, aber kräftige Stimme füllte den Hof bis zum letzten Winkel.

«Bürger von Alexandria – liebe Freunde! Was ich jetzt verkünde, geschieht zu Ehren des vergöttlichten Imperators Julius Caesar und kraft der mir vom römischen Senat verliehenen Gewalt. Die erlauchte Kleopatra, Tochter der Sonne, Zwillingsschwester der Isis, Herrin Beider Länder, bestätige ich als Königin von Ägypten, ernenne sie zur Herrin von Africa, Cyprus sowie Koilesyria und bestimme, daß sie in Zukunft auf sämtlichen Erlassen, Befehlen, Münzen und Urkunden den Titel ‹Königin der Könige› tragen wird. Ihr gleichberechtigter Mitregent und künftiger Erbe ist Ptolemaios Caesar.»

Antonius wies auf den dürren, hochgewachsenen Dreizehnjährigen, der die altägyptische Doppelkrone trug und etwas verwirrt und verlegen dreinschaute. Vielleicht wünschte er sich weit von hier weg, in einen verschwiegenen Palastgarten, wo eine hübsche, lebenslustige Hofdame – von der man munkelte, er verehre sie – den jungen König in die Mysterien der Liebe einweihte.

«Alexander Helios! Dich erhebe ich zum König über Armenia, Medien und Parthien – führe dein Zepter gut zum Wohl des Volkes und Rom zu Ehre.»

Wir alle schluckten diese Anmaßung wie süßen Wein und hätten doch wissen müssen, daß Parthien nach wie vor unbesiegt war und daß in Medien bereits ein römischer Klientelkönig regierte. Armenia hatte Antonius zwar erobert, und der König saß gefangen in Alexandria, doch der Kronprinz war frei und wartete in Parthien auf eine Gelegenheit, sein Land zurückzugewinnen.

Nun, für den sechsjährigen Alexander Helios waren diese Hindernisse unerheblich. Er grinste über sein rundes Bubengesicht, als hätte die Mama ihm erlaubt, eine Stunde länger aufzubleiben und mit seinem Lieblingshund herumzutollen. Um seine neue Herrscherwürde zu demonstrieren, hatte man ihn in ein parthisches Gewand gesteckt und ihm die hohe altpersische Königsmütze mit der Pfauenfeder aufgesetzt. Seine Zwillingsschwester Kleopatra Selene war sich offenbar des Ernstes der Stunde bewußt, und ihr hübsches Kleinmädchengesicht wirkte gesammelt und hoheitsvoll, soweit dies einem sechsjährigen Kind möglich ist. Sie wurde mit der Herrschaft über die Kyrenaika betraut, den östlichen Nachbarstaat Ägyptens. Daß dieser – zusammen mit Kreta – schon seit Jahrzehnten eine römische Provinz bildete, hatte Antonius großzügig übersehen. Die kleine Selene trug also die Krone eines Landes, das bereits von einem römischen Statthalter regiert wurde. Auch der zweijährige Ptolemaios Philadelphos wurde nicht vergessen, er erhielt Phoinikia, Syria und Kilikia, was den Kleinen aber wenig kümmerte. Er lutschte an seinem Daumen und machte ein verdrießliches Gesicht, als wolle er gleich zu heulen beginnen. Noch ehe dies geschehen konnte, nahm ihn ein Diener an der Hand und führte ihn vor die Throne seiner Eltern, wo sich auch die anderen Kinder einfanden und nacheinander Vater und Mutter umarmten und küßten. Da brachen die Gäste in lauten Jubel aus, und ein Hauch großer Geschichte wehte durch das Gymnasion.

Wer aber spürte, daß es zugleich der Hauch des künftigen Untergangs war, der eisig über unsere Köpfe strich?

Zur Erinnerung an diesen denkwürdigen Tag erhielten die Hofbeamten einige Exemplare von frisch geprägten Denaren, die das Ereignis augenfällig dokumentierten. Das etwas herbe Bildnis unserer Königin war von der Inschrift umrahmt: *CLEOPATRAE REGINAE REGUM FILIORUM REGUM* (Kleopatra, Königin der Könige und ihrer Söhne, die Könige sind).

Der Imperator, etwas bescheidener, verkündete nur: *ANTONI ARMENIA DEVICTA* (Antonius hat Armenia besiegt).

Nun, es waren römische Münzen mit lateinischen Inschriften, und kein römischer Bürger konnte daran Anstoß nehmen, daß Antonius als Sieger über Armenia auftrat. Kleopatras Anspruch auf den Titel Königin der Könige mochten sie als orientalische Übertreibung hingehen lassen, denn Königin – das wußte jeder – war sie nur mit Duldung Roms.

Aber da war noch etwas anderes, das tiefer reichte und vor allem bei den Gebildeten – wozu fast alle römischen Politiker zählten – unwägbare Ängste erregte.

Da waren einmal die Prophezeiungen des persischen Sehers und Zoroaster-Schülers Hystaspes, der den Untergang des Römischen Reiches vorhergesagt und von einem Sieger gesprochen hatte, der aus dem Osten kam. Nicht wenige deuteten dies als die vereinten Heere von Kleopatra und Antonius, die Rom eines Tages überrennen würden. Noch eindeutiger sprachen es die «Sibyllinischen Bücher» aus:

«Und während Rom noch zögert, in Ägypten einzufallen,
Wird diese Königin als mächt'ge Erbin eines Unsterblichen
Unter den Menschen hier erscheinen.
Drei Männer werden Rom dann knechten, das tief daniederliegt.
In ihren Häusern kommen alle Bürger um,
Wenn eine Feuerflut vom Himmel sich ergießt.»

Das war klar ausgedrückt und jedermann verständlich. Als Geliebte des göttlichen Julius Caesar und Mutter seines Sohnes war sie «Erbin eines Unsterblichen». Die «Drei Männer» bezogen sich auf die Herrschaft des Triumvirats und den Bürgerkrieg. Was weiter in den Büchern zu lesen war, ließ jedem Römer das Blut in den Adern erstarren:

«Dann soll die ganze weite Welt von einer Frau beherrscht,
Nur ihrem Willen ganz gehorsam sein. Und wenn die Witwe
Königin geworden in der Welt, und wenn ins Meer,

Das göttliche, das Gold und Silber, und in das Wasser
Alle Bronzeschwerter der Menschen geworfen sind,
Geschöpfe eines Tages, dann werden alle Elemente dieser Welt
Verwitwet sein, und Gott, der hoch im Äther schwebt,
Wird aufrollen den Himmel wie ein großes Buch.
Zahllose Himmel werden fallen auf die Erde und das Meer
Und Katarakte wilden Feuers aus der Höhe unaufhörlich.
Es wird die Erde sengen und die See mit seinem Fluch.»

Es geht noch lange weiter im Text, wie jeder sich in den Bibliotheken überzeugen kann, wo ausgewählte – das heißt staatlich genehmigte – Auszüge zusammengefaßt sind. Mit dieser «Witwe» ist Kleopatra gemeint, die ja mit ihrem jüngeren Bruder – der im Nil ertrank – verheiratet war. Später heißt es dann noch:

«Nicht länger sollst du Witwe sein,
Wirst dir den Löwen zum Gatten nehmen …»

Nun, der Löwe ist Symbol des Herakles, den Antonius stets als seinen Urahnen bezeichnete.

Da gab es nicht viel herumzudeuteln, die «Sibyllinischen Bücher» sprachen es klar aus: Nachdem das Triumvirat beseitigt ist, wird Kleopatra Antonius heiraten und mit ihm den Westteil des Römischen Reiches erobern und beherrschen. Das war das eine. Das andere aber war fast ein *sacrilegium*, das Antonius begangen hatte, als wollte er die in den Büchern geschilderte Entwicklung einleiten.

Er nämlich hatte als erster römischer Feldherr seinen Triumph nicht in Rom begangen, sondern in Alexandria, und dieses Factum sprach mehr als alles andere dafür, daß der Imperator mit Rom gebrochen und sich ganz dem Orient zugewandt hatte.

Niemand wußte, wann ein römischer Heerführer seinen ersten Triumph gefeiert hatte – das verlor sich im Nebel der Jahrhunderte –, doch jedes Kind in Rom kannte den feierlichen Ablauf.

Der Zug sammelte sich auf dem *Campus Martius*, bewegte sich durch die *Porta Triumphalis* zum *Circus Flaminius* und von dort durch die *Porta Carmentalis* ins Zentrum der Stadt zum *Circus Maximus*. Der letzte Weg führte die *Via Sacra* entlang über das Forum hinauf zum *Capitolinum*.

Die Spitze des Zugs bildeten der römische Magistrat und der Senat, dann kamen die Musiker und auf Wagen hochgetürmt die besten Stücke aus der Kriegsbeute, dahinter in Ketten die besiegten Fürsten oder Heerführer. Ihnen folgten die Opfertiere mit vergoldeten Hörnern, dann im Purpurkleid die Liktoren und dahinter auf einer von vier Schimmeln gezogenen Quadriga der Triumphator, angetan mit der *tunica palmata*, der *toga picta* und goldenen Schuhen. Sein Gesicht war rot geschminkt, auf dem Kopf trug er den Lorbeerkranz, in der Hand das Adlerszepter. Den Schluß bildeten die siegreichen Legionen, die Preis-, aber auch Spottlieder auf ihren Imperator sangen.

So war es alter Brauch, so mußte es sein, und wer sich dem nicht fügte, beging einen Frevel, ein Staatsverbrechen, das manche schon als Hochverrat sahen.

Marcus Antonius wußte dies alles nur zu genau, und wenn er dennoch einen solchen Frevel beging, dann konnte es nur wohlüberlegte Absicht sein, mit dem Ziel, zusammen mit Kleopatra die Weltherrschaft zu übernehmen.

In Rom war man von diesen Ereignissen derart überrascht, daß zunächst nur ungläubiges, auch entsetztes Schweigen herrschte. Nicht wenige hielten es für feindliche Propaganda aus dem Osten, aus Parthien vielleicht, und wollten abwarten, bis die Wahrheit ans Licht kam – denn wahr konnte es nicht sein, daß ein beliebter, verdienter, von den Legionen hochverehrter römischer Feldherr seinen Triumph im Ausland beging. Vielleicht wollte man auch abwarten, bis Octavius von seinem Feldzug gegen die Illyrer zurückkam. Er hatte inzwischen *de facto* in Rom die Herrschaft übernommen. Vor ihm kuschte der Senat, auf ihn hörte das Volk. Ob es von ihm die Wahrheit erfuhr, hing freilich von der jeweiligen politischen Lage ab. Als Antonius vor zwei Jahren in Parthien jämmerlich scheiterte, hielt Octavius es für angebracht, zwar keinen glänzenden Sieg zu verkünden, doch immerhin war die Rede von einem erfolgreichen und ruhmreichen Feldzug. Damals mochte keiner der Triumvirn dem anderen schaden, weil sie aufeinander angewiesen waren.

Jetzt stellte sich die Lage anders dar. Mit seinem Triumph in Alexandria hatte Antonius Rom ins Gesicht geschlagen, und seine eigenmächtigen Gebietsverleihungen an Kleopatra und ihre Kinder fanden ohne die Billigung des Senats statt und – schlimmer noch – ohne die Zustimmung des Octavius.

Im Januar des darauffolgenden Jahres übernahm Gaius Octavius unter seinem neuen Namen *Gaius Julius divi filius Caesar* sein zweites Konsulat, wurde als solcher offizieller römischer Amtsträger und mußte sich zu den Ereignissen äußern. Er tat es, und es geschah in scharfer, äußerst kritischer Form, in der zwar die Worte «Abtrünniger» und «Verräter an der römischen Sache» nicht direkt gebraucht wurden, aber sie waren gemeint, und Antonius konnte sie aus dem langen Schreiben, das ihm der Gesandte überreichte, herauslesen.

Kleopatra und er hielten es für wichtig, uns, den Hofstaat, über wesentliche Teile des Inhalts zu informieren. Der Imperator selber übernahm diese Aufgabe, und er tat es in einer spöttisch-überlegenen Art, die zeigen sollte, wie wenig ihn diese Anwürfe trafen und welch geringes Gewicht er ihnen beimaß. Gerade aber dadurch gab er zu erkennen, wie sehr ihn die Vorwürfe berührt hatten und wie ernst er sie nahm. Antonius war zeitlebens kein Meister der Verstellung, und wenn er sich dazu gezwungen sah, konnte er keinen von denen täuschen, die ihn näher kannten.

Die *Basilissa* und ihre beiden Kammerfrauen waren nicht zugegen, als uns der Imperator in dem kleinen Beratungszimmer empfing. Ich weiß nicht mehr, wie viele es waren – ein Dutzend vielleicht oder etwas mehr, die gespannt zuhörten –, als Antonius, sarkastisch lächelnd und das Schreiben verächtlich mit zwei Fingern haltend, zu sprechen begann.

«Liebe Freunde – ehe die Gerüchte zu kursieren beginnen, solltet ihr aus erster Quelle erfahren, was mein hochgeschätzter *commilito* aus zahlreichen gemeinsamen Feldzügen, der Triumvir Gaius Octavius, jetzt auch Julius Caesar genannt, mir vorzuwerfen hat. Ich zitiere –»

Er ließ die Schriftrolle auf den Tisch fallen und tat, als lese er daraus, doch wer ihm nahe saß, sah deutlich, daß er auswendig zitierte, und damit verriet er, wie oft und wie genau er das Schreiben studiert hatte.

«Es ist eines römischen Feldherrn unwürdig, einen mit römischen Soldaten und römischem Geld errungenen Sieg im Ausland zu feiern und – schlimmer noch – die Beute aus diesem Sieg, anstatt sie dem Kapitolinischen Jupiter zu weihen, an eine Klientelkönigin zu verschenken.»

Antonius hob sein Löwenhaupt mit dem ungebärdigen Haarschopf, der kühn gekrümmten Nase und den etwas trüben, aber scharf und spöttisch blickenden Augen.

«Schon die erste Behauptung ist falsch. Da Octavius bis heute seiner vor drei Jahren auf Sikelia gemachten Zusage, mir 20 000 Legionäre zu überlassen, nicht nachgekommen ist, habe ich – wie jeder weiß – den armenischen Feldzug überwiegend mit Fremdtruppen in römischen Diensten geführt. Gut drei Viertel meiner derzeitigen Legionäre haben niemals italischen Boden betreten. Mit römischem Geld soll ich den Sieg errungen haben? Kein Denar ist aus Rom in meine Taschen geflossen, und was ich an Metall ausmünzen ließ, um meine Truppen zu bezahlen, kam aus der Schatzkammer der Königin von Ägypten. Und wenn ich ihr dann den größten Teil der Kriegsbeute überließ, so wog dieser bei weitem nicht die von ihr gewährte Hilfe auf. Mehr gibt es dazu nicht zu sagen. Dieses Pamphlet strotzt vor Verdrehungen und Halbwahrheiten – schlimmer noch als dreiste Lügen, weil sie schwerer zu durchschauen und nachzuprüfen sind.»

Mit einer verächtlichen Bewegung stieß er dabei die Schriftrolle an, die vom Tisch rollte. Alexas und ich sprangen auf, doch Antonius rief: «Laßt sie liegen, ihr beschmutzt euch nur die Hände damit! Noch ein Wort zu meinem Triumph. Ja – ich habe ihn ganz bewußt und aus freien Stücken in Alexandria gefeiert, um den Senat in Rom aufzuschrecken. Jetzt sind sie empört, die Ehrwürdigen Väter, aber als Octavius den Triumvir Aemilius Lepidus ohne meine Zustimmung entmachtete und ihm die Provinz Africa praeconsularis wegnahm, bin ich leer ausgegangen, ebenso nach dem Seesieg über Sextus Pompeius, als ihm danach Sikelia in den Schoß fiel. Daß nicht er, sondern Agrippa diesen Sieg errang und er Sikelia – wieder ohne mein Einverständnis – einfach seinem Herrschaftsgebiet zuschlug, hat in Rom weder Protest noch Aufsehen erregt. Nun, da ich Armenia ohne die geringste römische Unterstützung erobert habe – mit fremden Soldaten und mit fremdem Geld, besinnt sich der Senat auf die römischen Tugenden und nennt mich einen Abtrünnigen. Ich aber nenne Octavius einen Wortbrüchigen, der seine Stellung im Westen schamlos ausnützt. Er kann bei jeder Gelegenheit vor den Senat treten und den Ehrwürdigen Vätern in geschliffener Rede seine Version von den Ereignissen ums Maul schmieren. Ich bin auf Briefe und Gesandtschaften angewiesen, aber wenn Octavius dem Senat ins Ohr säuselt, der Imperator Marcus Antonius habe ihm dies oder jenes mitgeteilt, dann kann er meine Äußerungen verdrehen, etwas weglassen oder hinzufügen – ganz nach seinem Belieben. Dies wollte ich euch mitgeteilt haben, und da sich unter den hier anwesenden Häuptern der römischen Kolonie gewiß einige Spitzel befinden, habe ich keine Sorge, daß meine Rede nach Rom weitergeleitet wird – wortwörtlich, wie ich hoffe.»

Antonius lachte dabei gutmütig, während die Römer betroffene Gesichter machten – einige zeigten sich sogar empört, sagten halblaut etwas von Niedertracht, Verleumdung und schnödem Dank und entfernten sich geräuschvoll.

Wieder lachte der Imperator, diesmal laut und schallend.

«Die jetzt hinausgehen – dafür verwette ich meinen Kopf –, sind zum Teil Spitzel und Zuträger des hochverehrten Octavius, und ihre vermutlich verdrehten Berichte gehen mit dem nächsten Schiff nach Rom.»

Antonius aber, der Macht und Einfluß des Senats keineswegs unterschätzte, schrieb einen offiziellen und sehr respektvollen Brief an die Ehrwürdigen Väter, in dem er sie bat, seine in den letzten Monaten getroffenen Maßnahmen und Verfügungen – die er angemessen und vernünftig begründete – gutzuheißen. Des weiteren schlug er vor, er werde von seinem Amt als Triumvir zurücktreten, falls auch Octavius dies tue. Diesem Schreiben fügte er einen ausführlichen Bericht über den armenischen Feldzug bei, wobei er anmerkte, daß die Überlassung der Beute an Königin Kleopatra keineswegs als Geschenk, sondern als Rückzahlung einer Schuld anzusehen sei.

Ob dieses Schreiben jemals den Senat erreichte, bezweifle ich stark, jedenfalls erfolgte darauf keine Reaktion.

Wie immer, wenn Antonius in Alexandria weilte, residierte er im alten von Kleopatras Vater erbauten Königspalast, und hier fand auch das eben erwähnte Treffen statt. Danach nahm er mich beiseite.

«Auf ein Wort noch, Hi – bei Herakles, ich kann mich an deinen Hofnamen einfach nicht gewöhnen!»

«Ob du mich so oder so nennst, wir beide wissen, daß nur einer gemeint sein kann …»

Er lachte.

«Hast ja recht, aber ich bleibe bei Olympos, denn als Hippokrates bist du Höfling und Leibarzt, ich aber möchte zu dir als Privatmann reden. Wir werden jetzt mit einem Kahn hinausfahren und den Fischen auflauern.»

Als wir zum Strand spazierten, lag der Kahn schon bereit. Antonius schickte den Rudersklaven weg.

«Das machen wir heute selber!» bestimmte er.

Es muß damals wohl schon im Dezember gewesen sein, denn als wir hinausfuhren, begann es vom schon seit Tagen verhangenen Himmel zu regnen, ganz leise erst und kaum spürbar, dann aber rauschte es mächtig herab, sprenkelte das träge plätschernde Meer mit tausend winzigen Fontänen und ließ mich schaudern, denn ich war im Nu bis auf die Haut durchnäßt.

Antonius schien es nicht zu stören, er reckte sein Gesicht zum Himmel und öffnete weit den Mund.

«Ah – ah – auf diese Weise trinkt unsereins auch einmal reines Wasser, direkt vom Himmel, Gabe und Geschenk der seligen Götter.»

Am Ende kehrten wir doch wieder ans Ufer zurück, im Palast rieben uns die Diener trocken und brachten frische Kleidung.

Antonius, sichtlich in guter Laune, schlug vor: «Essen

raubt hatte, mußte er zur Strafe – und auf Wunsch des Zeus – bei Königin Omphale von Lydien Sklavendienste leisten. Diese haben ihn so verweichlicht, daß er Omphale Keule und Löwenfell übergab, Frauenkleidung anlegte und sich ans Spinnrad setzte.»

Ich zuckte die Schultern.

«So büßte er für seine Tat – nicht anders hat es die Legende gemeint. Was aber hat es mit dir zu tun?»

Antonius schlug unwillig auf den Tisch.

«Ja, verstehst du es denn nicht? Mit Herakles bin ich gemeint, der als Sklave Kleopatras alles zu Gefallen tut. Und nicht nur das! Wenn ich dem Volk zuliebe als Dionysos auftrete, dann nicht als der von mir gemeinte *lysios*, als Sorgenbefreier, sondern als *omestos*, der Menschenfresser – eine Erscheinungsform des Gottes, die wenig bekannt, wenn nicht überhaupt von käuflichen Priestern erfunden ist. Octavius hat mir einen vertraulichen Brief geschrieben, von Mann zu Mann, quasi als alter Freund und Kampfgenosse. Echte Freunde waren wir allerdings nie, wenn ich es recht bedenke. Mit dir, Olympos, habe ich jedenfalls schon intimere Gespräche geführt als mit ihm.»

«Bei mir, Imperator, brauchst du auch nicht zu befürchten, daß ich sie jemals gegen dich verwende», warf ich ein.

Er berührte mich freundschaftlich am Arm.

«Das weiß ich, Olympos, das weiß ich. Also – der Brief des Octavius. Er ist wirklich sehr persönlich, ich werde ihn sogar der Königin verschweigen und kann auch dir nichts daraus vorlesen, sondern nur seinen Inhalt andeuten. Octavius will mir nicht mehr und nicht weniger sagen, als daß mich Kleopatra ins Unglück reißt, ich einem gefährlichen Traum nachhänge und er die Götter bittet, mich aufzuwecken und den Tatsachen ins Auge zu blicken. Natürlich verweist er auf seine Schwester Octavia, die meine Kinder erzieht und sonst nichts tut, als auf meinen Ruf zu achten, bis ich zurückkomme. Nun, ich kenne sie und glaube es sogar. Octavia ist eine treue, kluge und tüchtige Frau, aber, Olympos, ich kann nicht zu ihr zurückkehren. Da müßte ich mir erst Kleopatra aus dem Herzen reißen, und dazu ist es zu spät, die Wurzeln sitzen schon viel zu tief.»

Er trank hastig seinen Becher aus, und ich schenkte ihm sogleich nach. Dann lächelte er auf eine stille Art, fast als bitte er um Nachsicht.

«Ich weiß, mein Freund, daß ich mit diesem Geständnis Eulen nach Athen trage, weil das für dich und meine Freunde längst keine Neuigkeit mehr ist. Ich stehe zu meiner Vergangenheit, aber ich lebe in der Gegenwart, und sie ist, nüchtern betrachtet, alles, was wir haben. Das Vergangene liegt hinter uns, ist abgeschlossen und unabänderlich. Die Zukunft liegt vor uns wie ein geschlossenes Buch, und wir wissen nicht, was es enthält. So bleibt mir nur die Gegenwart, die es – philosophisch gesehen – gar nicht gibt, denn während ich dies sage, ist mein letzter Satz schon Vergangenheit. Etwas schwierig, nicht wahr? Da haben es die Tiere besser, denn sie leben immer in der Gegenwart, und Zukunft wie Vergangenheit kümmern sie nicht.»

Schon wieder hatte er leergetrunken und hielt mir den Becher hin.

«Sei heute mein Mundschenk, Olympos, ich fürchte, etwas zu verschütten.»

Er trank in schnellen, langen Zügen.

«Was – was ist mit dir? Du bist doch auch verheiratet und lebst mit Iras – was sagt deine Frau dazu?»

«Ich habe ihr nach meiner Rückkehr aus Judäa den Scheidungsbrief überreicht. Sie will einen anderen heiraten, und ich möchte Iras nicht verlieren.»

Antonius schlug auf den Tisch.

«Gut gemacht, Olympos, wenn der Bruch nicht mehr zu heilen ist, dann besser gleich das Messer ansetzen und –

zack! Alexas rät mir schon seit Monaten, mich ganz von Octavia zu lösen, reinen Tisch zu machen, die Verhältnisse zu klären. In diesem Jahr läuft mein zweites Konsulat aus, und Octavius wird dafür sorgen, daß sie mir jedes weitere untersagen werden. Das warte ich noch ab, und im neuen Jahr sende ich den Scheidungsbrief! Aber kein Wort darüber – hörst du! – Ich will unseren beschaulichen Abend damit beschließen, daß ich dir eine Stelle aus meinem Antwortbrief vorlese. Du kennst mich als einen Menschen, der gerne alles offen heraussagt, doch auch dieser Brief ist vertraulich, aber was ich dir vorlese, weiß ganz Rom, und ich möchte unseren Freund noch einmal daran erinnern.»

Er zog umständlich ein schon vorbereitetes Blatt aus der Tasche und begann stockend und mit stolpernder Zunge zu lesen: «Was ist über dich gekommen? Ist es, weil ich mit der Königin ins Bett gehe? Ist sie nicht meine Frau? Und ist denn das etwas Neues? Tue ich das nicht schon neun Jahre? Und wie steht es mit dir? Ist Livia die einzige Frau, mit der du ins Bett gehst? Ich beglückwünsche dich, wenn du beim Empfang dieses Briefes nicht mit Tertulla oder Terentilla oder Rufilla oder Salvia Titisenia oder all den anderen ins Bett gegangen bist. Kommt es denn wirklich darauf an, an wem man sich festhält – oder wer die Frau ist?»

Feixend ließ er das Blatt sinken.

«Nun, wie gefällt dir das?»

«Nicht schlecht, Imperator, nicht schlecht. Es macht neugierig auf das andere ...»

Antonius schüttelte den Kopf.

«Geht nur ihn etwas an, aber wenn er den Brief bekanntgibt und dabei seinen Inhalt verdreht und verfälscht, dann lasse ich das Original kopieren und sende jedem Statthalter im Römischen Reich ein Dutzend davon zu.»

Dieser Zwist setzte sich noch gut ein Jahr fort und nahm immer schärfere Formen an. Daß auch Antonius nicht immer die Wahrheit sagte, liegt auf der Hand, denn auch er wehrte sich mit Polemik, Lügen und Verdrehungen, wobei die Kontrahenten einander zu übertreffen suchten.

Übrigens kam niemals zwischen dem Imperator und mir der Fall Herodes zur Sprache. Ich weiß bis heute nicht, ob die *Basilissa* ihm davon berichtet hat und er nur aus Rücksicht auf seinen Jugendfreund schwieg oder ob beide aus politischen Überlegungen die Sache einfach auf sich beruhen ließen.

Zimperlich waren sie ja alle nicht, diese Machthaber, und hätte Kleopatra ihrerseits eine Möglichkeit gefunden, Herodes auf verschwiegene Art beseitigen zu lassen – sie wäre sofort dazu bereit gewesen.

# NEUNTES KAPITEL

In dieser Zeit übte Seleukos das Amt des *dioecetes*, des Ersten Ministers, aus – ein farbloser Mensch, der seine Pflicht tat und kaum auffiel, bis er in jene Affäre geriet, die ihn stürzte und zwei Menschen das Leben kostete.

Zuvor noch ein Wort zu meiner persönlichen Situation. Als ich die *Basilissa* bat, mein *iatreion* in der Stadt wieder eröffnen zu dürfen, lehnte sie ab.

«Nein, Hippokrates, du gehörst ins Brucheion, und wenn dir dein Amt als mein Leibarzt nicht genügt, so werde ich dir ein zweites aufbürden. Herodes hat mich auf diese Idee gebracht – dafür ist er immerhin gut –, daß es eine Sammelstelle für all jene geben muß, die sich über mangelnde Hygiene beklagen. Ich ernenne dich also zum Obersten Diener der Göttin Hygieia, profan gesprochen zu meinem Gesundheitsminister.»

Sie blickte mich erwartungsvoll an, doch ich war tief erschrocken und muß sehr betroffen dreingeschaut haben.

«Für ganz Alexandria … ?»

Jetzt verstand sie und lachte vernehmlich.

«Ach, Hippo, du hast mich mißverstanden. Du bist nur fürs Brucheion zuständig – in Alexandria mögen sich andere darum kümmern. Hier geht es um Straßenreinigung, Abwasserprobleme, Abfallbeseitigung und die damit zusammenhängenden Gesundheitsfragen. Nimm dir ein paar tüchtige Sekretäre und laß sie die Hauptarbeit tun, aber behalte den Überblick. Dein neues Amt stellt dich auch über alle anderen Ärzte im Palastviertel, du bist jetzt in einem

Alter, daß keiner sich beleidigt fühlen muß, dich zum Vorgesetzten zu haben.»

Ich war erleichtert und bedankte mich. Iras, die dabeistand, sagte schnippisch: «Mir tust du damit keinen Gefallen, *Basilissa*. Es ist lästig, seinen Verehrer immer so nahe zu haben, weil die Männer – anmaßend, wie sie sind – aus einer solchen Situation Rechte für sich ableiten, die ihnen nicht zustehen.»

Sie lächelten sich an, die beiden Damen, Königin und Kammerfrau, im stillen Einverständnis.

«Wir müssen sie uns eben zur rechten Zeit vom Leibe halten, liebe Iras, und das traue ich dir ohne weiteres zu.»

Da flüsterte Iras der *Basilissa* etwas ins Ohr, und die flüsterte halblaut etwas zurück, worüber sie beide kichern mußten – Iras etwas lauter, die Königin vornehm verhalten. Ich fühlte mich überflüssig, verneigte mich und ging hinaus.

Einige Wochen zuvor hatte ich Aspasia den Scheidungsbrief übersandt, nun war der Januar gekommen, und ich mußte bezüglich meines Sohnes Herophilos eine Entscheidung treffen. Ich hätte ihn hierhernehmen können, er wäre zusammen mit den Söhnen von Ministern und Hofbeamten erzogen und unterrichtet worden, aber die Wärme einer Familie hätte ihm gefehlt. So glaube ich, daß ich mich nicht gegen, sondern für ihn entschieden habe, als ich seine Großmutter Demetria bat, nach Aspasias Heirat seine Erziehung zu übernehmen.

Nun mußte noch für Salmo gesorgt werden, der in dieser Zeit bei seiner Familie lebte und, wie er mich wissen ließ, sich tödlich langweilte. Warum sollte mein langjähriger treuer Diener nicht auch an meiner Beförderung teilhaben?

«Die Königin hat für mich ein neues Amt geschaffen, ich bin jetzt Gesundheitsminister für das Gebiet des Brucheion und zugleich Oberster Arzt. Was ersteres betrifft, so werden häufig Fälle eintreten, da man sich an Ort und Stelle von der Lage überzeugen muß, etwa wenn eine Kloake verstopft oder eine Brunnenleitung defekt ist, wenn der Müll sich vor dem Haus eines Hofbeamten türmt oder ein Hoflieferant den Köchen nicht ganz frisches Fleisch andrehen will ...»

Salmos zernarbtes Gesicht spiegelte Unverständnis. Voll Ungeduld – und respektlos wie stets – unterbrach er mich.

«Aber Herr, was hat das alles mit dir als Arzt zu tun – verstopfte Scheißhäuser, verdorbenes Fleisch ...?»

«Weil ein Gesundheitsminister dafür zuständig ist. Jetzt aber zu dir. Da ich mich nicht selber um jeden Fall kümmern kann, ernenne ich dich zu meinem Stellvertreter. Das traust du dir doch zu – oder?»

«Was? Ich soll – aber ich kann doch nicht –»

«Du kriegst ein schönes Amtskleid, einen persönlichen Sekretär, einen Diener oder vielleicht zwei – dazu steht eine Sänfte dauernd zu deiner Verfügung, auch ein Pferd, wenn du willst ...»

Sein gesundes Auge blitzte angriffslustig.

«Aber ich will das alles nicht, möchte lieber dein Diener bleiben, mich weiter ausbilden als Arztgehilfe ...»

«Aber eines schließt doch das andere nicht aus! Wir arbeiten weiter zusammen, ist dir das nicht wichtig?»

Jetzt hatte ich ihn an einer empfindlichen Stelle gepackt.

«Aber natürlich, Herr, das ist mir freilich wichtig – alles andere wird sich finden.»

Jetzt zu dem Fall, der den *dioecetes* Seleukos das Amt und zwei Menschen das Leben kostete. Wie dieser Seleukos mit Kleopatra verwandt war, weiß ich nicht, aber die Blutsbande waren dünn genug, um bei ihm nicht an eine Thronübernahme zu denken, und so blieb er am Leben. Er besaß weite Ländereien im Delta und im Gebiet von Memphis, heiratete die Tochter eines anderen Großgrundbesitzers und hätte eines Tages wohl in aller Stille sein längst erbautes weiträumiges Grab bezogen, wäre nicht Kleopatra, als er sich ihr bei einem Alexandriabesuch vorstellte, von ihm so angetan gewesen.

«Diesen Menschen», sagte sie einmal, «wird nichts von seinem Weg abbringen. Er ist pflichteifrig, zäh und mit maßvoller Klugheit ausgestattet. Die zu Klugen nämlich», dabei blickte sie Mardion an, «erstreben am Hof kein Amt oder wissen sich dem geschickt zu entziehen. Bei Seleukos hätte ich nie zu befürchten, daß er mich hintergeht, wenn ich verreisen muß – freilich, bei sehr wichtigen Entscheidungen ist er etwas hilflos und wird sie hinauszögern oder mich durch einen Kurier um Rat fragen.»

Mardion hob die Hand und sagte mit seiner ruhigen, etwas hohen Stimme: «Du hattest übrigens bei keinem deiner Ersten Minister Verrat zu befürchten – wie sich inzwischen erwiesen hat.»

Da wurde Kleopatra etwas ungeduldig.

«Da hast du recht, aber wissen wir, was die Zukunft bringt? Was zehnmal nicht geschah, kann beim elften Mal eintreten.»

Mit Seleukos hatte sie einen guten Griff getan, doch er selber begann sich zu verändern. Hatte ihm bisher seine Frau genügt, mit der er unzählige Kinder zeugte, so ging er bald nach seinem Amtsantritt einer hübschen, als leichtlebig bekannten Hofdame ins Netz. Lavinia stand nicht sehr hoch im Rang, war die zweite Kammerfrau einer Ministergattin, und wenn sie auffiel, dann vor allem dadurch, daß sie von Gestalt und Auftreten her wirkte wie eine schüchterne Jungfrau und dieses Mittel schamlos einsetzte, um sich durch die Betten der Hofbeamten zu schlafen. Gut, der ägyptische Hof galt nicht ohne Grund als leichtlebig, und Lavinia hätte bald einer anderen Platz machen müssen, die jünger und ehrgeiziger war, doch als sie Seleukos in ihr Bett gelockt hatte, fand sie Gefallen an ihm. Auch seine hohe Stellung trug dazu bei und die Tatsache, daß es ihr bisher nicht gelungen war, einen *dioecetes* zu verführen – kein Wunder übrigens, da dies meist ältere Herren, manchmal auch Eunuchen waren.

Die Frau des *dioecetes* wußte zuerst von alldem nichts, denn sie hütete das Gut und die vielen Kinder, doch daß ihr Gemahl jetzt Erster Minister der Königin war, ließ ihr doch keine Ruhe, und sie stattete ihm in Alexandria einen Besuch ab. Sie trug den schönen Namen Berenike und war trotz ihres Alters jenseits der Dreißig und ihrer vielen Geburten noch immer eine ansehnliche Frau. Natürlich fand sich irgendeine wohlmeinende «Freundin», die Berenike verriet, in welchem Bett ihr Gemahl wilderte, aber Iras hat mir später erzählt, sie soll nur gelacht und gesagt haben, den Bettschatz gönne sie ihm von Herzen, habe sogar gehofft, daß ein mitleidiges weibliches Wesen sich seiner annehme; sie selber habe von solchen Dingen ein für allemal genug.

Kleopatra, um die Frau ihres Ersten Ministers zu ehren, veranstaltete ein aufwendiges Symposion mit Auftritten von Tänzern, Sängern und Schauspielern, die kleine, heitere Stegreifstücke darboten.

Lavinia wäre in der Regel zu solchen Festlichkeiten nicht geladen gewesen, doch sie setzte Seleukos so lange zu, bis sie ihre Herrin, die Ministersgattin, begleiten durfte. Und damit begann das Unglück.

Sie sah, wie ihr Geliebter zusammen mit seiner Gemahlin im Mittelpunkt der Aufmerksamkeit stand, sah, wie die *Basilissa* der tief knicksenden Berenike Geschenke überreichen ließ und sie huldvoll in ein längeres Gespräch zog.

Da muß in Lavinia der ehrgeizige Plan gereift sein, an die Stelle Berenikes zu treten, denn – so sah sie es wohl – dies war die letzte Möglichkeit, es hier am Hof weiterzubringen, ehe der – wenn auch falsche – Zauber ihrer Jugendlichkeit verflog und sie sich bestenfalls mit einem dicken und launischen Witwer begnügen mußte. Vor einigen Jahren noch hätte sie sich vorteilhaft verheiraten können, doch da war ihr keiner recht. Mit den Jahren hatte sie sich dann den Ruf einer mannstollen Frau erworben, die nicht genug kriegen konnte und rastlos durch die Betten wanderte. Eine solche aber wollte kein Mann zur Frau, weil er damit rechnen mußte, daß sie ihm bald gewaltige Hörner aufsetzte.

Berenike wollte bis zum Beginn der Erntezeit in Alexandria bleiben, also noch gut zwei Monate, und Seleukos hatte aus Rücksicht auf sie vorerst die Verbindung zu Lavinia abgebrochen. So wurden in der beiseite geschobenen Geliebten Haß und Neid übermächtig, und dann kam der Tag, wo auch der Gesundheitsminister und Leibarzt der Königin auf die Bühne dieses Tragödienspieles trat.

Es muß Ende März gewesen sein; die Winterregen hatten einer von Tag zu Tag steigenden Wärme Platz gemacht, und zweimal schon hatten uns Ausläufer eines in der Wüste tobenden Chamsin erreicht; der letzte war erst nach einer Woche zur Ruhe gekommen und hatte die Stadt tagelang in gelbe Nebel gehüllt. Bis zum eigentlichen Palastviertel auf der Halbinsel Lochias kamen diese Sandstürme selten, weil der stets aus Norden kommende frische Meereswind sie zurückdrängte und auflöste.

Salmo, als mein Stellvertreter, hatte eigene Amtsräume bezogen, und wir verkehrten – was uns beiden leid tat – fast nur noch über Boten, die hochgetürmte Papyrusrollen hin- und herschleppten, denn jeder von uns war reichlich mit Arbeit versehen.

«Früher war es schöner gewesen», bemerkte Salmo, als wir uns zufällig einmal trafen, «da arbeiteten wir Hand in Hand, und für ein gutes Gespräch war immer noch Zeit. Jetzt aber …»

Ja, ich konnte ihn verstehen und spielte damals mit dem Gedanken, die *Basilissa* um meine Entlassung zu bitten, doch mir fiel kein hinreichender Grund ein, den ich hätte anführen können.

So war ich an diesem Tag sehr überrascht, als Salmo in eigener Person zur Tür hereinstürzte. Ich sprang auf.

«Salmo – was ist los ...?»

«Die Königin befiehlt unser sofortiges Erscheinen! Da muß etwas Schlimmes geschehen sein!»

Während nubische Läufer uns in einer Doppelsänfte zum königlichen Palast trugen, überlegten wir gemeinsam, was den Unwillen der Königin erregt haben könnte, aber weder Salmo noch mir fiel etwas dazu ein.

Die Königin wischte ungeduldig unsere zeremoniellen Verneigungen beiseite.

«Ich habe dich mit deinem Gehilfen kommen lassen, weil Berenike plötzlich schwer erkrankt ist und drei Ärzte drei verschiedene Meinungen dazu haben. Vielleicht könnt ihr mit eurer Erfahrung zu einer Klärung beitragen.»

Seleukos saß am Bett seiner Gemahlin und hielt ihre Hand. Zwei meiner Kollegen standen am Fenster und stritten im Flüsterton miteinander. Bei meinem Eintreten verbeugten sie sich tief, doch ich achtete nicht darauf, sondern trat ans Bett.

Mit tränenerstickter Stimme sagte Seleukos: «Sie fühlte sich schon seit Tagen nicht recht wohl, doch wir schoben es auf den letzten Chamsin, der vielen Menschen zusetzt. Sie erbricht sich ständig, klagt über Leibschmerzen und Erstikkungsgefühle, will dauernd trinken ...»

Ja, Berenike sah elend aus, sie lag verkrümmt im Bett, stöhnte, würgte und war kaum noch ansprechbar. Ihr Gesicht war nicht wiederzuerkennen – bleich, verzerrt, eine einzige Leidensmaske.

Die Kollegen äußerten behutsam ihre Meinung, sagten

etwas von innerer Vergiftung durch verdorbene Nahrungsmittel. Manche Symptome seien typisch für eine Fischvergiftung, auch verdorbenes Fleisch käme in Frage …

«Hat deine Frau irgend etwas zu sich genommen, was du nicht gegessen hast?»

Seleukos preßte verzweifelt beide Hände an die Schläfen.

«Nein – nein, wir speisten die letzten Tage immer gemeinsam. Freilich gibt es da noch die Geschenke, Näschereien …»

Er wies auf einen Tisch am Fenster, und ich besah mir diese Geschenke. Da war ein Körbchen mit Feigen und Datteln, eine Schale mit Honigkuchen, eine andere mit kandierten Früchten in der speziellen Zubereitung unserer Hofköche, die das süße Zeug dann noch mit einer Mischung aus Zimt und Pfeffer bestreuten.

«Hat sie davon gegessen?»

«Nur gekostet, dies und das …»

«Und du, Herr», fragte ihn Salmo, «hast nichts davon angerührt?»

Seleukos schüttelte den Kopf.

«Ich esse niemals Süßes, schon wegen meiner Zähne.»

Hier am Hof war allgemein bekannt, daß Seleukos sehr unter seinen schadhaften Zähnen litt und deshalb schon lange auf Süßigkeiten verzichtet hatte. Mir kam ein furchtbarer Verdacht, und auch Salmo – ich sah es ihm an – schwante etwas.

Ich winkte die Ärzte heran, und wir traten hinaus auf das *hyperozin.*

«Die verehrten Kollegen haben recht, es ist eine Vergiftung, die – so fürchte ich – aber nicht auf Fleisch oder Fisch zurückzuführen ist. Ich erinnere mich an einen Fall in meiner früheren Praxis, da geriet der dreijährige Sohn einer Familie an das versteckt gehaltene Rattengift. Er starb während meiner Anwesenheit und zeigte die gleichen Symptome wie Berenike: Magenschmerzen, starkes Erbrechen, Würgen, dauerndes Aufstoßen, bleiche, ins Gelbliche spielende Gesichtsfarbe, kalte Haut und schwachen Puls. Was aber, meine Herren, ist der Hauptbestandteil des Rattengiftes?»

«*Arsenikon!*» sagten sie wie aus einem Mund.

«Ja, *arsenikon*, und dieses Gift ist leider geruch- und geschmacklos, läßt sich überall beimischen, ohne daß der Betreffende mißtrauisch wird. Wir werden sämtliche Süßspeisen untersuchen müssen.»

«Und wie?» fragte der eine Arzt.

«Mit Ratten natürlich.»

In den Ärzteschulen gab es nämlich eine Zucht zahmer Ratten, an denen die Wirkung stark toxischer Substanzen vorgeführt wurde.

Für Berenike aber konnten wir nichts mehr tun. Selbst hohe Gaben von mit Minze versetztem Essigwasser konnten das Gift nicht mehr neutralisieren, und ein Versuch mit Kohle aus Rinderknochen schlug ebenfalls fehl. Gegen Abend fiel sie ins Koma, der Atem setzte zeitweise aus; sie starb in den Armen ihres Gatten Seleukos.

Mit Hilfe der Ratten fand ich schnell heraus, daß die kandierten Früchte mit einer Mischung aus Zimt, Pfeffer und *arsenikon* bestreut waren, dessen graue Farbe und völlige Geruchlosigkeit es dem Täter sehr leicht gemacht hatten.

Wer aber hatte ein Interesse, Berenike zu vergiften? Sollte vielleicht sogar Seleukos versucht haben, sich Lavinias wegen seiner Gattin zu entledigen? Wer diesen Verdacht hegte, sprach ihn nicht aus, denn wer Seleukos kannte, wußte wohl, daß dies nur eine ganz entfernte Möglichkeit war.

Kleopatra war äußerst erzürnt, ernannte eine Untersuchungskommission, die jedes Detail aufzuklären hatte – um jeden Preis. Es erwies sich dann als gar nicht so schwierig.

Der Hofkoch erkannte sofort sein Werk, denn es war ein

privater Auftrag gewesen, und dieser kam von der Frau eines Ministers. Ja, sie habe die kandierten Früchte bestellt, um sie Berenike zum Geschenk zu machen, und ihre erste Kammerfrau damit beauftragt, sie in das Haus des Seleukos zu bringen. Diesen Botendienst hätte auch Lavinia, die zweite Kammerfrau, verrichten können, doch die Ministersgattin nahm Rücksicht auf Berenike und wollte ihr nicht die Geliebte ihres Mannes ins Haus schicken. Verpackt? Ja – für eine schöne Verpackung hatte allerdings Lavinia gesorgt. Die Früchte lagen auf frische Minzeblätter gebettet in einer kunstvoll bemalten Keramikschale.

Lavinia jedoch stellte sich taub, spielte die überraschte Unschuld, doch die Kommission forschte emsig weiter, und es gelang ihr nach zehn oder zwölf Tagen, den Händler mit Kräutern ausfindig zu machen, der auch Rattengift verkaufte. Bei einer Gegenüberstellung erkannte er Lavinia, und zwar weniger an ihrem Aussehen, denn sie hatte eine Perücke getragen, sondern an ihrer leisen, melodischen Stimme. Sie sagte, im Hause ihrer Herrin, der Frau eines Schiffsbauers, wimmle es von Ratten und so müsse sie Gift haben für ein paar Dutzend dieser Viecher. Er habe ihr eingeschärft, wie gefährlich dieses Gift für Menschen sei und daß sie es gut verschlossen an einem möglichst schwer zugänglichen Ort aufzubewahren habe.

Lavinia meinte, der Mann müsse sie verwechselt haben, und in Alexandria gebe es gewiß einige hundert Frauen mit Stimmen, die der ihren ähneln. Offenbar wurde ihr daraufhin die Folter angedroht, mit tagelangen entsetzlichen Qualen bis zur Wahrheitsfindung, denn plötzlich sprudelte es aus ihr heraus – so wurde mir berichtet.

Seleukos habe ihr mehrmals die Ehe versprochen, sollte seine Frau vor ihm sterben, habe betont, daß es eine Gemeinsamkeit von Tisch und Bett schon jahrelang nicht mehr gebe, und da habe sie bei Berenikes Besuch die einzige und willkommene Möglichkeit gesehen, sich an deren Stelle zu setzen.

Seleukos gab ohne weiteres zu, davon gesprochen zu haben, daß er gerne mit Lavinia verheiratet sein würde, habe dies aber nur als schmeichelhaftes Kompliment verstanden.

«Wie eben ein Mann in einer solchen Lage daherredet», versuchte er sich zu entschuldigen.

Die *Basilissa* trat bei den Ermittlungen und Verhören niemals in Erscheinung, äußerte aber mir gegenüber: «Ich weiß, daß es in einer großen Stadt wie Alexandria täglich zu Mord und Totschlag kommt, dafür sind Stadtmiliz und Gerichte zuständig. Etwas anderes aber ist es, wenn ein solch feiger und heimtückischer Mord im Brucheion quasi unter meinen Augen geschieht. Ich sehe das als Mißachtung und Beleidigung meiner göttlichen Majestät an, möchte aber nicht, daß der Fall an die Öffentlichkeit dringt. Es ist mein Wille, daß diese Lavinia nach dem alten Rechtsbrauch ‹Gleiches mit Gleichem› bestraft wird. Du, Hippokrates, wirst ihr dieselbe Menge des Giftes verabreichen, die sie zu Berenikes Ermordung gebraucht hat, und du wirst dafür sorgen, daß ihr Tod genauso schmerzhaft ist und ebenso lange dauert wie der des Opfers.»

«Verzeih, *Basilissa*, daß ich dir diesmal widersprechen muß. Ich werde das Gift bereitstellen, aber es ihr nicht verabreichen. Das soll ein Henker tun oder nach ebenso altem Rechtsbrauch der Betroffene, nämlich Seleukos.»

Die senkrechte Zornesfalte erschien auf ihrer Stirn, doch ihre Stimme blieb unverändert freundlich.

«Du widersetzt dich meinem Befehl?»

«Ich verrichte keine Henkersarbeit, *Basilissa*.»

«Also gut, Hippo, ich sehe schon, deine Berufsehre läßt es nicht zu – ich hätte es nicht von dir verlangen sollen.»

«Danke, *Basilissa*.»

Vernünftigen Gründen war die Königin immer zugänglich, und sie hat niemals mutwillig den Stolz eines Menschen verletzt, wenn immer es sich vermeiden ließ.

Ich tat wie geheißen und besorgte ein Quantum des *arsenikon*, von dem ich annehmen mußte, daß es Lavinia so schnell wie möglich tötete. Die Henkersarbeit übernahm die Palastwache. Doch später hörte ich, daß Lavinia das Gift nicht lammfromm hinunterschluckte, sondern alles, was man der Gefesselten in den gewaltsam geöffneten Mund schob, wieder ausspuckte. Am Ende war nicht mehr viel von dem *arsenikon* da, das man ihr – mit Wein vermischt – gewaltsam einflößte. So mußte sie sich stundenlang quälen, bis sie ins Koma fiel.

Auch Seleukos hatte sich geweigert, den Henker zu spielen; er wurde seines Amtes enthoben und ging auf sein Gut bei Memphis zurück. Wie Kleopatra uns dann mitteilte, habe er selber um seinen Rücktritt gebeten. Zunächst ernannte sie keinen Nachfolger, wollte es spätestens dann tun, wenn sie im kommenden Winter mit Antonius nach Ephesos reiste.

In den Monaten zuvor geschah so manches, das von hellsichtigen und hellhörigen Menschen als untrügliches Zeichen des beginnenden Niedergangs gedeutet wurde. Ich gehörte leider nicht zu diesen Propheten, und sollte es am Hof solche gegeben haben, so vermieden sie es klug, ihre Besorgnisse zu äußern.

Zum bedeutsamsten Ereignis dieser Art – so sehe ich es jetzt – wurde der Parteiwechsel von Lucius Munatius Plancus, den der Imperator zum Statthalter von Syria gemacht hatte. Sein Neffe Marcus Titius – ihn hatte Antonius zum Proconsul von Asia ernannt – tat es ihm wenig später nach.

Diese Männer galten als treue und zuverlässige Freunde von Antonius wie auch von Kleopatra und wurden von beiden hoch geschätzt.

Den Winter hatten sie in Alexandria verbracht, und nun, Ende März, brachen beide in ihre Provinzen auf, Plancus nach Antiochia und Titius nach Ephesos – so wenigstens glaubten wir.

Wenige Tage vor seiner Abreise erschien Plancus unangemeldet in meinen Amtsräumen, bat ganz harmlos um einen ärztlichen Rat, doch ohne Zeugen. Ich schickte meine beiden Sekretäre hinaus, und Plancus, ein eher kleiner, stämmiger Mann, trat ganz nahe an mich heran. Er hatte schadhafte Zähne und stank aus dem Mund. Seine kleinen, schlauen Augen fixierten mich, als ständen wir auf dem Sklavenmarkt und er versuche, meinen Preis einzuschätzen.

«Das mit dem ärztlichen Rat war nur ein Vorwand. Ich habe dir etwas auszurichten von höchster Stelle aus Rom. Man läßt dir sagen, daß auch dort tüchtige Ärzte überaus geschätzt werden.»

Er grinste auf eine widerlich verschwörerische Art.

«Es wird dir dort gutgehen, *medicus*, glaube mir.»

«Hier geht es mir auch gut ...»

«Gewiß, gewiß – aber wie lange noch? Du brauchst dich in Rom nur an den amtierenden Konsul Volcacius zu wenden, er wird dir gerne weiterhelfen. Nun mische mir etwas Harmloses zusammen, vielleicht ein wirksames Potenzmittel? Haha – das kann man immer gebrauchen.»

Ich lachte mit und reichte ihm ein Fläschchen mit Kräuterauszügen, die stark abführend wirken.

«Drei bis fünf Tropfen abends in den Wein, und du wirst dich wundern, wie es wirkt.»

Die nächste Nachricht von Plancus und seinem Neffen Titius brachte der Senator Gaius Fonteius Capito, der Hals über Kopf hatte abreisen müssen, weil man alle Freunde und Anhänger des Imperators zu bespitzeln begann; einige hatte man sogar festgenommen, um sie zu verhören oder irgendwie unter Druck zu setzen.

Munatius Plancus, so erfuhren wir, hatte nicht nur die Partei gewechselt, sondern trat mehrmals vor dem Senat auf, hielt anklagende Reden gegen Antonius und gab alles preis, was er, der Freund des Imperators, erfahren hatte. Der in solchen Dingen leichtfertige und vertrauensselige Antonius hatte seinen «lieben Freund» über Absichten und Pläne informiert, über die nur ein ganz kleiner Freundeskreis Bescheid wußte. Nun aber wußte ganz Rom davon.

Was Plancus dem Senat vortrug, war eine nicht einmal sehr geschickte Mischung von Lügen, Halbwahrheiten und Verdrehungen, doch sie taten ihre Wirkung, wenn auch Publius Coponius, ein alter und skeptisch gewordener Senator, die ironische Frage an Plancus richtete, warum Antonius erst so viele Verbrechen hatte begehen müssen, ehe er – Plancus – die Partei gewechselt habe.

Noch schlimmer aber und von verheerender Wirkung auf das Ansehen des Marcus Antonius in Rom wirkte sich der von Plancus gegebene Hinweis aus, der Imperator habe heimlich ein Testament bei den Vestalischen Jungfrauen in Rom hinterlegt. Octavius fragte bei der Oberpriesterin in aller Form an, ob er in das Testament Einsicht nehmen dürfe, doch sie verweigerte es. So erzwang Octavius einen Senatsbeschluß, daß es für das Wohl des römischen Staates von hoher Wichtigkeit sei, den Inhalt des Testaments kennenzulernen. Die Priesterin mußte das Dokument herausgeben, und sein Inhalt wurde öffentlich bekanntgemacht. Ich gebe kurz das Wichtigste wieder, von dem wir damals in Alexandria erfuhren.

Antonius habe für seine mit Kleopatra gezeugten Kinder hohe Legate ausgesetzt und bestimmt, daß seine Leiche feierlich über das Forum in Rom getragen werden solle, müsse aber danach in Alexandria beigesetzt werden. Daß Kaisarion der leibliche Sohn von Julius Caesar sei, wurde im Testament ausdrücklich betont.

Der Imperator erklärte daraufhin, er habe tatsächlich sein Testament im Vesta-Tempel hinterlegt, doch die darin genannten Verfügungen seien freie Erfindungen, und übrigens wisse jedermann, daß ein römischer Bürger in seinem Testament Ausländern nichts vererben könne. Daß Kaisarion Caesars Sohn sei, habe der Vergöttlichte noch zu Lebzeiten selber bestätigt, und auch das wisse jedermann.

Ich und etliche andere waren Zeugen, als Alexas dem Imperator riet, nun sei der Zeitpunkt gekommen, Octavia endlich den Scheidungsbrief zu übersenden.

Antonius rief laut und zornig: «Ja, ich werde es tun, schon um Octavia die Schande zu ersparen, weiter mit einem römischen Hochverräter verheiratet zu sein.»

Damit brach der Imperator Marcus Antonius jede Verbindung zu Rom ab und erklärte – ohne es direkt auszusprechen – dem Triumvir Gaius Octavius den Krieg.

## ZEHNTES KAPITEL

Meine Iras sah ich in dieser Zeit höchst selten, denn Kleopatra wollte beide Kammerfrauen ständig um sich haben. Die Königin war dauernd unterwegs – da gab es Lustfahrten nach Kanobos, Ausflüge auf dem Mareotis-See, Fahrten zu den Kultstätten im Delta, vor allem die feierlich-zeremoniellen Besuche der verschiedenen Isis-Tempel, deren ältester und ehrwürdigster in Sebennytos stand. Antonius blieb diesen Unternehmungen fern, und einmal hörte ich seine spöttische, aber doch ernstgemeinte Begründung.

«Neben einer Göttin wird ein Imperator sehr klein, unter Umständen sogar zu einer Spottfigur. Da bleibe ich lieber in Alexandria, wo man mich kennt, schätzt und verehrt.»

Kleopatra weilte damals einige Tage in Memphis, und ich weiß nicht, ob man ihr den Ausspruch hinterbracht hat.

Kam Iras dann mit der *Basilissa* zurück, war sie müde und abgespannt, und so schrumpften unsere Liebesnächte zu Liebesstunden, die dann auch immer seltener wurden. Mein Verdacht, Iras habe sich einem anderen Mann zugewandt, erwies sich als grundlos, und ich klagte Salmo mein Leid.

«Ach, Herr, das ist der Lauf der Welt. Ihr seid keine jungen Menschen mehr, die Tag und Nacht nur an das eine denken, ihr habt beide anstrengende, an Leib und Seele zehrende Berufe – also warum beklagst du dich? Geht es dir nicht gut? Ist Iras nicht eher Freundin als Dienerin der *Basilissa*? Ihr habt beide erreicht, was ein Mensch hier erreichen kann, und anstatt zu jammern, würde ich Serapis täglich ein Dankopfer darbringen, obwohl dies natürlich sinnlos ist, denn allein Gott der Herr leitet das Schicksal der Menschen und nicht ein steinerner Götze.»

Ich lachte. «Natürlich, Salmo, diesen Nachsatz kannst du mir nicht ersparen, und ich sage dir zum hundertsten Mal, daß die Leute nicht Stein oder Bronze anbeten, sondern das dahinterstehende göttliche Prinzip. Ich hege allmählich den Verdacht, die Büttel in Jerusalem haben dir nicht nur ein Auge ausgeschlagen, sondern dir einen Teil deines Verstandes aus dem Kopf geprügelt.»

Salmo blickte mich traurig an, und sogleich schämte ich mich dieser Bemerkung.

«Verzeih, mein Freund, das hätte ich nicht sagen sollen. Ich bin einfach überarbeitet und deshalb gereizt. Werde wohl künftig mehr an meinen Stellvertreter delegieren müssen.»

Salmo zuckte die Schultern.

«Wenn's zuviel wird, gebe ich es an meinen Stellvertreter weiter ...»

«Was – auch du hast dir einen Stellvertreter zugelegt?»

Salmo grinste, und sein gesundes Auge funkelte faunisch.

«Ja, aber er weiß es noch nicht.»

Im nachhinein und aus dem Abstand von Decennien mag es erscheinen, daß diese Jahre, ehe die Entscheidung zum Krieg reifte, eine für alle bedrückende Zeit gewesen sein müssen. Aber ich, der ich mittendrin stand, kann versichern, daß dem nicht so war. Die Nachrichten aus Rom sickerten tropfenweise nach Alexandria und waren keineswegs geeignet, uns zu entmutigen. Das ist wie mit dem *arsenikon*. In winziger Dosis verordnen die Ärzte es zur Kräftigung des Körpers, zur Anregung der Eßlust und gegen Wechselfieber. Aber schon eine Menge von drei *oboloi* kann einen Erwachsenen töten.

So ging das Leben weiter wie bisher, doch war zu bemerken, daß Antonius – dem nichts so zuwider war wie Schreibarbeit – sich häufiger mit seinen Sekretären einschloß, und den Sommer über reisten Kuriere nach Norden in die großen Städte seines östlichen Riesenreiches – nach Athen, Ephesos und Antiochia, und der Imperator machte auch kein Geheimnis daraus, daß es sich um Truppenbewegungen handelte. Sein tüchtiger Feldherr Publius Canidius Crassus – ich kannte ihn flüchtig aus dem Partherfeldzug – zog den Großteil der Truppen in Armenia ab und führte sie in Eilmärschen nach Westen. In den Werften von Alexandria durften in diesem Jahr nur noch Kriegsschiffe gebaut werden, und Tag um Tag landeten im Großen Hafen Lastschiffe mit den dringend benötigten Hölzern aus Cyprus, Kilikia, Syria und anderen waldreichen Gebieten.

Diese Aktivitäten, eher geeignet, uns zu beunruhigen, bewirkten das Gegenteil. Wir fühlten uns in Alexandria sicher geborgen, und sollte es zu einer kriegerischen Auseinandersetzung kommen, dann irgendwo weit draußen in Asia oder Hellas, in der Aegaeis oder im *Mare Ionicum*, aber gewiß nicht hier vor unserer Haustür.

Noch ehe die Winterstürme einsetzten, wollte Antonius sein Heer und seine Flotte in Ephesos inspizieren, und so begannen im September umfangreiche Reisevorbereitungen, denn auch unsere *Basilissa* wollte an der Fahrt teilnehmen.

Im Spätsommer berief sie eine dieser «kleinen Ratsversammlungen» ein, und ich muß sagen, ich habe Kleopatra selten so voll Tatendrang, Fröhlichkeit und funkelnder Ironie erlebt. Mit jedem von uns sprach sie ein paar persönliche Worte.

«Du hast deiner Frau den Scheidungsbrief gesandt, Hippokrates? Nun, du wirst deine Gründe gehabt haben ...»

Sie wandte sich lächelnd zu Iras um.

«Unser Hippo ist nun wieder ein freier Mann – nun, Iras, wie wär's? Du brauchst nur die Hand auszustrecken –»

«Man kann nicht zwei Herren dienen», sagte Iras steif und schaute mich streng an.

«Aber Iras!» rief Kleopatra in gespieltem Erstaunen. «Ich bin doch kein Herr. Du dienst weiterhin deiner Königin und hast einen Ehegemahl dazu.»

«Nein, *Basilissa*, solange es die Gesetze gestatten, daß nur der Mann seine Frau verstößt, bleibe ich lieber frei und ledig. Solltest du aber diese Gesetze ändern wollen ...»

«Schau – schau», rief Kleopatra, «da höre ich ja gute Ratschläge! Aber so unrecht hast du nicht, Iras, ich werde mir das durch den Kopf gehen lassen.»

«Bei den Juden», wandte ich ein, «gibt es das bereits. Wenn die Ehe für eine Frau unzumutbar geworden ist und sie dafür Zeugen findet, kann sie von sich aus eine Trennung beantragen.»

Da ertönte Mardions helle, ruhige Stimme.

«Die Juden sind ein altes Volk, und da entwickeln sich vernünftige Gesetze. Wir Griechen sind eben noch nicht soweit ...»

Kleopatra beendete das Geplänkel mit einer energischen Handbewegung.

«In einigen Wochen werde ich mich mit dem Imperator auf eine Fahrt in die östlichen Provinzen begeben – eine Reise, die viele Monate, sogar über ein Jahr dauern kann. Ich werde diesmal keinen neuen *dioecetes* ernennen, denn mein Sohn Ptolemaios Caesar ist nun vierzehn Jahre alt und sehr wohl fähig, die Regierung für einige Zeit zu übernehmen – unterstützt und beraten von meinem Freund Mardion und seinem Lehrer Nikolaos von Damaskos, die gemeinsam einen Regentschaftsrat bilden werden. Du schaust so erleichtert drein, Hippokrates, hattest du Angst, ich würde dich zum neuen *dioecetes* ernennen?»

Dieser kühne Gedanke war mir tatsächlich durch den Kopf gegangen, jedenfalls fürchtete ich, die *Basilissa* werde mir etwas Unangenehmes aufbürden, anstatt ihren Leibarzt mit auf die Reise zu nehmen.

«So unbescheiden bin ich nicht, aber ich habe in dieser Hinsicht ja schon einiges erlebt.»

«Gut, Hippo, du wirst mich natürlich begleiten und deinen Stellvertreter inzwischen zum Priester der Hygieia machen.»

Einerseits betrübte es mich, Salmo hierlassen zu müssen, andererseits wollte ich mein Amt in guten Händen wissen. Warum auch sollte eine Reise nach Ephesos Jahre dauern? Ich rechnete damit, daß wir im nächsten Sommer wieder zurück sein würden. Iras, sonst eher schnippisch und den Männern gegenüber – mich eingeschlossen – von kritischer Skepsis, schien sich aufrichtig über mein Mitkommen zu freuen – ja stellte es fast als ihr Verdienst hin.

«Das war übrigens nicht nur Spaß, als es um die Ernennung ging. Die Königin hat tatsächlich erwogen, dich zum Mitglied des Regentschaftsrates zu machen, aber ich konnte es ihr ausreden.»

«Weil du mich nicht entbehren willst?»

«Pah – so wichtig sind die Männer auch wieder nicht. Ein paar Monate hätte ich es ohne dich schon ausgehalten.»

«Aber es könnte ja länger dauern …?»

«Möglich schon.»

Sie gähnte, nahm einen Schluck Wein und sagte: «Heute nacht bin ich frei …»

… und kannst hierbleiben?»

«Wenn du willst …»

Ich küßte sie heftig und fühlte, wie sehr ich dieses oft launische, häufig schnippische und stets respektlose Wesen liebte. Bis heute kann ich nicht sagen, was mich besonders an ihr anzog, was mich an die kleine dunkle und rundliche

Syrerin fesselte. Unsere Körper fanden sich – altgewohnt und doch immer neu im Spiel der Geschlechter, das die Welt in Bewegung hält. Iras hatte eine Art erfunden, sich spielerisch zu verweigern, auf die ich immer wieder hereinfiel. Da drehte sie sich um, preßte die Schenkel zusammen, gähnte hörbar und meinte, sie habe es jetzt endlich leid, nur um ihres Körpers willen geliebt zu werden, und wir sollten von nun an keusch in rein geistiger Zuneigung leben. Das kam so ernst, war mit leiser, drängender Stimme gesagt, daß ich sofort Argumente der Entgegnung suchte. Dazu kam es aber fast nie, denn noch ehe ich welche gefunden hatte und sie aussprechen konnte, spürte ich ihre Hand an meinem Geschlecht, und sie knetete mein *scrotum*, wie um einen Granatapfel auf seine Frische zu prüfen.

Eines muß ich mich heute manchmal fragen: Wäre die Geschichte anders verlaufen, hätten wir dann gemeinsam und in Liebe alt werden können? Das ist eine wenig sinnvolle Frage, ich weiß, und niemand wird sie beantworten können.

Dann gingen wir auf eine Reise, die länger dauerte, als jeder von uns angenommen hatte, und die nach glanzvollem Auftakt mit einer Katastrophe endete.

Dabei begann alles so verheißungsvoll.

Während der treue und zuverlässige Canidius Crassus den Hauptteil der Truppen von Armenia nach Ephesos führte, waren Kleopatras neuerbaute Schiffe Woche um Woche dorthin gefahren, und bei den letzten fünfzig übernahm sie selber das Kommando.

Um keine Ausfälle durch plötzliche Unwetter zu riskieren, fuhren wir die judäische, phoinikische und syrische Küste entlang nach Norden, ankerten bei Tarsos, wo sich der Imperator einige Tage aufhielt, dann bogen wir an der kilikischen Küste nach Westen ab.

Am Anfang unserer Reise, etwa in der Höhe von Askalon – also vor der judäischen Küste – neckte mich die gutgelaunte Königin.

«Ja, Hippo, da drüben im Osten liegt Jerusalem, vielleicht vier- bis fünfhundert Stadien entfernt. Und da sitzt der finstere Araberscheich Herodes und grübelt nach, was er falsch gemacht hat. Die Araber sind Händlernaturen, also wird er annehmen, er habe dir zuwenig Geld geboten. Die Ägypterin, wird er vermuten, hat ihm das Doppelte oder Dreifache bezahlt, und schon hat er mich fallenlassen, dieser Erzverräter! Wenn ich den in meine Hände kriege!»

Kleopatra machte ein grimmiges Gesicht und fuhr sich langsam mit dem Zeigefinger über den Hals.

«Natürlich ist das nur symbolisch gemeint, denn einen so leichten Tod würde er dir gewiß nicht bereiten. Die Juden heften ihre Schwerverbrecher ans Kreuz, und da ersticken sie ganz langsam – das kann sogar Tage dauern. Wüßte Herodes, daß du hier auf einem bequemen Schiff behaglich und in Sicherheit vorbeifährst, so würde er uns vom Ufer aus mit Brandpfeilen beschießen.»

Neugierig sah sie mich an, als hoffe sie, aus meinem Gesicht Angst oder Schrecken zu lesen. Doch ich ließ mich nicht aus der Ruhe bringen.

«Der erste Teil deiner Geschichte kommt wohl der Wahrheit sehr nahe. Würde Herodes meiner habhaft, ich hätte keine Gnade zu erwarten. Aber da gibt es in Judäa einen alten Spruch – mein Diener Salmo hat ihn mir verraten –, und der lautet: Die Juden kreuzigen keinen, sie hätten ihn denn. Das wird aber niemals der Fall sein, weil der zweite Teil deiner Geschichte so nicht stimmt. Herodes würde mich niemals aus deinem Königsschiff entführen, auch wenn es nicht so gut bewacht und von Kriegsschiffen umgeben wäre. Nur ganz selten gelingt es einem kleinen Araberscheich, auf einen echten Königsthron zu gelangen, und wenn er klug ist und seine Krone behalten will, dann ist es nicht ratsam, einen anderen Fürsten zu belästigen, noch dazu nur wegen einem Nichts von Leibarzt. Du siehst also, *Basilissa*, ich bin auf deinem Schiff so sicher, als würde Serapis in eigener Person seine Hand über mich halten.»

Kleopatra lächelte vergnügt.

«Eine lange Rede, Hippo, aber du hast mir gut herausgegeben. Mir ist jede Unterhaltung recht, um die Zeit dieser langen Fahrt zu verkürzen.»

Sie wandte sich nach Charmion um.

«Jetzt bist du dran, meine Liebe – erzähl uns etwas Schönes. Was macht dein guter Lucius Metellus? Läßt du ihn noch in dein Bett?»

Die Kammerfrau verzog keine Miene.

«Danach hast du schon einmal gefragt, *Basilissa*. Metellus ist mit seiner Legion in Armenia geblieben, und ich werde ihn erst in Ephesos wiedersehen.»

Kleopatra tätschelte Charmions Arm.

«Entschuldige, das habe ich vergessen. Aus Langeweile wird man ganz zerstreut. Ich werde jetzt nachholen, was ich längst hätte tun sollen. Laß den Schatzmeister rufen!»

Ich war entlassen, wußte aber, was die *Basilissa* vorhatte, nämlich eine Prüfung der Listen, auf denen die mitgeführten Kostbarkeiten verzeichnet waren.

So ist es nun Zeit, meine römischen Leser wieder einmal auf einen der Unterschiede zwischen monarchischer und republikanischer Staatsform hinzuweisen, was durchaus zu den Pflichten der Historiker gehört.

Geht ein römischer Feldherr auf eine Reise – gleich, ob es sich um einen Feldzug oder eine Inspektion der Provinzen handelt –, so denkt er nicht im Traum daran, den Staatsschatz mitzunehmen. Der liegt, wie es seit Urzeiten der Brauch ist, sicher im *aerarium* des Saturn-Tempels am *Fo-*

*rum Romanum*, und wer sich seiner bedient, braucht die Zustimmung des Senats.

Bei den Monarchen aber herrschen andere Bräuche. Sie betrachten den Staatsschatz als ihr persönliches Eigentum und – wenn sie klug sind – ihren Thron als eine unsichere Angelegenheit, weil sie nie gewiß sein können, ob er nach ihrer Rückkehr noch freisteht. So schleppen die Könige – vor allem auf längeren Reisen oder Kriegszügen – alles mit, was von einigem Wert ist, denn sie könnten durchaus in die Lage kommen, im Ausland Truppen anwerben zu müssen, um einen möglichen Usurpator zu vertreiben – und das kostet Geld, viel Geld.

So führte auch unsere Königin auf schwerbewachten Lastschiffen alles mit, was ihr lieb und teuer war. Das waren nicht nur der gesamte gemünzte und ungemünzte Schatz an Gold und Silber, sondern auch die wertvollsten Stücke ihrer prunkvollen Hofhaltung, etwa das unendlich kostbare mit Edelsteinen besetzte goldene Tafelgeschirr. Vom silbernen Geschirr nahm sie nur alte und kunstvoll gearbeitete Stücke mit. Ein glatter, sparsam dekorierter Silberbecher mußte mit deren Hunderten von Brüdern zu Hause bleiben. Es gab auch Möbelstücke, Wand- und Bodenteppiche; aus Lapis, Jaspis oder Karneol geschnittene und mit Reliefs verzierte Becher, Schalen und Amphoren, die trotz ihres beträchtlichen Gewichts mitgeführt wurden, weil sie einen hohen Geldwert darstellten, ebenso wie die Tische, Stühle und Truhen aus Eben- und Zitronenholz, kunstvoll eingelegt mit Elfenbein, Perlmutt und Halbedelsteinen. Dazu kamen noch Säcke und Truhen mit schwarzen, weißen und braunen Perlen, geschliffene und ungeschliffene Edelsteine, vor allem die einheimischen Lapis, Türkis, Granat, Amethyst und Chalcedon, aber auch die um vieles wertvolleren Steine aus den Fremdländern wie Smaragd, Rubin und Saphir.

Doch am meisten hing das Herz der Königin an ihrem persönlichen Schmuck, der auf der uns bekannten Welt wohl seinesgleichen suchte. Da waren Dutzende von goldenen Halsketten, Arm- und Fußreifen, Ringen, Pektoralen, Anhängern, dazu die verschiedenen Kronen, begonnen beim einfachen Stirnreifen mit der Uräusschlange bis zu den unendlich kostbaren Staatskronen der altägyptischen Königsinsignien.

Dies alles war auf zahlreiche Lastschiffe verteilt, geführt von den besten Steuerleuten und den kräftigsten Ruderern, von eigens dafür gebauten kleinen Kriegsschiffen streng bewacht.

Auf den ersten Blick machte Ephesos den Eindruck einer belagerten Stadt. Der große Hafen war derart mit Kriegs- und Lastschiffen überfüllt, daß Hunderte zu beiden Seiten der Küste ankern mußten. Den Eindruck einer Belagerung verstärkten noch Tausende von Zelten, die Ephesos wie ein breiter Ring umgaben und wie bunte Tupfer sogar den felsigen Pionberg sprenkelten.

Marcus Antonius machte diesmal nicht viel Aufhebens von seiner Anwesenheit; er ließ die Bürger fühlen, daß er jetzt nicht der Vergnügungen wegen gekommen war, sondern um Heer- und Flottenschau zu halten, und was sich ihm darbot, war höchst beeindruckend.

Mit den von unserer Königin bereitgestellten zweihundert Kriegsschiffen verfügte nun der Imperator über insgesamt fünfhundert, neben rund dreihundert Last- und Handelsschiffen. In dem riesigen Zeltlager rund um die Stadt waren dreißig Legionen untergebracht, die zusammen weit über hunderttausend Mann ausmachten.

Antonius residierte im Statthalterpalast, hielt sich aber auch öfters in seinem prächtigen Feldherrnzelt auf, das er nahe am Hafen zu Füßen der Koressosberge hatte errichten lassen. Nahe am Hafen deshalb, weil die *Basilissa* es vorgezogen hatte, auf ihrem bequemen Schiff zu bleiben, anstatt in der lauten und überfüllten Stadt zu wohnen.

Auch ich hauste an Bord in einer winzigen Kabine, doch ich war häufig mit meiner Königin unterwegs, wenn sie – meist zusammen mit dem Imperator – zu Symposien eingeladen war, Lustfahrten zu umliegenden Orten oder Sehenswürdigkeiten unternahm. Ihr Vorfahre Ptolemaios VI. Philadelphos hatte hier über große Besitzungen verfügt, wozu auch Ephesos und eine Reihe kleinerer Städte gehörten.

Nach und nach trafen die mit Marcus Antonius verbündeten Klientelfürsten ein, führten Truppen und Kriegsgerät heran und vergrößerten unsere Zuversicht, im Kriegsfall weit überlegen und nach menschlichem Ermessen unbesiegbar zu sein.

Warum ich dabei an etwas Naheliegendes, für mich sehr Gefährliches nicht gedacht habe, kann ich mir bis heute nicht erklären. Ich wurde schon bald damit konfrontiert, als die *Basilissa* mich dringend zu sehen verlangte.

«Hippo – endlich!» empfing sie mich voll Ungeduld, und ich gab gut gelaunt zurück, daß mir bei ihrem gesunden und strahlenden Anblick ein Stein vom Herzen falle.

Iras stand hinter ihr und lächelte zaghaft.

«Ja, ja, uns geht es gut, aber du mußt schleunigst aus Ephesos verschwinden – wenigstens vorerst. Herodes hat sich mit einem starken Truppenverband hier angekündigt, den er selber führen will. Zwar wird er es nicht wagen, dich quasi von meiner Seite zu reißen, aber dieser schlaue Araber kennt gewiß andere Wege, sich an dir zu rächen. Davon abgesehen – auch ich will ihn nicht hier haben und werde alles tun, um sein Erscheinen zu verhindern. Ich habe dafür gewichtige Gründe, denen sich der Imperator nicht verschließen kann.»

Ich kannte diese Gründe nicht und habe sie auch damals nicht erfahren, doch heute weiß jeder damit befaßte Historiker, daß Herodes es schon jahrelang versäumt hatte, bei den Nabatäern die Pacht für die der *Basilissa* überschriebene *asphaltos*-Gewinnung einzutreiben. So brachte sie den ihr hörigen Antonius leicht dazu, den jüdischen König von Ephesos fernzuhalten.

Doch damals stand alles noch offen, und Kleopatra wollte mich vorerst in Sicherheit wissen.

«Damit es dir nicht langweilig wird, habe ich eine schöne Aufgabe für dich.»

Sie deutete auf eine vor ihr liegende Papyrusrolle.

«Schon in Tarsos hat Antonius mir angeboten, unsere alexandrinische Bibliothek ein wenig aufzufrischen und sich dabei der Bibliothek in Pergamon zu bedienen, die ihm – nun, untersteht. Nikolaos hat mir diese Liste mitgegeben, und falls du die Bücher dort findest, sollst du sie für mich entnehmen. Du selber kannst dir an ärztlichen Werken heraussuchen, was immer dich interessiert oder dir fehlt.»

«Ich soll – ich soll also nach Pergamon reisen?»

Sie zog unwillig ihre Augenbrauen hoch.

«Das habe ich doch eben gesagt – und du wirst erst zurückkommen, wenn die Gefahr für dich gebannt ist. Außerdem habe ich von dir mehr Begeisterung erwartet, wenn du die Möglichkeit hast, eines der berühmtesten Asklepios-Heiligtümer kennenzulernen. Du bist doch Arzt – oder hast du das vergessen?»

«Natürlich nicht, *Basilissa!*»

«Gut, und vergiß das da nicht!» Sie wies auf die Liste.

Ich zögerte.

«*Basilissa* – ich kann doch nicht einfach in die Bibliothek spazieren und sagen, liebe Leute, dies oder das Buch gefällt mir, packt sie schön zusammen ...»

Kleopatra lachte.

«Immer zu Scherzen aufgelegt, nicht wahr? Eine *centuria* des Imperators wird dich begleiten, und der *centurio* bekommt einen vom Imperator unterzeichneten Befehl, die Bücher betreffend. Zufrieden?»

Ich verneigte mich tief.

«Natürlich, *Basilissa*, und meinen besonderen Dank für deine Sorge um meine Person.»

Nun mußte auch Iras noch ihre Meinung äußern.

«Dein Dank kommt ziemlich spät! Da vergeht die *Basilissa* aus Sorge um dich, und du tust, als sei dies alles nichts …»

«Er ist eben etwas langsam, unser Hippo. Aber wenn er es genau durchdenkt, was Herodes mit ihm anstellen würde, dann wird er sich in Pergamon wohler fühlen als hier.»

Während der zweitägigen Seereise sah ich die von Nikolaos aufgestellte Liste durch – meist ging es um griechische Dichtung der Frühzeit, und viele der Namen sagten mir nichts. Es handelte sich überwiegend um die Lieder des sagenhaften Orpheus und seiner Schüler, die fast ausschließlich zu Ehren der Götter Demeter und Dionysos geschaffen waren. Aber es standen auch bekannte Namen auf der Liste, so die große Sappho und ihre Zeitgenossen Alkman, Stesichoros, Kallinos, Tyrtaios und natürlich ihr Landsmann aus Mytilene, der große Alkaios, dessen freiheitsdurstige, gegen die Tyrannen gerichtete Dichtung uns seit der Kindheit erinnerlich ist, obwohl wir damals eher seine an Pan und Dionysos gerichteten Verse schätzten.

Pergamon liegt etwa 150 Stadien von der Küste entfernt, und so landeten wir in der Hafenstadt Eleaia an der Mündung des Kaikos. Der *centurio*, sein *optio* und ich machten uns zu Pferd auf den Weg, die anderen sollten nach einem Tagesmarsch in Pergamon eintreffen.

Unterwegs äußerte ich meine Bedenken.

«Wenn wir dort unsere Wünsche vortragen, wird man schleunigst alles Wertvolle aus dem Weg räumen, und ich stehe mit meiner Liste da und muß mir sagen lassen, daß dieses und jenes Buch leider nicht vorhanden ist.»

Da wurde der sonst schweigsame *centurio* gesprächig.

«Eben deshalb habe ich eine Strategie entworfen. Du wirst die Bibliothek allein betreten und als begeisterter Freund alter Dichtung nach den gesuchten Büchern fragen. So erfährst du, was vorhanden ist, und einige Tage später werde ich den Befehl des Imperators vorlegen. Dann gilt keine Ausrede, und sie müssen die Schriften herausrücken.»

Heute schäme ich mich, diese List gebraucht und den *centurio* für seinen Einfall gelobt zu haben. Aber damals machte ich mir kaum Gedanken, denn Marcus Antonius verkörperte hier die Macht, und sein geäußerter Wille war das Recht. Ich weiß, das klingt sehr simpel, aber so war es eben, doch als Historiker halte ich die Einstellung des Imperators für einen seiner größten Fehler. Seit er im Osten regierte, übernahm er sofort das monarchische Prinzip, daß jeder öffentliche Besitz – ob dem Staat oder einer Stadt zugehörig – persönliches Eigentum des jeweiligen Fürsten sei und er frei darüber verfügen könne.

Octavius Augustus hat diesen Fehler stets vermieden und niemals eine Stadt oder ein Land – es sei denn während eines Feldzugs – ihrer Schätze beraubt. Antonius aber schenkte und verfügte, enteignete und übertrug mit lockerer Hand, und so konnte später auch die Legende entstehen, er habe sämtliche Schriften der Bibliothek von Pergamon an Kleopatra verschenkt. Wahr ist, daß er ihr freistellte, darüber zu verfügen, und daß die Wunschliste des Nikolaos etwa dreihundert Titel enthielt – dreihundert und nicht zweihunderttausend. Die *Basilissa* hatte damals wahrhaft andere Sorgen, als Bibliotheken auszurauben. Jedem Historiker, der weiter diese Lüge verbreitet, möchte ich anraten, nach Pergamon zu reisen, um dort die Bestände zu überprüfen. Was ich damals fortnahm, wird längst wieder ersetzt sein, doch ich frage mich, ob man dort weiterhin an der Legende vom Bücherraub festhält.

Die berühmte Bibliothek lag im oberen Teil der Stadt, denn Pergamon ist auf zwei Ebenen erbaut, wobei die untere Stadt ganz im Zeichen des Asklepios steht und – wie in Epidauros – von vielen Kranken aufgesucht wird. In der oberen Stadt, der Akropolis, befinden sich die alten Königspaläste, ein großes Theater, Heiligtümer des Zeus, der Athena, des Dionysos, des Hermes – und die große, weithin berühmte Bibliothek.

Ich rechnete damit, mich hier zehn bis fünfzehn Tage aufhalten zu müssen, bis der Bote aus Ephesos eintraf, und so bat ich den *centurio* mit seinen Männern im römischen *stativa* Quartier zu nehmen, weil ich unsere Bücherentnahme – um nicht zu sagen Bücherraub – aus naheliegenden Gründen erst ans Ende meines Aufenthaltes setzen wollte. Ich hätte sonst in der Stadt herumschleichen müssen als ein Mann, der die altehrwürdige Bibliothek schamlos bestohlen hat. Da trifft dann Haß, Spott und Verachtung den Täter und nicht den Auftraggeber.

# ELFTES KAPITEL

Die berühmtesten Heiligtümer – und zugleich Heilstätten – des Asklepios befinden sich in Epidauros, auf der Insel Kos und in Pergamon. Keines davon kannte ich, und so wollte ich den Wink Fortunas nützen, der mich hierhergeführt hatte.

Jedem Arzt sind die Wunderheilungen bekannt, von denen diese Pilger- und Heilstätten zehren, doch nicht selten haben sich Kollegen sehr abfällig darüber geäußert und diese Kurorte als Brutstätten von Schwindel, Quacksalberei und falschem Zauber abgetan.

Da ich selber prüfen wollte, was hier vorging und wie man die Kranken behandelte, beschloß ich, nicht als wißbegieriger Arzt, sondern als Heilung suchender Kranker aufzutreten. Tatsächlich plagten mich seit dem Partherfeldzug von Zeit zu Zeit Kopfschmerzen, die zwar jeweils nur kurz anhielten, aber sehr heftig waren.

Unterhalb der Akropolis führte eine breite, säulengeschmückte Straße von etwa fünf Stadien Länge zu einer Art Versammlungsplatz, wo weißgekleidete Priester – jeder hielt einen Asklepiosstab in der Hand – die Pilger mit zeremonieller Feierlichkeit empfingen. In der Mitte des Platzes erhob sich eine Marmorsäule, ringsum mit dem immer gleichen Motiv geschmückt: zwei Schlangen, die aus einer flachen Schale trinken. Dies spielte auf ein Ereignis an, als ein hoffnungsloser Kranker hier nicht aufgenommen und wieder nach Hause geschickt wurde. Unterwegs sah er zwei Schlangen, die sich in eine Schale erbrachen, und der Mann trank das Gift, um sein Leiden abzukürzen. Doch das Gegenteil trat ein – er wurde gesund.

Es war mir neu und ungewohnt, mich hier einreihen zu müssen, in die Schlange der Pilger, bis ich einem der freundlichen Priester gegenübersaß, die jeden der Kranken hinter einer blau gestrichenen Holzwand einzeln befragten. Hier war ich keine bevorzugte Standesperson, sondern einer unter vielen und vor dem Heilgott Gleichen.

Ich hatte beschlossen, mich an dieser heiligen Stätte so nahe wie möglich an die Wahrheit zu halten, obwohl ich im Laufe des Gesprächs den Eindruck gewann, der Priester hätte es denen in der Oberstadt – wo die berühmte Bibliothek lag – durchaus gegönnt, wenn sie ein wenig geschröpft worden wären. Bei der Frage nach meinem Beruf sagte ich: «Lehrer am Museion von Alexandria.»

«Was führt dich hierher, Olympos? Nur deine Krankheit?»

«Nein, Ehrwürdiger. Ich wollte die Gelegenheit nutzen, Studien in der hochgerühmten Bibliothek zu betreiben.»

In seinem glatten, beherrschten Gesicht sah ich eine Spur von Unwillen.

«Eine Bibliothek gibt es im Asklepieion auch, und dort oben», das klang ein wenig abfällig, «wird so manches medizinische Werk fehlen, das wir besitzen. Im übrigen solltest du wissen, daß die Akropolis mit ihrem aufwendigen Theater, den Tempeln und Läden weit weniger gut dastünde ohne unsere Pilgerscharen, die dort einkaufen, in den Tempeln opfern, Theater besuchen …»

Fast erschrocken hielt er inne.

«Vergiß, was ich sagte, Olympos. Ich sollte mich damit begnügen, Asklepios, dem herrlichen Sohn des Apollon und der Koronis, dienen zu dürfen. Wenn du das Asklepieion betrittst, wirst du über dem Portal die Worte finden: ‹Auf Befehl der Götter darf hier der Tod nicht eintreten.›

Fürchte also nichts, Olympos, du befindest dich hier wohl, und der Gott wird dein Leiden lindern, dich vielleicht sogar davon befreien.»

Dann gab mir der Priester Anweisung, die beiden nächsten Tage zu fasten, anstatt Wein das Wasser aus der heiligen Quelle zu trinken und mich am dritten Tag eine Stunde nach Sonnenaufgang wieder hier einzufinden.

Das heilige Quellwasser verkauften Novizen am Eingang zum Asklepieion in schön geformten Krügen von etwa fünf *kotylai*, und das kostete drei Drachmen, wenn man den Krug behielt – gab man ihn zurück, erhielt man zwei Drachmen wieder.

In der großen Pilgerherberge hatte ich mir ein Einzelzimmer genommen, aß – wie vom Priester angeordnet – nur eine Handvoll getrockneter Feigen und trank dazu die Hälfte des Wassers. Ich fürchtete, vor Hunger nicht einschlafen zu können, doch dann schlief ich prächtig bis in den Morgen hinein.

Als Arzt konnte ich mir denken, wozu Feigen und Wasser dienten – nämlich den Körper freizumachen von schädlichem Ballast, und so war die *latrina* der Herberge immer stark besucht.

Am Morgen des dritten Tages fand ich mich mit vielen anderen am Versammlungsplatz ein. Auf Anleitung der Priester formierten wir uns zu einer Prozession und betraten das Innere des Asklepieions. Wir gingen zur heiligen Quelle, tranken ein paar Schlucke, wuschen uns Hände, Gesicht und Füße, dann stiegen wir die kurze, aber sehr breite Treppe zum Asklepios-Tempel hinauf. Dieser runde, nicht sehr große Kuppelbau war außen mit Nischen versehen, wo die lebensgroßen Statuen von Zeus, Apollon, Telesphoros, Dionysos und Hygieia standen. Auf sie blickte die gegenüber dem Eingang stehende Kolossalstatue des Asklepios mit Schlangenstab und dem Hund zu seinen Füßen. Das bärtige Gesicht strahlte Ruhe und Milde aus, sein offener Mantel gab den nackten Oberkörper frei.

Hier opferte jeder nach seinem Vermögen: Schafe, Kälber, Hähne, Tauben oder Weihrauch, den man vorher – für das Zehnfache des Marktpreises – gekauft hatte. Die Zeremonie der Opferung verlief langsam und feierlich, wurde bei jedem der Pilger wiederholt, während ringsum Weihrauchsäulen in den kühlen, leicht verhangenen Herbsthimmel aufstiegen. Dann wurden kleine Hocker gebracht und rund um das Heiligtum aufgestellt. Wir nahmen Platz, und nun erklangen geistliche Lieder von einem unsichtbaren Chor, vermutlich aus dem Inneren des Tempels.

Ich sank in eine Art Halbschlaf, schloß die Augen, hörte aber deutlich die schönen getragenen Hymnen an Apollon, Asklepios und dessen Kinder Hygieia und Telesphoros, die Gottheiten für Gesundheit und Genesung.

Bald stellte sich bei mir die Empfindung einer Zeitlosigkeit ein oder, besser gesagt, eines Stillstandes der Zeit, da eine Minute das Gewicht einer Stunde hat und man am Ende nicht mehr weiß, ob die Minute schwer wog oder die Stunde leicht. Ich gestehe es gerne: Damals fühlte ich mich dem Göttlichen nahe – spürte, wie es in mich eindrang, von meinem Körper Besitz ergriff. Dabei verstand ich jedes Wort der Hymnen, behielt aber nicht eine einzige Zeile im Gedächtnis.

Gegen Nachmittag erhielten wir von den Priestern ein Glas mit Honig vermischter Milch und wurden aufgefordert, die Heilige Straße mindestens sechsmal, höchstens aber zwölfmal auf und ab zu wandern, uns dabei mit anderen zu unterhalten und spätestens bei Sonnenuntergang an der Heiligen Quelle zu erscheinen.

Ich fühlte mich so frei und leicht – ja, fast beschwingt, als hätte ich einige Becher Wein getrunken. Mein ärztlicher Verstand, sonst auf Wissen und Forschung ausgerichtet, war mir offenbar abhanden gekommen. Ich nahm die Situation bereitwillig hin, folgte den Anweisungen der Priester und fühlte mich – so sehe ich es heute – erleichtert, jeder Form der eigenen Verantwortung, jedem Zwang zum Handeln enthoben zu sein.

Die Sonne schickte sich an, von rosigen Wolken umhüllt, ihre nächtliche Fahrt anzutreten, da führte man uns in Dreiergruppen durch einen hohen schmalen Gang, den nur kleine viereckige Öffnungen an der Decke schwach erhellten. Ich war unendlich müde geworden und bemerkte, daß es den anderen ähnlich ging, sie schwankten beim Gehen, gähnten häufig und hielten die Augen halb geschlossen.

So nahm ich kaum wahr, daß man mich in ein Zimmer schob und mir einen Becher in die Hand drückte. Gehorsam schluckte ich das leicht bittere, etwas mit Honig gesüßte Getränk, sank auf ein Lager und schlief augenblicklich ein.

Irgendwann weckte mich dann das heisere Bellen eines Hundes. Ich richtete mich schlaftrunken auf, der kleine Raum war von einem magischen Dämmerlicht erhellt, das gerade ausreichte, um Tür, Bett und die schmale Fensteröffnung zu erkennen. Ich hörte ein leises, aber deutliches Zischeln, das ich – der mit der Wüste Vertraute – sofort als den Laut einer Natter erkannte. Das Geräusch kam von der Wand neben der Tür, aus einer kleinen runden Öffnung. Ich sah deutlich, wie sich dort ein Schlangenkopf bewegte. Ich stand auf, trat näher und erkannte das Haupt einer Asklepiosschlange an der bräunlichen Farbe und dem hellen weißlich schimmernden Unterkiefer. Nun hörte ich durch das leise Zischeln die geflüsterten Worte: «Salbe mit Anis und Olivenöl, schlucke Thymian.» Der Schlangenkopf verschwand, ich legte mich sofort wieder hin und schlief bis zum Morgen.

Nun hatte das Fasten ein Ende, und wir wurden in dem

unten liegenden Gemeinschaftsraum reichlich mit Brot, Milch, Käse, Nüssen und Dörrfrüchten versorgt.

Alles redete durcheinander, und mein Nachbar fragte mich neugierig: «Hat der Gott zu dir gesprochen?»

«Ich glaube schon», sagte ich, aber dann traten einige Priester ein und befragten jeden der Pilger.

«Hat der Gott dir ein Mittel genannt?»

«Ja, es war die Rede von Anis und Öl zur äußeren Anwendung und von Thymian zur inneren.»

Seine Augen blickten mich mißtrauisch an.

«Du drückst dich so gewandt aus – hast du etwas mit Heilkunde zu tun?»

«Ich bin Lehrer am Museion zu Alexandria – wir befassen uns mit vielem Fächern.»

«Nun, du hast gehört, was Asklepios dir riet, ich werde es mir notieren, und der behandelnde Priester wird dir die Arzneien in etwa einer Stunde verabreichen.»

«Danke, Ehrwürdiger, aber ich glaube, der Gott hat mich ohne Hilfsmittel geheilt. Meine Kopfschmerzen sind verschwunden.»

Sie waren gar nicht dagewesen, aber ich setzte eine frohe und erleichterte Miene auf, um die Rolle des dankbaren Patienten zu Ende zu spielen.

«Sie können aber wiederkehren ...»

«Dann komme ich auch wieder, Ehrwürdiger. Ich halte mich noch länger in Pergamon auf und werde gerne auf dein Angebot zurückkommen.»

Ich wollte plötzlich schnell weg von hier, fühlte mich fehl am Platz unter lauter wirklich Kranken.

Am nächsten Tag stieg ich die endlosen, sehr steilen Stufen zur Akropolis hinauf, bis die gewaltigen Stadtmauern vor mir aufragten und verrieten, daß hier oben Könige geherrscht hatten, die ihre Macht ständig bedroht sahen. Damals fiel mir nur ein Name dazu ein, nämlich der des fast vierzig Jahre hier regierenden Königs Eumenes, zweiter seines Namens. Er machte Pergamon zum Zentrum von Kultur und Wissenschaft, ließ den Zeus-Tempel erbauen, den der Athena erweitern und das Asklepieion auf das Doppelte vergrößern. Die schon zur Zeit des Königs Attalos erbaute Bibliothek stattete er so reich aus, daß sie erst unter ihm zu ihrem heutigen Ruhm gelangte.

Sein Palast wurde sorgsam instand gehalten, denn der römische Statthalter benützte ihn als Wohnung, wenn er sich hier aufhielt. Zwei Drachmen öffneten mir wenigstens das Tor zum Garten, und von hier genoß ich einen herrlichen Blick über die Unterstadt und das nach Westen in sanften Hügeln verlaufende Land. Das Meer war für meine Augen zu weit entfernt, doch wehte ein Wind aus dieser Richtung, und ich glaubte, seine salzige Frische zu spüren.

Die nur wenig entfernte Bibliothek lag eingepfercht zwischen Palästen und Tempeln, so daß sie schwer zu finden war. Sie gehörte zum Bereich des Athena-Tempels, denn König Eumenes war ein großer Philhellene, der in Athen auf seine Kosten eine prächtige *stoa* errichten ließ und von dieser Stadt zum Dank eine Kopie der weithin berühmten Athena-Statue des Phidias erhielt. Er hat sie im großen Saal der Bibliothek aufstellen lassen – und nicht nur sie. Den ganzen Baukomplex fand ich geschmückt mit den Denkmälern berühmter Dichter und Historiker – so etwa meines geliebten Herodot, des großen Homer und nicht zuletzt eine Statue der Sappho mit der Inschrift: «Mein Name ist Sappho! Wie Meneides alle Männer beim Singen übertroffen hat, so habe ich beim Dichten alle Frauen übertroffen.»

Ein dummer Spruch, denn Meneides ist längst vergessen, und Sappho hat mit ihren unsterblichen Liedern nicht nur Frauen übertroffen. Mein Vater konnte ihre schönsten

Werke aus dem Kopf zitieren, und eines davon hat sich mir unauslöschlich eingeprägt.

«Komm hierher zum weihevollen Heiligtum!
Da blüht ein lichter Hain von Apfelbäumen,
und auf Altären schwelen Wolken von Weihrauch.

Kühles Wasser rauscht an Apfelzweigen leis' vorbei.
Der Hang liegt im Schatten von Rosensträuchern;
traumlos rieselt der Schlaf von ihren bebenden Blättern.

Im Schmuck der Frühlingsblumen prangt die Wiese,
den Pferden Nahrung gebend.
Süß und betörend duftet das Aniskraut ...»

Warum rede ich so lange herum und halte mich mit Zitaten auf? Ist es mir peinlich, von der etwas schäbigen Rolle zu reden, die ich damals spielte – spielen mußte? Wie auch immer, es geht um die Wahrheit, und diese sieht wesentlich anders aus als in den bisherigen Berichten.

Ich trat als Arzt und Schriftsteller auf, sagte, ich sei dabei, eine Geschichte der Medizin zu schreiben, und als Freund der Dichtung wolle ich jede Gelegenheit nützen, mir bisher unbekannte Werke aufzustöbern. Damit hatte ich das Interesse des noch jungen Bibliothekars geweckt. Ich zollte seinem Wissen großen Respekt, bat ihn, mir einige Stunden seiner kostbaren Zeit zu schenken, und ließ eine Tetradrachme in seine Hand gleiten.

Der junge Kerl wußte wirklich gut Bescheid, mußte nur ganz selten das Register zu Hilfe nehmen. Meine Liste mit den dreihundert Titeln ging er im Eiltempo durch, und wenn ich mich recht erinnere, so waren davon etwa zweihundertvierzig vorhanden und etwa zwanzig an wichtige Leute ausgeliehen, aber das, so betonte mein Helfer, geschehe nur in Ausnahmefällen. Natürlich mußte ich auch nach medizinischen Werken fragen, und so nannte ich aus dem Kopf einige wichtige Autoren wie Diokles von Karystos, Philistion von Lokroi, Dexippos von Kos und Chrysippos von Knidos.

Werke dieser Ärzte seien mehrfach vorhanden, versicherte mir der Bibliothekar, ich brauche das Gewünschte nur zu notieren. Ich sagte, ich käme in den nächsten Tagen wieder, um dann in Ruhe meine Arbeit aufzunehmen.

Da seien für Fremde allerdings gewisse Gebühren zu entrichten … Er blickte mich forschend an, als wolle er herausfinden, ob ich zu zahlen bereit sei.

«Natürlich», sagte ich, «schließlich muß eine so große Institution auch erhalten werden.»

Er nickte und schien erleichtert.

«Wir beschäftigen ständig mindestens zehn Kopisten, doch es waren schon zwanzig und mehr für uns tätig. Zudem sind wir gezwungen, das teure *pergamene* aus Ziegenhaut herzustellen, seit König Ptolemaios Epiphanes der Konkurrenz wegen die Ausfuhr von Papyros verboten hat.»

«Das ist aber schon lange her …»

«Doch es gilt noch immer, und die Papyrosstaude wächst eben nur in Ägypten. Nun, inzwischen verwenden wir auch Schafs- und Kalbshäute für unsere *pergamene*, aber teuer bleibt es dennoch.»

Nun hatte ich wieder etwas dazugelernt und wollte die *Basilissa* fragen, ob diese alte Verfügung nicht aufzuheben sei, da der Wettbewerb der beiden Bibliotheken inzwischen längst zugunsten der alexandrinischen entschieden sei.

Ich war dann doch zu feige, der Beschlagnahmung beizuwohnen, und schickte den *centurio* mit seinen Leuten hin. Er soll sich dort sehr rüde benommen und sogar einen Bibliothekar geschlagen haben.

Mich kümmerte das damals wenig, denn kurz darauf erschien der Bote aus Ephesos mit der lapidaren Nachricht, König Herodes sei auf Anordnung des Imperators in Judäa geblieben.

So fuhr ich erleichtert zurück – mitten hinein in die Vorbereitungen für eine Reise nach Samos, wo das hohe Paar bis zum Frühjahr bleiben wollte.

«Du siehst, mein Freund», meinte die *Basilissa*, «daß dieser intrigante Araber seinen Kopf nicht immer durchsetzt – wenigstens nicht, wenn ich es verhindern kann.»

Es war eine kurze Überfahrt, die nur wenige Stunden dauerte, da Samos fast in Sichtweite von Ephesos liegt. Es war eine fröhliche, etwas turbulente Reise, und bei unserer Ankunft reichten sämtliche Ankerplätze der Insel nicht aus, die rund achthundert Schiffe aufzunehmen, von denen ein Teil am gegenüberliegenden, kaum eine Meile entfernten Festland anlegen mußte.

Auf einem Hügel zwischen der Hauptstadt – errichtet von dem Tyrannen Polykrates – und dem Heraion hatte Antonius schon vor Jahren einen Palast erworben und prächtig ausstatten lassen. Und nicht nur das – der Imperator, erfahren und geübt im Veranstalten von Festen und Lustbarkeiten, hatte bereits Monate zuvor den Befehl erlassen, daß jeder im Umkreis von hundert Meilen verfügbare Sänger, Musikant, Schauspieler, Gaukler oder Possenreißer sich in Samos einfinden müsse.

Seine bevorzugten Lieblinge waren auch schon da, nämlich der Flötist Xuthos, der Tänzer Metrodoros und Anaxenor aus Magnesia, virtuoser Beherrscher der Kithara, dem der Imperator die Einkünfte von vier Städten überschrieben hatte.

Der Ruhm des weithin bekannten, von zahlreichen Pilgern besuchten Heraions mit seinem gewaltigen – bis jetzt leider unvollendeten – Tempel und der berühmten vierzig

Stadien langen Heiligen Straße, dieser Ruhm verblaßte für einige Wochen vor dem Festtrubel in Samos, wo Tag um Tag bis spät in die Nacht hinein Chöre erklangen, kurze und lange, heitere und ernste Bühnenstücke sich abwechselten, während Gaukler, Akrobaten und Possenreißer die Pausen füllten. Die Griechen nennen dieses lose Volk *hoi peri ton Dionyson technitai* und bezeichnen damit alle, die – um ihren Beruf respektabler zu machen – sich rühmen, Diener und Gläubige des Dionysos zu sein, zu dessen Ehren sie ihre Künste darbieten.

Der bevorstehende Krieg schien den Imperator nicht zu kümmern, und die Rolle des Feste stiftenden Dionysos schien ihm jetzt wichtiger als die des vorsorgenden Imperators. Nicht wenige Historiker behaupten, es wäre für Marcus Antonius nützlicher gewesen, in Italien einzufallen, anstatt zu warten, bis Octavius in Hellas einmarschierte und er so in die Rolle des Verteidigers gedrängt wurde.

Was den Imperator so sorglos machte – er hat es oft ausgesprochen –, war seine ungeheure Überlegenheit an Geldmitteln. Die *Basilissa* und er führten Schätze mit sich, von denen Octavius – der gezwungen war, ständig die Steuern zu erhöhen – nur träumen konnte.

Im Mai endete das große Fest, und wir zogen nach Athen, einer Stadt, die den Ptolemäern viel zu verdanken hatte und noch immer regelmäßig die als «Ptolemaia» bezeichneten Festspiele veranstaltete.

So richteten sich aller Augen auf unsere Königin, die mit einer Festprozession empfangen und wie eine Göttin gefeiert wurde. Unter anderem errichtete man ihr auf der Akropolis eine Statue im Gewand und mit den Attributen der Isis.

Doch die sorglosen Tage von Samos waren vorbei, und die Hiobsbotschaften aus Rom häuften sich. Octavius hatte den Senat veranlaßt, Antonius den Rang eines Triumvirs abzuerkennen und sein für das nächste Jahr vorgesehenes Konsulat zu streichen. Nun sei Antonius, soll Octavius gesagt haben, nur noch ein Privatmann, ein abtrünniger Römer, ein Abenteurer im Dienst einer ausländischen Königin. Alle seine im Namen Roms erlassenen Befehle, Verfügungen und Übertragungen seien von nun an illegal, der ihm von seinen Legionären geschworene Treueeid ungültig.

Doch Octavius, das muß leider gesagt werden, machte keinen ernsthaften Versuch, sich mit Antonius zu verständigen, um den Krieg – einen neuen Bürgerkrieg – in letzter Minute zu verhindern. Der Imperator aber versuchte mit allen Kräften, sich seine Anhänger in Rom zu erhalten, und wendete Unsummen auf, sich neue zu schaffen.

Um für ihn – und für sich – zu retten, was noch zu retten war, sandten seine Freunde Gaius Geminus, einen Mann ihres Vertrauens, nach Athen. Er sollte Antonius dazu veranlassen, sich von Kleopatra zu trennen, um nach Rom und zu seiner Frau Octavia zurückzukehren, wo er dann ehrenvoll wieder alle seine Ämter übernehmen könne. Gewiß ein verlockendes Angebot, doch es kam zu spät. Kleopatra versuchte diesem Geminus entgegenzuwirken, denn ihr Thron stand und fiel mit dem Verhalten des Imperators. Sie warf dem Unterhändler von Anfang an Knüppel zwischen die Beine und tat alles, ihn verhaßt und verdächtig zu machen.

Geminus erwies sich als kleiner, eher schmächtiger Mann, dessen zu großen Kopf eine gewaltige, kühn gebogene Nase zierte, doch es steckte allerhand in diesem klobigen Schädel. Er gab sich liebenswürdig, verbindlich, bereit zu allerlei Kompromissen. Was er sagte, klang einleuchtend, er brauste niemals auf, vermied jede Art von Provokation, stellte keine Bedingungen und wäre wohl nicht ohne

Erfolg gewesen, wenn die *Basilissa* ihm nur das geringste Entgegenkommen gezeigt hätte. Doch sie unternahm alles, um ihm seine Aufgabe zu erschweren, ihn als Spion von Octavius und seiner Schwester – des Imperators verstoßener Gemahlin – hinzustellen. Und sie tat es so, daß niemand über ihre Absichten im Zweifel sein konnte. Im übrigen verhinderte sie mit Erfolg, daß Geminus sein wichtigstes Ziel, nämlich allein mit Antonius zu verhandeln, erreichen konnte. Geminus zeigte deutlich, daß nichts und niemand ihn entmutigen konnte, und insgeheim wünschten ihm nicht wenige Anhänger des Imperators Glück und Erfolg.

Unter dem Vorwand, ihn schützen zu müssen, ließ Kleopatra ihn von einer «Leibwache» Tag und Nacht begleiten und natürlich bespitzeln. Diese Leute wichen nicht von seiner Seite und waren geschickt genug, jede Begegnung mit Antonius zu verhindern.

Wir wohnten bei der römischen Agora – ein Geschenk von Julius Caesar an die Stadt – unterhalb der Akropolis in einem weitläufigen, ebenfalls von Rom errichteten Baukomplex, und hier befand sich das große *triclinium*, wo die *Basilissa* und meist auch der Imperator mit ihren Freunden speisten. Zwischen dem hohen Paar wäre es beinahe zum Streit gekommen, weil Kleopatra meinte, für Spitzel und Verräter sei an ihrer Tafel kein Platz, während Antonius ihr entgegenhielt, schließlich sei Geminus – ehe man ihm das Gegenteil beweise – ein Abgesandter seiner Freunde in Rom, und er denke nicht daran, sich die verbliebene Schar von Anhängern zu Feinden zu machen.

Anstatt nun – wie er wohl hoffte – neben oder gegenüber dem Imperator plaziert zu werden, setzte die *Basilissa* es durch, daß Geminus einen Platz am Ende der Tafel erhielt, was jeden Kontakt zu Antonius verhinderte. Doch der kleine Mann gab nicht auf und schluckte mit bewundernswerter Langmut die ständigen Neckereien und auch Beleidigungen, die auf ihn – ich muß es so ausdrücken – ständig niederprasselten. Es ist an Königshöfen nun einmal so, daß alle – oder doch fast alle – ihrem Fürsten nach dem Mund reden – ja ihn zu übertreffen suchen.

Ich sehe die Szene noch vor mir. Als es Geminus endlich gelungen war, in Anwesenheit des Imperators zur Tafel geladen zu werden, führte ihn der Diener hinein und brachte ihn zum Sitz des Antonius an der Stirnseite – Kleopatras Platz war noch leer.

Der Imperator erhob sich.

«Gaius Geminus! Ich höre, du bist seit Tagen in Athen, warum läßt du dich nicht blicken?»

Der große Kopf des kleinen Mannes geriet vor Erstaunen – oder Verwirrung? – ins Wackeln.

«Aber – aber, Imperator, seit ich hier bin, tue ich nichts anderes – versuche dich zu sprechen, werde herumgereicht wie ein Becher sauren Weines, den jeder schnell loswerden will. Nun aber, da ich hier bin –»

In diesem Augenblick betrat Kleopatra die Bühne dieses Schelmenstücks. Hinter ihr gingen Iras und Charmion, vor ihr die Männer der Leibwache.

«Da du nun hier bist, Geminus, wollen wir tun, wozu dieser Raum eingerichtet ist, nämlich speisen!»

Geminus verneigte sich vor der Königin und blickte dann den Imperator an, doch der hatte nur noch Augen für Kleopatra.

«Kann ich dann wenigstens – bei Tisch ... ich meine ...»

Kleopatra hatte Platz genommen und sagte streng: «Bei Tisch führen wir keine politischen Gespräche, Geminus! Ich ersuche dich, darauf Rücksicht zu nehmen. Führt jetzt unseren Gast zu seinem Platz.»

Diese offenbar vorher schon einstudierte Posse schien der ganzen Hofgesellschaft großen Spaß zu machen, denn es wurde gelacht, getuschelt und kräftig in Kleopatras Horn geblasen.

«Es ist ein Ehrenplatz, Geminus, erweise dich seiner würdig!»

Das war von Iras gekommen; die *Basilissa* lächelte dazu gnädig und zeigte sich erheitert.

Antonius jedoch schwieg, als wolle er sich nicht einmischen. In seiner Nähe saß der Feldherr Canidius Crassus; die *kline* neben ihm war noch frei, und Geminus steuerte darauf zu, doch der Saaldiener schüttelte den Kopf.

«Nein, Herr, das ist der Platz von Quintus Dellius, dem Sekretär meines Imperators – wir erwarten ihn noch.»

Und das wiederholte sich dann noch einige Male. Die wenigen freien Sitze waren angeblich wichtigen Leuten vorbehalten, die man jeden Augenblick erwartete. Zuletzt wies ihm der Diener einen Platz am Ende der Tafel zu, wo unwichtige Leute saßen, die den Gedemütigten nur frech und schadenfroh angrinsten.

Dann trug man die Speisen auf, es wurde getafelt, getrunken, durcheinandergeredet, und da es schon das *dorpon* war und die fahle Wintersonne hinter dem *areios pagos* – dem uralten Gerichtshügel – ihre Nachtreise angetreten hatte, nahm man es mit dem Mischen des Weines nicht mehr so genau. Vor allem der Kreis um Antonius hielt den mit ihren Krügen herumstehenden Tischsklaven stets die leeren Becher hin und schob die angebotenen Mischkrüge verächtlich oder mit anzüglichen Worten zurück.

Als Kleopatra die Hand hob, verstummten die Gespräche schnell.

«Ehe ich mich zurückziehe, habe ich noch eine Frage an unseren Gast.»

Geminus erhob sich und blickte die *Basilissa* erwartungsvoll an, wobei seine große Nase vor Ungeduld zitterte. War jetzt endlich sein Augenblick gekommen?

«Ich hätte gerne gewußt, was dich nach Athen geführt hat. Wolltest du tatsächlich nur den Imperator sprechen, um ihm nicht erwünschte Ratschläge zu erteilen?»

«Ich wollte Marcus Antonius sprechen – ja, aber jetzt halte ich es für besser, damit zu warten, bis er wieder nüchtern ist.»

Empörtes Raunen brandete auf, da und dort wurden Rufe laut, man sollte diesen Unverschämten auspeitschen, ins Meer werfen, ihm die Ohren abschneiden und ähnliche freundliche Aufforderungen mehr.

Dieser kleine Geminus besaß schon einigen Mut, denn nun hob er die Hand und sprach ungerührt und mit lauter Stimme weiter.

«Um deine Frage zu beantworten, was mich tatsächlich nach Athen geführt hat, so lautet die mir aufgetragene Botschaft, die ich nun – da der Imperator für mich nicht zu sprechen ist – laut und vor aller Ohren verkünde: Deine Freunde in Rom, Imperator, halten es für angebracht, daß Königin Kleopatra nach Ägypten zurückkehrt und du sie künftig als das behandelst, was sie *de facto* und *de iure* ist – nämlich eine Rom tributpflichtige Klientelkönigin.»

Im Saal wurde es so still, daß man hörte, wie verschütteter Wein langsam vom Tisch tropfte. Alles blickte auf die *Basilissa*, und nicht einer im Saal – so glaube ich – gab für Geminus' Leben noch einen *obolos.*

Doch ich kannte meine Königin besser und wußte, daß ihr nichts mehr Respekt abverlangte als persönlicher todesverachtender Mut. Und so kräuselten sich ihre vollen Lippen zum Hauch eines Lächelns.

«Geminus», erklang ihre helle, klare Stimme, «du hast recht daran getan, die Wahrheit zu sagen, denn nun brauchen wir dich nicht foltern zu lassen.»

Dann schritt sie würdevoll hinaus, im Kreis ihrer Hofdamen, umringt von der Leibwache.

Ich nehme an, daß der Imperator noch in derselben Nacht mit Geminus geredet hat – beweisen kann ich es nicht. Jedenfalls spricht mehr dafür als dagegen. Wenn Antonius auch auf die Forderung seiner Anhängerschaft, die *Basilissa* betreffend, nicht eingehen konnte, so zeigte doch ein bald einsetzender Zustrom von Senatoren, Anhängern und waffenfähigen Männern, daß nicht wenige Römer auf den Sieg des Imperators setzten.

# ZWÖLFTES KAPITEL

Im Herbst dieses Schicksalsjahres übersandte der Senat Kleopatra die offizielle Kriegserklärung – nur ihr, denn so weit ging Octavius nicht, seinem früheren Mitregenten den Kampf anzusagen. Er tat etwas Geschickteres und setzte Gerüchte in Umlauf, die Tod und Untergang des Imperators anzeigen sollten.

Hier möchte ich nicht falsch verstanden werden. Ich halte es schon für möglich, daß die *numina* dann und wann Zeichen geben, um auf etwas hinzuweisen oder etwas anzukündigen, doch ich glaube, daß in den meisten Fällen ein Mensch dahintersteckt, um bestimmte Zwecke zu erreichen.

Da hieß es etwa, Pisaura, ein von Antonius am *Mare Adriaticum* gegründetes Städtchen, sei von einem heftigen Erdbeben verschlungen worden. Ich habe vor kurzem dort nachforschen lassen und erfahren, daß damals ein paar schlecht gebaute Häuser zusammenstürzten – mehr war nicht.

Weiteres Aufsehen erregte eine Kinderbande in Rom, die – wie Kinder es häufig tun – den Zwist der Erwachsenen nachspielte und sich in zwei Parteien spaltete – eine für Antonius, eine für Octavius, und letztere trug den Sieg davon. Ein wahrhaft göttlicher Fingerzeig …

Sehr ernst genommen wurde auch eine Erscheinung im Städtchen Alba, wo über dem Jupiter-Tempel eine Statue des Imperators stand, die plötzlich Blut absonderte. Auch danach habe ich mich erkundigt und erfahren, daß dieses

Standbild damals «schwitzte» – das heißt, es floß etwas Wasser davon ab. Und warum? Weil es in jenem Jahr auch im Herbst noch sehr heiße Tage gab, während die Nächte in den Albanerbergen schon ziemlich frisch waren. So kühlte sich der Stein dieser Figur stark ab und schwitzte – das ist ein Gesetz der Physik – in der heißen Vormittagssonne etwas Wasser aus. Jedes Kind kennt dieses Phänomen, das auch an einem Metallbecher zu beobachten ist. Füllt man diesen mit kaltem Quellwasser, wird er außen so feucht, daß Wasser davon abperlt. Hunderte von Statuen mögen damals – wie auch heute – bei kühlen Nächten und heißen Tagen «Blut» geschwitzt haben, aber für den Imperator, so wurde es damals verbreitet, konnte es nur Tod und Untergang bedeuten. Weitere Beispiele gefällig? Ein letztes noch, das ich selber miterlebte.

Während unseres Aufenthalts in Athen fiel bei einem Sturmwind ein Teil des schon morschen Giebelschmucks am Theater herunter. Zufällig war es eine Darstellung der Gigantomachie – also der Kampf der Götter gegen die Riesen –, und so stürzte auch Dionysos mit hinab, und niemand dachte sich viel dabei. So etwas geschieht beinahe täglich in einer der großen und alten Städte – man beseitigt den Schaden und vergißt es. Doch in diesem Fall erinnerte sich später ein findiger Geschichtsklitterer an das Ereignis und meinte, da der Imperator ja gern als «Neuer Dionysos» aufgetreten sei, konnte es sich nur um einen Hinweis auf seinen Sturz gehandelt haben. Wäre Octavius besiegt worden, man hätte gewiß nicht weniger Anzeichen für seinen Untergang gefunden.

Propertius, damals noch ein junger Mann um die zwanzig, wollte unbedingt auf sich aufmerksam machen und verfaßte ein Schmähgedicht gegen Kleopatra, das im Kreis des Octavius sofort begeistert aufgenommen und vielfach kopiert und verbreitet wurde. Daß Propertius – Friede seiner

Asche – weitaus Besseres geschaffen hat, weiß jeder Gebildete, doch ich will das Machwerk hierhersetzen, um zu zeigen, wie damals in Rom gegen Kleopatra Stimmung gemacht wurde.

«Was soll uns dieses Weib mit seinem Liebeswerben?
Die Waffenehre Roms wollt' es verderben.
Die Dirne ihrer eigenen Sklaven
Sucht sich in Rom die Herrschaft zu verschaffen:
Zu herrschen im Senat, und das zum Lohn
Für die Gewährung ihrer Gunst an Mark Anton.
Verderbtes Memphis, Alexandria, verfluchtes Land,
Wo man nichts als Betrug und Täuschung fand;
Wie viele Römer gaben hier ihre Blut,
Um zu beweisen ihren Heldenmut!
Nicht auszudenken, daß die Königin,
Eine zutiefst verächtliche Blutschänderin,
Verderbt und grausam es will wagen,
Den Gott Anubis her nach Rom zu tragen.
Statt Jupiter den Hundskopf zu verehren,
Wird sie die Römer niemals lehren.
Der Tiber soll den Rang abtreten an den Nil?
Das wäre für der Römer Stolz zuviel.
Den Klang unserer römischen Kriegstrompeten
Werden nicht übertönen ihre Kastagnetten …»

Jedenfalls waren nun die Fronten klar, und Marcus Antonius begann zu handeln. Als erstes ließ er die mit ihm verbündeten Städte und Klientelfürsten einen feierlichen Treueeid schwören und versicherte seinerseits, er werde hart, unversöhnlich und bis zur völligen Niederlage des Gegners kämpfen. Sechs Monate nach dem Sieg wolle er alle seine Ämter niederlegen und seine Regierungsgewalt an Volk und Senat von Rom zurückgeben.

Während die *Basilissa* und ihr Hof in Athen blieben, machte sich der Imperator auf den Weg, um im *Mare Ionicum* eine Kette von Stützpunkten zu errichten. Als nördlichste Basis diente die Insel Korkyra, dann folgten Aktion am Golf von Ambraka, die Insel Leukas, die Hafenstadt Patras am Golf von Korinth, die Insel Zakynthos, die Hafenstadt Methone an der Südwestspitze von Hellas und zuletzt die Basen auf Kreta und in der Kyrenaika, die schon zum Herrschaftsgebiet unserer Königin gehörten.

Im Oktober kam der Imperator zurück, und wir siedelten gemeinsam nach Patras über, einer Stadt, die etwa in der Mitte der vorhin genannten Stützpunkte lag. Die Stadtväter fühlten sich hoch geehrt und ließen sofort Münzen mit dem Bildnis der *Basilissa* schlagen, deren Rückseite ein *sistrum* zeigte, ein Attribut der Göttin Isis.

In dem prachtvoll zwischen Berg und Meer gelegenen Patrae gab es keine geeigneten Unterkünfte, und so ließ Antonius vor ihren Mauern eine Zeltstadt errichten. Hierher lud er seine verbündeten Klientelfürsten zu einem großen Symposion, wobei er sie ihrem Rang nach der Königin vorstellte.

Herodes von Judäa, Malchos von Nabatäa und noch andere weniger bedeutende Herrscher hatten aus Vorsicht oder Berechnung nur Vertreter geschickt, doch ihre Lieferungen an Geld, Truppen und Kriegsmaterial erwiesen sich als beträchtlich, so daß man die königlichen Botschafter zuvorkommend und ehrenvoll behandelte.

Alles sah so prächtig, so hoffnungsvoll aus, und der Imperator versicherte seiner Umgebung bei jeder Gelegenheit, er gebiete nicht nur über mehr Truppen und Schiffe als Octavius, sondern verfüge über Geldmittel, von denen sein Gegner nur träumen könne.

Zu mir sagte er einmal: «Die Tage des Octavius sind gezählt, glaube mir. Doch es quält mich der Gedanke, daß wir

– wenn auch nicht befreundet – über lange Jahre Kampfgenossen waren, daß wir gemeinsam die Caesarmörder zu Paaren trieben – und jetzt ...»

Sein von Lastern gezeichnetes Gesicht zeigte tiefe Bewegung. Er sammelte sich und fuhr fort: «Es hätte alles anders sein können ... Ich glaube, wir beide haben in den letzten Jahren einen entscheidenden Fehler begangen, als wir aus Argwohn und vielleicht berechtigtem Mißtrauen jede persönliche Begegnung vermieden. So von Mann zu Mann wären Probleme eher zu klären gewesen, die sich aus der Distanz nur noch verstärkten. Nun ist es eben, wie es ist, und ich muß es durchkämpfen bis zum Ende. Aber ich sage dir, Olympos, weil ich dir traue und du dich immer als verschwiegen gezeigt hast, ich wünsche nicht den Untegang des Octavius, würde am liebsten mit ihm zusammen – quasi als Duumvirn – Rom regieren. Ich würde ihm Rom überlassen, weil er mit dem Senat umzugehen weiß wie kein zweiter, und ich übernähme die Verhandlungen nach außen.» Er schwieg und trank in langen Zügen seinen Becher leer. Was sollte ich darauf sagen?

«Ich glaube, dazu ist es jetzt zu spät, Imperator.»

«Das weiß ich auch!» knurrte er und stapfte hinaus.

Mit Iras traf ich mich in dieser Zeit selten, doch wenn, dann war sie guter Dinge und schien felsenfest von unserem Sieg überzeugt. Nein, es schien nicht nur so – sie war es wirklich.

Wir schlenderten den Strand entlang in Richtung auf die Zeltstadt, deren bunte Wimpel sich träge im sanften Abendwind bewegten. Ich wollte Iras gerade fragen, ob sie die Nacht über frei sei, da rannte uns ein atemloser Sklave fast um.

«Iras – Iras soll sofort – sofort – zur Königin kommen!»

Natürlich ging ich mit und erfuhr sogleich die bestürzenden Neuigkeiten.

Marcus Agrippa, der geniale Oberbefehlshaber der Flotte und Freund des Octavius, hatte in aller Stille einen großen Teil seiner Flotte ins *Mare Ionicum* gebracht, und zwar nicht auf dem leicht einsehbaren direkten Weg, sondern in geschickter Diagonalfahrt. Er benützte dazu die als *liburnae* bezeichneten Schnellsegler, hatte Methone, unsere wichtigste Flottenbasis, im Handstreich überrannt und war schon auf dem Weg, die anderen Stützpunkte anzugreifen. Der Oberbefehlshaber der Flotte bedrohte die für Kleopatras Versorgungsschiffe so wichtigen Seestraßen und zwang jetzt Antonius, große Teile seiner Flotte von Patrae abzuziehen.

Damit nicht genug: Der Fall von Methone hatte Eurykles, den *administrator* von Sparta, daran erinnert, daß Antonius seinen Vater als Piraten hatte hinrichten lassen, und er ging zu Octavius über – mit ihm der vom Imperator eingesetzte Legat Atratinus. Um gleich reinen Tisch zu machen, ließ Eurykles die mit dessen Namen ATR gezeichneten Münzen durch Änderung des zweiten Buchstabens in AGR – also Agrippa – umändern.

Nicht wenige Historiker sind heute der Meinung, Marcus Antonius habe den Krieg bereits nach der Eroberung von Methone verloren gehabt, weil ihn die neue Lage dazu zwang, seine Seestreitkräfte zu zersplittern.

Wir aber machten uns sogleich auf den Weg nach Aktion, wo der Imperator eine neue zentrale Flottenbasis aufbauen wollte. Zugleich gab er den in Hellas noch lagernden neunzehn Legionen seines Landheeres den Befehl, sich dorthin in Marsch zu setzen.

## DREIZEHNTES KAPITEL

So sehr heute Aktion jedem Gebildeten zum historischen Begriff geworden ist, so unbekannt war dieser kleine Ort damals. Als wir eintrafen, hatten die paar Dutzend Einwohner längst die Flucht ergriffen, denn nichts spricht sich schneller herum als das Nahen einer großen Heeresmacht.

Der Imperator errichtete sein Hauptlager an der Südseite des Ambrakischen Golfes, während Octavius seine Zeltstadt auf der Nordseite – etwa zehn oder zwölf Stadien von uns entfernt – angelegt hatte. Sein weithin sichtbares Feldherrnzelt krönte einen Hügel, von dem aus er einen guten Blick sowohl in den Golf wie auch aufs offene Meer hatte.

Als wolle er in einem Handstreich gleich zu Anfang die Entscheidung erzwingen, griff Octavius schon in den ersten Tagen unsere Flotte an, wurde aber zurückgeschlagen. Antonius ließ sogleich Münzen auf diesen «Sieg» prägen, aber dieses Geplänkel erwies sich – verglichen mit dem Kommenden – als belanglos, um so mehr, als Agrippa nicht daran beteiligt war. Der *praefectus classis* war derzeit noch im Süden unterwegs, eroberte Patrae und Leukas, was Antonius in eine bedrängte Lage brachte. Nun war er in Aktion eingeschlossen, konnte keinerlei Unterstützung von außen her erwarten, und das erwies sich als sehr nachteilig für unsere Versorgung. Ein weiteres kam hinzu: Inzwischen war es Juli geworden, und das Flachwasser des von sumpfigen Ufern umgebenen Golfes brütete Krankheiten aus, die sich allerdings von der aus Parthien vertrauten *pestilentia* unterschieden. Hier traten Fieber und schwerer Durchfall auf, und so heilsam die erhöhte Körpertemperatur bei manchen Krankheiten sein kann, so gefährlich erwies sie sich als *febris intermittens*. Für dieses Wechselfieber gibt es noch immer keine medizinische Erklärung. Bei der leichter verlaufenden Form folgt auf eine etwa vier- bis sechsstündige Phase schweren Fiebers eine völlige Erholung mit normaler Temperatur, die diesen und den nächsten Tag anhält. Am Morgen des dritten Tages wiederholt sich dieser Ablauf. Der Körper wird dadurch sehr geschwächt – ungefähr die Hälfte der Männer starb daran, die anderen waren nicht mehr diensttauglich und mußten entlassen werden. Als einzig wirksam erwies sich die Behandlung mit geringen Dosen von *arsenikon*, die jedoch nicht bei jedem anschlug.

Es zeigte sich noch eine gefährlichere Form des Fiebers, bei dem die Anfälle wesentlich länger anhielten und nicht selten täglich auftraten. Der Urin der Betroffenen färbte sich dunkel; die Krankheit endete nach spätestens einer Woche fast immer tödlich.

Eine weitere Plage war die bei jedem zweiten Mann auftretende *diarrhoia*, doch meist nahm sie einen harmlosen Verlauf. Sie erschien mit und ohne Fieber, begleitet von starken Bauchschmerzen, Übelkeit und tagelangen Durchfällen. Die Kranken waren sehr geschwächt, erholten sich aber schnell. Häufig kam es zu Rückfällen, die dann leichter verliefen.

Ich sprach darüber mit den anderen Ärzten, und wir waren uns fast alle einig, daß das schlechte Trinkwasser die Schuld daran trug. In dem sumpfigen Gelände um Aktion gab es keine Quellen, und das verfügbare Grundwasser war brackig, bitter und leicht salzig. Daß sich die *diarrhoia* weder im Kreis unserer *Basilissa* noch in der Umgebung des Antonius zeigte, war der sichere Beweis, denn wir Privilegierten tranken ausschließlich ein mühsam in Fässern von entfernten Bergquellen herbeigeschafftes Quellwasser.

Als die ersten Männer an den geschilderten Krankheiten starben, befahl mich der Imperator in sein Zelt. Seine sonst etwas gespielte Sorglosigkeit – wenn er durchs Lager ging und mit den Männern sprach – fiel bei meinem Erscheinen ab wie eine Theatermaske.

«Ich glaube, wir sollten deinem Gott Asklepios hier im Lager Altäre errichten, um ihn etwas gnädiger zu stimmen. Es handelt sich doch wieder um die *pestilentia*? Sie hat uns den Partherfeldzug verdorben und könnte auch hier fatale Folgen haben.»

«Nein, Imperator, zum Glück nicht. Das Wechselfieber ist gefährlicher als die *diarrhoia* – gegen ersteres sind wir machtlos, doch letzteres ließe sich bekämpfen.»

Er atmete sichtbar auf.

«Den Göttern sei Dank! Was rätst du mir?»

Ich erklärte ihm die Sache mit dem schlechten Wasser und schlug vor, die Quellen im bergigen Hinterland auf die schnellste und einfachste Art hierherzuleiten. Ich hatte festgestellt, daß nur einige Dutzend Stadien südöstlich vom Lager Bergbäche ins Meer flossen, und sie mußte man nur durch einen schmalen, tiefen Graben umleiten.

Antonius schlug mir so kräftig auf die Schulter, daß ich beinahe umgefallen wäre.

«Olympos, Olympos – wenn ich dich nicht hätte! Täglich bete ich zu Mars, daß Octavius nicht jetzt schon die Schlacht eröffnet, da unsere Leute in einem so schlechten Zustand sind. Aber er scheint nicht daran zu denken und will offenbar mir den ersten Schritt überlassen. Das ist sehr unklug von ihm, denn täglich treffen weitere Soldaten aus Hellas ein, und wenn wir stark genug sind, kann er sie schon haben, seine Schlacht!»

Der für ihn typische schnelle Stimmungswechsel hatte sein betrübtes Gesicht geglättet, seine Augen glänzten, an der Schläfe pochte eine Ader. Er sprang auf.

«Ich werde meinen Pionieren sofort die nötigen Befehle erteilen!»

Die Arbeiten am Kanal gingen schnell voran, und es dauerte keine zwei Wochen, dann floß ein quellfrischer Bergbach durchs Lager, und die *diarrhoia* erlosch nach wenigen Tagen. Nach einem starken Gewitterregen gegen Ende Juli setzte kühlere Witterung ein, und die gereinigte Luft ließ auch das Wechselfieber zurückgehen.

Doch die Krankheiten hatten uns etwa fünf- bis sechstausend Mann gekostet, und es traf besonders die schlecht ernährten und schlecht behandelten Rudersklaven, die den Übeln keine Kraft entgegensetzen konnten. Antonius handelte schnell und schickte Trupps seiner besten Legionäre ins Hinterland, die jedes halbwegs gesunde männliche Wesen zwischen Fünfzehn und Fünfzig einfach festnahmen und dann zum Ruderdienst preßten.

Der Imperator war nun wieder zuversichtlich geworden und beschloß überraschend, Octavius zur Schlacht aufzufordern. Er setzte mit seinen besten Kampftruppen zum Nordufer über und ließ in Rufnähe zum feindlichen Lager eine neue Zeltstadt errichten. Bald stellte sich heraus, daß dies ein Fehler war. Octavius ließ sich auf nichts ein, wehrte jeden Angriff erfolgreich ab, und Antonius mußte mit ansehen, wie einer der kleineren Klientelfürsten quasi unter seinen Augen zum Gegner überlief. Sein Beispiel machte Schule, und es setzte eine Massenflucht ein, die der Imperator nur dadurch beenden konnte, daß er zwei dabei ertappte römische Senatoren und einen Klientelkönig vor versammelter Mannschaft hinrichten ließ.

Nach diesen Ereignissen zog sich Antonius wieder auf das südliche Hauptlager zurück und unternahm einen Versuch, seine beträchtlich verminderten Legionen aufzufüllen. Unter dem Kommando des Quintus Dellius schickte er eine Truppe nach Norden, um in Makedonia und Thrakia neue Söldner anzuwerben – das Geld dazu war dank Kleopatras Unterstützung reichlich vorhanden. Der Versuch mißlang und ebenso ein zweiter, aus der Umklammerung des Feindes auszubrechen. König Amynthas von Galatia führte dabei eine Reiterhorde von zweitausend Mann – um dann zu Octavius überzulaufen, denn auf unserer Seite setzte sich immer mehr die Überzeugung durch, daß der Imperator diesen Krieg verlieren würde.

Man kann sich vorstellen, wie sich das auf die Kampfmoral der Männer – sowohl der Römer wie auch der Fremdtruppen – auswirkte. Die Ausländer fürchteten nun, für eine verlorene Sache ihren Kopf hinzuhalten, und die Römer scheuten die Rache ihrer Landsleute, wenn sie am Ende als Vaterlandsverräter dastanden.

Wie verhielt sich die Königin Kleopatra in diesen zunehmend kritischer werdenden Tagen? Ihr Zelt war auf einer Anhöhe in unmittelbarer Nähe der Küste errichtet. Zur Rechten fiel der Blick auf eine flache Landzunge, links erhob sich ein bewaldeter Hügel, der die Sicht auf die Nordspitze der Insel Leukas versperrte. Die Lage des Zeltes war so ausgewählt, daß Kleopatra in kürzester Zeit zu ihren Schiffen gelangen konnte, wo ausgesucht kräftige Ruderer auf einen möglichen Einsatzbefehl warteten. Dabei ging es nicht nur um ihre Person, denn da draußen warteten einige Lastschiffe auf die hier im Zeltlager untergebrachten, Tag und Nacht streng bewachten Schätze. Das gemünzte wie auch in Barren mitgeführte Gold und Silber sollte auf ihr Flaggschiff «Antonias» gebracht werden, denn – so sagte sie einmal – «wenn ich untergehe, dann nehme ich den Staatsschatz mit. Auf dem Meeresgrund ist er besser aufgehoben als in den Händen der Römer.»

Von der derzeitigen Lage zeigte sich die *Basilissa* weder entmutigt noch gar in Angst versetzt. Sie baute auf die Schlagkraft und Überlegenheit unserer Flotte und gehörte zu denen, die einen Landkrieg ablehnten. Nur in einer Seeschlacht, so meinte sie, sei der Sieg so gut wie sicher.

Canidius Crassus, treuer Freund des Imperators und bewährter *legatus* in unserer Armee, hatte als einziger Kleopatras Meinung geteilt, doch seit der Imperator mit seiner durch Krankheit und Flucht dezimierten Truppe nur noch etwa 230 Kriegsschiffe bemannen konnte – anstatt wie zuvor etwa 500 –, war Octavius zur See stärker geworden, und Crassus riet dazu, die Truppe nach Norden zu verlegen, um in Makedonia oder Thrakia eine Landschlacht zu erzwingen. Außerdem schlug er vor, die Königin solle sich vorher mit dem Staatsschatz in Sicherheit bringen.

Gerade das aber wollte Kleopatra nicht. In ihrer Abwesenheit, so fürchtete sie, könne Antonius sich mit dem Gegner einigen, und dann würde sie mit ihrem Thron auch den Geliebten verlieren. So stand der wenig beneidenswerte Antonius zwischen zwei Lagern und mußte sich schnell entscheiden, wenn es nicht zu einer Katastrophe kommen sollte.

Da geschah etwas, was bisher kein Historiker erwähnt hat, weil keiner davon weiß.

An einem schwülen, verhangenen Tag Mitte August – in den Bergen grummelte leise ein Gewitter – erlebte ich wieder einmal, wie ein Trupp Soldaten etwa zwanzig gefesselte Männer hinab zur Küste trieb, wo sie als Ruderknechte die leeren Schiffe bemannen sollten. Einige von ihnen waren fast noch Kinder, andere – wenn auch äußerlich kräftig – schienen mir für diese Aufgabe fast zu alt.

Ein großer, schlanker Mann in mittleren Jahren fiel mir auf, der mit seinem graugesprenkelten Bart und der guten, wenn auch jetzt schmutzigen und zerschlissenen Kleidung gewiß nicht aus einem der umliegenden Dörfer stammte. Als er mich sah, rief er laut: «Herr, ich bin Priester im Nekromanteion bei Ephyra! Ich tauge nicht zum Ruderknecht, kann mich freikaufen, aber –»

Einer der Soldaten schlug ihm den Schaft seiner Lanze ins Gesicht – nicht allzu heftig, auf eine fast gutmütige Art.

«Halt's Maul, Alter! Der Imperator braucht Ruderer und keine Priester, und dazu taugst du noch allemal!»

Ich trat näher und hob die Hand.

«Ich bin Olympos, Leibarzt der Königin und Freund des Imperators. Um diesen Mann werde ich mich kümmern!»

Der Soldat begann zu murren, doch dann erschien der *centurio* und nickte mir zu.

«Auf deine Verantwortung, Olympos! Nehmt dem Mann die Fesseln ab!» Er grinste mir zu und sagte leise: «Auf einen mehr oder weniger kommt es ja nicht an. Ich hoffe, du beteiligst mich, falls der Bursche ein Lösegeld bezahlt.»

Ich grinste zurück und flüsterte:

«Für jeden die Hälfte ...»

Er nickte und wandte sich den anderen zu.

Ich faßte den Priester am Arm.

«Wir gehen in mein Zelt.»

Ich war schon Dutzenden dieser Fangkommandos begegnet, hatte ihre elenden Opfer gesehen: Bauern, Hirten, Handwerker und Tagelöhner, die sie wahllos aufgriffen und in die Ruderbänke zwangen. Nie hatte ich mich eingemischt, weil ich dachte, der Krieg gehorcht eigenen Gesetzen, und was im Frieden falsch ist, kann jetzt richtig sein.

Warum tat ich es jetzt? Damals habe ich – ohne lange nachzudenken – ganz spontan gehandelt, vielleicht aus einer gewissen Solidarität diesem Mann gegenüber, der mir als Gebildeter näherstand als die dumpfe Masse der Bauern und Hirten. Oder war es Neugierde, als ich ihn den Ort Ephyra nennen hörte, der jedem Leser der *Odysseia* vertraut ist? Schon im ersten Gesang begegnen wir diesem Ort, wenn Pallas Athene von Odysseus spricht:

«Er ließ es sich wohl sein und trank.
Aus Ephyra kam er zurück, wo bei Ilos
Memeros' Sohn, er um tödliche Gifte sich mühte,
damit er die ehernen Spitzen der Pfeile bestreiche.»

Im zweiten Gesang wird dieser Ort nochmals erwähnt und wieder im Zusammenhang mit Gift:

«Oder es treibt ihn, nach Ephyras Feldern zu reisen,
Gifte will er dort holen, die tödlich wirken ...»

So wird es mir damals durch den Kopf gegangen sein: Den Mann aus Ephyra mußt du kennenlernen, um Näheres über diesen schlimmen Ort zu erfahren.

Wir betraten mein Zelt, und ich schickte den Sklaven zum Wasserholen, damit mein Gast sich reinigen konnte. Leise stöhnend setzte er sich auf den Stuhl, den ich ihm hinstellte.

«Mein Name ist Diokles aus Philippias. Dorthin war ich unterwegs, um meine kranke Mutter zu besuchen, als deine Leute mich aufgriffen. Sie hörten gar nicht hin, als ich sagte, ich käme aus Ephyra, sei ein Priester der Persephone und könne ein hohes Lösegeld zahlen. Vielleicht glaubten sie mir nicht – jedenfalls wurde mir bedeutet, sie seien hier, um Rudersklaven für Marcus Antonius zu rekrutieren und nicht, um Lösegelder einzustreichen. Geld besitze der Imperator mehr als genug ...»

Diokles wusch sich, so gut es ging. Seine Füße waren blutig zerschrammt, der Lanzenhieb hatte ihm einen Vorderzahn ausgeschlagen.

«Ich muß dich korrigieren», sagte ich. «Es sind nicht, wie du sagst, meine Leute, sondern Soldaten des Imperators. Ich bin Leibarzt der Königin von Ägypten und mische mich ungern in Dinge, die mich nichts angehen.»

«Jetzt aber schon ...»

Ich zuckte die Schultern und lachte gezwungen.

«Ja, jetzt schon – vielleicht aus einer Laune heraus, vielleicht, weil ich dich aufgrund deines Aussehens für einen Kollegen hielt.»

«So abwegig ist das nicht. Wir Priester im Nekromanteion sind auch Seelenärzte, denn wer zu uns kommt, sucht – ja, man kann es so nennen – sucht Heilung, weil ihn etwas schmerzt, bedrängt ...»

«Nekromanteion? Sagtest du nicht, du seist Priester der Persephone?»

Er lächelte.

«Aber ja – das ist doch ein und dasselbe. Wir führen die Pilger hinab in die Unterwelt, und dort rufen wir mit Hilfe Persephones die Geister der Toten. Wenn sie erscheinen, kann man sie befragen – nach Vergangenem, nach Zukünftigem, sie um Rat bitten in großen und kleinen Angelegenheiten ...»

«Wie weit ist das von hier?»

«Zu Land dauert es länger, schau nur meine Füße an, aber zur See sind es knapp dreißig römische Meilen, also etwa zweihundertzwanzig Stadien. Ein Schnellruderer schafft das in drei oder vier Stunden.»

Ritt mich Bes, der alte ägyptische Kobold, als ich in spöttischem Ton fragte: «Und ihr könnt jeden Verstorbenen rufen? Etwa meinen Vater oder Homer oder den großen Alexander ...?»

«Jeden!» sagte er bestimmt. «Die magischen Kräfte des Nekromanteion sind lange erprobt, wir Priester kennen die Beschwörungsriten, aber stelle ihn dir nicht zu bequem vor, den Gang in die Unterwelt!»

«Da muß man gewiß den Acheron überqueren und Charon, den Fährmann, bezahlen?»

Er ging nicht auf meinen spöttischen Ton ein.

«Ja, so ist es», sagte er ernst.

Ich wollte es noch immer nicht so recht glauben.

«Wir könnten also auch Julius Caesar rufen und seinen Geist befragen, wer diesen Krieg gewinnt?»

Er nickte.

«Auch das wäre möglich.»

«Es fällt mir schwer, das zu glauben.»

«Du kannst es erproben.»

Ich stand auf.

«Das werde ich!»

Daß ich ihn nach dem geheimnisvollen, giftschwangeren Ephyra hatte fragen wollen, war vergessen, als ich vom Todesorakel hörte.

Ich rief meinen Diener und befahl ihm, für Diokles geeignete Kleider zu beschaffen.

«Mach dich zurecht, und ruhe dich aus. Vielleicht wünscht meine Königin, dich zu sehen.»

Dann bat ich bei Kleopatra um dringende Audienz, und eine schnippische Iras empfing mich im Vorraum des Königszeltes.

«Ich hoffe, du behelligst die *Basilissa* nicht mit irgendwelchem Krimskrams!»

Ich küßte sie auf die Wange.

«Nein, meine Schöne, ich werde ihr helfen, den Krieg zu gewinnen.»

Sie schnaubte verächtlich und gab mir den Weg frei. Ich erklärte der zerstreut lauschenden Königin die Zusammenhänge und meinte, ein göttlicher Orakelspruch, noch dazu aus dem Munde Caesars, könne nichts schaden.

Sie dachte kurz nach, und ich glaubte, etwas wie Unschlüssigkeit – ja sogar Hilflosigkeit in ihrer Miene zu sehen. Dann machte sie eine gleichgültige Handbewegung.

«Warum nicht? Doch das Orakel muß uns auf irgendeine Weise nützen – hole den Priester her, jetzt gleich!»

Sie sprach allein mit Diokles, und ich habe niemals erfahren, ob sie ihn zu beeinflussen versuchte oder gar eine Art Handel mit ihm schloß. Die Königin redete auch später nicht davon, und Diokles bewahrte eisernes Schweigen.

Mir selbst teilte die *Basilissa* mit, der Priester habe ihr versichert, daß jeder Ratsuchende auch einen Stellvertreter entsenden könne.

«Du wirst also mit Diokles nach Ephyra reisen, dich den Anordnungen der Priester unterwerfen, und wenn Caesars Geist erscheint, ihn fragen, auf welche Weise dieser Krieg zu gewinnen sei.»

Sie lachte kurz.

«Jetzt siehst du aus wie ein Bauer, dem es die Ernte verhagelt hat. Bei Serapis – die Sache ist doch einen Versuch wert. Paßt uns der Spruch nicht, ignorieren wir ihn. Höre gut zu – du stellst die Frage: ‹Göttlicher Caesar, Kleopatra, die Mutter deines Sohnes Kaisarion, bittet dich um Rat, auf welche Weise dieser Krieg zu gewinnen ist.› Nicht mehr und nicht weniger, denn es muß immerhin bedacht sein, daß es ein Krieg gegen seinen Adoptivsohn Octavius ist.»

Ich verneigte mich.

«Ich höre und gehorche.»

Die Königin drehte sich zu Iras um und sagte lächelnd: «Er gehorcht nicht gerne, das sieht man gleich. Du mußt ihm seine Flausen noch austreiben, Iras.»

Gleich am nächsten Tag legten wir ab. Geschickte und kräftige Ruderer brachten das schmale, leichte Schiff derart in Fahrt, daß es nur so über das Wasser flog. Dabei wäre es zu mühsam gewesen, die etwas nördlich ankernde Flotte des Octavius zu umfahren, und so glitt unser kleines Boot einfach zwischen den hochaufragenden *quadriremes* und *quinqueremes* hindurch. Von den auf uns herabschauenden *nautae* kamen Spott und faule Witze, ansonsten wurden wir nicht behelligt. Nach etwa vier Stunden landeten wir an der von Diokles als *glykys limen* bezeichneten Küste, was mit «Süßwasserbucht» zu übersetzen wäre. Zur Linken thronte auf einem Felsen die Festung Chimeirion, zur Rechten – gleich neben unserer Landestelle – mündete der Acheron ins Meer. Der breite klare Fluß hatte nichts Düsteres an sich, war dicht von Büschen und Bäumen gesäumt und machte keineswegs den Eindruck, als führe er geradewegs in die Unterwelt.

Das sagte ich zu Diokles, und er wandte mir sein ernstes bärtiges Gesicht zu.

«Dieser Eindruck täuscht. Hier, wo der Acheron sich mit dem Meer vermählt, darf er ein heiteres Gesicht zeigen, aber du wirst ihn auch noch von einer anderen Seite kennenlernen.»

Wir gingen an Land, und als ich ihn fragte, wie lange das Schiff hier zu warten hätte, sagte er, von heute an gerechnet könne ich am Morgen des vierten Tages wieder zurückreisen.

An der Flußmündung stand ein kleines Haus aus unbehauenen Steinen. Diokles öffnete, ohne anzuklopfen, die Tür und kam mit einem finster dreinblickenden älteren Mann heraus.

«Seine Söhne werden uns flußaufwärts bis zum See rudern.»

Wir bestiegen ein schmales Boot, und zwei kräftige Burschen trieben es mit schnellen Ruderschlägen gegen die Strömung.

Schon bald hatte der Acheron seine Heiterkeit verloren, tief neigten sich die Zweige der Büsche und Bäume über das Wasser, und – als zollte ich schon jetzt Persephone meine Reverenz – ich mußte mich ständig verbeugen, um den peitschenden Ästen auszuweichen. Es ging auf den Abend zu, das Wasser hatte eine düstere Farbe angenommen, und dann lag plötzlich ein kleiner See vor uns, glatt und unbewegt wie ein schwarzer Spiegel. Zur Linken erhob sich ein steiler, dicht mit Zypressen bewachsener Hügel, auf dem ein niedriges burgartiges Gemäuer emporragte, fenster- und turmlos.

Ich deutete hinauf.

«Was ist das?»

Diokles legte einen Finger über die Lippen.

«Von jetzt an mußt du schweigen. Gehorche den Weisungen, wer immer sie dir gibt. Und sei bedankt für deine Hilfe.»

Wir legten an, und Diokles verschwand zwischen den Büschen, deutete im Weggehen auf einen kleinen Nachen, der ein Stück weiter am Ufer lag. Ich ging darauf zu, und im Heck saß schwarzverhüllt der Fährmann. Er winkte mir einzusteigen, und als ich mich mit dem Gesicht zur Fahrtrichtung setzen wollte, schüttelte er seinen bis zum Kinn verhüllten Kopf. Er gab mir zu verstehen, daß ich unserem Ziel den Rücken kehren müsse und mich unter keinen Umständen umdrehen dürfe.

Wie er das tat? Mit Worten? Mit Gesten? Jedenfalls verstand ich ihn, und auch als wir anlegten, wandte ich mich nicht um.

Wenn von nun an mein Bericht etwas wunderlich klingt, dann gebe ich nur wieder, was ich dachte und empfand. Gleich zu Anfang möchte ich versichern, daß ich mit dem Nekromanteion eine andere Welt betrat, tastend zuerst und unsicher; denn hier herrschte völlige Finsternis. Ich war angewiesen nur auf das, was ich hörte, fühlte und schmeckte. Alles war fremd, andersartig und unvertraut – eine Gegenwelt zum Diesseits, zum Oberirdischen.

Inzwischen war es dämmrig geworden, der Fährmann streckte – wie Charon – seine Hand hin, und ich legte einen *obolos* darauf. Er half mir beim Aussteigen, übergab mich einer schwarzgekleideten Gestalt, die mich etwa zwanzig steile Stufen hinauf und vor ein niedriges Portal führte.

Ein drohendes Knurren ließ mich zurückschrecken. Es folgte ein wütendes Bellen, das mir schmerzhaft in die Ohren stach. Der Hund mußte ganz nahe sein, doch zu sehen war nichts. Dann öffnete sich vor uns eine schwere mit Bronzenägeln verzierte Holztür, doch ich zögerte und blieb stehen. Mein Begleiter wandte sich um – auch sein Gesicht war von einer Kapuze verdeckt – und lud mich mit einer ruhigen, freundlichen Geste zum Eintreten. Schließlich wirst du hier nicht umgebracht, dachte ich und überschritt die Schwelle. Von da an bewegte ich mich in völliger Dunkelheit; nur zu bestimmten Gelegenheiten gab es für wenige Minuten etwas Licht, doch davon später.

Mein Begleiter, an dessen Ärmel ich mich klammerte, schob mich in einen kleinen fensterlosen Raum, den ein schwaches Öllicht gerade noch so erhellte, daß ich ein niedriges Bett und daneben den Kübel zur Körperentleerung sehen konnte. Wir blieben einige Minuten stehen, dann nahm der andere das Lämpchen, wies auf ein Bord, wo ein Krug und eine Schale standen, beide aus schwarzem Ton, deutete auf meinen Mund und verschwand.

Ich tastete mich zum Bett und streckte mich aus. Das Lager war hart, aber nicht unbequem, und ich wäre wohl schnell eingeschlafen, doch empfand ich den Hinweis auf Krug und Schale als eine Aufforderung, und plötzlich fühlte ich Hunger und Durst.

Dann schien es mir, als sei der Raum nicht völlig dunkel, sondern befinde sich gleichsam am Rande der Finsternis. Ohne Schwierigkeit fand ich die irdenen Gefäße, doch wäre es falsch zu behaupten, ich hätte sie gesehen – ebenso falsch aber auch, wenn ich sage, ich mußte sie mühsam ertasten.

Hier war, so empfand ich es auch in den nächsten Tagen, nichts eindeutig, nichts klar und überschaubar. Das war eine ganz eigene Welt, angesiedelt zwischen Diesseits und Jenseits, zwischen fremd und vertraut, gewohnt und ungewohnt.

Das begann schon mit meiner Mahlzeit. Das Wasser im Krug erwies sich als kühl und angenehm, hatte aber einen seltsamen säuerlichen Beigeschmack, den ich nicht einordnen konnte, denn er bewegte sich zwischen fruchtig – ähnlich einer Limone – und mineralisch, vergleichbar mit den da und dort anzutreffenden Gesundbrunnen.

Die Schale enthielt eine Handvoll bohnen- oder nußartiger Kerne in verschiedener Größe. Ich kaute sie fest durch und fand bestätigt, was ich vermutet hatte. Der Geschmack lag zwischen dem pelzig-mehligen von rohen Bohnen und dem kernig-aromatischen von Nüssen.

Als ich mich zum zweiten Mal hinlegte, war meine Müdigkeit wie weggezaubert. Zuvor hatte ich geglaubt, hier herrsche eine völlige Stille, doch nun vernahm ich ferne schwache Geräusche, eine Klangmischung aus Flüstern, Scharren, Pochen und hohen summenden Tönen. Auch dies lag an der Grenze des Wahrnehmbaren. Sobald ich mich auf meine Gedanken konzentrierte, verschwanden die Geräusche, wenn ich ihnen aber angestrengt nachlauschte, waren sie wieder da – sehr fern, kaum hörbar, aber doch vorhanden.

Irgendwann schlief ich dann ein, und als ich erwachte, wußte ich sofort, wo ich war – aber wie lange hatte ich geschlafen? Nur wenige Stunden oder bis in den Morgen hinein? Diese ewige Finsternis nahm mir jeden Zeitbegriff, und nun fand ich es ärgerlich, mich auf dieses Abenteuer eingelassen zu haben.

Ein starkes Bauchgrimmen trieb mich aus dem Bett, ich ertastete den Kübel und entleerte mich lange und schmerzhaft. Zugleich fühlte ich eine seltsame Benommenheit, ich pochte mit der Faust an die Stirn, und das war, als klopfte ich auf einen fremden Gegenstand, als sei mein Kopf nicht mehr ein Teil von mir.

Ich legte mich wieder hin und wußte bald nicht mehr, ob die fernen Geräusche, dieses ständige Pochen, Summen, Flüstern, Rauschen, tatsächlich existierten oder nur in meinem Kopf stattfanden oder ob beides sich mischte. Vielleicht war ich wieder eingeschlafen – jedenfalls fuhr ich hoch, als ich das Geräusch von Schritten hörte. Ich blinzelte in die schwache Funzel eines Öllämpchens und sah, wie der Vermummte nach dem Kübel griff. Schnell faßte ich ihn am Ärmel.

«Ist es schon Morgen? Wann werde ich –»

Der Mann erstarrte, und ich fühlte, wie sich eine kalte Hand über meinen Mund legte. Das Schweigegebot – ja, ich hatte es vergessen. Ergeben ließ ich mich zurücksinken, sah, wie der Vermummte Krug und Schale prüfte, beide in einen Sack steckte, und dann umfing mich wieder die Dunkelheit. Als hätte die Flamme des Lämpchens eine Spur hinterlassen, sah ich rötliche Funken im Finstern aufglühen, und als ich die Augen schloß, wechselten sie die Farbe, wurden blau, dann türkis und glommen noch eine Weile in leuchtendem Grün, bis sie zu fahlem Gelb wechselten und erloschen.

Ich dämmerte weiter vor mich hin, sah in einem Zustand des Wachträumens bunte wirre Bilder aus meinem Leben vorüberziehen, die sich ohne chronologische Ordnung beliebig aneinanderreihten und bis in meine frühe Kindheit zurückreichten. Eines zeigte mir meine Mutter im Grab, und ihr gemaltes Gesicht wurde lebendig, der Sarg öffnete sich, sie streifte ihre Mumienhüllen ab, und ich hörte eine leise, sanfte Stimme sagen: «Olympos, mein Sohn, endlich sehe ich dich wieder», und wußte sofort, daß dieses Wiedersehen nur im Jenseits stattfinden konnte. So war ich also gestorben, doch das schreckte mich nicht, und dann schob sich ein anderes Bild darüber, mein Vater erschien und wies auf einen Haufen abgetrennter Glieder, die – zuunterst der Rumpf – auf einer Bahre geschichtet lagen, obendrauf der Kopf, der mich erwartungsvoll anlächelte. «Den müssen wir zusammenflicken!» sagte mein Vater, und so ging es weiter im wirren Bilderreigen. Später fiel mir auf, daß all diese Szenen in Ägypten spielten, bis auf eine. Ich saß im Asklepieion zu Pergamon vor dem Rundtempel, dachte an die Bücher, die ich beschlagnahmen mußte, und an Herodes, der mich haßte und mir auflauerte. Da ertönte aus dem Innern des Tempels ein wunderbarer Chorgesang, der mich bezauberte und ablenkte. Nach einer Weile fand ich mich in der dunklen Zelle des Nekromanteion wieder, doch der Gesang brach nicht ab. Ich richtete mich auf und lauschte, und wieder war es etwas, das am Rande der Wahrnehmung lag. Hielt ich den Atem an und konzentrierte mich mit ganzer Kraft auf dieses ferne Geräusch, so vernahm ich den Sprechgesang, erkannte sogar Worte und Satzfolgen. Ließ meine Aufmerksamkeit nach, so hörte ich nur noch ein leises Summen, das sofort verstummte, wenn ich geräuschvoll atmete. Da ich nicht immer die Luft anhalten konnte, gab es Lücken beim Verständnis der Lieder, doch bald erkannte ich, daß sie die Geschichte von Demeter, Persephone und Hades erzählten.

«... zureden sollte er Hades mit schmeichelnden Worten, die reine
Jungfrau Persephone wieder vom Schattenreich unter die Götter,
aufwärts zum Licht zu schicken, auf daß die Mutter bei ihrem Anblick aufgebe ihren bitteren Groll.
Er gehorchte Hermes –»

Einige heftige Atemzüge unterbrachen den Gesang –
«... begab sich eilig hinab in die Tiefen der Erde.
Drinnen in seinem Palaste traf er den Unterweltsherrscher,
wo auf dem Lager er saß, zur Seite des schamhaften Mädchens, das sich sträubte –»

Atmen.

«... Hades, Herrscher der Seelen, der Vater
Zeus befiehlt dir, die edle Persephone unter die anderen
Götter zu senden, hinauf aus dem Erebos, soll doch die Mutter sehen ihr Kind –»

Hingerissen lauschte ich dem schönklingenden Rezitativ, das sich über eine lange Zeit hinzog, so wenigstens empfand ich es. Vielleicht dauerte es nur eine halbe Stunde, vielleicht aber auch zwei oder vier Stunden – hier unten verwischte sich alles, Raum, Zeit, Wachen, Schlafen gewannen neue Dimensionen und ein anderes Gesicht – auch ein anderes Gewicht – als in der oberen Welt.

Irgendwann verstummte der Gesang, ich fühlte mich hellwach, in meinem Leib wühlte der Hunger, meine Zunge fühlte sich an wie ein vertrocknetes Blatt. Ich tastete mich zum Wandbord, fand Krug und Schale gefüllt, trank in tiefen Zügen das säuerlich schmeckende Wasser und verschlang heißhungrig ein nach Muscheln und Schweinefleisch schmeckendes Gericht, das vorzüglich mundete und von dem ich leicht noch eine zweite Portion vertragen hätte. Den Rest des Wassers goß ich über meine Hände, die ich an meinem *chiton* trockenrieb.

Wieviel Zeit war bis jetzt vergangen? Ich versuchte eine Schätzung – zehn Stunden? Zwölf? Zwanzig? Zwei Tage? Nein, das führte zu nichts. Ich setzte mich auf mein Lager und fühlte wieder diese seltsame Benommenheit, die keine Müdigkeit war, jedoch die Ordnung der Gedanken störte, Willen und Tatkraft lähmte. Aber worauf hätte ich hier schon meine Tatkraft wenden können?

Kurz darauf – oder waren wieder Stunden vergangen? – öffnete sich geräuschvoll die Tür, und ein Öllämpchen schwebte herein. Ich war so an die Dunkelheit gewöhnt, daß ich meine Augen vor diesem mir grell erscheinenden Licht schloß.

«Stehe auf und folge mir!»

Gehorsam erhob ich mich und ging hinter dem Licht her. Wir bogen um viele Ecken, gingen vielleicht sogar im Kreis, bewegten uns wie in einem Labyrinth. Dann standen wir plötzlich in einem niedrigen, quadratischen Raum – nicht viel größer als meine Zelle –, und eine ruhige, angenehme Stimme forderte mich auf, Platz zu nehmen. Ich setzte mich auf den Stuhl, über mir hing eine Öllampe von der Decke, die mein Gesicht beleuchtete, aber das des Sprechers im Dunkeln ließ. Seine sitzende Gestalt an der gegenüberliegenden Wand war gerade noch zu erkennen – vielleicht war es sogar Diokles, der dort saß? Ich fragte ihn.

«An diesem Ort darfst du keine Fragen stellen, Olympos, sondern nur solche beantworten, und du mußt dich streng an die Wahrheit halten. Einverstanden?»

«Gut – also frage.»

«Du stammst aus Alexandria und bist Leibarzt der Königin von Ägypten. Sie hat dich als ihren Vertreter hierhergesandt, um den Geist des römischen Dictators Julius Caesar zu rufen, um ihm eine bestimmte Frage zu stellen. Wie lautet diese Frage?»

«Ich soll sie dem göttlichen Caesar stellen und nicht dir.»

«Wie du willst – ich kenne sie ja ohnehin. Schildere mir jetzt die Situation am Ambrakischen Golf, wo die Land- und Seestreitkräfte deiner Königin und des Imperators

Marcus Antonius denen des Gaius Octavius gegenüberliegen. Wer ist stärker, wer ist im Recht?»

«Die unseren waren stärker, sind jedoch durch Krankheit und Flucht dezimiert, so daß die Truppen wohl jetzt gleich stark sind. Mit seinen fünfhundert Kampfschiffen ist der Imperator den etwa vierhundert des Gegners überlegen.»

«Die aber sind zum Teil unbemannt und deshalb nutzlos. Unser ehrwürdiger Diokles wäre deshalb ja fast zum Ruderskiaven geworden. Das Nekromanteion ist dir dafür zu Dank verpflichtet. Wer also ist deiner Ansicht nach bei dem zu erwartenden Kampf im Recht?»

«Wer im Recht ist, kann ich dir nicht sagen, doch ich weiß, wer im Recht sein wird – der Sieger! Daß ich unserer Partei den Sieg wünsche, versteht sich von selbst.»

«Ja –», wiederholte die gesichtslose Stimme, «das versteht sich von selbst», und es klang nicht einmal spöttisch.

Dann herrschte langes Schweigen, und ich blieb geduldig sitzen, bis die Stimme mir befahl: «Geh jetzt, Olympos, es dauert nicht mehr lange, dann wirst du dem *eidolon* des Julius Caesar gegenüberstehen.»

Etwas berührte mich von hinten leicht an der Schulter, ich stand auf und wurde in meine Zelle zurückgeführt. Das Wasser schmeckte diesmal angenehm nach Honig, die flache Schale enthielt nur noch rohe Bohnen, die ich wegen ihres bitteren Beigeschmacks halb zerkaut hinunterschluckte. Sie erzeugten einen höllischen Durst, und so trank ich schnell den Krug leer, worauf ich erneut in einen Wachtraum versank, der noch wirrer und vielfältiger war als bisher und die Bilder so schnell vorüberziehen ließ, daß ich mich an keines mehr deutlich erinnere. Als ich wieder zu mir kam, fühlte ich mich frisch und ausgeruht, doch mein Kopf war taub, und ich konnte keinen zusammenhängenden Gedanken fassen als den einen: Wann nun werde ich endlich Caesars Geist gegenüberstehen? Wird er überhaupt erscheinen? In welcher Form? Wird er mir antworten? Vielleicht sogar Fragen stellen?

Darauf war ich nicht vorbereitet, und das machte mir plötzlich große Sorge. Andererseits wird er sehen, daß ich nur Kleopatras Gesandter bin, und darauf Rücksicht nehmen. Sehen? Können die Geister der Unterwelt sehen? Können sie hören, fühlen, riechen, schmecken? Hören schon, denn man ist ja hier, um ihnen Fragen zu stellen.

Allein darum kreisten jetzt meine Gedanken, doch dann erschien mein Begleiter und führte mich in einen schwach erleuchteten Raum mit einem in den Boden eingelassenen wassergefüllten Becken.

«Waschen!» hörte ich ihn leise und befehlend sagen. «Reinige dich von Kopf bis Fuß!»

Am Rande des Beckens lag ein Schwamm, daneben standen zwei Gefäße. Ich roch daran und ließ etwas herausfließen. Bei dem einen handelte es sich um zähflüssiges *smegma*, und ich seifte meinen ganzen Körper damit ein, stieg in das Becken und spülte mich gründlich mit dem nicht sehr kalten Wasser ab. Das andere Gefäß enthielt aromatisches Öl, das ich in meine Haut rieb und mich dann schnell ankleidete.

Mir wurde angenehm warm, und ich wäre wohl im Sitzen eingeschlafen, hätte man mich nicht in meine Zelle zurückgebracht. Dort legte ich mich nieder, doch dann setzte ein lauter Sprechgesang ein, ein Chor von drei oder vier Männern, die vermutlich draußen vor der Tür standen. War früher der Gesang so fern und leise gewesen, daß ich kaum etwas davon verstand, so war er jetzt laut und deutlich, doch wieder verstand ich nichts, weil es sich offenbar um eine uralte, heilige Sprache handelte, in der die Priester mit den Göttern verkehrten. Vielleicht war es ein thesprotischer Dialekt oder das früher hier gesprochene Elisch – ich weiß es nicht und kann nur sagen, daß es klang wie eine fremde Sprache. Immer wenn ich einzuschlafen drohte, wurde der Gesang so laut, daß ich wieder aufschreckte und so allmählich in einen Zustand der Überreizung geriet.

Leider kann ich nicht sagen, wie lange der Gesang dauerte, doch einige Stunden müssen es wohl gewesen sein. Plötzlich brach er ab, und ich schlief sofort ein, um gleich kurz danach wieder geweckt zu werden.

Schlaftrunken führte man mich hinaus, ein Priester trat herbei und drückte mir einen kleinen Teller mit Mehl – so sah es wenigstens aus – in die rechte Hand und zwei etwa hühnereigroße Steine in die Linke. Dann ging er langsam vor mir her und sprach mit lauter Stimme Gebete in der alten Sprache, wobei er jeden fünften Schritt stehenblieb, um verschiedene Götter – in verständlichem Griechisch – um Beistand anzurufen. Es waren dies Hades, den er mit seinem alten Namen Aidoneus ansprach, dann dessen Gattin Persephone, ihre Mutter Demeter, und immer Zeus, den Göttervater, Sohn von Kronos und Rheia.

Als wir durch einen niedrigen Torbogen einen zweiten, schmaleren Gang betraten, drehte sich der Priester um und flüsterte: «Laß einen Stein fallen!» Ich tat es, wieder schritt mein Begleiter unter Gebeten und Anrufungen voraus. Dann öffnete sich zur Rechten ein schmaler Durchgang in ein kleines Labyrinth, das an einer niedrigen Pforte endete.

«Nun wirf den anderen Stein – hierher!» Er wies auf eine Stelle rechts von der Tür. «Und den Teller zerschmettere hier!» Er deutete auf den Boden links von der Tür.

Mit einem dumpfen Klirren zerbrach das schwarze Gefäß, und das Mehl stäubte weiß empor wie Opferrauch.

«Nun, Olympos, ratsuchender Pilger, steige hinab in den Ort, der zwischen dem *tartaros* und der irdischen Welt liegt, dem Ort, wo Aidoneus und Persephone es gnädig gestatten, daß die Geister der Toten Zwiesprache halten mit den Lebenden. Rufe dort das *eidolon* des Julius Caesar, und stelle ihm deine Frage. Antwortet es nicht, so stelle sie ein zweites Mal, aber benütze die gleichen Worte – und vor allem: Frage und rede nichts anderes!»

Ich war in einen Zustand geraten, der schwer zu schildern ist – damals wie heute. Es war eine Mischung aus gläubiger Erwartung, Angst vor dem Kommenden, überlagert von einer Benommenheit, die, vom Kopf ausgehend, den ganzen Körper ergriffen und ihn seltsam taub und gefühllos gemacht hatte. Das wiederum ließ mich über den Dingen stehen, verlieh mir einen Hauch von Unverletzbarkeit, eine Ahnung von *athanasia*, von Unsterblichkeit.

Langsam schritt ich die steilen Stufen hinab und betrat das *adyton*, den Ort der Begegnung, das Allerheiligste. Dieser Raum war in helles Licht getaucht, das von sechs oder acht Öllampen kam, die seitlich in den Bogennischen standen. Der Boden bestand aus gewachsenem Fels mit starken Unebenheiten. Wer da im Dunkeln darüberschritt, wäre sofort gestürzt. Die etwa zwei Mann hohe Decke wurde von einer Reihe steinerner Bögen gebildet, und als ich den Kopf hob, um sie mir genauer anzuschauen, wehte ein eisiger Hauch durch den Raum, der die Lampen fast gleichzeitig zum Erlöschen brachte. Nun stand ich im Finstern, und eine dumpfe hallende Stimme forderte mich auf: «Bleibe, wo du bist, gehe nicht vor und nicht zurück, blicke stets geradeaus. Zähle langsam bis zwölf, rufe jedes Mal eine der olympischen Gottheiten um Hilfe an, dann zähle schweigend noch einmal bis zwölf und richte deine Gedanken auf den Geist, den du rufen willst. Ein drittes Mal zähle bis zwölf, dann rufe ihn, bis er erscheint, und wenn du ihn siehst, stelle deine Frage.»

So begann ich sie anzurufen, die seligen Götter im Olymp, den Zeus und die Hera, Poseidon, Demeter, Apollon und Artemis, Ares, Aphrodite, Hermes und Athena, zuletzt Hestia und Hephaistos. Dann richtete ich meine Gedanken auf Julius Caesar und zählte bis zwölf. Noch war es still und dunkel, aber ich hatte das unbestimmte Gefühl, nicht mehr allein zu sein.

Ein drittes Mal flüsterte ich kaum hörbar die Zahlen von eins bis zwölf, und während ich dies tat, hellte sich das Dunkel etwas auf, kaum merklich, doch die Stirnwand des Raumes erschien in einem grauen Dämmerlicht, und als ich bei zwölf war, hatte sie die Farbe von dunklem Ocker angenommen.

«Göttlicher Caesar», rief ich leise, dann etwas lauter: «Göttlicher Caesar, ich bitte um dein Erscheinen!»

Ich rief es noch dreimal, dann sah ich ein dunkles Flattern auf der schwach erhellten Wand, ähnlich dem Schatten vorbeihuschender Fledermäuse. Der Schatten formte sich zu einem verwischten Schemen, der schnell an Form und Gestalt gewann, bis Kopf, Arme und Schultern deutlich zu erkennen waren.

Da drehte sich der Kopf ins Profil, und ich sah, daß es Julius Caesar war. Ich hatte ihn als Lebenden gesehen und erkannte ihn wieder. Mir stockte der Atem. Ein Rest von Zweifel war noch gewesen – und nun stand ich dem Geist des Vergöttlichten gegenüber. Noch ehe ich den Mut zu meiner Frage fand, zog ein tonloses Flüstern durch den Raum.

«Olympos, Olympos, warum hast du mich gerufen?»

«Göttlicher Caesar, Kleopatra, die Mutter deines Sohnes Kaisarion, bittet dich um Rat, auf welche Weise dieser Krieg zu gewinnen ist.»

Lähmendes Schweigen. Keine Antwort.

Ich wartete, atmete leicht und leise, um die Flüsterstimme nicht zu übertönen. Der Schatten bewegte sich nicht, wandte mir sein Profil zu, auf das ich unentwegt starrte. Da kamen mir plötzlich die Worte des toten Achilleus in den Sinn, der zu Odysseus – als dieser in die Unterwelt stieg – sagte: «Lieber wäre ich Knecht auf den Feldern und diente dort einem anderen Mann ohne Land und mit wenig Vermögen – lieber tät ich's, als Herrscher sein im Reich der Toten.»

Wenn schon dieser Königssohn und Urenkel des Zeus Grund zur Klage über sein Dasein im *erebos* hatte, wie mochte es Caesar ergehen? Mich schauderte vor der Möglichkeit, auch Caesar könnte in Klagen ausbrechen, wie es Achilleus, der einstmals so stolze Held, beim Besuch des Odysseus getan hatte. Um dem zuvorzukommen, preßte ich heraus: «Ich bitte dich um Antwort, göttlicher Caesar.»

Da wandte der Schatten den Kopf, das Profil verschwand und wurde zu einem gesichtslosen Oval.

«Sieh –», flüsterte es, «ich wünsche mir keinen Sieg zwischen römischen Brüdern. Sage Kleopatra, ob Heil oder Unheil, die Rettung liegt auf dem Wasser.»

Wie ein gehauchtes Echo wiederholte der Schatten die letzten Worte.

... ob Heil oder Unheil, die Rettung liegt auf dem Wasser – dem Wasser – dem Wasser – dem Wass –»

Die Worte verklangen, der Schatten verblich auf der okkerfarbenen Wand, die dann grau wurde und schwarz. Ich stand im Dunkeln, wagte keine Bewegung, keinen Schritt, bis die Aufforderung des Priesters kam.

«Wende dich um und gehe zur Tür!»

Dort stand schon ein Begleiter und hielt eine Lampe vor mein Gesicht.

«Willkommen bei den Lebenden! Die Berührung mit der Unterwelt hat dich unrein gemacht, Olympos, ich werde dich ins *loutron* bringen – säubere dich gründlich!»

Das tat ich, und während ich meine Kleider anlegte, wartete schon mein Begleiter, der mich schnell hinaus ans Licht führte, das schmerzhaft in meine Augen drang und wie glühender Staub brannte, obwohl ein mildes Dämmerlicht herrschte.

«Ist es Morgen oder Abend ...»

Mein Begleiter lachte – ja, dieser Totenpriester war imstande, heiter zu lachen.

«Es ist früher Morgen, in einer halben Stunde wird die Sonne erscheinen. Hast du Hunger?»

Ich nickte heftig.

«Wie ein Wolf!»

Wir betraten ein niedriges Haus mit einer kleinen lichten Säulenhalle, die nach Westen schaute, wo im Morgendunst das Meer nur zu ahnen war.

Diokles empfing mich. Auch er lächelte freundlich.

«Nun, Olympos, das waren anstrengende Tage – nicht wahr?»

«Tage?»

«Ja, du hast drei Nächte hier verbracht, aber ich weiß, wie schwer die Zeit im Dunkeln einzuschätzen ist. Es gibt Pilger, die glauben, eine Woche hier verbracht zu haben, andere schätzen es auf zehn oder zwanzig Stunden. Hast du getroffen, wen du treffen wolltest? Bist du mit der Antwort zufrieden?»

Noch ehe ich antworten konnte, hob er warnend die Hand.

«Keine Namen, Olympos!»

«Gut – also, der Betreffende ist erschienen und hat meine Frage beantwortet.»

«Gut – nun greif zu und stärke dich, während ich dir einige Ratschläge erteile – erteilen muß!»

Das frische Brot schmeckte köstlich, der Käse war weich und mild, die Milch kühl und frisch.

Während ich aß und trank, sagte Diokles: «Eines vor allem: Außer deinem Auftraggeber darf niemand von dieser Begegnung erfahren, und auch ihn sollst du nur über die

Antwort unterrichten; doch schweige von dem, was du sonst erlebt hast. Im übrigen ist deine Pilgerfahrt noch nicht zu Ende. Wenige Schritte von hier findest du einen kleinen Persephone-Tempel, dort opferst du ein Schaf und dieses hier.»

Er stellte ein kleines irdenes Demeterfigürchen auf den Tisch.

Ich bedankte mich, bezahlte die Gebühr von zwölf Drachmen, und da sagte Diokles noch: «Wenn du Glück hast, kannst du Poseidon einfahren sehen. Er besucht im Nekromanteion häufig seinen Bruder Hades und hüllt dann die Küste in einen göttlichen Nebel, der bis hierher aufwallt. Ja, Olympos, du befindest dich an einem sehr heiligen Ort.»

Das kräftige Frühstück, das Tageslicht, dazu der herzerhebende Anblick der wunderschönen Eleatisberge machten mich heiter und gelöst. Ich war unter die Lebenden zurückgekehrt, und gleich ergriff mich wieder die gerade bei Ärzten weitverbreitete Respektlosigkeit gegenüber allem Zauberspuk, der sich in göttliches Gewand hüllt.

Priestergewäsch, dachte ich, nur um in ahnungslosen Pilgern einen heiligen Schauer zu erzeugen. Dann opferte ich mein Schaf und ging den von Sumpfpflanzen gesäumten Weg zur Küste hinab. Je tiefer ich kam, desto hartnäckiger verfolgten mich ganze Schwärme von Stechmücken, überall roch es faulig nach abgestandenem Wasser und verwesenden Pflanzen. Es mag zwar ein heiliger Ort gewesen sein, doch er war vom chthonischen Schauder des Nekromanteions geprägt und mußte jeden abschrecken, sich hier länger aufzuhalten.

Über den mit fahlem Grün bedeckten Sumpfflächen wallte ein giftiger Dunst; die über den Ostbergen emportauchende Sonne durchpflügte mühsam weite Wolkenfelder, ihr trübes Licht war kraftlos und verstärkte noch den schlimmen Eindruck einer toten, von Sumpf, Giftpflanzen und Mückenschwärmen verseuchten Landschaft.

Meine Kenntnisse um giftige Sumpfpflanzen waren – da ich aus Ägypten kam – denkbar spärlich, doch in den harmlos wirkenden weißen Blütendolden erkannte ich den hochgiftigen Wasserschierling, dessen Wurzeln schon in geringer Menge tödlich wirken. Was die Griechen als *koneion* bezeichnen, nennt man hierzulande *cicuta* und benutzt seine Blätter als Umschläge bei Prellungen, Zerrungen und verstauchten Gelenken. Daß nahezu jede Giftpflanze – richtig angewandt – auch als Heilmittel taugt, habe ich wohl schon mehrmals erwähnt.

Mein Schiff fand ich im Sand liegen, sorgsam aufgedockt, von zwei in seinem Schatten schlafenden Männern bewacht. Ich weckte den einen mit einem sanften Fußtritt. Er schreckte hoch, sah mich, sprang auf.

«Herr – du! Wir dachten, du kommst heute nicht mehr, weil du sagtest, am Morgen des vierten Tages – jetzt aber ist schon früher Nachmittag, und da meinten wir ...»

«Wo sind die anderen?»

Der Mann deutete auf eine der Schenken – im Grunde nur armselige Schilfhütten mit einigen aus Strandgut gezimmerten Stühlen und Tischen davor. Mein Ärger verflog. Was hätten die Burschen auch anfangen sollen? Zudem hatte ich Lust auf einen Imbiß mit ein paar Bechern Wein, und so setzte ich mich zu den aufgeschreckten Ruderern, die – als sie mich sahen – gleich zum Boot laufen wollten. Ich beruhigte sie, gab eine Runde aus, bestellte gebratenen Fisch, und während ich auf das Essen wartete, geschah es.

Gleich vorweg möchte ich hinzufügen, ich hatte noch nicht vom Wein getrunken, und meine Ruderer sahen es auch.

Eine gewaltige Nebelwolke rollte vom Meer auf die Küste zu, bedeckte zuerst die felsigen Kaps, ließ die Wasserfläche im milchigen Dunst verschwinden, dann unser Boot, den Strand, die Schenken.

Wir saßen wie erstarrt, von eisigem Hauch umweht, und ich bat Diokles im stillen um Verzeihung. Es war kein Priestergewäsch gewesen – Poseidon fuhr in einer Nebelwolke landeinwärts, um seinen göttlichen Bruder Hades zu besuchen.

Etwa nach einer halben Stunde löste sich der Nebel auf, gab Küste, Strand und Boote frei. Wir legten ab, und ich habe niemals Bootsleute so schnell und kräftig rudern sehen.

## VIERZEHNTES KAPITEL

Während der Rückfahrt bewegte mich die Sorge, ob wir auch diesmal unbehelligt die Flotte des Octavius durchqueren konnten, aber die Männer auf den Schiffen waren durch etwas abgelenkt, das mir – weil die hohen Kriegsschiffe unsere Sicht verstellten – zunächst verborgen blieb. Kaum kamen wir aufs offene Meer, sahen und rochen wir es. Ein Teil von Antonius' Flotte – vielleicht um die hundert Schiffe – trieb brennend hinaus auf die hohe See.

Mein Herz schlug wie ein Schmiedehammer, und ein schrecklicher Gedanke ging mir durch den Kopf. War die Schlacht schon geschlagen und unsere Flotte vernichtet? Aber warum lagen dann die gegnerischen Schiffe so ruhig vor Anker? Etwas drängte mich, den Ruderern zuzurufen: «Kehrt um! Bringen wir uns in Sicherheit!»

Doch dann kamen wir näher; der Qualm lichtete sich, und ich sah den größten Teil unserer Flotte ruhig und unversehrt vor Anker liegen. Bald erfuhr ich des Rätsels Lösung: Der Imperator hatte all jene Schiffe verbrennen lassen, die er nicht mehr bemannen konnte, auch solche, die beschädigt oder sonstwie nicht zum Kampf geeignet waren. Ausgespart davon blieben seine eigens für die erwartete Seeschlacht gebauten schweren und gepanzerten *naves longae*. Antonius hatte aus der Niederlage des Sextus Pompeius bei Sizilien die logischen Schlüsse gezogen. Damals nämlich war der Sieg über den gefürchteten Seehelden vor allem, wenn nicht ausschließlich, den schweren, mit *catapultae* bestückten Schiffen des Agrippa zu verdanken gewesen. Diese Überlegung machte er sich zu eigen und wollte so Agrippa – den genialen Flottenführer – mit dessen eigenen Waffen schlagen. Was mir beim Durchqueren der gegnerischen Flotte allerdings auffiel, war der seltsame Umstand, daß Octavius diesmal auf die Panzerschiffe verzichtet hatte und seine Flotte überwiegend aus leichten wendigen Triremen und Quadriremen bestand. Ich wollte den Imperator darauf aufmerksam machen, doch im Wirbel der folgenden Ereignisse vergaß ich es.

Ich fand das ganze Lager im Aufbruch. Die Königin konnte mich nicht empfangen, weil sie dabei war, die Verladung ihrer Schätze auf die Schnellsegler zu überwachen.

Mein persönlicher Diener und ein *miles medicus* hüteten mein Zelt und begannen gleichzeitig auf mich einzureden.

«Halt – halt! Einer nach dem anderen ...!»

So erfuhr ich, daß die große Schlacht bevorstand und der Imperator dabei war, seine Flotte in einen kampfbereiten Zustand zu versetzen. Aber das hätte mir jeder der herumflitzenden Soldaten, Lastträger und Pferdeknechte sagen können. Was wirklich geplant war, erfuhr ich am selben Abend, als ein Bote mich ins Feldherrnzelt holte.

Dort fand ich die *Basilissa* mit Iras und Charmion, den Legaten Canidius Crassus mit seinen beiden Stellvertretern, dazu zehn oder zwölf hohe Seeoffiziere.

Die Königin winkte mich beiseite, und wir gingen in den Schlafraum des Imperators, wo ein solches Chaos herrschte, als hätte hier die Schlacht schon stattgefunden.

Ohne lange Vorrede fragte sie – und es klang etwas schroff: «Also?»

«Caesar ist erschienen und hat die mir aufgetragene Frage beantwortet. Er sagte, er wünsche keinen Sieg zwischen römischen Brüdern, und dann: ‹Ob Heil oder Unheil, die Rettung liegt auf dem Wasser.› Diesen Satz hat er noch einmal wiederholt!»

«War es Julius Caesar, hast du ihn deutlich erkannt?»

«Es war ein Schatten, aber mir schien, er war es.»

«Gleichviel! Was sein Geist uns riet, ist inzwischen bittere Notwendigkeit geworden – ja, im Grunde der einzige Weg, der uns bleibt. Ich danke dir, Olympos – da draußen wirst du jetzt mehr erfahren.»

Im dämmrigen Schlafgemach hatte ich das Gesicht der *Basilissa* nur undeutlich gesehen, aber jetzt, wo im Versammlungsraum das Tageslicht durch die zurückgeschlagenen Zeltbahnen flutete, erkannte ich, wie müde und abgespannt sie wirkte. Ihre sonst immer weit offenen grauen Augen waren halb geschlossen, die Lider gerötet, als habe sie geweint oder zu lange gewacht. Der schöne volle Mund war trotzig verkniffen.

Antonius gab sich unbekümmert und zuversichtlich, doch ich sah, daß er diese Rolle nur spielte, und er spielte sie nicht besonders gut. Sein Blick wirkte gehetzt, die Bewegungen waren fahrig. Eine starke innere Erregung ließ ihn nicht stillhalten, er lief auf und ab, fuchtelte mit den Händen, wenn er stehenblieb, und als er sich auf einen Feldhokker setzte, fuhr sein Kopf dauernd hin und her, als wolle er sämtliche Anwesenden ständig im Auge behalten.

Da kam der schöne Alexas herein, den ich seit unserer Abreise aus Alexandria nur ganz selten gesehen hatte. Er war ständig in irgendwelchen wichtigen Missionen unterwegs, gab sich geheimnisvoll, war unterhaltsam und unausstehlich zugleich – wie immer.

«Sprich laut, Alexas!» forderte Kleopatra unwillig. «Du bist hier unter Freunden, und in dieser Lage sollte es keine Geheimnisse geben.»

Alexas hob nicht ohne Anmut beide Hände, eine Geste der Entschuldigung wie auch der Hilflosigkeit, und öffnete schon den Mund, um etwas zu sagen, doch der Imperator kam ihm zuvor.

«Verzeih, *Basilissa*, doch Alexas glaubte, diese Botschaft zunächst nur mir zumuten zu können. Aber so klären sich allmählich die Fronten. Quintus Dellius hat uns heute nacht verlassen, mit seinem ganzen Anhang.»

«Um den ist es nicht schade!» fauchte die *Basilissa*, und die steile Zornesfalte erschien auf ihrer Stirn.

«Ich hielt ihn für meinen Freund», sagte Antonius bitter, «aber ich hätte wissen müssen, wie wenig man einem Menschen vertrauen kann, der schon zweimal die Partei gewechselt hat. Bedauerlich ist nur, daß er unsere ganzen Kriegspläne kennt, so daß Octavius sich darauf einstellen kann.»

Der Imperator lächelte schlau, als er weitersprach.

«Aber wir werden unsere Pläne geringfügig, doch entscheidend ändern. Geplant war, mit unseren Panzerschiffen nachts und möglichst rasch durchzustoßen, schnell die gegnerische Flotte einzuschließen, um sie dann in der Enge der Einfahrt zum Golf durch Feuer zu vernichten. Da hätte es genügt, ein Schiff anzustecken, und alle wären in Brand geraten.»

Antonius schien seinen Worten nachzulauschen und sich ungern von dieser Vorstellung zu trennen. Doch dann straffte er sich und sprach weiter.

«Diesen Plan müssen wir aufgeben, weil Octavius und Agrippa sich auf die neue Lage einstellen und ihre Schiffe umverteilen werden. Mir kommt das ganz gelegen, denn wir haben bei unseren Leuten nicht mit solchen Verlusten gerechnet, die ich in dieser kurzen Zeit kaum auffüllen konnte. Ich schätze, daß Octavius mindestens dreißig- bis fünfunddreißigtausend Mann zur Verfügung hat, wir dagegen nur gut zwanzigtausend, die Hälfte davon unerfahren und bereit, bei jeder sich bietenden Gelegenheit abzuhauen. Unsere Überlegenheit sind die schweren Schiffe, mit denen wir – und das ist mein neuer Plan – uns kämpfend die

Durchfahrt erzwingen werden, um uns dann schleunigst nach Ägypten abzusetzen. Dort und nur dort muß die Entscheidungsschlacht stattfinden! Bis Octavius seine Streitkräfte sammelt und nach Ägypten bringt, werde ich neue Schiffe bauen und meine Legionen auffüllen.»

Er wandte sich an Crassus.

«Du, mein lieber und treuer Freund, wirst unser Landheer abziehen, dich irgendwo in Hellas verschanzen oder – wenn nötig – langsam in Richtung Asia marschieren. Dort könnten wir unsere Streitkräfte verdoppeln und Octavius zu Land besiegen, nachdem wir seine Flotte vor Alexandria vernichtet haben. So – und nur so! – läßt sich das Kriegsglück zu unseren Gunsten wenden!»

Während dieser mit Emphase vorgetragenen Rede war Antonius ganz ruhig geworden, hatte seine Zuversicht wiedergefunden.

«Wer dagegen etwas einzuwenden hat, sage es frei heraus. Ich nehme es als Rat und werde es überdenken.»

Ein älterer Seeoffizier hob die Hand.

«Rede nur!» forderte Antonius ihn auf.

«In eine Seeschlacht zieht man ohne Segel, weil sie nur störend und ein leichtes Ziel für Brandpfeile sind. Wie aber sollen wir uns dann nach Süden absetzen? Die Ruderer allein werden es nicht schaffen, und ob der Wind uns günstig ist, weiß nur Poseidon.»

Antonius nickte.

«Dein Einwand ist berechtigt, Sosius, und ich werde ihm schnell begegnen. Ja, diesmal müssen wir die Segel hissen, und vor der Mannschaft werden wir es damit begründen, daß wir den Feind dann besser verfolgen können. Nun zu Aiolos, den Zeus zum Beherrscher der Winde gemacht hat. Manchmal ist dieser Gott launisch, manchmal aber hält er an einem bestimmten Plan fest. So auch hier. Ich habe wochenlang die Windverhältnisse beobachtet und mir Aufzeichnungen darüber gemacht. Mit nur ganz wenigen und meist unbedeutenden Ausnahmen kommt im *Sinus Ambracius* gegen Mittag eine Brise aus Westsüdwest auf, dreht langsam nach Nordwest und weht am Nachmittag aus Norden. Sie wird uns schnell und bequem nach Süden treiben.»

Einige der Seeoffiziere redeten durcheinander, und man hörte die Rufe: «Das habe ich auch bemerkt! Ja, das stimmt!»

Antonius blickte verstohlen zu Kleopatra hin, und sie lächelten sich einverständlich an.

Die geplante Flucht nach Alexandria war ihr Einfall gewesen, so hieß es später. Antonius habe sich davon überzeugen lassen und die anderen auf seine Seite gebracht. Wie auch immer – was er vorschlug, klang tatsächlich überzeugend, weil jeder einsah, daß es allzu kühn gewesen wäre, bei den derzeitigen Kräfteverhältnissen auf einen Sieg zu hoffen, später jedoch …

Die Besprechung fand am 30. August statt, dem Monat, den die Römer damals noch Sextilis nannten und der vierundzwanzig Jahre später auf Senatsbeschluß den Namen des erhabenen Augustus erhielt.

In drei Tagen, also am 2. September, sollte der Durchbruch erfolgen. Auf Wunsch des Imperators ging Kleopatra schon am nächsten Morgen auf ihr Flaggschiff «Antonias» und – wie es ihre Art war – vergaß sie auch in einer solchen Lage ihre Freunde nicht. Sie lächelte Iras verschwörerisch an.

«Unser Hippo, so scheint es, braucht dringend weibliche Gesellschaft. Ich gebe euch zwei Tage frei, da könnt ihr in Ruhe das Zelt abbauen, eure Schätze einpacken – oder etwas anderes tun …»

Hat die *Basilissa* mir angesehen, daß ich geil war wie eine Beutelratte? Schon während Antonius im Zelt seine Pläne entwickelte, hatte ich Iras mit den Augen verschlungen, denn der Abstieg in die Unterwelt hatte meine Lebenskräfte auf eine bislang nie gekannte Weise zum Erliegen gebracht. In diesen drei lichtlosen Tagen war ich selber zum Schatten geworden, und selbst Aphrodite in eigener Person hätte in meinen Lenden kein Feuer entfachen können. Nachdem alles überstanden war und ich wieder zur Sonne emporgestiegen und neu zum Leben erwacht war, wirkte dieser Zustand auf mich wie ein starkes *aphrodisiakon*. Mein Phallos brannte wie eine Fackel und richtete sich schon auf, wenn mein Blick Iras nur streifte.

Sie muß wohl mit weiblichem Einfühlungsvermögen die Situation erkannt haben.

«Nun, Hippo, da du dem Erebos glücklich entronnen bist, regt sich in dir gewaltig das Leben ...»

Ich zog sie in mein Zelt und gab dem Diener die strikte Anweisung, niemanden vorzulassen, denn ich sei dabei, einen schwierigen Eingriff auszuführen.

Wir ließen in diesen zwei geschenkten Tagen, die uns – uns ganz allein – gehörten, kaum voneinander ab.

Doch dann mußten wir aufbrechen, denn in der Nacht vor dem entscheidenden Tag sollten wir bei der Königin auf dem Schiff sein.

«Was meinst du», fragte ich sie, «wie wird es ausgehen?»

Sie sah mich an, als hätte ich sie gefragt, wieviel eins plus eins sei.

«Die Königin Kleopatra wird immer gewinnen! Niemals – niemals wirst du sie auf der Seite der Verlierer finden!»

Noch bei Tageslicht ließen wir uns zu den Schiffen rudern, die nahe der Meerenge von Aktion lagen, während unsere und die Flotte des Gegners weiter draußen im Abstand von gut drei Meilen ankerten. Alles sah so friedlich aus – als sei hier eine Handelsflotte versammelt, besetzt mit Kaufleuten, die nur ihre Geschäfte im Sinn hatten, die sie am nächsten Tag abwickeln wollten.

Iras ging zur Königin, und ich bezog wieder meine eigene winzige Kabine auf der Unterseite des Hecks, wo ich mir ein kleines *pharmakopolion* eingerichtet hatte und meine ärztlichen Instrumente aus vergoldeter Bronze bereitlagen, die ich als Leibarzt noch niemals benötigt hatte.

Das *dorpon* nahmen wir im kleinen Kreis gemeinsam ein. Kleopatra strahlte eine große Zuversicht aus und sprach leichthin über ihre Pläne.

«Wie es auch morgen ausgeht, wir vertrauen fest auf die Vorhersage des vergöttlichten Caesar: ‹Ob Heil oder Unheil, die Rettung liegt auf dem Wasser.›»

Iras schaute mich so stolz und siegessicher an, als wolle sie einen Zweifler zurechtweisen und zugleich ermutigen.

Trotz einiger Skepsis vertraute ich dem Geschick des Imperators, der in Kriegszeiten – ich hatte es in Parthien erlebt – über sich hinauswuchs und niemals vor einer Aufgabe kapitulierte, mochte sie noch so schwierig sein. Außerdem stand ich noch unter dem Eindruck dessen, was ich in Ephyra erlebt hatte; erst später wurde meine Einstellung dazu kritischer.

Wenn heute noch Teilnehmer der Seeschlacht bei Aktion leben, so werden sie – obwohl Augenzeugen – nur einen kleinen Ausschnitt dieses gewaltigen Treffens erlebt haben, denn man hätte ein Daidalos sein müssen, um – wie ein Vogel – hoch über dem Geschehen den Überblick zu behalten.

Nun, auch ich war Augenzeuge und hatte dazu den Vorteil des idealen Standpunkts.

Um die Mittagsstunde des 2. September im Jahre 722 nach der Gründung Roms begann die Seeschlacht vor Aktion. Wir fuhren langsam aus der Enge des Golfs heraus, und ich sah, wie die gegnerischen Schiffe sich fächerförmig aufteilten. Sie sollten unsere Flotte von beiden Seiten in die Zange nehmen, um ihren Durchbruch zu verhindern. Unsere Panzerschiffe näherten sich wie schwimmende eisenstarrende Festungen den jetzt überraschend zurückweichenden Schiffen des Gegners. Was plante Agrippa? Für den Imperator gab es nur noch zwei Möglichkeiten. Er konnte dem Gegner aufs offene Meer folgen oder sich in den Hafen zurückziehen, doch das war sehr riskant und würde den geplanten Durchbruch, wie auch die Flucht nach Süden sehr in Frage stellen.

Also hinaus aufs offene Meer, wo sich schnell zeigte, daß die schwerfälligen Panzerschiffe nur in der Enge eines Hafens oder nahe der Küste wichtige Vorteile brachten. Auf offener See aber waren sie wie schwerfällige Elefanten, die ein Rudel Leoparden anfällt und die viel zu langsam sind, um sich der schnellen Angriffe von mehreren Seiten zu erwehren. So stürzten sich drei oder vier der wendigen Tri- und Quadriremen auf unsere Kolosse, und die Schützen an den *ballistae* wußten nicht mehr, wohin sie zuerst schießen sollten. Zielten sie über den Bug, dann klammerten sich die Gegner ans Heck, enterten es, und beim Kampf Mann gegen Mann waren wir ohnehin zahlenmäßig im Nachteil. Nun erwiesen sich auch die mitgeführten Segel als schwerer Nachteil, denn sie boten den Brandpfeilen des Gegners ein leichtes Ziel, und keine noch so mutige Schiffsbesatzung kann sich gleichzeitig gegen das Feuer und eine Übermacht behaupten. Wer es überlebte und schwimmen konnte, sprang ins Wasser, um sich ans Ufer zu retten.

Hinzu kam, daß sich gerade an diesem Tag Aiolos dem Imperator wenig gewogen zeigte. Am frühen Nachmittag verdüsterte sich der Himmel, und es setzte ein Regen- und Hagelsturm ein, der für Antonius und seine Seeoffiziere eine Verständigung unmöglich machte. So geriet alles in Verwirrung, die unsere Königin sofort für sich und ihre Schiffe nutzte. Der Sturm kam aus Nordwest, und unser Fluchtweg führte genau nach Südost – einen idealeren Wind hätten wir uns nicht wünschen können.

Die Schiffe unserer kleinen Flotte lagen so nah beieinander, daß es mit den Signalen keine Schwierigkeiten gab. Mit vollen Segeln zogen wir an brennenden und sinkenden Schiffen vorüber, aus dem aufgewühlten Wasser drangen die Hilferufe Verletzter und um ihr Leben schwimmender Männer, doch wen kümmerte das schon? In solchen Lagen ist jeder sich selbst der Nächste.

Ich sagte vorhin, ich sei Augenzeuge der Seeschlacht gewesen, doch ein eher flüchtiger, denn schon bald lagen die brennenden Schiffe, die verzweifelt kämpfenden Soldaten, die Ertrinkenden und um Hilfe Rufenden hinter uns.

In der Augustus-Bibliothek habe ich den Bericht eines Seeoffiziers gefunden, der unter Octavius diente und einen überraschend neutralen Bericht über das Kampfgeschehen verfaßte, doch auch er wußte nicht, daß Kleopatras «Flucht» in Wahrheit einem schon vorher gefaßten Plan entsprach. Ich setze den Bericht um der historischen Aufklärung willen hierher, etwas gekürzt und nur den Teil, der sich auf das unmittelbare Kampfgeschehen bezieht.

«Lange Zeit zog sich die Seeschlacht unentschieden hin, und keiner der streitenden Teile konnte irgendwo die Oberhand gewinnen, bis es dann auf etwa folgende Weise zu einem Ende kam: Kleopatra, die hinter der Kampfzone vor Anker lag, konnte das lange und unsichere Warten auf die Entscheidung nicht ertragen, sondern fühlte sich, entsprechend ihrer Wesensart als Frau und Ägypterin, durch die Qual langwieriger Ungewißheit und die stete angstvolle Erwartung eines schwankenden Ausgangs erschöpft, und so wandte sie sich plötzlich selbst zur Flucht und gab den anderen, ihren eigenen Untertanen, ein entsprechendes Zeichen. Als diese sogleich die Segel setzten und, begünstigt von einem zufällig aufkommenden Fahrtwind, aufs Meer hinaussteuerten, glaubte Antonius, sie machten sich nicht auf Kleopatras Befehl, sondern weil sie sich für besiegt hielten, aus Furcht davon, und schloß sich ihnen an. Die Folge war, daß auch die sonstigen Streiter den Mut sinken ließen und in Verwirrung gerieten. Um auch selbst irgendwie zu entkommen, machten sich nun die einen daran, die Segel zu spannen, während die anderen die Türme und sonstigen Gerätschaften ins Wasser warfen; damit wollten sie die Fahrzeuge erleichtern und sich eine bessere Möglichkeit zur Flucht schaffen.

Doch während dieser Vorbereitung griffen wir sie an; denn wir verfügten über keine Segel und waren nur für eine Seeschlacht gerüstet, so daß eine Verfolgung der Flüchtlinge für uns nicht in Frage kam. Nun kämpften sie in Menge aus nah und fern mit jedem einzelnen Schiff, wodurch auf beiden Seiten der Streit gleichermaßen die verschiedensten Formen annahm und mit äußerster Erbitterung geführt wurde. Caesars Leute beschädigten nämlich ringsum sämtliche unteren Teile der Fahrzeuge, zerbrachen die Ruder, rissen die Steuer weg und stiegen schließlich auf die Verdecke; dort faßten sie die einen und zerrten sie herunter, die anderen schleuderten sie ins Meer und kämpften mit den übrigen, da sie ihren Gegnern nunmehr an Zahl gleich waren. Hingegen stießen die Männer des Antonius die Angreifer mit Ruderstangen zurück, schlugen sie mit Äxten nieder, warfen Felsbrocken und sonstige schwere, für eben diesen Zweck vorbereitete Geschosse auf sie herab, vertrieben diejenigen, die heraufzuklettern versuchten, und rangen mit jedem, der in ihre Reichweite kam. Ein Augenzeuge des Geschehens hätte es, um Kleines an die Seite von Großem zu stellen, mit Festungen oder auch Inseln vergleichen können, die – viel an Zahl und dicht beieinander gelegen – vom Meere her belagert werden. So versuchten die einen, die Schiffe wie festes Land oder eine Festung zu ersteigen, und führten eifrig alles herbei, was an Geräten zur Eroberung dienen konnte, während die Verteidiger sie zurückzudrängen versuchten und alle in solchem Falle gewöhnlich verwendeten Mittel einsetzten.

Während so der Kampf unentschieden hin- und herwogte, ließ Caesar, in Verlegenheit, wie er weiter vorgehen solle, Feuer vom Heerlager herbeiholen. Zuvor hatte er nämlich, um sich in den Besitz der Schätze zu bringen, auf dieses Mittel verzichtet; doch nun, da er sehen mußte, daß auf irgendeine andere Weise kein Sieg für ihn zu erringen war, nahm er dazu als der einzigen Hilfe seine Zuflucht. Jetzt bekam die Schlacht ein anderes Gesicht: Von vielen Seiten zugleich stürzten die Angreifer auf ihre Opfer, beschossen sie mit Brandpfeilen, warfen mit ihren Händen an Lanzen befestigte Fackeln und schleuderten mit Hilfe von Maschinen aus der Ferne sogar etliche Töpfe, voll von glühenden Kohlen und von Pech, auf die feindlichen Schiffe. Die Verteidiger versuchten die Feuerbrände, so wie sie einzeln kamen, abzuwehren, und wenn ihnen trotzdem einige entgingen, die Holzteile in Brand setzten und wie ja bei einem Schiff ein mächtiges Feuer entzündeten, dann benützten sie zunächst das an Bord mitgeführte Trinkwasser und löschten damit einige Brandstellen; versagte diese Hilfe, so schöpften sie Wasser aus dem Meer. Und wenn sie es in großen Mengen auf einmal verwendeten, konnten sie irgendwie durch Gewalteinsatz dem Feuer wehren; doch waren sie nicht in der Lage, allenthalben so zu verfahren, da ihnen ja nur wenige und kleine Schöpfeimer zur Verfügung standen und sie diese in der allgemeinen Verwirrung nur halbgefüllt emporzogen. Dadurch verstärkten sie, statt einen Nutzen zu haben, sogar noch das Übel; denn Salzwasser in kleinen Mengen auf ein Feuer gegossen, läßt dieses nur stärker aufflammen. Als sie sich nun auch in diesem ihrem Bemühen unterlegen sahen, warfen sie ihre dicken Mäntel und die Toten auf die Brandstellen; das dämpfte für einige Zeit das Feuer, und man konnte an ein Nachlassen glauben, doch dann schlugen die Flammen, zumal auch ein heftiger Wind einfiel und gerade jener Brennstoff neue Nahrung lieferte, höher denn je empor. Solange nur ein Teil des Schiffes brannte, versuchten die Männer, die Holzplanken teils abzuhauen, teils zu zerstreuen. Und die einen warfen die brennenden Stücke ins Wasser, andere wieder auf ihre Gegner, in der Hoffnung, uns ebenfalls einen Schaden zuzufügen. Andere schließlich begaben sich zu den noch heilen Schiffsteilen und machten dort mehr denn je von den Eisenkrallen und den langen Speeren Gebrauch, um ein feindliches Schiff an das ihrige zu binden und, wenn möglich, hinüberzuwechseln oder, sollte das nicht gelingen, dieses ebenfalls in Brand zu stecken.

Als aber keine Feinde mehr nahe genug kamen – sie nahmen sich ja gerade davor in acht – und das Feuer die ringsum laufenden Bordwände ergriff und auf den Schiffsboden sich hinabfraß, da erlitten sie alle das schlimmste Schicksal. Die einen erstickten schon, ehe sich ihnen noch die Flamme näherte, im Rauch, während die anderen gerade mitten im Feuermeer wie in Öfen gebraten wurden. Weitere starben in ihrer Rüstung, als diese sich erhitzte. Wieder welche warfen, ehe ihnen noch dies widerfuhr oder als sie schon halb verbrannt waren, ihre Waffen weg und ließen sich von den Ferngeschossen verwunden oder sprangen ins Meer, wo sie ertranken. Manche gingen auch, von unseren Streichen getroffen, in den Wellen unter, manche wurden von Seeungeheuern in Stücke gerissen.

Angesichts solcher Leiden fanden nur jene ein erträgliches Ende, die, ehe noch ein solches Schicksal sie ereilte, sich entweder gegenseitig töteten oder Selbstmord begingen. Sie brauchten ja keine Qual zu erdulden, verbrannten vielmehr als Leichen mit ihren Schiffen zusammen wie auf einem Scheiterhaufen.

Als wir dies alles sahen, hielten wir, da einige Gegner sich noch wehren konnten, zunächst Abstand von ihnen. Sowie aber das Feuer die Fahrzeuge zu verzehren begann und die Besatzungen sich nicht einmal selbst mehr helfen, geschweige denn einem Feind irgendwelchen Schaden zufügen konnten, da fuhren wir eifrig an die Schiffe heran, ob wir uns des Geldes nicht irgendwie bemächtigen könnten, und versuchten das Feuer zu löschen, das wir selbst gelegt hatten. Dadurch wurden auch viele von uns ein Opfer der Flammen und eigener Habgier.»

Soweit der Augenzeuge, der Gaius Octavius stets mit seinem Adoptivnamen Caesar bezeichnet, unseren heutigen allseits beliebten und vom Volk vergötterten Augustus.

Ich stand am Heck auf der Leeseite, Regen und Hagelkörner peitschten mein Gesicht und durchnäßten mich bis auf die Unterkleider. Davon spürte ich nichts, ich konnte und wollte in dieser Situation nicht vom Platz weichen, klammerte mich an die Reling und blieb auch dort, als ein verirrter Pfeil sich in meiner triefend nassen *chlamys* verfing, meine Hüfte streifte und aufs Deck fiel.

Der Imperator auf seiner *navis praetoria* muß unser Manöver sofort erkannt haben. Er gab seinen Schiffen den Befehl, ihm zu folgen, stieg auf eine schnelle Quinquereme um und folgte unserer Flotte.

Später hat mir der erhabene Augustus – nicht ohne Respekt – bestätigt, daß Kleopatras Durchbruch so überraschend kam und so schnell und konsequent durchgeführt wurde, daß sogar der listenreiche Agrippa keine Möglichkeit fand, uns einzuholen.

Wenn wir damals das Treffen von Aktion überlebt haben, so ist dies allein der Kühnheit und dem Geschick unserer *Basilissa* zu verdanken.

Wir gelangten schnell aufs offene Meer. Als ich unter

Deck gehen wollte, glitt ich in meiner eigenen Blutlache aus und stürzte zu Boden. Dort fanden mich – schon halb bewußtlos – zwei Seeleute. Sie trugen mich in meine Kabine, und ein Becher mit heißem Würzwein machte mich so munter, daß ich imstande war, meine nur noch schwach blutende Wunde selber zu versorgen. Der verirrte Pfeil hatte wie ein schartiges Messer meine Hüfte etwa drei Finger breit über dem Oberschenkel aufgeschlitzt. Zum Glück war die Wunde nicht sehr tief und hatte sich ausgeblutet, was für eine schnelle Heilung von Vorteil ist. Ich ließ mir ein Heilpflaster bereiten und blieb die nächsten Stunden liegen.

Iras brachte mir eigenhändig ein leichtes Abendessen und setzte sich an mein Lager.

«Der Imperator folgt uns mit einigen Schiffen und hat signalisiert, daß er bei Tagesanbruch hier an Bord gehen wird.»

Ich richtete mich erstaunt auf.

«Mit einigen Schiffen? Es war doch geplant, daß seine Flotte – soweit sie intakt ist – ihm folgen soll.»

Iras zuckte die Schultern.

«Geplant war es wohl, vielleicht hat es der plötzliche Sturm verhindert? Morgen werden wir mehr wissen.»

Mit Hilfe einer Dosis *mekonion* verbrachte ich eine ruhige Nacht, und als ich bei Tagesanbruch erwachte, blieb zum Glück das gefürchtete Pochen aus – die Wunde hatte sich also nicht entzündet. Ich wechselte den Verband und gönnte mir noch zwei oder drei Stunden Ruhe. Dann humpelte ich an Deck, traf unterwegs auf Iras, die gerade nach mir sehen wollte. Sie nahm mich am Arm und flüsterte: «Antonius sitzt allein auf dem Vordeck und läßt niemand an sich heran. Als er am Morgen an Bord kam, begleiteten ihn nur Alexas und ein Diener. Er weigerte sich, die Königin zu sehen, und als ihn Alexas endlich dazu überredet hatte, wollte die *Basilissa* nicht mehr.»

Iras seufzte schwer.

«Der Karren ist tief im Dreck, und wir müssen versuchen, ihn wieder herauszuziehen.»

Dieser Sorge wurden wir vorerst enthoben, weil hinter uns eine kleine Flotte von liburnischen Schnellseglern auftauchte. Das sind schmale, lange Schiffe mit nur zwei Ruderbänken, die bei gutem Wind wie Pfeile übers Wasser fliegen.

Das vordere fuhr nahe heran, im Bug stand ein Mann, schrie etwas und fuchtelte mit seiner Lanze. Antonius erhob sich und ging an die Reling. Nun wagten auch wir es, näher zu treten, wobei Alexas mich stumm und würdevoll mit einer gemessenen Verneigung grüßte. Er schaute gar nicht mitgenommen aus, trug saubere elegante Kleidung, an seinen schlanken Fingern blitzten die Ringe, und man hätte meinen können, er käme aus einer vornehmen Gesellschaft und nicht von einer atemlosen, überstürzten Flucht.

Den Sturm hatten wir längst hinter uns, es wehte ein steifer stetiger Nord- bis Nordwestwind, und wir alle konnten deutlich hören, was der Bewaffnete zu Antonius heraufrief.

«Ich bin Eurykles von Sparta, des Lachares Sohn, den du hast hinrichten lassen. Ich bin gekommen, den Tod meines Vaters zu rächen!»

Da lachte der Imperator nur verächtlich.

«Einen Straßenräuber braucht man nicht zu rächen, der verfällt – wo auch immer – der Strenge des Gesetzes. Wenn du nicht sofort abdrehst, wirst du schnell deinem Vater Gesellschaft leisten!»

Was dann geschah, war ein nautisches Meisterstück, dem sogar Antonius später seine Achtung zollte.

Eurykles warf seinen Speer auf den Imperator, der nur lachte und keinen Zoll zurückwich, denn der Wind trieb die Waffe weitab ins Meer. Dann drehte der kühne Spartaner ab, rammte mit seinem bronzenen Schiffsschnabel die nur schwach bemannte Quinquereme, mit der Antonius gekommen war, enterte sie in kürzester Zeit und fuhr mit ihr davon. Einen unserer Nachzügler, ein mit kostbaren Tischgeräten beladenes Lastschiff, nahm er dabei auch noch mit. An eine Verfolgung war nicht zu denken, doch wir hatten gehofft, daß dieses Ereignis das hohe Paar versöhnen oder zumindest einander näherbringen könnte.

Doch Antonius wehrte alle Versuche ab, sagte nur kurz, er sei von den Menschen ebenso enttäuscht wie vom Ratschluß der Götter. Dann setzte er sich wieder in seinen Winkel auf das Vordeck und ließ nur zu, daß Alexas ihm dann und wann einen Krug Wein und etwas zu essen brachte.

Dieser Zustand dauerte zwei Tage, dann kam das Kap Tanairion in Sicht, die südlichste Spitze von Lakonia. Dieser Stützpunkt war zu klein und unbedeutend, als daß Octavius ihn eingenommen hätte. Hier erwarteten uns einige gute Nachrichten, die sich schnell herumsprachen.

So schien Canidius Crassus seine Stellung mit den zwölf restlichen Legionen gehalten zu haben, und der Imperator sandte ihm – so hörten wir von Alexas – den unverzüglichen Befehl, sich über Makedonia nach Asia abzusetzen.

Am dritten Tag gelang es den dauernden Bemühungen von Charmion, Iras, Alexas und mir, das zerstrittene Paar wenigstens zu einer Aussprache zusammenzuführen – allerdings mit List und Tücke. Der Plan stammte von mir, doch die anderen mußten ihn ausführen. Ich schlug vor, der Imperator solle den zutiefst Getroffenen spielen und Kleopatra den Vorschlag unterbreiten, sie möge sich von ihm, dem Besiegten und Erniedrigten, trennen und sich mit ihren Freunden ohne Vorbedingung der Gnade des Octavius ausliefern. Er selbst werde in Asia seine Truppen sammeln, um dann zu überlegen, ob sich ein Kampf noch lohne oder ob er sich ins Schwert stürzen solle.

Alexas, nach wie vor engster Vertrauter des Antonius, konnte diesen für den Plan gewinnen und ließ ihn durch Charmion der *Basilissa* vortragen. Was dann geschah, erzählte mir Iras noch am selben Abend.

Charmion hatte noch nicht zu Ende gesprochen, da rief die Königin erzürnt: «So ist das also! Der Herr will sich in Asia verkriechen, erwägt sogar die *autocheiria*, und ich soll mich dem Octavius an die Brust werfen, mich seiner Gnade ausliefern. Das sieht dann so aus, daß Ägypten annektiert wird und ich in Ketten seinen Triumphzug schmücken darf. Nein, nein und nochmals nein! Noch ist nichts verloren! Wir haben noch die Legionen des Canidius Crassus, in Ägypten liegen weitere sieben, der Antonius unterstellte Legat Pinarius Scarpus befehligt in der Kyrenaika nochmals vier Legionen. Außerdem werden unsere Verbündeten neue Truppen aufstellen, der Staatsschatz ist gerettet ...»

Sie stand auf und rief mit lauter Stimme: «Eine Schlacht ist verloren – der Krieg noch lange nicht!»

Ja, das war der alte Trost bedrängter Monarchen, und nicht selten wandte sich tatsächlich das Kriegsglück der stolzen Sieger, wenn sie beispielsweise nach drei gewonnenen Schlachten die entscheidende vierte verloren.

Kleopatras Zorn hielt bis zum *dorpon* vor, und da setzte sie sich zu Antonius an den Tisch, schalt ihn einen Verzagten, einen Schlappschwanz und Drückeberger, dessen einst so gerühmter Mut offenbar mit seinen Schiffen untergegangen sei. Antonius spielte den Zerknirschten, gab seiner Geliebten in allem recht, sagte, sie habe ihn gründlich von seiner Mutlosigkeit befreit, und er sei nun voller Tatendrang.

Aus dem *dorpon* wurde ein Versöhnungssymposion, das – zumindest was die Männer betraf – in einem völligen Besäufnis endete. Als die Frauen gegangen waren, plusterte Antonius sich auf, beteuerte, er habe nicht einmal im Traum daran gedacht, seine Sache verloren zu geben, aber Frauen gegenüber bedürfe es nun einmal gewisser Taktiken … Und so redete er fort, seine Freunde lachten, stimmten ihm zu, und wer jetzt unwissend hereingekommen wäre, hätte unser Symposion für eine Siegesfeier halten können.

Ich weiß nicht, ob andere es auch bemerkt hatten – Antonius war nicht so zuversichtlich, wie er sich gab. Sein Vertrauen, dem Gegner in allem überlegen zu sein, war angeschlagen, und wenn er von den verbliebenen Legionen sprach, dann operierte er mit Schattenbildern, denn weder wußte er, was aus Crassus und seinen Leuten geworden war, noch konnte er sicher sein, daß seine Verbündeten – sie alle hatten bei Aktion Verluste erlitten – sich auch künftig auf seine Seite stellen würden.

Um sicherzugehen, auf wessen Hilfe er noch zählen durfte, schickte er ein paar seiner Gefolgsleute nach Korinth, wo sein Vertrauensmann Theophilos die immens reiche Stadt verwaltete. Seinem Landheer, den verbliebenen zwölf Legionen, sandte er nochmals die dringende Botschaft, sich nach Asia durchzuschlagen, wo er ein neues Heer aufstellen wollte.

Es hing alles in der Schwebe, nichts war entschieden, die Schicksalswaage konnte sich da- oder dorthin neigen.

Königin Kleopatra drängte voll Ungeduld auf die Abreise, denn sie befürchtete, daß die Niederlage von Aktion in Alexandria ihre Gegner erneut aus den Verstecken locken könnte.

So brachen wir nach wenigen Tagen wieder auf, segelten mit weiterhin gutem Wind nach Nordafrika und ankerten im Hafen von Paraitonion. Diese gut befestigte Hafenstadt liegt in der Landschaft Marmarika, genau an der Grenze zwischen Ägypten und Kyrenaika.

Die *Basilissa* fuhr jedoch weiter nach Alexandria und bat mich – weil sie mir vertraute –, dem Imperator Gesellschaft zu leisten und notfalls zu verhindern, daß er falschen Ratschlägen folgte. Damit meinte die Königin natürlich alles, was ihr zum Nachteil gereichte. Dafür sei Alexas weitaus geeigneter, wandte ich ein, denn der sei sein wahrer Vertrauter, während ich nur bedingten Einfluß besäße. Dann solle ich auch Alexas überwachen und ihn, wenn es sein mußte, mit Drohungen bei der Stange halten.

Ich seufzte.

«Du hast schon immer dazu geneigt, mich zu überschätzen, *Basilissa*, und mir Aufgaben anzuvertrauen, die meine Möglichkeiten übersteigen. So auch diesmal, denn ...»

Sie schnitt mir das Wort ab.

«Jedenfalls hast du mich nie enttäuscht, nie hintergangen.»

«Vielleicht tue ich es diesmal ...», scherzte ich matt.

Kleopatra lächelte.

«Dann wird Iras dir das Leben so sauer machen, daß du dich ans Ende der Welt sehnst – nicht wahr?»

Iras nickte grimmig.

«Er wird sich wünschen, niemals geboren zu sein!»

So blieb ich also in Paraitonion bei Marcus Antonius, der nur noch Alexas und Lucilius um sich hatte. Letzterer befand sich seit der Schlacht von Philippi in der Gesellschaft des Imperators, der diesen einfachen und anspruchslosen Menschen vor allem deshalb schätzte, weil er niemals log und mit einem gesunden Hausverstand auch schwierige Situationen richtig einschätzte. Er redete nicht viel, schloß sich keinem an, hatte aber dennoch kaum Feinde, weil er sich niemals vordrängte oder anderen die Gunst des Antonius neidete.

Lucilius hatte sich nach der Schlacht von Philippi als der Feldherr Marcus Brutus ausgegeben, der entkommen und spurlos verschwunden war. Als seine Häscher ihn voll Stolz dem Antonius präsentierten, lachte dieser.

«Wenn dieser Mensch Brutus ist, so bin ich Cassius!

Nicht wahr, *commilitones*, ihr seid über euren Fehlgriff sehr erzürnt und fühlt euch durch diesen Streich verunglimpft? Aber wißt, dieser Fang ist weit besser als der Gesuchte. Denn ihr habt einen Feind gesucht und einen Freund gebracht. Bei allen Göttern, was hätte ich mit dem echten Brutus anfangen sollen?»

So hat es mir Antonius erzählt und Lucilius wortkarg bestätigt.

Schon am nächsten Tag traf die erste einer Reihe von Hiobsbotschaften ein. Pinarius Scarpus, Legat der vier in der Kyrenaika stationierten Legionen, war zu Octavius übergelaufen.

Antonius mochte es zuerst nicht glauben, denn er hatte viel von dem Mann gehalten, ihn belohnt und begünstigt.

«Das muß eine von Octavius verbreitete Falschmeldung sein, um die anderen zu verunsichern. Ich glaube es einfach nicht!»

Er sandte ein paar zuverlässige Leute nach der Hauptstadt Kyrene, wo sich das Lager der vier Legionen befand.

Manche Historiker haben das Bild eines vereinsamten und von allen Freunden verlassenen Antonius gezeichnet, der – nur von wenigen treuen Dienern umgeben – verzweifelt am Strand auf und ab läuft, um auf bessere Nachrichten zu warten. Das stimmt nur zum Teil. Seine Leibwache, eine *centuria* ausgesuchter und ergebener Soldaten, war immer in seiner Nähe, im Hafen lag ein Dutzend bemannter Schiffe, eine schwerbewaffnete *cohors praetoria* hatte am Strand ihre Zelte errichtet.

In den nächsten Tagen und Wochen trafen versprengte oder auf Umwegen geflohene Schiffe seiner Flotte ein, jedes brachte schlechte Nachrichten aus dem zerfallenen Riesenreich des Imperators. So hatte Theophilos, sein *administrator* in Korinth, die Partei gewechselt, andere griechische Städte sandten vorsichtshalber Huldigungs- und Ergebenheitsadressen an den siegreich durch Hellas ziehenden Octavius.

Wo aber waren das in Aktion liegende Landheer und der Legat Canidius Crassus geblieben? Da schwirrten Gerüchte herum, die einander widersprachen. Die einen sagten, diese Legionen seien nach langen Verhandlungen unter ehrenvollen Bedingungen zu Octavius übergewechselt, andere wollten wissen, daß sie sich zerstreut hatten, um auf Schleichwegen nach Asia zu gelangen.

Aus verschiedenen Äußerungen des Imperators schloß ich, daß er diese Legionen schon insgesamt auf die Verlustliste gesetzt hatte.

Bei einem unserer langen Spaziergänge – auch Lucilius war dabei – sagte er zu mir: «Damals bei der Reichsteilung haben sich alle meine Freunde und Anhänger ins Fäustchen gelacht – ich natürlich auch –, weil Octavius mir so ohne weiteres die überaus ertragreichen Ostgebiete zugestand. Wir hielten ihn für einfältig und unfähig zur Vorausschau. Makedonia, Hellas, ganz Asia mit seinen immens reichen Städten und Provinzen, dazu Syria und Judäa. Armenia habe ich dazuerobert, mit Ägypten bin ich verbündet. Was sind dagegen die an Octavius gefallenen bescheidenen Provinzen Dalmatia, Noricum und Pannonia? Läßt sich Gallia mit Ägypten oder Hispania mit Asia vergleichen? Wir rieben uns die Hände, sagten, der arme Octavius wird – falls er sich überhaupt halten kann – ständig mit Geldnöten zu kämpfen haben, und vergaßen dabei eines: Er gebot auch über Italia, über die Stadt Rom, hatte mit Senat und den *consules* alle Machtmittel in der Hand! Inzwischen habe ich einsehen müssen, daß die stärkeren Legionen auf längere Sicht keine Garantie für Übermacht und siegreiches Behaupten sind. Meine Legionen bestehen zum überwiegenden Teil aus Nichtrömern – diese Männer kommen aus Hellas, Makedonia, Asia, Syria und Judäa, haben den Krieg längst satt, und wenn Octavius sie mit ein paar Sesterzen in ihre Heimatländer zurückschickt, küssen sie ihm die Hand. Bei den Römern ist es ähnlich. Die Veteranen wünschen sich ein Stück Land – natürlich in ihrer Heimat! –, und die Jüngeren möchten das Gefühl haben, für Rom zu kämpfen und nicht für Ägypten oder einen Imperator, der nur noch griechisch spricht, seine römische Frau verstoßen hat, mit einer ägyptischen Königin zusammenlebt und vom römischen Senat zur *persona non grata* erklärt worden ist. Und ich kann sie verstehen ...»

Antonius bückte sich und hob eine Purpurschnecke aus dem Sand. Er blieb stehen und blickte auf das bizarr geformte Gehäuse.

«Aber ich verstehe auch Kleopatra. Während meiner langen Abwesenheit muß sie ihre Lage empfunden haben wie die solcher Schnecken. Man fängt sie nur wegen ihrer Purpurdrüse, beutet sie aus, wirft danach Fleisch und Gehäuse weg. So muß Kleopatra geglaubt haben, ich sei nur auf ihren Reichtum aus, und sobald ich mit seiner Hilfe die Macht in Rom erlangt habe, lasse ich sie fallen, denn an ihr – quasi an ihrem Fleisch – sei mir im Grunde nichts gelegen. Du, Olympos, weißt am besten, daß es nicht stimmt, aber jede liebende Frau fürchtet um den Gefährten ...»

Lucilius schwieg, wie meist, und ich suchte nach passenden Worten, da sprach Antonius schon weiter.

«Ich weiß, ich weiß, wie sehr solche Vergleiche hinken, in diesem Fall – wo es sich um eine Königin handelt – sind sie sogar unschicklich. Aber schau dich doch selber an! Und nun frage ich dich: Würdest du zu dieser Römerin – ihren Namen habe ich vergessen – zurückkehren? Nehmen wir an, sie ist Witwe geworden, und du brauchst dich dort nur in ein reiches Nest zu setzen. Würdest du also Iras verlassen und nach Rom gehen?»

Natürlich wußte ich, was Antonius hören wollte, aber da

mußte ich zu keiner Notlüge greifen, und so fiel mir die Antwort sehr leicht. «Nein, Imperator, denn Claudia, die Frau des Lucius Quintillus, habe ich niemals geliebt.»

Wieder blieb er stehen.

«Genauso war es bei mir! Gegen Octavia läßt sich nichts weiter vorbringen, als daß ich sie niemals geliebt habe, weil politische Umstände sie mir aufzwangen.»

Jetzt meldete sich Lucilius zu Wort.

«Dennoch hättest du in Rom öfter nach dem Rechten sehen sollen, Imperator. Der Senat verzeiht seinen Helden vieles, verlangt aber, daß sie von Zeit zu Zeit vor der *curia* Rechenschaft ablegen.»

Antonius nickte.

«Du hast recht, wie meistens. Aber du wirst auch verstehen, daß mein Vertrauen zu Octavius nicht nur erschüttert, sondern verschwunden war. Er hat mich in Rom betrogen, hat mich auf Sicilia betrogen und belogen, hat im Grunde immer nur ein Ziel gehabt – mich zu beseitigen und die Alleinherrschaft zu übernehmen. Er hätte nie vergessen dürfen, wie schlecht das seinem Adoptivvater bekommen ist!»

# FÜNFZEHNTES KAPITEL

Einige Tage geschah nichts; das völlig reizlose und verschlafene Paraitonion bot weder Ablenkung noch Zerstreuung. Zwar hatten sich, wie das in allen Hafenstädten so ist, ein paar Dutzend Huren eingefunden, von denen auch die älteren und nicht mehr so reizvollen gute Geschäfte machten, denn unsere Prätorianer waren durchweg jung und nach Frauen ausgehungert.

Ich war weder das eine noch das andere, denn in wenigen Monaten würde ich ins zweiundvierzigste Jahr treten, und mir steckte Iras so heftig in allen Gliedern, daß es mich nicht nach anderen Frauen verlangte.

Eines Abends kamen unsere Kundschafter aus Kyrene zurück – das heißt, von den drei ausgesandten erschien nur einer, abgehetzt, müde und mit einer denkbar schlechten Nachricht.

Wir – das heißt der Imperator, Alexas, Lucilius und ich – saßen vor dem Feldherrnzelt, tranken sauren (der gute war ausgegangen) mit Wasser verdünnten Wein, als der Bote erschien. Zwei Prätorianer mußten ihn stützen und setzten ihn nun behutsam zu uns auf einen Stuhl. Seine *paenula* war zerfetzt, seine Tunika blutbefleckt und schmutzig. Der linke Fuß war mit fleckigen Verbandstreifen umwickelt, ebenso die rechte Hand. Als Arzt sah ich sofort, daß der Mann fieberte und am Ende seiner Kräfte war. Darauf machte ich Antonius aufmerksam. Er nickte.

«Berichte nur das Nötigste, Alfienus, dann wird Olympos sich deiner annehmen.»

«Ja, Herr. Schau dir zuerst einmal das an.»

Er holte zwei Geldstücke aus seinem Gürtel und legte sie auf den Feldtisch.

Wie viele Städte und Provinzen unter der Herrschaft des Marcus Antonius hatte auch Kyrene Münzen mit Bildnis und Namen des Imperators geprägt. Antonius betrachtete sie genau und warf sie zurück auf den Tisch. Dann gingen sie von Hand zu Hand. Beide trugen auf der Rückseite das Bild der Silphiumpflanze, das uralte Symbol von Kyrene. Eine Münze zeigte auf der Vorderseite den Kopf des Imperators und die Inschrift: «M. Antonius Imp.», die andere aber ein fremdes Bildnis und den Namen «Pinarius Scarpus».

Antonius lachte bitter.

«Wenigstens hat er nicht die Frechheit besessen, seinem Namen das Wort Imperator anzufügen.»

«*Proditor* (Verräter) hätte besser gepaßt», sagte ich.

Antonius stand auf.

«Dies alles ändert nichts daran, daß nun Octavius über vier frische und ausgesuchte Legionen mehr verfügt.»

Er wandte sich zu Alfienus.

«Was ist aus den anderen geworden?»

«Die – die sind der Stadtmiliz von Kyrene in die Hände gefallen und am nächsten Tag unter dem Beifall des Volkes hingerichtet worden. Nicht mit dem Schwert – nein, mit Keulen erschlagen wie tollwütige Hunde. Ich konnte gerade noch entkommen, habe – habe mich durchgeschlagen – mußte mich wehren – wurde – wurde verletzt ...»

Er sank vom Stuhl, und ich ließ ihn zu mir ins Zelt tragen. Seine Verletzungen waren nicht schwer, aber allesamt entzündet und eitrig, woher sein Wundfieber rührte. Noch während ich mich um ihn bemühte, stürzte ein Diener des Imperators ins Zelt.

«Olympos – schnell, mein Herr hat sich vergiftet!»

Wie im Traum griff ich nach der *ampulla* mit dem Brechmittel und lief zum Feldherrnzelt. Der treue Lucilius war gerade dabei, Antonius wachzuhalten, schlug ihn auf die Wangen, brüllte ihm sinnlose Worte ins Ohr.

«Was ist – was hat er genommen?»

Ein Blick genügte. Neben seinem Bett lag das Säckchen mit *mekonion*, das ich ihm wegen seiner zunehmenden Schlaflosigkeit verordnet hatte – zusammen mit einem Dosislöffelchen und dem Hinweis, die Arznei niemals zusammen mit Wein einzunehmen. Das Säckchen war leer, er mußte es also in einen Becher geleert und getrunken haben.

Ich flößte ihm eine starke Dosis des Brechmittels ein und wartete so lange, bis sein Magen nichts mehr hergab. Zehn Minuten später hätte ich ihm wahrscheinlich nicht mehr helfen können. Ich blickte Lucilius und den Leibdiener streng an.

«Kein Wort davon nach draußen! Der Imperator ist unpäßlich, weil er sich – meinetwegen – überfressen hat. Ich habe ihm eine zweitägige Bettruhe verordnet – verstanden!»

Es muß aber dann doch etwas durchgedrungen sein, jedenfalls tuschelte man hinter vorgehaltener Hand, der Imperator habe versucht, sich das Leben zu nehmen.

Wir, seine Freunde, zogen daraus die Konsequenzen und redeten ihm zu, sein Platz sei nicht hier, sondern an Kleopatras Seite. Das hörte er nur allzugern, und wenige Tage später brachen wir auf. Unterwegs hat er mir zu erklären versucht, daß er keineswegs daran dachte, Selbstmord zu begehen, sondern nur einige Tage durchschlafen wollte, um seinen Sorgen zu entfliehen. Ich nickte und sagte, diese Vermutung hätte ich gleich gehabt, und ich sei daran mitschuldig, weil ich ihm die Gefährlichkeit des *mekonion* nicht ausreichend geschildert hatte.

Ich nehme an, daß es Alexas war, der wieder einmal den

Mund nicht halten konnte und hinter vorgehaltener Hand herumtratschte, daß es den Freunden des Imperators gerade noch gelungen sei, ihn am Freitod zu hindern.

Natürlich kam es auch Kleopatra zu Ohren, die mich danach befragte. Ich spielte die Sache herunter, sprach von einem Irrtum, sagte, die starke Wirkung sei nur entstanden, weil er das *mekonion* zusammen mit Wein genommen hatte.

Dann war nicht mehr die Rede davon, weil Alexandria uns ablenkte. Die Bürger waren verunsichert, die wildesten Gerüchte liefen um, woran die *Basilissa* nicht unschuldig war.

Iras erzählte mir, daß Kleopatra bei der Einfahrt in den Hafen die Schiffe festlich geschmückt hatte und Siegeshymnen anstimmen ließ. Da noch niemand etwas Genaues über Aktion wußte und die Königin unversehrt mit ihrem gesamten Hofstaat zurückkehrte, war man zunächst geneigt, den Siegeszeichen zu glauben. Bald gab es Hinweise auf eine kleine Gruppe Unzufriedener, die – angeblich – einen Umsturz vorbereitet hatten. Daraufhin folgten ein paar Dutzend Festnahmen und tagelange peinliche Befragungen. Dabei stellte sich heraus, daß es auch hier Bestrebungen gab, sich Gaius Octavius anzuschließen mit dem Argument, als Adoptivsohn sei er der wahre Erbe von Julius Caesar. Der bald volljährige Kaisarion sei quasi sein Bruder, und nur dieser habe ein Anrecht auf den Thron der Pharaonen. In Kleopatras Augen war das Hochverrat, und der Henker tat in aller Stille sein Werk.

Zwei Tage nach dem Eintreffen unserer kleinen Flotte legte im Westhafen ein römisches Handelsschiff an, und ein Kaufmann namens Publius Fides bat, von Marcus Antonius empfangen zu werden. Kleopatra hatte zur Rückkehr ihres Geliebten ein Fest für den Hof veranstaltet, das am späten

Nachmittag mit einem vielgängigen *deipnon* beginnen sollte.

Antonius war guter Laune, denn Kleopatra hatte ihm offenbar Hoffnungen gemacht, dem im Frühjahr zu erwartenden römischen Angriff mit neuen Truppen und einer gewaltigen Flotte begegnen zu können. Auf den alexandrinischen Schiffswerften wurden bereits in Tag- und Nachtarbeit leichte schnelle Schiffe gebaut, um den Fehler von Aktion nicht zu wiederholen. Dann gab es ja noch die verschollenen Legionen, die vielleicht gerade auf dem Weg nach Asia waren. Wir machten uns alle die schönsten Illusionen, denn wer sollte diesem mächtigen Reich mit seiner gewaltigen Hauptstadt etwas anhaben können? Innerhalb ihrer Mauern war das Brucheion zu einer kaum einnehmbaren Festung ausgebaut – bis hierher könnte kein römischer Legionär dringen!

Die Hofköche hatten sich alle Mühe gegeben, die Rückkehr des Imperators mit ihrer Kunst zu würdigen, doch manchmal nahm diese Kunst Formen an, die einem den Appetit verdarben. Etwa wenn sie die so verlockend braun gebratenen Tauben, Wachteln, Enten und Gänse mit Goldstaub überpuderten oder wir zum Nachtisch die Köpfe unserer Feinde verspeisen sollten, nämlich die aus Mehl, Honig, Mandeln und Fruchtmark geformten Häupter von Octavius und Agrippa. Das waren kunstlose Gebilde, die keine Individualität ausdrückten und sich nur dadurch unterschieden, daß die Köpfe auf Sockeln aus Kuchenteig standen, worauf der jeweilige Name geschrieben war. Die Miene der *Basilissa* bewahrte – wie immer vor vielen Menschen – unerschütterliche königliche Würde, doch Antonius freute sich wie ein kleiner Junge und verspeiste ein gutes Dutzend dieser Feindesköpfe. Vielleicht hätte er noch ein paar mehr verschlungen, doch dann kam der Eilbote mit dem Brief des angeblichen römischen Kaufmanns.

«Ist es denn wirklich so wichtig?» fragte der Imperator unwillig, doch er war schon dabei, die Siegelschnur aufzuwickeln. Wer weiter weg saß, achtete nicht darauf, doch im Freundeskreis erstarben die Gespräche, weil das Gesicht des Imperators erstarrte, während er die Botschaft las.

«Die Nachricht kommt von Canidius Crassus – wir haben schon vorher einen Decknamen abgesprochen.»

Er wandte sich an den Boten.

«Bringe den Mann sofort hierher!»

Ich sah, wie Kleopatra zu diesen Worten leise den Kopf schüttelte. Sie beugte sich vor und flüsterte ihm einige Worte zu. Sie muß ihn wohl aufgefordert haben, den Legaten nicht hier beim Festmahl zu empfangen, was dann auch geschah.

Ich war nicht dabei, als Crassus seinen Bericht lieferte, doch die Sache blieb kein Geheimnis, alle erfuhren davon.

Die Festlandstruppe bei Aktion hielt es zunächst für ein vom Feind ausgestreutes Gerücht, daß der Imperator nach Ägypten geflohen sei. Erst als Canidius Crassus die Nachricht bestätigte und die *legati* aufforderte, ihre Männer über Makedonia nach Asia zu führen, erkannten sie die bittere Wahrheit. Inzwischen hatte ihnen Octavius so verlockende Angebote gemacht, daß keinem der Legionäre die Wahl besonders schwer fiel. Hätten sie tatsächlich versucht, sich nach Asia durchzuschlagen, so wären sie vom übermächtigen Gegner aufgerieben worden, während Octavius sie den Siegern gleichstellte und ihnen nicht weniger bot als seinen eigenen Soldaten, nämlich Anteil an der Beute, Versorgung der Veteranen und Invaliden. Dieses Angebot hätte ausdrücklich auch für Canidius Crassus gegolten, doch der hielt weiter zu Antonius und floh verkleidet aus dem Lager. Unterwegs erfuhr er – gerüchteweise war es auch schon bis hierher gedrungen –, daß fast alle Klientelfürsten zu Octavius übergegangen waren, auch König Herodes von Judäa.

Der kühle Politiker ließ nun, da es gefährlich wurde, den alten Jugendfreund fallen wie ein zerbrochenes Schwert. Einige warteten noch die Entwicklung ab, doch es war vorauszusehen, daß auch sie sich auf die Seite des Stärkeren schlagen würden.

Von da an verschwand Antonius aus dem Brucheion; die *Basilissa* äußerte sich nicht dazu, doch von Iras erfuhr ich, daß der Imperator sich auf eine karge, unbewohnte Halbinsel im Osthafen zurückgezogen hatte, wo er sich ein bescheidenes Haus errichten ließ. Er nannte seine Einsiedelei «Timoneion», wobei er auf jenen Timon von Athen anspielte, den durch die Schauspiele des Aristophanes berühmt gewordenen Menschenfeind.

In seinem Timoneion leistete ihm nur der schweigsame Lucilius Gesellschaft, und wie entsetzt war der gute Alexas, daß man sogar ihm den Zutritt verweigerte!

Mein Wiedersehen mit Salmo verlief etwas eigenartig, und fast wäre daraus ein bitterer Streit entstanden – unser erster, denn wenn wir uns zankten, dann war es ein von Spott und Zuneigung getragenes Spiel.

In der Zeit meiner Abwesenheit war es ihm ergangen wie allen pflichtbewußten und arbeitsamen Menschen. Man hatte ihm über sein Amt als Gesundheitsminister hinaus nach und nach andere Lasten aufgebürdet, so etwa die Verantwortung für Instandsetzungsmaßnahmen an den Gebäuden im Brucheion. Das Palastviertel war aber so ausgedehnt, daß die Handwerker vorne wieder anfangen mußten, wenn sie hinten aufgehört hatten. Er, der wenig von einem geordneten Familienleben hielt, sagte nur, er habe schließlich eine Frau und drei Kinder, um die er sich kümmern müsse, und wolle von nun an lieber als einfacher Soldat dienen, als weiter in diesem Amt zu bleiben, das ihn mit Leib und Seele auffräße.

Sein gesundes Auge starrte mich vorwurfsvoll an, in sein zernarbtes Gesicht hatten sich tiefe Falten gegraben, die Mundwinkel hingen herab, als zerrten Gewichte daran, und sein zuvor schon spärliches Haar hatte einer matt schimmernden Glatze weichen müssen.

Ich war gerührt, den alten Freund so wiederzusehen, und er tat mir leid.

«Ich werde dir viel davon abnehmen können, und du darfst dich auf das Amt als mein Stellvertreter zurückziehen.»

«Ah!» rief er empört. «Darf ich das? Und wenn ich nicht will? Wenn ich alles hinwerfe und in meinem Haus ein *pharmakopolion* eröffne? Da verdiene ich mein Geld bequemer, kann zu Hause bleiben und muß mich nicht immer mit einem Regentschaftsrat herumärgern, der sich meistens taub stellt.»

«Aber Salmo, seit die Königin zurück ist ...»

«Die Königin hat andere Sorgen und bereitet ihre Flucht vor, falls du es nicht schon bemerkt haben solltest. Ich jedenfalls habe sie um meinen Abschied gebeten.»

«Könntest du nicht wenigstens als mein Gehilfe ...»

«Nein – nein! Ich habe genug von allem!»

Dann flog krachend die Tür zu, und ich grübelte herum, wie ich Salmo wieder versöhnen konnte. Viel Zeit dazu fand ich allerdings nicht, denn was er angedeutet hatte, wurde mehr und mehr zur Gewißheit. Während Antonius in seinem Timoneion mit der Welt haderte, entwarf die *Basilissa* umfangreiche Fluchtpläne, die streng geheimgehalten wurden, wenn auch manches durchsickerte.

Iras, die jetzt kaum noch Zeit für mich hatte, war nicht das geringste zu entlocken, und der sonst so geschwätzige Alexas stand nicht mehr zur Verfügung, denn die *Basilissa* hatte ihn – mit Zustimmung des Antonius – nein, ich werde es anders erzählen.

Der Imperator lebte schon über eine Woche in seinem Timoneion, da lud Kleopatra Alexas und mich zu einer Besprechung, an der auch Mardion und Nikolaos teilnahmen – die Häupter des inzwischen aufgelösten Regentschaftsrates. Ich sah Mardion nach langer Zeit wieder, er schien mir sehr gealtert, wirkte abwesend und zerstreut. Nikolaos strich wie immer würdevoll seinen Gelehrtenbart, pflichtete wie immer der Königin in allem bei und hatte doch schon – wie ich später erfuhr – insgesamt seine Fühler nach einem neuen Amt und einem neuen Herrn ausgestreckt.

Die *Basilissa* gab sich sehr freundlich und familiär, redete eine Weile über Nichtigkeiten, bis sie zum Thema kam.

«Wir müssen – koste es, was es wolle – versuchen, den König von Judäa wieder auf unsere Seite zu ziehen. Ich bin bereit, dafür Opfer zu bringen, will ihm alles zurückerstatten, was der Imperator mir überschrieben hat: die Hafenstädte, die Balsamgärten von Jericho, die *asphaltos*-Gewinnung im Salzmeer und was immer er sonst noch will. Dazu brauche ich einen Botschafter, der den König kennt, der gut reden und argumentieren kann, mit einem Wort – einen Menschen wie dich, Hippokrates, der du dich schon vielfach bewährt hast.»

Was? Hörte ich recht? Ich sollte zu Herodes gehen, ich, der auf seiner Todesliste vermutlich ganz oben stand? Da konnte ich mich gleich umbringen …

«Hat es dir die Rede verschlagen, Hippo?»

Iras blinzelte mir beruhigend zu, doch ich nahm es kaum wahr. Mir fiel nichts anderes ein, als mit tonloser Stimme zu sagen: «Du willst mich also in den Tod schicken, *Basilissa*?»

In gespieltem Erstaunen hob sie ihre Augenbrauen, und in ihre schönen grauen Augen trat ein warmer Glanz.

«Aber Hippo, wie kannst du das sagen! Oder sollte es etwas zwischen Herodes und dir geben, von dem ich nichts weiß?»

Ich fühlte klebrig den Angstschweiß in meinen Achselhöhlen, und meine Kehle war rauh und trocken geworden. Doch ich kannte die *Basilissa* gut genug, um nicht den Schalk zu überhören. Langsam wich die Spannung, und ich räusperte mich.

«Da ist schon etwas, *Basilissa* ...»

«Von dem ich nichts weiß?»

«Was gäbe es, von dem die *sat-Ra* nichts weiß?»

«Ich hoffe, du verstehst einen Spaß?»

«Natürlich, *Basilissa*, und ich schätze ihn um so mehr, wenn er von dir kommt. Das zeigt mir, daß ich nach wie vor in deiner Gunst stehe.»

«Gut, aber ich brauche dennoch einen Botschafter, der beredt ist und fähig, einen Mann wie Herodes umzustimmen. So fällt meine Wahl auf dich, Alexas, denn wer käme sonst noch in Frage?»

Die Freude des schönen Alexas schien mir nicht geheuchelt, doch erst später verstand ich, warum der Auftrag seinen eigenen Plänen so entgegenkam.

Wenn die Königin in Alexandria die Opposition durch Hinrichtungen und Verbannungen auch zum Schweigen gebracht hatte, so schwelte es doch in dem von Priestern beherrschten konservativen Süden weiter, und Kleopatra wollte alles vermeiden, sich das Binsenland zum Feind zu machen. So ließ sie dort die Nachricht verbreiten, sie wolle demnächst ihren Sohn Ptolemaios Caesar für mündig erklären und ihm – nach angemessener Bewährungszeit – den heiligen Thron der Beiden Länder alleine überlassen. So käme wieder ein Mann an die Herrschaft, und sie wolle selber dafür sorgen, eine «anmutsvolle Trägerin der Geierhaube» zu finden – kurz gesagt, ihrem Sohn eine Gemahlin auszusuchen.

Zugleich mit Kaisarions Volljährigkeit sollte der vierzehnjährige Antyllos – des Imperators ältester Sohn von

Fulvia – die *toga virilis* erhalten, also nach römischem Recht zum Erwachsenen erklärt werden. Da konnte auch sein Vater nicht fernbleiben, und vielleicht hat Antonius sich gefreut, einen offiziellen Grund für seine Rückkehr nach Alexandria zu haben.

Das Fest fand im Frühjahr statt, und die *Basilissa* scheute keine Kosten, um den Bürgern von Alexandria eine Freude zu bereiten – vielleicht auch, um sie abzulenken von der spürbar näherrückenden Gefahr. Sie muß sich den Kopf zergrübelt haben, auf welche Weise ihr Geschlecht, ihre Dynastie zu retten sei, und so hieß es bald nach dem Fest, König Ptolemaios Caesar sei in den Süden gereist, um sich dort Priesterschaft und Volk vorzustellen.

Wir im engen Freundeskreis wußten, daß nur eines der Wahrheit entsprach: Kaisarion reiste mit seinem Lehrer Rhodon tatsächlich nach Süden, doch nicht um sich dem Volk zu zeigen, sondern um von Berenike, einem kleinen weltvergessenen Hafen, nach Osten ins sagenhafte India zu fliehen. Es muß eine abenteuerliche Reise gewesen sein, als der verwöhnte Knabe – Verzeihung: Mann! – von Koptos aus, der Stadt des geilen Gottes Min, eine tagelange Wüstenreise mit Pferden und Maultieren unternehmen mußte, um in das entlegene Berenike zu gelangen. Da war dann allerdings – darauf komme ich noch – seine Reise zu Ende.

Für ihre eigene Flucht hatte die *Basilissa* einen anderen Weg gewählt. Später wurde auch gesagt, sie hätte erwogen, nach Hispania ins Exil zu gehen, doch davon war nie die Rede, und es wäre ja nur eine andere Art von Selbstmord gewesen, diese von Octavius beherrschte Provinz als Fluchtort zu wählen.

Ich gehörte zu denen, die sie begleiten sollten, und war in ihre tatsächlichen Fluchtpläne genau eingeweiht, war Zeuge einiger diesbezüglicher Beratungen. Sie hatte dazu ihren Hofgeographen geladen, einen etwas versponnenen Mann, der sich – wie man spottete – auf den Landkarten besser auskannte als in der eigenen Manteltasche. Seine Kleidung war fleckig, auf seinem Gelehrtenbart leuchtete gelb ein verkleckerter Eidotter. Vielleicht hatten sie ihn gerade von seiner Morgenmahlzeit weggeholt. Ob diese Besprechung noch vor der Abreise Kaisarions stattfand, weiß ich nicht, es muß irgendwann Anfang des neuen Jahres gewesen sein – im Februar oder März.

Die Zeit drängte, Octavius hatte auf Rhodos überwintert und konnte jeden Tag das Signal zum Aufbruch geben – wenn er nicht schon unterwegs war. Kleopatra hatte aufgehört, sich Illusionen zu machen und auf irgendwelche irgendwo stationierten Legionen oder auf Hilfe von Verbündeten zu hoffen.

«Octavius hat letztlich nur eines im Sinn: mich vom Thron zu stürzen und Antonius zu töten. Er wird uns hinhalten, und sobald er sicher ist, diesen Krieg zu gewinnen, schlägt er zu. Ich werde versuchen, mit ihm ins Gespräch zu kommen, vielleicht einen Kompromiß auszuhandeln, mit dem der Imperator und ich zufrieden sein können, aber ich erhoffe mir nichts davon. Mein Plan ist es, in India ein neues Ptolemäerreich zu errichten.»

Der schmuddelige Geograph hatte ihr stirnrunzelnd zugehört, und nun fuhr seine hohe heisere Greisenstimme dazwischen.

«Wo in India?»

Sie lächelte.

«In Alexandria natürlich!»

Wir alle blickten erstaunt auf, weil wir die Antwort nicht verstanden. Wollte die *Basilissa* indische Söldner hierherholen? Nur der Geograph lachte meckernd.

«Welches Alexandria? Das am Indus oder das weiter nördlich gelegene am Zusammenfluß von Hydaspes und Zaradros?»

Kleopatra klatschte in die Hände und rief anerkennend: «Wie gut du Bescheid weißt, *geographos*!»

Der Gelehrte reckte sich, und das Eigelb leuchtete deutlich in seinem Bartgestrüpp. Er trug es wie den Tapferkeitsorden der «Goldenen Fliege» im alten Ägypten.

«Das ist schließlich mein Beruf ...»

«Ich meine die Stadt Alexandria am Indus, weil sie vom Erythräischen Meer aus den Indus stromaufwärts auch mit größeren Schiffen zu erreichen ist. Mein Vorfahr, Ptolemaios Soter, war bei der Gründung dieser Stadt zugegen, und so wird sich der Kreis der Geschichte schließen.»

Nun meldete sich Mardion zu Wort.

«Das klingt ja recht verheißungsvoll, *Basilissa*, und wir alle wissen, daß der große Alexander zahlreiche Städte gegründet hat, denen er seinen Namen gab – auch in India. Aber seither sind dreihundert Jahre vergangen, und niemand weiß genau, welche Entwicklung diese Orte genommen haben – ja, ob es sie überhaupt noch gibt.»

«Schau, schau, unser Mardion, noch immer der alte Skeptiker. Um zu gewinnen, lieber Freund, muß man etwas wagen! Doch ich habe mit Kaufleuten gesprochen, die mit den Ländern am Indus Handel treiben, zwei von ihnen sind selber dort gewesen. Die Stadt Alexandria gibt es noch, doch die Herrschaftsverhältnisse scheinen etwas unklar zu sein. Vermutlich existieren dort einige Stadtstaaten, und ich bin überzeugt, daß ich sie mit meinem Geld und meinen Truppen zu einem Reich zusammenfassen kann – fern von Rom, geschützt durch die dazwischenliegenden Völker der Meder, Parther und Araber. Es dürfte ja bekannt sein, daß mein Sohn Alexander Helios mit der medischen Prinzessin Jotape verlobt ist. Ein Bündnis mit Parthien bietet sich da ganz von selber an, denn der Feind unseres Feindes muß unser Freund sein.»

Die politischen Höhenschwünge waren nicht dazu angetan, die nüchternen Heer- und Flottenführer zu begeistern. Ihre Soldatengesichter zeigten kaum eine Regung, doch einige blickten unbehaglich drein, kratzten sich, räusperten sich und fanden doch aus Respekt vor ihrer Monarchin keine Widerworte. Die konnte sich nur ein Mardion erlauben, aber aus Mitleid und Zuneigung ging er nicht auf dieses verlockende Zukunftsbild ein.

«Gut, *Basilissa*, die Reise dorthin wird lang und beschwerlich sein. Was aber ist als nächstes zu tun?»

Sie blickte ihn dankbar an.

«Zum Glück bist du nicht nur ein Skeptiker, sondern auch ein Praktiker. Wir müssen so viele Schiffe wie möglich in den Arabischen Golf schaffen, um dann von dort – den Weg erklärt euch am besten unser *geographos*.»

Der nickte zerstreut, erhob sich ächzend, strich über seinen verfilzten Bart, bekam dabei das Eigelb in die Finger, betrachtete es neugierig und schnippte es weg. Dann nahm er den Zeigestock und trat an die Karte.

«Es wird meines Erachtens keine besonderen nautischen Probleme geben, aber der Weg ist weit – sehr weit. Wir fahren auf dem Arabischen Meer nach Süden –», er berührte mit dem Zeigestock die ägyptischen Osthafen Myos Hormos, Leukos Limen und Berenike, «dann an der arabischen und äthiopischen Küste entlang bis zur Südspitze Arabiens, wenden nach Nordost und steuern durch das Erythraeische Meer die Mündung des Indus an. Diese Fahrt wird allerdings viele Monate dauern …»

Mit einer knappen, unwilligen Handbewegung schnitt Kleopatra ihm das Wort ab.

«Ist gut, *geographos*, mehr wollen wir nicht wissen.»

Diesen Eindruck hatte ich zwar nicht, denn man sah es den Seeoffizieren an, daß ihnen mehr Fragen auf den Lippen brannten, als ein Straßenköter Flöhe hat. Einer von ihnen wollte das Nächstliegende geklärt haben.

«Wie bringen wir die größeren Schiffe an die Küste? Die Kanäle dorthin sind eng und nur für kleine, schmale Boote geeignet …»

Die *Basilissa* nickte einem als tüchtiger und erfahrener *tekton* bekannten Mann zu, der offenbar ägyptischer Herkunft war und ganz altmodisch seine Schreib- und Vermessungsgeräte am Gürtel trug.

«Ganz einfach», sagte er in hartem Griechisch, «wir zerlegen die Schiffe und transportieren sie mit Ochsenkarren und auf Maultieren an die Küste.»

«Aber – aber nimmt das nicht zuviel Zeit in Anspruch?» fragte einer.

Der *tekton* schüttelte den Kopf. «Zeit schon, aber nicht zuviel. Wir können den Nil und die Nilkanäle ziemlich lange nutzen, so daß der Landweg nur noch etwa 160 Stadien beträgt – etwaige kleinere Umwege schon mit einberechnet.»

Ein leises ungläubiges Raunen ging durch den Saal, das die Königin geflissentlich überhörte. Schon im Weggehen, sagte sie zu mir: «Dein Diener Salmo hat mich um seine Entlassung gebeten. Macht das untereinander aus, ich möchte künftig mit solchen Geringfügigkeiten nicht mehr belästigt werden. Kümmere dich lieber ein wenig um den Imperator. Er hat sich hier schon seit Tagen nicht blicken lassen.»

«Jawohl, *Basilissa*.»

Antonius war nicht mehr in sein Timoneion zurückgekehrt, hatte sich aber nach den Feiern für die beiden Prinzen in den alten Königspalast zurückgezogen. Während Kleopatra alles unternahm, um Thron und Dynastie zu retten, tat der Imperator nichts, als von Zeit zu Zeit den Undank seiner Freunde – ja, der ganzen Welt zu beklagen.

Nun, da die *Basilissa* mich ermächtigt hatte, nach ihm zu sehen, war ich selber neugierig, wie er zu den künftigen Ereignissen stand.

So ging ich zum alten, früher von Ptolemaios Auletes benutzten Königspalast, wo am Tor die treuen schwerbewaffneten Praetorianer Wache hielten.

«Der Imperator will nicht gestört werden!»

«Sage ihm, Olympos bringt eine Botschaft der Königin.»

Der Imperator saß bei einem üppigen Mahl und lud mich mit einer matten Geste dazu ein. Sein schweigsamer Freund Lucilius und sein Leibsklave Eros – man munkelte, dieser sei gelegentlich sein Geliebter – leisteten ihm Gesellschaft.

Der Imperator war nur noch ein Schatten seiner selbst. Sein von Lastern gezeichnetes Gesicht sah aus wie ein schlaffer Sack, wie eine Fischblase, der die Luft entwichen ist. Unter den rot umränderten Augen hingen schwere, dunkle Tränensäcke; der fettig glänzende Mund wirkte über dem schwellenden Doppelkinn klein und verletzlich. Die Tafel bog sich unter allerlei Leckereien, über die seine trüben Augen begehrlich huschten.

«Da war doch noch etwas, das ich nicht gekostet habe – ein Perlhuhn in Honig gebraten, eine dattelgefüllte Wachtel, vielleicht auch eine Kranichbrust in Salzkruste – ich habe es doch eben noch gesehen ...»

Er blickte auf und lächelte düster.

«Du siehst, was mir jetzt wichtig ist, Olympos. Nicht, wo die Truppen von Octavius gerade stehen, auch nicht, wer mich verraten und verlassen hat, oder verraten und verlassen wird, oder ob es gelingt, neue Verbündete zu gewinnen – nein, nichts davon bewegt mich.»

Er trank seinen Silberbecher leer und streckte ihn Eros hin, der sofort nachgoß. Antonius rülpste laut und trank gleich wieder. Dann griff er sich ein Geflügelteil vom Tisch und stopfte es in den Mund. Er benahm sich wie ein Barbar und tat es wohl in der Absicht zu zeigen, wie wenig ihn gute Sitte noch kümmerte. Mit vollem Mund sprach er weiter, wobei ihm kleine Fleischstücke aus dem Mund fielen.

«Es ist vorbei, Olympos. Seit Aktion ist unsere Sache verloren, aber ich habe einige Zeit gebraucht, dies zu erkennen. Die Königin lehnt sich dagegen auf, ich verstehe das, sie unternimmt alles, um sich, die Kinder, ihren Thron und vielleicht auch mich zu retten, doch es ist umsonst. Die Götter haben sich gegen uns entschieden, wir können von hier nicht mehr weg.»

«Aber du könntest noch fliehen, Imperator! Im Schutz deiner Prätorianer, auch sind einige Legionen dir treu geblieben ...»

Er lachte und winkte ab.

«Wie lange noch? Sobald Octavius hier erscheint, werden sie ihm in Scharen zulaufen. Gaius Octavius ist die Zukunft, ich bin die Vergangenheit.»

Wieder trank er so gierig, daß ihm der Wein in kleinen Bächen über das Kinn floß.

«Eines bleibt noch zu tun – ich werde die *amimetobioi* auflösen und sie in *synapothanoumenoi* umbenennen. Das ist jetzt doch viel passender, nicht wahr?»

Er lachte so laut über seinen Einfall, daß er sich verschluckte, hustete und wie ein Erstickender nach Luft rang.

Ja, dachte ich mitleidig, ein Sterbender bist du tatsächlich, hast dich selber aufgegeben. Erstaunlicherweise nahmen seine verbliebenen Freunde die Umbenennung ernst, und die einstmals «Unverwechselbaren» nannten sich nun stolz und mit Galgenhumor «die vom gemeinsamen Tod».

Es paßte zum schwankenden Charakter des Imperators, daß er sich nun in Bübereien flüchtete, anstatt auf Abhilfe aus der bedrohlichen Lage zu sinnen.

Nun, ich sage es gleich vorweg: Auch die so komplizierten, zeitraubenden, kostspieligen wie mühevollen Pläne und Vorbereitungen der *Basilissa* führten zu nichts, am Ende war alles umsonst.

Der Plan mit den Schiffen gelang; nach vielen Mühen lagen sie abfahrtbereit im kleinen Hafen von Heroonpolis, als der Wüstenscheich Malchos – er nannte sich «König der Nabatäer» – mit seinen Kriegern erschien, die Flotte ausraubte und in Brand steckte. Das war der Dank dafür, daß die Königin sich erst vor einem Jahr für ihn eingesetzt und Herodes daran gehindert hatte, die Nabatäer zu bekriegen.

Die eigentlichen Zusammenhänge wurden erst später klar. Quintus Didius, der Proconsul von Syria und Kilikia, hatte Malchos zu dieser Tat aufgehetzt, um sich bei dem nahenden Octavius in ein gutes Licht zu setzen. Natürlich war auch Didius ein Mann des Imperators gewesen, dem er sein hohes Amt zu verdanken hatte. Da er es auch behalten wollte, baute er vor, und es war nichts Geringes, dem Octavius als «Einstandsgeschenk» die vernichtete Flotte der ägyptischen Königin zu präsentieren. Am Ende zählte auch der ehrgeizige Malchos zu den Verlierern, denn Kleopatra ließ ihn durch gedungene Mörder umbringen, noch ehe er die Früchte seiner Tat ernten konnte.

Noch einer geriet im Streit der Mächtigen zwischen die Fronten, nämlich der schöne, redegewandte Alexas. Ich hatte zuvor davon berichtet, daß er im Auftrag von Antonius und Kleopatra zu Herodes nach Jerusalem reiste, um diesen am Abfall zu hindern. Später stellte sich heraus, warum dieser Auftrag so sehr in seine Pläne paßte. Auch Alexas hatte längst vorgehabt, zu Octavius überzugehen, aber nicht recht gewußt, wie er es anstellen sollte.

Bei König Herodes in Jerusalem deckte er seine Absichten auf, erklärte beredt und in bewegten Worten, daß er sich innerlich längst vom Imperator gelöst habe und ein heimlicher Parteigänger des Octavius geworden war. Herodes zeigte sich erfreut und überrascht, versprach auch, sich für ihn bei Octavius einzusetzen, nahm ihn sogar mit, als er nach Rhodos reiste, wo dieser sich im Frühjahr aufhielt.

Was sich dann abspielte, habe ich verschiedenen Augenzeugenberichten entnommen, es handelt sich also weder um Vermutungen noch um von mir errichtete Fiktionen.

So bestätigte Octavius Herodes als Klientelkönig des Römischen Reiches, was aber nicht hieß, daß er Alexas in Gnaden aufnahm. Er betrachtete den elegant gekleideten, vorzüglich frisierten und sich bescheiden gebenden Mann mit kritischem Blick und hielt ihm vor, was alle Welt wußte und auch der geschickte Alexas nicht wegdiskutieren konnte: Er war es, der Antonius immer wieder gemahnt hatte, sich von Octavia scheiden zu lassen – er war es, der dem Imperator geraten hatte, sich enger an Kleopatra zu binden.

So sagte Octavius dem Bittsteller ins Gesicht: «Alles kann ich dir verzeihen, nicht aber das Leid meiner Schwester Octavia, der du den Gatten entfremdet, ihr Leben einsam gemacht hast. Du hast dich mit aller Macht an Kleopatra und Antonius gehängt, so magst du auch mit ihnen untergehen!»

Da half alles Flehen nichts, die schönen Reden verklangen ungehört, und Alexas wanderte ins Gefängnis. Um sein gutes Einvernehmen mit Octavius nicht zu stören, ließ auch Herodes ihn fallen, und das Urteil lautete: Alexas wird von Rhodos nach Laodikeia gebracht, dort öffentlich seiner Verbrechen angeklagt, danach ausgepeitscht und durch das Beil hingerichtet.

Der arme Alexas wird sich die Heimkehr in seine Vaterstadt anders vorgestellt haben, aber das Urteil war gesprochen, und seine Mitbürger hörten auf dem Marktplatz die Anklage des Hochverrats an Volk und Senat von Rom. Dann hing ihn der Henker an den Pfahl, riß ihm die eleganten Kleider vom Leib und zählte ihm vierzig Peitschenhiebe auf, die aus dem schönen Alexas ein winselndes und gar nicht mehr schönes Etwas machten, ein armseliges Stück Fleisch, das zuckend und blutend in den Fesseln hing und einem gehäuteten Hammel ähnlicher sah als einem Menschen. Mit zwei wuchtigen Hieben trennte ihm der Henker den Kopf vom Leib, und was übrigblieb, wurde verbrannt und ins Meer gestreut.

Ich habe ihn aufrichtig bedauert, denn er war niemals ein richtiger Bösewicht, sondern – wie andere auch – ein Mensch, der immer bedacht war, sich aus dem Kuchen des Lebens die besten Stücke herauszuschneiden.

# SECHZEHNTES KAPITEL

Mag es auch so aussehen, als hätte ich seit meiner Rückkehr Sohn und Familie vergessen, so stimmt das nicht ganz. Um Aspasia kümmerte ich mich allerdings nicht mehr, da sie einem anderen Mann angehörte und jede Begegnung mit ihr nur neuen Ärger brachte.

Doch ich besuchte meine *penthera*, die Herophilos aufzog und mit der ich mich immer gut verstanden hatte. Demetria freute sich sehr, berichtete Gutes von meinem Sohn, und so lud ich ihn im Januar zur Feier seines Geburtstags auf einen Besuch ins Brucheion.

Anfänglich zeigte er sich recht schüchtern, denn für ihn war ich ja fast ein Fremder, doch welcher Achtjährige ist nicht voll Neugierde und Erlebnisdrang? Er durfte sogar kurz die Königin besuchen, worauf er meinte, er hätte sich die *Basilissa* schöner und jünger vorgestellt. Ich schluckte den aufkommenden Ärger hinunter.

«Um die wahre Schönheit einer Frau richtig einschätzen zu können, mußt du älter – mußt ein Mann sein. Als Junge ist man geneigt, erwachsene Frauen an der eigenen Mutter zu messen, die jeder Sohn schön findet.»

«Aber ihre lange Nase und die dicken Lippen ...»

«Behalte das für dich, Herophilos, und bilde dir später ein Urteil.»

Nun, die Sache war bald vergessen, wir durchstreiften die Quartiere der Leibwache, gingen in die Pferdeställe, schauten in die Hundezwinger und bewunderten den kleinen Tiergarten, den die *Basilissa* sich angelegt hatte. Da gab es neben vielen seltenen Vögeln noch Gazellen, Schakale, Schildkröten und Ichneumons, ja sogar einen altersschwachen, fast zahmen Löwen, der meistens schlief und immer so satt war, daß – wie es einmal versehentlich geschah – auch die vor seiner Nase herumspazierenden Gazellen ihm nur noch ein müdes Gähnen entlockten.

Unterwegs trafen wir auf einen gutgelaunten Antonius (damals im Januar sah die Lage noch besser aus), der aus irgendwelchen Gründen für einige Tage sein Timoneion verlassen hatte.

«Ah – Olympos, Asklepios möge dich schützen und bewahren! Hast du dir einen neuen Diener zugelegt? Der Knabe scheint mir aber sehr jung –», er drohte scherzhaft mit dem Finger und sprach lateinisch weiter, «oder hast du dir auf deine alten Tage einen *delicatus* zugelegt? Vielleicht um die gute Iras zu ärgern?»

Er lachte schallend zu seinen eigenen Worten und tätschelte dabei die Wangen meines Sohnes, der verschreckt zurückwich.

«Deine Vermutungen sind falsch, Imperator. Dies ist mein Sohn Herophilos, und als Geschenk zu seinem achten Geburtstag zeige ich ihm das Brucheion.»

«Na dann!» rief Antonius dröhnend, «meinen Glückwunsch, junger Mann! Du bist noch in einem herrlichen Alter – man lernt, staunt, entdeckt, saugt sich voll wie ein Schwamm.»

Er faßte sich derb ans Geschlecht.

«Wenn sich das da mal regt, ist's damit aus, dann geht dir nur noch eines im Kopf herum – Weiber, Weiber, Weiber. Deine Neugier beschränkt sich darauf, wie sie unter ihren Kleidern aussehen, was sie zwischen den Beinen haben und wie man da rankommt. Bist du dran, so willst du es nochmals, immer wieder und mit möglichst vielen. Das legt sich dann später etwas ...»

Mit großen, runden – grauen – Augen hörte der Bub dem Imperator zu, wohl eher davon beeindruckt, daß der berühmte Marcus Antonius zu ihm sprach, als vom Inhalt seiner Rede.

«Er versteht nicht, was du meinst, Imperator. In einigen Jahren würde er seine glühenden Ohren spitzen ...»

«Du hast recht, Olympos. Schließlich bin ich der Vater von vier Jungen und hätte es wissen müssen. Mehr hast du nicht zustande gebracht als diesen einen?»

Ich feixte.

«Der Hofdienst ließ mir keine Zeit dazu.»

«Ausreden! – Schau mich an!»

Dann zählte er seine vier Söhne auf, natürlich nur, um sich vor Herophilos großzutun. Im parthischen Feldzug hatte dieser Mann dreißigtausend Soldaten hingeopfert, ohne sich viele Gedanken darüber zu machen, und jetzt kam es ihm darauf an, einen Achtjährigen zu beeindrucken.

«Da ist einmal Antyllos, wir werden bald seine Mündigkeit feiern. Dann gibt es seinen drei Jahre jüngeren Bruder Jullus, der in Rom lebt, und natürlich die Söhne von meiner göttlichen Gemahlin Kleopatra, den zehnjährigen Alexander Helios und den kleinen Ptolemaios – wie alt ist der jetzt?»

Antonius schaute mich fragend an.

«Er wurde geboren, während wir die Parther bekriegten, muß also vier Jahre alt sein.»

«Du siehst, Olympos, da gibt es noch einiges nachzuholen, damit Herophilos mit Geschwistern aufwächst.»

«Und Töchter – Töchter hast du keine?» fragte mein Sohn so leise, daß man es kaum hörte.

Der Imperator lachte.

«Die habe ich ganz vergessen! Es gibt drei Stück davon, und sie alle heißen Antonia.»

Herophilos staunte.

«Was? Aber wie hältst du sie auseinander?»

«Jede sieht anders aus und geht ihre eigenen Wege. Da kann es nie zu Verwechslungen kommen. Besuche uns mal wieder, Herophilos! Was willst du später werden? Arzt wie dein Vater?»

«Imperator wie du!» rief er begeistert. «Da wird man reich und berühmt, und alle müssen mir gehorchen.»

Antonius blieb ernst und sagte mit etwas stockender Stimme: «So, meinst du? Man wird aber nicht gleich Imperator und hat einiges durchzumachen, bis man es ist. Am Ende fragt man sich –»

Er sprach nicht zu Ende, nestelte einen Dolch vom Gürtel und reichte ihn Herophilos.

«Solltest du tatsächlich Soldat werden, dann trage diesen *pugio* in Ehren. Wenn nicht, weihe ihn den Göttern und sprich ein Gebet für Marcus Antonius.»

Schroff wandte sich der Imperator ab und tauchte im Trupp seiner baumlangen Leibwächter unter.

Herophilos hielt den Dolch mit beiden Händen und stammelte: «Er – er hat mir – hat mir den eigenen Dolch geschenkt – einfach – einfach so ...»

Noch immer hatte ich nichts von Salmo gehört. Ich wußte genau, was er dachte, und wollte nicht nachgeben, denn ich dachte das gleiche. Er wartete, bis ich zu ihm kam und die Versöhnung anbot, und ich wartete, bis er zu mir kam und um Verzeihung bat. Gewiß, er war mein Diener, ich hätte ihn holen lassen und mir eine Strafe ausdenken können. Aber Freunde bestraft man nicht, und so wartete ich, und es vergingen Februar, März und April. Anfang Mai ließ ein Arztgehilfe namens Salomon um eine kurze Unterredung bitten. Da stand er dann steif und mit gekränktem Gesicht in der Tür und sagte mit gepreßter Stimme: «Verehrter Hofarzt und Minister Hippokrates, ich habe vor einigen

Monaten ein Gesuch an die göttliche Königin gerichtet, mich von meinem Amt zu entbinden, und noch immer keine Nachricht erhalten. Da ich die verehrte *Basilissa* nicht behelligen möchte, würde ich dich bitten –»

«Sie hat es mir überlassen, Salmo. Wir sollen es unter uns ausmachen, hat sie gemeint.»

Sein narbiges Gesicht zuckte, das gesunde Auge blickte an mir vorbei auf die Wand.

«Was gibt es da schon auszumachen …»

«Stell dich nicht so an! Du hast zwei Möglichkeiten: Entweder du betrachtest dich als meinen Freund, dann respektiere ich jede deiner Entscheidungen, oder du siehst dich nur noch als meinen Diener, dann erwarte meine Befehle.»

«Bei Ruth – also bei meiner Frau – halte ich es auf die Dauer nicht aus. Von Zeit zu Zeit – ja, das schon, aber ständig …»

Er schluckte mehrmals und preßte dann heraus: «Also gut, ich bin dein Freund und möchte sein, was ich war, ehe du mich gezwungen hast, dieses verfluchte Amt als Hüter der Hygieia zu übernehmen –, nämlich dein Freund und dein Diener.»

Wir umarmten uns feierlich und schworen, in diesen unsicheren Zeiten fest zusammenzuhalten.

Im Juni verschwand Nikolaos von Damaskos, Lehrer und Erzieher von Kleopatras jüngeren Söhnen. Zunächst war man ratlos. Was mochte diesen etwas kriecherischen Pedanten bewogen haben, sich davonzumachen?

Ich hatte einen Verdacht, wollte ihn aber nicht äußern. Plötzlich stand mir eine Szene vor Augen, als wir in Jerusalem Gast des Königs Herodes waren und er auf Kleopatras Tod sann. Nachdem er mir meine scheinbare Zustimmung zu dem Mordplan abgepreßt hatte, wandte er Nikolaos seine ungewöhnliche Aufmerksamkeit zu. Arm in Arm gingen sie in den schattigen Wandelhallen auf und ab, schienen in lebhafte Diskussionen verstrickt. Der bärtige Gelehrte berichtete, der König zeige ein besonderes Interesse für griechische und römische Geschichte und sei so neugierig und aufnahmebereit wie ein fleißiger und strebsamer Schüler.

Die *Basilissa*, immer mißtrauisch, wenn es um Herodes ging, befahl Nikolaos streng, ihr – soweit er sich erinnern konnte – jedes seiner Worte zu wiederholen, doch Herodes schien tatsächlich nur die Gelegenheit zu nutzen, den bekannten Gelehrten gründlich zu examinieren. Nun, seine Erziehung mochte in bezug auf Geschichte etwas dürftig gewesen sein, so daß es da einiges nachzuholen gab.

Jetzt aber hegte ich den Verdacht, Herodes habe den Gelehrten schon damals abwerben wollen oder ihm zumindest das Angebot einer späteren Anstellung gemacht. Wie gesagt – ich behielt den Verdacht für mich, doch als im Juli ein geflohener *centurio* die Nachricht vom mißglückten Parteiwechsel des Alexas brachte, erfuhren wir auch, daß Nikolaos am Hof des Herodes das Amt eines Beraters und Historiographen übernommen hatte.

Als der Imperator vom Schicksal seines Freundes Alexas erfuhr, soll er ausgerufen haben: «Möge es doch allen Verrätern so ergehen!» Dem war leider nicht so, denn das Schicksal des Alexas blieb eine Ausnahme – er hatte einfach zu hoch gespielt. Allen anderen bekam der Parteiwechsel prächtig, was nur eine Feststellung, aber keine Kritik sein soll. Jeder, der es umgekehrt gemacht hätte, wäre von Antonius belohnt und belobigt worden, doch leider ist kein Fall mehr zu verzeichnen, daß jemand von Octavius zu uns überlief.

So saßen wir in Alexandria wie Hühner in einem Käfig, und jeder ahnte, daß dieser sich nur öffnen würde, wenn man uns zur Schlachtbank führte.

Nur Iras schien von dieser fatalen Lage kaum beeindruckt. An einem ihrer freien Abende saßen wir auf der Terrasse meines Hauses und blickten auf das in der Dämmerung versinkende Meer hinaus. Da löste sich ein Wolkenstreifen auf, und – als hätten Luftgeister einen Vorhang zurückgezogen – das silberne Haupt der Göttin Selene erschien auf der himmlischen Bühne.

Ich deklamierte pathetisch: «Tochter des Hyperion und der Theia, Gemahlin des Helios – sei gegrüßt! Wenn wir nicht mehr sind, wirst du noch sein, denn wir sind sterblich, und du bist ewig …»

Ich sprach diese Worte ohne Hintersinn, doch Iras geriet in Zorn.

«Ich kann es bald nicht mehr hören, dieses ewige Gerede von Tod und Untergang! Aber da seid ihr Männer alle gleich, vom Imperator bis zum Türsteher. Jeder stöhnt und klagt, spricht vom nahenden Unheil, bedauert sein Schicksal. Die von Antonius gegründete ‹Gesellschaft vom gemeinsamen Tod› hat ungeheuren Zulauf, und in prächtigen, weinseligen Symposien berauschen sich diese Männer am eigenen Untergang. Sie seufzen über die Unwägbarkeit der *moira*, die Wechselhaftigkeit der *tyche* und – so scheint es mir – sie haben noch ihren Spaß dabei! Ich halte es für weitaus besser, darüber nachzudenken, wie das Unheil abzuwenden, die Katastrophe zu verhindern wäre.»

«Alle denken darüber nach …», sagte ich lahm, und gleich fiel sie mir ins Wort.

«Ja, aber jeder für sich, anstatt gemeinsam eine Strategie zu entwickeln. Die meisten von euch sind doch Soldaten, und sogar du bist zeitweise einer gewesen. Wenn es heißt, dem Gegner den Bauch aufzuschlitzen oder ihm den Kopf zu spalten, da seid ihr alle sehr tüchtig, und jeder ist freudig dazu bereit. Weißt du, daß Antonius dem Octavius eine Aufforderung zum Zweikampf geschickt hat und jetzt ungeduldig auf Antwort wartet? Doch dieser Mensch ist klüger als ihr alle und wird sich hüten, solche Kindereien ernst zu nehmen. Die *Basilissa* aber schätzt den Gegner richtig ein und wird alles tun, sich mit ihm zu verständigen.»

Ich muß zugeben, daß Iras mit ihrer herben Kritik am Verhalten der Männer recht hatte und Kleopatra damals vielleicht klüger und besonnener handelte, doch geholfen hat es ihr nichts. Freilich, auch Antonius machte einen halbherzigen Versuch, unbeschadet aus dem Konflikt herauszukommen, als er Octavius bat, sich als Privatmann nach Athen zurückziehen zu dürfen. Es kam eine nichtssagende Antwort etwa des Inhalts, für solche Überlegungen sei immer noch Zeit. Antyllos, der älteste Sohn des Imperators, hatte diese Bitte zusammen mit einer beachtlichen Geldsumme überreicht – Octavius setzte den jungen Mann gefangen und behielt das Geld.

Deutlicher hat Octavius der Königin geantwortet, als sie ihm zum Zeichen ihrer Unterwerfung die Kroninsignien übersandte, mit der Bitte, ihr als Klientelfürstin des Römischen Reiches die Herrschaft über Ägypten zu belassen. Er behielt die Kronjuwelen und schrieb zurück, über ihr Angebot ließe sich reden, wenn sie ihm den Imperator ausliefere – tot oder lebendig. Die *Basilissa* teilte Antonius diese Bedingung mit, und seine Antwort darauf gab er bei einem Symposion für Mitglieder der «Gesellschaft vom gemeinsamen Tod» bekannt. Ob sie der Wahrheit entsprach, blieb dahingestellt.

Anfangs zeigte er sich ungewohnt schweigsam, zog eine finstere Miene und goß Becher um Becher in sich hinein. Plötzlich ertönte ein wildes Lachen, und schwankend erhob er sich.

«*In vino veritas* – sagt das Volk von alters her, und ich mußte tatsächlich ein Dutzend Becher leeren, bis ich den Mut fand – ja, liebe Freunde, Mut braucht es dazu –, bis ich also den Mut fand, euch kundzutun, was mein früherer

Freund und jetziger Gegner Gaius Julius divi filius Caesar, auch unter seinem alten Namen Octavianus oder Octavius bekannt, was dieser Mensch gesagt hat – gewagt hat –»

Antonius brach in Tränen aus, ließ sich auf seinen *lectulus* fallen und verhüllte das Haupt. Wir, seine Freunde und Gäste, sahen uns fragend an. Spielte er uns eine *tragoedia* vor, oder war er wirklich so erschüttert? Seine Scherze waren sonst derberer Art und meistens voll Witz – aber jetzt ...

Da stand er wieder auf und hob die Hand.

«Nun muß es doch heraus! Den ich einst meinen Freund nannte, mit dem zusammen ich das Römische Reich als Nachfolger Caesars übernahm und treulich führte – dieser Mensch hat an die Königin das Ansinnen gestellt, mich zu töten oder auszuliefern. Meine Aufforderung, sich mit mir im männlichen Zweikampf zu messen, hat er feige mißachtet – er, der sich Caesars Sohn nennt! Ich sehe, wie der Schatten des Göttlichen auf den Elysischen Feldern sein Haupt vor Scham verhüllt – so wie ich es eben tat. Caesars Wahl hat sich als Irrtum erwiesen, denn Roms führender Staatsmann muß ein Krieger sein, wie Sulla, Pompeius, Crassus und Caesar es waren, wie Agrippa es ist. Ohne ihn hätte sich das Kriegsglück des Octavius längst gewendet, denn die Schlachten bei Sikelia und Aktion hat in Wahrheit Agrippa gewonnen und die gegen die Caesarmörder bei Philippi ich, euer Imperator. Wer war es, der seinen Feldherrnmantel über den gefallenen Brutus breitete, um den besiegten Feind zu ehren? Ich! Wer war es aber, der befahl, der Leiche den Kopf abzuschlagen, um ihn nach Rom zu senden? Der racheblinde Octavius war es, der jetzt, nicht weniger blind, den Tod eures Imperators fordert. Jedem anderen hätte ich mich ergeben – ihm nicht!»

Jubel brandete auf, Zurufe erschollen, die Becher schwangen empor.

Antonius hob den seinen und rief: «Lebend wird er mich nicht bekommen, und ich werde Sieger bleiben – so oder so!»

Anfang August legte die Flotte des Octavius im Hafen von Ptolemais Akko an, der von Alexander unterworfenen und von Ptolemaios Philadelphos befestigten und nach ihm genannten phönikischen Hafenstadt. Dies wäre ebenso in Samaria und Judäa und bei mindestens fünf weiteren Hafenstädten möglich gewesen, doch die Absicht war klar: Octavius wollte deutlich machen, daß mit der Besetzung dieser Stadt der Untergang des ptolemäischen Geschlechts besiegelt sei. Offenbar war es sein Plan, uns einzukreisen, denn seine Landtruppen zogen aus dem Norden in Richtung auf die ägyptische Grenze, während sich eine von Cornelius Gallus befehligte Flotte von Westen her Alexandria näherte. Antonius bemannte in aller Eile vierzig Schiffe, war hoffnungslos unterlegen und konnte in letzter Minute entkommen.

Als der Imperator abgehetzt und verzweifelt im Osthafen eintraf, empfing ihn die Nachricht, daß die feindlichen Truppen soeben Pelusion erobert hätten. Das hieß also, der Gegner war nur noch vier bis fünf Tagesmärsche von Alexandria entfernt, und auch die feindlichen Schiffe unter Cornelius Gallus konnten täglich im Osthafen eintreffen.

Heute weiß jeder, auf welche Weise dieser Gallus später scheiterte, als er Präfekt von Ägypten wurde, doch damals konnte er noch den Triumph auskosten, Marcus Antonius besiegt zu haben.

Nun, da uns die Gefahr so nahe rückte, verlor auch meine Iras ihre eiserne Zuversicht und manchmal die Beherrschung.

«Tut doch endlich etwas!» schrie sie mich an. «Ihr laßt uns hier elend zugrunde gehen, liefert uns den römischen

Barbaren aus! Was meinst du wohl, was die mit uns Frauen anstellen? Die *Basilissa* wird in Ketten den Triumphzug schmücken, um dann dem Henker zu verfallen – uns, die Hofdamen, wird man schänden, demütigen, und am Ende im Circus den wilden Tieren vorwerfen. Los, Hippo, laß dir etwas einfallen. Während der Imperator den Rest seines Verstandes im Wein ersäuft, müssen wir auf einen Ausweg sinnen, um wenigstens die *Basilissa* zu retten.»

Mir war vor einigen Tagen ein Gedanke gekommen, den ich gleich wieder beiseite schob, doch er war wie ein Samen, der sich eingenistet hat, sich zu regen, zu keimen und Gestalt anzunehmen beginnt. «Beruhige dich, Iras, ich habe eine Idee und möchte sie gleich der Königin vortragen. Vielleicht kannst du es einrichten, daß auch der Imperator zugegen ist?»

Iras atmete auf, lachte auf ihre spontane und fröhliche Art und benahm sich, als stünde für uns alle die Rettung schon vor der Tür.

«Werde ich sofort tun!» rief sie eifrig und verschwand.

Zwei oder drei Stunden später stand ich vor einer nur mäßig neugierigen Königin und dem Haupt der «Gesellschaft vom gemeinsamen Tod», der mich spöttisch angrinste und mit vom Wein schwerer Zunge scherzte: «Ah, siehe da – unser Retter erscheint! Fast habe ich damit gerechnet, daß dem guten Olympos – genannt Hippo – noch etwas einfällt, wenn uns das Wasser bis zum Hals steht. Also rede schon, heraus damit!»

Iras lächelte mich aufmunternd an, Charmion blickte streng, und in Mardions gescheitem Gesicht stand deutlich die Skepsis.

«Also gut – es ist nur so eine Idee, aber durchaus zu verwirklichen, auch jetzt noch, in letzter Minute. Morgen oder übermorgen wird der Gegner beide Häfen besetzen, und dann treffen die Truppen aus Pelusion ein, und es werden so viele sein, daß wir sie nicht aufhalten können. Der Weg übers Meer ist versperrt, der nach Osten und Norden auch. Doch der Süden ist frei, *Basilissa*, dein ganzes gewaltiges Reich liegt unberührt vor uns, die ägyptische Bevölkerung ist auf deiner Seite. Warum gehst du nicht nach Theben? Von da kannst du dich nach Syene zurückziehen und, wenn es sein muß, nach Meroë. König Akinidad wird dich gerne aufnehmen. Er hat mir – meinem Vater und mir – seine Gesundheit zu verdanken, denn als hinkender Krüppel wäre er nie zur Thronfolge gelangt. Die Legionen des Octavius werden niemals so weit nach Süden vorstoßen, wer sollte sie dort auch ernähren, wo bis auf ein schmales Fruchtland nur Wüste herrscht? Deine Nilflotte, *Basilissa*, liegt unversehrt im Mareotis-See – wir brauchen nur loszufahren!»

Kleopatra sagte nichts, lächelte nur seltsam, während Antonius sich klatschend auf die Schenkel schlug und rief: «Darauf hätten wir längst kommen müssen! Natürlich – der Süden! Der Süden ist offen, zwischen Memphis und Syene liegen zwei meiner Legionen! Wir könnten dort abwarten, neue Truppen sammeln, Schiffe bauen ...»

«Nein.»

Sie sagte es ganz ruhig und ohne die Stimme zu heben.

Antonius blickte sie überrascht an.

«Nein – was heißt nein? Warum nein? Gibt es noch andere Möglichkeiten?»

«Durchaus! Wir könnten uns mit Octavius verständigen ... Aber jetzt zu deinem gewiß gutgemeinten Vorschlag, Hippo. Was du nicht wissen kannst und was ich aus guten Gründen geheimhielt, ist die vor kurzem eingetroffene Nachricht, daß leider nicht dein früherer Patient Akinidad, sondern seine Mutter Amani-renas den Thron übernommen hat. Sie haßt mich, sie haßt alle Ägypter, und ihr Lebensziel besteht darin, das Land nördlich des Zweiten Katarakts Stück um Stück zurückzugewinnen. Auch wenn du ihren Sohn von den Toten erweckt hättest, würde sie dieses Ziel nicht aus dem Auge verlieren. Käme ich als Flüchtling zu ihr, würde sie mich sofort gefangensetzen, um dann mit den Römern ein hohes Lösegeld auszuhandeln. Sei bedankt für deinen Rat, lieber Hippo, aber nun wirst du verstehen, daß ich lieber mit Octavius verhandle als mit einer rachedurstigen Negerkönigin.»

Antonius lachte trunken und wiederholte belustigt: «Bei Herakles, das ist gut – eine rachedurstige Negerkönigin! Aber erwarte dir von Octavius nicht zuviel, meine Liebe. Er hat dir den Krieg erklärt, und er wird ihn zu Ende führen.»

Der Imperator behielt recht. Alle noch in den nächsten Tagen unternommenen Versuche, Gaius Octavius an den Verhandlungstisch zu bringen, schlugen fehl. Er hatte vor Volk und Senat von Rom der *Basilissa* den Krieg erklärt, und sein Ziel war es, ihn zu gewinnen, um den Triumph über Ägypten zu feiern und gleichzeitig – obwohl kein Wort darüber fiel – Marcus Antonius zu vernichten. Dies wollte er offenbar persönlich und sehr gründlich tun, denn er ließ ein Angebot des Imperators unbeantwortet, das dieser vor Zeugen machte und wohl auch ernst meinte. Er sei bereit, sich zu töten, wenn Octavius Kleopatra am Leben ließe und ihren Thron bestätige.

Es kam keine Antwort, denn Octavius wollte beides: Kleopatra, die erklärte Feindin, vernichten und Antonius, den Hochverräter, töten. Dann konnte er als Sieger nach Rom zurückkehren, das reiche Ägypten dem Senat zu Füßen legen und das Römische Imperium als Alleinherrscher regieren – unter welchem Titel auch immer. Vielleicht als Dictator, vielleicht sogar als König …?

Heute wissen wir, daß Gaius Octavius ersteres ausschlug und letzteres gar nicht in Betracht zog. Aus ihm ist Augustus geworden, der bescheiden darauf beharrt, nur ein *primus inter pares* zu sein – der Erste unter Gleichen.

Dann brachten atemlose Meldeläufer die Schreckensnachricht, Octavius sei dabei, Kanobos zu besetzen. Da raffte Antonius sich auf, scharte ein paar treu gebliebene Kohorten um sich und preschte in heiligem Zorn davon. Sein Kanobos, den Ort so vieler Feste und Lustbarkeiten, durfte der Gegner nicht antasten!

Die Römer waren gerade dabei, im Hippodrom des Städtchens ihr Lager aufzuschlagen, als der Imperator wie ein Orkan unter sie fuhr und die völlig Überraschten in die Flucht schlug.

Ich habe selber erlebt, wie Antonius – noch in voller Rüstung – in den Palast stürmte, Kleopatra vor aller Augen umarmte und ihr von seiner Heldentat berichtete. Dann führte er ihr einige Soldaten vor, die sich bei dem Angriff besonders bewährt hatten.

«Das sind die Treuesten meiner Treuen!» prahlte er, und die *Basilissa* beschenkte sie reich.

Am nächsten Tag suchte man vergeblich nach diesen Getreuen, und es stellte sich heraus, daß sie sich mit ihren Schätzen ins gegnerische Lager gerettet hatten.

In seiner Verzweiflung machte der Imperator dem Octavius noch einmal das Angebot, sich mit ihm im Zweikampf zu messen. Dies eine Mal kam eine Antwort, und sie bestand nur aus einem Satz: «Du wirst noch viele andere Möglichkeiten haben, deinem Leben ein Ende zu bereiten.»

In diesen Tagen befahl mich die Königin zu einer Unterredung, an der auch Charmion, Iras und Mardion teilnahmen.

Kleopatras Gesicht war auffallend blaß, in ihren großen grauen Augen stand – nein, es war nicht Angst oder Verzweiflung, sondern eine düstere Entschlossenheit, ihren und nur ihren Weg zu gehen, ohne Antonius und notfalls auch ohne uns.

Darauf kam sie gleich zu sprechen.

«Wie es scheint, gehen die schönen Tage am Königshof von Alexandria zu Ende. Ein Teil meiner Dienerschaft hat sich schon davongemacht, doch das kümmert mich nicht. Ihr vier habt mir treu gedient, aber ihr seid auch meine Freunde, und so würde es mich schwer treffen, wenn eine oder einer von euch ohne ein Wort verschwände. Wer von euch es tun will, soll es mir sagen – hier und jetzt! Er oder sie erhält dann ein reiches Abschiedsgeschenk und meine besten Wünsche für die Zukunft. Ich würde es verstehen und es keinem von euch nachtragen. – Charmion?»

Die großgewachsene, stolze und schweigsame Frau schüttelte nur wortlos den Kopf und legte eine Hand auf Kleopatras Schulter.

«Iras?»

Meine Freundin brach in Tränen aus, sank auf die Knie und legte ihren Kopf in den Schoß der Königin.

«Nein – nein – nein! Niemals könnte ich dich verlassen, meine göttliche Königin! Niemals!»

Kleopatra lächelte.

«Ist ja gut, Iras, ist ja gut. Steh jetzt auf … Mardion?»

Der alterslose Eunuch hob nur erstaunt die Brauen.

«Ich muß mich wundern, *Basilissa*! Ich dachte immer, du kennst mich gut genug, um eine solche Frage nicht stellen zu müssen. Meine Grabkammer ist vollendet, mein schön bemalter Sarg steht bereit. Wir sind gemeinsam durch dieses Leben gegangen, und ich werde mit dir – falls du es gestattest – auch durchs nächste Leben gehen.»

«Ich gestatte es, lieber Freund. Nun zu dir, mein Hippokrates – oder soll ich dich jetzt doch wieder Olympos nennen?»

«Bleiben wir bei dem von dir erwählten Namen. Ein guter Arzt harrt bei seinem Patienten aus – bis zuletzt. Ich glaube, ich bin ein guter Arzt.»

Kleopatra nickte zufrieden.

«Nichts anderes habe ich von euch erwartet, aber wer kennt schon die Menschen? Laßt mich jetzt mit meinem Leibarzt allein.»

Die drei gingen hinaus, und Iras warf mir noch einen kurzen Blick zu, der schwer zu deuten war. Trauer? Wehmut? Trotz? Zuneigung? Es mag von allem etwas gewesen sein.

Die Königin stand auf, gebot mir aber mit einer stummen Geste sitzen zu bleiben.

Ich sehe sie noch heute deutlich vor mir, wie sie in dem kleinen schattigen und dennoch lichtdurchfluteten Raum langsam auf und ab ging. Da und dort blieb sie stehen, betrachtete eine Vase, einen Krug, eine Figur, ein Wandmosaik, als sehe sie diese Dinge zum erstenmal.

In dem Augenblick, wo ich diese Worte hinschreibe, wird mir bewußt, daß sie falsch sind – ich lasse sie dennoch stehen. Ich hätte sagen müssen: Kleopatra verharrte vor diesen Dingen, um einen letzten Blick darauf zu werfen, um sich zu verabschieden.

Wie immer, wenn sie ihre engsten Freunde empfing, war sie nicht oder nur ganz sparsam geschminkt, trug weder Schmuck noch ein Zeichen ihres königlichen Ranges, ausgenommen einen Gemmenring, den sie niemals ablegte. Antonius hatte ihr das Schmuckstück zur Hochzeit geschenkt; es war ein Lapis von strahlendem Blau, mit ihren einander zugewandten Bildnissen, geschaffen vom besten *lithoglyphos* unserer Stadt. Ich betrachtete sie, ohne dabei den Kopf zu bewegen, wie sie herumging, mit den Fingern zart über einen Silberkrug strich, ein goldenes Isis-Figürchen hochhob, es drehte und wendete, um es dann behutsam wieder auf das Wandbord zu stellen.

Die *Basilissa* war nicht anders gekleidet als ihre Hofdamen, trug einen hellgelben gegürteten *peplos*, ihr von einem roten Band umschlossenes Haar war straff nach hinten gekämmt und dort zu einem faustgroßen Knoten geformt. Trotz dieser schlichten Aufmachung sah man ihr die Königin an, und es gab keinen Zweifel, daß sie die Herrin war und unumschränkt über Menschen und Dinge gebot – hier im Palast und draußen im Land.

Dann setzte sie sich wieder und schaute mich ruhig an.

«Es ist seltsam, daß ich mir jetzt, wo mir noch so wenig Zeit bleibt, so viel davon nehme. Heute morgen bin ich zwei Stunden nur durch meinen Palast gegangen und habe mir – wie jetzt eben – zum ersten Mal alles in Ruhe angesehen. Man hastet an Möbeln, Statuen, Bildern, Säulen, Mosaiken und Inschriften vorüber, benützt Krüge und Becher, Schüsseln und Teller, Löffel und Messer, ohne sie richtig anzusehen. Dabei ist doch jedes dieser Stücke von einem Meister sorgfältig gearbeitet, er hat viel Zeit und Können, auch Liebe darauf verwendet, es so zu formen, daß es eine Zierde ist und jedem Menschen zur Freude wird.»

Sie lächelte. «Ich habe neununddreißig Jahre alt werden müssen, um dies zu erkennen. Daran, lieber Hippo, knüpft sich nun die Frage, ob mir Tyche, diese launische Tochter des Zeus, es gestattet, mein vierzigstes Jahr zu vollenden. In einem Königspalast bin ich geboren, wurde in eine Purpurwiege gelegt, habe früh die Krone getragen und möchte als Königin sterben. Es mag Herrscher geben, denen die Krone zur Last wird und die sich gerne ins private Leben zurückziehen. Dazu gehöre ich nicht, ich habe die Uräusschlange immer gerne getragen – fühle sie auch jetzt an meiner Stirn, unsichtbar ...»

Sie berührte mit den Fingern flüchtig ihren Haaransatz.

«Ja, Hippo, wir beide stehen im Zeichen einer Schlange – deine des Asklepios, heiliges Symbol der Ärzte, meine des Uräus, heiliges Symbol der Könige von Ägypten. Langweile ich dich?»

«Ich könnte dir tagelang zuhören, *Basilissa*», sagte ich hingerissen, «denn du erzählst Dinge, von denen jeder hier weiß, als seien es aufregende Neuigkeiten.»

«Ach, Hippo, wenn ich nicht längst erkannt hätte, daß aus dir nie ein richtiger Höfling würde, könnte ich deine Worte als gefällige Schmeichelei abtun. Aber so weiß ich, daß sie ernst gemeint sind, und ich freue mich darüber. Gut – jetzt aber zu dir und deinem Beruf. Eine Arzt ist doch dazu da, die Krankheit zu besiegen, sie aus dem Körper des Patienten zu vertreiben oder, einfacher gesagt, sie auszulöschen, ehe sie den Kranken tötet. So ist es doch?»

«Ja, *Basilissa*, so könnte man es sehen.»

«Gut. Du warst lange Jahre mein *iatros*, doch ich bin fast nie krank gewesen, und so hast du mir selten als Arzt beistehen können. Nun aber werde ich dich bald benötigen, denn ich sehe eine Krankheit auf mich zukommen, nämlich ein Leben ohne Krone. Das ist, als hätte ein Krieger den Schwertarm verloren, ein Steinschneider die Finger, ein Vorleser das Augenlicht. Was dann kommt, ist kein Leben mehr, sondern eine sinnlose Existenz, schlimmer noch als Krankheit. Wenn es soweit ist, lieber Hippo, dann mußt du diese Krankheit auslöschen, mir die sinnlose Existenz abkürzen, kurz gesagt, mir das Leben nehmen – ein Leben, das dann zur Krankheit geworden ist.»

Ich verstand genau, was sie dachte und wollte, war aber so entsetzt, daß ich mich einfach dumm stellte.

«Also – also ich verstehe dich nicht ganz, *Basilissa*. Das Leben eine – eine Krankheit?»

Sie drohte mir mit dem Finger, und auf ihrer Stirn erschien die steile Zornesfalte.

«Du verstehst mich ganz genau, mein Lieber, und ich kann es auch anders sagen, und das ist jetzt ein Befehl. Finde heraus, auf welche Weise ich – wenn es nötig wird – so schnell und schmerzlos wie möglich sterben kann.»

«Ich versuche mein Bestes», sagte ich steif.

«Gut, aber komme mir nicht mit dem *arsenikon*, denn ich habe nicht vergessen, wie lange die arme Frau des Seleukos leiden mußte.»

«Nein, *Basilissa*.»

«Und schiebe es nicht auf die lange Bank, hörst du? Gehe ins Museion und mache dich dort bei einem Experten kundig, vor allem was Schlangen betrifft. Wenn du Versuchspersonen brauchst, so bediene dich bei den Gerichten. Ein paar zum Tode Verurteilte wirst du dort immer finden. Ich selber verlege meinen Wohnsitz von morgen an in mein neuerbautes Grabmal neben dem Isis-Tempel. Dort bin ich für dich jederzeit zu sprechen – und eines noch: Wenn du herausgefunden hast, wie meine Lebenskrankheit am schnellsten zu beseitigen ist, möchte ich, daß du immer in meiner Nähe bleibst.»

«Jawohl, *Basilissa*.»

# SIEBZEHNTES KAPITEL

Ich nahm eine Sänfte und ließ mich ins Museion bringen. Dort sah ich Lehrer mit ihren Schülern gemächlich durch die *peristyloi* wandeln, sah Gehilfen und Diener mit Schriftrollen, Leitern, Papyrusstapeln und Tintenkrügen durch die Gänge huschen – mit einem Wort: Der Alltag hatte sich hier nicht verändert, während draußen vor der Tür ein Krieg tobte, während die Königin sich auf den Freitod vorbereitete und ihr Gemahl sich in sinnlose Kampfhandlungen stürzte.

Meine Trauer und Niedergeschlagenheit wandelten sich in Zorn und Empörung. Wie konnten diese Menschen hier so gleichgültig und hartherzig sein? Es war doch auch ihre Königin, ihre Stadt, ihr Land, die da zugrunde gingen! Es war wie ein böser Traum, der sich wiederholte, denn als ich damals aus Meroë kam, herrschte hier die gleiche Unbekümmertheit, während Julius Caesar mit seinen Truppen die Stadt belagerte.

Mich fiel die Lust an, einen dieser weißbärtigen Lehrer am Bart zu zerren, ihn zu ohrfeigen, seine Schüler mit einem Bambusrohr durchzuprügeln, ihnen dann ein Schwert in die Hand und einen Tritt in den Hintern zu geben. «Hinaus mit euch! Verteidigt eure Königin, die eure Lehrer bezahlt, euren Unterricht ermöglicht!» Doch die meisten Taten werden nur gedacht und nicht vollzogen. Während sich dies alles in meinem Kopf abspielte, fragte ich mich zu der für Gifte zuständigen Abteilung durch.

*Pharmakoi* stand dort über der Tür. Das bedeutet Heilmittel und zugleich Gifte, während es im Lateinischen dafür zwei getrennte Begriffe gibt. Ein noch jüngerer, sehr würdig und wichtig tuender Lehrer erklärte gerade einem Dutzend ihn umringender Schüler anhand einiger Proben den Unterschied zwischen mineralischen und pflanzlichen Giften.

«Verstehst du auch etwas von Schlangengiften?»

Er sprach ruhig seinen Satz zu Ende und wandte sich mir zu.

«Hier findet gerade Unterricht statt – in etwa einer Stunde stehe ich zu deiner Verfügung.»

«Ich bin Olympos, Leibarzt der Königin, und brauche dich sofort. Geht hinaus!»

Die Schüler blickten auf ihren Lehrer, der nickte und sagte mit gezwungenem Lächeln: «Höhere Gewalt, meine Herren, wir sehen uns dann später.»

Ich fuhr ihn grob an.

«Wenn du dein Amt und auch deinen Kopf behalten willst, dann vergiß gleich wieder, was wir jetzt besprechen werden. Im Grunde geht es nur um eine einzige Frage: Welche Giftschlange tötet einen Menschen schnell und schmerzlos?»

Der Mann ließ sich nicht aus der Ruhe bringen, und das nötigte mir Respekt ab.

«Schmerzlos wohl keine – schnell? Das kommt sowohl auf den Zustand und das Alter des Menschen an, wie auch auf das Befinden der Schlange. Hat sie kurz zuvor bei irgendeiner Gelegenheit ihr Gift verspritzt, so wird ihr zweiter Biß unter Umständen nicht einmal mehr tödlich sein. Der Mensch hingegen reagiert anders, wenn er groß oder klein, dick oder dünn, jung oder alt, geschwächt oder kräftig ist. Ein klappriger Greis wird schneller sterben als ein kraftstrotzender junger Mann, Kinder halten weniger aus als Erwachsene und so weiter und so fort.»

«Gut, dann enge ich die Frage ein. Welche ausgeruhte und wohlgenährte Giftschlange würde auch einen jungen und kräftigen Menschen töten?»

«Komm mit!»

Er führte mich durch eine Nebentür in einen kleinen Innenhof, wo an zwei Seiten Reihen von unterschiedlich großen Käfigen standen, alle mit Metallgittern versehen. Der Lehrer winkte mich herbei.

«Das ist unsere Uräusschlange – sie ist sehr heilig und sehr giftig.»

Er schmunzelte und ergänzte: «Heilig nur für die Ägypter, tödlich für alle Menschen, gleich, welchen Alters, welchen Geschlechts und welcher Hautfarbe.»

Die Schlange lag ruhig da, ihr strohgelber Körper war geformt wie der Fluß Maiandros, ihre kalten Augen starrten ins Leere. Ihre Länge war schwer zu schätzen, aber gut sechs Fuß werden es schon gewesen sein.

«Wir halten die Tiere im Schatten, das macht sie träge und friedlich.»

«Hat – hat diese Schlange schon einen Menschen getötet?»

«Aber ja, schon mehrere. Ich führe das in meinen Lehrstunden gelegentlich an zum Tode Verurteilten vor. Wer die Verbrennung bei lebendigem Leib zu erwarten hat, ist dann recht dankbar, wenn er am Schlangengift sterben darf – und die Schüler lernen etwas dabei.»

Er blickte mich zufrieden an.

«Kann ich sonst noch etwas …»

«Eine Vorführung – ich möchte die Wirkung eines Schlangenbisses auf eine etwa vierzigjährige Person erproben.»

Der Lehrer schaute mich lange an, und es war etwas wie Neugierde in seinem Blick.

«Bist du sicher? Soll es ein Mann sein?»

«Eine Frau wäre besser.»

«Es wird etwas kosten.»

Ich grinste.

«Was es auch kostet ...»

«Komm morgen um die dritte Tagesstunde hierher.»

«Gut – noch etwas. Wenn die Schlange gebissen hat, wie schnell erneuert sich ihr Gift?»

«Keine Sorge, Olympos. Sie verbraucht bei einem Biß nicht ihren ganzen Vorrat, und erfahrungsgemäß hat sie ihn nach vierundzwanzig Stunden schon wieder erneuert.»

Das muß Ende Juli gewesen sein, denn der Imperator setzte in diesen Tagen alles daran, wenigstens einen Seesieg zu erringen, und zog sämtliche verfügbaren Schiffe im Osthafen zusammen.

Die Königin hatte befohlen, ihre ganzen Kostbarkeiten aus dem Palast zusammenzutragen – vor allem den Schmuck; die Kronen, Diademe, Hals- und Fußketten, Armreifen, Ringe und Pektorale füllten einige große Körbe. Daneben stapelten sich Prunkgewänder, kostbare Stoffe, goldene Gürtel, Sandalen und Prunkperücken. An Gold und Edelsteinen ließ sie nur die kostbarsten Stücke heranschaffen, das waren einige kleine Ledersäcke mit Lapis, Türkisen, Amethysten, Jaspis und Karneol – sogar ein paar Dutzend der hier nicht heimischen Smaragde und Rubine gab es zu bestaunen. Und erst die Perlen! Große und kleine, runde und ovale, auch zu bizarren Gebilden verformte, in allen nur denkbaren Farben – milchweiß, kalkweiß, bräunlich, grünlich, rötlich, grau und schwarz.

Ich betrachtete diese im kleinen Audienzzimmer gestapelten Schätze und muß wohl – als die Königin eintrat – eine etwas spöttische Miene gezeigt haben.

«Ah, du denkst, ich will dies alles mitnehmen – ins Jenseits, ins Schattenreich? Gut, vielleicht will ich das auch, aber der Hauptgrund ist, diese Schätze nicht den Römern zu überlassen. Octavius befindet sich doch in ständiger Geldnot und wird gewiß noch genug vorfinden. Aber eben nicht das Beste, nicht die einmaligen Stücke. Die werden nämlich in Flammen aufgehen! Da, sieh dir das an!»

Sie hob eine flache, gehenkelte, massiv goldene Schale hoch. «Die stammt noch aus dem Besitz meines Vorfahren Ptolemaios Soter, des ersten griechischen Königs von Ägypten. Nicht nur daß sie vier bis fünf attische Minen wiegt – du mußt dir die Bilder betrachten!»

Auf dem Rand der Schale waren die zehn Taten des Herakles in wundervoller Treibarbeit dargestellt, alles nur etwa daumengroß, aber höchst naturgetreu und lebendig. So war die übermenschliche Anstrengung im Gesicht des Helden zu erkennen, als er mit dem nemeischen Löwen rang, die neunköpfige Hydra wirkte furchterregend, der erymanthische Eber gewaltig, die Rosse des Diomedes ungestüm, beim Höllenhund Kerberos war das wütende Knurren zu hören. Und dies alles so winzig, daß man sich die Szenen nahe vor die Augen halten mußte.

Die *Basilissa* legte behutsam das herrliche Gefäß zurück. Hinter ihr war Charmion eingetreten und wollte etwas sagen.

«Warte einen Augenblick draußen, meine Liebe. – Warst du im Museion?»

«Ja, *Basilissa*. Am schnellsten wirkt das Gift der Uräusschlange, aber wenn es denn sein muß, dann würde ich doch zum *mekonion* raten. Eine entsprechende Dosis in Wein oder Honigwasser, dann schläfst du ein ...»

«Ja, das ist es eben! Ich schlafe ein – und wie lange dauert dieser Schlaf, bis er sich in Todesschlaf verwandelt?»

«Eine Stunde, vielleicht zwei ...»

Ihr Gesicht wurde hart, und die senkrechte Zornesfalte erschien auf ihrer Stirn.

«Wenn in dieser Zeit die Römer eindringen, mir Brechmittel einflößen, dann haben sie mich, verstehst du? Lebend! Das Risiko ist mir zu groß. Wenn ich es tue, dann darf es nur wenige Augenblicke dauern, dann kann sogar Octavius eindringen, und noch ehe er den Mund aufgemacht hat, ist es vorbei. So muß es sein, Hippo – so und nicht anders!»

«Ich werde morgen früh ins Museion gehen und die Schlange abholen. Sie wird – ich werde sie vorher noch erproben.»

Sie nickte, wollte nichts Näheres wissen. Ich fragte nach Iras und hörte, daß sie im Grabmal sei und es wohnlich einrichte.

«Wohnlich?»

«Ja, Hippo – wohnlich für Zeit und Ewigkeit.»

Im Museion erwartete man mich schon. In dem mit *Pharmakoi* überschriebenen Saal saß eine gefesselte Frau auf einem Hocker, hinter ihr stand ein Wärter und hielt das Ende des Strickes.

Der Lehrer wies auf sie.

«Das ist Leukothea, die dabei erwischt wurde, als sie ihren dritten Gatten vergiften wollte. Der erste war Jude, der zweite Ägypter, und nun hat sie es bei einem Griechen versucht, doch der war zu schlau. Sie ist zur Verbrennung bei lebendigem Leibe verurteilt und kann uns dankbar sein, daß ihr ein solcher Tod erspart bleibt. Nicht wahr, Leukothea?»

Die kräftige, nicht sehr reizvolle Frau senkte den Kopf und schwieg. Der Lehrer zuckte die Schulter.

«Auch gut, was gibt es da schon zu sagen? Also ans Werk!»

Der Wärter führte die kaum Widerstrebende in den Hof, während der Lehrer mit einem Stock die Uräusschlange zu reizen begann. Das Tier wand sich, zischte und züngelte, dann ging alles recht schnell und wie lange eingeübt. Der Lehrer öffnete seitlich am Käfig eine winzige Tür, der Wärter warf die Frau zu Boden und zwängte ihre rechte Hand in die Öffnung. Ich sah undeutlich, wie die Schlange zustieß und sich gleich wieder zurückzog. Von Leukothea kam ein gedämpfter Schrei, sie fiel zurück, wand sich in Krämpfen, verdrehte die Augen, ihr Atem wurde flacher und erlosch.

Ich untersuchte sie genau, und alles, was auf ihre Todesursache hinwies, waren zwei kleine rötlich gefärbte Punkte am Daumenballen.

Der Lehrer blickte mich an.

«Nun – habe ich dir zuviel versprochen?»

«Nein, nein, es ist alles in Ordnung. Laß die Schlange sofort ins Brucheion schaffen, in das Haus des Leibarztes Hippokrates – so lautet mein Name bei Hof.»

«Den jeder hier kennt!» rief der *didaskalos* in gespieltem Respekt.

Diesen Menschen konnte nichts erschüttern, auch der pralle Beutel mit Silbermünzen entlockte ihm keine überschwengliche Äußerung. Er neigte nur leicht den Kopf und sagte: «Stets zu Diensten, verehrter Hippokrates.»

## ACHTZEHNTES KAPITEL

Der erste Sextilis war so recht ein Glückstag des Octavius, so daß man diesen Monat später nach seinem Ehrentitel «Augustus» umbenannte. Ob unser Imperator nur aus Stolz noch einen letzten Versuch wagte, das Kriegsglück zu wenden oder ob echte Hoffnung ihn beseelte, soll dahingestellt bleiben. Jedenfalls brachte er an diesem Tag seine hastig zusammengestellte Flotte auf den Weg nach Osten, wo die Schiffe des Gegners den Zugang zum Hafen abriegelten. Mit seinen verbliebenen Landtruppen hatte Antonius auf einem Hügel zwischen der Stadtmauer und dem Hippodrom Stellung bezogen, um von dort aus das Treffen zu beobachten. Doch es gab nicht die geringsten Anzeichen eines Kampfes. Seine Schiffe reihten sich – als sei es längst abgesprochen – in die Flotte des Gegners ein, worauf sich die Landtruppen – Reiter wie Fußsoldaten – in regelloser Flucht davonmachten.

Nur von einigen treuen Leibwächtern begleitet, hastete Antonius in die Stadt zurück, wo ihn im Palast die Nachricht empfing, Kleopatra habe sich das Leben genommen.

Ich hielt mich zu dieser Zeit mit der Königin, Mardion, Iras und Charmion im Grabmal auf, und unsere Stimmung war gedrückt, doch nicht ohne Hoffnung.

Octavius sei auch nur ein Mann, meinte Charmion, und mit Männern sei die *Basilissa* immer zurechtgekommen. Kleopatra sah die Lage nüchterner.

«Ja, Charmion, aber damals war ich jünger. Dem alternden Caesar bedeutete ich als junge, königliche Geliebte viel – Antonius ist mein Gemahl, und ich habe ihm drei Kinder geschenkt. Octavius kenne ich nur als Gegner, nicht als Mann, und er ist sechs Jahre jünger. Seine Handlungen, so scheint es, sind eher vom Kopf als vom Phallos beherrscht ...»

Als sie mein verlegenes Gesicht sah, lachte sie hellauf, und dies war das letzte Lachen, das ich von meiner Königin hörte.

«Jetzt schaut euch nur den Hippo an! Unter Freunden muß doch ein offenes Wort erlaubt sein – oder? Außerdem bist du Arzt, und nichts Menschliches darf dir fremd sein. Was meinst du dazu, Mardion?»

Der kleine kugelige Eunuche wiegte seinen jetzt fast kahlen Schädel.

«Was das offene Wort betrifft, gebe ich dir recht, *Basilissa*, möchte aber festgestellt haben, daß das Handeln des Imperators – wenigstens zumeist – auch vom Verstand bestimmt war. Er liebte dich, wurde dein Gemahl, Vater deiner Kinder und wäre zeitlebens damit zufrieden gewesen, zusammen mit dir Asia und Ägypten zu regieren. Sein Pech und auch das unsere war, daß Octavius von Anfang an die Alleinherrschaft anstrebte. Seit er Sextus Pompeius besiegt und Lepidus entmachtet hatte, war mir das klar. Inwieweit der Phallos da noch eine Rolle spielt ...»

Kleopatra seufzte.

«Ach, Mardion, du hast die Lage wieder einmal glänzend analysiert, doch – verzeih mir! – was letztlich zwischen Mann und Frau vorgeht, kannst du nur ahnen, aber nicht wissen. Schluß jetzt mit den fruchtlosen Erörterungen! Vielleicht wird Antonius sich mit seinem Gegner treffen, und sie gelangen zu einer friedlichen Einigung.»

Ich stieg die Wendeltreppe hinab – halt, hier sehe ich eine Gelegenheit, die von Kleopatra für sich und Antonius erbaute Grabstätte zu schildern.

An Kleopatras Palast schloß sich – verbunden durch ein zierliches *peristylon* – ein kleiner Isis-Tempel an, den die *Basilissa* wenige Jahre nach ihrem Regierungsantritt nur zum eigenen Gebrauch errichtet hatte. Später hatte sie begonnen, an der Nordmauer ein Grabmonument anzubauen – warum aber hier und nicht in der *Sema*, wo der große Alexander und alle ihre Vorfahren bestattet waren? Das stand im Zusammenhang mit ihrer Verbindung zu Antonius. Sie sah sich als Begründerin einer neuen, antoninisch-ptolemäischen Dynastie, die dabei war, eine Weltherrschaft zu begründen.

Das breit angelegte einstöckige Mausoleum war für sie, Antonius und ihre Kinder gedacht, doch es konnte beliebig erweitert werden. Wenn die Ptolemäer fast dreihundert Jahre in Ägypten regiert hatten, so stand doch zu erwarten, daß ihre und Antonius' Kinder, Enkel und weitere Nachkommen für Jahrhunderte Asia und Teile von Africa beherrschen würden.

So, wie es jetzt aussah, hatte es gerade zu einem Jahrzehnt gereicht, und wenn nicht ein Wunder geschah, dann mußte meine Königin ihre dynastischen Träume begraben.

Um den von Antonius bewohnten alten Königspalast war es merkwürdig still geworden. Keine Leibwache ließ sich blicken, kein *pyloros* hütete das Tor. Drinnen drückten sich einige scheeläugige Sklaven herum, denen man ansah, daß nicht Treue, sondern Raublust sie hier festhielt.

«Wo ist der Imperator!» fuhr ich sie an.

Sie wiesen nach oben, und gerade als ich die breite Marmortreppe betreten wollte, stürzte Diomedes herein.

«Ah – Hippo! Bist du auch auf der Suche nach Antonius?»

Von Kleopatras drei Sekretären hatten zwei die Flucht ergriffen, doch Diomedes hielt noch aus und war mit demselben Auftrag wie ich losgeschickt worden. So stürmten wir gemeinsam die Treppe hinauf, hörten aus einem der Räume Stöhnen und erstickte Rufe. Wir liefen durch die weit offen stehende Tür, und da lag der Imperator mit schmerzverzerrtem Gesicht am Boden, daneben sein blutbefleckter *gladius*. Sein Leibsklave Eros kauerte reglos am Fenster, aus seinem Rücken ragte die Spitze eines Schwertes.

Antonius preßte eine Hand auf die Brust, und es bildeten sich Blutbläschen an seinem Mund, als er mühsam und stockend zu reden begann.

«Eros hat – hat besser – getroffen … Was ist – ist mit Kleopatra?»

«Sie wartet im Grabmal auf dich.»

«Sie – sie lebt …?»

Demetrios nickte.

«Auch Hippokrates wird es bestätigen können.»

«Aber – aber, man hat mir gesagt, sie – sie sei tot …»

Ich wandte mich an Demetrios.

«Wir müssen ihn hier wegbringen. Im Palast treiben sich noch einige Sklaven herum, versprich ihnen eine hohe Belohnung und schaffe sie her!»

Ich beugte mich über Antonius.

«Darf ich deine Wunde untersuchen, Imperator?»

Er nickte und ließ die blutüberströmte Hand von der Brust sinken. Der kurze breite *gladius* hatte offenbar das Herz gestreift und die linke Lunge durchbohrt. Eine schlimme Verletzung, die er meiner Erfahrung nach kaum überleben würde.

Wie immer hatte ich einige Arzneimittel dabei, trug ein blutstillendes Mittel auf und legte eine Kompresse darüber. Dann erschien Diomedes mit zwei Sklaven, und sie trugen den laut Stöhnenden hinunter und setzten ihn in eine der draußen herumstehenden Sänften.

Ich hatte, ohne viel nachzudenken, sein kostbares

Schwert an mich genommen und hielt es weit von mir gestreckt, um mich nicht mit dem Blut zu beflecken.

So schnell wie möglich ging es hinüber zum Grabmal, wo Kleopatra uns schon aus dem Fenster im oberen Stockwerk zuwinkte. Unten gab es jedoch nur eine Tür, und die war fest verschlossen.

«Wir müssen ihn hinaufbringen!» rief Diomedes.

«Aber wie?» fragte ich zurück.

‹Wo ist der Schlüssel?» fragte ich hinauf.

«Die Torwächter sind verschwunden!» rief Iras herab.

«Gibt es da oben Stricke?»

Zum Glück gab es welche, denn das Grabmal war noch unvollendet, und die Bauarbeiter hatten eine Vorrichtung zum Heben der Steine zurückgelassen. Wir banden Antonius auf einem Brett fest, und irgendwie gelang es der *Basilissa*, zusammen mit Charmion, Iras und Mardion den schweren Körper Stück für Stück hinaufzuziehen.

«Er braucht einen Arzt!» rief ich hinauf, doch dort oben war man offenbar mit Antonius beschäftigt.

Diomedes und die Sklaven hatten sich schnell verdrückt, und – das gebe ich zu – ich verspürte den Drang, es ihnen gleichzutun. Solche Entschlüsse werden sehr schnell gefaßt, doch es geht einem dabei viel durch den Kopf – ähnlich wie man es von Menschen berichtet, die sich in unmittelbarer Todesgefahr befinden.

Kehrst du zur *Basilissa* zurück, mußte ich mir sagen, dann steht zu erwarten, daß du mit ihr untergehst. In wenigen Stunden werden die ersten römischen Soldaten hier auftauchen, und es ist kaum zu erwarten, daß ein Leibarzt ihnen Respekt einflößt. Vermutlich wirst du beim Triumph mitgeschleppt und danach im Kerker erwürgt – so ist es nun einmal üblich in Rom. Läufst du aber jetzt davon wie die Torhüter, die Sekretäre oder die Sklaven, dann bist du auch nicht besser als diese treulosen Kreaturen. Wenn ich mich fürs Bleiben entschied, dann weniger aus Pflichtbewußtsein oder der vielzitierten Treue bis in den Tod, sondern eher aus Stolz. Ja – meine Stellung bei Hof, das mir von der Königin geschenkte Vertrauen, der enge Freundeskreis, dem ich angehörte, machten mich stolz auf das Erreichte, und ich redete mir ein, es geschehe nicht aus Treue zu Kleopatra, sondern zu mir selber. Da hörte ich aus der Ferne die Worte meines Vaters, der nicht nur einmal gesagt hat, die wirkliche, die höchste Treue sei die zu sich selbst. Verriete man sie, so verriete man auch alles andere.

Noch während mir diese Gedanken durch den Kopf wirbelten, war mein Blick auf das kleine vergitterte Fenster neben dem eisenbeschlagenen Tor gefallen. Ich riß eine der metallenen Tragestangen aus der Sänfte, und das Wort des Archimedes fiel mir ein: «Gebt mir einen Punkt, auf den ich mich stellen kann, und ich bewege die Erde.»

Wider Erwarten konnte ich das Gitter schnell heraussprengen, es war wohl in der Eile sehr nachlässig eingefügt worden und fiel nach innen. Ich kletterte auf die umgestürzte Sänfte, zwängte mich durch die schmale Öffnung und konnte das Gitter notdürftig wieder einsetzen. Dann tastete ich mich die finstere Wendeltreppe hinauf, wo die Frauen sich gerade abmühten, den ohnmächtig gewordenen Imperator wiederzubeleben.

Die Königin war nicht wiederzuerkennen. Mit aufgelösten Haaren beugte sie sich über den Bewußtlosen. Sie hatte ihr Oberkleid abgelegt und es über ihn gebreitet, streichelte seine Wangen, sprach mit leiser zärtlicher Stimme auf ihn ein und beschmierte ihr Gesicht mit seinem Blut. Ich gab Iras und Charmion einen Wink, und sie zogen ihre Herrin sanft von dem reglos Liegenden weg. Die von mir angelegte Kompresse war so von Blut durchtränkt, daß die Tropfen schon aus dem Stoff sickerten.

Ich erbat ein stark riechendes *myron*, strich es auf ein

Tuch und preßte es an seine Nase. Das brachte ihn zu sich, er blickte sich um und lächelte schmerzlich.

«Wenigstens bin ich schon im Grab. Bringe mir einen Becher Wein, Olympos.»

Die *Basilissa* kniete vor ihm nieder, legte weinend ihren Kopf an seine Schulter, nannte ihn ihren lieben Herrn und teuren Gemahl und bat ihn flehentlich, sie nicht zu verlassen.

Ich setzte den Becher an seine Lippen, wohl wissend, daß es ein Todestrank sein würde, falls die Därme verletzt waren. Doch dafür lag die Wunde zu hoch, es konnte nur Herz und Lunge getroffen haben.

Der Wein belebte ihn sichtlich, sein Gesicht entspannte sich, er lächelte die noch immer an seinem Lager kniende Königin an, dann streifte sein Blick uns.

«Preise dich glücklich, daß du auch jetzt noch Freunde hast – mir sind sie alle davongelaufen ... Sei nicht traurig, *eromene*, wenn unser Schicksal sich gewendet hat, denke zurück, was wir erreicht und wie wir es genossen haben. *Panta rhei*, sagt Herakleitos und meint damit, alles fließt, alles verändert sich. Ich bin den Göttern dankbar, daß sie mich nicht als sabbernden Greis enden lassen, sondern als einen von Rom besiegten Römer.»

Dann flüsterte er noch einige Worte, die wir nicht verstanden. Während er sprach, hatten sich immer neue Blutbläschen auf seinen Lippen gebildet, waren geplatzt und liefen als dünnes Rinnsal über sein Kinn. Er hatte die Augen geschlossen und atmete schwer. Ich wischte ihm das Blut aus dem Gesicht und fragte die *Basilissa* flüsternd, ob ich die Kompresse erneuern solle, doch sie schüttelte stumm den Kopf. Dann bettete sie behutsam sein Haupt in ihren Schoß, und wir alle zogen uns in eine Ecke zurück.

«Sie wird ihn nicht überleben wollen – und ich nicht sie», flüsterte Iras mir zu.

Was hätte ich darauf sagen, dagegen einwenden sollen? Vielleicht: Schließlich bin ich auch noch da, liebe Iras, wir fliehen ins Binsenland, beginnen dort ein neues Leben …

Vielleicht hätte ich etwas in diesem Sinne gesagt, wäre nicht draußen ein Lärm entstanden. Ich lief zum Fenster und beugte mich hinaus. Da blickte ein römischer *centurio* herauf, hoch zu Roß, umgeben von einigen Dutzend Berittener.

«Es heißt, die Königin hält sich hier versteckt und mit ihr der Imp – nein, der Hochverräter Marcus Antonius. Öffnet augenblicklich das Tor!»

«Der Imperator ist tot!» rief ich hinunter und ging zurück.

Die *Basilissa* hob den Kopf.

«Antonius hat mir empfohlen, mich an einen Gaius Proculeius zu wenden. Sage denen da draußen, daß ich nur mit ihm verhandle.»

«Gut, aber ich fürchte, sie brechen das Tor auf.»

«Dann entzündet eine Fackel und droht damit, daß beim ersten Schlag ans Tor dies alles in Flammen aufgeht.»

Ich wollte Mardion den Vortritt lassen, doch der meinte, seine Stimme sei nicht kräftig genug. So nahm ich die brennende Fackel und hielt sie aus dem Fenster.

«*Centurio*, nun höre mir gut zu! Bei dem geringsten Versuch, das Tor aufzubrechen, wird die Königin ihr Grabmal in Brand stecken. Dann verbrennt der ägyptische Staatsschatz, und Octavius kann ein paar Klumpen geschmolzenen Goldes auf seinen Triumphwagen legen. Laß Gaius Proculeius holen, denn nur mit ihm wird die *Basilissa* verhandeln.»

Mardion berührte mich an der Schulter und streckte mir das blutige Schwert des Imperators hin.

«Er ist soeben gestorben», sagte er leise. «Wirf ihnen sein Schwert hinunter.»

Ich nahm die Waffe und schleuderte sie hinab.

«Du kannst es Octavius übergeben, mit diesem Schwert hat der Imperator sich das Leben genommen.»

Die Männer zogen ab, ließen aber eine starke Wache zurück.

Die Königin hatte sich auf einen Stuhl gesetzt und blickte unverwandt auf den Leichnam ihres Geliebten.

«Der Imperator ist tot, aber Octavius kann sich erst als Sieger fühlen, wenn ich in seinen Händen bin. Wo ist die Schlange, Hippo?»

«In meinem Haus, von Salmo bewacht.»

«Ich werde sie brauchen.»

Hilflos hob ich meine Hände.

«Ich fürchte, dazu gibt es im Augenblick keine Möglichkeit.»

«Es wird sich eine finden müssen.›

Dann erschien Proculeius, und die Königin ging in den unteren Raum, um mit ihm durch das kleine Fenster zu sprechen. Ich betete stumm zu Isis und Serapis, der Römer möge nicht bemerken, daß dieses Gitter nur lose im Mauerwerk hing.

Kleopatra kam zurück.

«Octavius will, daß ich mich ihm ergebe. Ich sagte zu Proculeius, es sei keine Frage mehr, wer hier der Sieger sei, aber ich ließe mich unter keinen Umständen gefangennehmen. Jetzt wird er seinem Herrn Bericht erstatten. Haltet jedenfalls die Fackel bereit.»

Es dauerte nicht lange, dann kam Proculeius zurück, begleitet von Cornelius Gallus, einem der erfolgreichsten Feldherrn im Heer des Octavius. Wieder stieg die Königin hinab und sprach mit Gallus, der sie – so stellte sich später heraus – mit allerlei Versprechungen hinhielt, während Proculeius eine Leiter bringen ließ und unbemerkt mit zwei Bewaffneten ins obere Stockwerk stieg.

Wir waren so verblüfft, daß uns die Sprache wegblieb, und ehe wir etwas sagen konnten, setzten uns die Soldaten ihre Schwertspitzen an die Kehle.

Proculeius hastete die Treppe hinab und konnte die Königin festnehmen, noch während sie mit Gallus sprach. Sie war ganz ruhig und gefaßt.

«Ehe ich nicht mit Octavius gesprochen habe, ist nichts entschieden. Hippokrates soll sich um seinen Kranken kümmern, falls die Herren nichts dagegen haben.»

Ich verstand sofort, was sie meinte.

Gallus und Proculeius blickten mich mißtrauisch an.

«Es stimmt», sagte ich, «in meinem Haus wartet ein Schwerkranker auf meine Hilfe, es kann mich ja ein Legionär dorthin begleiten ...»

Gallus winkte ab, und so ging ich ungehindert davon – übrigens durch die nun weit geöffnete Tür, denn die Torhüter hatte man inzwischen in einem Versteck aufgestöbert.

Salmo hütete unterdessen mit einigen Sklaven mein Haus, war aber nicht behelligt worden. Ich unterrichtete ihn von der derzeitigen Lage und hielt es für angebracht, wenn er sich jetzt um seine Familie kümmerte.

«Du hast recht, Herr, das werde ich tun. Zwar glaube ich nicht, daß es zu Kampfhandlungen kommen wird ...»

«Nein, Salmo, den Römern ist Alexandria in den Schoß gefallen wie eine reife Frucht. Zu unser aller Glück!»

Salmo grinste unfroh.

«Aber wie geht's weiter?»

«Wer weiß, vielleicht behält Kleopatra ihren Thron, und wir machen weiter wie bisher.»

«Mir ist nicht wohl dabei ...»

Ich schob ihn zur Tür hinaus.

«Uns wird schon nichts geschehen.»

Ich hatte den unteren Teil meines bis zur Decke reichenden Arzneischrankes für den Weidenkorb freigemacht, in dem die Uraiosschlange vor sich hindöste. Im Museion war sie kurz zuvor noch gefüttert worden, und mir wurde gesagt, es schade ihr nichts, wenn sie einige Wochen auf die nächste Mahlzeit warten müsse.

Nun mußte ich vor allem auf zwei Dinge achten. Zum einen wollte ich so schnell wie möglich an Kleopatras Seite zurückkehren – auch wegen Iras –, zum anderen durfte mein Haus nicht geplündert oder gar in Brand gesteckt werden. Ich schärfte meinen beiden verbliebenen Dienern ein, im Notfall jedem römischen Soldaten, der hier eindringen wolle, klarzumachen, daß ich und mein Haus auf persönlichen Befehl des Legaten Cornelius Gallus geschont werden sollen. Dann ging ich zum Grabmal zurück.

Das Gebäude war von Soldaten umstellt wie ein Staatsgefängnis, und ein gewisser Epaphroditus – Vertrauter und *libertinus* des Octavius – war für alles verantwortlich. Er nickte mir zu.

«Die Königin hat schon nach dir verlangt, aber zuvor ...»

Er winkte einen Soldaten herbei, der mich von Kopf bis Fuß auf Waffen untersuchte, doch Epaphroditus war nicht zufrieden damit. Ich wurde beiseite geführt und völlig neu eingekleidet; den Arztkoffer nahmen sie mir ab.

«Du mußt das verstehen, Hippokrates. Jeder weiß, daß es Gifte gibt, von denen schon ein halbes *granum* oder weniger tödlich wirkt. Das läßt sich schon fast unter einem Fingernagel verbergen. Dein *riscus* wird von einem unserer Ärzte überprüft, dann kriegst du ihn zurück.»

Die Königin freute sich über mein Kommen, und Iras blickte mich dankbar an.

«Geht es deinem Kranken jetzt besser?»

«Ja, *Basilissa*, er schläft, und meine Gehilfen achten darauf, daß ihm nichts zustößt.»

Sie selber, das sah ich sofort, befand sich in einem erbärmlichen Zustand. Jetzt erfuhr ich, daß sie sich mit ihrem

Dolch töten wollte, als Proculeius sie im Grabmal gefangennahm. Beim Versuch, ihr die Waffe zu entwinden, hatte sie sich an Hand, Arm und Brust tiefe Wunden zugezogen, die sich nun entzündeten und in ihrem geschwächten Körper ein starkes Fieber entfachten.

Bei Gelegenheit flüsterte sie mir zu: «Behandle mich mit untauglichen Arzneien! Dazu werde ich die Nahrung verweigern, vielleicht erspart uns das, die Schlange zu bemühen.»

Gegen meine ärztliche Einsicht hielt ich mich an ihre Befehle, gab ihr verdünntes Honigwasser als angebliche Arznei gegen Fieber und erklärte dem mißtrauischen Epaphroditus, daß es in ihrem jetzigen Zustand besser sei, wenn sie nur Getränke, aber keine Nahrung zu sich nähme. Doch im Gefolge des Octavius gab es auch tüchtige Ärzte, und diese fanden schnell heraus, was die Königin beabsichtigte.

Octavius ließ sie in ihren Palast bringen und muß ihr wohl mit der Tötung ihrer Kinder gedroht haben, denn von da an schluckte sie die verabreichten Arzneien und nahm wieder Nahrung zu sich.

Octavius gebrauchte damals eine Finte, denn außer der kleinen Kleopatra Selene hatte er noch keines ihrer Kinder in der Hand. Kaisarion war derzeit vermutlich schon auf dem Rückweg nach Ägypten. Ihn hatte man mit dem Versprechen gelockt, er könne möglicherweise den Thron seiner Mutter übernehmen. Alexander Helios, Zwillingsbruder der Selene, war nach Medien in Sicherheit gebracht worden, und den jetzt sechsjährigen Ptolemaios Philadelphos hielt seine Amme irgendwo in Alexandria versteckt.

Jedenfalls war es der Königin nicht gelungen, sich mit Octavius politisch zu einigen. Nun wußte sie sicher, daß ihr Thron verloren war und ihr nur noch die Aufgabe zufiel, den Triumphzug des Gaius Octavius, der sich jetzt *Imperator Caesar divi filius* nannte, zu schmücken.

Im nachhinein mag es so erscheinen, als hätte Octavius zunächst selber nicht gewußt, wie es mit der Königin weitergehen solle. Ließ er sie töten, machte er sich in Alexandria – ja in ganz Ägypten unbeliebt, denn in weiten Teilen der Bevölkerung war der Glaube noch höchst lebendig, daß der Herrscher des Landes sakrosankt sei und eine wichtige Aufgabe zwischen Göttern und Menschen zu erfüllen habe. Er wird an die persische Besetzung gedacht haben und wie schnell man sie abschüttelte, weil der große Alexander sich zum Sohn Amun-Res erklären ließ und den ägyptischen Göttern seine Verehrung erwies. Nähme er Kleopatra mit nach Rom und führte sie bei seinem Triumphzug mit – so war es geplant, und nach außen hielt er daran fest –, dann würde er Caesars Andenken beleidigen, der ihr ja immerhin eine goldene Statue im Venus-Tempel hatte errichten lassen.

Die dritte Möglichkeit wäre gewesen, sie einfach irgendwohin ins Exil zu schicken, vielleicht auf einer abgelegenen griechischen Insel unter Hausarrest zu stellen. Doch konnte er sicher sein, ob sie, die geborene Herrscherin, nicht immer wieder Versuche unternehmen würde, um auszubrechen und zurückzukehren?

So beschloß er wohl, ihr einen gewissen Freiraum zu lassen, um aus ihrem Verhalten ihre Absichten zu ergründen.

Wir spürten sofort die Lockerung. Epaphroditus verschwand, auch die stets gegenwärtigen, bis an die Zähne bewaffneten Wächter folgten uns nicht mehr auf Schritt und Tritt.

«Was haltet ihr davon?» fragte uns die *Basilissa.* «Ist dies ein gutes oder ein schlechtes Zeichen?»

Mardion, wohl der gescheiteste Mensch, der jemals am ägyptischen Hof gelebt hat, schüttelte mißtrauisch seinen runden, fast kahlen Kopf.

«Octavius tut nichts von ungefähr – er gönnt sich und dir

eine Denkpause und wird sich inzwischen vermutlich bei den Alexandrinern beliebt machen wollen.»

Er hatte recht – Octavius tat alles, um das Volk mit der neuen Herrschaft zu versöhnen. Einiges davon drang auch zu uns, anderes erfuhr ich später.

Im Gymnasion, wo Antonius noch vor kurzem die halbe Welt unter sich und den Ptolemäern aufgeteilt hatte, erschien nun der siegreiche Octavius und hielt eine denkwürdige, klug durchdachte Rede. Er habe niemals daran gedacht, eine so schöne, von dem großen Alexander gegründete Stadt anzugreifen oder gar zu zerstören. Im übrigen verehre auch er die ägyptischen Götter, und auf dem *capitolinum* in Rom gebe es längst einen Tempel für Isis und Serapis.

Das ging den Alexandrinern wohlig ins Ohr, wenn auch da und dort halblaut Fragen nach dem Schicksal der Königin gestellt wurden. Daß es in Rom keinen Tempel, sondern nur einen kleinen Opferaltar für die Göttin Isis gab, wußte hier freilich niemand. Dann sprach Octavius noch von seinem verehrten Lehrer Areios Didymos, der aus Alexandria stamme und dem er viel zu verdanken habe – auch und gerade daher großes Verständnis für Kultur und Geschichte des Landes Ägypten.

Dies alles wurde freundlich, wohlwollend und sehr dankbar aufgenommen. Jeder hier kannte die Greuelgeschichten von der persischen Besetzung, als diese Barbaren den heiligen Apis-Stier schlachteten und brieten, die Priester beleidigten und die Tempel entweihten. Ein großes Aufatmen ging durch die Stadt. Dieser Octavius war nicht als Eroberer gekommen, sondern als Freund, und er würde gewiß einen Weg finden, den ägyptischen Thron neu zu besetzen. Ging nicht das Gerücht um, Kaisarion sei auf dem Weg nach Alexandria und werde den Thron seiner Mutter übernehmen?

Da nun die Hauptstadt so fest in seiner Hand war und sich nicht die geringsten Unruhen zeigten, tat Octavius den nächsten Schritt, hob die strenge Bewachung der Königin auf und erkundigte sich respektvoll nach ihren Wünschen.

Ihr erster und dringendster Wunsch sei die Bestattung ihres Gemahls, und Octavius ließ ihr völlig freie Hand.

So wurde der einstmals römische Feldherr von den «Gottessieglern» einbalsamiert wie ein ägyptischer König und in einen prunkvollen Sarg gelegt. Außen war sein Bildnis zu sehen, bemalt und vergoldet – aus dem schlaffen aufgeschwemmten Prasser- und Säufergesicht war die hoheitsvolle, zeitlos schöne, ewig junge Maske eines zum Osiris Erhöhten geworden.

An der prunkvollen Grablegung nahmen weder Octavius noch einer der römischen Offiziere teil, dafür Menschen aus dem früheren Freundeskreis des Imperators, die auch Kleopatra geschätzt und verehrt hatten.

Danach fand ich Gelegenheit, mit Iras ohne Zeugen zu sprechen.

«So schlecht sieht es für uns gar nicht aus! Wenn Kaisarion zurückkehrt, kann Kleopatra vielleicht als Königinmutter …»

Iras blickte streng und abweisend.

«Nein! Die *Basilissa* will nicht als machtlose Prinzessin in eine Ecke geschoben werden. Außerdem trauen wir diesem Octavius nicht! Noch ist Kaisarion nicht zurück, noch scheint der Sieger nur eines im Sinn zu haben, auch weil er es dem römischen Volk schuldig ist: die Besiegten im Triumph vorzuführen.»

Ich legte meine Hand beruhigend auf ihren Arm und sagte zärtlich: «Iras, aber für uns gibt es vielleicht doch noch eine Zukunft …»

«Nein, Hippo – nein! Die Zeit, die wir hatten, war schön, und ich möchte sie nicht missen. Die Hälfte meines Herzens hat immer dir gehört, doch jetzt nehme ich sie zurück und löse mich von dir, denn das Schicksal der *Basilissa* ist auch meines. Sie läßt dir ausrichten, die Schlange bereitzuhalten, denn sie wird bald gebraucht.»

«Aber wie soll ich denn das Tier –?»

«Laß dir etwas einfallen!»

«Und was ist mit euch – mit dir und Charmion?»

«Wir sind versorgt ...»

Sie lachte spöttisch.

«Es hätte ja dein Gewissen nur belastet, und seit dem Tod der Frau des Seleukos kennen wir den Weg.»

«Aber Iras, um der Götter willen! Ihr werdet euch doch nicht mit *arsenikon* ...»

In diesem Augenblick wurde Iras gerufen, und sie verschwand ohne ein Wort. Ich blieb verstört zurück, doch ganz wollte ich die Hoffnung nicht aufgeben – bis Publius Cornelius Dolabella erschien.

Dieser noch junge Mann aus vornehmer römischer Familie hatte sich gleich zu Anfang auf die Seite des Octavius gestellt, ohne jedoch seine Sympathie für Kleopatra zu verhehlen. Sein Vater war ursprünglich ein Anhänger von Julius Caesar gewesen, hatte danach mehrmals die Partei gewechselt und hatte sich – als der Senat ihn zum Staatsfeind erklärte – vor etwa zehn Jahren das Leben genommen.

Kleopatra kannte den jungen Dolabella von früher, als er im Auftrag des Octavius mit Antonius verhandelte, ihr dabei immer mit Respekt und ohne Gehässigkeit begegnet war.

Dolabella erschien zwei Tage nach Antonius' Bestattung im Palast, sprach mit Hochachtung und Verständnis von dem Verstorbenen, und als wir ihn mit der Königin allein lassen wollten, bat er uns zu bleiben, denn was er zu sagen habe, gehe uns alle an. In liebenswerter Verlegenheit blickte der schlanke junge Mann zu Boden.

«Für eure Zukunft gibt es nun konkrete Pläne, und ich bin befugt, sie dir, *Basilissa*, und deinen Freunden mitzuteilen. In den nächsten Tagen wird Caesar über Syria nach Rom zurückkehren, und du sollst drei Tage später die Reise dorthin antreten. In Rom ist für Mitte September der Triumphzug geplant, doch du und deine Kinder sollen nur am letzten Stück – also von der *Via Sacra* zum *Capitol* – teilnehmen und dann offiziell begnadigt werden. Caesar wird dir ein Landgut zwischen Rom und Neapolis zuweisen, dort kannst du dich mit deinen Freunden in einem gewissen Rahmen frei bewegen.»

Er blickte mich und Mardion an.

«Dein Leibarzt wird dich begleiten, Mardion kann das Amt deines *atriensis* übernehmen ...»

Kleopatra unterbrach mit der Frage: «Was ist ein *atriensis*?»

«Nun, hier würde man ihn als *tamias*, als Hausverwalter, bezeichnen ...»

Sie blickte Mardion ernst an.

«Nun mußt du doch wieder ein Amt übernehmen, lieber Freund – wir werden sehen. Sage deinem Herrn, Dolabella, daß wir uns bereithalten werden. Eine letzte Bitte noch: Ich möchte am Grab des Antonius eine Opfergabe spenden, ehe ich für immer von hier fortgehe.»

Die Erlaubnis wurde erteilt, und als wir uns auf den Weg zum Grabmal machten, flüsterte Kleopatra mir zu: «Ich werde morgen um die neunte Tagesstunde ein kleines Gedächtnismahl zu Ehren des Imperators halten. Deinen Schützling lade ich dazu als Gast.»

Ich verstand sofort, was sie meinte, nahm an der Opferung teil und ging dann in mein Haus, um – wie ich den uns begleitenden Wächtern mitteilte – dort noch einiges Notwendige für die bevorstehende Abreise zu holen. Auch dagegen gab es keine Einwände.

Die beiden Diener waren noch da, hatten es sich im Haus recht bequem gemacht und zehrten meine Vorräte auf.

«Es tut mir leid, euer schönes Leben noch einmal stören zu müssen, aber jetzt, da die Feigen reif sind, will die *Basilissa* für ihr Abschiedsmahl einige haben. Geht zur Gärtnerei, und holt mir einen großen Korb davon!»

Die Burschen verschwanden, und ich schaute nach der Uräusschlange. Die Tage in sonnenloser Dunkelheit hatten das Tier erstarren lassen, und ich hoffte, meinen Plan ungestört durchführen zu können. Die Idee dazu war mir erst gekommen, als Kleopatra vom Abschiedsmahl sprach. Kein Wächter würde mißtrauisch werden, wenn ich mit einem Korb frischer Feigen dazu erschien.

Freilich, ich hätte es auch sein lassen können, aber ich wußte, wie es im Gemüt der Königin aussah, und war fest entschlossen, ihr diesen letzten Freundschaftsdienst zu leisten. An ein Danach dachte ich nicht, darüber hatten andere zu bestimmen.

Die Diener kamen zurück und brachten einen großen Korb ausgesucht schöner Feigen – groß, prall, grünviolett, eine Augenweide, die den Mund wässern ließ.

Am nächsten Tag, es war der 12. August, spielte ich meinen Plan probehalber einmal durch. Behutsam häufte ich die schweren saftigen Früchte auf die reglos und zusammengerollt in ihrem Korb liegende Schlange. Ich besaß nicht die Kenntnisse eines Schlangenwärters und war deshalb auf Abstand bedacht.

Als das Tier gut zwei Handbreit bedeckt war, hob ich den Korb hoch und trug ihn etwa eine halbe Stunde im Haus herum. Die zwei Sklaven glotzten mich dumm an, wagten aber nicht, nach dem Grund meiner Übung zu fragen. Gegen Mittag ging ich ins Atrium, verbat mir jede Störung, nahm die Feigen aus dem Korb und setzte die Schlange der glühenden Mittagssonne aus. Ich setzte mich in den Schatten einer *rhoia*, die die Römer *malus punica* nennen und die Ägypter als *inhemen* bezeichnen.

Warum ich mir den Granatapfelbaum dreisprachig vorsagte, kann ich nur damit erklären, daß mir die verfließende Zeit auf den Nägeln brannte und ich alles tun wollte, um mich abzulenken.

Von dort aus beobachtete ich das Tier genau, und es dauerte keine zehn Minuten, dann begann es sich träge zu regen. Die Sonne wirkte auf die Natter wie ein Lebenselixier, und ich mußte gut darauf achten, daß sie nicht zuviel davon bekam. Als sie den Kopf zu heben begann, zog ich den Korb in den Halbschatten und deckte ihn zu. Um die achte Stunde legte ich behutsam die Früchte zurück – übrigens mit einer Schöpfkelle, weil ich dem Frieden nicht traute. Doch alles ging gut, ich rief die Sklaven, und sie trugen mir den Korb voran.

Kleopatras Palast war nicht gerade streng bewacht, doch mir fiel auf, daß mehr Offiziere herumstanden als in einem solchen Fall üblich. Ein *centurio* trat heran und wies auf den Korb.

«Wer bist du, und was ist da drin?»

«Ich bin Hippokrates, Leibarzt der Königin, und habe zu ihrem Symposion frische Feigen besorgt.»

«Öffnen!»

Ich schickte ein Stoßgebet zur Schlangengöttin Buto, sie möge ihr heiliges Symbol weiterhin friedlich ruhen lassen.

Mit lüsterner Miene betrachtete der *centurio* die Feigen. Ich kam ihm zuvor, klaubte drei schöne heraus und schloß schnell wieder den Deckel.

«Kein Wort davon!» zischte ich. ‹Wenn die Königin wüßte, daß ein Römer …»

«Pah!» sagte der *centurio* verächtlich und schlenderte langsam davon.

«Ah – da sind sie ja!» rief Kleopatra erfreut, als ich hereinkam. Ich verneigte mich und schickte die Sklaven mit einer Handbewegung hinaus.

«Die heben wir uns für den Nachtisch auf», fügte die Königin hinzu.

Dann kamen die Speisen herein – gebratene Tauben, viel Obst, Fruchtsäfte und Gebäck, denn im Hochsommer liebte die *Basilissa* nur ganz leichte Speisen.

Wer war zugegen außer Mardion, Iras, Charmion und mir? Ich habe mir die Frage seither oft gestellt, doch ich bin heute so ratlos wie früher. Ich weiß, daß es mindestens zehn Gäste waren, aber ich muß damals in eine Art Starre verfallen sein, die mich nichts wahrnehmen ließ.

Das Mahl verlief ruhig und heiter mit nichtigem Geplauder, wobei einem Gast auffiel, daß die Königin keinen Wein zu sich nahm.

«Nein», sagte sie, «heute ist mir nicht danach. Zum Nachtmahl vielleicht, wenn es kühler wird.»

Hatte ich ihr den Rat gegeben, keinen Wein zu trinken, weil er die Wirkung des Schlangengiftes hemmt? Auch das kann ich nicht mit Sicherheit sagen. Ich erwachte erst aus meiner Starre, als die *Basilissa* sagte: «Olympos, ich habe einen Auftrag für dich.»

Sie reichte mir ein versiegeltes Schreiben.

«Bring das zu Octavius, und übergib es ihm persönlich – hörst du? Nur ihm, keinem anderen! Lebe wohl, und mache deine Sache gut!»

Zum ersten und letzten Mal sprach die Königin mich – seit ich ihr Leibarzt war – mit meinem wirklichen Namen an.

Sie hat dich damit entlassen, dachte ich, und gibt dir den eigenen Namen zurück. Ich suchte den Blick meiner Geliebten, doch Iras hielt ihr Haupt gesenkt – sie war schon «drüben» und wollte mit der diesseitigen Welt keine Verbindung mehr aufnehmen.

Octavius residierte im alten Königspalast, und mir schien, als hätte er auf die Nachricht gewartet. Dies war unsere erste unmittelbare Begegnung, und ich war so überrascht über das anmutige, knabenhaft schöne Gesicht des Dreiunddreißigjährigen, daß ich stumm blieb. Dieser zarte Ephebe sollte nun der Herr der Welt sein? Sein schmächtiger mittelgroßer Körper hatte so gar nichts Soldatisches an sich, und nun verstand ich recht wohl, daß ein Zweikampf mit Antonius für ihn keiner Erwägung wert gewesen war.

Octavius las das Schreiben, legt es auf den Tisch und sagte zu mir und den anwesenden Offizieren: «Sie hat sich auf eine Weise von mir verabschiedet, daß ich fürchte – nun, Dolabella, sieh dort nach; vielleicht wird auch deine Hilfe noch gebraucht, Olympos.»

Wir schwangen uns auf die Pferde, um die wenigen Stadien schneller zurücklegen zu können. Dolabella trat vor mir mit einigen Wachen ins Zimmer, doch wir kamen zu spät.

Kleopatra lag im vollen Königsornat auf einem goldenen Prunkbett, daneben, reglos hingekauert, Iras, meine Geliebte. Vor ihrem Mund stand schwärzlicher Schaum, die Augen waren halb offen. Charmion saß an das Bett gelehnt und schien noch zu atmen.

«War das nötig?» brüllte Dolabella sie an.

Charmion nickte schwach und sagte mit ersterbender Stimme: «Es ist richtig und angemessen für die Nachfahrin so vieler Könige.»

Ich bemühte mich um Iras, schloß ihre Augen, säuberte ihr Antlitz und bettete das Haupt auf meinen zusammengerollten Mantel. Als ich nach Charmion sah, hatte sie zu atmen aufgehört.

Dolabellas Empörung war schnell verflogen, er zeigte sich munter und aufgeräumt.

«Nun, da ist wohl nichts mehr zu machen. Olympos, kannst du feststellen, woran die Damen starben?»

Ich streifte den Ärmel von Kleopatras Prunkgewand zurück und wies auf die beiden rötlichen Punkte am Handgelenk.

«Die Königin hat sich mit der heiligen Uräus vermählt, oder profan ausgedrückt: Sie starb am Biß einer giftigen Schlange. Iras und Charmion haben *arsenikon* geschluckt.»

«Das du ihnen gegeben hast?»

«Nein, Dolabella, sie müssen es sich anderweitig besorgt haben.»

«Und woher stammt die Schlange, wenn es tatsächlich eine war?»

«Die habe ich heute nachmittag in einem Korb Feigen hierhergebracht.»

Der junge Kerl versuchte streng auszusehen, aber es wirkte nur lächerlich.

«Dafür wirst du dich zu verantworten haben.»

«Ihr habt sie zu dieser Tat gezwungen, ich gehorchte nur dem Befehl meiner Königin.»

Dann wurde ich abgeführt.

# EPILOG

Die Hoffnung, meine Lage würde sich bald klären, erwies sich als vergeblich. Aus dem Sterbezimmer der *Basilissa* und ihrer beiden Kammerfrauen wurde ich wie ein Schwerverbrecher ins Staatsgefängnis gebracht, einen düsteren Bau mit dicken Mauern und hohen Türmen am Ostrand des Palastviertels. Ich saß in einer engen lichtlosen Zelle, doch schon vier Tage später wurde ich in mein Haus gebracht, wo eine vierköpfige Wache dafür sorgte, daß ich nicht entwischen konnte. Hier, so sagte man mir, müsse ich bleiben, bis Caesar – womit Octavius gemeint war – über mich entschieden habe.

Später erfuhr ich, daß es anderen Mitgefangenen nicht so gut erging. Der treue Canidius Crassus wurde ebenso hingerichtet wie Cassius Parmensis und Decimus Turullius, die letzten überlebenden Mörder von Julius Caesar. Sie hatten sich auf die Seite des Antonius geschlagen, der sie nicht aus Freundschaft aufnahm, sondern weil Octavius sie verfolgte. Kaisarion lockte man mit falschen Versprechungen nach Alexandria zurück – sein Erzieher Rhodon soll dabei eine unrühmliche Rolle gespielt haben – und setzte ihn zunächst fest. Ich weiß nun nicht, ob es stimmt, aber Octavius soll gesonnen gewesen sein, den Prinzen auf eine Insel zu verbannen, als sein Freund, der gelehrte Areios, ihm zu bedenken gab, ob die Welt wohl zwei Caesaren vertrüge. So beging Octavius einen Brudermord und ließ den Siebzehnjährigen enthaupten, denn er hat meines Wissens niemals in Frage gestellt, daß Kaisarion der leibliche Sohn seines Adoptivvaters war. Ließe sich dieser Fall noch damit begründen, daß Kaisarion für Monarchisten zur Leitfigur hätte werden können, so gibt es weder eine Erklärung noch eine Entschuldigung dafür, daß Octavius den fünfzehnjährigen Antyllos hinrichten ließ, den erstgeborenen Sohn des Antonius aus seiner Ehe mit Fulvia. Der Junge hatte keinem etwas getan und hätte für niemand eine Gefahr bedeutet. Sein Lehrer Theodoros lieferte ihn den Häschern aus, beging aber den Fehler, seinem Zögling zuvor einen wertvollen Edelstein zu stehlen. Der diebische Verräter endete am Kreuz. Ich selbst gab mich ganz meiner Trauer um Kleopatra und Iras hin und erwartete von Octavius keine Gnade. Nachts wachte ich manchmal auf, weil ich glaubte, das laute herzliche Lachen meiner Freundin zu hören oder Kleopatras helle Stimme, wenn sie freundlich und etwas ironisch «mein guter Hippo» sagte. Ich wünschte diesen geliebten und verehrten Menschen mit aller Kraft ein Fortleben im Reich des Osiris, fand aber selber nicht die Kraft, daran zu glauben.

Während meines Hausarrests versuchte Salmo mich zu sprechen, wurde jedoch nicht vorgelassen. Man sagte mir, ich dürfe mit niemand Verbindung aufnehmen, ehe nicht Caesar über mich entschieden habe. Doch Octavius ließ sich Zeit. Er genoß seinen Aufenthalt in Alexandria, besuchte die Gruft des großen Alexander und antwortete auf die Frage, ob er auch die Grabstätten der Ptolemäer besichtigen wolle, er sei gekommen, einen König zu sehen, und habe kein Interesse an Leichen.

Kleopatra aber erhielt auf seinen Befehl ein ehrenvolles und aufwendiges Begräbnis an der Seite ihres Gemahls Marcus Antonius. Die bis in den Tod getreuen Kammerfrauen Iras und Charmion fanden in einer Grabkammer neben der *Basilissa* ihre letzte Ruhestätte, wie sie es sich erhofft und gewünscht hatten. Wo aber war mein Freund

Mardion geblieben, der kleine gescheite Eunuch, einer der wenigen Menschen, der in entscheidenden Augenblicken auch der Königin die Wahrheit sagen durfte? Er muß sich der *Basilissa* so eng verbunden gefühlt haben, daß er – und dafür gab es Zeugen – die Uräusschlange in seine längst vorbereitete Grabkammer bringen ließ, sich in den bereitstehenden Sarg legte und das Tier zu einem zweiten Biß reizte. «Was der Königin recht ist», soll er gesagt haben, «kann mir nur billig sein.»

Da schämte ich mich fast, daß ich noch am Leben war, doch wollte ich es anderen überlassen, über mein Schicksal zu bestimmen, und vielleicht würde ich meinen Freunden bald nachfolgen.

Der treue Mardion hatte mit seiner Tat jedenfalls den Beweis erbracht, daß eine Uräusschlange durchaus imstande ist, zweimal kurz hintereinander tödliche Bisse auszuteilen.

Zu diesem traurigen Thema gehören auch die von Octavius gerufenen *psylli.* Sie sollten versuchen, das Gift aus Kleopatras Körper zu saugen, um sie vielleicht wieder zum Leben zu erwecken.

Für mich besteht kein Zweifel, daß ihr Freitod für Octavius die beste Lösung war und ihn so mancher Probleme enthob. Andererseits wollte er die ihm da und dort schon nachgerühmte *clementia* zeigen, und seine Berechnung erwies sich als richtig. Die Achtung vor ihm stieg in ganz Alexandria gewaltig, als bekannt wurde, daß sich zwei bekannte *psylli* lange – wenn auch vergeblich – um die Königin bemüht hatten.

Diesen *psylli* wurden vom Volk magische Kräfte zugeschrieben, doch es handelt sich dabei nur um Menschen, die – innerhalb einer langen Familientradition – als Kinder schon im zartesten Alter langsam an immer größere Dosen von Schlangengift gewöhnt wurden, so daß sie als Erwachsene dagegen immun sind. Allerdings bezweifle ich, daß sie jemals einen von Giftschlangen gebissenen Menschen retten konnten, weil diese Bisse sehr schnell wirken, jedenfalls schneller, als einer dieser *psylli* zur Stelle sein kann. In Fällen, wo sie den Betroffenen noch lebend antrafen und seine Wunde aussaugten, wäre er vermutlich auch ohne ihre Bemühungen nicht gestorben – das ist jedenfalls meine aus medizinischen Erwägungen gebildete Überzeugung.

Ich glaubte mich schon in meinem Haus vergessen und erwog bereits die Flucht, denn meine Wächter waren nachlässig geworden und lagen – wie ich einige Male feststellen konnte – nach Mitternacht schlafend vor meiner Tür. Ich kannte im Brucheion jeden Winkel, und es wäre mir nicht schwergefallen, mich nach Süden durchzuschlagen.

Aber dann – es wird um die Mitte des September gewesen sein – holten mich zwei Prätorianer ab, und als ich mühsam scherzend fragte, ob es zur Hinrichtung ginge, antwortete der eine grinsend: «Vielleicht – vielleicht auch nicht ...»

Ein sichtlich gutgelaunter und vergnügter Octavius – nein, von nun an werde ich ihn Caesar nennen – empfing mich mit den Worten: «Gut, daß wenigstens du am Leben geblieben bist, ich käme sonst schier in Verlegenheit, wen ich meinen Römern im Triumphzug vorführen soll. So sehen sie statt der Königin ihren Leibarzt ...»

«Darf ich das als *paidia* auffassen, Caesar?»

Obwohl wir lateinisch sprachen, benutzte ich das griechische Wort für Scherz, weil es harmloser und spielerischer klang und ich ihn nicht verärgern wollte. Erst später erfuhr ich, daß er sehr schlecht Griechisch sprach, und so habe ich damit vielleicht doch seinen Unwillen erregt. Doch er ließ sich nichts anmerken.

«Du bist ein kluger Mann und hast mich durchschaut. Natürlich werden Kleopatra Selene und Alexander Helios ihre Mutter vertreten müssen, aber auch du wirst in Fesseln dabeisein, zusammen mit –»

Da nannte Caesar die Namen von etwa einem Dutzend Hofbeamter, die ich mehr oder weniger gut kannte.

«Damit habe ich gerechnet», sagte ich mit bemühtem Gleichmut.

Caesar wandte sich zu dem hinter ihm stehenden Cornelius Gallus um und wiederholte spöttisch: «Damit hat er gerechnet, unser kluger *medicus*, aber nun sage ich dir etwas, womit du nicht gerechnet hast. König Herodes von Judäa hat bei mir anfragen lassen, ob du am Leben geblieben bist. In diesem Fall möchte er dich – wie kürzlich den gelehrten Nikolaos – an seinen Hof ziehen, weil er große Stücke von dir hält. Der *scriba* soll die betreffende Stelle vorlesen.»

Der am Fenster vor seinem Pult hockende Sekretär war offenbar schon darauf vorbereitet und las mit lauter, monotoner Stimme: «Der Arzt Olympos, genannt Hippokrates, hat mich damals mit seinem umfassenden medizinischen Wissen so beeindruckt, daß ich ihn, wie vor kurzem Nikolaos von Damaskos, als Hofarzt und Berater in meinen Dienst nehmen möchte, es sei denn, du, Caesar, hast andere Pläne mit ihm.»

Wie immer, wenn der Name Herodes fiel, wurde es mir heiß, und ich fühlte meine Hände feucht und meine Achseln klebrig werden. Zweimal mußte ich mich räuspern, denn mir war, als habe mir jemand die Kehle zugedrückt.

«Also – verehrter Caesar – ich – ich hoffe, du hast andere Pläne mit mir ...»

Er sah mich stirnrunzelnd an.

«Du bist plötzlich so verstört ... Was ist los, warum willst du nicht nach Jerusalem?»

«Das kann – das kann ich dir nur ohne Zeugen sagen.»

In seinen schönen großen Augen blitzte etwas wie Neugier.

«Also gut – hinaus mit euch!»

Gallus und der Schreiber verschwanden, die beiden baumlangen Leibwächter aber blieben. Als er sah, daß ich zögerte, winkte er ab.

«Das sind Germanen – treu, stur und auf Latein verstehen sie nur militärische Befehle – also sprich!»

Ich schilderte ihm in kurzen Worten die damalige Situation.

Caesar zeigte sich keineswegs erstaunt.

«Das klingt recht glaubhaft, denn Herodes setzte damals alles daran, Antonius mit Kleopatra zu entzweien. Er ist rachsüchtig und verzeiht es deiner *Basilissa* auch als Toter nicht, daß sie ihn seiner schönsten Hafenstädte beraubt hat. Aber warum soll er dir noch zürnen? Nun hast du ja seinen Wunsch erfüllt – wenn auch mit einiger Verspätung ...»

Er lachte leise.

«Du hast uns beiden einen Gefallen getan, lieber Olympos.»

«Gewiß, aber damit habe ich nicht einem Befehl des Herodes gehorcht, sondern dem meiner Königin. Er ist rachsüchtig, das hast du selber gesagt, und so glaube ich nicht, daß er mich schonen wird.»

«Aber ich soll dich verschonen?»

«Was nützt dir mein Tod?»

«Hältst du dich für einen guten Arzt?»

«Das sollen meine Patienten entscheiden – zu den schlechten gehörte ich jedenfalls nicht.»

«Von denen es viel zu viele gibt!»

Ich nickte heftig.

«So daß man besser die guten am Leben läßt – schließlich könnte man einen von ihnen irgendwann brauchen.»

Er nickte und schmunzelte.

«Da fällt mir der etwas hochmütige Sinnspruch mancher Ärzte ein: *Prolongamus vitam brevem*. So unbescheiden bist du aber nicht?»

«Nein, Caesar, das Leben können nur die Götter verlängern, manchmal aber helfen wir Ärzte dabei.»

«Mag sein …», sagte er und befahl der Wache, Gallus wieder hereinzulassen. Der sah so sichtlich beleidigt aus, daß Caesar ihn besänftigte.

«Verzeih, Cornelius Gallus, aber nicht alles ist für deine Ohren bestimmt. Olympos hat sich als klug und besonnen erwiesen, er wird mit uns demnächst nach Rom reisen.»

Er wandte sich an mich, wies auf Gallus und sagte wie nebenbei: «Ihm aber vertraue ich Ägypten an.»

Ich faßte es so auf, als sei Gallus nur zum Befehlshaber der in Ägypten stationierten Legionen vorgesehen. Welche Macht diesem stolzen und eitlen Mann später mit seiner Ernennung zum Präfekten von Ägypten in die Hand gelegt wurde, konnte er damals wohl selber nicht ermessen. Sein Amt hat ihn verschlungen, und vier Jahre danach endete er wie Marcus Antonius – durch eigene Hand.

«Du wirst von nun an nicht mehr bewacht, aber halte dich bereit und bringe hier alles ins reine. Hast du Familie?»

«Nur einen Sohn, der bei Verwandten aufwächst.»

«Nur? Ein Sohn ist viel, ich wollte, ich hätte einen …»

Ich wollte seine Großmut nicht enttäuschen und beschloß, das Brucheion nicht zu verlassen. An Salmo sandte ich sogleich einen Boten. Zwei Stunden später pochte mein Freund an die Tür.

«Keine Wachen mehr!» rief er freudig und umarmte mich so heftig, daß ich – medizinisch gesehen – eine leichte Rippenprellung davontrug.

«Dann ist es also überstanden? Ich habe schon einmal versucht – nun, das wirst du ja wissen. Gibt es wieder einen König, oder wie geht's weiter?»

Salmos Narbengesicht glühte vor Begeisterung; er benahm sich wie ein Fünfzehnjähriger und nicht wie ein reifer

Mann um die Dreißig. Es war schon ein wenig boshaft, als ich ihm gleich einen Dämpfer aufsetzte.

«Es wird keinen König mehr geben und auch keinen Arzt namens Olympos. Man hat zwar die Wachen abgezogen, aber ich bin ein Gefangener und werde in den nächsten Tagen mit anderer Siegesbeute nach Rom verfrachtet. Dort präsentiert man uns dem Volk …»

Das Leuchten auf seinem Gesicht verlöschte, und obwohl ich meine rüden Worte schon bedauerte, setzte ich noch eins drauf.

«Wie es weitergeht, hast du gefragt? Nun, Salmo, du kannst jetzt dein *pharmakopolion* eröffnen, und mich mußt du einfach vergessen.»

«Nein!», rief er, «nein, das lasse ich nicht zu! Da du schon nicht bewacht bist, nütze es! Wir verkleiden dich und tauschen die Rollen. Du bist mein Diener, hilfst mir beim Salbenmischen und Mörserstampfen, bis Gras darüber gewachsen ist. Die Perser sind gekommen und gegangen, die Griechen sind gekommen und gegangen, jetzt sind die Römer gekommen, und auch sie werden gehen! Wir aber bleiben, ja, Herr – wir bleiben!›

Ich schüttelte den Kopf.

«Salmo, das geht nicht. Seit Caesar mich empfangen hat, bin ich bekannt wie ein fünfbeiniges Kalb. Ich bin nicht irgendwer, sondern der frühere Leibarzt der Königin Kleopatra, und das Auge des Herrn der Welt ruht auf mir. Dem zu entfliehen wäre nicht weniger vergeblich, als sich aus den Augen der Götter zu stehlen.»

Er ließ sich auf einen Stuhl fallen, und ich hörte sein erregtes Schnaufen.

«Ah – so ist das! Und was wird aus mir? Ich komme einfach mit! Ja, das werde ich tun!»

«Was willst du in Rom, wenn Caesar mich nach dem Triumph töten läßt? Ein einäugiger Sklave um die Dreißig ist nicht viel wert. Man wird dich in eine Tretmühle stecken, bis du verreckst! Warum willst du dieses Risiko auf dich nehmen? Schließlich hast du eine Familie, außerdem möchte ich dich um einen Gefallen bitten.»

«Ich höre», sagte er kalt und schaute zu Boden.

«Nun stell dich nicht so an! Jetzt gebe ich dir Gelegenheit, für mich etwas zu tun, anstatt in Rom das Jammerdasein eines Sklaven zu führen, und du spielst den Beleidigten!»

Sein gesundes Auge blickte mich finster an.

«Ich sagte ja schon – ich höre.»

«Also gut. Ich habe ein Paket hergerichtet mit Dingen, die ich gerne Herophilos hinterlassen möchte, als Erinnerung an seinen Vater. Hier ist ein Beutel mit Geld, mehr habe ich nicht im Haus. Ein paar Goldstücke nehme ich mit; die Henker in Rom sollen bestechlich sein, und ich will, daß sie gnädig mit mir verfahren.»

Endlich hatte ich ihn soweit – er begann zu weinen, auch aus seinem blinden Auge rannen die Tränen. Da überkam auch mich der Jammer, und ich schluchzte laut.

«Vielleicht – vielleicht wird es nicht so schlimm, und ich darf zurückkehren. Caesar hat mir schon damit gedroht, mich an Herodes auszuliefern.»

«Was? Warum an Herodes?»

«Er will mich angeblich als Berater am Hof haben. Aber diese Klippe ist umschifft, Herodes hat dich gehenlassen und wird auch auf mich verzichten müssen.»

Im Laufe der Monate September und Oktober lief Schiff um Schiff aus dem Hafen und beförderte eine Siegesbeute nach Rom, wie sie kaum jemals ein italischer Feldherr eingebracht hatte. Da ich weder Augenzeuge war, wie Caesar mit den Reichtümern Ägyptens verfuhr, noch was er in den Monaten bis zu seinem Triumph – der erst im darauffolgenden Herbst gefeiert wurde – tat und vollbrachte, werde ich einen der offiziellen Chronisten zitieren.

«Gewaltige Reichtümer aber fanden sich im Königspalast, da Kleopatra sozusagen alle Weihegaben selbst aus den heiligsten Tempeln entfernt und dadurch die Beute der Römer nur vermehrt hatte, ohne daß diese sich mit einer Freveltat zu beflecken brauchten. Große Summen wurden außerdem von jedem einzelnen beigetrieben, dem man irgendwelche Vergehen zur Last legte. Überdies forderte man allen übrigen Leuten, selbst wenn keine besondere Beschwerde vorlag, zwei Drittel des Besitzes ab. Aus diesen Schätzen erhielten sämtliche Truppen alle Ansprüche erfüllt, und wer auch damals zu Caesars Kriegsgefährten zählte, bekam noch weitere eintausend Sesterzen unter der Bedingung, daß eine Plünderung der Stadt unterblieb. Frühere Anleihen wurden vollständig zurückbezahlt; ferner flossen den Senatoren und Anführern, die mit ins Feld gezogen waren, gewaltige Summen zu. Kurzum, das Imperium Romanum wurde reich und seine Tempel ausgeschmückt.

Nachdem Caesar die eben erwähnten Maßnahmen getroffen hatte, legte er auch an jenem Platz, wo die Schlacht sich zugetragen hatte, eine Stadt an und verlieh ihr den gleichen Namen und die gleichen Festspiele wie seiner früheren Gründung. Auch ließ er einige Kanäle säubern, weitere neu ausheben und widmete sich noch anderen wichtigen Aufgaben. Hierauf zog er durch Syria in die Provinz Asia und verbrachte hier den Winter, indem er die verschiedenen Angelegenheiten der untertänigen Völkerschaften und zugleich die der Parther regelte. Es gab nämlich bei ihnen Streitigkeiten, und ein gewisser Tiridates hatte sich gegen Phraates erhoben. Zuvor, und zwar solange die Gegnerschaft des Antonius noch währte, ja selbst nach der Seeschlacht, war Caesar keiner der beiden Parteien beigetreten, obgleich sie ein Bündnis mit ihm wünschten; ja er hatte nur als einzige Antwort die Erklärung abgegeben, er werde die Sache überdenken. Dabei nahm er als Vorwand, daß er mit Ägypten beschäftigt sei, tatsächlich aber wollte er erreichen, daß sie sich inzwischen in gegenseitigen Kämpfen aufrieben. Nun aber, da Antonius tot war und zu den beiden Gegnern Tiridates nach seiner Niederlage in Syria Zuflucht gesucht, der Sieger Phraates aber Gesandte geschickt hatte, trat Caesar mit ihnen in freundschaftliche Beziehungen und gab die Zusage, daß er Tiridates nicht unterstützen wolle; doch gestattete er ihm, in Syria Aufenthalt zu nehmen. Von Phraates empfing Caesar als Gunsterweis einen seiner Söhne, den er dann nach Rom mit sich führte und als Geisel behandelte.

Währenddessen und auch zuvor schon faßten die Römer in der Heimat zahlreiche Beschlüsse zu Ehren von Caesars Seesieg: Sie genehmigten ihm sowohl einen Triumph über Kleopatra als auch einen trophäengeschmückten Ehrenbogen in Brundisium und einen zweiten auf dem römischen Forum. Ein weiterer Beschluß ging dahin, daß der Sockel des Julius-Tempels mit den Schnäbeln der erbeuteten Schiffe geziert und dem Sieger zu Ehren alle vier Jahre ein Fest abgehalten werden solle; außerdem ordnete man jeweils an seinem Geburtstag und zum Jahrestag des Eintreffens der Siegesnachricht ein Dankfest an. Und wenn er die Stadt betrete, sollten ihm die Vestalischen Jungfrauen, der Senat und die ganze Bevölkerung mit Weib und Kind zur Begrüßung entgegenziehen. Doch es würde zu weit führen, auch noch die Gelübde, die Bildnisse, das Vorrecht, auf dem ersten Platz sitzen zu dürfen, und die sonstigen ähnlich gearteten Auszeichnungen zu nennen. Zunächst genehmigten sie nicht nur Caesar diese Ehrungen, sondern stürzten auch die Denkmäler des Antonius oder tilgten sie aus, erklärten seinen Geburtstag für verflucht und verboten, daß einer seiner Verwandten den Beinamen Marcus führte. Wie sie aber von seinem Tod erfuhren – die Nachricht traf ein, als Cicero, der Sohn Ciceros, gerade für einen Teil des Jahres das Konsulat bekleidete –, faßten einige dies als ein nur durch göttliches Walten erklärbares Geschehen auf, weil ja Ciceros Vater vor allem auf Antonius' Betreiben hin sein Leben verloren hatte. Außerdem beschlossen sie für Caesar eine Menge von Kränzen und Dankfesten und gewährten ihm das Recht, noch einen weiteren Triumph zu feiern, diesmal über die Ägypter. Denn weder bei früheren Gelegenheiten noch damals erwähnten sie Antonius und die übrigen zusammen mit ihm besiegten Römer bei Namen, um damit anzudeuten, daß man ihretwegen kein Fest begehen dürfe. Den Tag, an dem Alexandria eingenommen worden war, erklärten sie zum Glückstag und bestimmten, daß in den künftigen Jahren er von den Einwohnern als Ausgangspunkt ihrer Zeitrechnung eingehalten werden solle. Außerdem sollte Caesar lebenslang die tribunizische Gewalt besitzen, ferner das Recht haben, allen, die ihn um seinen Beistand angingen, innerhalb des Pomeriums und außerhalb davon bis auf eine Meile weit Hilfe zu leisten, ein Privileg, wie es keinem Volkstribunen zustand; auch durfte er Rechtsfälle, in denen Berufung eingelegt worden war, entscheiden und vor allen Gerichtshöfen durch seine Stimme, wie Athene es getan, den Ausschlag geben. Schließlich wurden Priester und Priesterinnen gehalten, in ihre Gebete für Volk und Senat in gleicher Weise auch ihn einzuschließen, und jedermann verpflichtet, bei sämtlichen Gastmählern, nicht nur öffentlichen, sondern auch privaten, ihm ein Trankopfer darzubringen.»

Die hier geschilderten Beschlüsse verzögerten den Triumph, der dafür um so gründlicher vorbereitet werden konnte. Inzwischen strömten solche Geldmengen nach Rom, daß überall die Preise anzogen und die Geldverleiher zu murren begannen, weil der Zins für ihre Kredite ins Bodenlose sank. Warum dies alles? Nun, da der Janus-Tempel geschlossen und das Römische Reich befriedet war, wollte Caesar die Gunst des Volkes gewinnen, denn er war nicht der Mensch, den die *plebs* gleich vorbehaltlos umjubelte. Aus der unermeßlichen Kriegsbeute ließ er an jeden Bürger der Stadt Rom vierhundert Sesterzen auszahlen, und dann – was noch keiner vor ihm getan hatte – den gleichen Betrag an die Kinder. So manche kinderreiche Familie wurde dadurch über Nacht wohlhabend, und alle Welt lobte Caesar, dessen Name im Widerschein des goldenen Stroms zu glänzen begann.

Wir Alexandriner waren in den *Horti Caesaris* untergebracht, die Octavius von Julius Caesar geerbt und vor kurzem seinem Freund Agrippa geschenkt hatte. Mir war der Ort nicht unbekannt, denn hier hatte ich vor sechzehn Jahren gelebt, als Kleopatra den Vater ihres Kindes besuchte und wir alle überstürzt abreisen mußten, als Caesar unter den Dolchen seiner Mörder fiel.

Octavius Caesar hatte seinen Freund Agrippa während seiner Abwesenheit zum Stellvertreter ernannt, und dieser glänzende Feldherr und überaus kluge Mann verwaltete das Reich mit fester Hand und bereitete den Triumph für seinen Freund vor. Er selber lehnte es dreimal ab, den wohlverdienten Triumph zu feiern, so daß aller Glanz sich auf dem Haupt seines Freundes sammelte, was ihr Vertrauensverhältnis noch enger werden ließ. Agrippa war übrigens nicht nur mit dem Schwert vertraut, sondern nutzte auch seine Feder. Er verfaßte eine Autobiographie und schrieb einen langen Kommentar zu einer Weltkarte, die er zusammen mit Fachgelehrten entwarf. Augustus hat diese Karte nach Agrippas Tod in Stein meißeln und auf dem *Campus Martius* aufstellen lassen. Heutzutage pilgern dort Lehrer mit ihren Schülern hin und lassen sie diese Karte zu Übungszwecken abzeichnen.

Etwa vier Wochen vor Caesars Rückkehr stattete Agrippa uns in den *Horti Caesaris* einen Besuch ab. Er trat würdevoll und bestimmt auf, ohne uns seine Macht fühlen zu lassen. Der Sommerhitze wegen empfing er uns in einem kühlen, luftigen Saal, der sich nach Norden hin auf einen schattigen Garten mit so dicht stehenden Bäumen und Sträuchern öffnete, daß kein Sonnenstrahl in diese grüne Dämmerung drang.

Als ich mit dem jetzt elfjährigen Zwillingspaar, ihren Lehrern und einigen Hofbeamten den Raum betrat, erhob sich Agrippa und ging einige Schritte auf uns zu. Auf den ersten Blick machte der mittelgroße stämmige Mann einen unscheinbaren, fast bäuerischen Eindruck. Durch die große fleischige Nase, die starken Augenwülste und das kräftige Kinn wirkte sein Gesicht etwas grob. Der kleine, empfindsame Mund paßte nicht so recht zu dem übrigen, doch alles war vergessen, wenn Agrippa sprach und sich bewegte. Seine Gesten waren sparsam und würdevoll, seine Rede elegant, glänzend formuliert und auch im Griechischen fehlerfrei. Er redete die Kinder mit Prinz und Prinzessin an und versuchte, ihnen kurz zu erklären, welche Rolle sie im bevorstehenden Triumphzug zu spielen hatten.

«Es ist fürs Volk und nur fürs Volk. Weder Caesar noch ich schätzen diese Aufzüge, aber ihr, als Kinder einer Königin, werdet dafür Verständnis haben. Die Menschen sehen sich in ihren Führern verkörpert, ob die sich nun Könige, Dictatoren, Feldherren oder Konsuln nennen. Sie sagen nicht: Caesar hat den Krieg gegen Ägypten gewonnen, sie sagen: Wir haben gewonnen, wir sind die Sieger, und sie wollen sich auch als Sieger fühlen. Dazu dient der Triumphzug, weil sichtbar wird, wer besiegt und welche Beute gemacht wurde. Eure Mutter hat es nun vorgezogen, im Reich des Osiris weiterhin Königin zu sein, anstatt den Römern ein Schauspiel zu bieten. Ihr könnt stolz auf sie sein, aber ihr müßt nun an ihre Stelle treten und euch ein wenig begaffen lassen.»

Er lachte beruhigend.

«Das tut nicht weh und dauert nicht lange. Danach wird euch nichts geschehen, das ist mit Caesar besprochen. Für dich, Kleopatra Selene, gilt es sogar, ein kleines Königreich zu gewinnen …»

Ich hielt diese Bemerkung für einen gutmütigen Scherz, um das Mädchen heiter zu stimmen, doch schon wenige Jahre später hat Augustus sie mit seinem Klientelkönig Juba von Mauretania verheiratet, einem klugen Mann, der zahlreiche gelehrte Bücher schrieb, darunter sogar eines über Arzneikunde.

Danach wollte Agrippa mich alleine sprechen, und wir setzten uns auf eine Bank ans Fenster.

«Ich bin ein neugieriger Mensch und möchte von dir etwas über die letzten Tage deiner Königin wissen. Es laufen so viele Gerüchte herum, die sich manchmal widersprechen. Das ist wie ein Fluß, der sich verzweigt, und jeder seiner Läufe unterscheidet sich. Der eine ist trübe und fließt langsam, ein anderer sprudelt munter und schäumend dahin, ein dritter ist schmal wie ein Bach und versickert im Sumpf. Die Wahrheit über ihn ist nur an der Quelle zu finden, und in diesem Fall bist du diese Quelle.»

Da gab es nichts zu verschweigen, und ich schilderte ihm die letzten Tage im Königspalast so genau wie möglich. Agrippa bedankte sich und stand auf.

«Was nach dem Triumph mit dir geschehen soll, hat Caesar noch nicht entschieden. Nach Alexandria kannst du aus mancherlei Gründen nicht zurück», er hob die Hände und lachte, «vielleicht werden wir einen Römer aus dir machen.»

War damit mein Leben gerettet? Seit dem Tod von Kleopatra, Iras und Charmion war nun schon über ein Jahr vergangen. Meine tiefe Trauer war einer wehmütigen Erinnerung gewichen, ich hatte wieder Freude am Leben gewonnen, diente den Bewohnern der *Horti Caesaris* als Arzt und wollte meinen Beruf auch weiterhin ausüben.

Der Triumphzug fand im September statt, und schon Tage vorher wurden wir genau über unsere Rollen instruiert.

Da gab es eine vergoldete Prunkkarosse in Form eines *pilentum* und eine eigens dafür geschaffene liegende Figur der *Basilissa* – aus Holz geschnitzt, königlich gewandet, das aus Stuck geformte Gesicht so lebensecht wie möglich bemalt und geschminkt.

Diesen Wagen sollten nun wir flankieren. Die Kinder in fürstlichen Prunkgewändern, ich mit dem Asklepiosstab in der Hand, damit die *plebs* auch sah und verstand, wer die Begleiter der Königsfigur waren. Dahinter fuhren die schweren Ochsenkarren mit der sogenannten Kriegsbeute. Die Römer hatten das Brucheion bis auf den letzten Winkel durchforscht und so gründlich ausgeplündert, daß nur noch wertlose oder übermäßig schwere Stücke zurückblieben.

Ich hatte noch miterlebt, wie dabei sämtliche Bildwerke des Imperators zerstört oder umgestürzt wurden, während die der Königin seltsamerweise unberührt blieben. Warum das? Caesar hatte doch gegen Kleopatra, nicht gegen Antonius Krieg geführt. Kein offizieller Bericht sprach von einem Sieg über Antonius, nicht einmal sein Name war genannt. Als lahme Erklärung wurde später bekanntgemacht, daß man am abtrünnigen und hochverräterischen Imperator verdienterweise die *damnatio memoriae* vollzogen habe, während Caesar der besiegten Königin mit seiner gerühmten *clementia* begegnet sei. Später kam dann doch die

Wahrheit ans Licht – oder war dies auch nur eines der vielen Gerüchte, die mit der Eroberung Ägyptens zu wuchern begannen wie Unkraut? Demnach soll ein gewisser Archebios Caesar mit zweitausend Talenten bestochen haben, um die Bildnisse der Königin unversehrt zu lassen. Wovon ich mich später selbst überzeugen konnte, war die Tatsache, daß die von Julius Caesar im Tempel der Venus Genetrix aufgestellte goldene Statue nicht angetastet wurde – vermutlich aus Respekt vor dem vergöttlichten Caesar und gewiß nicht aus Verehrung für Kleopatra.

Da Triumphzüge niemals an religiösen Feiertagen stattfinden dürfen, war die zweite Septemberhälfte dafür am besten geeignet, denn dieser Monat ist – von den *Feriae Jovi* am 13. abgesehen – frei von irgendwelchen Weihe- oder Opferfesten. Ein Triumph nämlich wird auch als religiöses Fest verstanden, bei dem der siegreiche Feldherr in der Maske des kapitolinischen Jupiter auftritt, seine Gewänder trägt – ja, sein Gesicht mit *minium* rot färben muß, weil das Antlitz der uralten Statue des Göttervaters ebenfalls diese Farbe trägt.

Nachdem die *augures* den 22. September nach sorgfältiger Beobachtung aller Vorzeichen dafür ausersehen hatten, mußten wir uns zwei Stunden vor Sonnenaufgang im *vestibulum* einfinden. Kleopatra Selene wirkte erschreckt und unausgeschlafen, ihr Bruder hatte ein trotziges Bubengesicht aufgesetzt, runzelte seine glatte Kinderstirn, gab sich bockig und schwerhörig. Alexander sah seiner Mutter so lächerlich ähnlich, daß er sie bei entsprechender Verkleidung recht gut hätte imitieren können. Kleopatra war mehr nach dem Vater geraten, aus ihrem runden, hübschen Gesicht blickten die kecken, lebenslustigen Augen des Antonius.

Wir wurden in einem geschlossenen Wagen zum *Campus Martius* gebracht, wo sich der Zug zu formieren begann. Da stand auch schon das goldene *pilentum* mit dem ebenfalls vergoldeten Ruhebett, auf dem die Statue der Kleopatra lässig hingestreckt lag. Diese bemalte Puppe besaß nicht die geringste Ähnlichkeit mit der *Basilissa*, auch wenn der offenbar wenig talentierte Bildhauer ihr eine besonders große Nase ins dümmlich blickende Gesicht gesetzt hatte. Bei ihrem Anblick wich der Trotz aus Alexanders Gesicht, und Selenes weinerliche Miene wandelte sich in Staunen, dann begann das Mädchen verhalten zu kichern. Ihr davon angesteckter Bruder lachte laut und ungeniert, während die Höflinge sich betreten anblickten. Ich grinste still vor mich hin, doch dann fuhr ein Zeremonienmeister schimpfend dazwischen und sagte etwas vom feierlichen Ernst dieses Tages, dem wir uns zu fügen hätten. Doch der Mann sprach Latein, und so verstand nur ich seine Worte, die ich bündig damit übersetzte, daß es hier nichts zu lachen gebe. Dann ließ er uns symbolische Fesseln anlegen, und ich erhielt einen hölzernen Asklepiosstab, dessen Vergoldung schon abzublättern begann. Er stammte vermutlich aus einem Theaterfundus und hatte schon häufige Auftritte erlebt.

Hinter uns fuhr ein Wagen mit dem hoch aufgetürmten Tafelgeschirr der Königin: Becher, Krüge, Teller, Schalen aus Gold und Silber, dazu die kostbaren Tische, Stühle und Liegen aus Ebenholz, eingelegt und verziert mit Elfenbein, Schildpatt und Edelsteinen – jedes Stück ein kleines Vermögen wert. Auf dem Wagen vor uns lagen, hingebreitet auf purpurnem Damast, die verschiedenen Kroninsignien. Da leuchtete die weiße Krone des Binsenlandes und die rote des Bienenlandes, da gab es die als *pschent* bezeichnete Doppelkrone, dann die runde blaue *chepresch*-Krone, den Kriegshelm der Pharaonen – sie alle kamen aus dem Schatzhaus, Kleopatra hatte sie niemals getragen. Die von ihr benützten Kronen, Zepter und Schmuckstücke hatte man um eine Marmorbüste drapiert, die der Königin mehr ähnelte als die lächerliche Holzpuppe. Da gab es die prunkvollen

Geierhauben, die mit der Uräusschlange geschmückten Stirnreifen und die aus der heiligen Schlange gebildeten Kronen, die verschiedenen Szepter, die silbernen Sistren, die Prachtkrägen, Pektorale, die mit Skarabäen besetzten Hals- und Armbänder, die Ringe und Anhänger.

Als die Wagen sich in Bewegung setzten, begannen diese Kostbarkeiten leise zu klirren, zu klingen, aber dieses zarte Geräusch ging im Geschrei der *plebs* unter, die das *Forum Boarium* in dichten Haufen belagerte. Aus dem Gebrüll des Pöbels klangen Worte und Sätze heraus, die widerspiegelten, wie das aufgehetzte Volk die *Basilissa* einschätzte.

«Ägyptische Hure!», «Verhurter Bettschatz dieses Hochverräters!», «Geile Länderfresserin!», «Jetzt hat sie ihre Schätze herausrücken müssen, diese lausige Vettel!», «Megaera mit der großen Nase!», «Wer sich gegen Rom stellt, zieht den kürzeren!»

Sie waren nicht sehr einfallsreich, diese Zurufe im Vulgärlatein, das die Zwillinge zum Glück nicht verstanden. Nur einmal fiel ein griechisches Wort, als ein gutgekleideter Mann nahe herantrat, auf die hochgetürmten Schätze wies, ausspuckte und rief: «Das ist wohl das von Antonius bezahlte *telos pornikon?!*»

Ich schaute erschrocken auf die Kinder, doch die hatten offenbar nicht gehört, daß der Mann den Besitz ihrer Mutter als Hurenlohn bezeichnete.

Zu solchen Szenen kam es aber dann nicht mehr, weil sich am *Circus Maximus* und an der *Via Triumphalis* derart viele Menschen drängten, daß man die Wachen verstärkte, um uns und die Kostbarkeiten zu schützen.

Caesar kam von der *Via Aurelia* her in die Stadt geritten, ihm schlossen sich die am Ägyptenkrieg beteiligten Feldherren, Senatoren, Offiziere und Mannschaften an.

Der Zug stockte, während Caesar vom Pferd auf die von vier Schimmeln gezogene Quadriga umstieg. Er trug die *tu-*

*nica palmata* und die mit goldenen Sternen bestickte Purpurtoga; sein Haupt schmückte der Lorbeerkranz, in der linken Hand hielt er das von einem goldenen Adler gekrönte Elfenbeinszepter, in der rechten einen Lorbeerzweig. Hinter ihm stand ein kräftiger junger Sklave und hielt ihm Jupiters goldene Krone übers Haupt. Mit seinem rotgefärbten Gesicht sah er fremd und bedrohlich aus, doch das gehörte zu seiner Rolle als irdisches Abbild des Jupiter Optimus Maximus.

Die Prozession kam wieder in Gang, der Spielmannszug des Heeres bemühte sich redlich, mit Pauken, Trommeln, Flöten und Trompeten das Geschrei der *plebs* zu übertönen, was ihm jedoch nicht immer gelang. Sobald die Quadriga mit Caesar in Sicht kam, schwoll der Jubel derart an, daß von der Musik nichts mehr zu hören war.

Frage ich mich heute, wie ich meine damalige Rolle als Schaustück eines römischen Triumphs empfand, so erinnere ich mich nur, daß ich mich in mein Inneres zurückzog wie in eine vermauerte Kammer. Der Lärm von draußen drang nur ganz gedämpft in meine Behausung, die Bilder zogen vorbei, als blätterte jemand ein illustriertes Buch vor mir auf. Später habe ich erfahren, daß beim Saturn-Tempel am Ende der *Via Sacra* die Gefangenen beiseite geführt und sofort hingerichtet wurden, während der Imperator seinen Lorbeerkranz dem kapitolinischen Jupiter zu Füßen legte. Wir griechischen «Barbaren» durften an dieser heiligen Handlung nicht teilnehmen, doch erwartete uns nicht der Henker, sondern ein geschlossenes *vehiculum*, das uns in aller Stille in die *Hortis Caesaris* zurückbrachte.

Daß die Römer von uns griechischen Barbaren fast den gesamten Olymp übernommen hatten, daß Jupiter nichts anderes war als unser alter Zeus – dies alles wußten hier nur die Gebildeten. Für das einfache Volk war Rom der Nabel der Welt, die Wiege der Kultur.

Nun saß ich wieder in den schönen Gärten des vergöttlichten Julius Caesar und hatte plötzlich das Gefühl, mein Leben läge hinter mir. In diesem Jahr der Gefangenschaft war ich vierzig geworden – ein Alter, das viele meiner Freunde nicht erreicht hatten – Kleopatra, Iras, Charmion oder der schöne Alexas. Sie alle hätten noch gerne weitergelebt, und mir fehlte auf einmal die Lust dazu. Die ganze Zeit über hatte ich nur auf eines gebaut, nämlich den Triumphzug zu überstehen, um dann neu zu beginnen; jetzt aber schien es mir, als sei alles vorüber, und ein leises Bedauern kam mich an, nicht auch den Weg meiner Freunde gegangen zu sein.

Um mir die Wartezeit zu verkürzen, schrieb ich einen Brief an Salmo, den er übrigens – wie ich später erfuhr – schon nach wenigen Wochen erhielt.

«Meinen Gruß zuvor, und mögen sämtliche Götter von Griechenland, Ägypten und Asia ihre Hände schützend über Dich und Deine Familie halten.

Der große Tag ist vorbei, Caesar hat seinen Triumph und Rom sein Vergnügen gehabt. Kleopatras Kinder teilen nun das Schicksal so vieler Abkömmlinge besiegter Fürsten – sie werden mit Bedacht zu Römern umgeformt, und sollten sie je wieder auf einen Thron gelangen, so werden sie sich nie mehr gegen das Römische Reich stellen, sondern eher seine Wohlfahrt im Auge behalten. Dies mag nicht zuletzt dazu beigetragen haben, daß sich dieses Riesenreich den Frieden bewahren konnte. So wie seit Alexander griechischer Geist den Osten zusammenhielt und für Antonius regierbar machte, so werden Westen und Norden nach und nach von den Römern geprägt – die Umgangssprache der Gebildeten in Hispania, Gallia, Belgica, Raetia und Noricum ist Latein.

Ich sehe Dich Dein Gesicht verziehen (tu's nicht, es ist auch so schon häßlich genug ...) und über Deinen Freund murren, der von nichts anderem zu berichten weiß als der Herrlichkeit und Allmacht des Römischen Reiches.»

Ich ließ die Feder sinken, um in Ruhe darüber nachzudenken, wie ich die Vielfalt des Erlebten in die Kurzform eines Briefes pressen konnte, und da erkannte ich, daß es so viel nicht war, denn die dramatischen Ereignisse von Alexandria kannte Salmo bereits.

Während ich, tief in Gedanken, einige Schilfrohre mit dem *scalprum* in Schreibfedern verwandelte, lief ein Diener herein und rief aufgeregt: «Olympos, der Herr will dich sprechen – sogleich!»

«Caesar ist da?»

«Nein – mein gnädiger Herr, Marcus Agrippa!»

Natürlich, ich hatte ganz vergessen, daß die *Horti Caesaris* jetzt ihm gehörten und ich eines seiner Gästehäuser bewohnte.

So lief ich hinter dem Diener durch den prachtvoll angelegten Garten, wo sich hinter hohen Zypressen und mächtigen harzduftenden Pinien das Herrenhaus verbarg. Agrippa hatte die eher bescheidene Villa seines Vorbesitzers umbauen und erweitern lassen. Die Pläne dazu waren aus der Werkstatt des Vitruvius gekommen, nach einhelliger Meinung der wohl genialste *architectus* des Römischen Reiches. Da dem Bauherrn als Caesars Freund zudem die besten Künstler und Handwerker Roms zur Verfügung standen, war das Ergebnis durchaus beachtlich. Die Malereien, der Stuck, die zierlichen Säulengänge, die Brunnenanlagen, die Mosaiken – dies alles hatte nichts Pompöses an sich, sondern erfreute Auge und Sinn mit einer kunstvollen Leichtigkeit – mit *maat*, um das ägyptische Wort für eine allumfassende Ordnung und Richtigkeit zu gebrauchen. Damit umschreibe ich den Eindruck, daß hier alles am rechten Ort war und man es als einen unpassenden Eingriff empfunden hätte, diese Statue zu entfernen, jene Ziervase zu verrücken oder das Mosaik aus dem Atrium ins Vestibulum zu verlegen.

Agrippa saß mit zwei Sekretären in seinem Arbeitszimmer und lächelte mir entgegen, ohne sein Diktat zu unterbrechen. Da er auf einen Stuhl deutete, nahm ich an, daß es um nichts Geheimes oder Staatspolitisches ging, und spitzte die Ohren.

So wurde ich Zeuge, wie Agrippa den Plan des von ihm später erbauten Pantheon vermutlich einem Architekten erläuterte. War Vitruvius der Adressat? Danach hätte ich nicht zu fragen gewagt. Agrippas Idee war, für die sogenannten planetarischen Gottheiten einen gemeinsamen Tempel zu schaffen. Hier sollten den Göttern Apollo, Luna, Jupiter, Saturnus, Mars, Venus und Mercurius Opferaltäre errichtet werden. Agrippa ging nicht ins Detail, er umriß seinen Plan in groben Zügen.

Nach einer halben Stunde entließ er die Sekretäre, und als ich aufstehen wollte, gebot er mir sitzen zu bleiben.

«Gefangene läßt man stehen, aber du bist jetzt ein freier Mann, Olympos.»

«Das wußte ich nicht ...»

«Nun ja – beschlossen war es längst, doch Caesar fand erst jetzt die Zeit, es dir gebührend mitteilen zu lassen, und ich bin zudem beauftragt, dir die Form deiner Freiheit zu erläutern, denn sie ist nicht unbeschränkt. Du brauchst nicht zu erschrecken, weder gibt es einen Hausarrest, noch wirst du in die Provinz verbannt.»

Er lachte, stand auf und zog den Vorhang ein wenig beiseite.

«Jetzt kommt schon die Zeit, da man die Sonne nicht mehr aussperrt, sondern ihre Strahlen als Wohltat empfindet. Also gut – du darfst in Rom eine *taberna* errichten – Caesar wünscht es sogar –, und deshalb erhältst du auch die römische *civitas*. Du darfst Italien nicht verlassen und mußt jede Reise, die dich außerhalb von Rom führt, bei Caesars Sekretären anmelden – aber das ist nur eine Formsache. Eines muß dir klar sein, Olympos: Aus deiner Heimat bist du zeitlebens verbannt, es ist besser, du schlägst dir jeden Gedanken daran aus dem Kopf.»

«Aber ich darf doch an Freunde und Verwandte in Alexandria schreiben?»

«Gewiß doch, aber rechne damit, daß deine Briefe gelesen und notfalls zensiert werden. Hast du Geld?»

«Nicht sehr viel …»

«Die Einrichtung deiner Praxis übernimmt das *aerarium*, ansonsten –?»

Er hob die Hände und sah mich fragend an.

Ich verneigte mich.

«Ansonsten bleibt mir nur ein herzlicher Dank an dich und Caesar, dazu mein Versprechen, mich genau an die gegebenen Vorschriften zu halten.»

Darauf kehrte ich zu meinem Brief zurück und konnte Salmo gleich die Neuigkeiten mitteilen. Daran knüpfte ich eine Bitte.

«Nun würde es mich sehr freuen, wenn ich nicht hier einen *adiutor medicus* suchen müßte, sondern Dich damit betrauen könnte. Ich kann Dir das nicht befehlen, möchte Dich nicht einmal darum bitten, sondern nur vorschlagen, es Dir zu überlegen. Sollte Dir Deine Familie wichtiger sein, so fände ich es ganz natürlich; dann könntest Du mich immerhin im Laufe der nächsten Jahre besuchen.

Bringe in meinem Namen am Grabmal der Königin und ihrer Dienerinnen ein Opfer an Isis und Osiris.»

Neunzehn Monate später erschien Salmo in Rom, ist geblieben für immer und hat für mich sein Leben geopfert.

Ich kann es mir nicht versagen, noch von einer Begegnung zu berichten, die mich ein letztes Mal mit Herodes zusammenführte, und zwar unter Umständen, die für den König von Judäa sehr peinlich waren, während ich mich im Schein von Augustus' Gnadensonne sicher fühlen durfte.

Herodes war damals durch seine zahlreichen Kinder aus verschiedenen Ehen in eine Lage geraten, die selbst ihn allmählich zur Verzweiflung brachte. Sein Erstgeborener Antipatros – Sohn der Doris – intrigierte gegen Alexander und Aristobulos, die Söhne der ersten Mariamne, jener stolzen Frau, die er im Jahr meiner römischen Gefangenschaft wegen angeblicher Untreue hinrichten ließ.

Schließlich erreichte es der fintenreiche Antipatros, daß der König ihn testamentarisch zum alleinigen Thronfolger bestimmte, was wiederum die Mariamne-Söhne derart erzürnte, daß sie sich gegen den Vater stellten. Um sich das Ärgernis aus den Augen zu schaffen, schickte er die beiden kurzerhand nach Rom, wo sie ihre Studien fortsetzen konnten, beaufsichtigt von ihrem früheren Lehrer Nikolaos von Damaskos, der hier als Gesandter des Herodes residierte. Herodes hatte inzwischen seine dritte Ehe – wieder mit einer Mariamne – geschlossen, und da gab es dann bald einen vierten Sohn.

Damals gingen Gerüchte um, Augustus habe sich über Herodes sehr ungünstig geäußert – etwa in dem Sinn, ob ein Mann, der in seiner Familie keine Ordnung schaffen könne, auf die Dauer geeignet sei, ein ganzes Land zu regieren.

Nikolaos gab diese Gerüchte sofort nach Jerusalem weiter, und Herodes, weil er spürte, wie sein Thron wankte, machte sich unverzüglich auf die Reise nach Rom. Als offiziellen Anlaß gab er bekannt, seine Söhne hätten ihr Studium abgeschlossen und er wolle sie nach Hause begleiten.

Wichtige Ereignisse sprechen sich in Rom so schnell herum, daß jeder längst Bescheid weiß, ehe der *praeco* sie auf dem Forum anschlägt und verkündet. So dachte ich mir wenig dabei, als im zwölften Jahr meines römischen Aufenthalts die Ankunft des Königs von Judäa bekanntgegeben wurde.

Das geht dich nichts mehr an, sagte ich mir – er ist mit seinen Familiengeschichten so beschäftigt, daß er den Olympos längst vergessen hat.

Vermutlich kam ich damit der Wahrheit sehr nahe, doch einer hatte nicht vergessen, daß Herodes mich damals nach Jerusalem holen wollte, nämlich Augustus, dessen hervorragendes Gedächtnis längst sprichwörtlich geworden ist. Vielleicht um dem König eins auszuwischen oder ihm zu zeigen, wer den längeren Arm hat, ließ er mich zu dem großen Begrüßungssymposion einladen.

Salmo, damals schon jahrelang wieder mein Gehilfe, blieb ruhig, als ich ihm erschreckt und atemlos davon berichtete.

«Aber Herr, was geht dich das noch an? Du wirst dem König vorgeführt, wie Augustus es schon bei anderen Staatsgästen hielt. Und dies, meine Freunde, ist Olympos, einstmals unter dem Namen Hippokrates Leibarzt der Königin von Ägypten. Er hat ihr die berühmte Schlange besorgt und ist nun ein richtiger Römer geworden! So und nicht anders wird der *princeps* daherreden – Herodes wird dazu höflich lächeln, und dann darfst du wieder heimgehen.»

Und so war es dann auch. Augustus stellte mich mit ähnlichen Worten vor, Herodes lächelte und meinte: «Dieser Vorstellung bedarf es nicht, Erhabener. Olympos und ich sind alte Bekannte und haben uns in Alexandria wie auch in Jerusalem häufig gesehen und gesprochen. So lernte ich ihn schätzen, und daraus entstand meine damalige Bitte an dich, Augustus, mir diesen Arzt zu überlassen.»

Augustus runzelte seine schöne, glatte Stirn.

«Olympos ist niemals Sklave gewesen – damals nicht und heute noch viel weniger. Ich habe ihn gefragt, und er hat es vorgezogen, nach Rom zu gehen.»

Herodes, damals schon ein Mann über Fünfzig, hatte sich ein jugendliches Aussehen bewahrt, nur in seinem kurzgeschorenen schwarzen Bart flimmerte es ein wenig grau. Seine Miene blieb beherrscht und freundlich, nur seine dunklen Augen stachen wie Dolche.

«Mit gutem Grund, nicht wahr, Olympos?»

Da ritt mich der Dämon, und ich gab mit lauter Stimme zurück: «Das Leben in Jerusalem ist gefährlich, mein König, das hatte sich längst herumgesprochen, und wie man hört, hat sich daran nichts geändert. So habe ich es vorgezogen, mich der *clementia* des Augustus anzuvertrauen, anstatt mich der *inconstantia* an deinem Hof auszusetzen.»

Es wurde totenstill, der brave Nikolaos blickte mich entsetzt an, und wenn ich mich nicht täusche, zeichnete sich in den Gesichtern der jungen und aufsässigen Prinzen – sie mögen damals um die siebzehn oder achtzehn gewesen sein – etwas wie spöttische Genugtuung ab, als wollten sie sagen: Der hat's aber dem Alten gegeben.

Dann blickte alles auf Augustus, denn seine Reaktion gab letztlich den Ausschlag. Der Erhabene muß damals zum Glück auf Herodes noch zornig gewesen sein.

«Olympos hat leider recht – zumindest kann von einer *constantia* nicht die Rede sein. Das aber ist es, was Rom von seinen Klientelfürsten erwartet: Beständigkeit, Zuverlässigkeit und Treue. Wir werden einiges zu klären haben, meine Freunde, doch nicht jetzt.»

Er lächelte, klatschte leicht in die Hände, und das Symposion begann. Hätte sich diese Szene in Jerusalem abgespielt, so wäre ich kaum lebend aus dem Haus gekommen.

Herodes muß es dann schnell gelungen sein, den *princeps* von seiner Treue und Zuverlässigkeit zu überzeugen, woran der mit ihm befreundete Agrippa seinen Anteil gehabt haben mag.

Nun, wie man heute weiß, hat dies weder den beiden Prinzen noch ihrem intriganten Halbbruder Antipatros das Leben retten können – sie fielen allesamt dem mörderischen Mißtrauen ihres Vaters zum Opfer. Herodes hat im Laufe seiner Herrschaft seinen Schwiegervater Hyrkanos, seine Gattin Mariamne, deren Mutter Alexandra und seinen Bruder Pheroras hinrichten lassen, später die drei zuvor erwähnten Söhne. Der *princeps* soll dazu gesagt haben, es sei besser, ein Schwein des Herodes zu sein als dessen Sohn. Daß dieser König nach Verstoßung der zweiten Mariamne noch siebenmal geheiratet hat, soll auch nicht gerade seinen Beifall gefunden haben. Augustus hat ihn trotzdem auf dem jüdischen Thron belassen, denn der vielfach befleckte Gatten-, Bruder- und Sohnesmörder erwies sich dennoch als fähiger Herrscher.

Als ein solcher hat sich auch unser erhabener Augustus gezeigt, der aber – was seine Familie betraf – von Fortuna einige böse Schläge hat hinnehmen müssen. Jedermann weiß, was geschehen ist, wenn es auch abweichende Meinungen darüber gibt, was unseren *princeps* tiefer getroffen hat: der Tod seiner beiden Enkel oder der anstößige Lebenswandel von Tochter und Enkelin, die er beide verbannen mußte.

Preisen möchte ich Octavius Caesar Augustus für das zweite Leben, das er mir in Rom geschenkt hat. Da dieser Bericht mit Kleopatras Tod endet, konnte davon hier nicht die Rede sein.

Nur soviel: Meine *taberna* in Rom erwies sich gleich zu Anfang als Erfolg; der *medicus Cleopatrae* wurde zum Modearzt und hat über zwei Decennien unweit der dem Asklepios geweihten Tiberinsel praktiziert. Augustus hielt aus der Ferne seine Hand über mich, und ich durfte alljährlich mit einigen hundert anderen an dem Symposion zur Feier der *Vinalia priora* teilnehmen. Manchmal geruhte er, sich dabei nach meinen Lebensumständen zu erkundigen, doch da konnte ich wenig Neues berichten. Zwar gab es Frauen in meinem römischen Leben, doch zu einer zweiten Ehe mochte ich mich nicht entschließen, auch als ich erfuhr, daß Aspasia in Alexandria gestorben war. Mein Sohn Herophilos war zu dieser Zeit schon Priester des Apis in Memphis geworden und ist so zum ägyptischen Teil unserer Familie zurückgekehrt. In einem kühlen Brief hat er mir seinen Entschluß mitgeteilt, meinen Glückwunsch aber unbeantwortet gelassen.

Salmo erschien einige Monate nach Kleopatras Tod in Rom, denn seine Frau war im Kindbett gestorben, und er begann sich in Alexandria zu langweilen. Er wurde zu meinem unentbehrlichen *adiutor medicus*, und wenn er mich zu meinen Krankenbesuchen begleitete, dann erwies sich nicht selten seine kluge Rede als das bessere *medicamentum*. Er verstand es prächtig, den wirklich Leidenden Hoffnung einzuflößen und die eingebildeten Kranken auf geschickte Art zu trösten. Als wir gemeinsam eine behördlich angeordnete Leichenöffnung vornahmen, infizierte er sich dabei und starb fünf Tage später. Ohne meinen Freund mochte ich die *taberna* nicht weiterführen und zog mich nach Tibur zurück. Dort nahm ich die Anregung des erhabenen Augustus wieder auf und versuchte, Leben und Taten meiner Königin zu schildern. Nun, da ich am Ende bin und Rolle um Rolle des Geschriebenen überlese, sehe ich diese Aufgabe aus verschiedenen Gründen als gescheitert an. In einem historischen Bericht haben Leibärzte, Kammerfrauen und einäugige Diener nichts zu suchen, auch habe ich Kleopatra und den Imperator Marcus Antonius nicht so dargestellt, wie Historiker dies im gesegneten Zeitalter des Augustus zu tun pflegen. Ich fühle mich der Wahrheit verpflichtet, und so ist aus Kleopatra keine ägyptische Hure, aus Antonius nicht ihr willfähriger Sklave und aus Octavius nicht der geniale Feldherr geworden.

Beim letzten Symposion hat Augustus mir die Frage nach dem Fortgang meiner historischen Arbeit gestellt. Ich tat verlegen und sagte, ich käme damit leider nicht gut voran. Das sei schade, meinte er, wo ich doch der letzte Augenzeuge sei, der jene Ereignisse aus nächster Nähe miterleben durfte.

Inzwischen habe ich erkannt, daß Historiker den zeitlichen und räumlichen Abstand brauchen, um eine Epoche schlüssig darzustellen. Ich war den Ereignissen zu nahe, darum habe ich nicht große Geschichte geschrieben, sondern nur kleine Geschichten erzählt. Kein *bibliopola* wird ein paar Dutzend Kopisten bemühen müssen, um mein Werk unter die Leute zu bringen, und der Name Olympos wird nicht zusammen mit denen der großen Historiker genannt werden. Mich stört das nicht, und ich denke an das ägyptische Totenbuch, wo bei der wichtigsten Szene das Herz des Verstorbenen mit der als Feder dargestellten Göttin Maat – Symbol für Wahrheit – aufgewogen wird.

Nichts aber wiegt schwerer als die Wahrheit, auch wenn sie als Feder erscheint.

*finit opera*

Eine Karte des Römischen Reiches zu Zeiten Kleopatras

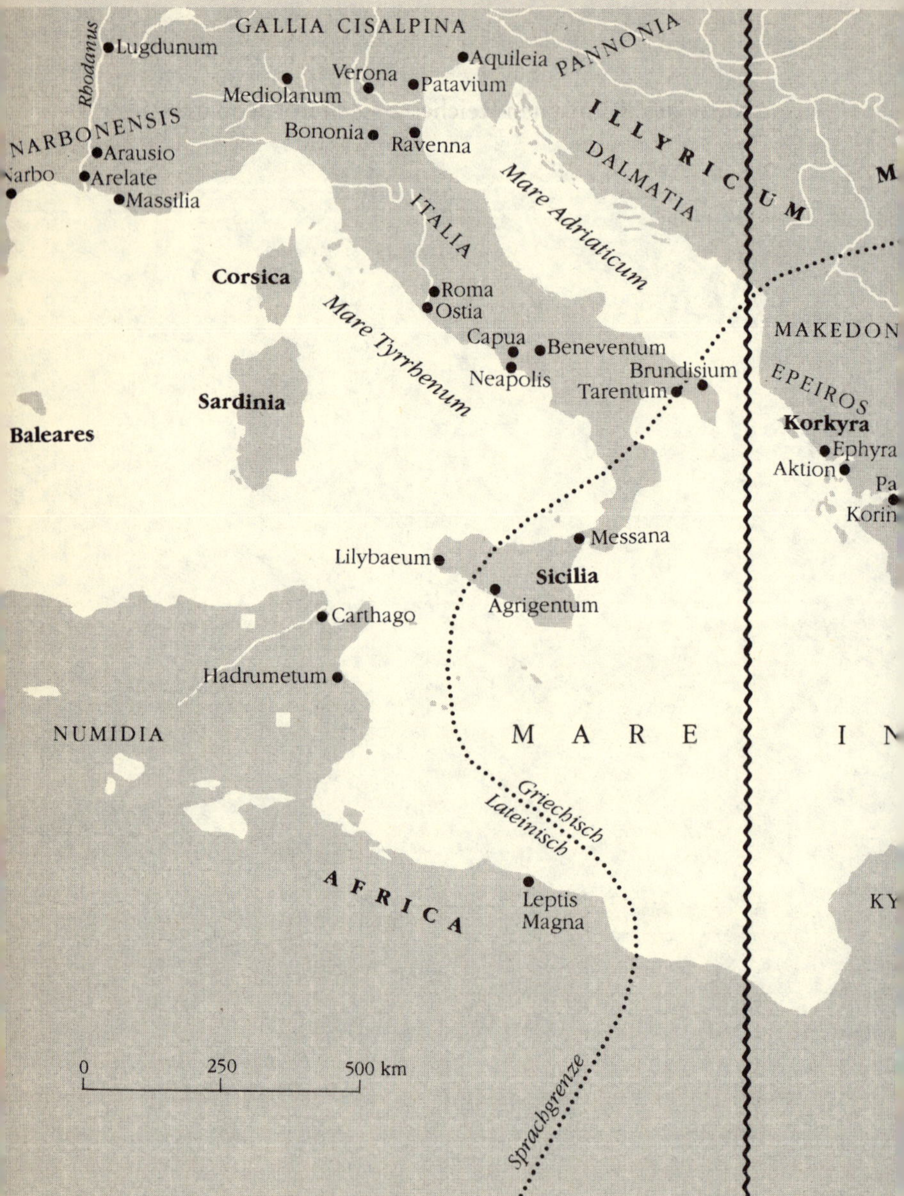


Von Augustus beherrscht > | < Vo

Marcus Antonius verwaltet und kontrolliert

Siegfried Obermeier

**Siegfried Obermeier,** geboren 1936 in München, war Redakteur der Kunstzeitschrift «artis», arbeitete am neuen «Großen Meyer» mit, schrieb Erzählungen, Essays und Glossen. Er veröffentlichte mehrere Bücher und gab «Das geheime Tagebuch König Ludwigs II. von Bayern» heraus.
Im Rowohlt Taschenbuch Verlag sind folgende Titel lieferbar:

**Im Schatten des Feuerbergs** *Der Roman Siziliens*
(rororo 13577)
«Dieses Buch soll nicht nur unterhalten und informieren, es soll auch dazu anregen, den heißen, sonnendurchglühten, von Lava verbrannten, von Erdbeben erschütterten und von fremden Herren ausgepreßten Boden dieser wunderbaren Insel zu erforschen.»
*Siegfried Obermeier*

**Im Zeichen der Lilie** *Der Roman über Leben und Zeit des dämonischen Ritters Gilles de Rais*
(rororo 13676)

**Kreuz und Adler** *Das zweite Leben des Judas Ischariot. Roman*
(rororo 12809)

**Mein Kaiser – Mein Herr** *Ein Roman aus der Zeit Karls des Großen*
(rororo 15978)

**Richard Löwenherz. König – Ritter – Abenteurer** *Eine Biographie*
(rororo 13115)

rororo Unterhaltung

**Torquemada** *Roman*
(rororo 13382)
Ein spannender historischer Roman über eine der aufregendsten Epochen unserer Geschichte.

**Walther von der Vogelweide** *Der Spielmann des Reiches*
(rororo 13090)

**«Würd' ich mein Herz der Liebe weihn ...»** *Wolfgang Amadeus Mozart. Roman seines Lebens*
(rororo 13891)

**Kleopatra** *Im Zeichen der Schlange. Ein historischer Roman*
(rororo 22369)

Ein Gesamtverzeichnis aller lieferbaren Titel der *Rowohlt Verlage, Wunderlich* und *Wunderlich Taschenbuch* finden Sie in der *Rowohlt Revue*. Vierteljährlich neu. Kostenlos in Ihrer Buchhandlung.
Rowohlt im Internet:
www.rowohlt.de

3675/1

Dorothy Dunnett

**Dorothy Dunnett**, geboren 1923 in Dunfermline / Schottland, war ursprünglich Malerin, bis sie mit ihren historischen Romanen internationalen Ruhm erlangte. Sie ist verheiratet, hat zwei Söhne und lebt heute in Edinburgh.

**Die Farben des Reichtums**
*Der Aufstieg des Hauses Niccolò*
rororo 12855
«Ein rasanter Roman über den Aufstieg eines Färberlehrlings zum international anerkannten Handelsherrn... Spionagethriller, Liebesgeschichte, spannendes Lehrbuch – einer der schönsten historischen Romane seit langem.» *Brigitte*

**Das Königsspiel** *Roman*
(rororo 13019)
Ein historischer Roman über die tollkühnen Abenteuer des Junkers und Frauenlieblings Francis Crawford von Lymond. «Ich bezweifle, daß es in der ganzen Romanliteratur einen besseren Helden gibt. Rhett Butler aus "Vom Winde verweht" kann ihm das Wasser nicht reichen», schrieb der Rezensent der *Sunday Times*

**Das Gold von Timbuktu**
*Niccolò greift nach Afrika Roman*
Deutsch von Hermann Stiehl
720 Seiten. Gebunden im Wunderlich Verlag und als rororo 13702
Ein weiteres farbenprächtiges Epos über die Renaissance.

rororo Unterhaltung

**Der Frühling des Widders**
*Die Machtentfaltung des Hauses Niccolò. Roman*
Deutsch von Hermann Stiehl
640 Seiten. Gebunden im Wunderlich Verlag und als rororo 13254

Ein Gesamtverzeichnis aller lieferbaren Titel der *Rowohlt Verlage* finden Sie in der *Rowohlt Revue*. Vierteljährlich neu. Kostenlos in Ihrer Buchhandlung.

3607/2

Rosamunde Pilcher

Millionen Leser sind süchtig nach ihr: **Rosamunde Pilcher** schreibt nachdenklich und unterhaltsam, mit Liebe zu den Menschen und all ihren Schwächen. .
Rosamunde Pilcher wurde 1924 in Lelant in Cornwall geboren. 1946 heiratete sie Graham Pilcher und zog nach Dundee / Schottland, wo sie seither lebt.

**Heimkehr** *Roman*
1168 Seiten. Gebunden und als rororo Band 22148
Ein großer Roman um ein Frauenschicksal in der bewegten Epoche der dreißiger und vierziger Jahre.

**Wilder Thymian** *Roman*
368 Seiten. Gebunden und als rororo Band 12936

**Das blaue Zimmer** *Erzählungen*
336 Seiten. Gebunden und als rororo Band 13922

**Die Muschelsucher** *Roman*
704 Seiten. Gebunden und als rororo Band 12180

**September** *Roman*
624 Seiten. Gebunden und als rororo Band 13370
«Den allerschönsten Familienroman habe ich gerade verschlungen und brauchte dafür zwei freie Tage inklusive einiger Nachtstunden. Er heißt «September», spielt in London und Schottland und ist einfach hin-rei-ßend.»
*Brigitte*

**Blumen im Regen** *Erzählungen*
352 Seiten. Gebunden und als rororo Band 13207

Wunderlich / rororo Unterhaltung

Als rororo Taschenbücher sind u. a. lieferbar:

**Ende eines Sommers** *Roman*
(rororo 12971)*

**Karussell des Lebens** *Roman*
(rororo 12972)*

**Lichterspiele** *Roman*
(rororo 12973)*

**Sommer am Meer** *Roman*
(rororo 12962)*

**Stürmische Begegnung** *Roman*
(rororo 12960)*

**Wechselspiel der Liebe** *Roman*
(rororo 12999)*

**Schneesturm im Frühling**
*Roman*
(rororo 12998)*

* Auch in «Großdruck» lieferbar.

Ein Gesamtverzeichnis aller lieferbaren Titel von **Rosamunde Pilcher** finden Sie in der *Rowohlt Revue*. Vierteljährlich neu. Kostenlos in Ihrer Buchhandlung.